사람아, 너 어디 있느냐?

창세기 1~11장 : 인간의 미래

서강대학교 출판부

천지창조 : 해와 달의 창조

(미켈란젤로). 창조의 첫날, 둘째 날, 셋째 날,... 한 마디의 말이 있을 뿐이다.
찰나적인 소리를 담은 말은 순간적이다. 창조는 순간적으로 이루어졌다.
그러나 여기서 '순간' 이란 말이 의미하는 내용은 기계적 시간으로
계산할 수 있는 단위를 나타내지 않는다. 시간은 이미 창조가 시작되었을 때
생겨났기 때문이다. 무엇보다도 엘로힘은 말씀하셨고,
그에 따라서 창조가 발생했다는 사실이 중요하다.

안식일(창세 2,1-4)

윌리엄 블레이크 (1757-1827, 영국)는 안식일에 대한 표현을 환상적으로 그렸다. 중앙에는 하느님이 크게 자리잡고 계시고, 하느님 뒤에는 여섯 명의 사람이 있다.

아담의 창조

(미켈란젤로, 시스티나성당. 로마 바티칸, 1508-9년작).
야웨 엘로힘의 손끝에서 아담의 손끝으로 신의 생명이 전해지고 있다.

하와의 창조(2,21)

(알브레히트 뒤러). 하와가 야웨 엘로힘의 부름으로
잠든 아담의 옆구리에서 빠져나오고 있다.

아담과 하와의 유혹

(티치아노, 1488-1576, 이탈리아). 뱀의 유혹으로 하와가 나무열매를 따는 장면이다.
하와는 자신이 먼저 열매를 맛보고 남자에게도 주었다.

에덴추방

(도메니키노, 1581-1641, 이탈리아).
첫 인간 부부를 추방하는 시점에서 다시 한 번 앞에서 나온 주제들이 반복된다.
하와의 존재가 1장에서 신의 축복을 성취하는 에제르였다는 사실을 상기시킨다.
자식을 많이 낳고 번성하라는 축복이 비록 그것이 고통 속에서
달성될 것이지만 하와의 이름(살아 있는 모든 것의 어머니)에서 확인되는 것이다.
1장에서 하느님이 창조물에 이름을 주는 것으로 엘로힘의 주권을 드러냈다면,
2장에서는 아담이 동물의 이름을 주는 것으로 그 지배권을 상징했다.
그러나 3장은 아담이 여자를 하와라고 부르는 것으로 묘사함으로써
남자와 여자의 관계를 암시한다. 이 부정적인 관계는 신의 저주를 벗어나지 못하고
여자가 아담에게 종속되어 성립되는 관계를 말할 것이다.

카인과 아벨(창세 4,1-16)

로렌초 기베르티(1378-1455, 이탈리아)의 〈천국의 문〉은 피렌체 두오모 성당의
청동문 세례당에 부조된 그림의 일부.

카인과 그 후손의 유랑

페르낭 코르몽(1845-1924, 프랑스)의 〈카인과 그의 가족의 방랑〉
자기 형제 아벨을 살해한 후 카인은 야웨 앞에서 멀어져간다.
위 그림은 카인과 그의 가족이 야웨의 영역을 떠나서 방랑하는 인류의 모습을 상징한다.

아담의 자손(창세 5,1-32)

(피에로 델라 프란체스카, 1420-1492, 이탈리아), 〈아담의 죽음〉,
성 프란체스코 성당. 죽음에 가까운 아담은 땅에 힘없이 앉아 있다.
아들 셋에게 낙원의 문을 지키는 천사에게 가서 자비의 기름을 가져오라고 부탁한다.
백발이 된 아들 셋은 아버지의 말을 주의 깊게 듣는다. 그리고 대천사 미카엘에게 가서
자비의 기름을 달라고 청한다. 그러나 미카엘은 자비의 기름을 주는 대신
선악과 나무의 씨앗을 아담의 입에 넣으라고 준다. 삼일 후 아담은 죽는다.
하와는 남편 뒤에 서서 아담의 머리를 받쳐주고 있다.

인류의 타락(6,1-8)

〈카롤스펠트, 1794-1872, 독일〉, 동판화, 〈하느님의 아들과 사람의 딸의 결혼〉

하느님의 아들들이 하프를 연주하는 사람의 딸들을 본다.

노아의 제사(8,22-9,17)

(제임스 티솟, 1836-1902). 대홍수가 끝난뒤, 홍수에서 살아남은 노아 부부가 세 아들의 부부와 함께 제단을 세우고 제물을 봉헌한다.

노아의 만취(창세 9,18-27)

(조반니 벨리니, 1430-1516, 이탈리아). 홍수 뒤 농부인 노아가
포도주를 마시고 취하여 벌거벗은 채 누워 있는 장면이다(9,20-21).
첫째인 셈과 셋째인 야펫이 시선을 돌린 채로 노아의 알몸을 덮어주고 있고
둘째 함은 노아의 알몸을 내려다 보고 있다.

바벨탑

(피테르 브뢰겔, 1525-1569, 네델란드). 발벨 탑(지구라트)의 전경이 도시와
사람들을 배경으로 웅장하게 서 있다. 바벨 탑 이야기는
다른 측면에서 지구적 차원의 홍수 이전 인류의 좌절을 새롭게 경험하게 한다.
창세 11장은 민족들의 족보 이야기를 전해주는 10장에서 보여준 일치와 조화가 깨지고
서로를 등지고 멀어지는 인류의 모습을 그린다.

머리말

유대인의 성경 창세기 1-11장은 18세기 이후의 성경연구업적에 따르면, 그 뒤를 잇는 이야기들과 현격한 차이가 있다는 것이 밝혀졌다. 신화적 성격을 가지고 있지만, 꼭 신화적이라고도 말할 수 없음이 밝혀진 것이다. 이스라엘은 토라(=야웨 엘로힘의 말씀, 율법, 모세 오경, 곧 첫 다섯 권을 지칭)의 맨 첫 자리에 이 이야기들을 자리매김하고 있지만, 첫 인간 아담의 이야기에 전혀 힘을 실어주지 않는다. 그런데도 이상하게 창세설화는 구약성경의 첫 자리에 위치한다.

성경 편집자는 창세설화를 왜 첫 자리에 놓았을까? 우리는 이에 대해서 결정적으로 말할 권한이 없다. 그러나 창세기 첫 장들에 소개되어 있는 이야기들을 살펴보면, 각각은 소단위의 독립된 성격을 지니고 있지만, 이야기로서 하나의 일관된 흐름을 유지하고 있다. 이 흐름의 특성은 신(神)의 선의를 거스르는 인간의 "폭력"이라는 주제로 수렴된다. 개인의 폭력이건, 집단의 폭력이건 인간은 폭력의 주체자이며 동시에 그 피해자이다. 왜 인간은 동료 형제들에게 폭력을 행사하며 폭력의 피해자로서 불행한 삶을 살아야 하는가? 그 원인은 어디에 있는가? 우리는 그 원인을 찾아야 하지 않는가? 원인이 무엇이든 인간 사이에서 발생하는 폭력의 극단적인 결과는 불행한 죽음이다. 폭력은 부자연스러운 죽음에 이르는 인간의 병이다.

창세기를 관통하는 이 주제 때문에 창세 1~11장의 설화는 구약성경을 이해하는 방향타와 같은 역할을 한다고는 말할 수 있다. 신의 축복을 거부하고 불행을 자초하는 인간 역사의 모순이 현대인의 정신에서 볼 때에 창세 설화의 이 주제는 인류 보편적 의미를 제기하는 "정치 사회적 선언문"으로 들린다. 이러한 주장은 특정 종교의 교리적인 질문이나 대답을 가정하지 않는다. 오히려 처음이라는 시간적 경계를 넘어서 있는 이야기의 특성과, 인간의 현실적인 삶의 문제를 전제하고 있다.

이러한 이야기의 흐름은 구약성경 전반을 꿰뚫는 주제를 형성한다. 이에 대한 표현은 여러 측면에서 묘사할 수 있다. 종교, 사회, 정치, 문화, 경제 등의 시각에서 인간의 실존문제가 인간 자신의 폭력에서 비롯되고 있다는 것이다. 성경에 대한 우리의 해석은 단순하게 인간학적인 시각을 유지할 것이다. 창세 설화의 독특한 성격을 한 가지 시각을 가지고 이해하고자 한다는 것은 편견을 자아낼 수도 있겠지만, 열 한 장에 불과한 작은 소품을 읽는 논리적 일관성과 인류 보편적 의미를 찾는 독서의 즐거움을 제공할 것이다. 사실 이 작업은 97년 이후 서강대학교 학부 학생들에게 시도했던 인간학 강의의 주요 부분을 차지했던 주제였다.

이 책은 학부 학생들을 대상으로 하여 진행한 강의의 연장선 상에서 보충하여 정리한 글이다. 성경을 전문으로 하는 이들에게는 부족한 글이 될 것이며, 성경을 처음 대하는 이들에게는 당황스럽게 읽혀질지도 모른다. 필자는 창세 1~11장의 본문을 분석하면서 발견하는 인간학적 주제가 사실상 오늘의 문제라는 확신을 가질 수 있었다. 지금 이 자리에서 갈등하며 사는 우리들, 너와 나의 문제라고 믿을 수 있었다. 창세기의 주제는 개인의 관점에서는 죽음에 이르는 폭력을, 인류역사의 차원에서는 문명에 대한 고발을 가리킨다. 이런 의미에서 창세 1~11장의 독서는 신-인간의 관계와 인간적 삶의 문제를 근본적인 차원에서 좀 더 넓고 깊게 이해할 수 있는 기회였다. 인간은 윤리적인 차원만이 아니라 존재론적인 차원에서도 모순과 역설이 지배하는 존재이며, 그 내면이 끝이 없는 심연이다. 바닥까지 내려갈 수 없는 존재에 대한 성찰을 잠시나마 지속할 수 있었던 인내는 지난 몇 년간의 삶을 돌아볼 수 있는 좋은 기회이기도 했다.

끝으로 인용하는 성경의 번역은 "구약성경 새 번역" 씨리즈의 창세기 (임승필 역, 한국천주교중앙협의회, 1995)이며 첨삭이나 수정이 필요한 경우는 필자의 자의적 판단에 따른다.

차례

일러두기 :

1. 창세기에 인용되는 히브리어 표기는 극히 제한된 경우에만 사용하며, 원칙적으로 라틴 알파벳으로 대신한다.
2. 창세 1~11장에 나오는 신의 이름은 '주님' 혹은 '하느님'으로 번역하지 않고 히브리어 표기인 야웨(Yahweh), 엘로힘(Elohim), 혹은 야웨 엘로힘(Yahweh Elohim)을 사용한다.
3. 본서는 성경학적 정보를 주로 C. Westermann의 창세기 주석(1권)과 NJBC에 의존하며 명시적으로 인용하지 않으면, 이 두 이름을 거론하지 않는다.
4. 참고나 인용의 표기는 저자, 서명, 출판사, 발간연도, 인용된 쪽수의 순서로 제시하는 것을 원칙으로 하되, 가능하면 참고나 인용은 참고목록에서 찾을 수 있으므로 간단하게 저자와 쪽수, 혹은 저자, 서명, 쪽수만을 밝히도록 하겠다.

희브리어 자음표기

א = '	ז = z	ם = m	ק = k
ב = b	ח = ḥ(독일어 ch)	נ = n	ר = r
ג = g	ט = ṭ	ס = s	שׁ = sh 혹은 š
ד = d	י = y	ע = '	שׂ = ś
ה = h	כ = k	פ = p	ת = t
ו = w	ל = l	צ = ts	

*다게쉬dagesh (자음 안에 표시한 점)는 표시하지 않음. 다게쉬포르테 dagesh forte는 자음 안에 점으로 겹자음을 표시.

*사전과 성경의 약호 :

ABD : The Anchor Bible Dictionary, 6vols., ed. by D.N. Freedmann, Doubleday, New York, 1992.

BJ : La Bible de Jérusalem

DNPB : Dictionnaire des Noms Propres de la Bible, Cerf/DDB, 1978

DBS : Dictionnaire de la Bible, Supplément

Die Bibel.

DECA : Dictionnaire Encyclopédique du Christianisme Ancien, 2vols., cerf, 1990 (1983).

DS : Denzinger-Schönmetzer, Enchiridion Symbolorum Definitionem et Declarationum (36판), Herder, 1976.

EnC : Encyclopedia of Catholicism, HarperSanfrancisco, 1995.

EJ : Encyclopedia Judaica, 16vols., Keter Publishing House, Jerusalem, 1972.

IBD : The Interpreter's Bible Dictionary, 5vols., Abingdon, 1962

NJBC : New Jerome Biblical Commentary, Prentice Hall, 1990.

NJE : The New Standard Jewish Encyclopedia, ed. by Geoffrey Wigoder, Doubleday, 1977.

NRSV : New Revised Standard Version.

OBC : Oxford Bible Commentary, Oxford University Press, 2001.

ODCC : The Oxford Dictionary of the Christian Church, ed. by F.L. Cross, 1983, (수정판).

THAT : Theologisches Handwörterbuch zum Alten Testament, 2vols., hrag. von Jenni Westermann, Chr. Kaiser Verlag, München,

1971.

TOB : Traduction Oecuménique de la Bible, Paris, 1989.

TWAT : Theologisches Wörterbuch zum Alten Testament, 8 Bände, hrag. von G.J. Botterweck & H. Ringgren, Verlag W. Kohlhammer, 1973–1995.

VTB : Vocabulaire de Théologie Biblique.

정기 간행물 약호(略號) :

BA : The Biblical Archeologist

Bib : Biblica

Bij : Bijdragen

BJRL : Bulletin of the John Rylands Library

BASOR : Bulletin of American School of Oriental Research

CBQ : The Catholic Biblical Quarterly

CahEv : Cahiers Evangile

CC : Civiltá Catholica

Con : Concilium

HTR : Harvard Theological Review

Interp : Interpretation

JBL : Journal of Biblical Literature

JSOT : Journal for the Studies of the Old Testament

NRT : Nouvelle Revue Théologique

RB : Revue Biblique

Rivbib : Rivista Biblica

RSR : Recherches de Science Religieuse

ScEs : Science et Esprit

SB : Studia Biblica

VT : Vetus Testamentum

ZAW : Zeitschrift für die alttestamentliche Wissenschaft

ZAWKNJ : Zeitschrift für die alttestamentliche Wissenschaft und die Kunde des Nachbiblischen Judentums.

제 1 장

창세 1~11장의 설화 읽기

창세기는 이스라엘 민족이 간직하고 살아온 민족체험을 창조사상이라는 보편사상의 틀 안에 담고 있는 특별한 이야기이다. 더 구체적으로 말하면, 이스라엘 민족의 신 야웨 엘로힘과 첫 인간들 사이의 관계를 우주창조와 인간창조라는 신화적 언어의 틀 안에 담고 있는 것이다. 그렇다면 한국의 문화를 살고 있는 우리는 이스라엘 민족의 역사체험을 바탕으로 형성된 신과 인간의 관계를 어떻게 보편성의 의미로 읽고 이해할 수가 있을 것인가? 지리적으로도 우리는 이스라엘 민족과 직접적인 관계가 없으며, 시간적으로도 너무 멀리 떨어져 있다. 문화적으로나 역사적으로 아무런 연관이 없어 보이는 창세기의 이야기를 어떻게 읽고 이해하며 받아들일 수 있단 말인가? 게다가 창세 1~11장은 한갓 신화에 준하는 이스라엘 민족 종교의 이야기는 아닌지? 창세기 이야기들은 그 형식이나 내용에 있어서 다른 신화와 크게 다를 바 없어 보인다. 창세 1~11장은 한 민족 종교의 경전에 들어 있는 이야기에 불과하며 인간의 삶이나 역사적 실존상황과 무관한 신화의 범주에나 넣을 수 있는 이야기로 치부할 수 있지 아니한가? 이러한 질문들은 오늘을 살고 있는 우리가 성경의 창세설화와 관련해서 언제나 의문의 대상이 될 수 있다는 사실을 의미한다.

이런 사실에도 불구하고 오랜 세월 역사적 절망과 좌절, 고통과 배신, 신(神)의 경고와 보호를 동시에 체험하며 살아온 이스라엘 민족이나, 이 천 여년 전 형편없이 가난하고 불행했던 시절을 살았던 한 인물을 구세주로 고백하는 그리스도교는 창세 1~11장의 이야기들을 종교적 진실의 범주 안에서 받아들이고 있다. 이런 시각에서 성경에 기록된 창세 1~11장에 소개된 이야기는 많은 문화에서 찾아볼 수 있는 민담의 성격과 분명하게 다르다. 이 차이는 이야기들의 소재에서 비롯되는 것이 아니라, 이야기의 지향과 성격이 의미론적인 차이를 생성한다. 단순히 한 민족의 역사적 혹은 민속적 의미를 제시하고 있는 것이 아니라, 종교적 진리의 보편주의를 주장하고 있는 것이다.

그러나 창세 1~11장이 근본적으로 종교적 가르침을 전제한다고 해도 이야기의 문체와 성격은 신화적(神話的)이라고 할 수밖에 없다. 역사 안에서 태어난 종교는 그 가르침에서 일종의 보편주의를 표방하면서 존재하지만, 신화는 인간의 삶과 본질적인 관계에 있기 때문에 존재한다. 비록 신화가 그 신화를 읽는 독자의 역사현실에 선행(先行)한다는 사실 때문에 제대로 대접을 받지 못할 수도 있지만, "신화는 본시 실존문제의 해결과 깊은 관계"가 있고, 따라서 "신화를 이야기한다는 것은 세상과 인간이 위기에 처할 때 다시 그 처음을 끄집어내는 행위"[1]를 가리킨다. 말하자면 인간의 삶이 현실의 한 가운데서 위협을 받을 때, 인간은 자신의 삶을 지키고 심화하기 위해서라도 시공간적으로 선행하는 보편적 삶의 의미에 대하여 궁극적 질문을 하지 않을 수 없다. 그러기에 신화는 인간의 실존적 질문 앞에 놓인 자료이며, 그 질문의 상징을 해석할 필요가 있는 이야기이다. 이러한 의미에서 창세 1~11장은 단순한 전설이나 옛이야기를 넘어서 인간 경험의 "원형적 이야기"[2]로 이해할 수 있다. 영원 속에 편입되어 있던 "그 때"의 이야기가 현실을 살고 있는 인간에게 의미를 제공하는 "지금"의 이야기로 변하는 것이다. 우리는 이야기가 주는 의미를 발견하고 수용하는 순간에 과거에 행한 잘못을 "오늘" 되풀이 할 수 없게 된다. 잘못

---

1 심 용섭, 하느님 모상으로서의 인간(1), 사목 237, 1998/10, 128쪽.

2 "원형적 이야기(*Archetypal Stories*)": 옛 사람들의 이 경험을 오늘을 사는 우리들에게도 반복되는 체험의 원형으로 인식한다면, 창세 1-11장의 이야기들은 오늘 우리들의 이야기이며, 이야기들이 우리에게 지시하는 메시지를 피할 수 없게 된다. Donald E. Gowan, From Eden to Babel, International Theological Commentary, Eerdmans, Genesis 1-11, 1988, 36쪽.

의 반복을 피하기 위하여 우리는 "그 때의 이야기"를 거듭 읽고 의미를 찾는 것이다. 물론 우리가 다루게 될 창세 1~11장은 처음부터 신화적 성격을 전제로 하지만, 우리는 의미의 보편성이라는 관점에서 21세기의 현실과 무관해 보이지 않는 질문들을 이 안에서 만나게 된다. 창세기의 이야기들은 오늘날 지구적 차원의 문제를 실제로 경험하면서 살고 있는 이 시대의 우리들뿐만 아니라, 각 세대의 인간들에게 심각한 도전적 질문들을 제시할 것이다.

이 글은 창세 1~11장에 대한 본격적인 의미의 주석서는 아니다.[3] 오히려 인간학적 독서를 빌미로 이야기 속에 들어 있는 보편적인 의미들을 일별하고자 하는데 목적이 있다.[4] 또 이야기들이 가지는 상징적인 의미들을 드러냄으로써 현실 속에서 우리가 마주치는 인간의 무수한 문제에 대하여 조그만 혜안이라도 얻을 수 있게 하는데 있다.

기술시대의 특징 중의 하나가 도발적이며 즉각적인 응답을 요구한다는 데에 있다면, 우리가 읽어나갈 창세기 이야기는 그러한 것과는 거리가 멀다. 창세기 이야기는 우리들 각자로 하여금 오랫동안 혼자서 반성할 시간을 가지길 바라며, 숙성된 반성과 성찰에서 올라오는 의미를 삶에서 체험하길 바란다. 개인적인 반성과 내적 체험은 우리들로 하여금 정신적 성숙을 위한 여유 있는 시

---

3 사실상 기톨릭이나 개신교를 막론하고 한국의 신학계와 성경학계에 본격적인 의미에서 거론할 수 있는 창세기 주석서는 번역서를 제외하면 아주 드물다. 신앙생활 위해서 성경을 공부하는 일반 신자들을 위한 간단한 해설서가 대부분이다. 박 영식, 창세기 처음 다섯 이야기, in 생활성경 99년 9월호 75-103쪽 ; 보시니 참 좋았다-성경가족을 위한 창세기 해설, 성경과 함께, 1988 ; 김 정한, 창세기 이야기, 한국기독교출판부 ; 정 태현, 하느님과 함께 걸으며 : 창세기 해설서, 생활성경사. 창세 1~11장을 문학적으로 이해하려는 한 시도로 다음의 글을 참고할 수 있다. 다니엘 키스터, 성경설화-창세 1~11장의 문학적 접근, in 사목 2000년 5월호, 44-78쪽. 여기에 소개하지 못한 책들은 권말의 참고서적에서 찾을 수 있다.

4 신학적인 독서가 주로 이야기의 내용을 교리적 관념적으로 파악하려고 체계화된 구도 속에서 보려고 한다면, 문학적인 독서에서 독자는 이야기의 내용에 느낌으로 반응하려는 경향을 보이기 때문에 심리적 이해를 시도한다. 그러나 창세 1-11장의 이야기는 교리적 접근에서 필요한 체계성을 보여주지도 않으며, 문학적 접근이 필요로 하는 묘사를 완전하게 담고 있는 것도 아니다. 그러므로 이 두 가지 독서가 지닌 장단점을 취사선택하지 않을 수 없다. 이 글의 방법적 독서로 의도한 인간학적 독서는 이 두 독서의 경향을 완전히 배제하지 않으면서, 창세기 이야기가 인류의 보편적 문제를 제기하고 있다고 보고, 이야기가 무엇보다도 인간을 이해하려는 관점에 있다는 주장에서 출발한다.

간을 필요로 하기 때문이다.

한 가지 전제로 말하고 싶은 것은 텍스트 자체를 바라보는 시각의 차이가 이해를 바꿀 수 있다는 사실이다. 창세기에 대한 전형적인 한 가지 예로 유다이즘은 그리스도교에서 생각하는 것처럼 원죄 교리를 중심적 위치에 놓지 않는다.[5] 교회가 유대인의 성경인 토라를 구약이란 의미로 차용해 사용한 것이 이천 여년이 지났지만, 창세기에 대한 교회와 유다이즘의 이해는 아주 다를 수밖에 없다.[6] 교회가 창세기 이야기에서 인간의 타락과 원죄교리를 보았다면, 유대인들은 세상의 악을 역사적으로 성찰한 민족으로서 에제키엘 예언서 이후 현대까지 인간실존의 의미를 이해하려는 도전의 장으로 삼았다. 이러한 차이는 한 마디로 요약할 수 없지만, 창세기를 읽는 독자로서 염두에 둘 만한 내용이다.

따라서 우리는 창세 1~11장을 인간실존의 수수께끼를 반영하는 인류 보편의 이야기로 성찰할 것이다.[7] 이 이야기의 해석을 위해서 필요한 성경학적 정보들을 이용하며, 이를 바탕으로 인간학적 독서의 시각을 세우고자 한다.

---

5 Paul Morris, Exiled From Eden : Jewish Interpretations of Genesis, in A Walk in The Garden, Sheffield Academic Press, 1992, 117-166쪽. 전통적으로 창세 1-11장은 신의 금령과 아담의 위반, 유혹과 징벌, 원죄와 추방 등의 주제를 다룬다고 이해한다. 그렇다면 이러한 주제들이 지향하는 바는 무엇일까? 이 질문이 인간학적 독서가 지향하는 의식이다. 따라서 이 글에는 교리를 생산할 수 있는 죄 이전과 이후의 인간 본성을 추구하는 등의 신학적 성찰은 없을 것이다.

6 그리스도교는 초대교회부터 많은 교부들이 창세기 설화를 교의의 성경적 근거로 이해하고자 했다. 동시에 초대교회 때부터 교부시대를 관통하는 동안 교부들은 많은 이단설들의 주장을 공박하면서 창세기의 설화를 근거로 논쟁을 벌였다. Tryggve Kronholm, Motifs from Genesis 1~11 in the Genuine Hymns of Ephrem The Syrian, CWK Gleerup Lund, 1978. 이런 전통은 그리스도교의 교의와 신학형성에 지대한 영향을 끼쳤다. 또한 이런 주장은 이미 신약성경에도 보이는 일이다. 예를 들면, 사도 바오로는 자신이 유대인인 까닭에 곳곳에 세운 초대교회 공동체에 편지를 써 보내면서 토라를 인용하곤 했다. 특별히 아담과 그리스도의 유형론적 해설은 아주 유명하다. 로마 5장 참조.

7 창세기 설화의 주제는 모세오경과 구약성경 전체를 읽는 서론에 해당한다. L. Turner, Genesis, Introduction 참조 ; OBC 40쪽. 이 주제는 역사에서 이스라엘과 야웨 엘로힘의 관계를 중심으로 전개된다. 이 관계를 더 넓혀 본다면 인간과 신의 관계로 귀착된다. 이스라엘에게 이스라엘 민족과 야웨 일로힘의 관계가 문제되었듯이, 현대를 살고 있는 우리에게 인간과 신의 관계가 문제된다. 이스라엘이 자신을 이해할 수 없는 인간(부정적인 의미에서)으로 이야기를 전개하고 있듯이 이 이야기는 시대를 뛰어넘어서 인류 각자의 문제일 수 있음을 보여준다. 이런 의미에서 창세기 설화는 매우 설득력 있는 우리 각자의 이야기로 이해한다.

1.1. 왜 창세 1~11장을 말하는가?

구약성경은 이스라엘 민족의 역사와 그들의 율법체계를 담고 있는 경전이다. 구약성경 첫 장을 열면 만나게 되는 창세기 설화(說話)는 말 그대로 역사적 사실이나 사건을 묘사하고 있는 사건의 보도가 아니다. 이 설화는 희랍 신화나 여러 민족의 신화를 만난 것처럼 이야기로 만날 수 있다. 그렇다면 문헌으로써 종교성이나 특정시각을 드러내는 가르침을 말하지 않는다면, 이 글이 주장하는 이야기의 보편성을 담고 있는 창세 1~11장은 어떤 의미를 우리에게 제시하고 있는 것일까?

우선 창세 1~11장이 없다면, 구약성경은 한 민족의 역사서에 머물 것이다. 이스라엘의 역사는 유대 민족의 형성에서 시작된다. 한 민족으로써 이스라엘의 형성은 구약성경의 여러 곳에서 신앙고백처럼 반복되는 "이집트 탈출과 해방사건"으로 결정적 기회를 맞는다. 시나이 산에서 어떤 신과 맺은 계약은 이스라엘 민족의 정체성을 드러내는 기억으로 남는다. 그 신은 야웨 엘로힘[8]으로 불리며, 이스라엘의 구원을 약속한다.

이스라엘 민족의 역사 첫 머리에 족장(族長)들 – 아브라함, 이사악, 야곱, 모

---

8 창세 1-11장의 이야기에 나타나는 신명(神名)을 우리는 그대로 차용하여 사용하기로 한다. 히브리어에서 번역한 현대어 성경은 '엘' 혹은 '엘로힘'을 '하느님/하나님(*God*)'으로, '야웨'는 '주님(*Lord*)'으로 보통 바꾸어 놓는다. 이 두 이름을 연결해서 사용하는 예를 3장에서 만나는데, 조합형 신명 야웨 엘로힘은 특별한 현상이다. 두 개의 전통 중에서 사제계 전통은 엘로힘을, 야웨계 전통은 야웨란 신명을 선호한다. 야웨는 네 자음(*tetragrammaton*)의 신명 〈YHWH〉를 발음한 것으로, 우리는 통상적으로 음사한 야훼(여호와)를 대신해서 사용한다. 그 이유는 히브리어 문법상 야훼(여호와)라고 발음할 수 없기 때문이다. 모음을 덧 붙여 분철하면 〈yah-weh〉가 되어 독음은 야웨로 발음된다. 야훼라고 음사한 까닭은 아마도 〈ya-hweh〉로 잘못 분철했기 때문일 것이다. 조철수, 유대교와 예수, 길, 2002, 20쪽. 일러두기 2번 참조. 참고로 야웨(Yahweh)라는 신명이 때때로 여호와라고 호칭되는데, 여호와는 야웨라는 명칭의 네 자음(YHWH)에 히브리어의 '주님'에 해당하는 호칭 '아도나이'의 모음부분을 겹쳐서 읽었을 때 생긴 착오로써 문법적으로 불가능한 발음 표기이다. 구약성경은 이 신명을 어떻게 발음하는지 분명하게 알려주지 않는다. 초대교부들로 거슬러 올라가면, 3세기의 교부 알렉산드리아의 클레멘스(Clement of Alexandria)는 희랍어로 〈Iαουε(야웨)〉로, 4세기의 교부 테오도레트(Theodoret of Cyrus)는 〈Iαβε(야베)〉로 음사하였다. ABD, God 항목 참조.

세 등-이 활동했다는 기록은 창세 12-50장을 포함하는 모세오경에 반복해서 나타난다. 이들 족장들의 이야기는 유대민족의 첫 인물들이기는 하지만, 인류의 처음이 될 수는 없는 노릇이다. 따라서 처음부터 역사적 사건 안에 개입한 야웨 엘로힘과 더불어 이스라엘 민족이 형성되기 시작했다고 고백하는 이들에게도 역사의 처음 뿐만 아니라 이스라엘이 어떻게 역사의 처음과 연결되는지 밝혀져야 한다는 것은 논리적 요청이다. 그런데 12장에서 새롭게 시작되는 아브라함 이야기는 내용으로나 형식으로나 창세기의 첫 11장의 이야기와 전혀 다르다. 창세기는 이 점을 의식하고 족보 이야기를 통해서(4,17-22; 5,1-32; 10,1-32; 11,10-32) 창조 이야기를 이스라엘의 선조 아브라함 이야기와 인위적으로 연결하는 것이다. 야웨 엘로힘은 이스라엘의 창조주이며 동시에 모든 인류의 창조주이다. 그분은 이스라엘 역사의 주인이지만, 동시에 인류 보편사의 동력이기도 한 존재로서 선언되어야 한다. 바로 이러한 보편주의적 관점(觀點)은 창세 1~11장이 성립하게 된 이유이며 동기이기도 하다.

이스라엘 민족은 창조사상을 역사 안에서 창조신앙으로 고백한다. 그 배경은 야웨 엘로힘의 선택과 구원사상이며, 이와 관련해서만 창조신앙이 나타난다. 예를 들면, 창세기, 제 2이사야, 시편 등에서 특별하다. 그래서 창조 신앙은 고대 이스라엘 종교의 입장에서 볼 때 비교적 후대에 첨가된 사상일지도 모른다.[9] 그러나 구원(救援)을 향한 창조사상은 처음부터 구원사상과 독립된 요소가 아니라는 것이 인정되어야 한다. 구원과 창조는 하나의 근본에서 나온 신앙의 두 얼굴이기 때문이다. 엘로힘에게서 비롯된 우주와 인간의 창조 신앙은 엘로힘으로 복귀하는 구원 신앙일 수밖에 없기 때문이다. 이스라엘이라는 작은 민족의 역사적 체험과 성찰이 밑바닥에 깔린 창세 1~11장의 설화는 바로 인류의 보편구원이라는 지향점(指向點)을 내포한다. 구약성경의 첫머리를 장식하는 이 작은 몇 개의 이야기들이 가지고 있는 함축적인 구조는 이 의미의 보편

9 G. von Rad, The Problem of the Hexateuch and Other Essays, New York, 1966, 131-143쪽.

성을 알아듣는 순간부터 그 폭과 깊이에 있어서 역사적 시간과 공간을 넘어서 우리들 독자를 향해 있다는 것을 인정하지 않을 수가 없게 되는 것이다.

창세 1~11장이 인류의 원초적 기억 저 너머에서 펼쳐졌으리라 생각되는 초시공적 역사를 기록하고 있다는 사실을 고려할 때, 창세기 이야기는 극히 적은 분량에 많은 내용을 담고 있다는 것을 인정하지 않을 수 없다. 그러기에 함축적이지 않을 수 없는 이 내용은 크게 두 전승형태로 기술되어 있는데, 야웨계 전승문헌과 사제계 전승문헌이 바로 이것이다.[10] 첫 번째의 야웨계 문헌이 설화형식으로 구성되어 있다면, 주로 족보(族譜)의 형식으로 짜여져 있는 두 번째 부분은 사제계 문헌이다. 기원전 10세기 경에 성문화한 야웨계 문헌이 야웨와 인간 사이의 관계를 주로 보도하고 있다면, 족보 형태의 사제계 문헌은 바빌론 유배기와 맞물리는 기원전 6세기경에 성립한 문헌으로 인류가 처음부터 현재까지 단절 없이 계속되었다는 사실을 주장한다.[11] 이 두 문헌으로 편집구성된 창세 1~11장은 인간사 안에서 끊임없이 전개되는 사건과 엘로힘 혹은 야웨 엘로힘이라고 명명(命名)된 신(神)과 인간의 관계를 기술하고 있다. 달리

---

10 그 동안의 연구에 의하면, 크게 네 전승이 마지막 편집자의 손에 의해서 성경이 성문화되었다고 본다. 야웨계 (J:Jahwist;10세기, 유다왕국), 엘로힘계 (E:Elohist;8세기, 이스라엘 북왕국), 신명기계 (D:Deuteronomist;7세기 유다왕국), 사제계 (P:Priestercodex;6세기, 바빌론 제국). 이 이론은 구약성경의 편집과정을 이해하고 궁극적으로는 성경본문을 주석하는 이론으로 기본적인 역할을 한다. 이들 문헌은 각각의 특징을 드러내는 신학적 성격을 가지고 있기 때문이다. OBC 12-16쪽. 각 전승의 구체적인 연대에 대해서는 구약성경의 입문서마다 약간씩 차이를 보이고 있으나 본질적인 주장에는 대동소이하다. 구약성경을 이해하고 해석하기 위한 이 문학양식 이론은 특히 창세 1-11장이 가지고 있는 여러 문제를 풀어내는데 큰 도움이 되는 것은 사실이지만, 절대적인 이론으로 받아들일 필요는 없다. 이 이론은 Hermann Hupfeld, Abraham Kuenen, Karl Heinrich Graf, Julius Wellhausen 등으로 대표되는 일군의 학자들에 의해서 이미 1850-60년대에 확립되기 시작했다. 이 뒤를 이어 20세기에 들어서면서 Hermann Gunkel, Hugo Gresmann, Albrecht Alt 등과 시간을 두고 Gerhard von Rad, Martin Noth, Claus Westermann 등의 구약성경 연구자들에 의해서 모세오경의 문헌비평 및 해석과 관련된 이 이론은 더 정교해졌고 확고해졌다. OBC 24-27쪽. 우리의 관심사인 창세 1-11장은 대체적으로 야웨계와 사제계 문헌만으로 편집된 것으로 본다. 야웨계는 야웨(YHWH)라는 신명을, 사제계는 엘로힘(Elohim)이라는 신명을 선호하는 것으로도 대략 구별된다. 네 전승에 관한 개략적인 설명은 성경을 해설하는 대부분의 입문서에 소개되어 있다. 간단한 참고로, 김민수, 오경, 주머니 속 성경박사 시리즈 제 2권, 생활성경사, 82-91; 보시니 참 좋았다, 성경과 함께, 11-16쪽 참고.

11 정확한 수연대나 이론에 대해서 분분하지만 대체적으로 받아들여지고 있는 사실을 참고한다. OBC 17쪽과 NJBC, 4쪽 참고.

말하면, 창세 1~11장은 신화적 소재(素材)를 사용한 이야기이긴 하지만, 여기에 등장하는 야웨 엘로힘은 바로 이스라엘 역사 안에 등장하는 신(神)과 동일한 존재라는 주장이다. 이렇게 신화적 소재를 이용한 설화의 주인공 야웨 엘로힘이 역사의 신(神)과 동일하다는 사실은 신(神)이 인류를 구원한다는 이스라엘의 역사관과 구원사상을 반영하는 것이라고 하겠다.

이러한 점에서도 창세 1~11장이 구약성경의 맨 앞 자리에 있다는 사실은 그 중요성을 가리키는 바이기도 하다. 이처럼 창세기의 첫 장들은, 이스라엘 역사를 바르게 읽을 수 있는 지침을 제공할 뿐만 아니라, 구약성경 전체를 조망(眺望)하는 자리를 차지한다. 창세 1~11장은 인류역사를 읽는 방향타와 같은 역할을 하는 것이다. 말하자면, 창세기의 첫 장들이 있기 때문에 적어도 가시적으로 성경은 구원의 보편사라는 관점을 획득하며, 모든 인류를 향해 야웨 엘로힘의 이름을 외칠 수 있게 된 것이다. 우리가 잘 알다시피 이스라엘이 선민(選民)이라는 주장은 그 자체로서 의미가 있는 것이 아니라, 모든 인류를 향한 구원의 임무로 파악되고 선양될 때에 비로소 유효한 선언이 되는 것이다.

1.2. 창세 1~11장을 어떻게 읽을 것인가?

창세기의 첫 장들을 신화적 관점에서 보기 시작한 것은 그리 오래된 일이 아니다. 겨우 두 세기가 조금 더 흘렀을 뿐이다. 요한 고트프리트 아이히호른(Johann Gottfried Eichhorn, Urgeschichte원역사, 1792)이 그 비조라고 할 수 있다.[12] 1876년 영국 박물관 학예 연구자였던 G. 스미스가 "갈대아의

---

12 Pierre Gibert, Bible, mythes et récits de commencement, Seuil, Paris, 1986, 91쪽 이하. 신화에 대한 정밀한 정의를 고집하지 않는다면, 다음과 같이 이해하기로 한다. 신화는 어느 누구도 경험했다고 볼 수 없지만, 인간이면 누구나 인식할 수 있는 어떤 내용을 주제로 한 사실성에 바탕을 둔 상징적 표상의 이야기이다. 이렇게 이해할 때 신화의 이야기는 상징이 제시하는 내용을 해석할 필요가 있다.

창조설화 (Goerge Smith, The Chadean Account of Creation)"를 출간한 이후로 구약성경의 창세 1~11장의 설화와 바빌론의 창세신화의 유사성에 주의를 기울이기 시작했고, 오늘날까지 이러한 연구는 계속되어 왔다.[13] 그 동안의 연구로 창세기의 설화나 바빌론의 신화는 유일한 신화들이 아니며, 많은 창세 신화 중의 한 이야기라는 것도 밝혀졌다.[14] 대체로 이러한 연구는 히브리인들의 성경이 가지는 특성을 강조하거나 성경편집자들이 새로운 역사적 상황을 토대로 하여 새롭게 신학적 해석을 가했다는 사실을 강조한다. 즉 원재료의 설화가 지니고 있었을 의미보다는 역사적 정황 속에서 자신들의 실존 의미를 이해하기 위한 태도로 창세기 설화를 재편집했다는 것이다. 어쨌거나 그 동안의 연구결과는 구약성경의 창세기 이야기가 이스라엘 민족의 형성 이전에 있었던 "태초 전승의 수정된 형태"라는 것을 보여주며, 이스라엘이라는 민족 범위에 국한시킬 수 없는 인류 보편적 설화라는 주장에 도달한다. 창세기 설화가 민족설화에 한정될 수 없다는 연구결과는 인류 자신의 이해의 지평을 넓히는 공헌이다. 창세 1~11장은 이러한 의미에서 이 설화들이 나타난 시대의 특수한 정황을 고려할 수 있을 때에 인간 자신의 보편적 인식에 도달할 수 있는

---

13 Claus Westermann, Genesis 1-11, Biblischer Kommentar 'Altes Testament'1, Neukirchner Verlag, 1974; 영어판, trad. by John J. Scullion, sj., Augsburg Publishing House, Minneapolis, 1984 해설 편 참조. 창세기 설화의 중요성을 감안하여 창세 1-11장을 주석하는데 800쪽 이상의 지면을 할애한다. 클라우스 베스터만의 저술인 경우 명시적 인용이 아닌 경우에는 굳이 쪽수를 밝히지 않는다.

14 이 분야의 연구는 주로 지리적으로 인접하거나 정치 사회적으로 직접적 연관이 있는 문화와의 접촉이라는 범주에 한한다. 조 철수, 메소포타미아와 히브리 신화, 길, 2000; 조 철수 (공저), 사람도 없었다, 신도 없었다, 서운관, 1995; Alexander Heidel, The Babylonian Genesis-The Story of Creation, Phoenix Books, Univ. of Chicago Press, 1951(2nd ed.). Heidel의 책은 에누마 엘리쉬(*Enuma Elish*), 바빌론 창조설화를 소개하면서 구약성경의 창조설화와 비교 분석한다. 중국에도 이와 유사한 창세 신화가 있다는 점을 고려할 때 이들 사이의 비교연구가 요청되기도 한다. 중국의 한자 안에 담겨 있는 창세 1-11장의 신화를 추적 연구한 서적이 있어 소개한다. C.H. 강/ 에델 R. 넬슨, 이 혜남 옮김, 창세기의 발견, 청하, 1991. 한자의 고대 형태를 비교하면서 연구한 이 서적은 표의 문자라고 판단되는 글자들을 통하여 창세 1-11장의 이야기를 암시하는 중국의 고대문명과 창세기의 연결고리를 제시한다. 한 마디로 이 책의 주장은 중국문화가 적어도 창세 1-11장에 대한 희미한 기억의 흔적을 한자(漢字) 속에 담고 있다는 것이다. 여기서 우리의 관심은 전세계의 문화들이 고대에 있었던 어떤 사건들, 즉 창세 1-11장의 이야기에 대한 기억이 성경 밖에도 존재한다는 사실을 강조하는 데에 있다.

지혜의 산물이며, 이러한 사실은 성경의 문헌비평을 통해서 어느 정도 일반화한 견해이기도 하다.[15]

시간의 관점에서 볼 때 역사는 신화를 뒤따른다. 구체적인 역사는 역사에 선행하는 신화를 담을 수밖에 없다. 성경의 경우도 마찬가지이다. 아브라함의 역사를 쓰기 위하여 구약성경은 뭇 민족의 역사서처럼 창세기의 신화를 담는다. 신화는 그 자체로 다른 것과 비교할 수 없는 의미를 가진다. 궁켈(H. Gunkel, 1862-1932)은 신화를 '이방인들의 신화'와 '성경적 신화'로 구별하기도 하지만, 모든 신화는 현재에서 명시적으로 알 수 없는 어떠한 현실을 반영하고 있다는 점에서 동일한 특성을 지닌다.[16] 명시적 정보를 제시하지 않는 신화는 일반적으로 이야기의 형식을 가진다. 이야기는 선대에서 후대의 사람들에게 구전되는 형식의 용이성을 가지기 때문이다. 이러한 형식은 구약 성경의 창세기와 다른 창세 신화들 사이의 유사성을 제공한다. 굳이 신화들 사이에 개재하는 차이를 지적한다면, 종교학적인 의미에서 성경은 유일신(唯一神)의 이름으로, 여타 일반신화는 다신적(多神的) 특성을 가지고 이야기한다는 점이 다를 뿐이다.[17]

한편, 신화는 시간과 공간의 차별성이 현실적으로 전제되지 않는 과거에 일어난 사건으로 표현된다. 따라서 질문에 대한 대답은 시공간을 벗어나 상징적으로 주어질 수밖에 없다. 이러한 상징적 의미체계를 이해하기 위해서는 현실

---

15 참조, H. Gunkel, Genesis, 1964 (6판, 1901). 성경을 연구하면서 그가 문학형식비평이란 방법론을 통해서 사용한 '문학양식Gattungen'과 '삶의 자리Sitz im Leben'란 두 용어가 이를 말해준다. '문학양식Gattungen'이 문헌의 구조적 형식에 관심을 가진다면, '삶의 자리Sitz im Leben'는 그 문헌이 작성되고 기록된 사회적 기반에 주의를 기울인다. 역사 안에서 구체적으로 증거되는 삶의 내용과 관련해서만 그 안에서 기록된 문헌들을 보다 정확하게 해석할 수 있다는 의미로 사용한다. '양식사Formegeschichte' 비평이란 방법론은 여기서 비롯된다.

16 Mircea Eliade, Mythe ; P. Gibert, 앞의 택, 94-95쪽. 중근동의 문화 혹은 바빌론 문화와 이스라엘의 역사신학 사이의 긴장으로써 신화와 역사를 비교연구한 글, J.J.M. Roberts, Myth versus History, CBQ 38, 1976, 1-13쪽. 필자가 이 점을 강조하는 이유는 이스라엘 중심의 시각만을 주장하고 주변문화의 신화적 가치를 폄하(貶下)하지 않기를 바라는 데 있다. 왜냐 하면 인류 보편설화에 대한 창세기적 편집은 유일신론적 이스라엘 사유에 의한 하나의 해석이라고 보기 때문이다.

적 경험자료에 직접적으로 의거(依據)할 수 없는 것이 사실이다. 구체적인 시공간적 제한이 없으며 보편적이고 상징적일 수밖에 없는 신화는 모든 이에게 읽혀지는 이야기이기 때문에 해석에 따른 그 의미 또한 모든 이에게 속한다고 할 수 있다. 신화를 해석하고 이해하는 현실의 인간 모두가 그 의미에 다가갈 수 있다는 점에서 창세기 설화는 모든 이에게 의미를 주는 전인류적 보편성을 가진다. 달리 말하면, 측정할 수 없는 시공간적 거리로 인하여 신화는 현실과 직접적인 관계를 가지지 않으나, 현실이 필요로 하는 답을 가리키는 보편적 의미를 제시한다. 그러므로 신화의 상징적 의미는 획일화시킬 수 없다.

1.3. 단일하지 않은 문헌의 전승

구약성경 첫 장을 펴면 우주의 창조와 인간의 창조를 묘사하는 흥미진진한 창세기의 설화들을 만난다. 이 이야기들이 한 필자의 서술에 따라서 일관되게 그 내용이 전개되거나 질서 있게 묘사되어 있지 않고, 여러 이야기들이 짜깁기된 인상을 받는 순간 당황하지 않을 수 없다. 예를 들면, 창세 1장을 읽고 2장에 들어가면 하늘과 땅의 창조 이야기와 인간창조의 두 번째 이야기를 듣지만, 두 번째 이야기는 첫 번째 이야기를 반복하는 듯하지만 눈에 띄게 커다란 차이

---

17 그러나 이러한 구별도 사실 어떤 의미에서는 재고될 필요가 있다. 신을 지칭하는 일반명사로 사용될 수 있는 창세기의 신명(神名) 엘로힘은 문법상 복수이지만 창세설화에서는 유일신을 나타내는 단수로 사용된다. 이 용법이 창세기 이외에 사용되는 예 : 신명 32,39; 이사 6,6; 45,5.22; 54,5; 전도 12,1;욥 35,10; 시편 149,2; 잠언 9,10 등. 그러나 이 어휘가 히브리인들의 신이 아닌 다른 민족들의 신을 지칭할 때에는 복수로 사용된다. 탈출 18,11; 신명 10,17; 판관 10,6; 11,24; 1사무 28,13; 1열왕 11,33; 20,23.28 등. 이러한 사용법은 그리스어로 쓰여진 신약성경에 와서도 유일신(theos)을 나타낼 때와 다른 민족들의 신들을 다신적 의미로 표현하거나 지칭할 때(theoi) 그대로 적용된다. 엘로힘과 관련된 의미와 용법은 다음을 참조. Andrew Jukes, The Names of God in Holy Scripture, Kregel Publications, Grand Rapid, 1967, 15-34쪽; Martin Rose, Names of God in the Old Testament, in ABD, vol. IV, 1001-11쪽. 특별히 1006-7쪽을 참조. 이처럼 신명으로 차용된 엘로힘은 본래 히브리인들이 창세기에 사용하기 전에 사용된 어휘로써 근동의 고대문명권(우가릿, 바빌로니아 등)에 기원을 두고 있다.

를 드러내 보인다. 1장에서 독자는 창세의 현장무대 밖에서 연출하는 듯한 엘로힘의 웅장한 목소리를 듣는가 하면, 모든 것이 엘로힘의 명령에 따라서 예정된 프로그램처럼 진행된다는 착각에 빠질 수 있다. 혼돈 속에서 하늘과 땅이 눈앞에 나타나고 식물들과 동물들의 생명체가 차례대로 창조되는 과정이 전개된다. 이 모든 것이 창조된 다음에 비로소 마지막 날의 마지막 순간에 엘로힘은 남자와 여자로 인간을 창조한다.

질서정연한 것이 무미건조할 정도로 느껴지는 1장의 묘사와 달리, 2장에서는 창조의 순서가 뒤바뀔 뿐만이 아니라 좀 더 사실주의적 묘사가 진행된다. 생명이라고는 생각조차 할 수 없는 황량한 대지의 모습이 먼저 나타나고, 곧 이어 인간이 창조된다. 창세 2장의 신(神) 야웨 엘로힘은 에덴에 동산을 만들고 그곳에 아담을 데려다 놓는다. 아담(남성)[18] 혼자 있는 것이 보기에 안 좋아 동물들을 만들지만 아담의 짝은 찾을 수 없다. 그래서 야웨 엘로힘은 아담의 몸에서 여성 하와를 만들어낸다. 한 눈에 보아서도 알 수 있지만, 1장은 식물-동물-인간의 순서로, 2장은 남자-식물-동물-여자의 차례로 창조의 과정을 진행시키고 있다. 창조기사를 전하는 두 문헌의 학파가 서로 다른 관점을 가지고 이야기를 진행시킨다는 사실이 드러나는 것이다.

창세 1장이 신학적 인간학적 성찰이 담긴 지극히 체계적인 기록의 산물이라면, 2장은 이야기꾼이 들려주는 구수한 설화의 맛을 돋군다. 1장의 엘로힘이 하늘 위 어디에선가 말 한 마디로 창조를 장엄하게 진행시킨다는 인상을 준다면, 2장의 야웨 엘로힘은 손수 땅에 내려와서 밭을 일구는 소박한 창조주의 모

18 플라톤은 향연에서 인간의 양성에 관한 고대의 신화를 소개한다. 본래 인간은 양성(兩性)이었으나, 인간이 신들에게 위협적이었으므로 주신 제우스가 남성과 여성으로 분리했다는 것이다. 그래서 남성은 여성을, 여성은 남성을 줄곧 찾기 마련이라는 뜻이다. 창세기의 이야기는 이러한 그리스 신화의 의도를 무시하고 있는지도 모른다. 다만, 인간의 성에 관한 소재를 창세기도 사용하지만 그 맥락이 아주 다르다는 사실을 강조한다. 창세기 1~11장은 이야기 자료의 다양성에도 불구하고 일관되게 대주제를 설명하기 위해서 동일한 시각에서 사용되고 있다는 사실이 우리의 전제이기도 하다. 창세기에 소개된 이야기 자료들은 각기 다른 변형 이야기로 다른 신화들 속에 있다는 게 일반적인 관측이기 때문이다.

습을 보여준다. 이렇게 나타나는 두 문헌의 차이를 이해하려면 성경학자들의 도움이 절실히 필요하다. 그렇다고 여기서 긴 설명을 하는 것은 이 글이 의도하는 바를 넘어서기 때문에, 우리는 창세기의 이야기들이 여러 원천(源泉)을 가지고 있다는 사실만을 간단하게 언급하고 지나가기로 한다.

그 동안의 연구 결과에 따르면 창세 1~11장의 이야기는 주로 두 전승(傳承)을 바탕으로 엮어져 있다. 이 두 전승을 나누어 표시해 보면 다음과 같다.[19]

창세 1-11 장의 주석학적인 연구에 따른 대략적인 분류

사제계(P)	야웨계(J)	혼합(J+P)
1,1-2,4ㄱ(2,4ㄱ : toledot)[20]	2,4ㄴ-3장+4장 +5,29	
5장(1절 : toledot)		
	6,1-8	
6,9-22(9절 : toledot)		7장-8장
9,1-17	9,18-27	9,28-10장
	11,1-9	
11,10-32(10절 : toledot)	11,27ㄴ-30	

사제계 문헌은 창세 1장이 하늘과 땅의 창조의 족보를 필두로 하여 아담의

19 일반 성경들 TOB, La Bible de Jérusalem, NRSV 등. 마찬가지로 A. Chouraqui, C. Westermann, U. Cassuto, E. A. Speiser, H. Gunkel, G. von Rad 등. OBC, 17쪽과 NJBC, 등 참조.

20 톨레도트(toledot) : 사제계 문헌을 이해하는 기본 단어. 단어의 중요성을 강조하기 위하여 표기하였으며, 본문에서 족보 혹은 가계로 번역한다. 이 단어는 특별히 창조의 각 단계에서 엘로힘의 행위를 강조한다.

족보(5장), 노아의 족보(6-9, 9-7), 노아 아들들의 족보(10장), 셈과 테라의 족보(11장) 등으로 구성된다. 토막 이야기들로 구성되는 야웨계 문헌과는 대조적으로, 사제계 문헌에서 족보는 대단히 중요한 의미를 지닌다는 것을 단번에 짐작할 수 있다. 즉 사제계 문헌의 생각을 요약해 주는 단어 '족보(toledot)'가 창세 2,4; 5,1; 6,9; 10,1에 연이어 나타나서 이 문헌의 특징을 보여준다. 그래서 사제계 문헌은 창조와 인간의 탄생을 하나로 엮으면서, 그 안에 이미 엘로힘의 창조 의지와 힘이 작용하고 있다는 점을 강조한다. 사제계 전승은 우주 창조와 인간의 창조를 엘로힘이 개입하는 창조사상의 동일한 선상에서 이해하고자 하는 것이다. 이 의미에 대하여서는 창세기를 읽어가면서 알아보기로 하고 앞의 구성을 이야기의 순서에 따라서 재정리하면 다음과 같다.

1장 : 창조 이야기(P)

2장 : 창조 이야기(J)

3장 : 아담과 하와 이야기(J)

4, 1-16 : 카인의 이야기(J)

4, 17-5, 32 : 카인과 셋의 후손들, 대홍수 이전의 족장들(P)

6, 1-9, 17 : 홍수와 노아 이야기(J+P)

9, 18-10장 : 노아 이후의 족보 이야기(J+P)

11, 1-9 : 바벨탑 이야기(J)

11, 10-32 : 셈의 족보(P)

이와 같이 창세기 설화를 살펴보면 전체 이야기는 두 전승이 분명하게 나뉘기도 하지만, 혼합되어 있다는 것을 알 수 있다. 말하자면 마지막 성문화(成文化) 과정의 편집자는 창세 1~11장 이야기를 전해 오는 역사적 사실로써 기록한 것이 아니라 "어떤 사상적 의도"를 가지고 편집했다는 인상을 준다. 두 전승의 시대적인 정황이 그 나름대로 이야기의 모티브를 살리고 있다는 것을 짐작케 하는 것이다. 앞에서 언급한 바와 같이 야웨계 문헌은 대략 기원전 10세기를 배경으로 하고 있으며, 사제계 문헌은 기원전 6세기에 편찬된 것으로 알려져 있다. 서기전 10세기는 이스라엘이 통일과 번영을 누렸던 시대로 다윗과 솔로몬의 통치기이며, 이스라엘 민족이 안정된 통일 국가를 확립하고 국내외적으로 경제적 정치적 안정을 누리던 시기였다. 서기전 6세기는 정반대로 이스라엘이 민족적 수난을 겪었던 비운의 시기로 바빌론 유배기 혹은 그 직후를 가리킨다. 야웨계 문헌과는 달리 사제계 문헌의 편집자는 유배생활의 고통과 절망을 겪은 민족 공동체에게 들려주어야 할 희망(希望)의 소식이 필요했을 것이다. 따라서 두 전승이 인간의 문제에 대하여 질문을 제기하고 답하는 방식에 있어서 차이가 날 수밖에 없음은 당연한 결과라고 유추할 수 있다.

창세기 이야기에는 이처럼 문헌을 수집하고 편집하던 시기의 정치적 사회적 상황이 암묵적으로 녹아 들어 있다. 그 동안의 연구에 의거할 때, 개개의 이야기들이 각각의 상황에 기반을 두고 정리되었다는 사실은 어느 누구도 부인할 수 없다. 이 기록들을 독립적인 이야기들로 해체 분석하고자 할 때, 성경 주석학적인 문제들이 매끄럽게 풀리지 않을 뿐더러 상관관계가 무시된다. 오히려 전체 줄거리 안에서 개개의 이야기들이 차지하는 역할과 기능을 고려할 때에 많은 질문들이 해소되며, 그 의미들이 일관성을 띠고 나타나는 것을 알 수 있다.[21] 비록 이야기들의 원천이 다를지언정 일관된 주제를 가진 전체 이야기로써 재구성하고 편집한 최종 편집자의 위치에서 조망(眺望)할 수 있다면, 우리는 개개의 이야기와 문장들에서 오는 대부분의 주석학적 문제들에 대한 해석학적 어려움을 극복할 수 있다. 이와 같이 창세 1~11장을 최종적으로 편집한 학파의 의도를 전제하고 이야기의 흐름을 따라갈 때, 이야기의 논리적 전개

21 Laurence A. Turner, Genesis, Sheffield Academic Press, 2000, 11-18쪽. 통일된 이야기의 주제가 전체를 관통한다는 생각은 많은 사람들의 견해이다. 그렇다고 연구자들의 견해가 일치를 이룬다고 볼 수 없다. 한편, 창세기 설화의 이해에 고대세계에서 편찬된 그리스 문학(기원전 6세기)이 참고점을 제공한다. 고대의 그리스 문학은 신화나 전설 혹은 역사적 사실 사이의 차이를 구분하지 않았다(OBC, 39쪽). 말하자면, 역사적 사실성에 의미를 둔 것이 아니라, 의미의 전달에 초점을 맞추었던 것이다.

를 부인하지 않고 더 풍부한 해석을 할 수 있는 가능성에 접근할 수 있다. 전체적인 맥락에서 이야기를 이해해야 할 필요가 있다는 것을 재차 강조한다.

1.4. 해석과 이해

이와 같이 현재의 창세 1~11장은 마지막 편집자의 신학적 의도가 세련되게 덧붙여진 설화이다. 이렇게 편집된 설화를 해석하려면, 앞에서 언급한 바와 같이 이야기 전체의 문맥이라는 총괄적인 이해의 틀이 전제되어야 한다. 창세기의 설화는 최소한 두 개의 중요한 전승이 뒤섞여 있는 문헌이기 때문에 이야기의 전개에 모순을 일으키거나 해석을 어렵게 하는 요소들이 많다. 자료해석의 어려움을 뛰어넘으려면, 이야기의 처음과 끝을 꿰뚫는 전체적인 시각을 유지해야만 어느 정도 적합한 해석에 도달할 것이다. 더구나 역사적 사건을 기록한 역사적인 문헌도 아니며, 과학적 근거를 가지고 있어서 경험적으로 재구성할 수 있는 이야기도 아니다. 구약성경의 창세기 이야기는 명백히 신화적 소재를 가지고 이야기를 전개하고 있기 때문에 해석을 필요로 할 수밖에 없다. 현대인의 지적 능력이 부족해서가 아니라, 어느 누구도 신화의 증인이 될 수 없기 때문이다. 신화는 신화 자체가 증언할 수밖에 없다. 창세기의 이야기도 마찬가지이다. 우리는 창세기의 신화적 서술이 담고 있는 상징을 읽어냄으로써 그 내용에 다가설 수밖에 없다.

창세 1~11장의 설화를 이해하기 위한 길은 대체로 두 가지로 요약할 수 있다.[22] 하나는 신화적 소재의 편집과정에서 발생한 이질적인 요소들에 대한 문

---

22 두 접 근방식을 성격상 통시적(通時的, diachronos) 접근법과 공시적(共視的, synchronos) 접근법이라고 칭할 수 있다. 통시적(通時的, diachronos) 접근법 : 통시적 : dia (통하여) + chronos (시간). 18세기 이후의 역사비평 내지는 문헌비평의 연구방식이 이에 속한다고 할 것이다. 공시적(共視的, synchronos) 접근법 : syn (함께) + chronos (시간). 20세기 중반 이후 문학비평의 방식으로 도입된 구조주의 분석이 좋은 예이다. 서 인석, 한 처음의 이야기 : 창세 1-11장의 기호학적 설화분석, 생활성서사, 1986.

헌 비판적 해석이다. 이름하여 역사비평 혹은 문헌비평의 방법으로 편집자의 손에 이르기까지 여러 전승층이 어떻게 짜깁기되어 있는가를 알아본다. 이러한 방법은 역사적 문헌의 단층(斷層)들을 이해하는 데 큰 도움을 준다. 그 동안의 연구결과는 한 사람의 저자가 단 시일 내에 창세기를 저술했다고 생각하지 않으며, 구전(口傳)된 전승이 하나씩 독립된 이야기로 수집되어 오랜 세월에 걸쳐서 다듬어져 완성된 작품으로 이해한다. 그 결과 창세기 이야기들을 이해하기 위해서는 시대적 단층들의 세밀한 정치적 문화적 사회적 맥락을 어느 정도 파악할 수 있는 정보가 중요하다. 이 방법은 이야기를 위해서 사용된 소재에 초점을 두는 까닭에, 이야기가 전개하는 의도의 파악에는 비교적 소홀해질 수밖에 없다. 따라서 현재 주어진 이야기 형태에서 그 의미를 해석하고 알아듣는 것이 필요하다. 편집자의 의도가 어디 있는지를 알기 위해서 이야기 전체의 방향이 무엇을 가리키고 있는지를 파악하는 것이 절대적으로 필요한 것이다. 기본적으로 저자가 사용한 편집자료 자체에 대해서 질문을 제기하기보다는, 저자가 어떠한 의도로 이야기들을 편집하였는가에 관심의 초점을 두어야 한다. 이야기 전후 사정을 조사하는 것도 필요하지만, 하나의 작품을 마지막 완성품 그대로 보는 것도 필요하다는 말이다.

창세기 이야기를 하나의 완성품으로 읽어야 한다는 주장은 개별 이야기의 독립성을 부정하지 않는다. 오히려 독립적으로 이해될 수 있는 이야기들이 모여서 하나의 거대한 줄거리를 형성하고, 이야기들 사이의 긴장은 창조적 의미를 발생시킨다. 이렇게 하나의 구조와 틀을 지닌 창세기 이야기들은 이제 더 이상 독립적인 의미를 가지고 분리된 채로 읽을 수 있는 이야기들이 아닌 것이다. 처음의 이야기는 두 번째로 이어지는 이야기에서 더욱 분명해지고, 세 번째, 네 번째…로 이어지는 이야기들은 앞의 이야기들에서 분명하지 않았던 부분들을 밝혀 준다. 처음에 무의미하게 보였던 요소들도 이야기가 전개되어 나가는 과정에서 독자에게 의미를 가지고 다가서는 것이다. 혹은 이렇게 말할 수도 있을 것이다. 독서의 과정에서 드러난 하나의 의미가 이야기의 요소들에 의해서 변주되는 과정을 통해서 새로운 의미를 창조하고 창조된 의미는 이야기 전체의 주제를 다시 새로운 모습으로 드러나게 하는 것이다. 이러한 이야기 전개는 사실상 문학의 기본양식일 것이다.[23] 그리고 창세 1-11장을 읽는 과정에서 독자는 이러한 현상은 아주 쉽게 발견하게 될 것이다.

어쨌든 이 두 가지 접근방식은 창세기 이야기를 부분과 전체의 어느 한쪽으로 기울지 않고 이해할 수 있는 상보적 기능을 가능하게 한다. 창세기를 읽으면서 반드시 어느 방법이 더 옳다는 말은 할 수 없으며, 필요한 경우마다 두 가지 방법이 제공하는 의미들을 취사선택하거나 선용해야 할 것이다. 두 방법은 각각 나름대로 장점도 있지만, 단점도 있다는 것을 무시할 수 없기 때문이다. 역사비평의 방법이 이야기의 논리적 전개상 불필요한 반복과 모순을 지적하고 이를 강조한다면, 이야기의 내적 논리의 정연성을 강조하고 이를 토대로 하여 창세기 설화를 해석하고자 하는 태도는 역사비평의 접근 방식이 소홀히 하는 부분을 메워 줄 것이다.

1.5. 창세 1~11장의 예언적 성격

창세 1~11장을 읽어나가면서 예감(豫感)하게 되겠지만, 무엇보다도 강조하고 싶은 사실은 창세기 설화가 인류의 문명과 역사를 위한 예언적 성격을 띠고 있다는 점이다. 창세 1~11장은 그 전체가 신화적 상징으로 가득 차있는 이야기들이지만 단순한 신화가 아니다. 창세기는 인류에게 과거의 이야기를 바탕으로 현재에 실존적 의미를 제공하며, 미래의 문명과 역사가 어떻게 진행되어야 할지 방향을 제시한다. 이미 창세 1장에서 인간의 삶이 얼마나 사회적이고

---

23 다니엘 키스터, 74쪽 참조; Robert Alter, The art of Biblbical Narrative, Goerge Allen & Unwin, 1981, 21쪽에서 재인용.

24 박종구, 여섯째 날의 두 번째 창조, 신학전망 139호(2002, 겨울) 참조.

정치적으로 엮여 있는지 예언적(豫言的) 성격을 제시한다.[24]

신화 혹은 설화라고 지칭될 수밖에 없는 창세 1~11장의 예언적 성격은 어떻게 발휘되는가? 창세 1~11장에 등장하는 야웨 엘로힘은 구약성경의 토라와 그 외 다른 역사서나 예언서에 등장하여 말씀하시는 분과 동일하다. 창세기 설화는 이스라엘 민족이 역사 안에서 경험한 신(神)과 같은 신명(神名)을 사용하고 이 동명의 신 야웨 엘로힘을 역사 안에 위치시킴으로써 창세기 설화의 신화적 성격을 근본적으로 바꾸어 놓은 것이다. 창세기의 이야기가 신화에 머물지 않으며, 후대의 기억에서 현실성 있는 신탁(神託)으로 전환될 수 있는 길을 마련하게 된 것이다. 인간과 우주를 창조한 엘로힘과 동일한 그 신(神)이 이집트 땅에서 노예라는 천민계층에 속했던 이스라엘 민족에게 해방과 자유를 가져온 분이며, 시나이 산에서 '너희는 나에게 속한다(탈출 19장 이하)'고 선언하며 계약을 맺으신 분이다. 이스라엘 민족의 야웨 엘로힘은 역사의 주인공이며 그 구원의 역사를 이스라엘 민족과 함께 이끌고 나가는 존재로 인식하게 된 것이다. 바로 이 존재와 함께 펼쳐지는 신화 안에서 우리는 아주 새롭게 창세기의 예언적 메시지를 듣지 않을 수 없다. 시간과 공간의 제한을 넘어서 창세기 이야기를 듣는 독자는 어느 한 시대에 속한 사람들만이 아니다.

과거의 자료 + 편집자의 의도 => 창세기 1-11장
(이야기의 전승)

창세기를 읽는 독자에게
(시대를 넘어서)

창세기의 예언은 미래를 알려주는 고대문헌들의 신탁을 그 양식(樣式)으로 삼지 않는다. 오히려 우선적으로 인간의 현재 상태를 고발(告發)하는 성격을 띤다. 예언은 엘로힘의 이름으로 선언되는 인간의 죄악에 대한 고발이며, 이 고발은 동시대인들에게 잘못된 행동에서 즉시 돌아서기를 강청한다. 내일도 아니요 모래도 아니며, 바로 이 순간에 잘못된 현실의 주인공 자리에서 올바른 길, 곧은 길로 들어서기를 요청한다. 엘로힘이 세상을 보듯이 오늘의 세상을 보라고 한다. 오늘의 세상을 엘로힘의 시선을 따라서 보기를 초대한다. 창세기 설화에 구술된 시선으로 보는 것이 가능하다면, 내일의 세상이 어찌 되어 갈지 조금만 시선을 바꾸어 보더라도 알 수 있을 것이다. 폭력으로 얼룩진 세상이 예전의 세계에서 어떻게 오늘의 세계로 바뀌었는지 되돌아 볼 수 있을 것이다. 창세기 설화가 묘사하는 인류의 과거를 이해할 수 있다면 우리의 미래를 어떻게 건설해 나가야 할지 알 수 있을 것이다.

창세 1~11장은 이처럼 과거와 미래가 세상과 우리 안에서 조우(遭遇)하는 예언적 메시지를 들려준다. 창세기가 과거와 미래가 만나는 세상을 이미 선포했다면 우리는 그 한가운데 살고 있다. 창세기에는 가슴 속 깊이 인류가 원하면서도 아직 도달하지 못하는 삶의 내용이 담겨 있다. 폭력이 없는 세상(창세 1,28-30)은 이미 기원전 칠 세기에 예고되었다(이사 11,6-8). 질병의 고통이 없는 장수의 삶 또한 우리에게 선포되었다(창세 5장; 이사 65,20). 그러나 현실을 돌아보면 아직 우리는 그러한 세상을 살고 있지 못하다. 오늘날 병의 원인을 파헤쳐서 치료하고자 하는 현대의 유전 공학적 의료 행위가 인간의 삶을 질적으로 혁신시킬 것이라는 기대를 충분히 가질 수 있는가? 오히려 이러한 질문에 답을 기대하기 전에 성경은 "왜 인간이 이러한 상태에 도달했는가?" 하는 질문을 먼저 제기한다. 의학적 기술적 해답을 추구하기 전에 성경은 과거의 은총에서 현실의 불합리를 경험하는 인류가 자신의 불행의 원인을 먼저 이해하기를 촉구한다. 그렇지 않다면, 인류의 불행을 막을 수 있는 예방적 의학적 조처가 아무리 완벽하게 보일지라도 그 악순환적 고리를 끊을 수도 없고 그 해법도 찾기 어려울 것이다. 의학적 치료행위도 발전할 것이지만, 질병은 지속적으로 발생할 것이다. 병의 발생을 막을 수 없는 한, 과학기술의 발달이 인간의 삶에 행복을 가져올 수 있을 것이라고 누가 장담할 수 있겠는가?

1.6. 창세 1~11장의 구조

앞에서 간단하게나마 언급했지만, 창세 1~11장은 역사비평의 견지에서 보면 균일하지 못한 여러 전승 층의 겹겹으로 구성되어 있기 때문에 통시적(通時的) 접근만을 강조하는 경우에 풀기 어려운 많은 문제에 직면하리라는 것은 이미 알려진 사실이다. 그와 반면에 문헌 이해에 공시적(共時的) 접근을 적용한다면, 역사비평에서 얻어온 정보와 자료를 토대로 하여 편집자의 의도를 여러 측면에서 밝혀낼 수 있는 가능성이 열릴 것이다. 이야기의 구성과 논리만을 본다면, 창세 1~11장은 개별적이면서 독립적인 소재임에도 불구하고 이야기 논리의 전개과정이 유연하게 드러나고 있기 때문이다. 창세 1~11장 이야기를 준비하고 편집한 마지막 필자의 의도가 개개의 이야기 속에서 일관된 성격을 드러내고 있는 것이다.

자연스럽게 파악되겠지만, 창세 1~11장은 창조와 재창조라는 이야기의 두 흐름을 갖추고 있다. 1장에서 6장까지 진행되는 이야기와 6장에서 11장까지 전개되는 과정을 비교해 보면, 창세 1~11장의 전체 구조가 대체로 완벽한 논리의 흐름을 평행하게 진행시키고 있다는 것을 보여 준다.[25]

1, 1-6, 8 : 아담에서 노아까지 (10세대)	6, 9-11, 32 : 노아에서 아브라함까지 (10세대)
ㄱ1) 1, 1-2, 14 : 창조설화	ㄱ2) 6, 5/9-8, 22 : 홍수설화
ㄴ1) 2, 15-24 : 야웨 엘로힘의 경고	ㄴ2) 9, 1-17 : 엘로힘의 계약
ㄷ1) 3, 1-3, 24 : 아담과 하와	ㄷ2) (반복되지 않음)
ㄹ1) 4, 1-4, 16 : 카인과 아벨 -카인의 저주	ㄹ2) 9, 18-27 : 노아와 세 아들 -가나안의 저주

ㅁ1) 4, 17-5, 32 : 족보 ㅁ2) 9, 28-10, 32 : 족보

ㅂ1) 6, 1-8 : 지상(地上)의 상황 ㅂ2) 11, 1-9 : 지상의 상황

-느빌림 이야기 -바벨탑 이야기

창조의 첫 단계에서 사제계 문헌 5장의 족보는 셋의 혈통을 기록으로 남기고 있다(ㅁ1). 아담, 셋, 에노스, 케난, 마할랄렐, 야렛, 에녹, 므두셀라, 라멕, 노아에 이르는 10대의 가계이다. 반면, 창조의 두 번째 단계는 11,10-26에서 셈의 혈통으로 전승된다. 셈, 아르박삿, 셀라, 에벨, 벨렉, 르우, 스룩, 나홀, 데라, 아브라함에 이르는 10대의 족보를 전해 준다. 누가 누구를 낳고, 누가 누구의 조상이라는 식의 기록은 사실상 지루한 독서가 되지만, 조금만 주의를 기울이면 족보를 기록하는 이유가 단순히 세상을 채우고 있는 부족들에 대한 정보만을 제시하고자 하는 것이 아님을 알 수 있다. 족보는 정치적, 지리적, 역사적인 정보가 세심한 작업을 통하여 현실적인 의미를 줄 수 있도록 준비된 기록인 것이다.[26] 이러한 정보를 굳이 세세히 언급하면서 따라 가지는 않겠지만, 족보에 담겨 있는 당대의 관심사항이 어떠했는가를 보여 주는 하나의 예라는 사실을 지적하고자 한다.

아담에서 노아까지 열 세대의 이야기를 전하고 있는 창세 1,1-6,8에서 지상의 상황을 전하는 창세 6,1-8은 초인간적 존재들과 인간의 딸들 사이의 관계를 부정적 시각에서 묘사한다. 아담에서 노아에 이르는 지상 인간들의 못된 삶에 대한 고발을 나타내는 창조의 첫 단계의 결구(結句) 역할을 하면서, 홍수 이야기를 준비하는 자리에서 두 번째 단계의 창조와 연결고리의 기능을 하는

---

25 참조, Jack M. Sasson, The 'Tower of Babel' as a Clue to the Redactional Structuring of the Primeval History [Gen 1-11,9], in The Bible World : Essays in Honor of Cyrus H. Gordon, ed. by G. Rendsburg & ali., KTAV Publishing House and Inst. of Hebrew Culture and Education of NY Univ., New York, 1980, 218쪽;Jeremy Cohen, "Be fertile and Increase, Fill the Earth and Master It", Cornell University Press, 1989, 62쪽.

26 J.M. Sasson, 앞의 책, 212쪽.

것이다. 그 내용이 천상의 인종과 지상의 인종이 결합한다는 신화적 소재를 다루고 있긴 하지만, 그 의도는 바람직하지 못한 지상의 상황을 비판적으로 언급하는 것을 목표로 삼는다. 더구나 그것은 야웨 엘로힘의 눈에 혐오스러운 것이라고 강조한다. 한 마디로 ㅂ1)은 구조상 첫 창조 이야기의 결구이면서 동시에 새로운 창조 이야기를 위한 연결고리이다.

이 간단한 비교에서 홍수 이후 창세 10장에서 펼쳐지는 민족들의 형성과 지상 세계를 채워 가는 장면은 창세 1,28에서 엘로힘이 인간을 두고 내린 축복을 확인한다. 즉 아담과 하와의 이야기는 바로 홍수 이후에 펼쳐지는 새로운 세계, 곧 혼돈과 공허에서 벗어나서 새로운 창조의 수레바퀴를 굴리게 된 인간의 길에 비교된다. 우리는 이 전개과정이 전체적으로 하나의 지향점을 향해 진행한다는 가정을 가지고 출발할 것이다.

우리는 단순하지만 이제 창세 1~11장이 하나의 목적을 가지고 있다고 말할 수 있게 되었다. 이 목적을 찾아가는 것은 해석을 통하여 밝혀질 것이다. 우리는 전체 설화를 일관된 하나의 논리적 체계로 생각할 것이며, 이야기의 해석을 위해서 가급적이면 이미 알려진 성경 주석학적 정보와 지식을 확인하면서 이야기의 전체적인 논리적 체계에 맞추어서 읽어 나갈 것이다. 물론 이야기의 해석을 위해서 가정(假定)이 필요할 것이지만, 우리는 가정의 각 단계에서 한 걸음 더 나아가 보편적(普遍的) 의미를 찾아내고자 노력할 것이다.

창세 1~11장의 전체 구조를 용이하게 이해하기 위해서 이야기 전개의 내용을 여러 단계로 나누어 해석하게 될 것이다. 역사비평이나 문헌비평이 창세기 설화의 이해에 공헌한 결과와 이를 해석하는 도구로서 공시적 방법을 기반으로 해석작업을 진행할 것이다. 세세한 점에서 견해의 차이와 미묘한 이해의 상이(相異)를 발생시키는 모든 주석학적 논쟁은 뒤로 미루고, 인간학적인 관점에서 창세 1~11장의 이야기를 여섯 부분으로 나누어 해설하고자 한다.

1) 창세 1장 : 창조 이야기 (사제계 문헌)

2) 창세 2장 : 창조 이야기 (야웨계)

3) 3장 : 에덴동산 이야기 (야웨계 문헌)

4) 창세 4,1-16 : 형제살인 (야웨계 문헌)

창세 4,17-26 : 족보 : 아담-카인-라멕 (야웨계 문헌)

5) 창세 5,1-32 : 족보(아담-셋-라멕-노아; 사제계 문헌)

창세 6,1-9,17 : 홍수 이야기

(5장의 족보를 홍수 이야기의 연속으로 보지 않아도 된다. 그러나 5장의 족보 이야기는 홍수 이야기의 구체적인 원인으로 홍수 이야기의 도입부로 이해할 수 있으므로 홍수 원인의 한 예(例)로 이 자리에 위치시킨다.)

6) 창세 9,18-10,32 : 민족들의 형성과 분산

창세 11,1-9 : 바벨탑 이야기

이들 이야기의 전개에서 가장 중요한 점은 창세 1장과 2-3장에서 발견되는 대주제와 소주제들이 그 뒤를 이어 전개되는 이야기들에서 확인되고 정확하게 증폭되어 나타나는 것을 보게 된다는 사실이다.

제 1 부

아담아, 너 어디 있느냐?

– 인간의 탄생 –

천지창조 : 해와 달의 창조 (미켈란젤로)

제2장

창조의 나날과 인간

창세 1장은 우주를 창조하는 신존재(神存在)를 엘로힘이라고 칭한다. 신명(神名)으로 엘로힘을 선호하는 사제계 문헌 창세 1장의 설화는 이야기로서 극적인 요소가 전혀 없다고 말할 수도 있다. 팔레스티나의 주변문화가 간직하고 있던 창세신화 속에 등장하는 신들의 족보도 제거되었으며, 간단명료하게 말씀을 통한 신의 창조로 가다듬어졌다. 이야기의 형식만 보자면, 1장은 그저 처음과 끝만 있는 이야기, 그래서 이야기의 흥미나 극적 긴장은 거의 찾아볼 수 없다. 어찌 보면 창세 1~11장의 이야기를 시작하기 위하여 논리적으로 첫 자리에 두어야 했지만, 전체를 아우르는 결론처럼 보고하고 있기 때문이다.

외형적(外形的)으로 이렇게 여겨질 수밖에 없는 사제계 문헌의 배경이 유다 민족이 유배생활을 하던 기원전 6세기 전후라는 역사적 사정을 생각한다면, 반복적이고 단순해 보이는 이 문헌 안에 깃들여 있는 사려 깊은 통찰을 조심스럽게 이해해야 할 것이다. 죽음과 같은 민족의 수난과 이미 사라진 조국의 비애를 극적으로 경험한 이스라엘 민족은 지배민족의 압제 아래에서 자신들이 고백하는 신의 구원을 어떻게 믿어야 할지 새로운 시각에서 정리해야 했을 것이다. 영원히 존속할 것 같은 제국의 힘과 그 융성을 뒷받침해 주는 이민족의 신들과 이스라엘의 신 사이에는 도대체 어떠한 차이가 있단 말인가? 이스라엘 민족이 경험한 역사의 모순적 상황에서도 창세 1장의 집필자는 세상을 지배하는 제국도 사실은 엘로힘의 도구이며 그분의 섭리 안에서 움직이는 일개 창조된 힘일 뿐이란 것을 강조하고 싶다. 더 나아가 창세 1장은 세련된 필체로 엘로힘 이외에 참된 신은 없으며, 여타 민족의 제신(諸神)은 오직 그분의 창조 안에서 존재하는 미물일 뿐이라고 주장하고 싶다. 오직 창조주 엘로힘만이 하늘과 땅을 지어내신 분으로 그 안에 살아 있는 모든 존재는 엘로힘의 창조물일 뿐이다.

이러한 주장은 역사적 실패를 경험한 이스라엘의 창조사상의 내적 본질을 이룬다. 율법(律法)이 성립하던 시기를 참작한다면, 비록 창세 1장에 명시적인 율법적 규정이 안 보인다고 해도 이러한 의도가 숨어 있다고 보아도 무방하다. 말하자면, 창세 1장에서 유의하면서 읽어야 할 주제는 '엘로힘의 형상'[1]으로 불린 인간에 대한 해석과 엘로힘의 말씀인 법(法)으로써 토라(Thora)에 대한 통찰이 눈에 드러나지 않게 숨어 있다는 점이다. 이 법은 천지의 법칙과 같이 자연스럽게 나타나는 것이며, 하늘과 땅의 천체를 규정하는 시간과 공간의 법칙으로 표현된다. 비록 이 표현들은 현대과학의 수치로 묘사되지는 않으나 신의 의지를 도입하는 이야기 화자(話者)의 목소리를 통해서 듣게 된다. 또한 이 법은 시공간을 나타내는 환경과 그 안에 살아 있는 존재들에게 제공되는 먹을거리의 선물을 통하여 인간과 동물, 인간과 대지의 관계를 상징하는 방식으로 나타난다.

창조 :

참고로 이 장을 시작하면서 염두에 두어야 할 사실 한 가지는 창조에 대한 간단한 이해이다. 창세 1장에서 하늘과 땅을 창조하고 생명을 낳는 엘로힘의 장엄한 행위가 창조(bara)라는 단어로 축약된다. 그러나 창세기에서 언급된

---

1 엘로힘의 형상(形象). '모습' 혹은 '모상(模相)'이란 말로 번역하며 라틴어의 '*Imago Dei*'에 해당하는 표현이다. 이 표현은 '신의 닮음/유사성*Similitudo Dei* (창세 1,26)'이라는 표현과 더불어 인간을 본성적 차원에서 이해하려는 사변 신학적 이론을 발전시켰다. 그러나 이러한 신학적 사변은 성경 자체에 근거를 두지 않고 있다는 약점을 노출시킨다. 본문의 해설을 통해서 이 문제를 다룰 것이다.

엘로힘의 창조는 단 한 번에 완성되고 성취되는 것을 의미하지 않는다. 더구나 우주만물을 지어내신 엘로힘의 창조는 신의 일방적인 차원에서 결정적으로 고정되는 것을 의미하지도 않는다. 인간의 개인적 실존뿐만 아니라, 인간의 역사에서 거듭 촉구되는 신의 구원과 맞물려 역사적으로 진행되는 창조는 완성을 향한 현재 진행형이다. 이처럼 창세기에서 이야기하는 창조는 일차적으로 엘로힘의 창조행위에 의거하지만, 이 창조는 인간과 신의 관계 혹은 인간과 인간의 관계에서 성취되어야 할 전 과정을 가리킨다. 창조의 이상을 지향하는 창세기 이야기는 혼돈에서 질서로, 이상적 질서에서 불투명한 현실로 나가는 역사 현실을 창조의 참된 과정으로 묘사한다.[2]

창세 1장의 묘사를 따라가면, 창조의 첫 단계에서 공간과 시간의 질료적 설명이 불가능한 혼돈에서 공간과 시간이 나타나고, 이 시간과 공간을 토대로 하여 생명이 창조된다. 창세 1장에서 생명의 창조는 인간의 실존을 전제하고 진행되지만, 오히려 창조의 이상적인 틀이 붕괴하리라는 불길한 전조를 독자는 감지하지 않을 수 없게 된다. 두 번째 단계에서 확인될 주제이지만, 창조의 퇴행은 이상적으로 설정된 창조의 시공간이 현실적 사회구조의 모습을 띠면서 발생한다. 달리 말하면, 창조의 퇴행은 창조의 정점에서 등장한 인간과 인간의 집단인 사회가 혼돈 속에 떨어지는 것을 가리킨다. 따라서 재창조는 무너진 창조, 곧 혼돈에 이른 인간이 혼돈에서 벗어나 이상적 질서를 회복하라는 요청으로 이해해야 한다. 이러한 의미에서 창조는 하늘과 땅, 그리고 인간을 창조하는 것뿐만 아니라, 넓은 의미에서 사회와 역사를 진행시켜가는 과정을 가리키며, 개인적이건 집합적이건 인간의 현실이 혼돈에서 질서를 회복하는 과정을 재창조라고 이해하게 된다. 이것이 창세기 첫 장들에서 창조와 재창조를 어떻게 이해하고 있는지 보여주는 방식이다.

---

2 Paul Beauchamp, Création et Séparation : étude exégétique du Chapitre premier de la Genése, Aubier-Montaigne, Paris, 1970; Susan Niditch, Chaos To Cosmos, Scholars Press, 1985 참조.

전체적으로 보면, 하늘과 땅을 창조하고 인간을 포함한 일체의 생명을 낳는 행위를 진술하고 있는 창세 1장과 2장, 홍수의 재앙을 소재로 새로운 계약을 맺는 6-9장은 혼돈에서 질서를 부여하는 과정을 창조로 이해한다. 이와 반대로 첫 인간 부부가 야웨 엘로힘의 금지명령을 위반한 사건을 묘사한 창세 3장, 바벨 탑 이야기의 창세 11,1-9, 그리고 첫 인류 이후의 가계를 기록하고 있는 창세 4,17-5,32와 9,28-10,32, 그리고 11,10-32는 이상적 질서가 무너지고 현실에 이르는 과정을 묘사한다. 이 과정은 각 단계에서 창조의 수레를 거꾸로 돌리는 인간의 악을 그 원인으로 고발한다.

2.1. 성경본문 : 창세 1,1-2,4ㄱ

제 1 장 : 우주와 인간의 창조

1. 한 처음에 엘로힘이 하늘과 땅을 창조하였다.
2. 땅은 아직 꼴을 갖추지 못하고 비어 있었는데, 어둠이 심연을 덮고, 엘로힘의 영이 그 물 위를 감돌고 있었다.
3. 엘로힘이 말하기를 "빛이 생겨라" 하자 빛이 생겼다.
4. 엘로힘이 보니 그 빛이 좋았다. 엘로힘은 빛과 어둠을 가르고
5. 빛을 낮이라 부르고 어둠을 밤이라 불렀다. 저녁이 되고 아침이 되니 첫날이 지났다.
6. 엘로힘이 말하기를 "물 한가운데 궁창이 생겨 물과 물 사이를 갈라놓아라" 하였다.
7. 엘로힘이 이렇게 궁창을 만들어 궁창 아래에 있는 물과 궁창 위에 있는 물을 가르자 그대로 되었다.
8. 엘로힘은 궁창을 하늘이라 불렀다. 저녁이 되고 아침이 되니 이튿날이 지났다.
9. 엘로힘이 말하기를 "하늘 아래에 있는 물은 한곳으로 모여 뭍이 드러나거라" 하니, 그대로 되었다.
10. 엘로힘은 뭍을 땅이라, 물이 모인 곳을 바다라고 불렀다. 엘로힘이 보니 좋았다.
11. 엘로힘이 말하기를 "땅은 푸른 싹을 돋게 하여라. 씨를 맺는 풀과 씨 있는 과일 나무를 제 종류대로 땅 위에 돋게 하여라" 하자, 그대로 되었다.
12. 땅은 푸른 싹을 돋아나게 하였다. 씨를 맺는 풀과 씨 있는 과일 나무를 제 종류대로 돋아나게 하였다. 엘로힘이 보니 좋았다.
13. 저녁이 되고 아침이 되니 사흗날이 지났다.
14. 엘로힘이 말하기를 "하늘의 궁창에 빛물체들이 생겨 낮과 밤을 가르고, 징표

와 절기, 날과 해를 나타내도록 하여라.
15. 그리고 하늘의 궁창에서 땅을 비추는 빛물체들이 되어라" 하시자, 그대로 되었다.
16. 엘로힘은 큰 빛물체 두 개를 만들어, 그 가운데서 큰 빛물체는 낮을 다스리고 작은 빛물체는 밤을 다스리게 하였다. 그리고 별들도 만들었다.
17. 엘로힘은 이것들을 하늘 궁창에 두어 땅을 비추게 하고,
18. 낮과 밤을 다스리며 빛과 어둠을 가르게 하였다. 엘로힘이 보니 좋았다.
19. 저녁이 되고 아침이 되니 나흗날이 지났다.
20. 엘로힘은 말했다. "물에는 생물이 우글거리고, 새들은 땅 위 하늘 궁창 아래를 날아다녀라."
21. 이렇게 엘로힘은 큰 바닷괴물들과 물에서 우글거리며 움직이는 온갖 생물들을 제 종류대로, 또 날아 다니는 온갖 새들을 제 종류대로 창조하였다. 엘로힘이 보니 좋았다.
22. 엘로힘이 이들에게 복을 내리며 말하였다. "번식하고 번성하여 바닷물을 가득 채워라. 새들도 땅 위에서 번성하여라."
23. 저녁이 되고 아침이 되니 닷샛날이 지났다.
24. 엘로힘이 말하기를 "땅은 생물을 제 종류대로, 곧 집짐승과 기는 것과 들짐승을 제 종류대로 내어라" 하자, 그대로 되었다.
25. 엘로힘은 이렇게 들짐승을 제 종류대로, 집짐승을 제 종류대로, 땅바닥을 기어 다니는 온갖 것을 제 종류대로 만들었다. 엘로힘이 보니 좋았다.
26. 엘로힘이 말했다. "우리와 비슷하게 우리 모습으로 사람을 만들자. 그래서 그가 바다의 고기와 하늘의 새와 집짐승과 온갖 들짐승과 땅을 기어 다니는 온갖 것을 다스리게 하자."
27. 엘로힘은 이렇게 자신의 모습으로 사람을 창조하였다. 엘로힘의 모습으로 창조하되 남자와 여자로 그들을 창조하였다.
28. 엘로힘은 그들에게 복을 내리며 말하였다. "자식을 많이 낳고 번성하여 땅을

가득 채우고 지배하여라. 그리고 바다의 고기와 하늘의 새와 땅을 기어 다니는 온갖 생물을 다스려라."

29. 엘로힘이 말하기를 "이제 내가 온 땅 위에서 씨를 맺는 모든 풀과 씨 있는 모든 과일 나무를 너희에게 준다. 이것이 너희의 양식이 되리라.

30. 땅의 모든 짐승과 하늘의 모든 새와 땅을 기어 다니는 모든 생물에게는 온갖 푸른 풀을 양식으로 준다" 하시자, 그대로 되었다.

31. 엘로힘이 보니 손수 만든 모든 것이 참 좋았다. 저녁이 되고 아침이 되니 엿샛날이 지났다.

2장.

1. 이렇게 하늘과 땅과 그 안의 모든 것이 마무리되었다.

2. 엘로힘은 하던 일을 이렛날에 마무리하였다. 엘로힘은 하던 일을 모두 마치고 이렛날에 쉬었다.

3. 엘로힘은 이렛날에 복을 내리고 그날을 거룩하게 하였다. 엘로힘은 창조하여 만들던 일을 마치고 그 날에 쉬었기 때문이다.

4. 하늘과 땅이 창조될 때 그 생성은 이러하였다.

2.2. 이끄는 말

창세 1장은 아주 단순한 산문처럼 보이기도 하지만, 세심하게 편집되었다는 사실을 부인할 수 없다. 하나하나의 문장은 물론이고, 문장과 문장 사이에 무시할 수 없는 운율(韻律)이 본문을 읽는 이로 하여금 자연스럽게 리듬을 느끼도록 한다. 이러한 리듬은 단어와 단어 사이에서도 생기지만, 크게는 이야기가 전개되는 문단과 문단 사이에서도 발생한다. 독자는 1장의 이야기의 서술에서 대체로 다음과 같이 반복되는 형식과 리듬을 발견한다:[3]

도입부(...말씀하셨다) (3, 6, 9, 11, 14, 20, 24, 26)

명령 (...생겨라) (3, 6, 9, 11, 14, 20, 24)

명령의 실현 (...그대로 되었다) (3, 7, 9, 11, 15, 24, 30)

음미/관조 (...보기에 좋았다) (4, 10, 12, 18, 21, 25, 31)

시간/마감 (...저녁이 되고 아침이 되니...) (5, 8, 13, 19, 23, 31)

이러한 리듬에 근거해서 창세 1장의 창조사건을 순서대로 열거해보면 다음과 같은 표로 요약할 수 있다.

1절 : 처음에(창세기의 제목)

2절 : 이야기의 시작

---

3 창세 1장의 문장 특성에 대해서 대체로 많은 연구자들은 위와 같은 형식과 리듬에 동의한다. 따라서 굳이 이 문장의 특성에 대해서 길게 언급하지 않겠다. 몇 가지 참고 : Conrad E. L'Heureux, In and Out of Paradise, Paulist Press, 1983, 8-10쪽 ; C. 베스터만, 창세기의 종합적 고찰, 심 용섭, 하느님의 모상으로서의 인간 (2), 238, 1998/11, 106쪽 ; Laurence Turner, Genesis, 19-20쪽 등을 참조.

날	창조의 내용		1.1-2.4ㄱ	신의 창조 묘사			
				(1)	(2)	(3)	혼돈(카오스)에서
첫날	빛(날-밤)	시간	1장, 3-5절	(말씀)	가르다	명명하다	
이튿날	창공	공간	6-8절	만들다('asah)	가르다	명명하다	
사흗날	뭍과 물	공간	9-10절	가르다	명명하다		
	식물		11-13절	움트다			
나흗날	천체(해, 달)	시간	14-19절	만들다	가르다		
닷샛날	수중생물, 날짐승	생명	20-23절	창조하다 (bara)		축복하다	
엿샛날	길짐승	생명	24-25절	만들다			질서(코스모스)로
	사람		26-31절	축복하다	만들다 창조하다	축복하다	
이렛날			2, 1-3절	휴식			

이야기의 종결 : 2장 4ㄱ

이러한 리듬은 아주 단순하게 보이지만, 창세 1장의 이야기를 짜임새 있게 구성할 수 있는 가능성을 제공한다. 구성 요소들은 창조의 각 단계에서 펼쳐지는 소주제들의 진행을 열고 닫는 기능을 한다. 이 기능들이 합쳐져서 창조의 전 과정을 한치의 오차도 없이 묘사할 수 있는 논리를 뒷바침한다. 특별히 창세 1장은 엘로힘의 말씀만 들을 수 있을 뿐이며, 창조의 과정을 전면에서 지배하는 엘로힘을 장엄하게 연출시킴으로써 오직 엘로힘 존재만이 창조주임을 강조한다.

눈에 띄는 몇 가지 사실들을 지적해 본다면 다음과 같다. 표에서 보는 것처럼 셋째 날까지 창조는 분리와 구별을 통해서 이루어지고 이름을 붙이는 것으로 마감된다. 넷째 날 이후는 '창조하다(bara)' 혹은 '만들다(asah)' 라는 직접적인 행동을 나타내는 단어가 엘로힘-신의 창조행위를 표시한다.[4] 첫째 날과 넷째 날의 시간을 지배하는 빛과 천체의 창조를 유의해서 볼 필요가 있다. 공간과 생명의 창조가 진행되는 시작에 시간의 창조가 삽입되어 있음을 지나칠 수 없다. 셋째 날과 여섯째 날에 엘로힘은 두 작품을 낳는다. 왜 그럴까? 단순히 여덟 가지가 있으니까 균형을 잡기 위한 조치일까?

다섯째 날과 여섯째 날에는 신의 축복이 첨가되어 있고 이름을 주는 행동은 없다. 시공간적 구성 요소에 이름을 짓는 신의 행위가 생명을 지닌 동물과 인간에게 있어서는 축복(祝福)으로 바뀌어 나타난다.

셋째 날의 식물은 피를 가진 생명체들과 다르게 생각되는 것 같다. 그 이유는 무엇일까? 둘째 날과 셋째 날은 공간의 창조, 다섯째 날과 여섯째 날은 피를 가진 생명의 창조가 이루어진다. 엘로힘-신(神)은 공간에 앞서서 시간을 창조하고 생명을 창조하기 전에 시간을 창조한다. 이 과정을 차례대로 기술하면 창조의 순서는 대략 다음과 같이 진행되는 것을 알 수 있다.

(창조)
시간 --〉 공간 + 공간
--〉
시간 --〉 생명 + 생명

---

4 '만들다('asah)' 와 '창조하다(bara)' : 두 단어의 신학적 의미 차이를 고려하지 않는다. 성경전승이 다른 이야기를 서술하면서 임의로 필요에 따라서 두 단어를 혼용했으리라 해석한다. 특별히 인간창조를 묘사하면서 27절 한 문장에서 3번씩이나 '바라' 를 사용한 것은 의미 있다고 생각하지만 동시에 '아사' 를 빠뜨리지도 않기 때문이다(26절). 구약성경의 창조설화와 바빌론 창조설화의 전개과정이 거의 동일하기 때문에 두 설화 사이의 기원적 관계를 짐작하게는 하지만, 그 의도는 상이하다는 게 정설이다. 한 편, '창조하다' 라는 동사의 어원은 구약성경 외의 셈계 고어에서는 찾아볼 수 없고, 대체로 '가르다' 혹은 '짤라내다' 라는 의미에서 파생되어 '창조하다' 의 뜻이 되었다고 본다. "창조"는 엘로힘의 행위로써 단순히 물질적인 우주창조에 한정되지 않는다. 오히려 인간의 삶이 그 내용으로 삼아야 할 정의와 진리가 창조의 근본적인 기준이며, 인간의 창조적 행동을 규정하는 본질을 구성한다. 참조, R. David, L'Utilisation du Verbe bara dans l'Ancien Testament, in Scrt 2, 1989/11, 11-20.

이 짧은 묘사에서 공간이나 생명은 시간을 기저로 존재한다는 것을 의미하는 듯싶다. 공간은 시간을 바탕으로, 생명은 시공간을 바탕으로 존재할 터, 공간적인 것이나 생명을 가진 존재는 모두 시간과 함께 생기거나 스러져가기 때문일까? 창조기사에서 시간은 아주 특별하게 이해해야 할 요소로 보인다.

한편, 신의 행동 묘사를 보면 아주 간단하다. 엘로힘은 말씀과 행동으로 창조한다. 창세 1장의 엘로힘은 말씀으로 창조하는 신의 모습과 행동으로 창조하는 신의 모습을 한꺼번에 보여주는 것이다. 특별히 생명체를 창조할 때 창세 1장의 묘사는 말씀보다는 행동하는 엘로힘의 모습을 더 강조한다. 천체의 창조와 관련해서 창세 1장은 당시 주변문화의 다신적 경향 내지는 다신숭배에 대한 명백한 반대를 표시하는 듯하다. 태양신과 달의 신을 믿던 고대세계의 다신적 신앙형태의 종교에 대해서 간단하지만 단호하게 유일신론적 주장을 펼치고 있기 때문이다.[5] 숭배의 대상이었던 해나 달을 하늘과 땅 사이에 존재하는 엘로힘의 창조물로 묘사함으로써 천체의 신적 성격을 일거에 제거한 것이다.

무엇보다도 창세 1장은 창조를 혼돈에서 시작하여 질서를 향해 전개하는 과정으로 묘사한다. 창세 1장이 창조의 시작 이전을 혼돈으로 묘사하고 있다면, 창조의 마지막 모습은 질서로 표현하고 있으며, 엘로힘의 휴식을 전 창조과정의 완성으로 제시한다. 창조를 혼돈에서 질서로 나아가는 과정으로 이해하는 것이다.

창세 1장에서 보이는 창조된 세상은 한 번에 완성된 웅장한 우주의 모습을 드러내지는 않는다. 오히려 시각적으로 익숙한 세상을 보듯이, 지상에 생명이 발생하여 생존할 수 있는 시공간이 마련되고 점진적으로 창조가 진행된 것으

---

5 사제계 문헌이 편집되던 서기전 6세기 당시 유배로 고통을 받고 있던 이스라엘 민족은 자신들의 하느님이 강대국이자 자신들을 지배하던 제국의 제신들보다 강력해야만 했다. 따라서 제국의 제신들을 우상으로 폄하하고 이에 앞서는 유일신을 강조해야 했다.

로 여기는 게 오히려 적절하다. 한 순간에 이루어지지 않고 시간의 순서에 따라서 질서를 보이면서 창조물들이 나타나는 까닭이다. 달리 말하면, 창조된 시공간 안으로 창조물들이 들어온다는 것은 바로 창조계가 순간순간 창조의 과정에서 완성된다는 뜻이다. 비록 이 자리에 역사라는 단어는 없어도 역사의 창조를 이미 염두에 두고 있다. 이렇듯이 창조의 첫 번째 부분은 시공간을 마련하는 것으로 생명이 살수 있는 여건을 조성한다. 두 번째 부분은 이렇게 구성된 세상에서 살게 될 생명체를 창조하는 것이다. 살아 숨쉬는 생물과 그렇지 않은 생물의 구분은 신(神)의 축복으로 결정된다.

이러한 의미에서 엘로힘의 축복은 역사의 축복이기도 하다. 사제계 문헌에서 창조는 곧 역사로 연결될 것이기 때문이다. 창세 1~11장에서 사제계 문헌은 톨레도트(toledot, 가계 혹은 족보)의 개념을 강조하는데, 이 용어는 창조사상이 이미 역사개념과 연결되어 있다는 것을 보여준다.[6] 그 이유는 이 단어가 민족의 생성과 인구의 팽창을 가리키며, 인류의 역사가 지속되어 왔다는 사실을 드러내기 위하여 사용된 까닭이다. 따라서 사제계 문헌은 톨레도트 용어를 사용함으로써 창조의 신 '엘로힘이 인간의 역사 안으로 들어온다'는 것을 암시한다. 다시 말하면, 창조는 이미 그 안에 어떤 지향점을 내포한다. 지향은 모든 살아 있는 존재에게 해당되며 엘로힘이 그 운명을 결정한다. 일체의 존재에게는 창조의 목표가 이미 주어져 있는 것이다. 그러므로 역사는 창조를 전제하고, 창조는 역사를 지향하고 있는 것이다. 이로써 인간은 자기 자신을 역사 안에서 창조의 목표를 살아야 하는 존재로 이해할 수 있게 된다.

---

6 톨레도트(toledot). 창조계의 순서나 가계/족보를 의미하며 사제계 문헌의 특징을 나타낸다. 창세 2,4에서 사용된 이 단어는 일단 완성된 창조를 의미하지만, 동시에 역사의 전개를 암시한다. 창세 1-11장 안에서 사제계 문헌으로 여겨지는 창세 1,1-2,4; 5,1-32; 6,9-22; 9,1-17; 11,10-32는 이 용어가 있어 그 의미를 강조한다. 제 1장의 〈ㄷ) 단일하지 않은 전승〉항목을 참조.

2.3. 창세 1,1-2,4ㄱ의 해석

엘로힘의 창조는 크게 보면 인간을 포함한 동물계의 창조와, 식물-땅에 뿌리를 두고 정적인 특성을 지닌다-을 포함한 비생명계의 창조라는 두 영역으로 나뉜다. 첫 번째 영역은 인간이 지배(radah)해야 할 영역이라면, 두 번째 영역은 빛이 지배하는 영역이다. 이 두 영역의 창조 이야기는 다음과 같은 순서로 진행된다.[7]

이야기의 진행 : 1,1-2,4ㄱ

ㄱ) 1,1-2 : 한 처음에

ㄴ) 1,3-5 : 첫날-빛

ㄷ) 1,6-8 : 둘째 날-창공 (위에 있는 물과 그 아래에 있는 물로 가르면서)

ㄹ) 1,9-13 : 셋째 날-땅과 식물

ㅁ) 1,14-19 : 넷째 날-천체

ㅂ) 1,20-23 : 다섯째 날-물고기와 새

ㅅ) 1,24-31 : 여섯째 날-땅의 동물과 인간

ㅇ) 2,1-4ㄱ : 일곱째 날-엘로힘의 휴식

첫 구절부터 나타나는 '하늘과 땅(天地)'은 창조계 전체를 대변하면서(1절) 창조의 마지막 날에 나타나는 인간 '남자와 여자(男女)'의 쌍과 짝을 이룬다. 두 번째 요소로 나타나는 어둠과 심연의 쌍은 빛의 창조로 구분이 되고, 밤과 낮의 연속으로 아침이 없었던 무시간대에서 아침과 저녁이 있는 시간의 영역으로 바뀐다. 혼돈의 땅과 어둠이 덮고 있는 심연과 엘로힘의 숨이 휘돌고 있는 물은 원시 상태의 전체를 묘사하지만, 그 차이나 구분을 창세기는 허용하지 않는다. 원시상태가 창조의 진행과정으로 이전하는 모습은 마치 설계도의 계획된 순서에 따라 실행되는 질서가 확립되고 있다는 인상을 준다. 그리고 이 모든 과정은 창조의 제 칠일, 사밧을 향한다. 창조 이야기의 끝은 엘로힘의 휴식이며, 창조 과정은 쉬는 것으로 마감된다.

그러나 엘로힘의 휴식이 역사의 시간대 안으로, 즉 이스라엘의 삶 안으로 편입되는 순간 엘로힘의 휴식은 더 이상 휴식이 아님이 드러난다. 웅장하고 유려하게만 보이던 엘로힘의 창조가 역사 안에서는 험난한 과정의 역사창조로 드러날 것이기 때문이다. 앞 장에서 창조와 구원의 관계를 간단히 언급했지만, 창조 이야기는 이스라엘 역사(창세 12장 이후)를 기술하기 위한 전제인 까닭이다. 좁은 의미에서 이스라엘과 엘로힘의 관계가 묘사의 초점이라고 한다면, 넓은 의미에서 이 관계는 인류와 인류문명의 모순에 대한 이야기인 것이다. 이어서 이스라엘 족장들의 소명설화가 뒤따르고, 이집트 탈출과 시나이 산에서 맺은 계약, 그리고 이스라엘 민족의 형성과 왕국의 성립 등 짧지 않은 역사가 이어질 것이다. 이 역사가 보여주는 바에 따르면, 인간은 엘로힘의 목소리를 듣고자 하지 않을 뿐만 아니라, 그 목소리의 의미도 알아들을 수 없다. 이러한

---

7 첫 번째 창조 이야기를 해석하기 위해서 본문을 구분하는 방식이 한 가지만으로 규정될 수는 없다. 기호학적 분석은 오히려 1) 1,1-2 : 정적의 단계, 2) 1,3-31 : 행위의 단계, 3) 2,1-4 : 휴식의 단계로 삼분하기도 한다. Jean Calloud, Pour une Analyse Sémiotique de la Genése 1,1-2,3, in coll. Lectio Divina 127, La Création dans l'Orient Ancien, A.C.F.E.B., Cerf, 1987, 483-513쪽 참조. 위의 분석은 문헌비평이나 언어학적 정보를 거의 고려하지 않고도 성경이 하나의 논리를 가진 완전한 이야기로 분석될 수 있다는 가능성을 보여준다. 그 내용을 간단하게 소개하면 다음과 같다. 정적의 단계는 존재의 구분을 보여주지 않는 단계이다. 엘로힘의 창조과정인 두 번째 단계인 행위의 단계에 들어서면 비로소 존재와 존재의 구분이 생겨나기 시작하여 차별계의 실상이 드러난다. 차별화된 세상의 창조는 첫 인간의 탄생에서 정점에 이르지만, 1장의 창조 이야기는 3일과 4일의 창조과정, 즉 공간(뭍)의 창조에서 시간(큰 빛물체)의 창조로 넘어가면서 불연속을 드러낸다. 낮과 밤으로 불리는 첫 날 첫 시간의 창조와는 달리, 이 두 번째 시간의 창조는 첫 번째 시간과 질적으로 다른 시간이다. 이러한 불연속의 시간은 인간의 삶을 질적으로 규정할 수 있는 시간이기도 하다. 이 시간은 창세 2-3장의 창조 이야기와 비교할 때, 아담이 잠에 빠지고 야웨 엘로힘이 하와를 창조한 후, 현실의 의식으로 돌아온 아담의 시간에 비교할 수 있다. 아담의 깊은 잠은 아담의 의식이 분화하여 변별할 수 있는 시간으로 이행함을 암시한다. 아담의 잠 이전의 시간은 아담이 지배할 수 없는 시간이지만, 잠 이후의 시간은 아담이 지배해야 할 현실의 시간이라고 볼 수 있다. 인간이 역사 현실에서 무엇을 지배해야 하는가? 바로 이 시간이다. 인간은 역사의 주인으로서 시간을 지배할 수 있어야 한다. 시간을 지배할 수 없을 때, 이것이 역사를 살아가는 인간의 절망이 될 것이다.

시각에서 볼 때, 창조 이야기는 인간들의 부조리한 정치와 숨 막히는 사회생활을 적나라하게 드러내기 위한 배경이 되기도 하다.

바로 이러한 모순과 역설로 가득 찬 인간의 운명 한 가운데에서 창조주 엘로힘이 마치 인간에게 말을 걸고 있듯이 묘사되고 있다. 우주를 창조하고 생명계를 창조하는 엘로힘이 창세 1장의 주역인 것이다. 다음의 표는 1장의 분석을 반복하는 듯하지만 시각적으로 그 내용을 잘 요약해준다. 창조 이야기는 시원에서(protology) 창조의 위대한 역사를 시작한 엘로힘이 창조의 끝에서 인간을 기다리고 있음(eschatology)[8]을 보여준다.

브래시트(한 처음에) :

창조 이전의 상황 : 토후, 보후(Tohuwabohu)

첫 날(빛과 어둠/낮과 밤의 분리) – 넷째 날(하늘의 빛들/시간의 창조)
둘째 날(창공/물과 물의 분리) – 다섯째 날(물고기와 새의 창조)
셋째 날(물과 뭍의 분리) – 여섯째 날(동물과 인간의 창조)

일곱째 날 : 엘로힘의 휴식
(엘로힘은 시간을 거룩하게 하셨다)

위의 표를 살펴 보면, 첫째 날과 넷째 날, 둘째 날과 다섯째 날, 셋째 날과 여섯째 날이 대구(對句)를 이루면서 엘로힘의 존재를 부각시킨다. 첫째 날, 둘째 날, 셋째 날은 생명이 들어 찰 환경을, 네째 날, 다섯째 날, 여섯째 날은 창조된 환경을 가득 채울 생명이 등장한다. 1장의 처음과 마지막을 열고 닫는 한 처음(브래시트)과 엘로힘의 휴식(sbt)은 시간의 세계를 지배하는 어휘들이다. 시간

8 구약과 신약의 관계를 신학적으로 이해한다면, protology와 eschatology의 관계를 이미 이 창조 이야기에서 확인할 수 있다. 구약의 신 야웨 엘로힘이 신약에 와서 '주 하느님'(70인역)으로 등장한다.

을 제한하는 브래시트는 곧 이어서 공간의 창조로 진행되며, 창조를 마감하는 엘로힘의 휴식이 시간을 한정한다. 달리 말하면, 공간 안에서 창조된 모든 것은 시간의 제한 속에서 존재하고, 공간적인 것은 영원하지 않으며 사멸할 운명임이 분명하게 암시되고 있다.

이처럼 창조 과정에서 두 가지 사실이 분명하게 드러난다. 하나는 창조과정에서 강조된 것은 물질의 창조가 아니라 시간의 창조와 이와 관련된 요소이다.[9] 창조의 하루, 이틀, …여섯째 날들이 모두 일곱째 날을 지향하며, 엘로힘이 거룩하게 축성한 이 시간에 와서 정점에 이른다. 두 번째 사실은, 엘로힘이 천지창조 이전의 혼돈 상황에서 창조를 통하여 질서를 잡고, 창조는 엘로힘의 휴식에서 정점에 이른다는 점이다. 사제계 문헌에서 암시하는 창조는 완전한 질서를 가리키며, 이 질서의 세계 배후에 엘로힘이 존재한다는 사상이다.

ㄱ. 한 처음에 : 1,1-2

1 : 한 처음에 하느님께서 하늘과 땅을 창조하셨다.

2 : 땅은 아직 꼴을 갖추지 못 하였고 비어 있었는데, 어둠이 심연을 덮고 하느님의 영이 그 물 위를 감돌고 있었다.

브래쉬트(breshit) :

히브리 성경은 이 책의 첫 단어인 '처음에(브래시트)'[10]라는 말로 제목을 삼는다. 이 제목을 담고 있는 1,1이 주절인가 종속절인가 따라서 문장의 해석이 달라진다. 문법적 주석학적 논의는 참고로 만족하고, 다만 그 의미를 이해하기 위해서 논의의 내용을 간단히 제시한다. 창세 1,1을 1장의 제목으로 삼는 경우에 (처음에 엘로힘은 하늘과 땅을 창조했다; 임승필역), 창세 2,4ㄱ(하늘과 땅

---

9 Laurence Turner, 20쪽.

이 창조될 때는 이러하였다)는 이야기를 마감하는 구절로 본다. 그리고 창세 1장의 1절과 2절을 하나의 연결된 문장으로 해석하면 (엘로힘이 하늘과 땅을 창조하기 시작하였을 때, 땅은..., Tob의 경우) 문장의 논리가 분명해진다. 두 번째 해석은 창세 1장이 주변문화의 창세 설화에 기반을 두고 있다고 본 해석이다.[11]

이러한 논의에도 불구하고 브래시트는 하늘과 땅의 시작을 알리는 소리일 뿐이다. 그 시작의 첫머리는 아무도 알 수 없는 무시간대에 속한다. 시간과 공간이 도입되는 순간이며 그 이전의 어떠한 묘사도 허용하지 않는다. 시공간의 첫머리에 엘로힘 – 신(神)이 존재할 뿐이다. 역사의 시간을 제한하는 이 표현은 '엘로힘은 시간과 공간의 주인이시다' 라는 찬가(讚歌)이며 영탄이다. 그리고 하늘과 땅의 시작에 무게를 두지 않는다. 하늘과 땅의 시작 머리에 엘로힘이 있었고, "엘로힘은 천지의 주인이다"라는 사실을 고백하는 것만이 중요하다. 성경을 한번쯤 훑어본 이라면, 쉽게 수긍(首肯)할 수 있다. '엘로힘은 창조주이시다' 라는 이야기 편집자의 고백이 첫 문장 첫 단어에 담겨 있다.

엘로힘(Elohim) :

엘로힘[12]은 행동하는 주체이다. 엘로힘의 실존 자체가 구체적인 행동을 나타내기 때문에 구약의 이야기는 신의 존재여부에 대한 질문을 거부한다. 우리말 성경에서 하느님 혹은 하나님으로 번역된 엘로힘은 인간의 추론적 상상 안에 들어오지 않는다. 인간의 이성을 거부하는 것이 아니라, 인간의 이성적 분석을 거부한다는 의미이다.

엘로힘은 하늘과 땅의 시작과 함께 현존하는 존재이고, 이미 인간의 기억이 오랜 세월을 두고 간직해 온 구전(口傳) 전승 안에 들어 있었던 음편(音片)이다. 말하자면 엘로힘은 기록자의 이성적 의식 안에서 만들어진 단어가 아니고, 세세 대대로 "전해 받은" 단어이다. 달리 말하면, 신의 존재는 인간의 인식결과가 아니라는 말이다. 창세 1장의 엘로힘이 '하느님' 혹은 '신(神)' 이라는 단어로 표현될 수 있는 것처럼, 이 세상 어떤 민족어(民族語)에서도 나타날 수 있는 보편성을 지닌 일반명사이다. 이스라엘의 신이고, 한국인의 신이고, 유럽 제(諸) 민족의 신이고, 아프리카 모든 부족의 신이고, 오세아니아의 신이고, 미주대륙의 인디안들의 신이고, 아시아 제(諸) 민족의 신이다. 물론 이 신을 이스라엘의 엘로힘으로 고백하는 구약성경처럼 엘로힘을 자신들의 신으로 알아듣는 것은 다른 영역의 문제이다. 이스라엘은 엘로힘을 천지창조와 인간창조의 유일신으로 고백하고 있다.

하늘과 땅(天地) :

바로 이 창세기의 신 엘로힘이 하늘과 땅을 창조했다. 하늘과 땅은 현대적 용어를 빌면 우주(宇宙)를 뜻한다. 한자어 우주는 바로 시간과 공간을 의미하고 희랍어는 코스모스(cosmos : 질서가 잡힌 세상)를 가리킨다. 우주가 추상적인 표현이라면, 하늘과 땅은 시청각적으로 더 구체적이다. 즉 하늘과 땅은 눈에 들어오는 대상(對象)을 통하여 우주를 가리키는 단어들이다. 동시에 하늘과 땅은 전체를 뜻하는 다른 표현이 되기도 한다. 물리적 차원에서 하늘과 땅을 비교할 수 없지만, 그 옛날에는 그렇지 않았다. 사실상 인간에게 땅은 자

---

10 브래쉬트(braeshit) : '창세기(genesis)'란 제목은 희랍어 성경 *칠십인역본에서 빌려온 제목이다. 자세한 논의는 다음을 참조. Tob, BJ, NRSV; C. 베스터만, 창세 1,1의 문법적 주석학적 논의; 창세기, 임 승필 역, 구약성경 새번역 7, 1995, 주2. 한 가지 예로 '무(無)에서 창조 (*creatio ex nihilo*)'라는 신학적 이해도 그 중의 한 해석이다. 무엇보다도 이 구절은 신을 찬미하는 구절에서 부연한 표현으로 본다. 즉 신은 인간을 포함한 만물의 주인이라는 고대의 종교예식에서, 신을 기리는 찬가에서 비롯된 생각으로 토라의 사제계 편자는 이를 자기식으로 바꾸어 표현했다고 이해한다. 이러한 점에서 성경의 창조설화는 길가메쉬 서사시나 이집트 창조 설화와 비교된다. 참고로 희랍어성경 칠십인역 (LXX) : 이집트의 알렉산드리아에서 서력기원전 3세기부터 번역되기 시작하여 기원 후 1세기까지 지속되었던 희랍어 번역본. 팔레스티나를 떠나 희랍어 문명권 안에 살던 유다인들은 히브리어를 사용하지 않았기 때문에 이 번역성경을 사용했다. 그리고 초기 그리스도교회는 이를 성경의 공식번역본으로 차용해서 사용했었다. ODCC, 1260쪽.

11 NJBC, 10쪽.

12 수메르어 일il 혹은 일루ilu는 힘이나 영을 의미하는데, 고대세계에서 달의 신을 가리켰다. 이 단어에서 파생한 셈계 언어가 엘el 혹은 엘로힘elohim으로써, 신을 표현하는 가장 오래된 형태의 용어로 남는다. Encyclopaedia Judaica, vol. 7, 674쪽. 이 흔적이 가브리-엘, 라파-엘, 미카-엘, 이스라-엘 등에 남아 있다.

신의 실존 영역이고, 하늘은 인간이 닿을 수 없는 엘로힘의 영역이라는 믿음 때문에 전 창조계를 아우르는 표현이다. 땅은 인간 경험의 대상으로 항존하며, 하늘은 인간의 인식영역을 넘어서는 곳에 존재한다. 창조된 하늘과 땅은 인간으로 하여금 한계를 경험하게 하는 영역이다. 인간은 엘로힘을 자신의 존재영역에서 만날 수 있겠지만, 만나고 싶다고 해서 만날 수 있는 능동적 경험의 대상이 아니다. 창조계는 인간에게 일상적인 경험의 영역을 제공하지만, 인간이 수동적으로 혹은 부분적으로 밖에 경험할 수 없는 신비의 영역도 보유한다. 하늘이 그 표현이다. 이로써 인간은 전능하지도 전지하지도 않은 존재라는 사실이 간접적으로 밝혀진다. 비록 이에 대하여 인간은 거부하고 싶고, 거부하고 싶은 욕망으로 역사를 훼절(毁折)하겠지만.

토후, 보후 :

땅은 혼돈과 공허(토후와보후)로 묘사된다. 토후(tohu, 혼돈의)와 보후(bohu, 공허한 : 꼴을 갖추지 못하고 비어 있는 상태)는 땅의 원시상태를 형용하는 단어들이다. tohu는 구약성경에 20번 나타난다. ㄱ) 사막을 묘사할 때(신명 32,10; 욥기 6,18; 12,24; 시편 107, 40 등), ㄴ) 징벌선언을 할 때(이사야 24,10; 34,11; 40,23; 예레미 4,23 등), 파멸과 연관된 이미지를 가지고 있고 창조와 반대되는 상황의 묘사에 사용된다. 창세 1,2와 이사야 45,18은 직접적으로 창조와 반대되는 뜻을 보여준다. ㄷ) 무(無)를 묘사할 때(욥 26,7; 1사무엘 12,21(두번); 이사야 29,21; 40,17; 41,23; 44,9; 45,19; 59,4 등). 물질적인 의미 보다는 경험적으로 무용한 쓸 데 없다는 의미가 강하다.[13]

토후는 무엇보다도 사막이나 황야와 같이 사람이 살수 없는 공간을 의미하며, 보후는 이러한 의미를 더 강조한다. 삭막하고(예레 4,23) 절망적인(이사 34,11) 상태를 표현하기도 한다. 창세기에서 창조 이전의 공허와 혼돈은 의미상 '생명의 부재'[14]를 뜻한다. 따라서 창조가 진행되어 가는 과정에 생명이 나타나면서 이 상태는 사라진다.

공허와 혼돈과 더불어 시원(始原)의 상태를 묘사하고 있는 것은 심연[15] 위를 덮고 있는 어둠이다. 심연은 어떠한 빛도 뚫고 내려갈 수 없는 상태를 가리킨다. 또한 심연은 홍수의 의미도 있어 물이 가지는 풍요와 파괴의 두 측면을 암시하기도 한다. 심연은 바빌론 창조설화의 주인공 티아맛tiamat과 비교된다. 그러나 이 주인공이 신화적 인물로 등장하는 반면에, 심연은 구약성경에서 결코 의인화되어 나타나지는 않는다. 이 둘 사이의 유사성은 신들의 투쟁과 창조설화가 결합되기 전(前) 단계로 올라간다고 연구자들은 생각한다. 그러나 어휘의 유사함마저 부인할 수는 없다. 부연하면, 마르둑은 티아맛을 죽인 후 몸을 둘로 〈가른다〉. 몸의 상체 부분으로 하늘을 만들고, 아래 부분으로 땅을 만들었다. 창세기는 이 동사 〈가르다/나누다〉로 엘로힘의 창조행위를 묘사한다. 따라서 창세기의 이러한 묘사는 그에 앞서는 창조설화의 기억의 편린을 보여준다고 말할 수 있다.

어쨌든 토라의 어둠과 심연은 사실상 아무 것도 형상하지 않지만, 창조 이전의 어떤 상태를 지시하는 것만은 확실하다. 어둠과 창조는 짝을 이루는 개념으로 거의 모든 창조설화에 나타난다. 달리 말해서 2절이 가리키는 형상은 창조 이전의 '절대적인 무(無)'의 상태를 형상화한 원시적 묘사로써 인간의 원초적 경험을 상징하는 표현이다. 본문의 내용에 유의한다면, 엘로힘은 혼돈과 공허

13 C. 베스터만 참조. 토라의 최초 번역본인 희랍어 칠십인역본(LXX)은 tohu를 '보이지 않는*aoratos*'으로, bohu를 '형태가 없는*akataskeuastos*'으로 번역한다. 헤시오도스는 이를 그의 '우주발생론 (5,116)'에서 어둠의 의미를 가진 '카오스chaos'로 이해한다. 그러므로 빛은 신의 세계를 반영하는 단어가 된다. 그리고 희랍어 단어 우주(코스모스cosmos)는 바로 형태와 질서를 찾은 창조된 세계를 의미한다. 이렇게 희랍적 사고는 원시상태를 무질서와 무형한 상태를 일컫는 것으로 이해한다. 유다이즘이 희랍문명의 영향을 받기 시작한 시기의 저작물인 솔로몬의 지혜서에서 '무형한 물질의 상태'(11,17)라는 표현은 희랍적 사고와 히브리적 사고가 유기적으로 결합한 단적인 예로 보인다. 이 표현은 이후 서방의 그리스도교 사상에 곧 바로 커다란 영향을 미쳤고, '무(無)로부터 창조(創造)=*creatio ex nihilo*'라는 개념이 쉽게 정착할 수 있었던 계기로 작용했다고 본다.

14 TOB 창세 1,1 주석.

15 심연, tehom(1,2). 창조와 분리의 주제에 대한 성경 주석학적인 이해를 위하여 다음을 참조. P. Beauchamp, Création et Séparation : Etude exégétique du Chapitre premier de la Genénèse.

의 카오스 상태를 없앤 것이 아니라, 오히려 그곳에서 빛을 이끌어 내고 하늘과 땅을 포함한 만물을 창조했다. 창조주 엘로힘은 카오스에서 질서의 세계를 존재하게 할 뿐만 아니라, 혼돈과 어둠이 뒤덮고 있는 무질서의 세계에도 현존하시는 까닭이다. 달리 말하면, 그분은 '사멸(死滅)케 하는' 존재가 아니라 '존재(存在)케 하는' 신인 것이다. 그러한 까닭에 인간이 빛 속에 있건 어둠 속에서 헤매건 간에 신은 인간과 함께 하시는 분이다.

이처럼 창세 1장은 처음부터 엘로힘의 창조 행위를 묘사하면서 카오스에서 코스모스가 나타나는 발생적 프로그램을 연출한다. 그렇다고 일방적으로 지시된 방향을 가지고 창조가 진행되리라는 생각은 오해일 수 있다. 코스모스가 발생한 배경인 이 카오스는 늘 창조의 질서를 뒤흔들 수가 있기 때문이다. 인간의 임무는 오히려 이 혼돈이 세상을 지배하지 못하도록 깨어 눈을 뜨고 있는 것이다. 2절에서 보이는 무질서의 형상은 인간의 존재가 시작하는 시점에 이르러서 엘로힘의 창조계가 혼돈을 벗어나 완전한 질서계로 바뀌어 나타날 것이다.

루아흐(영, 입김, 숨) :

물위에 엘로힘의 숨이 휘돌고 있다.[16] 이 '루아흐'는 바람, 혹은 영(靈)을 동시에 의미한다. 엘로힘의 루아흐는 심연과 어둠과 물과 연결된 이미지 속에서 나타난다. 이야기는 창조 이전에 어둠이 이미 거기에 있었다는 사실을 강조한다. 이 창조 이전의 이미지가 이스라엘 민족이 바빌론 유배를 경험하던 시기의 절망적 혼란과 맞물린다. 어둠 속에서 빛이 희망이듯이, 민족의 절망과 좌절의 한 가운데서 빛과 같은 한 줄기 희망이 필요했던 시기였다. 삶에서 제기되는

---

16 루아흐-엘로힘(ruach-ellohim, 엘로힘의 숨). 엘로힘의 루아흐. 엘로힘을 관형적 표현의 최상급 비교로 이해하기도 한다. 이럴 경우, 그 의미는 '힘찬, 강력한' 등으로 이해할 수 있다. 즉 루아흐 엘로힘을 '아주 힘찬 바람' 정도로 이해할 수 있다. 이 경우 엘로힘의 루아흐의 동적인 측면이 강조된다. 더 나아가, G. 폰 라트는 이 표현을 엘로힘의 "폭풍"으로 이해할 것을 주장한다. 그 이유는 엘로힘의 "영"이 창조에 있어서 아무런 역할을 하고 있지 않기 때문이다. 폰 라트, 창세기, 한국신학연구소, 1981, 52쪽 참조.

일체의 의문과 그에서 발생되는 정신적 혼란을 체험한 이스라엘의 유배 생활자들은 위로가 필요했던 것이다. 그들은 민족적 절망과 어둠을 엘로힘의 말씀으로 빛과 질서로 바꿀 수 있다는 희망의 소리를 들었어야 했다. 첫 창조의 엘로힘은 역사의 엘로힘이기 때문에 역사적 절망을 희망으로 바꿀 수 있으리라는 신뢰가 선언되어야 했던 것이다. 불의에 젖어 패망한 역사의 민족은 다시 창조되어야 했기 때문이다.[17] 유다민족이 바빌론으로 끌려가 있었던 유형생활 동안에(제 2 이사야), 그리고 유형 이후 아무것도 남아 있지 않은 황폐된 조국 땅에 돌아온 민족에게(제 3 이사야) 위로와 희망을 엘로힘의 이름으로 선포해야 했던 예언자들은 그들의 작품을 통하여 민족을 재창조해야 할 필요성을 절감했던 것이다.

창세기의 첫 장은 우주와 인간의 창조설화를 담고 있긴 하지만, 이처럼 창조설화의 뒤에는 절망 속에 잠긴 민족을 향한 희망의 메시지가 담겨 있다. 이러한 역사적 배경을 고려할 때에 '창조사상'은 이스라엘의 역사를 통하여 인류역사 안에서 자행된 인간 자신의 폭력성을 고발한다. 창세기의 인간과 인간의 관계를 폭력의 주제로 일관되게 읽게 되면 인간과 야웨 엘로힘, 인간과 땅의 관계가 얼마나 밀접하게 연결되어 있는지 알게 된다. 아직 구체적으로 드러나지 않은 단계에서 간접적이기는 하지만, 창세 1장은 벌써 창세기 첫 11장이 정치적 사회적 성격을 지닌 문헌이란 사실을 상징적으로 형상화하고 있다. 이러한 주장은 이후의 이야기들이 증언할 것이다.

ㄴ. 창조의 첫 단계 : 1,3-10

1,3-5 : 첫날-빛

1,6-8 : 둘째날-창공

---

17 이사야서에서 '창조하다(bara)' 라는 동사가 20번 이상 사용된 까닭을 이러한 배경에서 이해한다.

1,9-10 : 셋째날의 첫 번째 창조-땅

3. 엘로힘이 말하기를 "빛이 생겨라" 하자 빛이 생겼다.
4. 엘로힘이 보니 그 빛이 좋았다. 엘로힘은 빛과 어둠을 가르고
5. 빛을 낮이라 부르고 어둠을 밤이라 불렀다. 저녁이 되고 아침이 되니 첫 날이 지났다.
6. 엘로힘이 말하기를 "물 한가운데 궁창이 생겨 물과 물 사이를 갈라놓아라" 하였다.
7. 엘로힘이 이렇게 궁창을 만들어 궁창 아래에 있는 물과 궁창 위에 있는 물을 가르자 그대로 되었다.
8. 엘로힘은 궁창을 하늘이라 불렀다. 저녁이 되고 아침이 되니 이튿날이 지났다.
9. 엘로힘이 말하기를 "하늘 아래에 있는 물은 한곳으로 모여 뭍이 드러나거라" 하니, 그대로 되었다.
10. 엘로힘은 뭍을 땅이라, 물이 모인 곳을 바다라고 불렀다. 엘로힘이 보니 좋았다.

말씀 :

창조의 첫날, 둘째 날, 셋째 날,... 한 마디의 말이 있을 뿐이다. 찰나적인 소리를 담은 말은 순간적이다. 창조는 순간적으로 이루어졌다. 그러나 여기서 '순간' 이란 말이 의미하는 내용은 기계적 시간으로 계산할 수 있는 단위를 나타내지 않는다. 시간은 이미 창조가 시작되었을 때 생겨났기 때문이다. 무엇보다도 엘로힘은 말씀하셨고, 그에 따라서 창조가 발생했다는 사실이 중요하다. 엘로힘이 말을 한다는 것은 인간에게 있어서 행동하는 것과 같다. 엘로힘이 말한다는 것은 이행되어야 할 명령을 발하는 것과 같다. 마치 인간과 자연물이라는 대상을 앞에 두고 명령하는 것처럼, 엘로힘은 창조의 첫 순간에, 대상이 없

음에도 불구하고, 그렇게 말했던 것이다. 사제계 필자는 더 이상의 유추를 거부하듯이 엘로힘의 명언적(命言的) 표현을 사용한다.

빛과 어둠 :

엘로힘의 첫마디, '빛이 생겨라'를 들어 보라. 인간의 이성과 추론을 허용하지 않는 까닭은 이 사건이 인간의 경험영역 밖에 존재하기 때문이다. 빛의 창조는 희랍적 사고 안에서 본다면 질서의 시작이다. 질서는 창조의 첫걸음이다. 그런데 창세 1장은 빛조차 엘로힘의 창조과정에서 나타나는 대상으로 보여준다. 빛은 자존적으로 기능하기 위해 불려 나온 것이 아니고, 이후에 진행될 창조의 전과정을 밝혀주기 위해서 나타난 것이다. 창공, 큰물과 땅과 식물, 천체, 바다생물과 새, 땅의 모든 동물과 인간의 창조를 밝혀줄 빛이다. 빛은 그 자체로 좋은 것이지만, 창조물을 위해서 존재하게 된 것이다.

빛은 어둠과 짝을 이룬다. 엘로힘은 빛과 어둠을 나누고 말했다, 빛은 보기에 좋구나! 라고. 이 발언 이후에 빛과 어둠이 나뉜 것이다. 어둠은 이미 거기 있었다. 어둠 이외의 모든 것은 창조된 것이지만, 어둠 자체는 창조와 무관하게 언급된다. 밤하늘처럼 어둠은 마치 창조의 과정에서 한 발자국씩 뒤로 물러나는 배경과 같다. 그리하여 빛과 어둠은 낮과 밤이라 일컬어진다. 하루의 시간이 낮과 밤으로 구성되면서, 어둠의 상징인 밤도 질서계 안으로 들어오는 것이다. 어둠이 혼돈의 세계에서 나와 질서계인 창조계 안으로 들어올 때, 이 어둠은 인간에게 익숙해질 수 있는 밤으로써 그 의미를 지닌다. 창조주 엘로힘에게 어둠은 더 이상 어둠이 아닌 것이다. 마찬가지로 인간에게도 이 어둠은 더 이상 혼돈으로만 존재하지 않는다. 인간의 인생에서 어둠은 받아들이기 어려운 사건이 되겠지만, 인간이 살아가는 동안 탄생과 성장의 단계를 거치면서 지나가야 하는 창조의 구성요인이 되는 것이다.

이러한 빛의 창조는 무엇보다도 시간을 바탕으로 이해된다. 창조계의 모든 존재는 우선적으로 시간에 의해서 제한될 것이다. 창조는 시간의 리듬을 따라

진행될 것이며, 모든 존재는 시간에 따라 존재할 것이다. 빛은 이렇게 창조의 리듬을 밝혀줄 것이며, 시간을 따라 진행되는 자연계에 제한을 주는 상징이 된다. 낮과 밤을 일상적으로 경험하는 인간은 창조가 여전히 자신의 일상 안에서 진행되고 있음을 기억할 것이다.

이름짓기 :

엘로힘은 하루를 지칭하는 '낮과 밤'의 이름을 준다. 이 첫날 엘로힘이 한 일은 빛을 창조하고 빛과 어둠을 나누었으며,[18] 엘로힘 자신이 창조한 피조물에 시간을 표시하는 이름을 준 것이다. 엘로힘의 창조 행위 안에서 이름을 짓는 행위는 아주 특별한 의미를 나타낸다. 창조의 신 엘로힘이 이름을 붙인다는 것은 그의 창조행위의 일부인 것이다. 창조주와 창조계의 관계가 이름을 주는 자와 이름을 받는 자의 관계로 성립한다. 이렇게 엘로힘에게서 이름을 받는다는 것은 피조물의 조건을 나타낸다. 부모가 자식을 낳고 첫 번째 하는 행위 중의 하나가 이름을 주는 것이다. 부모와 그 후손 사이의 관계를 나타내는 것으로 이름을 주는 행위보다 더 나은 상징적 행위는 없다. 엘로힘-창조계의 의미가 부모-자식의 관계를 보여주는 창세 5,1-3에서 암시적으로 그 뜻을 잘 드러내고 있다. 이미 이름을 짓는 행동은 창조의 상징적 의미가 내포되어 있는 까닭이다. 2장 19절에서 아담이 동물들에게 이름을 주는 행동도 이러한 생각을 나타낸다.

한편, 창조된 사물들은 이름을 받음과 동시에 그 목적이 정해진다. 빛이 낮이라고 불림으로써 그 기능과 목적이 이름 속에 내포된다. 엘로힘은 빛과 어둠에게 이름을 줌으로써 창조자와 피조물의 관계를 설정한다. 어둠은 엘로힘이 창조한 것이 아니지만, 밤이란 이름을 받음으로써, 엘로힘의 창조계 질서 안으로 편입된다.[19] 어둠-밤조차 창조의 질서 안으로 편입되었다는 1장의 생각은

---

18 나누는 것으로 창조가 이루어지는 것은 생명이 나타나기 전 단계까지이다. 9절까지의 이 분리과정은 끝나고 더 이상 반복되지 않는다. 생명창조는 새로운 방식의 도입으로 시작된다.

유념할만한 가치가 있다. 어둠은 인간의 정신을 드러내는 상징적 표현으로 사용될 것이기 때문이다. 그리고 저녁이 되고 아침이 되니 하루가 되었다. 이 하루는 오직 밝음을 나타내는 빛만으로 성립하지 않으며, 밤과 낮, 빛과 어둠 두 부분으로 이루어진 것이다.

궁창, 물, 뭍 :

어둠 속에서 빛이 갈라져 나오듯이, 마찬가지로 창공[20]이 물 가운데서 갈라져 나온다. 창공의 물들이 아래위로 나뉘고 세상의 뼈대가 형성된다. 물이 수직적 차원에서 위와 아래로 나뉜 것이다. 다시 물은 물대로 한 곳으로 모이니 땅이 나타나고, 물은 바다요 땅은 뭍이란 이름을 받는다. 두 번째 단계로 물이 수평적 차원에서 나뉜 것이다. 이 물의 갈라짐은 에덴동산에서 흘러나오는 강물들로 더 구체적으로 형상화 될 것이다. 말하자면, 혼돈의 이미지를 가진 물이지만, 갈라짐으로써 질서의 세계에서 풍요를 나타낼 것이다.

이와 같이 엘로힘의 명령대로 혼돈의 물이 갈라지니, 그 갈라진 사이로 세상의 모습이 드러나기 시작한 것이다. 혼돈의 한 요소로 소개된 어둠이 빛과 나누인 것처럼, 카오스의 두 번째 질료인 물에서 질서의 세계인 뭍이 드러난 것이다. 물이 혼돈을 상징하는 창조의 질료라면 위의 물과 아래 물이 나뉘면서 질서의 세계를 낳은 것이다. 나뉘고 갈라짐은 혼돈에서 질서를 완성해 가는 단계를 나타낸다.

이러한 과정이 하나의 사슬처럼 연속해서 아무런 긴장이나 걸림이 없이 진행되어 간다. 창조의 과정이 이렇게 단순 명쾌하게 묘사된 이유는 이 세상이

---

19 C. 베스터만 창세 1,5 해석 참조. 저자는 '피조되지 않은 어둠'이 창조계 안으로 들어오게 된 것은 '인간의 이성을 넘어서는 것'으로 이해한다.

20 창공. 히브리어로 라키아(rakia), 희랍어로 스테레오마(*στερëωμα*, stereoma), 라틴어로 피르마멘툼(firmamentum). 이 단어들은 하늘이 둥근 형태를 가지고 있고, 재질은 단단한 물질로 이루어졌다고 생각한 고대인들의 사고를 반영한다. 마치 눈 앞에 보이는 사물처럼 묘사한다. 라키아를 하늘(shamaim)이라고 칭한다(8절).

어떻게 조성되었는지를 설명하려는 것이 아니기 때문이다. 단순히 이 세상의 기원은 인간이 넘어설 수 없는 존재인 엘로힘에게 의존하고 있고, 그분이 인간의 창조주임을 고백하는 것이다. 이 고백은 인간의 사고가 유한하리라는 것을 겸허하게 수용하는 표현이다. 지배자나 피지배자나 엘로힘 앞에서는 모두 같은 창조물일 뿐이다. 어느 누구도 같은 형제자매를 불의로 지배할 수 없다는 평등사상이 담겨 있다.[21] 이러한 고백은 현실의 인간실존을 창세기가 어떻게 이해하는지 잘 보여주는 대목이다. '엘로힘은 창조주이다' 라는 고백이 가능할 때에 비로소 인간은 창조계 안에서 자신의 위치를 지킬 수 있을 것이기 때문이다. 창세 3장 이후에 벌어지는 첫 인간들의 이야기가 이를 좀 더 명확하게 밝혀줄 것이다.

한 걸음 더 나아가, 창세 1장에서 하늘도 엘로힘의 창조물이라고 간단히 취급하는 데서 우리는 하늘을 신의 거주처로 생각하고 있었던 고대의 신화적 표상(表象)을 한꺼번에 무너뜨리는 성경적 사유(思惟)를 발견한다. 말하자면, 고대세계의 표상과 달리 창세기의 하늘은 땅보다 엘로힘에 더 가까이 있는 것이 아니다. 엘로힘에게는 땅이 하늘보다 더 가까이 있을 수 있다. 왜냐하면, 물리적 하늘이나 땅 모두 엘로힘의 창조물일 뿐이기 때문이다. 하늘과 땅 이 모두가 처음부터 엘로힘의 창조물이기 때문에, 때가 되어 땅이 사라지는 날이 오면, 첫 창조의 낡은 하늘도 사라질 것이다. 신약성경의 묵시록은 이를 새 하늘, 새 땅(묵시 21,1)으로 표현한다. 달리 말하면, 이는 새로운 창조를 일컫는 이름으로 모든 만물도 새로 태어나야 하는 것이다.

창조의 첫 단계 완성 :

10절에 이르러 골격이 마련된 세상은 이제 생명의 씨앗들을 보게 될 것이다. 생명이 나타나기 전에 시간과 공간이 마련된 것이다. 세상은 시공으로 짜인 한

---

21 엘로힘 이외에 다른 신이 없다는 유일신 사상은 인간의 평등사상을 암시적으로 함축하고 있으며, 사실상 인간창조설화에 가면 더욱 구체화된다(1,26-27). 이 논의는 장말 부록 #1을 참고할 수 있다.

판의 무대, 하늘과 땅의 수직구조와 뭍과 물의 수평구조로 완성된다. 생명이 나타날 세상의 구조는 시간과 공간이라는 기본 요소로 구성되고 창조는 이 요소들을 가르고 나누는 행위였던 것이다. 마치 집 한 채를 짓기 위해서 건축 청사진을 그리고, 도면에 따라서 골격을 세우고 벽을 만들고, 열리고 닫힌 숱한 공간을 마련하는 것과 비슷하다. 설계도면의 순서대로 토대를 만들고, 기둥을 세우고, 마침내 지붕을 덮듯이 창조계의 틀이 완성된 것이다. 사물을 보고 종합적으로 묘사한 것이 아니라, 그 밑그림을 분석적으로 묘사했다고 말할 수 있다. 사람이 들어서면 곧 바로 그 사용방법을 알게 되는 것처럼, 창조로 혼돈에서 빠져나온 세상은 인간이 이해할 수 있는 질서의 세상이 된 것이다. 인간의 욕망이나 불의로 인하여 발생할 수 있는 혼란스러운 앎이 사라지고 일체가 제자리에 있기 때문에 용이하게 알아볼 수 있는 세상이 된 것이다. 이렇게 창조는 분리와 구별을 통해서 이루어졌다. 엘로힘에 의해서 살만한 세상이 혼돈에서 나왔고, 이제 생겨날 생명들은 더 이상 혼돈을 나타내는 토후와보후의 세계에 속하지 않게 되었다. 이렇게 분리와 구별은 이름을 붙이는 행위로 창조를 마감한다. 창조주의 눈에 보기에 좋은 것이 된 것이다.

ㄷ. 창조의 둘째 단계 : 1,11-19

1,11-13 : 셋째 날의 두 번째 창조-식물

1,14-19 : 넷째 날-천체

11. 엘로힘이 말하기를 "땅은 푸른 싹을 돋게 하여라. 씨를 맺는 풀과 씨 있는 과일 나무를 제 종류대로 땅 위에 돋게 하여라"하자, 그대로 되었다.
12. 땅은 푸른 싹을 돋아나게 하였다. 씨를 맺는 풀과 씨 있는 과일 나무를 제 종류대로 돋아나게 하였다. 엘로힘이 보니 좋았다.
13. 저녁이 되고 아침이 되니 사흗날이 지났다.

14. 엘로힘이 말하기를 "하늘의 궁창에 빛물체들이 생겨 낮과 밤을 가르고, 징표와 절기, 날과 해를 나타내도록 하여라.
15. 그리고 하늘의 궁창에서 땅을 비추는 빛물체들이 되어라." 하시자, 그대로 되었다.
16. 엘로힘은 큰 빛물체 두 개를 만들어, 그 가운데서 큰 빛물체는 낮을 다스리고 작은 빛물체는 밤을 다스리게 하였다. 그리고 별들도 만들었다.
17. 엘로힘은 이것들을 하늘 궁창에 두어 땅을 비추게 하고,
18. 낮과 밤을 다스리며 빛과 어둠을 가르게 하였다. 엘로힘이 보니 좋았다.
19. 저녁이 되고 아침이 되니 나흗날이 지났다.

식물의 창조 :

창조의 첫 번째 단계가 완성되고 두 번째 단계가 시작된다. 두 번째 단계에서 땅은 식물을 생명계의 첫 현상으로 등장시킨다. 마른 땅이 나타났으니 생명이 주어질 여건이 생긴 것이다. 엘로힘은 이렇게 네 번째 작품으로 식물들을 창조한다(11-13절). 땅에서는 식물이 자라고 그 푸르름으로 땅은 살만한 세상이 되어간다. 그러나 식물의 창조는 식물이 세상의 먹이 사슬구조의 일부로써, 다음에 나타날 생명의 먹을 거리로 상정된다. 초목과 씨를 내는 식물과 과실수의 세 종류로 나누는 치밀함은 창조계의 한 부분에 대한 조직적인 이해를 보여준다. 여기서도 식물의 창조는 분리라는 과정을 거치지만, 이번에는 엘로힘이 아니라 땅이 식물을 내놓는다(12절). 땅을 향하여 명령하는 엘로힘의 말을 통하여 창조물에서 창조물이 생겨나는 것이다. 동물의 창조에서도 그러하지만 식물의 번성은 종(種)을 따라서 이어져 나갈 것이다. 창조의 엘로힘은 여기서도 식물의 종(種)과 속(屬)은 그대로 유지될 것을 명령한다. 지구가 존속하는 동안 땅의 식물들은 그 갈래대로 지속적인 번성을 할 것이다. 이렇게 해서 땅과 식물의 세계는 유기적인 하나의 생명계를 형성할 것이다. 그러나 아직 땅이 생명 전체를 온전히 담기에는 부족하다. 그 부족은 천체의 창조, 곧 시간의 창

조를 필요로 하고, 이후에 비로소 살아 움직이는 생명의 창조가 이어짐으로써 메워질 것이다.

시간의 창조 :

천체의 창조 설명은 반복적이고 약간 지루하게 느껴진다. 고대인들의 사고 속에는 세상이 많은 신들로 둘러싸여 있었다. 그러나 성경은 이러한 생각을 부인하고 오직 한 분이신 엘로힘만이 유일한 실재이며, 눈에 보이는 자연세계는 엘로힘의 창조계 안에 포함된다고 생각한다.[22] 하늘이 창조물이라면, 그 하늘에 떠 있는 해와 달을 포함한 일체의 별들은 엘로힘의 창조물일 수밖에 없다. 신적 위치에서 경배의 대상이었던 빛을 발하는 천체들이 피조물의 위치로 자리매김이 이루어진 것이다. 이러한 관점은 무엇보다도 시간의 창조가 모든 창조물들이 시간 속에서 통치될 것을 암시한다.

고대문명사회에서 별들은 (ㄱ) 낮과 밤을 가르고, (ㄴ) 지상을 밝히며, (ㄷ) 흐르는 세월 속에서 축제의 기간을 알려주도록 창조되었다고 이해한다. 하루를 구성하는 낮과 밤은 인간의 일상적인 삶과 깊은 연관을 가지며, 세월과 축제는 인간의 사회적 삶과 역사를 수 놓는다. 고대인들에게 역(曆)이란 삶의 영역 안에서 시간을 구체적으로 경험하며 이해할 수 있는 유일한 표지였다. 또한 인간이 세심히 관찰만 한다면, 천체가 이러한 기능을 가지고 있다는 것을 쉽게 알 수 있었다. 창조물은 이처럼 창조계 안에서 각각의 기능으로써 분류된다. 성경은 바로 이러한 창조물에 대한 '기능적(技能的) 이해'라는 방법을 통하여 엘로힘과 창조물을 구별한다. 창조사상 안에서 이해하는 엘로힘과 자연세계는 본성에 있어서 다르다. 엘로힘은 창조계에 기능을 부여하고 창조물은 그 안에

---

22 고대에는 해와 달을 신성이 깃든 천체로 인식하고 있었기 때문에, 성경의 창조사상(創造思想)은 이러한 고대인의 생각을 부인하는 대단히 혁신적인 사고로 이해할 수 있다. 창세기는 주변 문화의 자연세계에 대한 이러한 생각을 비판적으로 바라보는 탈신화적 시각을 반영한다. 14-15절과 16-18절의 이야기는 그 흐름이 순조롭지 않아서, '해와 달의 창조' 이야기가 변형된 형태로 삽입된 것으로 보기도 한다.

서 자기 고유의 기능을 부여 받는다. 인간을 포함하여 전(全) 창조계는 규정된 법칙의 준수, 곧 자기에게 맡겨진 역할과 책임을 다함으로써 자기 존재의 지속성을 보장받는다.

ㄹ. 창조의 셋째 단계 : 1,20-25

1,20-23 : 다섯째 날 - 물고기와 새

1,24-25 : 여섯째 날의 첫 번째 창조 - 육상동물

20. 엘로힘은 말했다. "물에는 생물이 우글거리고, 새들은 땅 위 하늘 궁창 아래를 날아다녀라."
21. 이렇게 엘로힘은 큰 바닷괴물들과 물에서 우글거리며 움직이는 온갖 생물들을 제 종류대로, 또 날아다니는 온갖 새들을 제 종류대로 창조하였다. 엘로힘이 보니 좋았다.
22. 엘로힘이 이들에게 복을 내리며 말하였다. "번식하고 번성하여 바닷물을 가득 채워라. 새들도 땅 위에서 번성하여라."
23. 저녁이 되고 아침이 되니 닷샛날이 지났다.
24. 엘로힘이 말하기를 "땅은 생물을 제 종류대로, 곧 집짐승과 기는 것과 들짐승을 제 종류대로 내어라"하자, 그대로 되었다.
25. 엘로힘은 이렇게 들짐승을 제 종류대로, 집짐승을 제 종류대로, 땅바닥을 기어다니는 온갖 것을 제 종류대로 만들었다. 엘로힘이 보니 좋았다.

창조의 세 번째 단계가 본격적으로 열린다. 이야기의 전개에 새로운 요소가 도입된다. 앞 단계의 창조가 정적(靜的)인 인상을 준다면, 이 장면에 와서는 동적(動的)인 흐름이 이야기의 흐름에 주조를 이룬다.

무생명계의 창조와 달리 엘로힘의 창조과정에 생명에 대한 신의 축복(祝

福)이 동반한다. 먼저 물고기를 포함하여 수중생물(水中生物)과 공중을 날으는 조류(鳥類)의 창조가 이루어지고 육상동물(陸上動物)이 뒤를 이어 나타난다. 수중생물의 탄생은 물이 그 기능을 담당하는 듯이 보이며(20절), 지상의 동물인 경우는 마치 땅이 그 역할을 담당한 듯하다(24절). 수중생물이 물에 속한다면, 동물은 땅에 속한다는 것을 강조하는 의미일 것이다. 땅은 동물과 인간이 함께 살아야 하는 공간이며 상관관계를 맺는 장이다. 이 관계를 이용하여 창세기는 땅과 동물과 인간의 관계에서 인간의 운명을 논하는 상징체계를 제공할 것이다. 이러한 시각에서 독자는 땅에 속하는 동물과 역시 육체로는 땅에 속할 수밖에 없는 인간의 관계에 아주 미묘한 긴장과 파장이 발생하는 것을 보게 될 것이다.[23] 사제계 문헌은 인간과 동물 사이에 발생할 수 있는 경쟁 혹은 살해가 창조계를 불안과 긴장으로 위협할 것이라는 암시를 주는 듯하다. 이 암시에서 엘로힘이 보았던 이 좋음이 오히려 현실에서 투쟁과 죽음을 경험하는 인간에게는 자신의 실존적 의미에 의문을 던지는 계기를 불러 일으킬 것이다.

생명의 역동성 :

20절에서 생명(生命)의 모습을 묘사하기 위해서 사용된 단어들은 무엇보다도 움직임을 나타내는 어휘들(우글거리다, 날아다니다 등)이다. 생명현상이 역동적(力動的)으로 표현된 것이다. 창조된 존재들이 창조계의 빈자리를 채우기 시작한다는 묘사이기도 하지만, 그보다 우주를 살아 있게 하는 역동성을 부여한다. 그래서 더욱 인상적일 수밖에 없으며 여기서 비로소 생명을 나타내는 존재의 움직임이 포착된다. 마치 잠에서 깨어난 것처럼 우주가 비로소 움직이기 시작한 것이다. 이 '생명'은 인간과 동물을 대신해서 지칭할 수 있는 단어이

---

23 인간과 동물성의 문제는 폭력이란 커다란 성경주제이다. 창세 1장에 나타나는 폭력의 주제에 관해서 P. Beauchamp, Creation et Fondation de la Loi en Gn 1,1-2,4a : Le don de la nourriture végétale en Gn 1,29s, in La Creation dans l'Orient Ancien, A.C.F.E.B., Cerf, 1987을 참조할 수 있다.

다.[24] 살아 움직이는 존재, 엘로힘이 창조한 이 생명체들은 세상을 기고, 날고, 달리는 존재들로써 창조계를 순식간에 역동적이게 하는 것이다. 목숨을 가진 존재, 곧 숨을 쉬기 때문에 동물이나 인간은 살아 움직인다. 목을 넘나드는 숨(루아흐)이 있어서 인간은 살아 움직이며 생각하는 존재가 된다. 식물이 땅에서 와서 그 땅에 고착되어 있다면, 창조계에 역동성을 불어넣는 동물들은 땅 위를 날고, 기고 달리는 자율적 존재임을 알린다. 한 곳에 매이지 않는 동물은 이동할 수 있는 움직임의 존재인 것이다. 21절은 신화적 냄새를 약간 풍기기는 하지만, 20절의 내용을 그대로 받아서 엘로힘의 창조를 되풀이한다.[25] 그리고 보니 좋았다.

생명, 신(神)의 축복(祝福) :

동물들은 천체와 다르게 창조된다. 그 다른 점은 생명체들의 일반적 특성에서 비롯된다. 생명체들은 개체가 스스로 동일한 생명체를 세상에 내놓을 것이다. 생명의 재창조, 이것이 엘로힘의 축복과 연결된다.[26] 아주 당연해 보이는 이 특성은 엘로힘의 창조라는 관점에서 보면 그 내용에 있어서 전 우주와도 맞먹는 차원의 의미를 지닌다. 생명체는 단순히 살아 있기 때문에, 더욱이 살아 있다는 사실로 인하여 스스로를 창조해 나갈 수 있는 생물학적 특성을 부여 받은 것이다. 이는 천체의 창조와 근원적으로 다른 생명현상인 것이다. 엘로힘의

---

24 생명, 숨, 살아 있는 존재 (nps, 네페슈). 창세 2,7에서 신이 첫 인간 아담을 창조하면서 이 단어가 사용될 것이다.

25 1,1에서 보았던 단어 '창조하다 bara'가 21절에 다시 나타난다. 아마도 생명의 창조에 주의를 기울인 선택이었을 것이다.

26 사제계 문헌에서만 찾아볼 수 있는 신의 축복은 생명의 창조(동물-1,22; 인간-1,28; 5,2), 일곱 번째 날(2,3), 홍수 이야기의 끝에서(9,1) 선언된다. 안식일의 축복이 전례적, 혹은 의례적 특성이란 점을 생각한다면, 생명현상에 대한 신의 축복은 깊은 의미가 함축된 표현이다. 엘로힘은 생명의 창조와 홍수의 끝에서, 곧 새로운 창조를 시작하는 자리에서만 축복하고 있기 때문이다. 한 마디로 생명을 창조하고 새로운 시작(생명의 시작, 생명의 번성)을 하는 것은 신의 축복이다. 거듭 말하거니와 창세 1-11장의 이야기 안에서 생명은 신의 축복인 것이다. 이러한 성경적 근거를 유다이즘적 입장에서 해설한 내용은 다음을 참조할 것. Jeremy Cohen, Be fertile and Increase, Fill the Earth and Master It, Cornell University Press, 1989.

축복이 아주 단순한 생물학적 전개와 연관을 맺는다는 점에서 성경은 생명의 본질에 대한 성찰을 요청한다.

엘로힘의 축복은 단순한 종교적 전례를 위한 것이 아니다. 엘로힘의 축복은 생명의 생명창조와 관련되어 있는 것이다. 달리 말하면, 신의 축복이 생명의 본질적 요소로 소개되어 있다. 내용상 축복은 간명하게 생명체의 번성과 성장으로 자연계의 풍요를 나타낸다. 살아 있는 존재의 축복과 창조계-자연계의 풍요는 하나로 연결된다.[27] 창조계의 풍요 없이는 살아 있는 존재의 풍요를 기대할 수 없기 때문이다. 이처럼 성경의 기록은 주변문화의 신화적 요소들을 제거하면서 유일신을 고백하고 자신의 창조사상을 전개한다. 자연신앙의 요소들이 엘로힘의 축복으로 이해할 수 있는 근거는 바로 창조사상이며, 이 창조사상의 구조 안에서 해석될 수 있는 것이다. 따라서 22절의 엘로힘의 축복은 생명의 숨을 가진 모든 생명의 존재에게 그대로 적용되는 축복이다. 이 축복이 후대에 내려올수록 형이상학적으로 변하고 영성적(靈性的)으로 해석되는 변모를 겪지만, 근원적으로 축복은 생명의 번성과 그 창조적 기능에 있다. 생명의 존재가 생명의 존재를 낳는 것이 엘로힘의 축복이며, 이러한 주장이 창조사상의 기본적인 토대인 것이다. 이러한 의미에서 엘로힘의 축복은 제한이 없어 보인다. 그것은 엘로힘과 밀접한 관계에 놓인 생명의 존재가 엘로힘의 창조섭리 안에 들어와 있기 때문이다. 창조계의 풍요에 제한이 오기까지 엘로힘의 축복은 제한이 없을 것이다.

바로 이 시점에서 창세기는 우리에게 질문을 발생시킨다. 지상동물의 창조에 이어서 나타나야 할 엘로힘의 축복이 유보된 것이다. 지상동물의 창조에 수

---

27 역사의 시기에 들어와서 유일신(唯一神) 사상이 다신신앙(多神信仰)과 갈등을 일으키는 주요한 요인은 바로 자연신앙 안에서 발견되는 이 요소들 때문이다. 그러나 자연적 요소들, 즉 창조계 안에서의 이러한 풍요나 번성을 창조사상 안으로 이끌어들이고, 이를 신의 축복요소로 이해했다는 것은 유일신 신앙이 가져온 성숙한 해석(解釋)인 셈이다.

반되어야 할 엘로힘의 축복이 어째서 언급되지 않았을까? 26절은 엘로힘의 축복을 생략한 채 곧 바로 인간창조의 이야기를 시작한 것이다. 이야기의 편집자는 동물에게 있어야 할듯한 엘로힘의 축복을 빠뜨린 이유를 가지고 있는 것일까? 창세기 필자는 단순히 편집과정에서 있을 법한 일처럼 잊었던 것일까? 의도적으로 엘로힘의 축복을 유보하거나 제외했다면 충분한 성찰이 있었을 것이다. 어떤 대답도 만족스럽지 않겠지만, 말씀의 기록자가 우연하게 잊었을 까닭이 없다.

그렇다면 엘로힘의 축복을 생략한 것은 고의성이 짙은 것인가? 여기서 완전한 대답을 기대하기 어려우나, 축복의 내용이 '번식하고 번영하라'는 명령과 함께 온 점을 생각하면 창조가 엘로힘의 창조주간에 완성되는 것이 아님을 의미하는 것은 아닐까? 이 축복이 다시 한 번 인간에게 반복되고, 홍수 이후에 노아와 그 세대에 세 번째로 선언된다는 사실에서 축복은 창조의 과정이요, 인간이 책임지고 갈 책무를 가리키는 것이 아닐까?

우리는 이 같은 질문에 대하여 다음 구절들을 읽으면서 하나의 단서를 찾아낼 수 있을 것이다. 여섯째 날의 인간창조 이야기는 무엇보다도 세심하게 성찰해야 할 것으로 우리의 주의를 끈다.

ㅁ. 여섯째 날의 두 번째 창조 : 1,26-31

26. 엘로힘이 말했다. "우리와 비슷하게 우리 모습으로 사람을 만들자. 그래서 그가 바다의 고기와 하늘의 새와 집짐승과 온갖 들짐승과 땅을 기어다니는 온갖 것을 다스리게 하자."
27. 엘로힘은 이렇게 자신의 모습으로 사람을 창조하였다. 엘로힘의 모습으로 창조하되 남자와 여자로 그들을 창조하였다.
28. 엘로힘은 그들에게 복을 내리며 말하였다. "자식을 많이 낳고 번성하여

에덴

땅을 가득 채우고 지배하여라. 그리고 바다의 고기와 하늘의 새와 땅을 기어다니는 온갖 생물을 다스려라."

29. 엘로힘이 말하기를 "이제 내가 온 땅 위에서 씨를 맺는 모든 풀과 씨 있는 모든 과일 나무를 너희에게 준다. 이것이 너희의 양식이 되리라.

30. 땅의 모든 짐승과 하늘의 모든 새와 땅을 기어다니는 모든 생물에게는 온갖 푸른 풀을 양식으로 준다" 하시자, 그대로 되었다.

31. 엘로힘이 보니 손수 만든 모든 것이 참 좋았다. 저녁이 되고 아침이 되니 엿샛날이 지났다.

위의 본문은 크게 세 부분으로 구성된다. (ㄱ) 인간 창조,[28] (ㄴ) 엘로힘의 축복, (ㄷ) 먹을 거리의 제공. 이 세 요소들을 살펴보면 인간의 창조가 자연물의 창조와 여러 면에서 상이(相異)한 점들을 내포하고 있음을 알 수 있다. 가장 눈에 띄는 점은 다른 동물의 창조와 달리 엘로힘의 말씀 한 마디로 인간창조가 이루어지지 않았다는 사실이다.[29] 일체의 창조물들이 땅에서 온 것처럼, 아담도 육체적으로는 땅에서 오긴 했지만, 말씀 이상의 어떤 과정이 필요한 존재란 점이 암시된다.

이 점은 앞으로 논의되어야 할 사실이지만, 27절은 앞으로 진행될 논의의 단서를 제공한다. 왜냐하면, 인간 존재의 창조가 땅을 바탕으로 하는지 말씀의 명령만으로 성취되는지 명시하고 있지 않기 때문이다. 단순히 말해서, 이는 사람을 말씀만으로 창조하지 않았다는 증언으로 보아도 무방할 것이다. 어쨌든 사람은 엘로힘의 의견이 통일되고 난 후에 창조된 존재이다: "우리와 비슷하게 우리 모습으로 사람을 만들자." 인간은 다른 동물들과 차이가 있으며 엘로힘의 의지가 반영된 존재인 것이다. 더구나 다른 창조물들은 종(種)에 따라서 번성하라는 축복을 받지만, 아담인 경우에는 인종(人種)이 아니라 인간(人間)이 있을 뿐이다. 인간은 본성상 신의 축복을 받은 존재인 것이다.

> 사람이 무엇이기에 이토록 생각해 주시며
> 사람이 무엇이기에 이토록 보살펴 주십니까?
> 사람을 엘로힘 다음가는 자리에 앉히시고
> 존귀와 영광을 씌워주셨습니다.
> 손수 만드신 만물을 다스리게 하시고
> 모든 것을 발밑에 거느리게 하셨습니다.
> 크고 작은 온갖 가축과

---

28 일반적으로 학자들의 연구에 의하면, 인간의 창조설화는 세상의 창조설화와 별도로 존재하던 이야기로써 후대에 편집하는 과정에서 하나로 결합되었다고 본다.

29 3절(…생겨라.), 6절(…갈라놓아라.), 9절(…드러나거라.), 11절(…돋게 하여라.), 14절(…나타내게 하여라.), 15절(…되어라.), 20절(…날아다녀라.), 24절(…내어라.) 등. 인간 이외의 모든 물체와 생명체들은 엘로힘의 명령 한 말씀으로 창조된다. 그러나 인간에게는 적어도 본문에서 이런 패턴이 나타나지 않는다.

들에서 뛰노는 짐승들 하며
공중의 새와 바다의 고기,
물길 따라 두르 다니는 물고기들을
통틀어 다스리게 하셨습니다.
(시편 8,4-6).

31절의 엘로힘의 마지막 선언-모든 것이 아주 좋았다-은 인간에게만 독립적으로 적용된 말이 아니라, 모든 창조계를 대상으로 한 점에서도 특징적이다. 인간의 축복은 모든 자연계와 더불어서만 의미가 있다는 사실이다. 인간에게 선언된 축복이 축복으로써 유지되기 위해서는 바로 전(全) 창조계 안에서 그의 위치가 지켜져야 한다는 암시적 가리킴이다.

게다가 아담에게 내린 엘로힘의 축복은 다른 생명체에게 내린 축복과 대동소이하나, 다른 동물들을 지배하라는 점에서 차이가 있다. 땅을 터전으로 살아갈 동물들에게 축복이 주어지지 않은 사실은 이 동물들이 단순 생명체로 인간과 비교되기 보다는, 인간의 본성적 속성을 암시적으로 드러내는 어떤 상징을 가리키는 것으로 보아야 할 것이다. 생명이라는 관점에서 인간이 동물보다 더 낫다는 보장은 없다. 동물들도 그 운명에 있어서 인간과 같이 생명과 죽음, 구원과 불행을 함께 겪는 존재들이기 때문이다(노아와 홍수 이야기 참조; 시편 49,13-21). 그러나 인간과 동물은 걸 맞는 짝이 될 수 없다(2,20). 인간은 엘로힘의 모습으로 창조된 존재이기 때문이다. 따라서 인간에 의한 동물의 지배는 단순히 야웨계 문헌 보다 후에 기록된 사제계 문헌의 사상에서 인간의 본성적 폭력성을 지적하기 위해서 제시된다. 이러한 사실은 같은 계통의 문헌인 1장과 9장을 비교함으로써 쉽게 알아볼 수 있다.[30]

창세설화에서 동물의 상징성은 폭력과 관련이 있으며 이러한 사실은 이야

---

30 이에 대하여 간단하지만 성경학과 심리학적 대화를 다음의 책에서 참고할 수 있다. P. Beauchamp et D. Vasse, Violence dans la Bible, CahEv #76.

기가 전개될수록 그 꼴을 좀 더 분명하게 드러내줄 것이다. 그러므로 동물의 지배는 엘로힘의 상징적 언명이며 명령이고, 인간성과 동물성의 관계를 규정하는 선언이다. '온갖 동물을 지배하라'는 엘로힘의 축복은 이러한 의미를 생각할 때 지극히 상징적이며 암시적이라 아니 할 수 없다. 구체적으로 이 상징적 암시는 동물의 동물성과 관련이 있고, 인간에게 풀기 어려운 수수께끼가 된다. 창조 이야기는 동물을 통하여 상징적 작업을 하고 있으며 우리의 관심을 자극하는 것이다.

또한 축복을 창조의 관점에서 보면, 오늘날 과학문명을 바탕으로 한 자연정복주의의 실체가 제 모습을 드러난다. 일방적으로 왜곡된 기술문명은 엘로힘의 창조관과 정반대의 위치에 있음을 알 수 있다. 특히 자연을 정복의 대상으로 이해했던 18-19세기 이후 뚜렷하게 나타나기 시작한 지구적 자연재앙을 여러 차원에서 경험하고 있는 인간은 세상의 온갖 쓰레기와 공해를 통해서 비로소 그 의미를 뒤늦게 깨닫고 있다. 그러나 아직 그 의미를 온전하게 깨닫기까지 얼마나 긴 시간이 걸릴지 아무도 모른다. 지상의 어느 정부도, 예외적인 경우를 빼놓고, 환경-자연세계를 실존적 차원에서 우선적으로 고려하고 싶어하지 않는다. 그뿐만 아니라 환경 자체를 인간 삶의 2차적인 대상으로 고려하려는 유혹에 직면해서 눈에 보이는 경제적 효과와 이익만 주장한다.[31] 자연과 인간을 상보적 차원에서 이해하고자 했던 자연주의가 자연을 정복대상으로 이해한 잘못된 기술문명을 토대로 한 파괴적 문명에 압도당한 이후 지구는 몸살을 앓고 있다. 이에 대한 과거의 예언적 메시지를 이곳에서 고대의 언어로

31 21세기를 사는 우리가 서울에서 "병에 든 물을 수입하거나 지하에서 뽑아올린 생수를 사먹는다"는 말을 이상하게 듣지 않는다. 도시에서 오존경보가 수시로 발령된다고 해도 아무도 이상하게 생각하지 않는다. 안개처럼 시야를 가로막는 대기오염도 당연하게 생각한다. 중국대륙에서 바람에 실려 날아오는 황사를 경험하면서도 그 심각성을 정말 심각하게 생각하고 행동하려고 하지 않는다. 이런 우리의 행동과 현상은 20세기 전반에는 생각하지도 않았고 심각한 고려의 대상도 아니었다. 이제는 경제적인 측면에서 잘 살기 위한 노력이 지구적 차원에서 보면 인간이 자기 생명을 갉아먹는 행위처럼 되어 버렸다. 인간이 자신의 편익을 위해서 파멸이 언제 닥칠지 모른 채, 자기의 생명처를 파괴하고 있는 것이다. 이런 의미라면, 문명의 발전은 자연을 훼손하는 행위로 정당화되고 있는 셈이다. 문명의 고발은 창세 4장 이후에 전개된다.

들어야 할 것 같다.

이러한 예언적 메시지는 창세 1장의 먹을 거리 규정을 통해서 원초(原初)의 시간을 넘어 우리의 현실까지 메아리친다. 인간과 모든 살아 있는 생명체들의 먹을 거리가 피를 가진 동물이 아니라 식물성이었다는 엘로힘의 선언은 상징의 언어로 작용한다. 인간과 인간의 문명이 감추고 싶은 폭력의 여러 차원을 들추어내고 있기 때문이다. 식물을 먹을 거리로 하는 삶에서 동물을 살해하거나 혹은 죽이는 폭력은 상상할 수 없다. 식물이 아닌 살아 움직이는 생명체를 먹을 거리로 하는 삶은 살아 움직이는 생명체에 대한 폭력을 전제한다. 생명의 희생을 전제로 한 실존 방식은 인간 자신과 자연계 안에 폭력의 발생을 암시한다. 이러한 암시는 우리에게 폭력 거부의 예언적 메시지가 몇 천년 전에 있었다는 사실에 놀라지 않을 수 없게 만든다. 이 경고는 지극히 상징적이지만, 창조사상과 연결되어 동시에 사실적인 예언의 메시지가 되고 있다. 대개의 종교 안에서 발견되는 것이긴 하지만, 이는 인류의 신 개념에서도 발견된다. 예를 들면, 신의 전능성(全能性)은 사랑과 자비를 전제로 할 때에만 의미가 있고 힘을 발휘하는 개념이다. 그런데 전능(全能)의 힘으로 포장된 신이 인간에게 불안과 두려움을 불러일으킨다면, 그 신(神)은 인간의 폭력적 성향을 고발하는 잘못된 개념의 신일 뿐이다. 신은 사랑이요 자비란 이해가 창세기의 이야기에서 거듭 드러날 것이다.

이 같은 엘로힘이 우리에게 다가오는 존재이긴 하지만, 인간은 체험과 더불어 개념적으로 전할 수밖에 없다. 체험과 이해는 다른 차원이긴 하지만, 엘로힘을 말하기 위해서 둘 다 우리에게 필수적이다. 이제 우리는 엘로힘이 자칭 "우리"라고 기록된 본문을 읽을 시간에 도달하였다. 창세 1,26-31은 인간실존의 의미를 밝히는 자리이기도 하거니와 현대를 살아가는 인간의 운명을 원인론적으로 이해하는 자리이기도 하다.

유다적 유일신관(唯一神觀)을 전통으로 하는 문헌에서 신 엘로힘이 "우리"

라는 복수를 사용한다. 인간을 창조하는 자리에서 비로소 엘로힘의 실존성이 언뜻 나타나고 있다. 창세 1,26-31에 담겨 있는 내용들이 어떤 주제들이며, 이 주제들이 무엇을 의미하는지 알기 위하여 본문을 자세히 읽어보기로 한다.[32]

26절 : 우리와 비슷하게 우리 모습으로.

> 엘로힘이 말했다. "우리와 비슷하게 우리 모습으로 사람을 만들자. 그래서 그가 바다의 고기와 하늘의 새와 집짐승과 온갖 들짐승과 땅을 기어 다니는 온갖 것을 다스리게 하자."

인간을 창조하겠다는 엘로힘의 의지는 전(全) 창조계를 인간의 손에 맡기려는 데 있다. 이 작은 26절의 표현과 문맥에서 몇 가지 중요한 질문이 발생한다. 3가지로 요약할 수 있는데, 1) 신의 복수성 문제, 2) 인간에게 적용된 엘로힘의 형상(形象)과 유사성(類似性) 문제, 그리고 3) 인간과 동물의 관계 등의 주제가 우리의 시선을 끈다.

엘로힘-신(神)의 복수성(複數性) :

우선 유일신(唯一神)을 고백하는 성경이 신을 복수로 지칭하는 이유는 어디에 있는가? 이에 대하여 지나간 서구전통에서 어떻게 이해하고 있는지 C. 베스터만의 연구를 바탕으로 간단하게 정리해 본다.

(ㄱ) 그리스도교 전통에서 삼위 일체적 신론(神論)의 예고를 이곳에서 보았다. 즉 위격의 복수(성부, 성자, 성령)라고 자의적으로 해석하였다. 일반신화에서 나타나는 신들의 존재를 생각한다면, 이러한 생각은 교의적(敎義的) 판단에

---

32 창세 1,26-30에 대한 분석. 박 종구, 여섯째 날의 두 번째 창조 : 인간실존과 폭력성의 고발(창세 1,26-30), in 신학전망 139호 (2002, 겨울)를 참조.

해당한 구약 읽기의 한 가지일 뿐이다. 유다인들은 자신들의 성경인 토라를 그렇게 바라보지 않는다.

(ㄴ) 혹은 바빌론 신화와 동일선상에서 천상의 엘로힘과 천상적 존재들을 일컫는 것으로 해석하기도 한다. 이러한 해석은 구약의 여러 구절들이 뒷받침한다.[33] 그러나 이 해석은 구약성경의 사제계 문헌에 천사적 존재를 지칭하는 어떤 문구도 부재(不在)한다는 이유로 설득력이 부족하며 폐기시킬 수 있다.

(ㄷ) 엘로힘의 문법적 의문을 이 단어(엘로힘)의 사용법에서 해결하고자 한다. 이사야 6,8에서 단수와 복수가 같은 의미로 쓰여졌다는 사실에서(참조, 2사무엘 24,14) 엘로힘의 유일성 문제를 해소하고자 한다.

그러나 위의 어떠한 주장도 결정적인 대답을 주지 못한다. 다만, 오랜 전승 형태의 잔재로써, 다신론적(多神論的) 배경을 가진 이야기의 흔적으로 일개 어법으로 남았다는 주장[34]이 문헌 비판적으로 좀 더 설득력을 얻는다.

엘로힘의 형상(形象)과 유사성(類似性) 문제 :

이 문제는 우리말 번역에서 분명하게 인식되지 않기 때문에 문제가 쉽게 드러나지 않을 수 있다. 인간이 엘로힘의 형상을(*imago*) 따라서 엘로힘의 모습을 닮게끔(*similitudo*) 창조되었다는 표현이 무엇을 의미하는가?[35] 이 질문은 서구의 오랜 지적 전통의 기간에 인간 존재에 대한 많은 신학적 논쟁을 불러 일으켰으며, 인간의 본성에 대한 신학적 성찰과 이해의 단초처럼 사용되었다. 말하자면, '신의 형상(*imago dei*)' 이란 표현이 인간의 본성을 이해하기 위한 사유의 재료로 인간이해의 기본적인 출발점으로 인용되고 사용되었다. 역사적으로 보면, 2세기 이레네우스(*Iraeneus*, 대략 130-202)[36] 이후 "형

---

33 1열왕기 22,19; 욥 1,6이하; 2,1이하; 38,7; 이사야 6,8, 등.

34 심용섭, 하느님의 모상으로서의 인간 (2), 108쪽. W.H. Schmit, Der Schöfungsbericht der Priesterschrift, Neukirchen-Vluyn, 1973, 130쪽에서 재인용.

상과 유사성"의 문제는 그리스도교적 인간 이해의 기본개념으로 정착하였으며 신학 안에 자리잡았다. 그러나 근본적으로 "인간의 무엇이 신의 형상과 유사성에 근접하는가?" 식의 질문은 성경적 문맥을 떠난 것으로 보지 않을 수 없으며, 그 대답 또한 성경적 바탕을 떠난 사변이 되지 않을 수 없다. 왜냐하면 창세기 설화는 인간의 본성을 형이상학이나 철학에 기초하여 설명하고 있지 않기 때문이다. 그런데도 서구의 오랜 전통은 인간본성에 대하여 희랍적 라틴적 철학의 사유에서 시작하여 신학적 교의적 성격을 취해 왔다. 인간성에 대한 질문과 그 대답의 축이 본래의 궤도를 벗어나 다른 방향으로 전이(轉移)되었던 것이다. 말하자면 사유 자체는 훌륭했지만, 성경적 문맥을 벗어나 제시된 사변의 성격을 벗어날 수 없었던 것이다. 성경에 충실한 인간 이해를 위해서라면 우선은 성경의 테두리 안에서 답변이 시도되었어야 했다.[37]

사실상 이러한 질문을 가지고 구약 성경적 답을 시도한 것은 19세기말에 시

---

35 형상(*imago, tchelem*첼렘)과 유사성(*similitudo, demut*데뭍). 이 두 용어에 대한 어원학적인 논의와 이해는 Paul Humbert, Études sur le récit du Paradis et de la chute dans la Genèse, Mémoires de l'Universitéde Neuchâtel 14, 1940 이후에 이루어졌고, 특히 P. Humbert의 글 5장에서 구체적인 내용을 찾아볼 수 있다. 저자의 논의에 의거하면, 인간을 지칭하는 *imago dei* (신의 형상)의 형상은 인간의 피조된 상태(*status naturae purae*)를 의미한다. 유사성은 이 피조된 상태에서 초자연적 현실로 들어올려진(*status naturae elevatae*) 상태변화로 이해한다. 그러나 이러한 신학적 주장의 근거는 창세기적 문맥이 아니며, 희랍-라틴 문화 안에서 진전된 사변신학적 성찰(省察)이라는 점에서 다시 재고해야 할 필요가 있다. 어휘의 성경적 의미에 대하여 본격적 논의가 시작된 19세기 이후의 주석학적 입장들은 특히 프로테스탄트 성경 주석학을 중심으로 전개되었다. 이에 대한 역사적 개진에 대하여 Gunnlaugur A. Jonsson, The Image of God-Genesis 1,26-28 in a century of Old Testament Research, Almquist & Wiksell International, Lund, 1988을 참조; C. Westermann 창세 1,26 주석 참조. 그리스도교 첫 5세기 동안 교부들이 성찰한 내용에 대하여 A.-G. Hamman, L'homme image de Dieu, Desclée, Paris, 1987 참조. 이 시기는 유다이즘이라는 태생적 환경에서 주변문화, 곧 헬라문화와 라틴문화 안으로 그리스도교가 들어와 토착화한 아주 중요한 단계이다. 이후 그리스도교는 철저히 라틴화, 헬라화되는 과정을 지나 오늘에 이르렀다고 볼 수 있다. 팔레스티나에서 직간접의 영향과 접촉을 유지해온 주변문화, 앗시리아, 바빌론, 이집트 문헌들과의 비교성찰 및 현대 주석학적인 입장의 해설은, P.-E. Dion, Ressemblance et Image, in DBS, X 참고. 이 문제는 2장의 부록 #1에서 분석적으로 더 상세하게 다룬 내용을 참고할 수 있다.

36 A.-G. Hamman, L'homme image de Dieu, 1987 참조. 이레네우스는 스미르나 태생으로, 프랑스 리옹 지방에 와서 영지주의(靈知主義, gnosticism)와 논쟁을 벌였고, 178년 리옹의 초대주교가 됨. 영지주의: 참된 앎을 얻음으로 구원을 받는다는 주장으로 그리스도교 초기인 2-3세기에 활발한 움직임을 보였다.

작되었다고 말할 수 있다.[38] 그러나 이 용어들이 유다인의 성경 창세기에만 들어 있는 것이 아니고, 이스라엘이 살았던 팔레스티나 주변의 고대문화권, 곧 이집트나 바빌론의 고고학적 유물에서 발견되는 용어라는 사실에서 문제는 그렇게 간단하지 않다.[39] 이에 대한 이해를 돕기 위하여 장말(章末)에 부록으로 해설을 제시한다.

인간-동물-땅의 관계 :

세 번째 질문은 용어나 용어의 해석문제와는 다른 차원의 것이다. 이야기의 등장 요소들인 인간, 동물, 땅의 상호관계를 어떻게 설정하고 있는가 하는 질

---

37 신의 형상에 대하여 인간의 외적 혹은 영적 닮음을 '신의 형상'을 가진 인간으로 해석하는 경향이 있다. 한 예로 서방교회 안에서 가장 큰 영향을 끼쳤다고 전해지는 북아프리카 히포의 주교 아우구스티누스(Augustinus, 354-430)는 "삼위일체신론(三位一體神論)"을 저술하며 인간의 본성 안에서 기억, 지성, 의지를 삼위일체적 신의 흔적으로 제시한다. 근세에 들어서는 스위스의 세기적 신학자 칼 바르트(1886-1968)도, 아우구스티누스의 삼위일체론을 공박하면서 나치에 의해 젊은 나이에 수용소에서 살해당한 독일 신학자 본회퍼(Dietrich Bonhoeffer, 1906-1945)가 '신의 형상'을 설명하기 위해 사용한 관계의 유비(analogia relationis) 개념을 바탕으로 창세 1,26-27를 해석하고자 했다(교회 교의학 제 3권 Die Kirchliche Dogmatik, Bd. III). K. 바르트 자신은 이 구절들을 해석하기 위하여 성경의 주석학적 정보를 제일의적(第一義的)으로 중요시했음에도 불구하고 실존론적 해석으로 기울어 자기모순에 빠졌다는 비판을 듣는다. 이와 같은 신학적 시도에 대한 일반적인 비판은 이들의 신학적 전개나 해석의 내용 자체에 있지 않고, 처음부터 구약 성경적 문맥을 충분히 기초로 하지 않고 전개되었다는 데에 있다. 이에 대한 비판적 소개는, Phyllis A. Bird, "Male and Female He Created Them": Gen 1,27b in the Context of the Priestly Account of Creation, HTR 74/2, 1981, 129-159 참조.

38 C. 베스터만 Gn 1,26-27에 대한 Excursus 참조. 좀 더 정확히 말하면 1882년 세 사람의 구약학자들이-Franz Delitzsch, August Dillmann, Samuel Rolles Driver-신의 형상(*imago dei*)과 유사성(*similitudo*)을 성경학적 주제로 해석하기 시작하면서 본격적으로 거론되었다는 것이 일반적인 견해이다. Gunnlaugur A. Jonsson, 15쪽.

39 W. Vogels, The Human Person in the Image of God, 193쪽. W. Vogels은 1979년 터어키 접경지역의 시리아 고대도시 텔 파카리아Tell Fakharyah에서 발견된 실물 크기의 조각상에 아싯리아어와 아람어로 첼렘과 데뭍의 두 용어가 사용되고 있음을 전한다. 보다 자세한 것은 다음을 참조, P.-E. Dion, Image et Ressemblance en arameen ancien (Tell Fakhariyah), in Science et Esprit 34, 1982; Millard, A.R. & Bordreuil, P., A Statue From Syria with Assyrian and Aramaic Inscriptions, in The Biblical Archeologist 45,1982, 135-141; Douglas M. Gropp & Theodore J. Lewis, Notes on Some Problems in the Aramaic Text of the Hadd-Yithci Bilingual, in Bulletin of American School of Oriental Research 259, 1985, 45-61; Gunnlaugur A. Jonsson, 같은 책, 1-2쪽.

문이다. 인간의 실존이 땅과 밀접한 관계를 가지고 있다면, 동물은 인간의 실존과 운명을 설명하는 기능을 가지고 제시되기 때문이다.

아주 단순하게 인간 창조와 관련된 사제계 문헌인 창세 1,26-27만을 본다면, 우리는 성경적 전문 지식이 없어도 몇 가지 눈에 띄는 요소들을 쉽게 발견할 수 있다. 26절의 '우리와 비슷하게 우리의 모습으로' 란 표현에서 두 단어의 의미가 별 차이가 없는 동어 반복일 수 있다는 가정이다. 그럴 경우에 이 용어들은 인간의 피조성을 나타내며, 엘로힘과 특별한 관계를 나타내는 의미로 단순하지만 긍정적으로 받아들일 수 있다. 이 두 용어 문제와 관련하여 장말에서 자세하게 부록으로 좀 더 의견을 개진한다.

뒤를 잇는 문장에서 인간의 사명이 정의된다(26ㄴ). 이 구절은 인간 사명의 두 측면을 고려한다. 먼저 엘로힘의 위임은 신(神)이 인간에게 자신을 내어준다는 의미이다. 신이 자신의 권한을 피조물인 인간에게 위임한다는 것은 현대적 표현을 사용한다면, 엘로힘은 자신의 창조물인 인간을 신뢰하며 신적(神的) 권한을 허용한다는 것이다. 다음으로, 이 위임을 통하여 인간-동물의 관계와 그 위상이 창조계 안에서 설정되고, 인간이 어떤 위치에 서게 되는가를 알게 한다. 인간에 의한 동물의 지배가 일방적으로 동물에 대한 위협을 의미하는 것은 아니다. 인간과 동물은 다 같이 식물성 음식을 취하기 때문에(29절) 서로에게 근본적으로 그리고 직접적으로 위협이 될 수 없다. 창조계 안에서 동물은 단지 인간보다 못한 위치에 있을 뿐이다. 그것이 창조계의 질서이다.

땅을 위임한다는 것은 인간-땅의 관계를 나타내는 결정적인 대목이다. 인간의 임무는 인간과 동물의 관계에서 끝나지 않고, 자신의 기원(基源)인 땅까지 책임을 지고 보살펴야 한다. 엘로힘의 창조계획이 성취되는 것은 이상하게도 인간이 땅을 종속시킬 때이다.[40] 그래야만 엘로힘의 형상이 인간 안에서 완성되는 것이다. 우리는 땅에 대한 인간의 책임이 무엇인지, 그리고 그 책임에

40 창세 3,18. 신의 징벌선언에서 땅은 아담의 명령위반 이후에 마치 인간을 거부하는 양상으로 나타난다. 아담의 잘못으로 땅은 인간의 관리에서 벗어나고 그 결과 인간의 운명에 가혹한 상황이 벌어진다.

대한 망각이 어떠한 결과를 가져오는지 홍수 이야기를 전하고 있는 창세 6-9장에서 간단히 살펴 볼 기회가 있을 것이다.

인간-동물, 인간-땅의 관계는 그 자체로 의미가 드러나지 않는다. 이들 관계의 설정은 인간-인간의 관계를 목표로 지향하고 있기 때문이다. 창세 1장에서 언급하고 있는 이 소재들은 결국 인간과 인간존재의 의미를 이해하는 기본적인 재료이다.

27절 : 남자와 여자의 창조.

엘로힘은 이렇게 자신의 모습으로 사람을 창조하였다. 엘로힘의 모습으로 창조하되 남자와 여자로 그들을 창조하였다.

위의 구절을 원문의 순서에 따라서 재배치하면 세 개의 내용을 가지고 있음을 알 수 있다.

(ㄱ) 엘로힘은 당신의 모습으로 인간을 창조했다.
(ㄴ) (엘로힘은) 자신의 모습으로 인간을 창조했다.
(ㄷ) (엘로힘은) 남자와 여자로 (인간을) 창조했다.

27절을 26절을 비교하면, 27절이 선행하는 26절을 반복하는 것 같지만 세 가지 점에서 차이가 있다는 것을 눈으로 확인할 수 있다.

(1) 엘로힘을 나타내는 대명사가 복수(複數 : 우리, 26절)에서 단수(單數 : 당신, 27절)로 바뀌었다.
(2) 엘로힘의 형상 다음에 따라야 할 엘로힘의 유사성(데뭍)에 대한 언급이 27절에서 생략되었다.
(3) (26절과 달리 27절에서는) 인간을 창조하되 남자와 여자로 창조했다.

엘로힘을 지칭하기 위하여 복수와 단수를 혼용했다는 사실은, 여러 이유가 있을 수 있지만,[41] 편집자의 지성과 통찰력을 전제한다면, 엘로힘-신을 이렇게 밖에 표현할 수 없는 인간 언어의 한계, 아니면 편집자가 가지고 있던 자료를 축자적(逐字的)으로 옮겼을 경우에 생긴 오류라고 생각할 수 있을 것이다. 그러나 우리는 현재의 자료를 완전한 것으로 보고 의미찾기를 하고자 하기 때문에 위와 같은 의문의 제기는 일단 무시하고 접어둘 수 있다. 만약 26절에서 인간을 묘사하는 두 용어가 독립적인 의미로 사용되었다면, 27절에서도 반드시 언급되었어야 온당하다. 그렇지 않다면 두 용어의 의미가 희석되거나 모순될 수 있기 때문이다. 그러므로 부록 1에서 이해하고 있듯이 두 용어는 비슷한 의미로 사용된 것이 아닐까 하는 확신에 가까운 추측을 불러일으킨다.

게다가 엘로힘의 형상인 인간을 창조하되 남성(zkr)과 여성(nkbh)으로 창조했다는 설명에 가까운 부가는 단순한 첨가가 아닐 것이다. 왜냐하면 남자와 여자는 인간이 인간을 혹은 자신을 경험하는 실존방식으로 부인할 수 없기 때문이다. 따라서 이 구절이 단순한 반복이나 첨가가 아니라고 할 때에 26절의 선언을 더 상세하게 드러내주는 성경구절로 엘로힘의 유사성과 결부시켜 해석하지 않을 수 없는 것이다.[42] 즉 남자와 여자로 창조했다는 언급은 비록 인간이 '살아 있는 존재로서(2,7)' 탄생과 죽음의 자연적 순환(循環)을 겪지만, 생명의 창조를 지속한다는 점에서 엘로힘의 축복을 구현하고 있는 인간 실존의 의미를 말하고 있다. 짧은 문장 안에서 인간에 대하여 이보다 더 이상 명확하게 말할 수는 없을 것이다. 야웨계 문헌인 2장의 인간 창조설화와 연계할 때 이해의 깊이와 폭을 더 심화할 수 있을 것 같다.[43]

어쨌든 1장의 창세기 설화는 엘로힘이 인간을 창조하는 묘사이지, 인간성을

---

41 다른 전승 문헌의 문장을 고치지 않고 그대로 옮겨 놓았을 경우, 기록자의 착각을 고려할 수 있으나, 편집자는 이미 숙고의 과정을 거쳤다는 지적은 앞에서 했다.

42 인간 창조와 여자의 창조 설화는 서로 다른 두 이야기였다가 합쳐진 것이라고 한다. 이러한 편집 의도는 인간의 본성이 그 기원에서 공동체적인 운명임을 보여준다. 인간은 함께 살도록 창조된 존재인 것이다. 인간을 남자, 혹은 여자로 분리하여 생각한다는 것은 인간의 실존 방식과 배치(背馳)됨을 의미한다.

논하는 자리는 아니다. 인간은 엘로힘이 아니며, 그저 엘로힘이 창조한 피조물일 뿐이다. 인간의 실존은 엘로힘과 올바른 관계를 지향하고 있는 존재인 것이다. 그리고 이 창조의 순간은 역사의 시간이 아니며 인간 일반에 대하여 말하고 있지도 않다. 질문은 실천적 의미에서 '엘로힘의 모습대로 엘로힘을 닮은' 존재로 창조된 인간 실존의 의미를 밝히는 방향으로 던져져야 할 것이다. 창조의 관점에서 볼 때 27절의 의미는 더 분명하다.

> 엘로힘은 … 사람을 창조하였다.
> 엘로힘의 모습으로 사람을 창조하되
> 남자와 여자로 그들을 창조하였다.

인간의 창조를 이야기하기 위해서 한 구절에서 3번씩이나 '창조하다(bara)' 라는 동사를 사용한 사실이 우리의 주의를 끈다. 즉 이 구절에서 우리는 창조사상이 압도하고 있음을 가볍게 지나칠 수는 없다. 왜냐 하면, 창조는 신의 무한한 의지를 반영하며, 동시에 인간의 실존은 창조에 의해서 제한을 받는다는 암시이기 때문이다. 인간은 엘로힘의 창조로 생명을 받은 존재이며, 인간의 기원은 인간 자신이 아닌 것이다. 인간은 엘로힘의 형상을 따라서 창조된 까닭에 창조물 중에서 유일하게도 엘로힘과 특별한 관계를 가지지만, 그 기원에 있어서는 땅의 세계인 동물계에 속하는 존재이다. 인간은 육체적으로 땅과 동물에 속하면서, 생명의 영으로는 엘로힘에게 속하는 존재인 것이다. 인간의 지상적 성격이 천상적 세계와 무관한 존재로 만들어 버리는 것은 아니다.

---

43 C. 베스터만은 1장과 2장의 인간 창조 묘사는 근본적으로 차이가 없고, 다만 이 사건을 전하는 형식상의 차이만 있다고 주장한다. 1장과 달리 2장은 개념적 언어가 아니라 이야기의 형식으로 표현되고 있을 뿐이라는 것이다. 야웨계 문헌 2-3장은 인간의 창조 이야기로 끝나지 않고 첫 인간들 사이에 벌어진 사건도 다루고 있다. 따라서 1장에서 암시적이었던 의미들은 야웨계 문헌을 포함한 전체 구도를 조망하면서 더 풍성한 의미들을 발견할 수 있을 것이다.

28절 : 엘로힘의 축복.

엘로힘은 그들에게 복을 내리며 말하였다.

"자식을 많이 낳고 번성하여 땅을 가득 채우고 지배하여라. 그리고 바다의 고기와 하늘의 새와 땅을 기어다니는 온갖 생물을 다스려라."

엘로힘의 축복은 다른 동물들과 달리 엘로힘 자신이 인간에게 직접 말하는 것으로 전달된다. 엘로힘은 축복을 통하여 인간을 대상으로 '너' 라는 지칭어를 사용한다.[44] 29절에 가면 이것이 의미하는 바가 무엇인지 더 분명해진다. 인간이 엘로힘의 동반자적 존재로 소개되는 것이다. 엘로힘은 인간을 초월하는 창조자이지만, 인간에게 한없이 먼 존재가 아니다. 엘로힘은 오히려 인간을 '너' 라고 부를 수 있을 만큼 가까운 거리에 있다. 이것이 가능한 근거는 인간이 '엘로힘의 모습' 대로 창조되었기 때문이다.

엘로힘은 여자와 남자로 창조한 인간에게 축복과 사명을 동시에 준다. 이 축복은 동물들에게 내린 축복과 조금 다르다. 엘로힘은 수중생물들이 번성하여 바다를 가득 채우라고 축복하였고, 날짐승들은 땅 위에서 번성하라고 복을 내렸다(22절). 그런데 육상 동물들을 창조하신 엘로힘은 날짐승을 포함한 육상 동물들이 지상을 가득 채우도록 축복을 내리지는 않았다(22ㄷ, 24-25절). 이는 창세 8,17에서와 마찬가지로 이야기의 편집자가 아주 세심하게 일한 흔적을 뜻한다.

첫째는 인간과 동물은 같은 땅을 공유할 수 없다. 일견 모순을 일으키는 것 같지만, 인간과 동물의 관계가 생물적인 의미에 한정되지 않고 상징성을 기초로 전개되고 있다면 의미 찾기가 모순을 극복할 것이다. 둘째는 동물계에 속하는 인간과 동물의 관계에서 동물이 가리키는 상징성(象徵性)이 발생한다. 이 두 사실은 동물성의 의미 찾기에서 하나로 통합된다.

---

44 "낳고… 번성하고…채우고…지배하라"는 2인칭 명령형으로 기록된다.

아직 문명이 덜 발전해서 인간과 동물이 서로에게 위협으로 여겨졌던 원시 세계에서 인간과 동물의 관계는 적대적이었을 수 있다. 그래서 이러한 의미로 해석하는 이들도 있지만, 편집자의 의도가 그렇게 단순한 것만은 아니다. 육상의 들짐승과 지상의 인간이 공유(共有)하고 있는 것이 무엇인가? 도대체 그것이 무엇이길래 창세기 필자의 세심한 주의가 필요한 것인가? 그것이 아니라면, 들짐승을 지배하라는 엘로힘의 명령은 단순히 동물사냥을 위한 발언이었을까?

엘로힘이 인간에게 동물들을 '지배하라/다스려라'[45]는 명령과 축복을 내린 까닭은 무엇일까? 도대체 엘로힘이 위임한 '지배'의 사명(使命)은 무엇인가?[46] 동물성을 상징으로 하는 문맥을 먹을 거리 규정에서 짐작한다면, 적극적으로 말해서 아마도 동물을 빗댄 인간의 동물성을 가리키는 것이 아닐까? 말하자면, 인간에게 주어진 사명이 엘로힘의 축복과 관련되어 있다면, 축복의 내면적 비의(秘儀)를 가리키는 것은 아닐까?

창세 1장에서 축복은 일차적으로 생명의 번성과 유지에 있다. 따라서 다른 생명체들을 향하여 인간이 그 힘을 발휘하는 지배를 의미한다면 지나치게 단

---

45 '다스리다(*radah, rule*)' : 구약에서 22회 가량 나온다. 1,26.28 이외에는 늘 인간 사이의 관계를 나타낸다. 지배의 주체는 대체로 사회정의와 평화를 진작시켜야 할 의무를 가진 왕이다(1열왕기 5,4; 시편 72,8). 따라서 '지배하다'는 생각은 세상의 평화를 위한 봉사의 개념이다. '지배하다(*kabash, subdue*)' : 14회 가량의 용례가 있다. 폭력의 뉘앙스가 강하다. 적을 제압하거나 적의 땅을 탈취하기 위한 정복전쟁(민수기 32,22; 여호수아 18,1), 혹은 노예로 만들 때 (예레미아 34,11.16), 그리고 왕의 책임을 나타내기도 한다(2사무엘 8,11). 그 궁극적 목적은 인간의 번영과 평화를 지향하는 것이다. 한 가지 확실한 것은 땅을 동물들에게서 보호하는 것으로도 나타나지만, 인간의 임무는 파괴적 폭력이 땅을 지배하지 못하도록 자갈을 물리는 것이다. 참조. Donald B. Sharp, A Biblical Foundation for an Environmental Theology : A New Perspective on Genesis 1,26-28 and 6,11-13, in ScEs 47/3, 1995, 305-313쪽; Norbert Lohfink, Subdue the Earth? (Genesis 1,28), in Theology of the Pentateuch, Fortress, Minneapolis, 1994(1988), 1-17쪽.

46 소극적인 의미에서 인간을 신의 형상으로 이해한다면, 이 지배하라는 명령과 관련을 맺을 수 있다. 유비적으로 엘로힘이 창조계를 지배하듯이, 그리고 카오스에서 코스모스를 창조하였듯이, 창조계를 지배하고 질서를 유지하는 것이 인간을 신의 형상으로 이해하는 것이다. 말하자면, 인간의 존재뿐만 아니라, 인간의 활동을 두고 신의 형상으로써 이해하는 것이다. Laurence Turner, 같은 책, 24쪽. 이 해석은 인간의 활동을 신의 형상을 이해하는 비유에서 우리와 동일한 궤를 가지만, 인간의 사회적 불행에 대해서 더 이상 적극적 해석을 하지 않는다.

순하지 않는가? 그렇다면 동물에 대한 인간의 폭력이 무지막지하게 정당화될 수 있을 뿐만 아니라, 창세기 이야기가 동물과 인간의 관계를 논하는 별로 의미 있는 자리는 아닐 것이다. 더구나 이러한 논리라면 '지배하라' 는 엘로힘의 명령은 내적 모순에 빠지고 만다.

아직 여기에서 우리는 그 대답을 분명히 들여다 볼 수 없다. 다음 절에서 이 대답에 좀 더 접근할 기회가 있을 것이다. 그리고 동물의 지배 혹은 통치는 인간에게 주어지는 먹을 거리 규정을 고려할 때 비록 그것이 암시적이지만 그 상징적 의미에 접근할 통로가 주어진다. 엘로힘의 선언에는(29-30절) 동물들이 적어도 인간의 먹을 거리 품목에 오르지 않기 때문이다. 동물은 근본적으로 살해의 대상으로 창조된 존재들이 아닌 것이다. 이러한 의미에서 인간에 의한 창조계의 지배나 통치는 '내적 제한'[47]이 처음부터 설정되어 있다고 생각할 수 있다. '내적 제한' 이란 곧 생명을 보호하고 갈등을 벗어난 평화를 진작시키는 것과 관련이 있다. 인간과 동물 사이의 평화적 공존이 의미하는 바는 겉으로는 이 두 존재의 생존방식과 계층구조가 다르다는 사실을 말할 뿐이다. 적어도 지상적 생존이라는 점에서 인간에게 주어지는 축복과 다른 생명체들에게 주어지는 엘로힘의 축복은 동일하다. 엘로힘의 축복은 낳고, 성장하고, 번성하고, 세세 대대로 생명을 이어가는 것이다.[48] 생명의 축복은 시간을 살아가는 인간의 미래에 대한 축복인 것이다. 엘로힘이 인간에게 맡긴 역할은 이러한 의미에서 인간-엘로힘의 특별한 관계를 의미한다. 이 역할이 '지배' 혹은 '다스림' 으로 표시된 것이다.

그렇다면 지배와 다스림은 인간과 창조계 사이에서 무엇을 의미하는가? 인간은 엘로힘의 창조적 질서의 정점에서 나타난 존재이다. 말하자면, 지배와 다스림은 일차적으로 창조계의 질서와 관련이 있다. 동시에 축복이란 관점에서

---

47 J. Cohen, 같은 책, 21-22.

48 22절과 비교. 인간에게 내린 신의 축복은 사제계 문헌 5장과 10장의 일부에 기록된 인간의 족보로 나타난다.

49 Phyllis A. Bird, 같은 책, 150쪽.

지배나 통치는 생명의 번성과 관련되며 자연 안에서 실존문제와 직결된다.[49] 이 두 주제는 독립적인 의미를 가지기 보다는 서로 내적 연관을 가지고 있다고 보는 게 옳다. 인간의 역사에서 확인되는 것과는 달리, 지배나 통치는 창조계의 주관자인 엘로힘적 지배 혹은 통치여야 한다. 해와 달이 지상의 날과 밤을 밝히듯이, 인간도 생명을 안고 있는 지상세계를 그렇게 지배하고 다스려야 한다. 이 지배나 통치는 폭력을 통한 행위가 되어서는 안 되며, 정의와 평화를 위한 봉사가 되어야 한다. 그것은 창조계에 대한 인간의 임무이기 때문이다. 생명의 번성은 인간의 지배가 올바르게 행사될 때에 보장되는 엘로힘의 축복인 것이다. 창조계는 엘로힘에 의해서 인간 앞에 놓여 있는 무상의 선물(膳物)로써 다루어져야만 한다. 이 선물은 엘로힘의 창조의지이기도 하다. 선물을 준 마음을 받듯이 이룩해야 할 인간-동물-세상의 관계이다. 다음절에서 보겠지만 이 관계는 먹을 거리에 관한 규정에서 분명하게 반영된다. 9장에 가면 이러한 관계가 깨졌다는 것을 알게 되겠지만, 창조는 우선적으로 인간-동물의 관계가 생명을 유지하고 보호하는 관계라는 것을 강조한다. 이러한 이해를 바탕으로 26-28절을 다시 읽어본다.

26 : 우리와 비슷하게 우리 모습으로 사람을 만들자... 온갖 동물들을 다스리게 하자.

27 : 엘로힘은... 엘로힘의 형상을 따라서 인간을 창조하되 남자와 여자로 창조했다...

28 : 엘로힘은 복을 내리며...땅을 가득 채우고... 동물들을 다스려라.

인간은 엘로힘의 모습에 따라서 그 모습을 닮도록 창조되었다. 그러나 신의 창조 의지는 한 순간에 성취되는 것이 아니라, 인간의 끊임없는 노력이 뒤따라야 할 것을 예고한다. 의도적이랄 수 있는 26-27절의 두 구절은 25절 이전의 창조방식을 답습하지 않았다고 증언한다. 그렇다면 창조방식의 차이가 인간과 동물을 다르게 만드는 것일까? 사제계 문헌의 편집자는 엘로힘이 인간을 창조하시되 말씀 한 마디로 창조했다고 말하지는 않았다. 이 침묵은 무엇을 의미하는가? 단순한 침묵일까? 아니면 말씀으로 창조하는 엘로힘의 묘사를 반복하고 싶지 않아서 생략했을까?

이 구절들의 의미를 창조사상의 틀 안에서 반추해 볼 필요가 있다. 인간을 엘로힘과 비슷하게 그의 모습대로 창조했다면, 인간의 실존은 엘로힘의 신적 존재를 상기시키는 존재일 수밖에 없다. 그렇다면 26절은 짧은 문장 안에 두 주제를 담고 있다는 것을 알려 주고 있는 것이다. 첫 번째 주제는 인간을 창조한 엘로힘 의지라고 말할 수 있고, 두 번째 주제는 인간창조의 목적이 된다. 두 주제 사이의 거리, 즉 신의 인간창조의지에서 그 창조목적까지는 아주 긴 세월이 개재할 수밖에 없다. 인간은 태어나서 죽을 때까지 삶의 목적을 이루도록 초대되어 있는 존재로 이해되기 때문이다. 그러므로 26절과 27절은 창조와 창조의 완성이라는 주제가 하나의 긴 선으로 연결되어 있는 것이다.

"우리와 비슷하게 우리 모습으로 사람을 만들자(26ㄴ)"에서 "엘로힘은 당신 모습으로 사람을 창조하셨다(27절)"까지 시간적인 거리는 아주 멀 수밖에 없다. 이 사이에 "그래서 사람이 바다의 고기와 하늘의 새와 집짐승과 온갖 들짐승과 땅을 기어 다니는 온갖 것을 다스리게 하자(26ㄷ)"는 엘로힘의 창조목적이 성취되어야 할 숙련의 기간이 삽입되어 있는 것이다. 인간은 동물들을 지배할 수 있거나 혹은 다스릴 수 있을 때 비로소 신의 형상(*imago dei*)이 되는 것이다. 동물이 자연세계 안에서 인간과 동일한 생명을 부여받은 존재를 가리킨다면, 그 길은 아주 쉽다. 이미 인간은 경험적으로 동물들을 길들일 수 있고, 길들여 왔으며, 앞으로도 그래야 하기 때문이다. 이러한 '동물'을 지배와 통치의 대상으로 설정했다면 창세기의 이야기는 동화에 불과한 이야기 책일 뿐이다. 동물이 무엇을 가리키는지 그 의미가 확실하지 않더라도 인간이 동물들을 성공적으로 지배하거나 다스릴 수 있을 때 비로소 인간은 엘로힘의 창조목적대로 신의 모습이 될 수 있는 것이다.

그런데 동물들을 지배하거나 다스린다는 것이 암시하는 바는 구체적으로 무엇일까? 만약 거꾸로 동물이 인간을 지배한다면 어떻게 될 것인가? 동물이 인간을 지배할 수 있을 것인가? 과연 동물이 인간을 지배한다는 것은 무엇을 가리키는가? 질문은 역설적이지만, 성경은 이를 염려하는 듯 하다. 인간과 동물의 관계는 무엇인가? 이 관계의 올바른 설정이 위의 질문들이 염려하는 핵심에 접근할 수 있지 않을까?

인간과 동물의 차이와 공통성을 이해한다면 다음과 같이 말할 수 있을 것이다. 인간은 동물이지만 동물은 인간이 아니다. 그렇다면 인간을 지배할 수 있는 동물은 무엇일까? 따라서 인간을 지배할 수 있는 동물은 인간 이외의 다른 존재를 가리키는 것은 아니다. 창조계에서 인간은 엘로힘 창조의 정점에 있는 존재이기 때문이다. 엘로힘의 창조목적을 성취하고, 그 창조의지를 실현시켜야 할 인간은 동물을 지배하고 다스려야 한다. 바로 이 점이 이스라엘이 자신의 역사에서 경험한 내용이며 영원한 교훈이다. 이제 질문들의 답에 가까이 온 것 같다. 그것은 인간이 동물인 한에 있어서 지배하고 다스려야 할 것은 인간의 본성 안에 내재하는 "동물성"을 의미하는 것이 아니겠는가? 그렇다, 인간이 자신을 육신의 동물성에 내맡길 때 무슨 일이 발생하겠는가? 이 동물성을 지배하고 통치할 수 없다면, 엘로힘의 축복은 받을 수 없는 것이며 삶 자체가 혼돈이며 공허할(1절) 뿐이다. 그러기에 인간이 동물을 지배하는 것은 엘로힘의 축복인 것이다. 신의 축복이 없이, 신의 도움이 없이 인간은 엘로힘이 설정한 인간의 창조목표에 도달하지 못할 것이다. 인간은 오랜 세월 동안 자신의 동물성에 거스르는 싸움을 통해서 자신 안에 숨어 있는 동물성을 지배하고 다스리고자 애써 왔다. 미래에도 인간은 자신의 동물이 자신을 지배하도록 내버려 두어서는 안 된다. 우리는 이렇게 해서 지배해야 할 동물이 단순한 개체 동물을 가리키는 것이 아니며, 동물이면 가지고 있는 동물성, 곧 야수성(野獸性)을 상징하고 있음을 알게 되었다. 다시 말해서, 사제계 문헌에서 동물은 동물-동물의 관계(...낳고 번성하라...창세 8,17) 뿐만이 아니고 동물-인간의 관계에서 인간이 역사와 사회생활에서 경험하고 있는 동물성을 나타낸다. 동물은 인간의 경험적 차원을 상징적으로 표상하기 위하여 등장시킨 존재인 것이다. 우리는 홍수 이야기를 읽으면서 한 번 더 그 의미를 되새겨볼 것이지만, 창세 1,26에서 제시된 '지배/다스림'의 주제는 1,29-30에서 엘로힘이 인간에게 주는 먹을 거리의 축복을 통하여 이 의미가 더욱 분명해지는 것을 알게 될 것이다.

29-30절 : 먹을 거리 규정

29. 엘로힘이 말하기를 "이제 내가 온 땅 위에서 씨를 맺는 모든 풀과 씨 있는 모든 과일 나무를 너희에게 준다. 이것이 너희의 양식이 되리라.
30. 땅의 모든 짐승과 하늘의 모든 새와 땅을 기어다니는 모든 생물에게는 온갖 푸른 풀을 양식으로 준다" 하시자, 그대로 되었다.

엘로힘의 축복은 인간의 생명이 유지되는 한 지속될 것이다. 29-30절은 생명의 존속 동안에 인간이 취해야 할 양식을 규정하는 것과 관련이 있다. 이 규정은 엘로힘의 축복과 인간의 실존 사이에 내적인 역동적 관계가 있음을 가리킨다. 엘로힘의 모습으로 창조되어 엘로힘의 모습으로 삶을 살아가기 위하여, 인간의 실존은 살아야 할 인생의 수명만큼 시간이 주어졌다. 또한 그 동안에 수행해야 할 의무도 주어졌다. 엘로힘의 모습은 주어졌지만 그 신의 모습은 인간이 생존 기간 동안에 달성해야 할 목표로서만 의미가 있다. 이 기간은 삶의 목표를 구현하기 충분히 긴 삶이며, 조금도 길거나 모자람이 없는 삶이다. 그것은 축복이다. 이 축복을 살기 위해서 주어진 먹을 거리는 첫눈에 채식에 준하는 양식으로 선언된다. 현재의 인간 경험에 의하면, 먹을 거리 규정은 첫 눈에 인간의 양식을 제한하는 것처럼 보인다. 그러나 창조계 안에서 인간이 다른 생명의 존재들과 가지는 관계를 고려한다면, 이 먹을 거리 규정은 단순히 물질

적인 소재의 소비를 말하고 있는 것이 아님이 분명하다.[50]

인간은 자신의 생존을 위해서 땅에 의존해야 한다. 땅에 의존해야 하는 인간에게 땅에 속한 먹을 거리의 제공은 아주 당연해 보인다. 그러나 이 사실은 창조된 존재들의 미래와 관련이 있을 뿐만이 아니라, 창조된 존재들 사이의 평화적 공존과 관련이 있다. 이 공존은 인간이 피하거나 선택할 수 있는 것이 아니며, 창조된 방식으로 살아내야 할 주어진 생명의 실존조건이다. 이런 관점에서 보게 되면, 다른 존재들과 맺는 공존관계는 인간에게 제한을 의미할 수 있다. 그러나 이 제한이 없다면 생명의 공동체적 삶의 양식은 가능하지 않다. 공동체적 삶은 인간과 인간의 관계만을 가리키는 것이 아니라, 살아 있는 모든 존재들 관계에서 확립되어야 한다. 이러한 주장이 먹을 거리의 규정을 통한 생명계의 공동체적 운명으로 창세기에서 드러난다. 이 사실은 홍수가 끝난 뒤에 분명해지지만, 공동체적 삶의 양식은 어느 인간도 불의하게 피를 흘려서는 안 된다는 주장으로 이어진다. 그렇기 때문에 동물들도 인간의 피를 흘리게 되면 제재를 받을 것이다. 인간이 인간의 피를 흘리지 말아야 한다는 생각은 엘로힘의 축복선언에 기초한 것이다. 인간은 바로 이러한 이해에 기초하여 동물을 지배할 수 있어야 한다. 인간은 창조된 목표를 성취하기 위해서 적어도 자신의 생존 기간 동안 이 동물을 길들여야 하기 때문이다.

현대인의 시각에서 채식에 준하는 양식의 선물은 한 마디로 엘로힘의 모습으로 창조된 인간 사이에 폭력이 부재(不在)한다는 표지이다. 이 "폭력의 부재"는 상징적으로 동물에 대한 인간의 태도와 관련된다. 여기서 인간과 동물의 관계가 바로 인간과 인간의 관계를 가리키는 "상징적 표지"로 작용한다. 9

---

50 육식의 제한을 암시한다고 하는 이들도 있으나, 명시적으로 규정하고 있지 않다. 적어도 창세 1장의 논리에 따르면 엘로힘의 먹을 거리 제안은 인간-동물-땅의 관계 안에서 자연스러운 흐름이라고 볼 수 있다. 살아 있는 존재가 다른 살아 있는 존재에 의해서 생명을 앗긴다는 것은 상상할 수 없었을 것이다. 그러므로 편집자의 의도는 다른 데에 있을 것이다. 이야기는 역사적 사건을 기술하는 것이 아니기 때문에, 현재의 조건에 근거한 상상적 추론은 그 의미를 이해하는 데 도움이 되지 않는다. 단 이 흐름이 깨지게 되는 홍수 이야기 이후를 보면 먹을 거리 규정은 인간 세상의 변화와 관계가 있다. 그리고 그 의미는 상징적으로 나타난다.

장에서 폭력을 제한하는 엘로힘의 명령은 처음으로 돌아가 인간이 엘로힘의 모습으로 창조되었다는 사실을 상기시킬 것이다. 〈신의 모습-채식〉의 관계는 〈신의 모습-지배-채식-동물-인간〉의 관계를 전체적으로 함축하는 표현이다. 동물성의 상징적 의미가 여기서 좀 더 명백해질 것이다. 창세 9장은 이러한 성찰을 직접적으로 말해줄 것이다.

이러한 논리를 따라서 한 걸음 더 나아간다면, 이 먹을 거리의 제시는, 조그만 산골마을이나 국가의 차원에서든, 혹은 범 지구적 차원에서든, 또는 우주적 차원에서든 그 사회를 구성하는 구성원들 사이의 평화를 전제한다고 말할 수 있게 된다. 말하자면, 겉으로는 간단해 보이는 먹을 거리의 제시는 숨어 있는 인간의 폭력(暴力)을 거론하는 창세기의 방법이었던 것이다. 일차적으로 먹을 거리의 제안은 인간 사회에서 드러내 놓고 말할 수 없는 폭력의 현실을 고발하는 차원과 더 나아가 이 폭력을 규제하고자 하는 금지의 법(法)을 담고 있다. 창세 1장의 설화를 단순히 천지창조의 묘사로만 이해하기에는 이처럼 지극히 현실적 메시지를 담고 있기 때문에, 이 메시지는 궁극적으로 인간의 폭력성에 대한 사회적 고발을 전제하고 있는 것이다. 이러한 의미에서 창세 1장은 창조 이야기로서 단순한 신화적 경계를 넘어서 인간의 실존문제를 다룬 지극히 "사회정치적인 성격"을 드러낸다. 폴 보샹은 그의 저서에서 동물에 대한 인간의 우위를 '온유(*douceur*)' (폭력의 반대어 의미에서)에 두고 이 점을 부각시킨다.[51] 만약 인간-동물의 관계가 인간편의 온유한 태도로 평화가 유지된다면, 인간-인간의 관계에도 온유가 기반으로 자리잡을 것이다. 그에 의하면, 인간-동물의 관계는 엘로힘의 모습으로 창조된 인간의 정치적 현실을 가리키는 일종의 표지(*signe*)이며다,[52] 온유의 반대로써 폭력은 사제계 문헌에서 법의

---

51 P. Beauchamp, Creation et Fondation de la Loi en Gn 1,1-2,4a, 139-182. 폴 보샹은 본문의 해석을 통하여 창세 1장을 '정치적 문헌' 이라고 주장한다. 이 주장은 율법의 제정이라는 관점에서 정치성을 염두에 둔 표현이다. 같은 저자의 Le Récit, la Lettre et le Corps, coll. Cogitatio Fidei, #114, cerf, 1992 (제 2판, 수정증보), 263-271쪽도 참조.

52 P. Beauchamp, 앞의 책, 144쪽.

제정을 발생시키는 근원적인 요인이다. 폭력의 제재는 토라 곧 율법일 수밖에 없기 때문이며, 폭력을 반대하는 엘로힘의 말씀은 곧 토라 발생의 근거인 것이다. 이렇게 창세 1장은 이스라엘이 자신의 역사에서 발전시킨 율법의 요소를 함축하고 있는 것이다.

법의 차원에서 본다면, 1장의 먹을 거리 규정은 토라의 율법에 근거한 정치적 의미를 생산하기 때문에 정치적 성격을 띠고 나타난다. 그러나 인간사회의 질서를 창조사상의 틀 안에서 볼 때 먹을 거리 규정은 분명 정치적(율법적) 성격을 드러내지만, 더 구체적으로 이 규정은 사회의 질서를 유지하고 발전시키려는 신정론적 의도를 내포한다. 따라서 먹을 거리 규정을 통하여 인간과 창조계, 더 좁게는 인간 사회의 질서를 유지해야 한다는 의미에서 우리는 창세 1장을 '사회정치적 문헌' 으로 이해한다. 현대적인 의미에서 이것이 형식적인 한정적 정치 체제적 발언을 넘어서 일반적인 의미에서 이해 가능한 '사회정치적 선언문' 이 되기 때문이다. 그러므로 창세 1장의 궁극적인 성찰과 주장에 의하면, 엘로힘의 모습으로 창조된 인간은 이웃형제의 생명을 해쳐서는 안되며 그 피 또한 흘리지 말아야 한다는 것이다.

창조의 마감 : 31절

엘로힘이 보니 손수 만든 모든 것이 참 좋았다. 저녁이 되고 아침이 되니 엿샛날이 지났다.

엘로힘은 창조의 전과정을 마감한다. 인간의 등장이 창조의 전과정을 하나로 완성하는 자리에 있다. 이 사실은 창조계 안에서 차지하는 인간의 위치를 말해준다. 엘로힘은 인간을 창조한 다음에 "인간만"을 향하여 '참 좋았다' 는 선언을 하는 게 아니라, 인간을 포함하는 전 창조계를 대상으로 선언한다.

인간은 창조과정의 큰 매듭이요, 그 매듭을 완성하는 자리에 있다. 그 때문에 인간은 창조계에서 특별한 위치를 차지한다. "인간이 만물의 영장"이라면,

인간이 창조계에서 최고 존재이기 때문이 아니라 창조과정에서 차지하는 위치 때문에 오는 찬사이다. 인간은 창조계 전체를 위하여 받은 임무가 있기 때문이다. 즉 창조에서 인간이 차지하는 자리는 인간이 자신을 포함하는 창조계 전체에 대해서 취할 태도와 행동에 따라서 엘로힘의 축복-참 좋았다-을 완성하는 자리이다. 따라서 창조계가 그냥 좋은 것이 아니라, "참" 좋은 것이다. 인간의 창조로 엘로힘의 창조사업은 완결되었고 흠 없이 아주 좋은 사업이 된 것이다. 엘로힘이 보기에 좋은 세상, 인간은 창조계의 그 좋음을 위임(委任) 받은 존재가 되었다. 창조계 안에 인간이 존재하게 됨으로써 엘로힘은 창조계 전체를 아주 좋게 보게 된 것이다. 창조는 인간을 정점으로 한 전 창조계와 창조계의 완성을 향해 열려 있다. 인간과 창조계를 향해 있는 엘로힘의 창조는 하늘의 사건이 아니라 흙의 인간이 성취해야 할 지상의 사건이 된 것이다.

이로써 여섯 날 동안 성취된 창조과정 전체를 도식적으로 다시 나타내보면 다음과 같다.

1일 : 빛과 어둠	4일 : 해와 달
2일 : 위 물, 아래의 물	5일 : 수중생물과 날짐승
3일 : 뭍과 바다를 나누고 땅 위에 식물	6일 : 뭍짐승과 인간 땅 위에

여섯 날로 리듬이 짜인 엘로힘의 창조과정을 전체적으로 조망하면서 비로소 우리는 창세 1장 2절에서 땅을 묘사하는 표현인 '토후와보후'는 바로 생명이 부재하는 삭막한 대지를 묘사한다는 것을 체감했다. 2-3장의 야웨계 인간 창조 이야기의 시작에서 더욱 잘 알게 되겠지만, 이 삭막한 대지는 엘로힘의 말씀으로 생명이 뛰노는 공간으로 변화하고, 축복과 생명의 장(場)으로 전환한다. 점차 땅-하늘의 관계가 이야기의 배면으로 물러나고 인간-땅의 관계가 조명을 받으며 인간-인간의 관계가 서서히 이야기의 무대 중앙으로 들어

선다. 창조설화는 신-인간-땅(천지인)의 관계에 그 전반적인 초점을 맞추고 있는 것이다.

편집자는 엘로힘의 창조를 통하여 생명이 사막 같은 지상(地上)을 채우고 번성하는 세상을 희망한다. 온갖 살아 있는 생명체들이 둥우리를 틀고 평화롭게 공존하기를 바란다. 인간은 모든 창조물들과 어울려서 엘로힘이 제공한 이 아름다운 세상을 관리하도록 위임을 받은 존재이기 때문이다. 창조사상의 정점에 있는 인간은 지상의 모든 존재, 인간에서 풀벌레에 이르기까지 모든 생명 있는 존재들이 그의 손에서 평화를 느낄 수 있도록 해야 하는 의무의 존재이다.

ㅂ. 일곱째날-엘로힘의 휴식[53] : 2,1-4ㄱ

1. 이렇게 하늘과 땅과 그 안의 모든 것이 마무리되었다.
2. 엘로힘은 하던 일을 이렛날에 마무리하였다. 엘로힘은 하던 일을 모두 마치고 이렛날에 쉬었다.
3. 엘로힘은 이렛날에 복을 내리고 그날을 거룩하게 하였다. 엘로힘은 창조하여 만들던 일을 마치고 그 날에 쉬었기 때문이다.
4. 하늘과 땅이 창조될 때 그 생성은 이러하였다.

2장 1절은 앞의 전과정을 요약한다. 창조는 완성되었다. 이 날은 일곱째 날, 엘로힘은 이 날을 축복한다. 창조의 전과정이 축복과 함께 대단원의 막을 내렸다. 엘로힘은 창조의 완성과 더불어 무대에서 물러선다. 이제 더 이상 1장과 같은 창조에 손을 대는 일은 없을 것이다. 엘로힘은 이 날을 기억하기 위하여 시

---

53 창조의 끝에 신이 휴식을 취한다는 주제는 여러 종교-특히 이집트, 메소포타미아-에서 발견된다.

안식일 (윌리엄 블레이크)

간을 축복을 한다. 엘로힘의 이 축복은 창조계를 위임 받은 인간에 의하여 완성되어야 한다.

창조의 이렛날 :

창세기의 증언자는 이 날을 창조의 일곱째 날이라 하여 안식일로 명명할 것이라는 암시를 한다(출애 16,23-29). 그 날 엘로힘이 창조의 손길을 멈추었던 것처럼 엘로힘의 창조물인 인간도 노동의 휴식을 지켜나갈 것이다. 자신의 노동과 자신에게 딸린 사람들의 노고를 휴식으로 대체할 것이다. 인간은 자신에게 휴식이 필요하듯이, 자기의 고용인들도 휴식을 취할 수 있도록 해야 할 것이다. 이러한 휴식의 신법(神法)은 이 법을 지키는 사람들에게 사회정치적 의미로 완성될 것이다. 창조의 완성 후에 쉬는 날. 엘로힘의 창조는 인간 노동의 보상처럼 거룩한 휴식을 필요로 한다.

이스라엘의 '안식년(shabat)'의 개념에 대하여 어원학적 이해도 중요하지만 여기서는 이 개념의 "사회정치적인 의미"를 강조한다. 사회정치적 법의 개념으로 확립되는 과정을 보여주는 출애굽기나 레위기가 이를 증언한다. 이 개념은 단순히 인간의 사회정치생활의 영역에서 인간에게 유익해서 중요한 것이 아니다. 인간의 완성을 위해서 필요한 조치인 이 궁극적 출처가 우주와 인간을 창조한 엘로힘을 기원으로 하기에 중요한 의미가 있는 것이다. 이를 토대로 할 때에 비로소 인간과 인간실존에 대한 사회정치학적 성찰이 신학적 통찰을 바탕으로 가능해진다. 인간의 휴식이 엘로힘의 창조사건이라는 테두리 안에서 이해되는 순간에 안식일은 야웨 엘로힘과 이스라엘의 영원한 계약으로 성문화할 수 있는 신학적 바탕이 마련되기 때문이다.[54]

창조의 완성은 엘로힘의 수고로 창조계에 질서가 확립되었다는 것을 의미한다. 엘로힘의 휴식은 이미 확립된 질서를 인간이 흔들지 말아야 한다는 말이다. 엘로힘은 이 날을 축복했을 뿐만 아니라 축성(祝聖 : 거룩하게 하였다)하였던 것이다. 엘로힘은 자신의 모습으로 창조된 인간을 포함하여 그 어떤 창조물도 축성하지 않았다. 그런데 오직 이 날, 일곱 번째 날만이 거룩한 날로 선포된 것이다(2,3). 전 창조계가 카오스와 분리됨으로 존재하게 되었다면, 일곱 번째 날도 엘로힘의 축성으로 다른 창조의 시간대와 구분될 필요가 있었던 것이다. 이로써 이렛날에 내린 축복은 축성과 더불어 인간의 삶 속에서 영원히 흐르게 될 것이다. 인간은 사회 안에서 그가 하는 일로 엘로힘의 창조를 계속한다. 인간이 이 날을 증언할 수 있다면, 이 증언은 자기 일의 리듬 안에서 확인할 수 있을 것이다.

---

54 출애 31,12-17 참조. 이집트를 탈출한 사건 이후 민족이 형성되어 가는 과정에서 타국의 노예생활을 경험한 이스라엘 민족에게 사회정치적 성격의 신법은 아주 중요한 것이었다.

창세기의 저자는 1,1부터 시작된 이야기의 구조가 일곱 날로 조직된 대로 엘로힘의 휴식으로, 거룩한 안식일로 완전한 신학적 작업을 완성했다. 그러나 이 완성은 끝나는 게 아니고 새로운 길, 인류의 역사를 시작할 것이다. 엘로힘의 휴식은, 안식일은 역사 안에서 한 민족의 삶을 엮는 씨줄과 날줄의 기능을 할 것이기 때문이다.

끝으로 안식일과 인간의 삶의 관계에 대하여 한 마디 덧붙인다. 인간의 삶은 사회정치적 범주를 넘어서 존재론적으로도 시간의 리듬으로 규정된 삶이다. 창조의 우주적 차원을 인간의 삶이란 차원으로 환원해 본다면, 이 안식일의 축복과 축성은 창조를 마감하는 축복과 축성만을 의미하는 것이 아니다. 이것은 인간의 실존성을 제한하고 규정하는 시간이 신의 축복과 축성을 의미하는 것이다. 인간은 궁극적으로 영원한 삶을 지향하겠지만, 이미 시간의 축성을 통하여 역사의 존재로서 인간의 삶은 신의 축복과 축성을 받았다. 말하자면, 인간의 탄생과 죽음은 이미 축성된 사건이며 축복이다.

창세기는 이처럼 미래를 향한 인간의 삶이 이미 시간 한 가운데서 축복 받았다는 것을 전제한다. 시간 안에서 인간의 실존 자체가 이미 축복이고 축성이기 때문이다. 이런 의미에서 인간은 각자가 자신의 책임을 가지고 이 성화된 시간을 살아야 한다. 역으로 인간의 생애는 축복 받은 창조된 삶이므로, 엘로힘의 창조를 기억하지 않을 수 없다. 비록 이스라엘에 있어서 안식일은 모세 시기의 역사적 제정이긴 하지만(출애굽 16,30; 23,12 등), 이 날을 기억한다는 것은 바로 이스라엘을 창조한 엘로힘을 기억한다는 것을 의미한다. 이 날의 유효성에 초점을 맞출 것이 아니고, 이 날이 가리키는 엘로힘의 현존이 인간의 삶을 규정한다는 의미에 초점이 맞추어져야 한다. 그러므로 이 날의 축성은 전례적인 의미에 앞서서 인간의 실존이 축성 받았다는 사실을 우선적으로 선언해야 할 것이다. 삶의 질적 의미와 삶의 방향이 엘로힘 앞에서 결정적으로 규정된다는 것을 이해해야 할 것이다.

일곱째 날은 앞의 여섯 날과는 다르지만, 여섯 날의 창조가 있었기 때문에 일곱째 날의 성화가 가능했던 것을 잊어서는 안 될 것이다. 이 성화(聖化)는 일을 중지하고 쉬는 것으로 나타난 것인데, 이 쉼은 상징적으로 창조의 수고를 의미한다. 사제계 문헌이 하늘과 땅의 족보(톨레도트; 창세 2,4)를 마치 인간의 족보처럼 묘사하고 기록한 이유가 있는 것이다. 인간이 엘로힘의 모습을 따라서 창조되었고, 아담이 자기의 모습을 따라서 셋을 낳았듯이(창세 5,3), 창조는 엘로힘의 위대한 노동(勞動)이었던 것이다. 이렇듯 신의 수고가 인간 탄생의 토대임을 강조한 사제계 필자의 손은 창조계 안에서 인간의 사회적 삶과 실존적 의미를 엘로힘의 창조사업과 하나로 엮을 수 있는 위대한 신학적 통찰을 수행해낸 것이다. 엘로힘의 창조가 일곱째 날을 거룩하게 하였듯이, 전생애를 두고 임무를 살아내야 할 인간의 실존도 거룩해야만 하는 것이다.

2.4. 결어 : 폭력의 표지와 폭력의 탄생

창조 이야기는 인류의 처음을 설명한다거나 창조의 의미를 해석하지 않는다. 이야기의 전개과정에서 창조의 신비와 목적이 서서히 밝혀질 뿐이다. 창조는 신(神)만이 관련된 사실이 아니며, 전(全) 창조계가 신의 계획 안에서 의미를 가진다. 하늘과 땅 사이, 지상과 우주 안에서 발생하는 모든 사건은 바로 엘로힘의 창조사에 속하기 때문이다. 그러한 까닭에 개인이건 민족이건 모든 인간에게 일어나는 일체의 사건은 엘로힘의 창조사건의 틀 안에서 의미를 가진다. 구원과 평화 이 모두가 인간과 창조계 안에서 일어나는 사건들과 관련이 있으며, 이 사건들의 종말이 오기까지 창조적 역사를 구성할 수밖에 없다. 바로 이들 사건과 사건들로 구성되는 역사의 흐름에 인간이 피할 수 없는 엘로힘이 존재한다.

이처럼 1장의 저자는 이야기를 전개하면서 결코 엘로힘의 우주창조를 이해시키거나 엘로힘이 누구인지 설명하려고 노력하지 않는다. 이야기를 듣거나 읽는 이들이 인간의 창조와 세상의 창조 이야기에서 창조의 신비를 접할 수 있도록 할 뿐이다. 인간과 우주의 창조 이야기는 독자가 가질 수 있는 질문에 대하여 대답하기 위해서 마련한 것이 아니기 때문이다. 그렇다고 창세 1장이 이론의 결과를 기록한 문헌은 더구나 아니다. 오히려 1장의 창조설화는 이스라엘의 직접적인 역사적 체험을 암시하면서, 당대의 자료와 사변적 성찰을 통하여 인간의 구원과 그 희망을 고백한다.

그렇다면 인간의 구원과 희망을 고백하는 역사적 전제는 무엇일까? 창세 1장이 우주창조와 인간창조의 기록으로 선포하고자 하는 것은 무엇인가? 1장이 인간의 역사를 전제로 한 고백과 반성의 결과라면, 이는 창조사상이 사회적 성찰과 밀접한 관련이 있음을 가리킨다. 종교적 문맥에서 이해하고 주장할 수 있는 창조사상이기 전에 인간사회의 구원의 필요가 무엇에서 비롯되는지 밝혀야 할 것이다. 이 점에서 1장은 인간의 폭력성을 일차적으로 언급하고 있다고 여겨진다.

이렇게 이해할 때 창세 1장은 인간의 역사체험과 그 체험에서 이해한 인간의 폭력성을 고발하는 사회정치적 문서로 나타난다. 인간의 폭력은 창세 1장 안에서 우리가 발견하는 아주 중요한 중심주제 중의 하나인 것이다. 이 주제를 마련하기 위하여 편집되었다고 할 정도로 1장의 모든 창조 요소들이 세심하게 제공된다. 첫 눈에 모든 요소들이 제 자리를 차지하고 있는 듯이 보이지만, 이 요소들이 야웨계 문헌을 거치면서 다시 사제계 문헌의 이야기로 연결될 때까지 그 의미를 모두 드러내지 않는다. 말하자면, 하늘과 땅, 루아흐, 빛과 어둠, 궁창과 물 등의 창조의 요소들은 시간과 공간의 창조에서 그 의미들을 암시하면서 나타나지만, 이들 요소들이 6-9장의 노아와 홍수 이야기들에 이르러서 비로소 전체적인 윤곽을 드러내는 것이다.

이러한 의미의 전체성이 드러나기 전에도 분명하게 거론하고 있지만, 특별히 인간창조 이야기와 먹을 거리 규정에서 폭력의 주제가 얼굴을 내밀며 나타난다. 이 두 요소는 인간 혹은 인간 사회의 폭력을 드러내는 표지로 작용하며, 폭력이 어떻게 탄생하는지 알려준다. 겉으로 보면 당연해 보이는 두 가지 창조의 요소들-인간창조와 먹을 거리 규정-은 폭력의 주제를 말하기 위해서 준비되었으며 서로 맞물려 있는 주제들로 제시된다. 엘로힘 앞에서 모든 인간의 평등성을 주장하는 창조사상은 역사체험에서 비롯된 것이 아닐 수 없다. 인간을 신의 모습으로 창조했다는 주장이 독립적으로 다루어진다면 다른 해석이 가능할 수도 있다. 그러나 신의 형상으로써 인간의 창조는 엘로힘의 먹을거리 규정을 통하여 인간의 역사에 불행을 가져온 폭력의 표지에 의해서 위협 받는다.

엘로힘이 인간에게 먹을 거리를 주면서 선언한 규정은 인간이 단순히 무엇을 먹을 수 있는지 양식의 종류을 말하기 위해서 선언된 것이 아니다. 엘로힘의 창조물 중에서 생명을 지니고 지상을 살아가는 인간과 동물의 관계를 명시하는 것이다. 그렇다고 엘로힘의 이 선언이 겨우 인간과 동물의 외적 관계를 규정하기 위해서 제공된 것은 아니다. 이 선언은 인간의 폭력성을 고발하기 위해서 아주 세심하게 준비된 것이며 의미의 상징성을 얻기 위해서 마련된 것이다. 즉 인간과 땅의 관계나 인간과 동물의 관계는 인간의 폭력성을 드러내기 위해서 거론하고 상징적 의미를 낳기 위해서 사용된 개념들이다.

엘로힘의 창조 이야기에서 사제계 편집자가 암시하는 인간의 폭력성은 무엇보다도 인간 자신과 인류에 대한 고발의 성격을 가진다. 따라서 인간의 신적 가능성-엘로힘의 명령 혹은 축복을 완성할 때 가능한-을 엘로힘의 창조에서 근거로 제시하고 있다면, 이야기 편집자는 인간의 동물성 혹은 야수성(野獸性)을 인간의 먹을 거리 규정을 통하여 상징적으로 암시한 것이다. 특히 인간의 존재를 규정하는 발언인 1,26 이하의 내용은 천-지-인(天地人)의 수직적 구조가 단순한 가치체계가 아니고, 그 질적(質的) 성격을 나타내고 있기 때문에, 인간 자신에 대한 존재론적 의문을 가진 규정이라고 보아야 한다. 인간 존재에 대한 일체의 역사적 의문을 담고 있는 인간존재에 대한 규정을 여기서 만나고 있는 것이다. 이러한 암시적 선언은 4장의 사제계 문헌을 지나서 지구적 재앙인 홍수사건 이후에 엘로힘이 노아와 그 가족에게 주는 먹을 거리 규정에서 아주 구체적으로 만나게 될 것이다.

이러한 의미에서 창세 1장은 우리에게 사회와 역사를 이해하는 원인론적 단서를 제공한다. 즉 1장의 독서는 저자가 이해하는 역사와 인간의 본성이 어떠한지 짐작하도록 유도한다. 인간의 불의와 비참한 현실을 역사적으로 경험한 지식인이라면, 그리고 그 이유가 어떠하든 신의 존재를 부정하지 않는다면, 창조를 거스르는 인간을 고발하지 않을 수 없는 것이다. 이러한 까닭에 1장을 종교경전 이전에 사회정치적 문헌이라고 이해하지만, 독자는 1장의 독서를 통하여 우리가 살고 있는 사회의 어두운 면들에 대해서 더 깊은 통찰을 필요로 한다고 느끼지 않을 수 없다.

부록 1. 형상(*Imago*)과 유사성 혹은 닮음 (*similitudo*)에 대하여[55]

형상(*ŝelem*첼렘)과 유사성(*demut*데뭍):

서양어의 근본 줄기를 이루는 언어 중의 하나로 번역된 라띤어 성경은 형상(모습)과 유사성(닮음)을 *imago*와 *similitudo*로 번역한다.[56] 영어 표현에 낯 익었다면 이 뜻이 무엇인지 쉽게 짐작할 수 있다. 이 주제는 오랜 세월을 두고 인간의 본성 대해서 숙고와 성찰을 해온 서구의 많은 지성인들에게 깊은 철학적 사색거리였다. 앞에서도 지적했지만 본래 이 주제는 창세기에 기원을 둔 용어이며, 성경의 세계에서 사용된 단어이다. 이 두 용어는 본래 창세기 편집자가 인간의 창조이야기를 표현하기 위하여 고대세계의 주변 문화에서 차용한 용어들이다. 그런데 놀랍게도 이 용어들은 인간의 본성을 설명하기 위해서 사용한 철학적 표현이 아니고, 그 이전에 사회적 정치적으로 사용된 역사를 가지고 있다.

유다이즘을 모태로 한 그리스도교가 이스라엘 민족의 경전인 토라를 신의 계시로 받아들이고 난 이후, 이 두 용어는 희랍과 라틴 문화를 토대로 전개된 인간 이해의 사변적 논의의 주제가 되었던 것이다. 여기서는 이들 문화와 사고에 익숙하지 않은 한국문화에서 조금이라도 이 주제에 다가설 수 있도록 두 측면에서 간단한 논의를 시도하기로 한다. 한 편으로는 성경적인 문맥에서 어떻게 사용되었는지 그 의미를 생각해 보면서, 다른 한편 이 어휘들이 고대세계에서 사용된 환경을 고려하며 함축하는 사회정치적인 의미를 생각해 보기로 한다.

---

55 박 종구, 여섯째 날의 두 번째 창조, 46-54쪽 참조.

56 Vulgata Biblia (4세기말, 예로니모에 의해 히브리어 성경으로부터 번역된 라띤어본)에서 취한 용어. 불가따 본(Editio vulgata)이라고 칭한다. '불가따vulgata'는 '대중적인, 평범한 일상적인, 통속적인'의 의미로 당시의 일상언어로 번역된 사실을 강조한다.

ㄱ. 성경적 문맥

이마고(*imago*, 형상形象: 혹은 모습, 모상)는 신의 형상(*imago dei*)이라는 성경 신학적 표현으로 익숙해진 단어이다. 일견 분명하고 간단해 보이는 이 단어들이 그리스도교의 서구문화에서 인간 이해의 열쇠처럼 사용된 이유는 창세기 첫 장에서 인간창조설화를 묘사하는 본문에 등장하기 때문이다.

사실상 창세 1,26-27의 인간창조와 관련된 '신의 형상'과 '유사성' 주제에 관한 성경 주석학적인 관심은 19세기에 시작했다는 점은 앞에서 지적했다. 이미 그리스도교 초기부터 신의 창조물로서 인간을 이해하고자 하는 시도가 늘 있어 왔고, 이에 대한 사변적 숙고는 거의 신비주의적 가르침에 도달하기도 했으나, 교의적인 가르침에서 벗어나 창세기 설화를 현재의 형태 그대로 보고자 했던 시점은 16세기의 종교개혁 이후 자연과학, 특히 찰스 다윈(*Charles R. Darwin*, 1809-1882)이 활약했던 시기와 일치한다.

구약성경의 이 표현은 신약성경에서 다시 언급되는 데, 주로 사도 바오로의 서간에서 찾아볼 수 있다. 1고린 11,7(...남자는 하느님의 모상/형상이요 영광이기 때문입니다.)은 창조된 존재로서 인간에게 고유한 신의 형상(形象)을 언급하고 있다. 반면에 같은 저자의 2고린 4,4(...하느님의 모상인 그리스도의...)와 골로사이 1,15(그분은 보이지 않는 하느님의 모상이시며...)에서는 예수 그리스도가 테오스(*Theos*, 하느님. 창세기 엘로힘의 희랍어역)의 모상으로 이해된다. 달리 말하면, 엘로힘(하느님)의 모상=그리스도라는 정식(定式)으로 전환되어 인간 이해에 관한 한 이 주제는 그리스도교 신앙의 범주 안으로 들어온다. 사도의 두 번째 명제는 창세기의 인간창조와 관련된 신의 모상이란 표현으로 인간 구원이라는 측면에서 해석한 것이다. 이것이 후대 교회의 전통으로 받아들여졌고 사변 신학의 좋은 재료가 된다.

긴 세월 동안, 이 주제와 관련하여 창세 1,26-27에 대한 주석학적 해석이 사라진 것은 아니지만, 교의가 아닌 성경학적 주제로 거론된 것은 1876년 *George Smith*의 "*The Chaldean Account of Genesis*"가 발간된 이

후이며, 그 영향력으로 학계에서 그 연구가 본격적으로 시작되었다. 이 책의 논의에 따르면, 바빌론의 창세기 설화 – 에누마 엘리쉬(*Enuma Elish*)와 구약성경의 창세기 설화가 우연한 일치를 이루기에는 너무나 많은 유사점을 보여준다는 것이다.[57]

여기서 제기된 문제의 초점은 한 마디로 이렇게 요약할 수 있다: 어떻게 구약의 창세기 설화와 바빌론의 창세설화의 유사성을 설득력 있게 설명할 수 있는가? 1878년 벨하우젠 (*Julius Wellhausen*, 1844–1918)은 "이스라엘 역사*Geschichte Israels*"를 출간하면서 문학비평의 방법론에 근거하여 사제계 문헌이(창세 1장) 가장 늦다는 이론을 펼쳤다. 물론 벨하우젠의 이론은 그라프(*K. H. Graf*)란 학자가 이미 제창했던 주장이었지만, 그때까지 이단으로 취급되던 학설이 벨하우젠의 학문적 성과와 이름 덕택에 1878년 이후에 비로소 정설로 받아들여지게 되었다.[58]

이 보다 조금 앞선 시기에 다윈은 "종의 기원(*The Origine of Species*, 1859)"과 "인간의 후손(*The Descent of Man*, 1871)"이란 책을 출간했다. 이 책들에서 다윈이 제기한 문제의 초점은 인간이 신을 닮았는가? 라는 질문이 아니라, 인간이 동물의 본성을 닮았다는 놀라운 주장이었다. 이러한 주장들은 당시의 그리스도교적 세계관이 가지고 있던 견해들을 뒤흔들었고, 마침내 혼란스러울 정도로 당대 사회의 기존 개념들을 온통 뒤집어 놓았다. 그뿐만 아니라 이 생물학적 진화론의 주장은 당대의 그리스도교적 이해에 바탕을 둔 신–인간–세상의 관계를 완전하게 깨어버리려는 위협으로 간주되었다. 그러나 다윈이 주장하는 바는 단순히 말해서 인간과 동물은 공통조상에서 유래하며, 한 걸음 더 나아가 인간과 포유동물의 육체적 특성에는 근본적인 차이가 없다는 것이었다. 따라서 이 시기에 가톨릭이건 프로테스탄트이건 유럽의 그리스도교 성경학자나 신학자들에게는 인간과 동물 간의 차이를 나타내는 특

---

57 Alexander Heidel, The Babylonian Genesis, 1951, 82–140쪽 참조.
58 C. 베스터만 창세 1,26–28 주석부분; Gunnlaugur A. Jonsson의 책 10–24쪽.

성을 찾아내는 것이 더 시급한 일처럼 보였다. 바로 동물과는 달리 신의 형상을 닮은 인간 실존의 의미를 밝히고 설명하는 일이었다.

이러한 배경 하에서 창세 1장의 관련 본문을 재독할 필요가 있는 것이다. 창세 1장은 우리가 잘 알다시피 사제계 전통의 문헌에 속하며, 1장 이외에 첼렘(형상/모습)과 데뭍(유사성/닮음) 두 용어가 함께 나타나는 창세 5,1-3이나 9,6도 같은 문헌에 속한다. 인간 창조와 관련하여 신의 형상이란 표현은 토라나 다른 구약문헌에는 더 이상 관심의 대상이 아니며 거의 나타나지도 않는다.[59] 그러므로 창세 1~11장을 제외한다면, 성경은 인간운명의 보편성을 다루지도 않을 뿐만 아니라 이에 관한 한 보여줄 것이 거의 없다. 따라서 이 주제를 보편적 주제로 다루지 않는다면 구약성경은 오직 이스라엘 민족의 역사를 기록한 문헌으로 여겨질 수밖에 없다. 이 관점에서 창세기 설화는 이스라엘 민족과 직접적인 관계가 전혀 없다는 것과 주변문화가 보유하고 있던 신화를 소재로 두 학파(사제계와 야웨계)의 사색과 성찰과 지혜(知慧)를 담고 있다고 보는 게 현명하다.

창세 1~11장의 의도는 모든 역사를 포함하여 분명 이스라엘의 역사를 읽는 보편주의적 관점을 제공하는 데 있다. 창세기의 첫머리를 장식한다는 사실 하나만으로도 창세 1~11장의 의미는 창세기 12장 이후의 성경 이야기들을 읽어 나가는 방향타와 지렛대 역할을 하는 것이다. 이스라엘 민족이라는 특수한 인간 무리의 운명을 엘로힘의 시선-보편주의적 관점-으로 본다는 말로 이해할

59 지혜 2,23과 집혜 17,3에 형상(形象 : 첼렘)이란 인간창조와 관련하여 이 표현이 나타나기는 하지만, 이 문헌들은 창세기의 편집보다 훨씬 후기 저작물들인 외경(혹은 제 2경전)에 속한다. 참고로, 외경 혹은 제 2경전(deutero-canon) : 가톨릭 교회는 트렌토 공의회(1545-1563; 종교개혁의 시대적 흐름에 즈음하여 장소를 바꿔가며 여러 회기에 걸쳐 가톨릭 교회가 전체 교의에 대한 검토를 시도했던 공의회) 이후 제 2경전으로 사용할 것을 정식 선언했다. 16세기의 종교개혁가들은 정경(正經)으로 취급하지 않으나 신앙심에 호소할 수 있다고 보고 부록으로 첨부했다(출처가 불확실한 경전*Apocryphes*이라고 하며, 가톨릭의 제 2경전에 없는 문헌도 포함). 한편, 동방교회는 이에 대하여 정식 태도를 취하지 않는다.

수 있다면 그 의미는 더욱 확실하다. 따라서 창세 1~11장은 이 설화가 지닌 인류의 보편성 차원 때문에 개별 역사 내지는 개별 사건을 인류사적 시각에서 바라볼 수 있는 기회를 제공한다. 인간과 신, 인간과 땅, 인간과 인간의 관계가 창세 1~11장에 용해되어 있기 때문이다.

성경은 첫 사흘 동안에 시간과 공간을 창조하시는 신의 모습을 묘사하고, 다음 사흘 동안에 이 시공간 안에서 살아 움직일 생명체들의 창조이야기를 담고 있다. 이 모든 것이 준비가 된 후에 여섯째 날의 마지막 순간에 인간의 창조 이야기가 시작된다. 상징적으로 말한다면, 인간의 창조는 우주적 준비가 이루어진 후에 진행된 사건이다. 이 용어들이 처음으로 나타나는 창세 1,26을 읽어보자.

> 1,26 : 엘로힘은 말했다. "우리와 비슷하게 우리의 모습으로 사람을 만들자. 그리고 그가 바다의 고기와 하늘의 새와 집짐승과 온갖 들짐승과 땅을 기어 다니는 온갖 것을 다스리게 하자."

이 구절에서 인간을 정의하는 두 용어가 나타난 것이다. 히브리어 용어인 엘로힘의 형상(첼렘)과 엘로힘의 닮음(데뭍)[60]이 그것이다. 이 두 용어를 해석하는 방식에 따라서 성경이 의미하는 인간 자신의 이해가 달라질 수 있다. 두 용어들이 사용된 창세 1장, 5장, 9장의 구절들이 야웨계 문헌이 아닌 사제계 문헌이라는 사실은 용어의 선택과 사용에서 일관된 주장을 하고 있다는 증거이기도 하다.

창세 1장 26절과 27절, 창세 5장 1절과 3절, 그리고 창세 9,6의 전문을 함께 비교하면서 읽어보자.

---

60 이후 형상(첼렘, *imago*)과 유사성(데뭍, *similitudo*)을 가리키는 단어로 첼렘과 데뭍을 사용하며 히브리어로 표기하기도 한다.

1,26 : 엘로힘은 말했다. "우리와 비슷하게 우리 모습으로 사람을 만들자. 그래서 그가 바다의 고기와 하늘의 새와 집짐승과 들짐승과 땅을 기어다니는 온갖 것을 다스리게 하자."

1,27 : 엘로힘은 이렇게 자신의 모습으로 사람을 창조하였다. 엘로힘의 모습으로 창조하되 남자와 여자로 그들을 창조하였다.

5,1 : 아담의 족보는 이러하다. 엘로힘이 사람을 창조하시던 날, 엘로힘과 비슷하게 그를 만드셨다.

5,3 : 아담은 백 삼십 세가 되었을 때 자기와 비슷하게 제 모습으로 아들을 낳아 그 이름을 셋이라 하였다.

9,6 : 사람의 피를 흘리는 자, 그 자도 사람에 의해서 피를 흘려야 하리라. 엘로힘께서 당신 모습으로 사람을 만드셨기 때문이다.

위에서 확인할 수 있듯이 창세 1장의 26절과 27절, 5장의 1절은 엘로힘의 인간창조와 관련이 있으며, 창세 5,3은 아담이 그의 아들 셋을 낳았을 때를 기술하고 있다. 창세 5,1은 엘로힘이 아담의 창조를 반복하고 있으며, 여기에 사용된 용어는 데뭍 한 단어뿐이며, 아담은 인간 일반을 혹은 개인을 가리키는 이름으로 사용되었다. 첫 인간 아담으로 나타난 그가 아들을 낳은 것이다.

창세 5,3에서는 첼렘과 데뭍 두 용어가 1,26과는 달리 순서가 바뀌어서 나타난다.[61] 아들 셋이 아담의 형상을 그대로 이어 받았다면, 셋은 아담이 엘로

61 b+첼렘, k+데뭍(1,26) —〉 b+데뭍, k.+첼렘(5,3). 새번역 창세기는 1,26과 5,3을 전치사의 변화에 상관없이 전치사를 동일한 표현으로 번역하고 있다. Tob, JB, Die Bibel, La Bibbia, RSV등은 전치사를 그대로 두고, 두 문장 1,26(첼렘, 데뭍)과 5,3(데뭍, 첼렘)에서 두 단어의 순서를 지킨다.

힘의 형상대로 창조되어 누리는 그 형상을 그대로 이어 받는다고 말하지 않을 수 없다.

창세 9장은 홍수-카오스-이후의 이야기이며 따라서 새로운 창조를 기억하는 자리이다. 9,1-7과 1,28-30은 거의 같은 패턴을 따라 묘사된다. 9장에서 엘로힘은 새창조와 새계약을 맺으며 아담-사람 일반-의 피를 흘리는 자는 자신의 피를 흘릴 것임을 경고한다. 왜냐 하면, 아담은 엘로힘의 형상으로 창조되었기 때문이다(9,6). 홍수 이후의 이야기(9장)는 세상이 인간의 부패와 폭력으로 얼룩졌고, 인간의 죄(罪)가 전 인류를 파멸시킨 지구적 재앙을 불러 왔다고 기술한다. 그러나 엘로힘이 창조한 인간의 본성적 사실, 즉 엘로힘의 형상이 사라진 것은 아니다.[62]

이러한 이해를 바탕으로 더 구체적으로 말하면, 이 두 용어와 함께 사용된 두 개의 히브리어 전치사 "be(=*in*)"와 "ke(=*according to*)"의 용례를 살펴본다. 이 두 전치사는 우리말로 대략 '으로/안에'와 '에 따라서/처럼'의 의미이다(*TOB, BJ, NRSV*). 우리는 두 전치사가 두 단어와 함께 사용될 때 개별적으로 어떻게 이해되는지 엄밀하게 해석할 필요가 있다. 두 용어들이 나타나는 구절들과 위치를 살펴보면 다음과 같다.[63]

	(b=be,	k=ke)
1,26	b첼렘	k데뭍
1,27ㄱ	b첼렘	

62 창세 3장의 이야기를 인간의 타락이란 관점에서 해석하였을 때 제기되는 문제 중의 하나는, 인간이 신의 형상에 따라서 창조되었지만 죄를 짓고 난 다음에 이러한 은총이 그대로 보존되었는가? 라는 점이다. 이에 대한 대답으로 창조시의 인성-신의 형상-이 ㄱ) 완전히 훼손되었다, ㄴ) 부분적으로 훼손되었지만 남아 있다, ㄷ) 타락과는 상관없이 그대로 남아 있다라는 주장과 논쟁이 오랫동안 전개되었었다. 교리적인 논쟁은 창세기 설화와 무관하다고 보고 논의주제에서 제외한다.

63 W. Vogels, The Human Person in the Image of God (Gn 1,26), in ScEs 46/2, 1994, 189-202쪽.

1,27ㄴ b첼렘

[2,4ㄴ-4, 26까지는 야웨계 문헌이 삽입된다]

5,1 b데뭍

5,3 b데뭍 k첼렘

9,6 b첼렘

1,26과 5,3에서는 두 용어가 전체사를 대동하고 함께 나타나며 다른 구절에서는 첼렘 혹은 데뭍만 나타난다. 첫눈에 우리는 1,26과 5,3에서 두 전치사가 엄격히 구별되지 않고 혼용되고 있음을 발견한다.[64] 이 경우에 전치사의 혼용이 문제가 되지 않는다면 첼렘과 데뭍 두 용어를 굳이 구별해서 사용할 필요가 없다는 의미로 해석할 수 있다. 그렇다면 엘로힘의 형상과 엘로힘의 닮음이란 표현은 적어도 인간창조의 범주에서 엘로힘과 인간의 관계를 강조하기 위한 나열(羅列)일 뿐이다. 두 용어가 나름대로의 뜻이 있다는 것을 부인할 필요는 없지만,[65] 서로 교환해서 사용할 수 있다는 의미이다.

이 이후 사제계 문헌의 이 두 용어가 짝을 이루어 사용되는 곳은 찾아 볼 수 없으며 잊혀진 관용어(慣用語)가 된다. 엘로힘이 아담을 창조한 선물(첼렘과 데뭍)은 파괴되어 사라진 것이 아니다. 아담이 아무리 죄를 저질렀다고 해도

---

64 C. 베스터만도 이 두 전치사의 의미나 용법을 구별하지 않는다는 보고를, 여러 학자들의 연구를 예로 든다. 참고, J. Barr, Image of God..., 16-18쪽.

65 첼렘과 데뭍의 의미에 대하여 W. Vogels, The Human Person in the Image of God, 192-193쪽; C. 베스터만의 1,26-27 주석부분. 첼렘 : 창세기 이외에 12번 나타나며 '환영, 그림자'를 뜻하기도 하지만(시편 39,7; 7320), '조상(彫像), 형상' 등 대체로 구체적 대상, 물리적 표상을 의미한다. 데뭍 : 창세기 밖에서 22번 사용되며 주로 제관계 문헌과 동시대인 에제키엘서에 주로 편재한다. 그 뜻은 대체로 간단한 '비교(와 같은)'의 의미를 나타내며 추상적이다. 에제키엘은 첼렘과 데뭍을 유사어로 사용한다(23,14와 23,15).

인간됨의 신의 형상은 소멸되지 않았다는 것이다. 그렇다면 인간이 닮아야 할 신의 모상은 무엇을 뜻하는가? 이것은 인간의 존재론적 실존성을 가리키는 것이 아니다. 다음에서 보겠지만, 인간됨의 과정에서 엘로힘의 모습을 닮도록 초대되었다는 의미로 해석된다. 인간은 본성에 있어서 엘로힘이 아니지만, 그리고 인간 자신의 잘못으로 재앙을 불러 왔다 하여도 인간은 아직도 엘로힘을 닮도록 초대받은 엘로힘의 형상인 것이다. 철학적 사유의 대상으로써 인간의 본성을 의미하는 것이 아니라, 인간됨의 사회적 과정을 거쳐서 도달해야 할 이상이 인간 앞에 놓여 있는 것이다. 바로 이 사회적 과정은 신의 모상(*imago dei*)이 함축하고 있는 정치적 의미가 강조되어야 할 필요를 주장한다. 다음에서 우리는 이 사회정치적 문맥에서 이 표현의 의미를 성찰하고 논의를 진행하기로 한다.

ㄴ. 사회적 정치적 문맥

엘로힘의 형상이란 표현이 정치적 의미를 암시하고 있음을 가볍게 여길 수 없다. 역사적으로 여느 정치체제에서나 왕, 천황, 천자 등의 용어는 정치적 지배를 나타내는 표현이다. 이집트나 메소포타미아 문명권에서 파라오 혹은 왕은 하늘을, 즉 신(神)을 대리하는 존재로 상징되어 왔고, 중국에서도 황제는 천자(天子)라는 명칭을 가지고 있었다. 일본 왕의 천황 칭호도 하늘을 대표하거나 아예 인간이 신(神)으로 승격되어 버린 신화적인 예(例)이다. 왕이란 존재는 하늘에 대해서 뭇 백성을 대신하여 민중을 대표하고, 백성들 입장에서 보면 적어도 하늘의 대리자 혹은 매개자 역할을 해왔다.

인간의 역사가 보여주는 이러한 정치적 의미를 우리는 첼렘과 데뭍 두 용어의 사용에서 확인한다. 종교적 표현인 성경적 신의 모상이 일차적으로 인간을 이해하기 위한 형이상학적 의미를 함축하고 있는 것처럼 보이지만, 역사의 현실에서는 정치적인 배경을 전제하고 있다. 즉 고고학의 발굴현장(現場)에 가보면 이 용어들이 정치적 배경을 가지고 있다는 역사적 사실이 확인된다.[66]

창세 1,26-27과 5,1-3은 알다시피 사제계 문헌에 속한다. 이 문헌에 사용된 두 용어의 해석과 이해를 위해서 우선적으로 성경 자체에서 근거를 찾을 수밖에 없었다. 그런데 사제계 문헌의 가장 오래된 기록은 역사적으로 기원전 6세기로 소급할 수 있다. 이 용어들을 찾아 읽을 수 있었던 주변문화의 근거가 확인되기까지는 이 두 용어의 해석이 성경에 제한적일 수밖에 없었다.

1979년 2월 텔-파카리아 (*Tell-Fakhariyah*)의 발굴[67]은 이 용어들이 더 멀리 소급된다는 것을 보여주었다. 기원전 8-9세기의 것으로 추정되는 인물의 조상(彫像)을 표현하고 있는 기념비의 앞뒤로 아시리아어와 아람어로 기록된 명문을 보면(전면에 아시리아어의 원문을 먼저 조각하고, 그 내용을 아람어로 번역해 뒷면에 조각한 것으로 본다), 첫 마디부터 이 통치자가 '신의 첼렘'이요 '신의 데뭍' 이라고 기록하고 있다. 용례에 있어서는 우리가 창세기의 용례에서 이해했듯이 이 두 단어는 서로 구별되지 않으며, 바꿔 쓸 수 있는 용어들로 보인다.[68] 말하자면, 창세 1,26-28에서 보이는 이 두 단어의 사용법은 여기서도 "기능적" 표현임을 의미한다.[69] 즉 두 단어는 뚜렷한 의미의 구별 없이 한 인간이 신을 표상한다는 사실을 묘사하고 있다.

우리는 창세 1장에서 사용된 두 용어가 순수하게 성경적이지 않으며, 두 용어가 기능적으로 사용된 역사적 흔적을 고고학의 발견을 통해서 알았다. 게다

---

66 Paul Eugène Dion, Image et Ressemblance en araméen ancien (Tell Fakhariyah), in ScEs 34/2, 1982.

67 Tell-Fekherye 혹은 Tell-Fekheriyeh라고도 음사. 터어키 접경의 시리아의 고대 도시 시칸의 옛이름. 고고학적 설명은 다음을 참조, Douglas M. Gropp & Theodore J. Lewis, Notes on Some Problems in the Aramaic Text of the Hadd-Yithci Bilingual, in BASOR 259, 1985, 45-61; A.R. Millard & P. Bordreuil, A Statue From Syria with Assyrian and Aramaic Inscriptions, in BA 45, 1982, 135-141.

68 D. M. Gropp & Th. J. Lewis, 47쪽; A.R. Millard & P. Bordreuil, 140.

69 Gunnlaugur A. Jonsson, 207쪽. 인간이 신을 표상한다는 이해는 이집트 문헌의 비교연구에서도 공통으로 도달하는 결론이다. 그 하나의 예로, 파라오의 지배가 백성을 통치하는 정치적 기능으로서 그 기능을 수행한다면, 성경의 기능은 인간이 창조계를 지배하는 것으로써 이해할 수 있다. 그러나 성경 안에서는 "신의 형상"의 개념적 기원을 밝힐 수는 없다. 이 표현의 의미는 일차적으로 이집트 혹은 바빌로니아에서 빌려온 개념이기 때문이다. 이에 대한 더 자세한 사실규명은 고고학과 주석학의 연구과제로 남는다.

가 기능적으로 사용된 이 표현은 창세 1장을 포함한 신구약 전반에 대한 고찰에서 상세히 토론을 거쳐야겠지만, 성경적 혹은 신학적 이해 이전에 정치적 함의가 선행한다는 사실을 알 수 있다. 적어도 이 명문을 통해서 일개인(一介人)이 신을 대표한다는 사상은 고대세계에서는 널리 알려진 일인통치사상(一人統治思想)이었을 것이기 때문이다. 우리가 알고 있는 역사도 이러한 사상이 인류를 지배했던 정치체제의 산물임을 증언하고 있다.

그런데 놀랍게도 창세 1장에 오면, 두 용어가 사용되었던 정치적인 의미가 탈색되고 있다. 두 용어들은 만인(滿人) 각자가 신 앞에서 동등하다는 인식을 나타내는 사제계 문헌의 주장으로 등장한 것이다. 만약 이 두 단어가 인간의 본성을 가리키기 위하여 사용되었다면, 베스터만도 언급하듯이, 이를 설명하기 위해서라도 더 자주 사용되었어야만 한다. 창세 1-11 장만으로는 신의 형상의 내용에 관하여 인간의 본성적 차원을 설명하는 어떠한 정의도 내릴 수 없는 것이다. 더구나 그러한 의미로 이야기가 편집된 것으로 보이지도 않기 때문이다. 오히려 단순하게 엘로힘과 인간 사이의 관계를 나타내기 위해 사용된 것으로 보일 뿐이다.[70] 하여튼 텔-파카리아의 발굴에서 발견된 명문은 사제계 문헌인 창세 1장의 두 용어의 의미를 이해하는 데 결정적인 도움을 주는 것으로 판단된다. 따라서 우리는 창세기의 이 두 용어가 정치적 의미로 사용되었었던 표현이며, 구약성경 밖에서 차용된 용어라고 주장할 수 있다.

이처럼 두 용어의 사용에는 인간의 역사가 자리하고 있다. 창세 1장의 저자는 자신이 차용한 이러한 역사적 용어에서 정치적이며 독재 체제적인 의미를 탈색시키고자 했을 것이다. 그는 오히려 이 용어들을 인간과 엘로힘의 관계에 적용함으로써 신 이외에 모든 인간, 곧 신의 창조물로서 모든 인간은 창조주인

---

70 J. Barr, Image of God in the Book of Genesis-A Study of Terminology, in BJRL, 13쪽. 이 두 용어의 사용은 사제계 문헌의 편집시기와 거의 동시대인 제 2 이사야의 영향이 있지 않았을까 하는 것이 J. Barr의 주장이다. 그 주장의 근거로 창조사상, 유일신사상, 이스라엘 신의 최고 유일성과 보편성에 대한 주장 등을 근거로 든다. 그러나 그 어떤 근거도 두루 나타나지 않으며, 역사적 문헌과 비역사적 설화를 같은 차원에서 비교할 때 생기는 의문이 더 많은 것이 사실이다.

엘로힘 앞에서 평등하다는 주장을 선언하고 싶었을 것이다.[71] 신 앞에서 모든 인간은 평등할 뿐만 아니라, 정치적 의미의 "하늘의 대리자(天子)"가 아닌 엘로힘의 아들, 곧 "신의 아들(神子)" 자격을 획득하고 만인평등의 이 지위를 살아야 하는 인간의 소명을 말하고 싶었을 것이다. 더구나 거대한 제국의 힘에 눌려 조국을 잃고 남의 땅에서 타향살이를 하던 시기(기원전 587년 바빌론 유배 이후)의 동족에게 살아 있는 엘로힘의 희망을 들려 주었어야 했으니 그 필요성은 더욱 간절했으리라.

따라서 창세 1장의 편집자는 엘로힘의 첼렘이나 데뭍으로써 첫 인간 아담을 성경 이야기 안에 데리고 들어와서 명백하게 동시대인들과 후대인들에게 인간의 존엄성과 그 존재이유를 사회 정치학적으로 선포하고 있는 셈이다. 이러한 의미를 해독할 수 있는 이들에게는 이 선언이 사회정치적으로 엄청난 혁명적 사상이 아닐 수 없다. 역사의 교훈은 하늘의 대리자 혹은 최고 권력자가 민중의 목소리에 귀를 기울이지 않았기 때문에 민중에게는 절망을, 자신에게는 멸망을 가져왔다고 가르친다. 또한 독재자나 전제군주는 오직 하나의 목소리, 자신의 목소리만을 허용했다는 기록을 우리는 알고 있다. 엘로힘의 형상으로써 만인지상(萬人之上)의 왕은 인간 모두를 신의 모상으로 이해하기 보다는 자신만을 신의 대리자로 착각했던 것이다.

우리가 알고 있는 인간 역사에 등장하는 왕이나 파라오나 천자나 천황이란 모두 최고 권력자를 자처하는 권력의 화신이다. 일인 혹은 극소수만의 인간이 하늘을 대신하여 신의 이름으로 지상의 모든 권력을 휘둘렀다고 역사는 증언한다. 지상의 왕국을 소유하고 있다고 생각했던 인물들은 홀로 신의 역할을 할 수 있었고, 신을 대리하여, 신의 이름으로 통치하였다. 말하자면 그들은 신의 형상이었기 때문에, 이들만이 모든 이들 위에 군림할 수 있었던 것이다. 이집트 왕조의 파라오들이나 메소포타미아 왕국의 제왕들, 후대에 내려와서 로마

71 심용섭, 하느님의 모상으로서의 인간 (2), 113–114 쪽 참조.

제국의 황제들은 직접 권력을 행사할 수 없는 곳에 자신들의 형상 *imago/image*인 비(碑)나 조형물[72]을 만들어 세웠다. 구약성경이 줄기차게 강변하는 내용 중의 하나가 우상에 대한 전면적인 거부인데, 이스라엘 민족이 목숨을 바쳐가며 우상과 싸웠던 이유가 있었던 것이다.

창세기의 설화는 엘로힘을 통하여 창조계를 지배할 수 있는 신의 형상으로서 인간을 내세웠다. 인간이 신의 형상이라면, 신의 형상을 따로 만들어 세울 필요가 없는 것이다. 신의 형상을 조각하면 할수록 그것은 우상이 되기 때문이다. 인간을 노예로 만드는 이러한 우상은 파괴되어야 한다. 신은 인간을 지배하기 위한 권력을 행사하지도 않았을 뿐만 아니라, 오히려 인간에게 지상의 창조계를 지배하도록 위임하지 않았던가? 우리가 알 수 있듯이, 인간세계의 최고권력이나 권력체제는 대체로 인류의 역사적 경험에서 볼 때, 불의와 비극을 낳는 지배와 통치체제였고, 인간을 위한 성경적 지배나 통치와는 달랐다. 전제적 통치자는 인간을 위해서 통치하는 것이 아니라, 자기의 권력을 연장하거나 강화하는 것을 목적으로 삼기 때문이다. 더구나 자신의 형상을 타인에게 강요할 때 이는 권력자가 자신의 권력의지를 드러내고자 하는 것이 아니고 무엇이겠는가. 고대세계에서 최고권력자는 신의 이름으로 권력을 행사했기 때문이다. 토라가 그토록 우상을 저주했던 이유를 부인할 수 없다. 권력은 처음부터 종교의 이름을 빌어서 동료 인간을 다스리자는 정치였기 때문이다. 역사는 현대에 이르러서도 마찬가지이지만, 자기의 이미지/형상을 내세우는 정치적 권력의 목적은 동료이며 형제 인간들에게 봉사하는 것이 아니라, 이들을 자신만을 위한 정치적 독재(獨裁)의 발판으로 삼고 신의 위치에서 통치하고자 하는 의지를 드러낸다.

고대의 정치권력체제는 권력이 일인에게 집중하는 것이 용이했고, 따라서 이러한 권력의 표현은 더욱 강하게 요청되었을 것이다. 현대의 역사 안에서도

---

72 오늘날 방식은 달라도 최고통치자의 형상(*imago*)은 비슷한 기능을 유지한다. 사진이나 이 기능에 상응하는 다른 방법이 이를 대행한다.

이러한 흔적은 강하게 남아 있어서 독재체제일수록, 권력이 일인(一人)에게 집중하고 이러한 현상은 더욱 강하게 작용한다. 한 인간을 심정적으로 존경하는 것과 권력자 혹은 권력체제에 의한 복종은 근원적으로 다를 수밖에 없다. 고대세계에서 최고 권력자들은 이런 의미에서 늘 신화적 존재들이었다고 말할 수 있다.

창세 1장의 저자는 비록 이야기의 자료를 주변문화의 역사적 혹은 신화적 소재에서 취했지만, 신의 형상을 첫 인간에게 부여함으로써 아담 이후에 태어나는 인류 각자는 신의 창조물로서 신의 형상을 가지고 있는 자, 신의 형상인 자라고 말할 수 있게 되었다. 신 앞에서 어느 누구도 타인을 핍박하고 억누를 정당한 근거를 찾을 수 없으며, 통치자나 일반 백성은 서로의 동료이며 이웃이 되어야 한다(루카 10,36). 창세 1장의 편집자는 당대의 제국이 행사하던 정치적 폭력의 희생물이었던 제 민족의 현실을 뼈 속 깊이 체험했던 인물이었을 것이다. 이스라엘은 제국의 희생물이 되었지만, 패망의 원인도 제국이 약자를 희생물로 삼았듯이 약하고 도움이 필요한 동족을 희생물로 삼은 이스라엘의 정치적 현실에서 찾았을 것이다. 권력이 행사되는 곳에서 발생하는 이러한 불의는 권력이 크건 작건 엘로힘의 모습인 인간의 자기이해의 부족에 그 원인이 있음을 알려주는 것이다.

굳이 말하자면, 창세기 설화의 저자는 비록 시간을 헤아릴 수 없는 태곳적 이야기에서, 비참한 당대의 현실을 더불어 살고 있던 사람들에게 들려주고 싶었던 메시지를 찾았을 것이며, 동시대인들이 앓고 있는 사회정치적인 병리현상을 알려주고 싶었을 것이다. 이처럼 "엘로힘의 첼렘과 데뭍"이란 표현 속에는 두 가지 사실이 얽혀 있으니, ㄱ) 인간의 피조성은 인간의 한계를 규정하고 있다는 점과 ㄴ) 그러한 까닭에 어느 누구도 불의하게 타인 위에 올라 설 수 없고 타인을 내리 눌러서도 안 된다. 만인은 신 앞에서 평등하기 때문이다.

우리는 이 점에서 종교성과 사회정치가 만나는 고리를 발견할 수 있다. 두 측면이 겹칠 수 없지만 만나지 않을 수 없는 것이다. 이러한 시각이 창세설화에서 발견되는 중요한 메시지로 21세기를 살고 있는 우리들의 문제의식을 더 날카롭게 하는 것이라 본다. 따라서 창세 1,26의 이러한 이해를 근거로 하여 우리는 감히 창세설화를 "사회정치적 선언문"으로 이해하고 주장할 수 있다.

부록 2 : 신의 형상(形象)인 아담 – 남자와 여자

아담인 남자와 여자를 말하기 전에 전통적으로 강조되어 왔던 신의 부성성(父性性)에 대하여 간단히 언급할 필요가 있다. 엘로힘의 형상을 따라서 인간이 창조되었다는 이야기는 무엇보다도 인간이 무엇이며 누구인가를 이해하고자 한다. 이 이야기를 바탕으로 인간에서 신의 모습을 찾아본다는 시도는 논리적으로 이해할 수 있을지는 몰라도 신을 해석한다는 것은 무의미하다. 따라서 독립적인 주제로써 굳이 신의 모성성(母性性)이나 부성성(父性性)을 강조할 필요는 없다.

창세 1장의 이야기는 단순히 인간을 이 세상의 관리자로 위임한 엘로힘의 의지를 반영하고 있기 때문에 여기서는 신의 여성성이나 남성성이 거론되지 않는다. 구약성경에 나타나는 야웨 엘로힘의 모성성이나 부성성은 어떤 의미에서 상당히 풍부한 편이다. 전통적으로 가부장적으로 진행되어온 역사 안에서 부성을 나타내는 신의 모습이 더 자주 발견되는 것은 당연한 현상일 것이다.[73] 모성성을 나타내는 엘로힘은 무엇보다도 위로의 신이다.[74] 이 신은 때로 부성과 모성을 한꺼번에 보여주기도 한다.[75] 인간의 성을 유비analogia로 하여 신을 이해하기도 하지만, 이는 인간이 "신의 형상"을 지닌 존재이기 때문에 가능한 유추이다. 인간을 남자와 여자라고 지칭할 때, 남자와 여자는 '신의 형상'을 따라서 창조된 존재라는 의미에서 신을 아버지 혹은 어머니의 감정으로 고백할 수는 있다. 그러나 사제계 문헌 안에서 신을 희랍신화에서 이해하듯이 남신(男神) 혹은 여신(女神)의 의미로 고백한다는 것은 상상할 수 없는 일이다.[76] 인간의 남성과 여성이 엘로힘의 남성성/부성성 혹은 여성성/모성성을 반드시 드러내는 것이 아니며, 그러한 암시를 주는 것도 아니다. 인간이 엘로힘의 형상으로 남성과 여성으로 창조되었다는 것은 신의 본질을 이해하는 차원과는 다르다는 사실을 잊지 말아야 한다.

인간이 남자와 여자로 창조되었다는 창세기의 선언은 창조 기사의 전체가 엘로힘의 축복과 함께 이야기되고 있다는 사실에서 축복(祝福)의 간접적 증언이라는 진술을 더욱 중요하게 받아들여야 할 것이다. 인간 편에서 성(性)은 생명을 창조하는 과정의 연장이요 엘로힘의 창조를 증언하는 길이다. 엘로힘의 시선에서는 창조된 일체의 사물이 신의 축복을 입었듯이, 성(性)은 인간의 존재방식으로써 엘로힘의 축복이라 할 것이다. 생물학적 수준에서 성(性)이 가리키는 창조의 연속이란 측면을 이해하는 것이 중요하지만, 그 자체로 신의 창조사상을 완성하는 것은 아니다. 본성적인 차원에서 엘로힘의 축복이 온전한 의미를 획득하기 위해서는 앞에서 이해한 것처럼 역사적인 측면에서 인간의 사회윤리가 제시되어야 한다. 창세 1,27은 단순한 남성과 여성이라는 생물학적 차원의 축복이라는 의미를 넘어서서 오히려 사회정치적 의미를 함축하는 성찰로 해석할 수 있다. 이러한 주장은 본문의 해설에서 간단하게나마 보았듯이, 인간과 동물에게 주어지는 먹을 거리 규정에서 찾아볼 수 있었다. 이 먹을 거리 규정이 암시하는 사회정치적 의미는 노아의 홍수 이후에 더욱 분명하게 나타날 것이지만, 창세기 설화에서 언급된 인간의 성(性)이 곧 신학적 해석의 대상이 될 수는 없다.

사회적 관심과 권력의 기반에 따라서 인간의 생각과 행동은 일체가 달라진다. 이스라엘 부족은 형성 과정(창세 12장 이후)서 알 수 있듯이, 이집트에서 눈에 띌 정도로 불어나서 억압을 받고 탈출하여 결국은 이스라엘이라는 하나의 민족 단위를 형성했다(출애 1장 이후). 그리고 이스라엘의 역사 전개과정은

---

73 신명기 32,6; 2사무엘 7,14; 1역대 17,13; 22,10; 28,6; 이사야 63,16; 64,8; 예레미아 3,4.19 등.

74 이사야 49,15; 42,13-14; 45,10; 66,13 등.

75 특별히 제 3이사야 55-66장.

76 Phyllis Bird, Male and Female He Created Them..., HTR 74, 1981, 129-159 참조. 부성이나 모성을 포함하여 여성 혹은 남성의 의미를 성적(性的) 의미로 사용할 때는 번식이나 생명의 유지처럼 생물적인 범주 안에서 사용하고 있다. 창세 1장의 용법에서 성(性)은 사회적 역할이나 신분과 관련되어 있지 않다는 주장이다. 오히려 창세 1,27의 의미는 변화하는 역사적 환경론적 상황을 고려한 해석을 필요로 한다는 주장이다(특히, 156-157).

세계 어느 나라 어느 시대의 역사와 마찬가지로 가부장적 중심의 사회구조로 이루어지고 진행되어 왔다.

이러한 이스라엘의 역사적 환경에서 편집된 창세기 설화의 소재와 이야기는 현대인이 상상조차 할 수 없는 창조의 시점, 역사 이전의 인류 창조를 다루고 있다. 창세 1,26-27은 가부장적 성차별이 자연스러웠던 사회의 역사에서도 인간의 창조가 남녀의 성적 구별로 인한 차이가 없음을 전제하고 있다. 단순히 말해서, 창세설화(첫 11장)는 이스라엘의 역사형성과정(창세 12장 이후)에서 발생한 가부장사회의 특성을 하나도 담고 있지 않다는 놀라운 사실이다. 이런 시각이 적용된 창조기사에서 아담의 창조, 곧 인간이 남자와 여자로 창조되었다는 주장은 시대를 뛰어넘는 사상인 것이다.

홀로가 아닌 둘의 존재로 인간(人間)이 창조되었고, 이 둘의 존재가 인간이 된다는 것은 평등성에 토대를 두지 않고서는 이해할 수 없는 이야기이다. 인간의 본성은 공동체성에 실존의 근거를 둔다는 이해가 자연스럽다. 따라서 남자와 여자로 창조되었다는 주장은 사회정치학적으로 중대한 선언이 아닐 수 없다. 남성과 여성 둘의 각자는 같을 수 없으나, 동시에 전혀 다른 존재도 아니다. 같을 수도 없으며 전혀 다를 수도 없는 존재의 표현이 아담의 남성과 여성이다. 인간은 신의 모습을 따라서 창조된 존재이기 때문이다.

창세 1,27에서 창조된 인간을 히브리어로 남자(*zkr*)와 여자(*nqbh*)로 부른다. 우리말로 남자와 여자를 나타내기 위하여 성(性)의 관점에서 인간을 부르는 용어라고 보면 좋다.[77] 이 단어들은 동물에게도 적용되는 단어들이다. 말하자면 동물을 지칭하는 '수컷'과 '암컷'이 이 단어들이 갖는 의미이다. 인간도 동물의 세계에 속한다고 볼 때, 인간에게 적용할 수 있는 단어들인 셈이다. 이와는 달리 이쉬(ish)와 잇샤(ishsha)는 남자와 여자 곧 동물이 아닌 인간에게만 적용되는 용어들이며, 신을 의인화할 때 사용될 수 있는 단어들이다. 반면

---

77 TWOT, vol.I, zakar, 243쪽; vol.II, neqebah, 1410쪽.

에, 자카르(*zkr*)나 네케바(*nqbh*)는 신의 행동이나 특징들을 나타낼 때에는 쓰이지 않으며, 창조된 동물계를 지칭할 경우만 한정적으로 사용된다. 따라서 인간을 창조하는 자리에서 이 용어들이 사용되었다는 이야기는 인간과 동물 사이의 어떤 공통점을 말하고 있는 것이다. 이 공통점은 인간이 동물적인 데서 완전하게 벗어나 있지 않다는 의미를 말한다. 두 차원의 용어들을 인간에게 적용했다는 사실에서 아담은 엘로힘의 첼렘이며 데뭍일 수도 있지만, 동물일 수도 있다는 암시를 얻는 것이다. 더 구체적으로 이러한 사실을 우리는 먹을 거리 규정에서 확인할 수 있었다.

창세 1장의 사제계 편집자가 신학적 의도를 가지고 고의로 사용했으리라는 관점에서 우리는 방금 앞에서 도달한 결론에 기대어 인간의 실존성을 확인할 수 있겠다. 인간의 품위를 위해서 엘로힘의 형상에 따라서 창조되었다는 주장은 물론이고, 인간의 생물학적 차원을 가리키기 위하여 성(性)을 구별하거나 동물을 가리키는 용어를 동시에 사용한 사실에서 인간 실존의 수수께끼와 그 모순을 이해할 수 있을 것 같다. 우리는 인간이해의 단서를 수수께끼처럼 두 차원의 용어로 정리한 것은 사제계 편집자의 아주 현명한 방식임을 강조하지 않을 수 없다. 인간은 두 차원의 삶을 살지 않으면 안 되는 모순의 존재인 것이다. 사회적 차원에서 인간은 신에게 가까이 갈 수 있는 존재이지만, 현실에서 경험하는 인간은 그렇지 못하다. 인간이 경험하는 인간성은 모순이며 수수께끼인 까닭에 자신 안에 숨어 있는 동물의 야수성을 긍정하고 직시하도록 요구한다. 피하고 싶은 이 현실은 인간의 먹을 거리 규정을 통하여 다시 한 번 언급되지 않을 수 없다. 이 주제는 9장의 노아와 홍수 이야기에서 그 자료의 출처를 찾아보게 될 것이다.

에덴

제 3 장

에덴동산과 금지명령

우리는 창세 1장을 읽으면서 어느 정도 창세 1~11장을 인류 보편의 이야기로 읽어야 할 이유를 이해할 수 있었다. 창조 이야기를 구약성경이 고백하는 신적(神的) 계시 혹은 교리에 한정하여 유다이즘이나 그리스도교의 시각에서만 해석하기에는 이야기의 구성이나 기원 자체가 훨씬 더 보편적이다. 게다가 이야기가 전하는 메시지도 문화적 종교적 경계를 넘어선다는 사실이 그 동안의 연구를 통하여 밝혀진 것도 알았다. 더구나 창세 1장의 의미를 제한적으로 해석하고자 할 때 범 지구적으로 나타나는 동일한 형태의 이야기들을 이해하거나 설명하는 것이 어렵다는 것도 예상할 수 있게 되었다.

이러한 사실은 창세 1~11장의 이야기가 진전될수록 같은 유의 이야기들이 전 세계적으로 무수하게 발견되고 있기 때문이다. 성경 외적인 이 같은 사실을 고려할 때에 창세기의 묘사는 신화적 옷을 입고 있기는 하지만 보편성을 담는 역사적인 현상으로 극히 현실적 의미와 가치를 보고하고 있다는 점을 수긍하지 않을 수 없다. 이처럼 창세기 설화는 특정한 역사의 시간대를 넘어서 초역사적 기록물의 속성을 가지고 여러 대륙에 걸쳐 현존하는 민간전승의 이야기 중의 하나이지만 성경이 주변 문화에서 취사선택한 편집자료로 구성된 꾸며진 이야기이되, 인류에게 보편적 의미를 제공하고 있음도 인정해야 한다.

창세 2장은 인간의 창조와 더불어 첫 인간이 놓인 최초의 환경을 묘사한다.

야웨계 편자의 이 묘사는 시각적인 효과를 통하여 인간의 실존조건을 섬세하게 제시하고 있다. 아주 조용한 필치로 전개되는 여러가지 이야기 요소들은 3장에서 벌어질 극적 사건의 전개에 앞서 암묵적으로 약속된 도구와 같다. 때가 되면 그 기능을 즉시라도 발휘하여 활동할 것처럼 우리 앞에 들어차기 시작한다.

창세 2장은 3장을 전개하기 위해서 그 무대를 조성하고 있기 때문에 2장과 3장을 함께 서술하는 것이 더 적당하다고 말할 수 있다. 이야기의 흐름을 끊지 않기 위해서라도 한 무대에서 해설하는 것이 적당하다. 그러나 3장만큼이나 긴 2장의 서술은 3장 이하에서 펼쳐지는 야웨계 문헌의 이야기들의 주제들을 아주 세밀하게 예비하고 있다는 점을 주의해야겠다. 즉, 2장에서 아주 세심하게 준비된 주제들은 3장에서, 4장에서 거듭해서 증폭되어 나타난다는 사실이다. 비록 2장만으로 완결된 이야기를 제공하지 않겠지만, 2장을 별도로 다루더라도 주제들이 산만하지 않게 정리될 수 있다.

여기서 창세 2장을 3장과 독립적으로 다루지만, 내용적으로는 창세 1~11장의 전체구도 안에서 이해하는 것이 필요하다. 2-3장은 야웨계 문헌의 성격이 그대로 유지되고 있기 때문에 통일성을 유지하며 무대배경(2장)과 무대진행(3장)을 구분하여 하나의 이야기로 해설하는 양식을 따르는 게 좋다. 이렇듯이 2장과 3장을 분장하여 구별하는 것은 아주 작은 이유 때문이다. 2장은 3장의 사건을 예비하는 역할을 하고, 3장은 2장에서 준비한 내용을 구현시키기 때문이다. 2장이 상징적이지만 상황을 아주 구체적으로 건축하고 있다면, 3장은 그 건축물 안에서 벌어진 사건을 이야기한다. 일관된 이야기이지만, 두 단계로 나누어 이해할 수 있는 작은 이유이다.

3.1. 성경본문 : 창세 2,4ㄴ-24

4ㄴ : 야웨 엘로힘이 땅과 하늘을 만들던 날,

5 : 땅에는 아직 들의 덤불이 하나도 없었고, 아직 들풀 한 포기도 돋아나지 않았다. 야웨 엘로힘이 땅에 비를 내리지 않았고, 땅을 일굴 사람도 아직 없었기 때문이다.

6 : 그런데 땅에서 안개가 솟아올라 흙의 겉면을 적셨다.

7 : 그때 야웨 엘로힘은 흙의 먼지로 사람을 만들고 그 코에 생명의 숨을 불어넣으니, 사람은 생명체가 되었다.

8 : 야웨 엘로힘은 동쪽에 있는 에덴에 동산 하나를 꾸미시어, 그가 빚은 사람(아담)을 거기에 두었다.

9 : 야웨 엘로힘은 보기에 탐스럽고 먹기에 좋은 온갖 나무를 흙에서 자라게 하고, 동산 한가운데에는 생명의 나무와 서놔 악을 알게 하는 나무를 자라게 하였다.

10 : 강 하나가 에덴에서 흘러 나와 동산을 적시고 그곳에서 갈라져 네 줄기를 이루었다.

11 : 첫째 강의 이름은 비손인데, 금이 나는 하윌라 온 땅을 돌아 흘렀다.

12 : 그 땅의 금은 질이 좋았으며, 그 고장에는 브델리움 향료와 마노 보석도 있었다.

13 : 둘째 강의 이름은 기혼인데, 구스 온 땅을 돌아 흘렀다.

14 : 셋째 강의 이름은 티그리스인데, 아시리아 동쪽으로 흘렀다. 그리고 넷째 강은 유프라테스이다.

15 : 야웨 엘로힘은 사람을 데려다가 에덴동산에 두고 그곳을 일구고 돌보게 하였다.

16 : 그리고 야웨 엘로힘은 사람에게 이렇게 명하였다.

"너는 동산에 있는 모든 나무에서 열매를 따먹어도 된다.

17 : 그러나 선과 악을 알게 하는 나무에서는 따먹으면 안된다. 그 열매를 따먹는
날, 너는 반드시 죽으리라."
18 : 야웨 엘로힘은 말했다.
"사람이 혼자 있는 것이 좋지 않으니, 그에게 알맞은 협력자를 만들어 주리
라."
19 : 그래서 야웨 엘로힘은 흙으로 들의 온갖 짐승과 하늘의 온갖 새를 빚으신 다
음, 사람에게 데려가서 그가 그것들을 무엇이라 부르는지 보았다. 사람이 생
물 하나하나를 부르는 그대로 그 이름이 되었다.
20 : 이렇게 사람은 모든 집짐승과 하늘의 새와 모든 들짐승에게 이름을 붙여주
었다. 그러나 그는 사람인 자기에게 알맞은 협력자를 찾지 못하였다.
21 : 그래서 야웨 엘로힘은 사람 위로 깊은 잠을 쏟아지게 하여 그를 잠들게 한
다음, 그의 갈빗대 하나를 빼내고 그 자리를 살로 메꾸었다.
22 : 야웨 엘로힘은 사람에게서 빼낸 갈빗대로 여자를 짓고, 그를 사람에게로 데
려오자,
23 : 사람은 이렇게 부르짖었다.
"이야말로 내 뼈에서 나온 뼈요
내 살에서 나온 살이로구나!
남자(이쉬)에게서 나왔으니
여자(잇샤)라 불리리라."
24 : 그러므로 남자는 아버지와 어머니를 떠나 아내와 결합하여 한 몸을 이룬다.

3.2. 이끄는 말

잘 알려진 사실이지만, 야웨계 문헌을 읽기 전에 지금까지 문헌연구에서 얻어진 몇 가지 구체적인 결과를 성찰의 예비단계로 간단히 요약해 본다.[1]

첫째. 일반적으로 우리는 창세 1장을 사제계 문헌으로 보았고, 2-3장은 야웨계 문헌으로 인정한다. 사제계 문헌의 특징을 보여주는 1장의 창조 이야기와 야웨계 문헌의 특징을 보여주는 2-3장의 이야기는 형식이나 전개방식에 있어서 아주 다르다.

둘째. '생명나무' (2,9; 3,22)의 언급은 후대에 첨가된 것으로 보는 것이 일반적 정설로 받아들여진다. 여러 신화와 많은 종교에서 언급하고 있는 '생명나무' 주제는 불멸 혹은 신적 지혜(잠언 3,18)와 관련시켜 이해한다. '선과 악을 아는 나무' 이야기는 그 반대로 고도로 세련된 야웨계 문헌의 특징으로 본다.[2]

셋째. 창세 2장과 3장은 각각 독립적인 이야기였는가? 아니면 처음부터 하나의 통일성을 가진 이야기였는가? 어떤 주장이든 이야기들은 오랜 시간을 두고 구두로 전승되어 왔으며 종국적으로 성문화되었다고 보는 것이 연구자들의 일반적인 결론이다. 그러므로 2장과 3장의 이야기들을 해석한다는 것은 전체 구조 안에서 통합된 이해를 전제로 한다.

성문화 과정에서 마지막 편집자는 층이 다른 전승들을 손안에 두고 이야기를 전개하기 위한 어떤 신학적 모티브를 배경에 깔고 있으며, 이를 기초로 하여 이야기들을 구성하고 짜기웠을 것이라는 사실이다. 이렇게 전승되고 기록된 이야기는 이야기의 발생시점과 편집된 시기, 그리고 이야기의 독자가 처한 시점의 상황이 고리가 되어 의미를 발생시킨다. 그러므로 이야기는 독자인 우

---

1 C. 베스터만, 창세 2장의 주석부분 참조; L. Turner, Genesis, 11-18쪽 참조; JNBC, 3-7쪽 참조; OBC, 서론, 5-38쪽 참조.

2 그러나 '두 나무'의 원천이나 의미에 대하여 성경은 더 이상 말이 없다. 우리는 성경 밖에서 그 자료들을 추적 조사하거나 연구할 수 있지만, 이것은 우리의 주된 관심사항이 아니기 때문에 논외로 한다.

리들 각자의 질문과 그 질문이 발생하는 상황에서 시도한 해석학적 방법으로 이해의 실마리를 찾게 된다.

넷째. 이야기의 원천에 관한 질문. 이들 이야기가 이스라엘 내부에 그 원천을 가지고 있는가, 아니면 이스라엘 밖에 그 원천을 가지고 있는가? 현대를 살고 있는 독자에게 이러한 질문은 그리 중요하지 않다. 이야기의 원천이 이스라엘 밖이었다고 해도 이야기의 결정적인 형태는 유대민족의 토라가 담고 있는 형태로 오늘날까지 보존되어 온 사실이 더 중요하다. 토라가 유대인들의 역사 안에서 그 형태를 갖추고 있다면, 창세 2-3장이 전하는 이야기의 선언적 메시지는 전 인류를 향하여 선포되고 있기 때문이다.[3]

다섯째. 앞서 언급한 내용의 연장선 상에서 파생되는 사실이지만, 1장과 달리 2-3장은 설화 형식이란 점이다. 그래서 이야기를 이해하기 위해서는 그 전체 구조를 하나의 그물망으로 파악할 때에 가능하다는 점을 잊지 말아야 한다.[4] 특성상, 이야기는 시작이 있으며, 절정을 향해 진행하고 마침내 끝에 이른다. 이야기가 절정을 넘어서서 결론에 도달하면 이야기는 자신의 임무를 마친다.

야웨계 문헌인 창세 2-3장의 이야기는 궁극적으로 신(神)의 금령(禁令)에 대한 인류의 범죄 사실과 관련이 있으며, 이로부터 파생되는 결과가 무엇인지 말한다. 인간이 낙원(樂園)에서 추방당한 사실이 절망과 희망 사이에서 불안해 하는 인류의 운명과 관련이 있다. 에덴동산에서 발생한 사건을 들음으로써 인류는 자신이 탄생했던 시점의 기원에서 이미 어떤 실존적 문제에 직면하게 되었다는 암시를 받는다.

위와 같은 내용은 이미 일반화된 연구결과이지만, 동시에 인간학적 관점을

---

3 이런 의미에서 토라 자체도 인류 보편적 의미 찾기에 종속되는 문헌으로 이해할 수 있다. 즉 유다인의 성경은 하느님의 말씀에 속하는 여러 문헌 중의 하나로 해석될 수 있다.

4 모든 종류의 이야기는 각각의 고유한 문학양식을 가진다. 이런 점에서 창조 이야기도 문학적 이해와 해석의 대상이 된다. 예로 다니엘 키스터, 성서설화-창세 1~11장의 문학적 접근, 2000/5를 참조할 수 있다.

방향 짓기 위한 토대이다. 이 토대 위에서 읽기의 여러 방법과 방향이 결정되는 데, 우리는 우선 창세 2-3장의 이야기를 읽으면서, 각 구절과 문단들을 가능한 한 하나의 관점을 유지하면서 다룰 것이다. 반복하는 말이지만, 인간학적 읽기의 범주 안에서 드러나는 창세기의 의미들은 어떤 시각에서는 전혀 받아들이기 어려울 수도 있다. 그것은 문헌 자체가 가지는 복잡한 성격과 구성의 불완전성과 관련이 있다. 창조이야기의 이해를 돕는 성경주석학적인 논의가 전제되어 있기 때문에 야기되는 어려움이기도 하다. 한 편, 우리의 시각을 하나로 고정시킬 수도 없지만, 일관된 시각을 유지한다는 것 또한 그렇게 용이한 일은 아니다. 다만 다른 관점에서 제기되는 문제점들은 그것들이 중요하지 않기 때문이 아니라 일관된 관점을 유지하기 위하여 이차적으로 다루어진다는 점을 명기한다.

문헌의 원천이란 측면에서 또 하나 지적해야 할 사실은 이야기가 가지고 있는 수많은 개별적인 요소들이 그 자체로 이미 지극히 복잡하다는 점이다. 그래서 개별적으로 다룰 때 제기될 수 있는 2-3장에 대한 성경주석학적 질문들은 이 글의 범위를 넘어설 수밖에 없다. 우리는 시각을 좁혀서 이야기가 전해주는 인간 실존에 관한 인간학적 이해에 한정한다. 이 관점을 유지하기 위하여 이야기 전체를 하나의 통일성을 가진 유기체적 구조로 보아야 한다는 점만을 재삼 강조한다. 성경의 역사적인 측면은 가급적 언급하지 않을 것이나 유용한 연구 결과와 일반적으로 받아들여지는 내용을 근거로 하여 이해를 도모할 것이다. 우리들에게 허용된 자료와 정보를 최대한 이용할 것이므로, 우리가 쉽게 접할 수 있는 자료에서 출발하여 이야기를 해석하는 작업이 될 것이다.

3.3. 해설과 논의

창세 1장의 이야기와 아주 다르게 기술되어 있는 창세 2,2,4ㄴ-24의 인류의 첫 조상과 에덴동산 이야기는 많은 해석학적 소제들을 담고 있다. 3장의 이야기를 준비하는 2장의 이야기는 에덴동산의 환경을 묘사하면서 첫 인간 아담의 실존조건을 묘사할 뿐만 아니라, 3장의 이야기에서 극적으로 전개될 주제들을 준비한다. 이 중에서 야웨 엘로힘의 금지명령은 독특한 자리를 차지하고, 정원의 한 가운데에 있는 나무들은 인간의 운명을 이해하기 위해서 2장이 준비한 중요한 소재이다.

창세 2장의 야웨계 문헌 이야기가 사제계 문헌 이야기와 형태에 있어서 시각적인 차이를 드러내는 점은 앞에서 말한 바와 같다. 창세 1장과 2장의 차이를 드러내는 기본적인 시각은 무엇보다도 창세 1장이 창조의 순서를 시간의 순서에 따라서 연대기적으로 기록하고 있다는 점이다. 이와 달리 2장은 1장과 그 순서를 뒤바꾸고 창조물이 차례를 달리하여 나타나도록 서술한다. 또한 1장에서 인간을 창조하되 남자와 여자를 동시에 창조하였다고 서술한 반면에, 2장은 놀랍게도 아담의 창조(2,7)가 여자의 창조(2,21-22)를 준비하기 위한 단계로 설정되어 있다. 이러한 작은 사실들을 기반으로 그 창조과정에서 드러난 차이들을 비교해 보자.

창세 1장	창세 2장
식물(1,11-12; 3일째)	인간(2,7)
육상동물(1,24-25, 6일째)	식물(2,9)
인간(1,26-27, 6일째)	육상동물(2,19)
	여자(2,21-22)

우선 눈에 띄는 사실은 창세 2장이 창조의 연대기적 시간에 커다란 의미를 두지 않는 것처럼 보인다는 점이다. 2장의 인간은 남자를 의미하고, 인간의 실존환경은 인간의 창조 후에 나타난다. 남자만의 창조는 일종의 불완전성으로

인식되고, 여자의 탄생은 창조의 완성을 가리킨다. 두 번째로, 2장에서 신의 이름은 1장의 엘로힘 대신에 야웨 엘로힘으로 바뀌어 나타난다. 같은 전승의 문헌인 창세 3장에 가면 여자와 뱀이 신을 야웨 엘로힘이 아니라 엘로힘으로 호칭하는 것을 보면, 이 두 경우 모두 아주 정교하게 이야기를 꾸며가고 있다는 것을 짐작할 수 있다. 즉 신관의 차이를 드러내기 위한 수법일 수 있다.[5]

이야기의 전개 :

창세 2장의 이야기는 내용의 전개에 따라서 다음과 같이 구분해 볼 수 있다.

4ㄴ-9절 : 창조 이야기의 도입부.

 4ㄴ-6절 : 창조 이전의 상황-생명이 없는 땅의 모습.

 7절 : 인간의 창조.

 8절 : 인간을 에덴동산에 살게 하다.

 9절 : '생명의 나무'와 '선과 악을 알게 하는 나무' 주제의 도입.

10-14절 : 에덴동산의 지리적 묘사. (삽입문)

15-17절 : 아담과 금령.

 15절 : 아담의 임무.

 16-17절 : 엘로힘의 금령. (첫 인간의 잘못에 대한 원인 암시)

18-25절 : 인간의 공동체성과 운명

 18 : 여자의 창조의 원인 제공. (인간에게 무엇인가 결핍되어 있다는 것이 표출된다)

 19-20ㄱ : 동물의 창조.

 20ㄴ : 아담의 짝을 창조할 원인 제시.

 21-22 : 여성의 창조. (야웨 엘로힘의 창조는 대단원의 절정에 이른다)

 23-24 : 두 번째 창조 이야기의 결론.[6]

창세 2장에서 소개되는 정원은 3장의 아담과 하와 이야기가 전개될 특정 공간을 지향하고 있다. 이 공간은 에덴동산으로 불리며, 이상하게도 역사적으로는 낙원의 이미지를 발생시켰다. 비록 오늘을 살고 있는 우리의 상상 속에 나타나는 낙원(樂園)이란 표상은 아니지만, 초지(草地) 혹은 초원(草原)을 가리키는 단어 에덴은 히브리어의 즐거움을 나타내는 말을 상기시키기 때문인지도 모른다. 인간이 추락하는 계기가 될 장소인 이 동산의 이름은 2장의 9절과 15절에서 가리키듯이 고대세계에 널리 퍼져 있던 낙원관념을 묘사하며 3장의 이야기를 준비한다.

창세 2장에서 행동의 주역은 처음부터 끝까지 야웨 엘로힘이다. 야웨 엘로힘이 인간을 창조했다는 원인론적인 기술을 통해서 야웨 엘로힘과 인간의 관계를 드러내려고 한다. 3장에 들어서면 야웨 엘로힘과 그의 창조물인 인간 사이에 어떤 일이 발생하고 있다는 것을 보게 될 터인데, 2장에서는 3장에서 벌어질 사건을 대비한 신(神)-인(人) 관계의 내적 조화와 균형이 강조된다. 3장을 읽으면서 우리는 2장에서는 발견할 수 없는 신(神)과 인간(人間)의 대화가 이야기의 전체를 차지하는 것을 알게 되겠지만, 이미 2장에서 남자와 여자가 이야기의 한 주제로 떠오르며 이야기의 방향을 결정짓는다. 야웨 엘로힘과 인간의 관계 안에서 인간 공동체-남자와 여자-가 이야기의 목표로 등장하게 되는 것이다.

창세 2장은 1장의 이야기를 반복하지 않는다. 2장은 1장과 다른 창조 이야기이기 때문이다. 1장과 달리 2장은 인간의 창조, 에덴동산의 나무들, 동물들, 마지막으로 여성의 순서로 창조를 서술한다. 2장에서 묘사된 창조의 신은 말씀으로 창조하지 않으며, 먼지로 인간을 조물하며 외과의사처럼 여자를 창조

5 신관의 차이를 구체적으로 드러내기는 어렵다. 3장의 이야기를 해설하게 될 때 다시 언급될 것이다. 중요한 사실은 신관이 유일한 해석에 의존하지 않고, 여러 신관이 있었다는 것을 암시한다는 점이다.

6 참조, 예레미아 18장.

하는 장인의 모습이다.

ㄱ. 도입부 : 2,4ㄴ-8절

4ㄴ : 야웨 엘로힘이 땅과 하늘을 만들던 날,

5 : 땅에는 아직 들의 덤불이 하나도 없었고, 아직 들풀 한 포기도 돋아나지 않았다. 야웨 엘로힘이 땅에 비를 내리지 않았고, 땅을 일굴 사람도 아직 없었기 때문이다.

6 : 그런데 땅에서 안개가 솟아올라 흙의 겉면을 적셨다.

7 : 그때 야웨 엘로힘은 흙의 먼지로 사람을 만들고 그 코에 생명의 숨을 불어넣으니, 사람은 생명체가 되었다.

8 : 야웨 엘로힘은 동쪽에 있는 에덴에 동산 하나를 꾸미시어, 그가 빚은 사람(아담)을 거기에 두었다.

창조의 시작 :

4ㄴ절 : 야웨 엘로힘이 땅과 하늘을 만들던 날,

신명(神名) : 야웨 엘로힘.

야웨 엘로힘이란 신명(神名)은 창세 2-3장 밖에서는 구약성경 전체를 통하여 출애굽 9,30를 포함하여 16번 정도 나타날 뿐이다.[7] 야웨계 문헌에서 이러한 조합형의 하느님 칭호를 어떻게 사용했는지 그 의미를 정확히 알 수 없다. 창세 2-3장에만 20번씩이나 집중적으로 나타나는 이러한 조합형 신(神)의 호칭에 대하여 여러가지 설명이 있으나 그렇게 확실치 않다. 다신적(多神的) 신

---

7 Jean L'Hour, Jahweh Elohim, in RB 81, 1974, 524쪽. 공동번역에서는 야웨 하느님, 임 승필역에서는 주 하느님으로 번역한다. 다른 외국어 번역도 이에 준한다. 그러나 어원적으로 야웨라는 신명은 번역 용어 '주님' 과는 상관없는 용어이다. 야웨의 신명은 출애 6,2(3,15 참조)에서 고백된다.

명(神名)을 사용했다고 주장하거나, 출전이 다른 두 이야기를 하나로 짜깁기 한 결과라고 주장하기도 한다. 혹은 사제계 문헌에서 야웨계 문헌으로 넘어가는 전환기적 신명의 사용이라는 주장도 있다. 또는 엘로힘은 나중에 덧붙여진 편집일 수도 있으며, 엘로힘이 복수 형태의 형용사적 용법으로 "전능하신 야웨"나 "위대하신 야웨"라고 이해할 수 있을 것이라는 설명도 있다. 그러나 모두 만족스럽지 못하며 단지 편집상의 의도가 있었으리라는 짐작만 할 수 있을 뿐이다.

편집상의 의도를 확인할 수 있는 방법은 희박하지만, 3장에서 우리가 읽을 뱀과 여자의 대화에서 신명(神名)이 야웨가 생략된 채 엘로힘으로만 불리는 사실이 우리들의 주의를 끈다. 왜냐하면 뱀이나 여자는 같은 신(神) 존재에 대하여 말하고 있다고 생각하고 있으나, 벌써 야웨 엘로힘의 신적 성격은 뱀과 여자의 대화 안에서 변질되고 있고 신의 이름을 부르는 호칭이 달리 나타나고 있는 것을 볼 수 있다.[8]

이야기의 논리적 전개만을 생각한다면, 이 조합형 신명을 통하여 창조 이야기와 인간 실존의 의미를 묻는 이야기가 하나로 엮어졌다는 견해를 여기에서 짐작할 수 있다. 말하자면, 이스라엘이 역사의 구세주로 고백하는 야웨 신과 뭇 민족에게 일반적으로 나타나는 현상으로써 자연세계의 신(神) 사이에서 야기될 수 있는 갈등을 극복한 예라고 볼 수 있다.[9]

인간 창조 이전 :

5절 : 땅에는 아직 들의 덤불이 하나도 없었고, 아직 들풀 한 포기도 돋아나지 않았다. 야웨 엘로힘이 땅에 비를 내리지 않았고, 땅을 일굴 사람도 아직 없었

---

8 우리의 시선을 끌 뱀과 여자 사이의 대화는 신학적(神學的)으로 볼 때, 지극히 의도적으로 편집된 이야기이다. 성경 외적인 환경을 고려한다면, 이스라엘이 고백하는 창조사상과 인근 민족들이 고백하는 풍요의 신 신앙 사이의 갈등이 신(神)의 호칭(呼稱)을 통해서 드러나는 것처럼 보인다. 그러나 우리의 독서에서 본문 이외의 정보가 결정적인 역할을 하는 것은 아니다.

9 Jean L'Hour, Yahweh Elohim, 551쪽 참조.

기 때문이다.

5절에서 우리는 몇 가지 정보를 추려낼 수 있다. 먼저 나무도 풀도 없었다는 사실은 생명의 세계가 아직 전개되고 있지 않은 원초적 대지(大地)의 다른 모습을 묘사한 것이다. 비가 내리지 않았다는 표현도 이러한 사실을 뒷받침한다. 오히려 비가 내리면 식물들은 자라날 것이라는 반어적 표현이다. 이러한 땅의 상태는 인간의 손이 닿지 않아 생명이 아직 전제되지 않은 사막이나 황야의 모습을 의미한다. 그러므로 여기에서 관목과 풀이란 말은 곧 생명 현상 혹은 '생명의 표지'(TOB)를 나타내는 표현이다.

비는 신의 선물이자 축복이다.[10] 비는 생명 있는 모든 것을 성장하게 한다. 비는 생명의 가능성 혹은 자라남의 다른 표현이다. 비가 없이는 생명이 연장되거나 성장할 수 없다. 생명은 물에 의존한다. 이렇게 생명이 자란다는 이면에는 자연세계를 염두에 두고 있으며, 자연에 바탕을 둔 인간의 노력, 곧 땅을 경작하는 인간의 모습을 벌써 예감하게 한다. 만약 비가 없다면 생명은 더 이상 자라날 수 없다는 사실을 강조한 것이다. 창조된 인간의 첫 번째 임무는 바로 땅을 일구고 돌보는 일이 될 것이다(2,15).

땅(*adamah*)과 인간(*adam*)의 관계[11]

아마도 땅은 경작하기에 적당한 옥토로 붉은 빛을 띤 황토(黃土)가 아니었

---

10 사제계 문헌에서 물은 야웨계 문헌에서 암시하는 것과는 반대로 혼돈과 어둠의 성질을 가리킨다. 창세 1장의 창세 이야기와 6-8장의 홍수 이야기에서 결정적으로 드러난 물의 성격을 야웨계 창조기사와 즉각적으로 비교할 수 있다.

11 셈계 언어를 통한 *adam*과 *adamah*의 어원적 일치를 연구한 이들에 따르면, 본래의 의미는 "땅의 표면"이며 이차적으로 "경작된 땅"의 뜻으로 "아담"은 여기에서 파생되었음을 알 수 있다. 그렇다고 해서 인간을 농경사회의 관점에서 바라볼 필요는 없다. 성경의 문맥도 그러하지만, 여기서는 인간의 보편성에 대한 이해를 갈구하고 있음이 분명하기 때문이다. 히브리어에 오면 아담이란 단어는 일반적인 의미에서 인간 존재의 뜻을 가지게 된다. 따라서 우리는 인간이 신 존재 앞에서 존재론적으로 어떠한 한계를 지닌 존재인지를 짐작할 수 있다. 그러나 무엇보다도 더 중요한 것은 "인간은 신과 특별한 관계에 놓인 존재"란 점이다. 참조, TWOT, vol.1 25-26; THAT, Band I, 41-59.

을까 짐작하기도 한다.[12] 근원적으로 인간은 땅에서 왔지만 인간-땅의 관계라는 문맥에서 볼 때, 땅의 경작은 단순히 먹을 거리를 얻는 것 이상(以上)을 암시한다. 그것은 인간 존재의 기원과 관련이 있으며, 그의 실존 방식을 은연중에 가리키기 때문이다. 땅은 인간 실존의 유용한 토대이며, 인간 존재를 구성하는 요소이다. 땅과 인간의 관계는 서로를 떠나서는 이해될 수 없는 관계이다. 인간과 땅의 관계는 차츰 인간의 본질적 운명의 문제를 드러낸다. 게다가 인간과 땅의 관계가 왜곡되면 될수록 인간의 운명은 더욱 부정적으로 묘사될 것이다. 땅은 혼돈을 배경으로 존재하고, 인간은 땅의 상징성을 구성요소로 존재한다.

6절 : 그런데 땅에서 안개가 솟아올라 흙의 겉면을 적셨다.

그런데 물[13]이 땅 밑에서 솟아오른다. 5절에서 대지(大地)는 생명현상의 부정적 요소들로 묘사되고 있으나, 6절은 앞의 상황은 이미 끝났으며 새로운 시기가 시작될 것을 알리고 있다. 5절에서 비는 하늘에서 내려오는 물로 인식되고 있는데 반하여, 6절에서는 물이 땅에서 솟는다고 표현된다. 1장에서 물은 아래 물과 위의 물로 묘사되고, 이 물이 위 아래로 갈림으로써 카오스에서 코

---

12 DNPB, 11쪽. *adam〉adumim〉edom*. 에사우의 후손 에돔인을 뜻하는 에돔인은 '적갈색'이란 어원을 가진다(114). 한자어 '적(赤)'은 '흙으로 된 인간이 발하는 빛' 혹은 '벌거숭이'를 나타낸다. 적색(赤色)은 갓난아이의 살빛을 나타내며, 이 색깔은 바로 황토색이다. C.H. 강/ 에델 R. 넬슨, 창세기의 발견, 청하, 1991, 101쪽 참조. 우연한 언어적 일치일까?

13 물(ad)을 뜻하는 이 단어는 주석가들에 따라 그 형태상 아지랑이처럼 솟아오르는 수증기(Luther), 구름(Targum), 샘물(Holzinger), 홍수(Dillmann) 등으로 해석하기도 한다. 참조, C. Westermann. 그러나 이 단어는 수메르어 'de'로, 그 의미는 밭에 '물을 대다'이다. 아카디아어로 이 단어는 '지하에 흐르는 물'을 의미한다. 동산(*gan*)이란 이름이 수메르어로 '평지'를 뜻한다면, 이는 '관개가 잘 된 평지'를 가리키는 표현으로 이해할 수 있다. Edward Conklin, Getting Back Into the Garden of Eden, Univ. Press of America, 1998, 9쪽. 이러한 견해는 에덴이 동산과 결합되고, 그곳에서 네 개의 강이 흘러나온다는 사실(10-14절) 때문에 평지를 가리킨다는 어원적 이해와 상충한다. 참고로 강 이름 비손은 '수로'를 뜻하는 앗시리아어에서 유래하고, 기혼은 (바빌론이 위치한) '강 줄기'를 뜻하는 아카디아어에서 파생되었으리라 짐작한다.

스모스로 진행되었다. 땅 밑에서 솟는 물은 이제 코스모스로 나가는 길목에 서 있는 수평적 차원의 창조의 길을 나타내준다. 이처럼 물을 통하여 지상의 상황 묘사가 전혀 다른 시각에서 전개된다.[14] 창조의 생명현상에 대한 묘사는 그 형태가 어떠하든 바로 이 '물'이란 단어에서 비롯된다. 히브리어의 자음만 생각한다면, 야웨계 편집자는 언어유희를 하고 있는 듯하다. 물(ad)과 아담(adam)과 땅(adamah) 사이의 관계를 인간존재의 질료적 근원으로 제시하고 싶은 까닭이다. 말하자면, 인간의 혼돈을 가리키는 물과 땅으로 창조되었다는 사실을 강조하는 듯하다. 물도 땅도 그 근원에 있어서 모두 카오스를 상기시키고, 코스모스로 넘어가는 지점에서 언급되고 있는 까닭이다.

아담의 창조 :

7절 : 그때 야웨 엘로힘은 흙의 먼지로 사람을 만들고 그 코에 "생명의 숨(*neshama*)"을 불어넣으니, 사람은 "생명체(*nephesh-ayyah*)"[15]가 되었다.

비로소 독자는 황량한 배경 속에서 사람 존재를 만나게 된다. 생명을 느낄 수 있는 것이라고는 아무것도 없는 데, 갑자기 야웨 엘로힘의 의지만으로 사람의 존재가 나타난다. 여기서 독자는 1장의 문헌과는 아주 다른 창조과정을 듣는다. 1장과 달리 식물은 아마도 인간의 창조 이후에 나타난 것으로 묘사되고 있으며(에덴동산을 꾸미시는 신, 8절), 동물은 아담의 존재를 위하여 창조된다(19절). 1장의 창조순서와 어긋나게 아담의 창조 이후에, 동물의 창조, 동물의 창조 이후에 여자의 창조가 이루어진다. 인간을 창조하되 남자와 여자로

---

14 이러한 사실 때문에 어떤 학자들은 두 전승이 혼합되어 있다고도 생각한다.

15 '생명체'는 TOB과 BJ에서는 *un être vivant*으로, NRSV는 *a living being*으로, Die Bibel은 *ein lebendiges Wesen*으로 번역한다. 이 번역어들은 모두 '살아 있는 존재'의 의미이다. 이 용어는 다른 동물들에게도 적용될 것이다.

아담의 창조 (미켈란젤로)

창조한 1장의 서술과 달리 야웨 엘로힘은 먼저 아담을 창조하였고, 여자의 필요성을 절감하시고 그에게 맞는 여자를 탄생시켜서 아담에게 데려다 줄 것이다(22절).

흙과 창조주 :

7절은 인간의 기원에 대한 모습을 기록한다. 야웨계 저자의 기록에 의하면, 인간의 구성원리는 전적으로 신(神)에게 달려 있다. 흙은 인간이 본질적으로 지상적(地上的)인 존재임을 알려준다. 지상적인 것은 영원히 머물 수 없으며 한시적(限時的)으로 존재할 수 있을 뿐이다. 지상적 존재인 인간은 영원한 존재도 아니며 영원히 머물 수도 없다(시편 49; 90; 전도서). 사람으로 번역되는 아담의 속성으로 보아 이 호칭은 한 인간을 부르는 데 사용될 수 있기도 하지만, 일차적으로 인간 일반을 가리키는 용어로 보인다. 창세 2-3장에서 집합적인 의미에서 사용되는 이 이름이 4장으로 넘어가면 첫 인간의 고유한 이름으로 사용될 것이다(4,25; 5,1.3).

창조의 주체는 야웨 엘로힘-신(神)이다. 야웨 엘로힘의 창조행위는 마치 도

기장이가 질그릇을 만들듯이, 조물하는 모습을 표현하는 동사로 묘사된다(2사무 17,28; 이사 29,16; 예레 18,2-4 참조). 그렇지만 아담의 창조는 인간의 존재가 생명의 그릇인 땅에서 온다는 사실을 아주 단순하게 그리고 유일한 사건인 양 서술한다. 아담이 땅에서 왔다는 창조 개념은 구약성경 안에서뿐만 아니라, 다른 고대문명의 신화 안에서도 직접적으로 혹은 간접적으로 자주 반복되는 주제이다.[16] "인간은 땅에서 왔으니 또한 땅으로 돌아가리라(3,19 참조)"는 표현은 이미 아담의 기원에 대한 다른 표현이 아닐 수 없다.

땅에서 거두는 한 줌의 흙을 재료로 이루어진 인간창조는 바로 인간의 생명이 흙에 기반을 두고 있다는 사실과 연결된다. 생명존재으로써 인간의 창조는 자연세계의 창조와 질적으로 아주 다른 사건이다. 6절이 대지를 기반으로 한 일반 생명현상의 개연성(蓋然性)을 가리키고 있는 반면에, 7절은 야웨 엘로힘이 직접 인간 창조에 개입한다고 말함으로써 인간을 둘러싼 창조사건에 새로운 의미를 부여하고 있다. 더우기 야웨 엘로힘은 인간을 창조하기 위하여 대지에서 취할 수 있는 흙을 사용하지 않고, 이 흙에서 취한 "먼지(*'aphar*)"로 창조하였다고 하여 이 단어를 강조하고 있다.[17] 말하자면, 편집자는 의도적인 목적을 가지고 이 단어를 사용하였을 것이다. 그리하여 인간의 존재론적 상태를 이 단어가 가진 함축적인 의미로 말하고 싶었을 것이다.

그렇다면, 먼지가 흙과 같은 본질을 가지고 있지만 흙보다 부정적인 의미를

---

16 흙으로 창조된 인간 기원과 다음에서 읽게 될 홍수설화에 대한 민속적 전승은 대륙을 막론하고 여러 민족에게서 발견된다. 그리스, 이스라엘, 바빌론, 이집트의 신화에 관하여, J.G. Frazer, 황금가지, 삼성세계사선집 35-36권, 삼성출판사, 1998;조철수, 수메르 신화 1, 서해문집, 1996; 메소포타미아와 히브리 신화, 길, 2000; 헨리에타 맥컬/임 웅 옮김, 메소포타미아 신화, 범우사, 1998; 조지 하트/이응균 외 옮김, 범우사, 1999; 토마스 벌핀치/정성호번역쎈터 옮김, 그리스로마신화, 도서출판 오늘, 1992; 아시아 신화 일반에 관하여, 박시인, 알타이 신화, 삼중당, 1980; 서유원, 중국창세신화, 아세아문화사, 1998; 한국신화에 대하여, 장주근, 풀어 쓴 한국의 신화, 집문당, 1998 등을 참조. 창조 과정은 ㄱ) 땅에서, 즉 흙을 재료로 형상을 만들고, ㄴ) 이 형상에 생명을 주는 두 단계로 완성된다. 바빌론의 창조설화나 프로메테우스를 통한 창조 이야기가 그 예들이다. 그러나 성경의 저자가 취한 이야기 재료는 유사할지언정 그 의도가 다르다는 사실은 곧 밝혀진다.

17 이 단어를 (흙)덩어리로 해석하기도 한다. 안성림/조철수, 사람이 없었다 신도 없었다-구약성경 창세 1-11장과 고대 메소포타미아, 서운관 1995, 85쪽.

강조할 수 있는 단어 '먼지'를 사용하는 이유는 무엇일까? '아담-사람'과 '아다마-흙'의 사용이 먼지(*'aphar*)와 다르고 '먼지'의 사용이 특별한 의미를 지니고 있다면, 이는 인간의 사멸성(死滅性)을 강조하는 것과 관련이 있을 수 밖에 없다.[18] 아담(인간)은 아다마(흙)의 아파르(먼지)에서 기인하고, 다시 아다마, 아파르로 돌아가야 한다. 아담은 곧 먼지(아파르)이니 아파르로 돌아가야 하는 허무한 존재인 것이다. 인간이 흙의 존재라는 사실에서 한 걸음 더 나아가, 인간은 신(神)과 같은 불멸(不滅)의 존재가 아니라, 야웨 엘로힘의 은총이 없이는 죽어 사라지는 허무한 존재라는 사실이 강조된 것이다. 인간의 존재 기원 사실보다는 인간의 실존성, 허무성(虛無性)이 은밀하게 강조되면서, 야웨 엘로힘의 인간 창조과정은 비록 그 중요성이 그대로 유지되지만 이처럼 배경으로 물러난다. 야웨 엘로힘에 의한 인간의 창조 내면에서 이미 인간의 허약한 실존성이 전면에 부각되고 있다.

생명의 숨 :

한 편, 인간 존재는 흙에서 오기는 했지만, 그는 신(神)이 부어준 '생명의 숨(네샤마*neshama* : *spiraculum*)'을 통하여 '생명체=살아 있는 존재(네페쉬, *nephesh ayyah* : *anima vivens*)'가 된다.[19] 창세 1장의 엘로힘의 모상(*imago dei*)이 2장에서는 네페쉬로 표현된 것이다. 이러한 생각은 중근동(中近東) 문화에서 아주 널리 알려진 사고 유형이다. '살아 있는 존재'라는 표현은 생명이 야웨 엘로힘에게서 온다는 의미로 모든 동물에게 적용되는 표현이다. 그러나 야웨 엘로힘이 부어준 이 '숨'은 인간을 동물과 다른 특별한 존재로 인식하게 만든다. 인간은 흙에서 유래한 자신의 '몸'과 야웨 엘로힘에게서 유래하는 '생명의 숨'이 하나가 된 유기체적 통일체이다. '야웨 엘로힘의 숨'은 흙의 존재인 아담에게 부어진 것이지만 소유할 수 있는 것이 아니다. 인

18 참조, C. 베스터만 7절 주석.

간을 존재하게 하는 생명은 인간 존재 '밖'에서 유래한다는 것만은 분명하다. 이러한 의미에서, 흙의 존재인 인간은 신성(神性)을 나타내는 생명의 숨을 자기 몸 안에 갖춘 존재로 자신을 인식한다. 동양적 사고로 인간을 혼백(魂魄)의 존재라고 한다면 어느 정도 들어맞을 것 같다. 혼백이 가리키는 음양의 두 성질로 인간이 죽으면, 땅에 속한 것은 땅으로, 하늘에 속한 것은 하늘로 떠나간다고 이해한다. 비록 두 요소의 영적(靈的) 성질에 대한 구분이 모호하다고 할지라도.

이제 야웨 엘로힘의 '생명의 숨'과 '살아 있는 존재'는 동어 반복처럼 들린다. 그러나 '사람이 산 존재가 되었다'는 말은 아주 중요하다. 희랍철학의 인간관과 달리 성경적 인간은 영혼과 육체가 이원론적으로 결합된 것이 아니다. 창세기는 단순하게 야웨 엘로힘이 불어 넣어준 생명의 숨을 통하여 하나의 온전한 생명적 존재가 된다고 묘사할 뿐이다. 그러기에 '살아 있는 존재'가 되었다는 사실은 인간이 '죽은 존재'일 수도 있다는 반어적 표현일 수도 있다. 야웨 엘로힘과 관계가 끊어지면 인간은 영적으로 죽은 존재라고 가정할 수 있기

---

19 창세 2,7을 순진하게 '인간이 야웨 엘로힘의 신성(神性)의 일부를 자기 존재 내에 가지게 되었다'고 해석하는 것은 무리(無理)라고 본다. 그래도 이러한 해석이 예수 그리스도와 거의 동시대 인물이었던 알렉산드리아의 필론(기원전13/20-후50, 유대인, 성경을 희랍철학적으로 해석하고자 한 인물) 이후, 오랫동안 지지를 받았으며, 인간과 동물 사이의 차이와 그 근거를 여기에서 찾으려는 경향이 있었다. 네페쉬*nephesh*란 단어는 아주 다양한 의미를 가지고 있어서 문맥 안에서 그 의미가 정해진다. 종종 고문헌에서 이 단어는 영혼에 해당하는 단어로 번역되었다. 이 *nephesh hayyah*를 '살아 있는 존재(=생명체, 임승필 역)'로 번역할 때, 이 단어는 동물에게도 그대로 적용될 수 있는 표현이다. 일반적으로 인정되는 성경적 인간관, 곧 영혼과 육체를 분리하지 않고 전인간으로 보는 인간관의 방식에 따라 번역하고자 할 때 이 단어의 의미가 모호해진다. 왜냐하면, 이러한 견해는 대체로 희랍적 인간관이라는 전제로 이를 피하려는 경향을 보여주는 까닭이다. 그러나 영혼이란 개념은 단순히 육체에 반대되는 개념만으로 볼 수는 없다. 단순하게 창세 2장의 인간을 이원론적 존재로 본다면, 진흙과 야웨 엘로힘의 숨으로 구성되어 있는 것이 인간이다. 일반적으로 주장하듯이, 성경의 견해를 일원론적 인간관이라 주장하는 이해를 따른다면, 인간은 그저 흙의 존재로서 (3,19) 야웨 엘로힘의 숨은 인간에게 속하지 않으며 오직 야웨 엘로힘에게만 속한다. 어느 경우에나 네페쉬는 생명과 연결되어야만 이해할 수 있다. 그러므로 인간에 대한 성경의 일원론적 묘사방식을 주장한다고 해도, 이 단어가 지칭하는 것이 '영혼'에 가깝지 않을까 생각한다. 영혼이 떠나면 인간은 죽는 것이다. 1열왕기 17,21 이하(공동번역, '생명의 호흡'이라고 번역); 1사무엘 18,1-3(공동번역, '목숨처럼'으로 번역). 좀 더 자세한 논의는 다음을 참조할 수 있다. J. Barr, The Garden of Eden and the Hope od Immortality, 36-47쪽; C. 베스터만, Nephesh Seele, in THAT II, 71-96쪽.

때문이다. 이로써 '살아 있는 존재'는 야웨 엘로힘의 존재와 관련되어서만 생각할 수 있는 표현이다. 야웨 엘로힘에 의한 인간의 창조는 어떻게 인간존재가 창조되는지 그 과정을 설명하는데 의도가 있는 것이 아니며, 오히려 인간존재의 기원과 그 의미에 대한 질문을 풀어주는 데 있다. 인간은 인간 그 자체로 이해될 수 없는 존재이기 때문이다. 이러한 의미에서 인간은 자기 자신조차 알 수 없는 수수께끼이다.

동쪽에 있는 에덴동산 :

8절 : 야웨 엘로힘은 동쪽에 있는 에덴에 동산 하나를 꾸미시어, 그가 빚은 사람(아담)을 거기에 두었다.

야웨 엘로힘과 인간은 직접적으로는 창조주와 피조물의 관계이지만, 이제부터는 에덴동산이라는 매개 장소를 통하여 둘 사이의 관계가 정립되고 발전된다. 창세기의 기록자는 동쪽에 있는 에덴, 그곳에 있는 어떤 동산을 언급한다. 다음 장에서 서서히 의미를 강화해 나가지만, 무엇보다도 8절에서 언급된 방향 '동쪽'은 아주 일관된 어조를 가지고 있다.[20] 굳이 방향을 말하지 않더라도 이야기의 진행상 아무런 장애를 받지 않지만, 언급된 것이다. 동쪽을 나타내는 방향이 어떤 의미가 있는 것일까? 신의 축복 보다는 이 축복을 잃어버린 인간의 운명을 암시하는 것일까? 방위를 가리키는 '동쪽'은 창세기 설화가 진행되면서 인간 운명의 부정적인 시각을 가리키는 단어가 될 것이다.

에덴동산 :

동산을 나타내는 히브리어의 '간(*gan*)'은 울타리가 쳐진 정원, 혹은 평지를 의미한다. 이 단어가 그리스어 70인 역본에서 낙원(樂園, *paradeisos*)으로

---

20 동쪽 방위를 나타내는 곳 : 2,8.14; 3,24; 4,16; 11,2 등.

번역되면서 이후 우리에게 오랫동안 수많은 상상의 나래를 펼치게 한 이름이 된다. 그 표현이 바로 에덴동산이다![21] '에덴(*'dn*)'은 고어(古語) 아카디아어나 수메르어에서 초원(*steppe*) 혹은 사막을 가리키거나 혹은 관개가 잘 된 밭 혹은 평지를 의미하기도 한다. 그런데 히브리어의 '즐거움(*' dn*; 2사무엘 1,24; 시편 36,9)' 을 나타내는 단어와 어원적 친근성을 나타내기 때문에 희랍어 칠십인 역본(*LXX*)에서 낙원의 의미로 전환되었던 것이다. 이 단어는 구약성경에서 17번 사용된 단어로써, 단수로 14번, 복수로 3번 정도 나타나며 그 사용법은 아주 다양하다.

우선 에덴에 있는 동산의 의미로 창세 2,8을 읽을 수 있고, 의미가 전화되어 에덴동산으로 바뀐다(창세 2,10.15; 3,23.24; 에제 36,35; 요엘 2,3). 이 에덴(창세 4,16; 이사 51,3; 에제 31,16.18; 18절에는 두 번 사용됨)은 다시 하느님의 동산 에덴(에제 28,13) 혹은 하느님의 동산에 있는 에덴의 나무들(에제 31,9)이나, 야웨의 동산과 비교되는 에덴(이사 51,3)으로 이해된다. 위와 같이 단수로 쓰인 단어 에덴은 모든 것이 풍부한, 축복 받은 어떤 특별한 공간적 장소를 가리킨다. 에덴이란 용어가 없이 사용된 '야웨의 동산' (이사 51,3; 에제 28,13; 31,9 등)이란 표현도 창조의 처음에 있었던 하느님의 동산을 암시한다. 에제 28,13에서 에덴은 창세기의 묘사에서 보는 것과 같이 인간이 하느님의 동산에서 추방된 어떤 사건을 언급한다. 즉 에덴이 하느님의 낙원으로 묘사되어 있는 에제 28,13은 앞서 논하고 있듯이, 에덴에 있는 동산이 하느님의 낙원이란 의미와 아주 거리가 멀다. 이러한 표현의 다양성은 이야기의 원천이 여럿이라는 사실을 지지하는 주장과 부합된다.

에덴의 지리적 장소나 그 내용이 어떠하든 에덴은 하느님의 축복과 관련되

21 A. R. Millard, The Etymology of Eden, in Vetus Testamentum 34, 1984; C. 베스터만 주석부분; DNPD 114 등. 에덴동산을 평탄하고 고도가 낮은 초원지대로만 볼 수 없는데, 그 이유는 에덴동산에서 흘러나가는 네 강이 이곳에서 발원하고 있다는 묘사에 있다(창세 2,10-14). 즉, 에덴동산은 저지대가 아니고, 고지대(高地帶)에 위치하고 있다는 사실이다. 그렇지 않다면 대하(大河)의 발원지로 상상할 수 없기 때문이다. 에덴동산은 단순한 평야지대가 아니다.

어 이해할 수 있는 상징적 용어이다. 이러한 단어 에덴의 용법은 야웨계 문헌에서 미묘한 변화를 보여준다. 잘 살펴보면, 8절과 10절에서 보이는 에덴과 동산의 차이가 15절에서 희미해지고, 3장에 가면 아예 동일시된다(23-24절). 에덴의 동산이 에덴동산으로 고정되는 것이다. 그러나 이 같은 변화는 우리의 이야기 해석에 직접적인 영향을 주지는 않는다.

어쨌든 에덴동산은 '살아 있는 존재'가 된 첫 인간 아담이 자신의 삶을 살아가도록 초대 받은 환경이다.[22] 이곳은 아직 갈등이나 긴장을 상상할 수 없는 평화스러운 삶의 장소를 가리킨다. 그렇지만 이 환경은 우리의 상상력 속에서 묘사되는 것과 아주 거리가 먼 환경이라는 사실을 3장에서 직접 보게 될 것이다. 그 이전에 이미 에덴동산은 모든 것이 허용된 곳이 아니라, 금지가 설정된 공간임을 알려준다. 생명나무와 선과 악을 알게 하는 나무의 주제가 바로 에덴동산의 공간이 이중적 의미를 가지고 있음을 알려준다. 한편으로 앞에서 설명했듯이 동산이 낙원처럼 상상을 유도한다면, 다른 한편에서 보면, 이 동산은 사회적 약속-금지명령-이 이미 적용된 공간, 아직 그 복잡한 사건이 드러나지 않은 공간-3장에서 전개될 것-을 은밀하게 암시해 준다.

창세 3장에서는 야웨 엘로힘의 축복으로 진행되었어야 할 인류의 문명이 평화를 잃게 된다. 인간의 문명은 와해(瓦解)되겠지만, 다행스럽게도 노아 시대의 홍수가 끝나면서 깨진 평화의 긴장을 살아갈 여지가 마련된다. 그때가 되면 생명을 상징하는 피를 먹지 않는 조건으로- 이 조건은 폭력 배제를 지향한다- 땅 위의 모든 살아 있는 것이 먹을 거리로 허용될 것이다(창세 9,3).[23] 지금은 아담이 아무런 갈등요소도 긴장할 상대도 없이 오직 혼자 존재하는 영역에 있다. 우리가 겪는 나날의 생활이 아직 거론되지 않은 현실이 8절이 말하는 아담

22 사제계 문헌인 창세 1장과 비교하면, 아담의 환경은 1,26-30에서 발견된다. 엘로힘이 전 창조 과정을 마치고 안식할 때까지 이 환경 자체가 창조 과정의 일부임을 알 수 있다. 창조의 마감은 창세 1,31과 2,1에서 읽을 수 있다. 따라서 이를 달리 표현한다면, 인간의 일상적 삶 자체가 창조 과정이라고 말할 수 있다.

23 창세 9장을 해설하면서 이 주제를 다루게 될 것이다. 사실상 노아의 홍수 주제는 홍수 전후의 인류 사정(창세 6장과 9장)을 이 주제와 연결하고 있다.

의 에덴동산이다.

현실적인 의미에서 에덴동산은 아담이 '잃어버린 낙원'을 암시한다(3장). 그 낙원이 어떠했는지에 대하여 우리는 알 수 없다. 야웨 엘로힘과 더불어 거닐던 에덴동산은 아담에게서 멀어지고, 인간의 기억 속에 희미한 흔적만을 남길 것이다. 이 흔적은 희미하지만 에덴동산이 창세기가 가상으로 꾸며낸 이야기가 아니라면, 땅 위에 실제 있었던 인류의 기억을 반영한다. 말하자면, 지금 인류가 살고 있는 이 땅은 여기에 실재했던 에덴동산과 전혀 다른 세계가 아니라는 암시이다. 결국 인간이 이땅을 어떻게 살아가는가에 따라서 우리는 에덴동산을 이룩할 수 있고 잃어버릴 수도 있다는 상징적 암시와 긍정적 의미를 제공 받는다.

ㄴ. 생명나무와 선과 악을 알게 하는 나무 : 9절

> 야웨 엘로힘은 보기에 탐스럽고 먹기에 좋은 온갖 나무를 흙에서 자라게 하고, 동산 한가운데에는 생명의 나무와 선과 악을 알게 하는 나무를 자라게 하였다.

많은 학자들은 8절과 9절은 중복되는 구절로 이해한다. 그렇지만 이야기의 전개에 필요한 소주제들이 9절에서 풍부하게 주어져 에덴동산의 모티브가 무엇인지 더욱 확실하게 나타난다. 9절이 8절보다 이야기의 의도를 더 분명하고 구체적으로 보여주기 때문이다. 창조 이야기의 주제가 다른 주제로 넘어가는 단계에서 에덴동산이 다른 어떤 요소들보다 더 큰 관심과 흥미를 불러일으키는 장소가 된 것이다. 또 '보기에' 좋아 보이고, '먹기에' 탐스럽다는 표현은 창세 3,6에 가면 첫 인간들에게 발생했던 어떤 사건을 설명하는 주제요소들이 되어 이야기를 절정으로 이끌게 될 것이다.

생명과 선악 :

'생명의 나무' 주제는 구약성경의 '잠언'에 여러 번 언급되고 있고(11,30; 3,18; 13,12; 15,4), 신약성경의 묵시록(2,7; 22,1-2. 14. 19)에도 여러 차례 나타난다. 이 주제는 창세기와 별도로 고대 중근동 지방에 널리 알려진 이야기에서 나타나며 길가메쉬 서사시에도 나타난다. 여기서 생명의 나무는 1) 죽음을 피하고 2) 젊음을 되찾는다는 내용과 관련이 있다. 그렇지만, 구약성경은 이러한 메소포타미아 문명의 신화적 표상이 깃든 영원한 생명에 대한 이미지를 그렇게 강조하거나 주장하지 않는다. 육체의 불멸성(不滅性)을 인간의 본성으로 보려고 하지 않기 때문이다.

또한 창세기는 '선악을 알게 하는 나무'의 주제를 지나치게 윤리적 의미로만 이해하지 않으며, 행복과 축복 혹은 불행과 저주로 이끄는 실천적인 앎으로 해석한다(TOB).[24] 이런 주제를 표현하고 있는 9절은 우리의 관심을 단번에 동산 한 가운데에 있는 나무로 이끌어 간다. 3장에 가면 바로 선악을 알게 하는 나무가 야웨 엘로힘과 인간 사이의 걸림돌이 무엇인지를 상징하는 소재가 되기 때문이다. 이 나무는 동산 한 가운데에 있고, 그 열매가 모든 것이 허용된 상태에서 예외적으로 아담에게 금지된 나무이다. 이야기는 나무란 단어를 통해서 개념적으로 파악해야 할 주제들-생명과 선악-을 시각적으로 보여준다. 보이지 않게 작용하는 것을 가시적인 화면으로 제공하는 셈이다.

선과 악을 알게 하는 나무와 더불어 생명의 나무가 소개되고 있으나, 창세 3장의 이야기를 따라가면 기록자의 관심은 '생명의 나무'에 있는 것이 아니라 '선과 악을 알게 하는 나무'에 있음을 알게 된다. 2장의 생명의 나무는 3장의 이야기 전개상 하등의 역할을 하지 못하고 이야기를 마감하는 3,22-24에서 독자의 기억을 상기시키기 위하여 다시 한 번 언급될 뿐이다. 더욱이 3장의 '생명의 나무'는 인간을 징벌하는 야웨 엘로힘의 언급 속에서 인간의 추방과

---

24 신명 1,39; 1열왕 3,9; 이사 7,15; 2사무 19,36 등. 이 앎은 분별하는 능력으로 이해한다.

더불어 나타나는 새로운 주제이다. 이야기의 전개상 인간이 (영원한) 생명 (의 보존)을 추구한다는 주제가 이어질 것처럼 보이지만, 더 이상 진전되지 않는다. 이러한 논리적 가정은 야웨 엘로힘의 징벌에서 인간의 죽음이 언급되고 있다는 사실에서 추론할 수 있다.

다른 한 편, '생명의 나무' 를 주제로 한 이야기를 더 진전시키지 않은 기록자의 의도가 무엇인지 알 수 없다 하더라도, 생명의 나무와 선악을 알게 하는 나무의 주제는 하나의 연결고리를 가지고 있는 듯하다. 말하자면 기록자는 이 두 주제를 재삼 반복할 필요가 없는 이야기로 생각하였으리라. 생명나무의 주제는 생명과 죽음을, 선악을 아는 나무의 주제는 선과 악을 쌍으로 하고 있기 때문에, 아마도 이 두 주제는 동일한 주제의 분화가 아닐까 여겨지는 것이다. 야웨 엘로힘이 금지한 선악과를 따먹는 행위 속에 생명과 죽음이 그 결과로 나타나기 때문이다. 더구나 창세 3장이 생명나무의 주제로 이야기를 마감하는 자리에서 다시 한 번 더 새삼스럽게 언급될 뿐, 이야기를 전개하는 전 과정에서 이 주제를 다루지 않았다는 사실도 이러한 짐작을 가능하게 한다. 그리고 선악을 안다는 것이 좁은 의미에서 윤리적인 것이 아니라면, (신에게만 유보된 앎을 생각할 때) 선악은 인간의 전지(全知), 모든 앎(*virtual omniscience*)을 뜻하는 것이라고 생각할 수 있다.

ㄷ. 에덴동산과 강들, 그리고 아담 : 10-15절

네 개의 강 :

10 : 강 하나가 에덴에서 흘러 나와 동산을 적시고 그곳에서 갈라져 네 줄기를 이루었다.

11 : 첫째 강의 이름은 비손인데, 금이 나는 하윌라 온 땅을 돌아 흘렀다.

12 : 그 땅의 금은 질이 좋았으며, 그 고장에는 브델리움 향료와 마노 보석도 있었다.

13 : 둘째 강의 이름은 기혼인데, 구스 온 땅을 돌아 흘렀다.

14 : 셋째 강의 이름은 티그리스인데, 아시리아 동쪽으로 흘렀다. 그리고 넷째 강은 유프라테스이다.

이 부분은 전체 이야기의 전개상 아무런 관련이 없는 것처럼 보인다. 여러 논란이 있으나, 우리의 관심은 이 논쟁에서 한 발 벗어나 있다. 단지 에덴의 풍요(豊饒=신의 축복)가 에덴을 제외한 나머지 세계와 어떤 관계를 가지는지 간접적으로 묘사하거나 상징하는 이야기의 서술로 받아들 수 있다.

생명현상의 원천으로써 물(6절)은 강으로 좀 더 적극적으로 표상 되었으며, 이 물줄기는 에덴동산 밖으로 뻗어나가 신화적 공간에서 자연세계의 네 원천으로 확장되었다. 그리고 네 개의 강 이름은 현실적 의미를 가지게 되었다.[25] 강 이름이 신화의 세계에서 나와 역사로 진입하면서 현실적 의미를 띄게 되었지만, 고대 세계에서 이에 대한 전승이 현실적인 의미가 있었는지는 의문이다.

---

25 우가릿과 아카디아 고문헌이 드러내는 고대세계에서 '4'란 숫자는 (동서남북 : 東西南北) '완전', '전체' 혹은 '보편성'이라는 상징성을 띄기도 한다. 신약성경의 계시록에서도 이 숫자는 전 세계를 가리킨다. 이들 강과 산물(産物)들의 이름과 관련한 논의는 C. 베스터만의 창세기 주석; 임 승필역의 창세기의 주석부분; JNBC, 12쪽을 참조. 기혼은 2역대 32,30에 언급되어 있는데, 예루살렘 성밖의 키드론 골짜기의 샘물과 동일한 명칭이다. 티그리스 강과 유프라테스 강이 "동쪽으로" 흐른다는 언급은 인간의 추방과 관련해서 다시 나타난다(3,24; 4,16). 이스라엘의 바빌론 유배를 기억한다면(이것도 동쪽으로), 아마도 이것은 인간의 운명을 비극적으로 암시하는 표현일 수도 있다. Laurence Turner, 28쪽. 한 마디 덧붙인다면, 우리는 창세 2장의 편저자가 가지고 있었던 전승의 이야기가 어느 시대에서 출발했는지 모른다는 점이다. 우리가 현재 알고 있는 대륙의 지리적 분포를 출발점으로 하는 지식이 과연 시간적 거리를 상상할 수 없는 시점의 이야기와 일치할 수 있는가 하는 의문을 버릴 수 없다. 이러한 기본적인 질문이 없는 강의 이름에 대한 주석은 사실적으로 무의미하다. 그러나 고고학적 탐구에 의하면, 이에 대한 의미 있는 결과를 일별할 수 있다. 데이비드 롤(David M. Rohl), 문명의 창세기, 1권, 해냄, 1999 (The Genesis of Civilisation, Random House UK, 1998), 91-99쪽 참조. 저자는 고고학과 고대 및 현대 언어학을 바탕으로 창세기에 나타나는 이름들을 통하여 지리적 위치를 확정하고자 시도한다. 그 결과 창세기의 네 강이 오늘날의 아르메니아에 집중해 있고, 땅 이름으로 주어진 구스와 하윌라의 지리적 위치도 각각 아제르바이잔과 이란의 앙구란으로 지적한다. 이 저자는 이외에도 성경의 이름에 대한 실천적이고 고고학적인 지리적 정보를 제공해준다.

이는 이야기가 구전되던 당대에 인간이 알 수 없는 시원(始原)의 세계가 시공간적으로 기록자가 알 수 있는 세계와 연결되어 있다는 암시 정도로 볼 수 있다. 게다가 오늘 우리는 이들 이름이 가지는 지리적 의미를 정확하게 추정하거나 확정할 수 없다. 그러므로 기록자의 의도에서 볼 때 추상적이기는 하지만, 물과 강은 자연세계의 풍요를 암시하고 신의 축복을 떠올리게 한다고 말할 수 있다.

따라서 물이 부족한 척박한 땅에서 살아야 했던 이들에게 수량이 풍부한 강들이 그 원천을 에덴동산에 두고 있다면, 이미 그 상징성은 충분히 발휘되었다. 그러나 풍요를 가리키는 이 상징성도 물의 카오스적 의미와 관련시켜 이해할 때(사제계 문헌)에 물의 이중적 의미가 우리에게 암시하는 바를 적극적으로 알아들을 수 있다. 물의 근본적인 의미가 창세 1장에서 혼돈의 창조질료로 이해되었기 때문에, 아래 물과 위 물로 나뉜 것은 코스모스로 진행하는 것이라고 이해할 수 있었다. 이러한 의미에서 1장의 혼돈을 가리키는 위의 물이 수직적 차원을 가리킨다면, 2장은 위의 물에 관심이 없이 수평적 차원에서 지상의 물에 관심을 집중한다. 위의 물은 다시 홍수 이야기에서 땅밑의 큰 물줄기와 더불어 언급될 것이지만(7,11), 지상의 물줄기가 나뉘어 가는 것은 자연의 풍요와 신의 은총으로 이해되는 것이다. 아래의 물이 나뉘고 갈라짐은 카오스의 세계에서 코스모스의 세계로 분화하는 창조의 기본적인 묘사방법이다. 강 하나에서 네개의 물줄기로 뻗어나간다는 언급은 일차적으로 자연의 풍요를 상기시키지만, 근본적으로는 코스모스의 길이 더욱 완전하게 실현되어 감을 말해준다. 역으로 이 물줄기가 하나가 되어 지상을 덮쳐올 때 물은 인간에게 혼돈을 발생시키는 카오스의 질료이지만, 물의 나뉨과 갈라짐은 자연의 풍요와 더불어 코스코스의 가장 근원적인 생명의 상징성을 획득하는 것이다. 하나에서 넷으로 갈라지는 물은 생명에 대한 예감을 야기(惹起)할 뿐만 아니라, 생명수로 열매를 맺을 이곳의 산물들은 에덴동산의 환희와 풍요의 내용을 화려하게 수놓는 기능을 할 것이다(에제 47,9; 묵시 22,1-2).

그렇지만 이야기의 극적 효과를 나타낼 인류의 어두운 운명은 이미 아시리아의 '동쪽'으로 흐르고 있다(14절). 해가 뜨는 동쪽은 새벽이 밝아오고 이스라엘 조상들이 떠나온 곳을 가리키며, 고대문명의 발상지 수메르와 바빌론을 나타내는 방위이기도 하다. 게다가 길가메시 서사시의 영원한 생명이 묘사된 태고의 기억을 암시한다. 하지만, 창세설화의 동쪽은 무엇보다도 인간의 추방과 관련되어(3,24;4,16) 언급된 방향이다.[26] 더구나 기혼이나 하윌라,[27] 구스라는 지명은 모두 메소포타미아 남부지방에서 찾아볼 수 있는 이름들이다. 이들 이름은 이스라엘에서 볼 때, 티그리스 강이 아시리아의 동쪽으로 흐르는 것처럼, 그 방위가 동쪽이다. 이 방위는 이스라엘이 겪었던 불행한 제국의 폭력과 부정적인 역사인식에 기인한 인간의 운명을 암시하는 단어일 것이다.

사람의 임무 :

15절 : 야웨 엘로힘은 사람을 데려다가 에덴동산에 두고 그곳을 일구고 돌보게 하였다.

이야기의 전개로만 본다면, 15절은 앞 선 8절과 바로 연결된다. 8절은 신의 창조물인 아담과 아담이 거처할 에덴동산 이야기를 담고 있고, 그 뒤를 따르는 9절은 그 동산의 정황을 그리고 있었다. 이러한 관점에서 10-14절은 9절의 연장선상에서 읽을 수 있었다. 이와 달리 15절은 8절의 내용을 반복하면서 에덴동산에서 아담이 해야 할 일을 밝힌다.

---

26 이스라엘에게 동쪽은 나라가 패망한 후 메소포타미아 지방으로 유배간 기억을 상기시키는 방향일 것이다. 아시리아나 기혼 강의 이름은 그 하나의 상징어이다.

27 하윌라 : 창세 10,7과 1역대 1,9에서 메소포타미아 남부에 있는 구스지방을 가리킨다. 반면에 창세 10,26-29와 1역대 1,20-23에서 하윌라는 셈의 후손으로 아라비아 남(동부)를 가리킨다.

에덴동산과 인간의 사명 :

사제계 문헌 창세 1장에서 엘로힘이 인간에게 부여한 지배와 관리의 구체적인 임무를 여기서 만난다. 즉 야웨계 문헌은 아담의 일 혹은 임무가 동산의 땅을 일구고 관리하는 것으로 묘사한다. 그러나 이야기의 내적 논리를 살펴보게 되면 단순히 땅을 관리하고 농사짓는 것이 그 전부는 아니다. 핵심적인 주제가 될 땅과 맺는 관계가 아직 덜 드러났지만, 아담의 임무는 더 실존적 의미를 띠고 나타날 것이다.

일차적으로 확인할 수 있는 것은 에덴동산에 산다는 것이 노고가 없는 생활이 아니라는 점이다! 15절은 아주 단순하게 표현하고 있지만, 땅에서 온 아담의 임무 내지는 일상을 말하고 있다. 아담은 야웨 엘로힘이 맡겨준 에덴동산에서 자기 존재의 기원인 땅을 경작하고 관리하도록 부름받은 것이다. 진실은 단순할수록 명확하며 그 의미는 분명하다. 15절은 인간의 창조 목적을 단순하리만치 '일구고 돌보게' 하는 것이라 밝힌다.

땅을 경작하고 땅을 보호하는 일은 인간의 삶에 아주 중요한 일이다. 그러나 '일' 자체가 우선적으로 강조된 것이라고 보기는 어렵다. 왜냐하면 에덴동산에서 쫓겨난 이후에도 일은 계속되기 때문이다. 일은 인간을 규정하는 배타적인 어떤 것이 아니며, 인간 실존의 정상적인 삶을 가능하게 하는 일상의 한 모습이다. 단순히 말하자면, 인간은 일을 통하여 인간이 되어 간다고 말할 수 있다. 신(神) 야웨 엘로힘이 아담을 동산에 데려다 놓았을 때 아담의 행복은 일견 동산지기로서 축복이었다. 그것은 15절이 밝히고 있는 것처럼 아담을 창조한 야웨 엘로힘이 그에게 축복(祝福)으로 맡긴 임무, 곧 땅을 경작하고 돌보는 것이기 때문이다. 이러한 의미에서 에덴동산이란 표현은 유토피아적인 의미에서 노동이 없는 낙원(樂園)을 시사하지 않는다. 오히려 땅을 일구는 일은 땅에 대한 봉사이며, 땅을 관리하는 것은 보호하는 일이다.[28] 땅과 인간의 관계는 계속되는 이야기들 속에서 상징적으로 맺어지고, 때로는 그 관계가 옭어지고 때로는 굳건해진다. 이처럼 인간의 운명은 인간과 땅의 관계에서 드러나고,

이것이 야웨 엘로힘의 관계로 드러난다.

좀 더 부연한다면, 인간은 피조된 존재로서 태어난 순간부터 신(神)과 친교를 맺고 있으며, 살아 있는 존재로서 인간은 일로서 존재의 의미를 구현해 나간다. 인간의 실존적 상황은 자기를 위하든 남을 위하든 '일'이며, 일을 통해서 실현되기 때문이다. 그러므로 인간은 일을 통하여 타인과 만나며, 타인의 협력을 필요로 할 수밖에 없다(18절 이하). 이러한 관점에서 15절이 확인해 주는 것은 인간과 일의 관계이다. 더 구체적으로 말하면, 노동(勞動)이 인간 실존을 구성하며 세계를 만나는 기본적인 장을 제공한다는 점이다. 노동은 땅과 맺는 관계, 자신과 맺는 관계, 신과 맺는 관계를 인간에게 가르쳐 주는 것이다. 사제계 문헌 창세 1,1-2,4ㄱ의 방식으로는 신(神)의 창조와 휴식은 인간의 노동과 휴식의 모범이며, 이 리듬은 인간의 실존양식을 규정한다.

ㄹ. 엘로힘의 금령 : 16-17절

16 : 그리고 야웨 엘로힘은 사람에게 이렇게 명하였다. "너는 동산에 있는 모든 나무에서 열매를 따먹어도 된다.

17 : 그러나 선과 악을 알게 하는 나무에서는 따먹으면 안 된다. 그 열매를 따먹는 날, 너는 반드시 죽으리라."

신(神)의 금지명령이 지금까지 전개된 이야기를 다른 차원으로 진행시킨다. 무엇보다도 '선과 악을 아는 나무'에 대한 금지명령이 발해지는 순간에 모든 나무의 열매를 먹을 수 있다는 야웨 엘로힘의 말이 있음에도 평화로운 에덴동

---

28 일차적인 의미에서 '땅을 일군다'는 '섬긴다(serve)'로, '관리한다'는 '보호한다(keep watch over)'의 뜻으로 이해한다. William R. Van der Zee, Ape or Adam, Genesis Publishing Company, 1995(1978), 21쪽.

산에 긴장을 발생시킨다. 실상 아담에게는 먹을 거리가 부족하지도 않을 터이지만, 신의 첫번째 발언이 먹을 거리를 두고 발언한 것이라면 이는 다른 무엇을 발하기 위한 상징적 접근법이 아닐 수 없다.

신의 금지명령과 인간 :

이야기는 갑작스럽게 예고 없는 긴장으로 채워지기 시작한다. 17절에서 예외를 설정하는 금지명령은 아담에게 필요한 선언인가? 신의 금지명령은 무엇을 의미하는가? 아담에게 당장 왜?라는 의문을 불러일으킬 금지는 근본적으로 무엇을 가리키는가? 아담의 의무, 곧 땅에서 일하고 땅을 관리하는 것은 이해할 수 있는 일이지만, 이어서 도입된 17절에서 듣게 되는 야웨 엘로힘의 금지명령은 불가해(不可解)한 일이다.

이야기는 금지명령으로 순식간에 긴장으로 돌입한다. 긴장을 불러일으킨 금지명령으로 우리는 알 수 없는 어떤 것에 대한 금지를 상상하지 않을 수 없다. 그것은 '선악을 아는 나무' 라고 상징되어 있을 뿐이다. 분명히 이 금지는 나무의 이름처럼 '아는 것' 과 관련되어 있음에 틀림없다. 그리고 '아는 것' 은 아담에게 발생할 '죽음' 과 관련이 있다. 따라서 신의 금지명령은 아담을 죽음에서 보호하려는 야웨 엘로힘의 의도일 것이다.

신의 금지명령을, 야웨 엘로힘이 금지하지 않을 수 없는 그 이유를 이해할 수 있을 것인가? 어떤 시각에서 이 금지문제를 보게 된다면 야웨 엘로힘은 인간에게 어려운 시험을 하는 잔인한 신으로 보일 우려가 있다. 아담을 데려와 에덴동산에서 살게 해 놓고 갑작스럽게 하지 말아야 할 금기사항을 제시했으니 말이다. 이 상황에서 금지명령에 관하여 그 이유를 찾아낼 수 있는 단서가 될 만한 것은 아무것도 없다. 이야기의 연속으로서 3장의 이야기 흐름을 돌아볼 때에만 가능할지 모른다. 그러나 이 금지가 가리키는 의미는 분명히 이 말속에 들어 있다.

신의 금지는 일차적으로 '예' 아니면 '아니오'의 답을 해야 하는 인간에게 선택을 의미한다. 본문에는 나타나 있지 않지만, 분명히 금지된 것은 아담이 알 수 있고 할 수 있는 것 같다. 이야기의 진행에서 볼 수 있듯이 아담이 신의 명령을 듣고 이 내용이 무엇인지 되묻지 않았다면(창세기 저자의 의도적 전개이지만), 그는 금령이 무엇을 의미하는지 알았을 것이다. 따라서 엘로힘의 금령을 따라야 할지, 아니면 위반하게 될지 양자택일에 직면해서 비로소 아담은 복종하든지 불복종하든지 위기에 서게 될 것이다. 신의 명령을 따를 때에는 아담에게 선과 악을 아는 나무의 상징적 실재가 문제되지 않는다. 그러나 금지명령이 문제가 되는 경우에 아담은 불복종에 따르는 경고의 결과를 심각하게 고려해야 할 것이다. 왜냐하면 그의 선택이 미래의 운명을 결정할 것이기 때문이다.

금지명령과 자유의 탄생 :

어떤 의미에서 복종이나 불복종은 인간에게 자유를 확립해 주는 계기이다. 아담이 신의 명령에 순응하는 것도 그의 자유로운 선택이며, 신의 명령에 불복종하는 것도 그의 자유에 의거한 자율에 속한다. 신의 금지명령은 선택을 요구하며, 동시에 자유를 낳는 것이다. 금지명령에 순응하거나 불복하는 것 모두가 인간의 자유를 시험하며, 다만 그 선택이 잘못된 자유인가 아닌가만 문제가 된다. 왜냐하면 자유는 궁극적으로 신에게 의존하지 않을 수 있는 가능성을 인간에게 알려주지만, 이 가능성은 인간의 불행을 야기할 수 있기 때문이다. 아담과 하와의 경우에서 알게 되겠지만, 신의 금지명령은 순전히 인간 자신의 선택과 관련된 자율성의 문제이다.

이야기의 관건은 선악과로 상징된 내용에 있는 것이 아니라, 인간과 금지명령을 발한 인간과 신의 관계가 우리에게 주의깊은 성찰을 요구한다는 사실이다. 창세 이야기는 오늘의 우리 이야기가 되기 때문에 이 점에 유의해야 할 것이다. 우리의 일상적 경험은 매순간 우리가 선택의 기로에 있다는 것을 말해준다. 게다가 이 선택에 기인한 쓰라림 혹은 기쁨이나 안도가 행복과 불행으로 연결된다고 알려준다. 우리가 신의 금지명령으로 알 수 있는 것은 신이 긍정하는 것을 인간도 긍정할 수 있고, 신이 거부하는 것을 인간도 거부할 수 있다는 것이다. 이야기의 전제는 이것이 인간의 일상적 체험이며, 행복과 불행의 길이 어떻게 성립하는지 보통의 인간이라면 체험적으로 알 수 있다는 점이다.

금지 : 인간의 실존조건.

야웨 엘로힘의 금지명령은 신-인간의 관계를 밝히는 결정적인 요소임을 알게 되었다. 이야기의 흐름을 보면, 야웨 엘로힘의 명령은 단순하게 신(神)의 권위를 강조하기 위한 것이 아니다. 창조의 완성을 위해서 인간의 자유(自由)에 이 명령의 내용이 수탁(受託)되어야 한다는 것을 의미한다. 신의 금지명령은 곧 신 자신의 말로써, 인간이 위반한다면 신 자신이 거부당하는 것을 의미한다. 현대적 의미에서 신을 최고 가치개념이라고 말할 수 있다면, 인간은 이 가치체계를 거부하는 것이다.

벌써 창세기 설화에서 신과 인간의 관계를 규정하는 놀라운 사실이 벗겨진다. 인간을 위한 야웨 엘로힘의 금지명령이 부정될 수 있음에도 불구하고 이러한 요청이 인간에게 맡겨진다는 점이다. 이것은 이야기를 듣는 인간에게 수수께끼이다. 우리는 경험적으로 인간이 얼마나 허약하고 선택에 있어서 자기이해를 벗어나기 어려운지, 그래서 얼마나 위험한 결과를 가져올 수 있는지 안다. 그리고 신의 금지명령은 단순한 금지를 의미하는 것이 아니다. 이야기의 내용을 따르자면, 인간의 선택이 창조계에 위험을 가져올지도 모르는데 야웨 엘로힘이 인간에게 일체[29]를 맡긴다는 것은 의문이 아닐 수 없다.

이러한 이야기의 흐름은 3장에 가면 좀 더 분명하게 드러날 것이다. 다만 인간의 자유가 여기서 언급되는 이유는 야웨 엘로힘의 요청이 이미 인간이 선택할 수 있다는 가정을 전제로 하고 있기 때문이다. 야웨 엘로힘의 요청에 '아니

---

29 에덴동산을 책임질 존재는 아담뿐이다. 또한 앞에서도 지적했지만, 선과 악은 전체를 아우르는 상징적 표현이다.

오!' 라고 거부할 수 있는 것은 인간에게 자유의 한 형태이지만, 그것은 죽음에 이르는 길이다.

무엇보다도 아담을 살리는 길이 신의 금지명령의 형태로 선언된 의문이 밝혀진다. 달리말하면, 신의 요청은 아담의 자유가 부분적으로 성취되어야 하는 것이 아니라, 그에게 맡겨진 완전한 자율성을 통하여 성취되어야 함을 말하는 것이다. 신의 금지명령도 인간을 살리기 위한 길로 제시되었지만, 금지명령을 자율적으로 이행하는 인간의 태도와 의지도 인간을 살리는 핵심적 요소인 것이다. 아담의 자율성은 참으로 자신과 신에게 모두 강요가 아닌 책임 있는 선택을 통하여 생명에 이르는 길을 열기 때문이다. 인간의 자유는 죽음과 삶을 선택하는 식별에서 발휘된다는 것을 알 수 있다. 이러한 이해에 근거할 때, 17절의 잠재적 '죽음의 선고' 는 인간을 위협하고자 하는 것이 아니라 인간을 보호하고자 하는 경고(警告)일 수밖에 없다. 또한 금지는 인간이 자유를 향유(享有)하기 위한 사회적 실존조건으로 인간이 취해야 할 자세를 가리키는 것이기도 하다. 인간의 자유는 궁극적으로 생명과 죽음의 경계에서 축복 혹은 불행이 될 자신의 길을 선택하는 것이다. 이러한 의미에서 자유는 이미 그 자체가 식별이라는 선택을 내포한다. 이러한 지적은 창세 3장에서 한 번 더 언급될 것이다.[30]

금지의 법칙 : 모든 것은 가능한가?

그렇다면 인간이 생명을 살리고 축복으로 나가는 길은 무엇인가? 인간의 자유와 자율성을 향유하는 방법은 무엇일까? 이 질문에 대한 답으로 우리는 2장

---

30 신의 금지와 타부의 차이 : 우리는 신의 (금지)명령이 인간에게 '어떤 태도' 를 요청하는 것이라면, 타부는 '어떤 것' 을 금지하는 것과 관련이 있다. 타부가 이성적인 바탕이 결여된 행동이라면, 어떤 태도를 취한다는 것은 타부와 달리 인간의 이성적인 통찰이 뒷받침된 행동이다. 인간과 인간의 관계나, 인간과 신의 관계가 올바른 위상에 근거하기 위해서는 늘 이러한 이성적 숙고를 요청한다. 그리고 이러한 태도에는 어떤 자율적인 '제한' 이 전제된다. 이러한 자율적 제한이 없이는 공동체적 관계나 삶은 불가능하다. 이러한 의미에서 창세 3,3 : '...만지지도 말라' 는 하와의 표현에서 야웨 엘로힘의 금지가 타부화된 것으로 이해한다.

의 16-17절에서 아주 중요한 인간사회의 법칙을 발견한다. 인간의 역사와 사회는 인간이 해서는 안 될 것이 있으며, 이 '안 될 것'을 존중해야 한다는 것을 가르쳐 준다. 창조사상의 전제에 따르면, 자연세계의 모든 것은 인간에게 선물로 주어져 있지만, 일정한 사회적 원칙이 선행되어야 이 선물을 향유할 수 있다. 창조계의 이 선물을 그 가치만큼 사용하고 누릴 수 있기 위해서는 일정한 조건을 준수해야 하는 것이다.

16-17절이 우리에게 알려주는 법칙은 이렇다. 모든 나무에서 열매를 따 먹을 수 있지만, 단 선과 악을 알게 하는 나무에서 열매를 따 먹어서는 안 된다. 따 먹는 날 너는 죽게 될 것이다. 아담에게 "모든 것이 허락되지만… (이것만은) 안된다." 달리 말하면, 선과 악을 알게 하는 나무에 대한 금지는 그 내용과 상관없이 인간의 삶에는 하지 말아야 할 것이 있다는 것이다. 우리들의 사회적 경험에서 알 수 있다시피, 모든 것을 가능하게 해주는 법은 없다. 동산에 있는 모든 나무에서 열매를 따 먹어도 되지만, 선과 악을 알게 하는 나무에서는 따 먹으면 안 된다. 우리가 살고 있는 이 세상에서 인간에게 금지된 것이 무엇인가? 우리가 알고 있는 세상에 금지된 것이 있다면, 그것은 위반할 때 인간에게 해로운 것일 뿐이다. 해로운 것을 알 수 지혜는 해로움을 알게 된 전세대의 체험을 필요로 한다. 따라서 인간에게 금지사항이 있다는 것은 자신의 삶을 위해서 반드시 경험해야 할 필요가 있는 것이 아니며, 준수해야 할 규칙이며 원칙이다. 이 규칙과 원칙은 인간의 삶에서 예외로 남아 있는 법칙이며, 울타리를 치고 괄호 안에 들어 있게 해야 한다.

야웨 엘로힘의 선언으로 선고된 이 '예외의 법칙'은 사실상 우리 인간의 사회적 경험에서 더욱 쉽게 확인할 수 있는 원칙이다. 이 원칙은 우리가 아직 모르는 것에 대해서도 동일하게 적용될 수 있는 보편성을 기반으로 한다. 이상적으로 모든 것이 가능하지만, 실천적으로 해서는 안 되는 것이 있게 마련이다. 이 법칙은 인간사의 모든 사회적 관계에 적용되는 원칙이며, 인간의 실존조건을 구성하는 기반이다. 이러한 의미에서 선과 악을 아는 나무의 주제는 '모든 것'을 상징하는 주제라고 해석할 수 있다.[31] 즉 2장의 '선과 악'은 윤리적 도덕적 주제를 상기시키는 용어가 아니라, 인간이 할 수 있는 모든 것을 대표하는 것으로 이해할 수 있다. 야웨 엘로힘으로서 모든 것을 가능하다고 선언했지만, 아담에게는 하지 말아야 할 것이 있는 것이다. 모든 것을 다 할 수 있지만, 예외가 있다는 것이 인간이 경험하는 인간세상의 법칙인 것이다.

신과 인간 : 나와 너의 관계

금지명령을 발하는 2장에서 창조주 야웨 엘로힘은 처음으로 인간 아담을 '너'라고 부른다. 야웨 엘로힘과 인간의 관계가 일차적으로 '너-나'의 관계로 설정된 것이다. 신과 인간 사이에 아무런 중개자를 두지 않는 관계, 이것이 '신-인간'의 관계이다. 적어도 이 이야기를 읽고 이해하는 한에 있어서, 야웨 엘로힘은 아담을, 인간을, 우리를, 나를 이렇게 '너'라고 부른다. 인간은 야웨 엘로힘이 부르는 도달거리 안에 있고, 야웨 엘로힘도 인간이 호소할 수 있는 심리적 거리(距離) 안에 존재한다. 그 거리는 인간이 자의적으로 측정할 수 없기도 하지만,[32] '나-너'의 관계 안에 위치한다.

'신-인간'의 관계는 역설적으로 '신은 신이고' '인간은 인간이다'라는 사실을 상기시키기도 한다. 신과 인간의 관계는 신과 인간 사이의 무한한 거리를 가리키는가 하면, 동시에 그 거리를 무한히 근접시킬 수 있는 관계이다. 창세기 설화에 따르면, 이 거리는 인간의 금지명령위반이 발생한 이후 점점 벌어지기 시작한다. 인간과 신의 분리를 발생시키고 거리를 확대하는 원인은 인간의

---

31 선악은 극단적인 두 요소를 가리키는 것으로 전체를 뜻하고, 안다는 것은 힘이요 권력을 상징하는 것으로 이해하기도 한다. 즉 모든 것을 할 수 있는 힘, 혹은 권력으로 풀이한다. W. Vogels, Nos Origines : Gn 1-11, Novalis, Ottawa, 1992, 83쪽 참조.

32 역사의 시간에 들어서면 구약성경은 예언자들의 시대를 만나고, 신약성경의 시간에 들어서면 예수의 시간을 만난다. 예언자들은 야웨 엘로힘의 '말씀'의 선포자들이다. 신탁(神託)은 직접 들을 수 없었고, 중개자를 통하여 전해졌다. 그러나 예수는 그를 따르는 이들에게 우리 '아버지'를 가르쳤고, 직접(直接) 그렇게 부르기를 가르쳤다(루가 11,1이하).

잘못에서 비롯된다. 금령을 어기는 것은 아담이 야웨 엘로힘을 거부하는 것을 의미할 뿐만 아니라, 인간이 신이 되고자 혹은 신을 넘어서고자 함을 뜻하기 때문이다. 불행하게도 창세 1-11장은 신과 인간 사이의 관계가 지수적 대립관계로 변해가는 것을 보여준다. 창세 3장 이후 인간의 잘못이 벌어질 때마다 신의 얼굴은 인간의 의식에서 점점 희미해져 가고, 인간의 얼굴은 점점 불의로 얼룩진 폭력으로 변해간다. 창세기의 묘사에 따르면, 포악한 자의 신은 두려움과 공포의 신으로 여겨진다. 지금은 아직 야웨 엘로힘과 아담 사이의 거리가 측정할 수 없을 정도로 가깝고 아담도 불의와 폭력을 모른다 할 것이다.

ㅁ. 인간의 공동체성 : 18-24절

18 : 야웨 엘로힘은 말했다.
"사람이 혼자 있는 것이 좋지 않으니, 그에게 알맞은 협력자를 만들어 주리라."

19 : 그래서 야웨 엘로힘은 흙으로 들의 온갖 짐승과 하늘의 온갖 새를 빚으신 다음, 사람에게 데려가서 그가 그것들을 무엇이라 부르는지 보았다. 사람이 생물 하나하나를 부르는 그대로 그 이름이 되었다.

20 : 이렇게 사람은 모든 집짐승과 하늘의 새와 모든 들짐승에게 이름을 붙여 주었다. 그러나 그는 사람인 자기에게 알맞은 협력자를 찾지 못하였다.

21 : 그래서 야웨 엘로힘은 사람 위로 깊은 잠을 쏟아지게 하여 그를 잠들게 한 다음, 그의 갈빗대 하나를 빼내고 그 자리를 살로 메꾸었다.

22 : 야웨 엘로힘은 사람에게서 빼낸 갈빗대로 여자를 짓고, 그를 사람에게로 데려오자,

23 : 사람은 이렇게 부르짖었다.
"이야말로 내 뼈에서 나온 뼈요

내 살에서 나온 살이로구나!

남자(이쉬)에게서 나왔으니

여자(잇샤)라 불리리라."

24 : 그러므로 남자는 아버지와 어머니를 떠나 아내와 결합하여 한 몸을 이룬다.

이 부분에서 아담과 아담이 아닌 동물 사이에 근본적인 차이가 드러난다. 이 차이로 이야기는 아담과 아담의 관계를 질적으로 정의하는 방향으로 진행한다. 아담에게 참으로 어울리는 상대, 에제르(협력자, 18절과 20절)가 필요한 것이다. 아담은 자기가 아니면서 자기와 동등한 동반자를 협력자로 만나야 진정한 의미에서 인간이 될 것이다.

아담의 협력자 :

18절 : 야웨 엘로힘은 말했다.

"사람이 혼자 있는 것이 좋지 않으니, 그에게 알맞은 협력자를 만들어 주리라."

신의 창조과정은 아직 끝나지 않았다. 아담이 남성인 한 그에게 걸 맞는 여자가 태어나야 야웨 엘로힘의 창조계획은 완성될 것이다![33] 여자의 출현은 창조 이야기의 마감이요 완성을 의미한다. 물론 앞으로 전개될 이야기의 모티브를 준비하는 것이지만. 야웨 엘로힘의 인간창조는 어떤 의미에서 불완전했던 것을 보여주는 데,[34] 기록자는 이것으로 무엇을 의도하는가? 야웨 엘로힘의

33 여자의 창조 이야기(2,18-25)는 본래 다른 이야기에서 유래했으리라 믿어진다. 그 이유는 창세 2,16과 3,24의 아담은 남성과 여성 모두를 가리키고 있다고 보여지며, 3,1이하의 이야기는 2,17의 연속으로 엘로힘의 명령이 아담, 곧 남자와 여자 모두에게 주어졌다고 생각할 수 있기 때문이다(BJ).

34 U. Cassuto, 127쪽. 18절에서 사용된 히브리어 '로(לא)'는 형용사 앞에서 아주 강한 부정을 나타낸다.

창조가 본질적으로 불완전하다는 것을 가리키는 것일까? 아니면 홀로 있는 인간의 고립성이 인간을 불완전하게 한다고 설명하는 것일까? 지금까지 전개된 이야기에서 신화적 소재의 모티브를 제외한다면, 아담의 존재는 무엇보다도 '홀로'있는 존재이다. 그렇다고 아담의 창조 이야기가 절대로 존재 자체의 불완전성을 보여주려는 것은 아니다. 단지 아담을 아담이게 하는 존재인 '상대(相對)'를 결여하고 있다는 것과 동시에 아담은 상대를 필요로 한다는 사실을 강조한다. 아담만의 창조는 인간에게 불충분한 것이다.[35] 그러기에 아담이 혼자 있는 것은 보기에 좋지 않다. 1장에서 엘로힘의 창조는 '좋다'라는 말 한마디로 모든 창조행위가 긍정적으로 선언되었다(1,4.10.12.18.21.25). 엘로힘은 창조를 마감하는 일곱 번째 날의 선언에서 그 모든 것이 매우 좋았다고 했다(1,31). 그런데 2장 18절에서 야웨 엘로힘의 인간 창조는 남자만으로 불완전하다는 것이 문제된 것이다.

여자-에제르 :

그렇다면 야웨계 문헌에서 무엇이 문제인가? 사제계 문헌 창세 1,28에서 인간에게 선언된 엘로힘의 말씀은 세 측면에서 이해된다. 첫째는 자식을 많이 낳고 번성하라; 둘째는 땅을 채우고 지배하라; 세째는 온갖 생명을 다스려라. 인간은 혼자서 이 세 가지 임무 중 어느 하나도 성취할 수 없다. 무엇보다도 첫 번째 조건이 채워져야 인간은 다른 두 가지 임무도 성취할 수 있다. 단순히 생물학적 조건을 채워야 한다는 것이 아니다. 5장 이하의 사제계 문헌은 족보를 통해서 인간이 지상을 채워가는 것을 엘로힘의 축복을 구현하는 것으로 묘사한다. 그러나 이것만으로 부족하다. 야웨계 문헌은 인간을 인간이게 하는 것은 바로 '너'인 또 다른 '나'의 존재를 필요로 한다고 선언한다. 동물은 아무리 해도 아담의 상대가 될 수 없다(19-20절). 아담 혼자서 이 동물을 다스릴 수 없

---

35 Donald E. Gowan, 45쪽. 창세 1장의 완전한 창조의 묘사와는 달리, 2장의 창조는 2단계로 진행된 것으로 묘사된다.

다면, 그와 함께 임무를 완수할 협력자가 필요하다. 동물을 함께 다스릴 아담을 도울 수 있는 존재가 필요한 것이다. 오직 나와 동등한 '너'라고 일컬을 수 있는 존재가 필요하다. 동물을 다스리는 일은 나중에 밝혀지지만, 단순히 지상의 생명체만을 지배하고 다스리는 것을 의미하지 않는다. 인간은 자신의 고통과 기쁨을 함께 나눌 수 있는 존재가 필요한 것이다. 이런 의미에서 아담은 그의 무의식 깊은 곳에서 하와를 부른다. 아담은 관계의 존재인 것이다.

홀로 있는 것이 좋지 않으니, 협력자를 만들어 주리라. 오랜 세기 이 구절을 남녀차별적인 사회의 구조에 의거하여 이해해 온 것이 사실이다.[36] 사회구조의 불평등성은 유다이즘과 그리스도교에 여자를 죄의 원천으로 해석하던 전통을 낳기도 했다.[37] 남자는 하느님의 모상이니 그분의 영광을 드러내고, 여성은 겨우 남자만의 영광을 드러낼 뿐이라고 가르쳤다(1고린 11,). 남자가 먼저 창조되었고, 여자는 그 다음으로 존재하게 되었으니(1디모 2,13), 남자의 우위성을 드러낸 것으로 이해했던 것이다. 신약성경의 이 두 구절이 아리스토텔레스 자연철학에 기반을 두고 해석되었으니 그럴 수밖에 없다. 즉, 창조의 순서를 근거로 남자의 우위를 주장한다면, 여자가 죄를 처음 지었고 남자가 여자의 유혹에 넘어갔기 때문에 여성은 더욱 비하될 수밖에 없다. 이러한 경향은 2-3세기의 떼르뚤리아누스, 4세기의 요한 크리소스톰과 5세기의 아우구스티누스, 13세기의 토마스 아퀴나스 등의 교부들을 거쳐서, 16세기 종교개혁을 주

---

36 2장 18절의 창조 이야기를 여성신학적 입장에서 읽기 : 1고린 11,7-9와 1디모 2,13은 창세기를 인용한 사도 바울로의 편지에서 뽑은 구절들이다. 남자는 하느님의 영광, 여자는 남자의 영광을 반영하고(1고린 11,7-9), 아담이 먼저 창조되었고 하와가 그 뒤를 따라 창조되었다(1디모 2,13). 창세 3장의 전통적인 가톨릭 교회의 해설은 여성이 하느님의 모상을 잃었다고 가르쳤다. E.A. Clarke, Women in the Early Church, Edwin Mellen, 1984, 35-36쪽.

37 Leila Leah Bronner, From Eve to Esther. Rabbinic Reconstructions of Biblical Women, Westminster John Knox Press, 1994, 22-36쪽. 유다이즘의 탈무드나 미드라쉬 등에서 하와는 여성성의 원형으로 이해되고 원죄의 원천으로 강조된다. 이러한 경향은 그리스도교에도 이어져 신약성경과 교부들의 문헌에서도 발견된다.

38 E.S. Fiorenza, In Memory of Her, SCM, 1983, 251-284; Deborah Sawyer, Resurrecting Eve? Feminist Critique of the Garden of Eden, in A Walk in the Garden, 273-289.

도하였던 루터를 포함하는 교회개혁의 전통 속에서도 교회 내의 남성과 여성 차별의 해석학적 근거가 되었다.[38]

한 편, 협력자로 이해된 용어의 번역과정을 역사적으로 살펴 보면 이 구절에 대한 오해가 발생하지 않을 수 없는 면이 있음을 고백해야 한다. 17세기 영어 번역성경 KJV(King James Version)가 'an help meet for him'으로 읽을 때, 'meet'는 'appropriate'을 의미했다. 그런데 이 두 단어가 묶여서 'helpmeet'가 'helpmate'로 바뀌었고, KJV가 의도했던 의미는 왜곡되고 말았다. 여기에 가부장적 이념이 강한 분위기에서 여자의 지위가 낮은 사회의 문화적 영향이 가세해서 여성은 남성의 협력자로 이해되었다. 이 경우의 협력자는 '타인을 위해서 일하는 자'를 의미한다.[39] 이처럼 2장의 여자는 3장의 하와에 이르게 되면 그 부정적 의미가 더욱 강화되어 갔던 것이다.

그렇지만 창세 2장 본문에서 가리키는 바는 전혀 다르다. 아담을 통하여 존재하게 된 여자를 가리키는 단어 '협력자'는 동반자 혹은 상대자를 의미한다. 이 단어는 히브리어 에제르(ezer)를 번역한 용어이다.[40] 에제르는 구약성경에 21번 정도 언급되는 데, 15번은 위험한 상태에 처한 절망하는 인간이 구원 혹은 도움을 요청하는 '상대'로 신(神)께 호소할 때 사용된다(신명 33,7; 출애 18,4; 시편 33,20; 121,1 등). 에제르는 결코 열등한 위치에 있는 이를 지칭하지 않으며 오히려 자신보다 더 강한 능력의 소유자를 지칭할 때 사용되는 용어이다. 굳이 우열을 나타낸다면, 에제르는 동등관계에 있더라도 도움이 필요한 존재가 도움을 요청하는 자를 향하여 부를 때 사용되는 단어이다. 따라서

39 Donald E. Gowan, 45-46쪽.

40 Phillis Trible, God and the Rhetoric of Sexuality, Fortress Press, 1978, 72-143쪽. 먼저 창세 2,6의 아담은 성적으로 정의된 인간의 창조가 아니라, 땅의 인간 아담의 창조를 가리킨다. 다음으로 2,18의 에제르(협력자)는 종속적인 의미를 늘 주는 것은 아니다. 반대로 이 단어는 종종 이스라엘을 창조하고 돕는 하느님을 가리킬 때 사용된다. 3장에 들어서 남자와 여자의 관계가 결정적으로 잘못된 관계로 변질된 것은 금지된 열매를 취한 후부터 나타날 뿐이다.

41 U. Cassuto의 주석부분.

동반자나 협력자란 용어는 신이 인간을 위해 행동하는 것처럼 여자가 남자에게, 남자가 여자에게 그러한 상대로 처신할 것을 암시한다. 이러한 의미에서 여자가 남자에게 나타난 것은 남자에게 걸맞는 상대로 여겨졌기 때문이다. 그러기에 에제르는 일차적으로 남녀관계의 종속적인 의미로 해석할 수 없으며, 더구나 가부장 사회의 영향 아래에서 강화되었던 성적(性的)인 의미로 이해해서는 안 된다.

또한 이 단어가 본문에서 '협력자'로 번역되긴 했지만, 본래적인 의미로는 '상대', 곧 마주보고 있는 자를 뜻한다. 프랑스어 공동번역본 TOB도 '협력자(une aide)'로 번역하지만 본래의 의미는 얼굴을 마주하는 '상대(*vis-à-vis*, 얼굴을 마주보고 있는 존재)'를 가리킨다고 각주에서 밝히고 있다. 본문에서 아담에게 '알맞은 협력자'는 '*ezer-kenegdo*'를 번역한 표현으로, *kenegdo*는 '…에 상응하는(*corresponding to*)' 혹은 문자 그대로 '앞에 있는 *in front of*'을 의미한다.[41] 남성 다음으로 여성을 창조했다는 의미로 이해하는 것이 아니라, TOB의 번역처럼 아담에 상응하는 상대로 이해하는 것이다. 야웨 엘로힘은 여자를 아담과 마주할 수 있는 존재로서 창조한 것이다. 따라서 본문의 번역에서 '협력자'란 용어는 이런 이해를 염두에 두고 사용해야 할 것이다.

역사적으로 남성중심의 지배체제가 인간사회를 구성해 왔음을 인정한다면, 이제는 여성의 독립성을 더욱 적극적으로 의미하고 강조하는 용어를 찾아서 사용해야 할 것이다. 협력이 비록 남성과 여성의 상호협력을 암시하더라도, 현대세계에서 의미하는 종속성을 조금이라도 내포한다면, 번역된 용어를 가차없이 포기할 수 있어야 한다. 여자의 탄생은 일차적으로 종속적이거나 성적인 의미에서 남자의 협력자로 산다는 것을 뜻하는 것이 아니기 때문이다. 여자의 탄생으로 알게 된 것은 오히려 아담의 존재가 그 자체로서 부족함은 없지만, 공동체적 존재로서 혼자인 아담은 결함이 있는 존재라는 사실이다. 이러한 논리에서 야웨 엘로힘의 창조는 불완전했다고 말하기 보다는 진행중이었다고 말하는 것이 더욱 합당할 수 있다.[42] 야웨 엘로힘은 '아담을 마주보고 있는 존재'의 자리가 비어 있었음을 나중에 깨달았던 것이다. 아담의 실존에서 비어 있던 '정말 좋지 않았던(lo-tob; לא־טוב. 강한 부정을 암시한다)' 그 자리가 여자의 탄생으로 채워진 것이다. 앞에서도 말했지만, 이 자리는 반드시 남성 혹은 여성의 짝으로써 성(性)을 한정하지 않는다. 인간의 실존성이 가지는 관계의 측면과 아담이란 표현이 인간 일반을 의미한다는 사실을 고려한다면, 아담은 본성상 개인적 인격체가 아닌 '다수의 아담(*Adam plurlized*)'[43] 혹은 인간 일반을 총체적으로 가리키는 용어이기 때문이다. 아담에게 에제르는 반드시 성을 고려한 존재로서 여자가 아니며, 여자에게 에제르가 반드시 남성으로서 아담이 되어야 하는 것은 아니다.

이와 같은 의미에서 인간의 실존은 처음부터 철저히 공동체적이다.[44] 공동체적이라 함은 구성원 간의 평등성을 기반으로 형성됨을 의미한다. 홀로 있다는 생각은 이 평등성을 거부하며, 창세기적 인간 실존에도 부정적이다. 인간이 존재 목적을 가진다면, 그리고 그 목적을 실현해야 한다면, 그것은 이런 의미에서 공동체성을 기반으로 할 때만 가능하다. 공동체의 토대는 우열을 염두에 두지 않는 인격적 상호부조(相互扶助)이다. 그렇 때에 비로소 이를 바탕으로 공동체적인 목표를 위한 행동이 가능해진다. 이것이 창조의 목적을 실현해 가는 길이다. 지혜문학의 아름다움을 보여주는 코헬렛은 이렇게 말한다.

---

42 야웨 엘로힘의 창조의 불완전성은 상상할 수 없다. 창조의 불완전성에 대한 반론은 U. Cassuto, 127-128 참조. 무엇보다도 아담이 여자를 보고 환희에 찬 환성을 지르는 아담의 표현(23절)에서 성경 본문이 원하는 바가 "아담이 자기에게 맞는 상대를 갈망하기"를 기다렸다는 주장은 되새겨볼 필요가 있다. 〈아담을 혼자있는 존재로 이해하고〉 영혼의 동반자를 필요로 하지 않는다면, 성경의 여자 창조는 무의미한 일이기 때문이다. 따라서 여기서 창조의 불완전성은 엘로힘의 능력문제가 아니라, 이야기 논리의 전개상 제기될 수 있는 질문이다.

43 William R. Van der Zee, Ape or Adam-Our Roots according to the Book of Genesis, 26쪽.

44 인간 실존의 공동체성은 궁극적으로 신과 맺는 계약에서 이상적 모형을 본다. 인간과 신의 관계가 창세 9장에서 계약사상으로 발전하고, 구약성경이 보여주는 이스라엘의 역사의식은 바로 계약사상으로 관통되고 있기 때문이다. 인간과 인간의 관계가 야웨 엘로힘의 창조를 위협하고 끊임없이 악화된 뒤에 인간의 공동체성은 완전히 붕괴된다. 홍수 이야기를 마감하는 자리 9장에서 취해진 극적인 조치가 신에 의해 선언된 계약으로 인류의 '공동체성'을 보장하는 방편으로 이해할 수 있는 것이다.

혼자보다는 둘이 나으니 자신들의 노고에 대하여 좋은 보상을 받기 때문이다. 그들이 넘어지면 하나가 다른 하나를 일으켜 준다. 그러나 외톨이가 넘어지면 그에게는 불행! 그를 일으켜 줄 다른 사람이 없다.
(코헬 4,9-10).

공동체적인 행동은 공동체적인 이해가 필요하고, 공동체적인 이해는 서로에게 인격적인 존재로 인식될 때에만 가능하다. 남자와 여자는 이러한 의미에서 최초의 공동체를 구성하며 서로 돕는 관계를 의미했던 것이다.[45]

뒤를 잇는 이야기는 인간의 이 아름다운 관계가 자신의 손에 의해서 깨진다는 것을 알려준다. 아름다운 삶이 짝을 필요로 하듯이, 악을 행하는 자도 공모자가 필요하다. 첫 인간들의 공모자들은 서로를 신뢰하지 않으며, 서로의 책임을 지지도 않는다. 3장에서 보겠지만, 인간(아담)은 자신의 에제르가 되지 못하고 오히려 자신을 유혹하는 악의 공모자가 된다. 선(善)이 선을 부르고 악(惡)이 악을 부르듯이, 인간은 선을 행할 때에 선을 부르고, 악을 행할 때에 악을 부르는 존재이다. 이렇게 해서 이 구절은 3장 6절을 준비한다.

동물의 창조 :

19 : 그래서 야웨 엘로힘은 흙으로 들의 온갖 짐승과 하늘의 온갖 새를 빚으신 다음, 사람에게 데려가서 그가 그것들을 무엇이라 부르는지 보았다. 사람이 생물 하나 하나를 부르는 그대로 그 이름이 되었다.

20 : 이렇게 사람은 모든 집짐승과 하늘의 새와 모든 들짐승에게 이름을 붙여주

---

45 여자를 에제르(협력자)로 이해할 때, 협력자로 지칭된 여자는 무엇을 돕는 것일까? 그 내용은 무엇인가? 이 질문에 대하여, 창세 1,28을 그 답으로 들기도 한다. D.J.A. Clines, What Does Eve Do To Help? And Other Readerly Questions To The Old Testment, JSOT Press, 1990, 25-48쪽. 마침내 하와가 창조되자 외친 아담의 환성은(23절) 바로 1,28의 엘로힘의 축복을 성취하기 위한 것이라는 해석이다. 철저히 가부장적 의미를 강화한다. 다만 인간에게 내린 축복 1,28을 협력의 차원에서 완성해야 한다는 의미로 본다면 반드시 부정적인 논의만은 아니다.

었다. 그러나 그는 사람인 자기에게 알맞은 협력자를 찾지 못하였다.

사제계 문헌인 창세 1장의 창조과정이 2장에 와서 역으로 기술된다. 1장에서는 엘로힘이 창조과정을 매듭짓는 자리에 인간의 탄생이 위치하지만, 2장은 인간을 위하여 인간의 필요에 의해서 동물이 창조된 것으로 서술한다. 야웨계 문헌의 편집자 생각에 따르면, 창조계는 인간을 중심으로 인간의 실존에 필요한 요구에 따라 형성된다. 이것은 아주 간단한 차이 같아 보이지만, 야웨계 저자의 인간중심적 창조관을 엿볼 수 있다. 말하자면 1장은 엘로힘의 창조계획이 인간의 창조에 이르러 정점에 도달하여 창조를 완성했다면, 2장에서는 인간의 관점에서 창조계가 질서를 갖고 의미를 지닌다.

7절에서 보았던 인간의 창조에 이어 19절에서는 동물의 창조와 동물과 인간의 관계를 보여주려는 의도가 나타난다. 18절에서 언급된 에제르-협력자의 창조는 사실상 평등성을 바탕으로 한 인간의 공동체성을 전제하지만, 공동체적 운명이 완성되기 전에 그 필요성이 더 자세하게 열거되는 것이다. 동물과 인간의 관계를 단순한 창조물 사이의 관계로 보지 않으며, 인간의 존재를 중심으로 형성되는 관계의 관점에서 기술된다. 먼저 인간의 변별력이 동물들에게 이름을 주는 것으로 드러나는 데, 이 행위는 지성(知性)을 전제한다. 인간이 노동을 통하여 자신의 실존 환경을 인식한다는 점에서 이미 인간은 창조계 안에서 자신의 위치를 가늠하고 있다. 이번에는 인간이 세상에 오면서 주어진 외적 실존조건만이 아니라, 지성을 갖춘 인간은 자신의 세계를 능동적으로 구축해야 한다는 점이 강조된다. 인간이 세계를 언어화하는 행위에서 지성이 적용되는 세계가 현실화되는 것이다. 엘로힘이 준 세상을 관리하고 지배하는 차원에서, 이제는 아담 자신이 자신을 위한 세계 창조가 그 목적으로 보인다.

이 목적의 실현과정에서 야웨 엘로힘이 제공한 동물이 인간의 온전한 상대가 될 수 없다는 사실도 드러난다. 동물들도 인간처럼 흙에서 오지만, 야웨 엘로힘의 '생명의 숨(*neshama*)' 이 주어지지는 않았다. 그렇다면, 야웨 엘로힘의 '생명의 숨'으로 인하여 아담과 동물 사이에는 어떠한 차이가 발생했을까? 여기서 그 단서가 되는 답을 들을 수 있다. 동물들도 사람처럼 '살아 있는 존재(*nepesh*)'이지만, 네샤마를 받은 사람의 짝이 될 수는 없다. 동물은 절망으로 허우적거리는 아담 곁에서 고통을 함께 나눌 수 없고, 기뻐하는 아담과 그 기쁨을 공유하지 못한다. 동물은 아담의 에제르, 곧 올바른 상대가 될 수 없는 것이다. 동물은 아담의 짝이 될 수 없을 뿐만 아니라, 그의 지배를 받아야 할 존재이다. 인간이 그의 에제르가 되지 못하는 동물을 지배하지 못한다면, 인간은 올바른 존재가 되지 못할 것이다. 여기서 우리는 동물이 아담에게 에제르가 되지 못한다는 사실이 확인된 후 동물이 무엇이 문제인지 다시 한 번 반성하지 않을 수 없다.[46] 비록 이 주제가 직접적으로 제기되지는 않았으나, 창세기는 인간에게 이 문제는 반복되어야 할 정도로 중요함을 암시하고 있다.

동물에게서 아담의 협력자를 찾지 못했다는 것은 동물을 다스려야 하는 아담의 임무가 어떻게 실현되어야 하는지 알려준다. 동물성 주제와 함께 나타나야 더 확실해지겠지만, 동물성은 동물성으로 다스려질 수 없다는 것을 알려준다. 동물에 대한 창세기의 관심은 단순히 오늘 우리가 개나 고양이, 혹은 야생동물들을 현실적으로 바라보는 데 있지 않다. 동물의 지배와 통치를 인간이 창조계에서 동물보다 우위를 차지하는 의미로 이해한다면 창세기의 암시를 곡해하는 것이다. 창세기는 오히려 동물의 지배과정을 통해서 동물을 동물들의 야수성(野獸性)을 가리키는 하나의 주제로 보라는 것이다. 앞에서 읽었듯이 창세기는 이미 1장에서 동물성에 대한 상징적 암시를 언급하고 있다. 신의 축복 속에서 '인간은 동물을 지배해야 한다'라고 선언했을 때, 인간-동물의 관계가 설정되었다. 말하자면, 이를 상징적 모형으로 볼 때 인간은 동물성을 지배할 때에만 비로소 인간이 된다는 것을 암시한다. 동물들 가운데서 아담의 협력자를 찾지 못했다는 20절은 아주 완곡하게 이 주제를 제시하고 있는 것이

46 P. Beauchamp, CahEv, #76, Violence dans la Bible.

다. 동물성 주제는 먹을 거리 규정에서(1장) 시작되었지만, 홍수 이후에 인간들에게 주어지는 먹을 거리 규정에서 좀 더 확연하게 드러날 것이다.

야웨 엘로힘은 이 동물들을 아담에게 데려다 주고 아담은 동물들의 이름을 지어준다. 아담이 동물들에게 이름 지어주는 행위를, 일차적으로 우리는 인간이 자신과 다른 존재인 동물들보다 우위에 있다는 의미로 이해할 수 있다. 창조계의 질서는 인간이 동물에게 이름을 지어주는 상징적 행동으로 확립되고, 이름을 지어준다는 것은 아담-동물의 관계를 설정한다는 의미이기 때문이다.[47] 이것은 동물에 대한 인간의 단순한 우위성을 거론하는 문제가 아니다. 이름을 지어준다는 표현 속에는 창세 1장에서 '말씀을 통한 창조'의 다른 표현이 암시되고 있다. 인간은 동물들의 이름을 짓는 상징적 행동에서 야웨 엘로힘의 창조 행위를 모방하는 것이다. 야웨 엘로힘의 창조계가 인간의 전 환경을 포함하는 세상이라면, 이제 인간은 이름을 지어주는 상징적 행위를 통하여 인간이 주인으로 행동할 수 있는 자신의 세계를 창조하는 것이다.

창조는 1장의 사제계 문헌에서 질서의 세계(코스모스)를 만들기 위하여 혼돈(카오스)에서 창조의 세계를 분리하는 행위였다. 여기서도 동일한 과정이 전개된다. 깨끗한 짐승과 부정한 짐승을 구별하듯이 아담은 집짐승과 들짐승을 갈랐다. 아담의 영역에 있을 것들과 그 밖에 있어야 할 것들이 구별된 것이다. 이름 짓기의 행위로 구별된 동물세계가 아담과 맺는 관계를 중심으로 성립된 것이다. 이는 야웨 엘로힘이 원하는 현실이기도 하다. 동물들을 아담에게 데리고 온 것은 아담이 이름짓는 것을 보고자 한 것이니까. 게다가 아담이 임무로 받고 관리해야 할 창조계는 아담 자신에 의해서 질서가 확립되어야 하기 때문이다.

---

47 사제계 문헌인 창세 1,26.28에서는 지배란 용어로 표현되어 있고, 야웨계 문헌은 이를 이름을 주는 것으로 해석하고 있다. 1장의 창조는 혼돈에서 '분리되어' 나오는 존재들의 묘사이고, 2장에서 아담의 이름짓기는 아직 구별이 없는(무차별한) 동물존재에게 이름을 부여함으로써 차별화하는 상징적 행동이다. 혼돈을 무차별의 미분화 단계라고 본다면, 이름의 부여는 차별화의 분화 단계이다. 즉 무질서에서 질서가 생성되는 상태의 전이과정을 상징한다고 볼 수 있는 것이다.

그러나 야웨 엘로힘의 창조행위와 인간의 창조행위 사이에는 커다란 본질적인 차이가 있다. 인간은 동물의 존재를 있게 한 야웨 엘로힘의 창조를 넘어설 수는 없다. 인간은 야웨 엘로힘의 창조를 훼손하지 않는 범위 안에서 자신의 능력을 발휘할 수 있다. 야웨 엘로힘의 창조는 존재를 위한 과정이므로 인간이 자신의 능력을 과신하여 존재의 질서를 흐트리는 일은 없어야 한다. 인간이 자기중심적 세계관을 주장하며 타자존재를 에제르의 위치에서 인정하지 않을 때, 인간을 포함하는 전 창조계는 자멸의 위기에 이를 것이다. 창세 6-8장의 경고는 사실이었기 때문이다. 인간은 자신을 살릴 수 있을 때 남도 살릴 수 있다. 남을 파멸에 이르게 할 때 인간 자신도 마찬가지로 파멸하게 된다. 그런데 불행하게도 인간은 자신 이외의 타자를 에제르로 긍정하기 어려워한다.

사람처럼 동물도 '살아 있는 존재' 라는 언급은 아마도 살아 있는 존재 그 자체만으로 아담에게 걸 맞는 존재가 될 수 있는 것이 아님을 말하는 것이리라. 20절의 인간은 모든 살아 있는 존재들을 보고 이름까지 주었으나, 그에게 어울리는 존재를 찾지 못했기 때문이다. 동물들에게 이름을 지어주기는 했지만 인간의 짝이 될 수 있는 에제르-상대를 찾지 못했다는 사실을 확인할 뿐이다. 이러한 행동은 바로 에제르의 창조가 필요하다는 이유를 자연스럽게 제공하며 에제르 존재의 충분한 이유를 은밀하게 암시한다. 아담이 동물들 가운데서 자기의 상대가 될 존재를 발견하지 못했다는 것은 앞에서 언급한 것처럼 아담과 동물의 차이를 근본적으로 가르는 것이 있다는 의미이다.

야웨 엘로힘의 '숨' 을 받지 못한 존재는 비록 살아 있는 존재라 할지라도 그 '살아 있는 생명체' 는 그저 동물일 뿐이다. 인간에게 금지된 나무가 동물에게 금지되지 않은 현실은 무엇을 말하는가? 동물이 가지는 이중의 상징성은 이곳에서도 암시적으로만 드러날 뿐이다. 따라서 우리는 여기서 암시적으로 제시된 동물의 동물성(動物性)에 대한 통찰을 빠뜨릴 수 없다. 인간이 자기 안의 동물성을 규정하고 지배하지 않는 한, 자기 안에 살아 있는 이 동물성으로 인하여 인간은 내면에서 발생하는 혼란과 원초적 카오스의 무질서(無秩序)로 돌아갈 것이다. 아담은 동물을 지배하고 관리하여 자기완성을 이루도록 엘로힘의 초대를 받은 존재인 것이다.

여자의 창조 :

21 : 그래서 야웨 엘로힘은 사람 위로 깊은 잠을 쏟아지게 하여 그를 잠들게 한 다음, 그의 갈빗대 하나를 빼내고 그 자리를 살로 메꾸었다.

22 : 야웨 엘로힘은 사람에게서 빼낸 갈빗대로 여자를 짓고, 그를 사람에게로 데려오자,

여자, 창조의 비밀 :

야웨계 문헌에서 여자의 창조는 인간창조의 완성을 의미한다.[48] 여자의 창조는 야웨 엘로힘의 창조과정에서 정점에 위치한다. 여자의 창조는 아담의 창조와 전혀 다르게 묘사된다. 여자는 아담이 깊이 잠든 사이에 그의 옆구리를 통하여 창조된다.[49] 이 옆구리와 관련해서 신화의 세계가 열린다. 갈빗대 혹은 옆구리를 의미하는 희브리어 첼라(tzela : צלע)를, 희랍어 70인역본(LXX)에서 *pleura*, 라띤어 불가따역(*Vulgata*)본에서 *costa*로 옮겼다. 여자를 아담의 옆구리 혹은 갈빗대에서 취한 재료로 창조했다는 재미있는 이야기이다. 이 옆구리/갈빗대란 창세기의 단어는 수메르 서사시 딜문(Dilmun, 서기전 2000-3500년)과 비교할 수 있다. 이 주제는 엔키Enki(혹은 에아Ea)라는 신이 자기 옆구리(ti)에 통증을 느낀다는 이야기에서 유래한다. (에덴동산에

---

48 P. Gibert, Bible, mythes et récits du commencement, 105쪽.

49 데이비드 M. 롤, 문명의 창세기, 해냄 1998, 제 1권 319-323; R. Koch, 69-70쪽 참조. 이 보다 후기의 수정판인 바빌로니아 이야기와 초기 수메르 서사시의 후기 수정판에서 인간창조 이야기가 나타난다. 초기 수메르 이야기의 수정판에서 에아는 첫 인간(Adapa)을 창조하고 지혜는 주되 영원한 생명은 허용하지 않는다. 이와 같이 이야기의 흐름과 내용에 있어서 공통점과 차이를 보여주는 창세기의 이야기는 바로 수메르 이야기의 변형으로 본다. 이들 서사시에 대해서 Alexander Heidel, The Babylonian Genesis : The Story of Creation, The University of Chicago Press, 1951(2nd edition).

하와의 창조 (알브레히트 뒤러)

비견되는) 딜문은 질병도 나이도 없는 일종의 평화의 낙원으로 묘사된다. 엔키가 이 낙원에서 금단의 열매를 먹었기 때문에 엔키는 대지의 어머니 여신 닌후르사그(*Ninhursag*, 혹은 닌투*Nintu*)의 저주를 받아 죽어 간다. 이에 노여움을 풀고 어머니 여신은 이 옆구리의 통증을 치료하고자 닌티(*Nin-Ti*, 옆구리의 여신)를 창조한다. 수메르어의 ti가 '생명을 주다'라는 의미를 나타내기 때문에 닌티는 '생명을 주는 여신'이라는 의미도 된다. 이처럼 두 개의 의미가 내포된 수메르 신화에서 보이는 언어의 유희가 창세기에 오면 그 이중적 의미를 상실한다. 히브리어에 '옆구리/갈빗대'를 의미하는 단어와 '생명을 주다/살리다'라는 낱말 사이에 언어적 유사점이 전혀 없기 때문에 수메르 신화 속에 감추어져 있는 '생명의 어머니'라는 의미가 사라진 것이다. 즉 유일신론적 교리에 충실한 편집자가 창세기를 기술하면서 두 번째 의미는 사라지고(생명) 첫 번째 의미만 남은 것이다(갈빗대). 그러나 두 번째 의미는 창세 3,20에 가면, 아담이 여자를 보고 '모든 살아 있는 존재의 어미'라는 의미에서 하와 hawa라는 이름을 줌으로써 이 의미를 되살리기는 하지만, 유일신론의 교리

안에서 닌티는 첫 인간 아담의 여자로 격하된 것으로 보인다. 이야기는 좀 더 길지만, 그 차이만을 간단히 지적한다면, 수메르 서사시에서 불복종과 저주와 관련된 금단의 열매는 창세기와 달리 남성(*Enki*)과 관련이 있다. 또 갈빗대와 관련되어서는, 창세기의 야웨 엘로힘은 하와를 창조하는 데 반하여, 딜문 서사시에서는 닌투가 죽어가는 엔키를 치유한다. 이러한 차이에도 불구하고 창세기의 이야기가 수메르의 신화에서 변형되었으리라는 주장을 어느 누구도 부인하지 않는다.

여자를 창조하기 위하여 야웨 엘로힘은 흙을 이용하지 않고 그의 '숨'을 받아 살아 있는 존재가 된 '아담의 살'을 재료로 사용한다. 아담의 몸을 표현하는 단어 바사르(basar)는 여러 차원에서 언급된다. 인간의 몸을 가리키는 의미로 이해되거나(민수 8,7; 1열왕 21,27; 2열왕 6,30), 살아 있는 존재 전체 혹은 인류(창세 6,17; 시편 136,25; 이사야 40,5-6), 또는 인간의 연약함과 사멸성(死滅性)을 가리키기도 한다(창세 6,3; 시편 56,5; 이사야 40,6; 예레 17,5). 이 단어는 희랍문화의 인간관과 달리, 성경의 세계가 인간을 어떻게 이해하고 있는가를 알려주는 하나의 단서이다. 그러나 이 점을 지나치게 강조할 필요는 없다. 어떤 관점에서 보건, 인간은 마침내 죽어야 할 존재라는 점과 죽음 이후에 어느 누구도 더 이상 아무 것도 말할 수 없다는 사실만은 어느 문화에서건 공통이기 때문이다.

이렇게 딜문의 서사시와 달리 창세기의 여자는 카오스를 상징하는 흙에서 직접 오지 않고 카오스를 암시하는 흙의 먼지에서 창조된 아담에게 기원을 둔 존재로 등장한다. 아담은 혼돈의 세계에서 질서의 세계로 불려나온 존재요, 여자는 이 질서의 존재에게서 불려나와 창조의 비밀을 담고 있는 존재이다. 여자의 창조로 자신만을 알던 옛 아담은 죽고, 상대의 존재를 알게 될 새 아담이 잠 속에서 탄생한다. 홀로 있었던 존재가 공동체를 알아가는 존재로 새로운 탄생을 하는 것이다.

아담의 잠(*tardemah*)은 여자의 창조가 그에게 비밀이며 신비의 장막이라는 것을 의미한다. 이 잠은 깊은 무의식의 상태로 보통 신이 주체가 되어 유도한다(창세 15,12; 욥 33,15; 이사 29,10; 다니 8,18; 109 등). 인간은 이 상태에서 자신에게 일어나는 일을 알지도 경험하지도 못한다. 아담은 여자의 기원이 그녀를 자신에게 선보인 신(神)의 손에 있음만을 짐작할 수 있을 뿐이다. 인간은 자신을 여성 혹은 남성으로 경험할 뿐이지 그 기원에 대해서 아무것도 모른다.

창세기의 기록에 의하면 이렇게 여자는 남자에게서 왔으며, 여자와 남자는 같은 본성(本性)을 취한다. 여자의 기원에 남자가 있듯이, 아담의 기원에 야웨 엘로힘이 있다. 그러나 자신에게 기원을 둔 여자가 온 이상, 남자는 자신을 기원으로 하는 여자에게서 올 것이다(창세 4,1). 이로써 여자와 남자는 서로가 알 수 없는 기원이며 신비가 된다. 남자와 여자는 서로의 존재 안에 자신들의 시작을 지니고 있으나, 그러한 사실을 영원히 알 수 없다. 다만 남자는 여자에게서, 여자는 남자에게서 자신들이 확인할 수 없는 유사성과 차이만을 인식하게 된다.

이제 남자와 여자는 서로에게 주어진 존재이며, '서로에게 말할 수 있는 유일한 존재,' 에제르이다. 아담에게 부여된 임무를 성취할 가능성인 존재가 여자인 것처럼, 아담에게 여자의 도래는 창세 1장의 선언을 성취할 희망의 전조이며 잠재적 미래의 성취이다.

남자와 여자:

23절 : 사람은 이렇게 부르짖었다.

"이야말로 내 뼈에서 나온 뼈요
내 살에서 나온 살이로구나!
남자(ish)에게서 나왔으니
여자(ishsha)라 불리리라."

남자(이쉬ish)는 외친다. 신이 데려온 여자(잇샤ishsha)가 자기에게 걸 맞는 존재임을 알게 되자 환호와 함께 맞아들인다. 여자를 세 번씩이나 지칭하는 아담의 환호는 여자와 남자가 얼마나 가까운지, 얼마나 기다려온 존재인지 그 밀접한 관계를 나타내는 성경적 표현이다.[50] 이 환호는 창조 이야기의 절정을 나타내는 외침이다. 이 외침은 여자의 존재가 남자의 존재와 동일하다는 시적(詩的) 선언이다. 남자의 외침으로 여자와 남자는 실존적인 동등관계를 수립한 것이다.

환호에 이어서 여자의 기원이 선언된다 : 여자(ishsha)는 남자(ish)에게서 왔다. 아담은 자신에게서 온 이 존재를 알아본다. 19절에서 야웨 엘로힘은 아담이 동물들의 이름을 짓는 것을 보고자 이들을 그 앞에 데려 왔지만, 23절에서는 아담이 야웨 엘로힘의 요청 없이 에제르에게 이름을 준다. 남자(ish)에게서 왔으니, 그 이름은 잇샤(ishsha)라고 불리리라. 더 이상 인간은 홀로 있는 존재가 아니다. 남자와 여자는 둘이서 하나인 아담 존재가 되었다. 동물들에게 이름을 주었을 때 인간은 함께 할 수 있는 존재를 찾지 못했다. 이름을 주는 것만으로는 – 지배와 다스림의 의미에서 – 부족했던 것이다. 이름을 주는 상징적 행동으로 동물들을 지배할 수 있게 되었지만, 이 동물들은 '함께 하는 존재' 혹은 '함께 할 수 있는 존재'가 아니었던 것이다. 이제 이름을 주었고, 인간은 함께 하는 존재가 됨으로써 야웨 엘로힘이 원한 인간이 되었다. 창조는 완성되었다.

이 구절에서 우리는 남자와 여자의 관계가 어떠해야 하는지 통찰이 가능해졌다. 아담에게 에제르 존재인 잇샤가 창조됨으로써 창조가 완성되었기 때문이다. 달리 말하면, 인간의 실존이 남자와 여자의 동반자 관계가 되었을 때 비로소 창조가 완성되었다는 사실과, 이 관계가 인간 아담이 성취해야 할 원형이라는 것이다. 여성이 이야기의 주제가 아님은 물론이거니와 여자가 남자와 동

---

50 창세 29,14; 37,27; 판관기 9,2; 2사무엘 5,1; 19,13; 이사야 58,7 등. 친밀한 가족관계, 혹은 계약관계를 나타날 때 사용된다.

반자 관계라는 표현은 보조자라는 의미는 더욱 아니다. 여자는 남자에게 속하고, 남자는 여자에게 속한다. 여자의 창조가 의미하는 바는 인간의 실존적인 삶의 기초단계부터 인간은 공동체를 구성한다는 것이다.

인간은 이제부터 두 성(性)으로 존재하기 시작한다. 성은 남자와 여자 사이에 서로를 끌어들이는 사랑이 통과하는 장이 될 것이다. 그러나 아담의 환호는 남자와 여자의 관계를 표현할 뿐이다. 아직 여자의 반응은 들을 수 없다. 이야기는 아담의 환호에 부응하는 여자의 환호를 들려주지 않음으로써 아직 일방적인 아담의 반응만 보여줄 뿐이다. 그리고 남자와 여자가 다르다는 차이를 확인할 뿐이다. 그리고 남자와 여자 사이에 삶을 나타내는 성(性)의 역할은 표현되어 있지 않다. 다음 절은 이러한 생각을 반영이나 하듯이 남자와 여자의 결합을 암시한다.

남자와 여자의 결합 :

24절 : 그러므로 남자는 아버지와 어머니를 떠나 아내와 결합하여 한 몸을 이룬다.

2장의 이야기는 막을 내렸다. 2장의 마지막은 1,31에서 엘로힘의 창조가 매우 좋았다는 선언을 야웨계 문헌의 방식으로 확인해 준 것이다.

대다수의 연구결과에 따르면, 모계사회(母系社會)의 흔적을 가지고 있는 24절은 본 이야기의 연속선상에서 첨가되었다고 본다. 이 구절은 결혼 혹은 가정 생활의 모습을 설명하려고 한 것이 아니라, 남자와 여자가 화합하여 이루는 인간 실존의 공동체성을 표현한다. 신약성경은(마태 19,5) 이 구절을 창조주에게 돌리는 반면,[51] 트렌토 공의회 문헌은(DS 1797) 아담에게 적용한다. '한 몸이 되었다' 에서 '한 몸'을 표현하는 바사르(basar)는 영(靈)이나 영적(靈的)인 것과 반대되는 의미에서 쓰인 말이 아니고, '더 완전한 인격적 공동체성'을 나타내는 표현으로 이해한다. 더욱이 인간은 자기 존재의 뿌리와 실존적 상황을 떠나서, 다른 존재의 뿌리와 실존적 상황을 사는 타자(他者) 존재를 받아들임으로써 '완전한 인류 공동체'를 이룩해야 한다는 당위성을 완성해야 한다.

심리적 단계에서 혹은 사회적 관계 안에서 사람은 성장과 성숙의 아픔을 겪으며 살게 되어 있다. 부모를 떠남은 태생적(胎生的) 한계를 깨고 열린 세상으로 나간다는 말이다. 자기 생명의 기원인 부모와 관계를 끊는 것이 아니라, 하나의 온전한 인간이 되기 위하여 떠나는 것이다. 부모와 자식은 가정(家庭)을 이루지만, 부모-자식 관계는 타인-타인의 관계인 남자-여자관계를 위해서 존재한다. 이 세상에 태어나서 한 가정의 구성원으로 들어온 자는 그 가정을 떠날 때에 비로소 한 인간이 되는 것이다. 이 떠남의 완결은 자기와 다르지만 본성적으로 동일한 타자를 만나는 것으로 성취된다. 인간은 자신의 태생적 고향을 떠나, 자기가 아닌 새롭고 낯선 존재를 만나야 하는 것이다. 그렇기 때문에 한 인간이 타인을 이해하고 사랑하고 받아들이는 것은 일생(一生)의 일이며 삶의 단계마다 이루어야 할 완성이다. 인간의 길은 바로 타자를 만나는 길이며, 타자를 만나고 하나되는 결합에서 완성된다.

이러한 의미를 제시하는 24절이 인간의 창조를 완결하는 자리에서 언급되었다는 것은 우리가 생각하는 인간 창조의 이해에 좋은 실마리를 제공한다. 인간학적 관점에서 창조는 타자를 만나는 사건을 통하여 구원을 지향하고, 구원의 역사를 만들어간다고 할 수 있다. 그러나 창세 2장의 '한 몸을 이룬다' 는 인간 본래적 관계의 선언이 3장에 가면 인간의 잘못으로 인하여, 비극을 낳는 지

---

51 마태 19,4-5 : 그러자 예수께서 대답하여 이렇게 말씀하셨다. "여러분은 읽어보지 못했습니까? 창조주께서 시초부터 그들을 남성과 여성으로 만드셨다는 것과 이 때문에 사람이 아버지와 어머니를 떠나 자기 아내와 합하여 그 둘은 한 몸이 되리라고 하신 말씀을 말입니다." 이외에도 1코린토 6,16에도 "둘이 한 몸이 되리라"라는 표현으로 이 구절을 인용하고 있다. 사도 바울로는 이를 음행(淫行, porneia)에 관련시킴으로써, 비록 구약성경적 관점을 완전히 벗어나지는 않지만, 독특한 해석을 발생시켰다. 구약의 문맥은 결코 육체적 결합을 우선적으로 상정하지 않고, 단순하게 전(全) 인격적인 부부의 결합으로 이해하고 있다. Maurice Gilbert, 〈Une seule Chair〉 (Gn 2,24), in NRT100, 1978, 85쪽. 에페 5,30에서도 인용된 창세 2,24는 교회와 그리스도의 결합이 완전한 혼인 모델로 기술된다.

배와 복종의 관계로 뒤바뀌고 만다(3,16). 그렇다고 인류의 비극이 첫 인간들에서 비롯되었다고 주장하는 것은 아니다. 비극을 낳는 경험은 나날을 살아가는 우리들 개개인이 제 몫을 성취하지 못한다는 데서 기인하기 때문이다.

3.4. 결어 : 공동체 인간의 탄생

창세 2장의 독서로 창조설화의 이야기 장치를 이해할 수 있는 기반을 마련했다. 이야기의 전개가 3장에서 본격적으로 진행되기 위해서 필요한 여러 요소들을 준비한 것이다. 아담과 하와의 이야기가 인간역사의 시발점으로 어떻게 전개될는지 기본방향을 제공하기 때문에 2장을 충분히 이해하는 것은 아주 중요하다. 창세 2장의 이야기는 다음에 전개될 이야기들의 소재를 준비하고, 이야기를 반전시킬 동인들도 예비하고 있는 것이다.

창세 2장에서는 무엇보다도 인간을 아담으로 부르면서 인간의 운명을 땅(아다마)과 연관시킨다. 인간의 운명을 미리 예감하게 하면서 다음에 전개될 여러 사건들에서 인간의 역할을 앞서서 보게 한다. 1장의 인간 창조기사는 남자와 여자를 동시에 창조했다는 묘사로 엘로힘의 창조를 완결지었다면, 2장은 아담의 창조와 여성의 창조를 분리시켜 인간이 관계의 존재임을 제시하고자 하였다. 물론 인간창조의 서술에서 사제계 문헌 저자는 이미 인간의 불행을 예고하고 있고, 이 예고된 불행은 엘로힘의 창조 이야기가 이후에도 지속될 것이라는 암시로 이해한다. 반면에 2장은 동일계 문헌 3장에서 진행될 남자와 여자의 이야기를 유도하기 위해서 아담의 창조와 여자의 창조를 다루었다. 여자의 창조는 아담과 여자의 관계를 생각하지 않을 수 없게 하면서 인간을 관계의 존재로 이해할 수 있는 계기로 우리를 이끈다. 여자는 남자의 협조자이지만 동등한 동반자의 의미로 이해시키는 것이다. 2장이 여자를 에제르로 기술하면서 밝히는 주제이다.

공동체적 삶을 살아야 하는 인간을 관계의 존재로 이해하는 2장은 인간과 살아 있는 생명체의 관계를 다루면서 창조계 안에서 인간이 맺어야 할 관계의 외연을 확대한다. 창조계 전체가 넓은 의미에서 이루고 있는 하나의 커다란 관계가 순연히 지탱될 수 있도록 야웨 엘로힘은 인간에게 특별한 임무를 위탁한다. 그것은 창조 본래의 의미에서 인간이 창조계를 관리하고 지배하라는 것이다. 관리와 지배는 인간의 현실에서 난무하는 억압과 폭력의 의미에서 이해되어서는 안 된다. 야웨 엘로힘이 자신의 숨을 주어서 인간을 살아 있는 생명의 존재로 만들었듯이 창조계를 인간의 보호와 관리의 영역으로 생각해야 하는 것이다. 달리 말하면, 생명계를 대표하는 인간은 신의 위임과 명령에 따라서 창조계를 책임져야 하며, 이로써 인간은 신의 생명에 참여하게 되는 것이다.

창조계가 이러할진대 인간은 사회적 존재로서 일상생활에서 일어나는 여러 가지 사건들을 경험하며 사회의 부조리를 고민하지 않을 수 없다. 인간은 늘 선(善)만을 체험하는 것이 아니기 때문에, 악에 직면해서 악을 피하고 선을 추구할 수 있어야 한다. 이러한 현실에서 2장은 인간의 사회생활에서 아주 중요한 원칙을 알려준다. 그것은 창조의 선물이 무조건 주어지는 것이 아니라, 인간의 성장을 위하여 실존조건을 생성한다는 점을 이해해야 한다. "모든 것이 허락되지만… (이것만은) 안된다."는 예외의 법칙을 제공한다. 선과 악을 알게 하는 나무에 대한 금지는 그 내용과 상관없이 인간의 삶에는 하지 말아야 할 것이 있다는 사실을 상기시켜 주는 것이다. 모든 것을 가능하게 해주는 법은 없으며, 인간의 실존이 본래적인 한계를 지니고 있다는 것을 말한다. 2장은 인간이 창조된 조건을 이렇게 예외의 법칙을 구성하는 금지의 조건으로 알려준다.

그렇다면 이 지상에서 인간이 된다는 것은 무엇을 의미하는가? 앞에서 간단히 요약한 바와 같이 인간의 실존성은 세 가지 사실로 수렴된다.

하나. 인간 존재가 무엇인지를 상기시킨다. 흙으로 빚어진 인간의 육체성은 인간의 운명을 규정한다. 인간은 죽어서 본래의 모습인 흙으로 돌아가더라도 그 가치를 찾을 수 없을 만큼 허무한 존재이다. 야웨 엘로힘이 당신의 생명으로 인간을 빚었다면, 인간은 자신을 위해서 신들을 우상으로 만들어낸다 야웨 엘로힘이 인간에게 숨을 불어 넣어 살아 있는 생명체가 되게 하였지만, 인간은 생명의 숨을 불어 넣을 수 있는 생명의 주관자가 아니다. 창세 2장이 암시하는 바는 인간이란 신이 아니며, 야웨 엘로힘에 의존하여 살 수밖에 없는 존재이다.

둘. 인간은 어디에 있는가? 인간이 살아야 할 장소는 지구에 속한 에덴동산으로 지금은잃어버린 동산이다. 이 동산은 동화 속의 나라가 아니라 인간의 실존을 가능하게 하는 지상의 나라이며, 성취해야 할 약속의 땅이다. 이 동산에서 네 개의 강이 흘러나와 세상을 풍요롭게 하였듯이 인간은 세상을 풍요의 자산으로 건설해야 한다. 인간은 땅에 생명력을 제공하는 강들의 수원(水源) 가까이 살고 있지만, 노동없이 동산이 만들어지는 것은 아니다. 강들이 시작되는 곳에서 인간이 어떻게 행동하느냐에 따라서 세상은 살만한 세상이 되거나 살 수 없는 세상이 될 수 있다. 아담아, 너 어디 있느냐(3,9) 하는 질문은 이미 2장에서 충분히 예고된 사태이다.

셋. 인간은 무엇을 해야 하는가? 야웨 엘로힘이 첫 인간을 에덴동산에 데려다 놓았을 때, 인간에게 주어진 책임은 동산을 경작하고 관리하는 것이었다. 경작하고 관리하는 것은 지구를 보호하고 감독하는 것이다. 그렇다면, 이 세상에서 인간이 발전시킨 과학과 기술, 노동과 관리는 무슨 의미가 있는가? 인류의 경험과 역사는 인간이 자신만을 위해서 오로지 세상을 일방적으로 착취하고 이용한다면, 인류의 미래는 파멸을 맞을 수 있다고 경고한다. 인간이 자기중심적 이기주의에 사로잡힐 때 더 이상 생명의 미래는 장밋빛일 수 없다.

창세 2장의 요청을 이렇게 이해할 때 인간은 더 이상 에덴동산의 주인이 아니다. 인간에게 에덴동산은 약속된 땅이지만, 그는 자신의 한계를 알아야 한다. 그 한계는 선과 악을 알게 하는 나무의 이름으로 제시된다. 동산의 모든 나무열매는 먹을 수 있지만, 오직 이 나무의 열매는 따 먹을 수 없다. 금지의 명령으로 표현된 2장의 이야기는 이 경계를 넘어설 때 신의 축복이 더 이상 지속될 수 없음을 암시한다. 창조의 수레바퀴는 불안해지고 위험한 상황으로 치달게 될 것이다. 말하자면 인간의 실존을 포함하여 창조계 전체가 위험한 상황에 빠질 것이다.

인간은 자신의 운명을 아는가? 자신의 위치가 어디에 있는지 의식하고 있는가? 세상을 지배하고 관리하도록 위임을 받은 창세기의 인간은 자신의 갈망과 욕망을 지배하지 못하고 오히려 지배 받는 위험에 노출되어 있다. 인간은 혼돈에서 빠져나온 자연을 질서로 정련된 문명의 세계로 만들어 갈 수 있지만, 동시에 자신과 타인의 생명과 이 세상을 혼돈으로 빠뜨릴 수 있는 것도 인간인 것이다.

위험한 인간! 이러한 인간을 이해하기 위해서 창세 3장은 동화 같은 이야기를 준비한다. 3장이 전개할 이야기는 아담과 여자를 등장시키고, 뱀을 통하여 극적 효과를 선도하는 것이다. 첫 인간들이 벌일 사건이 준비된 무대에서 구체적으로 전개될 것이지만, 이미 창세 2장은 앞에서 언급하였듯이 에덴동산의 조건들이 붕괴될 위험을 소개하고 있는 것이다. 우리는 행복의 길로 가는 방법도, 불행으로 치달릴 수 있는 방법도 잘 알고 있다. 동시에 사회적 경험으로 이미 많은 것을 알 수 있고 예감할 수 있는 문명의 존재이지만, 야웨 엘로힘이 준비한 에덴동산을 차지할 수 있는 자율적 인간인지는 자문해야 할 사실이다.

아담과 하와의 유혹 (티치아노)

제 4 장

잃어버린 꿈 – 에덴동산

창세 2-3장은 독립적인 별개의 이야기였을 인간의 창조와 인간의 소외(疏外) 이야기를 하나로 엮어 놓은 문헌으로 보인다. 그 본래의 의도는 신에게서 멀어지는 인간의 모습을 보여줌으로써, 인간 창조와 인간 실존의 의미를 동시에 묻는 것이다. 이 두 장의 창세 이야기는 아주 구체적인 내용을 명시적으로 설명하지는 않지만, 그 주제는 이스라엘 전 역사를 통해서 질문의 형태로 혹은 고백의 형태로 반복된다. 이 주제의 변형은 구약의 시대가 전개되는 과정에서 이스라엘 민족사 안에서 하나의 확고한 전승으로 만들어진 것이다. 이 전승에 의하면, 구약성경의 모든 인간조건은 야웨 엘로힘과 맺은 관계를 상정하며, 이 신인관계(神人關係)가 인간의 운명을 드러내며 결정한다.

이러한 구약의 전승은 이스라엘 민족의 선조 아브라함, 이삭, 야곱의 뒤를 잇는 모든 족장들의 이야기 속에 녹아 들어 있다. 더구나 이스라엘의 전승은 인간의 역사에서 전개되는 문명사회의 불합리와 모순을 이해하고자 하는 지성과 노력의 산물로 이해할 수 있다. 이러한 구약성경의 성찰은 인간의 역사를 얼룩지게 하는 사회적 정치적 불의가 자행될 때마다 이스라엘 안에서 반복되어 왔으며, 인류의 역사 안에서도 형태는 다르지만 같은 질문으로 반복되어 왔다. 비록 인간 자신의 실존적 기원의 의미는 본질적으로 수수께끼로 남을 수밖에 없지만, 신(神) 앞에 선 인간의 실존적 고뇌는 이 질문에 다가서기 위한 노력으로 지속될 것이다. 인류의 역사문명 안에서 발견되는 신비가들의 경험은 바로 이러한 실존적 고뇌의 극치에서 발현되는 신과 인간의 관계에 대한 이해이며, 대다수의 사람들에게는 그 자체가 하나의 수수께끼이기도 하다.

창세 3장에서 듣게 되는 잃어버린 낙원 이야기는 창세 2장에서 예고된 사건을 기술한다. 이 사건은 성경의 첫 인간으로 등장하는 남자와 여자의 이야기이며, 이 두 사람이 그들을 창조한 야웨 엘로힘과 맺은 약속을 깨뜨리면서 발생한 설화이다. 사실상 여기엔 우리가 듣고 바로 이해할 수 있는 구체적인 가시적 사건은 존재하지 않는다. 이야기의 형식과 구조에서 알 수 있듯이, 우리는 악의 기원을 물을 수 없으며, 창조의 원역사에서 발생했으리라 생각되는 사건을 설명할 수도 없다. 말하자면 현재의 잘못된 세상을 원인론적으로 이해하려는 시도는 창세 3장의 이야기가 대답해 주지 않는다. 아담과 하와의 이야기를 과거에 한 번 발생한 사건의 기록으로 볼 수 없기 때문이다. 오히려 기원설화로 제시된 창세기의 이야기를 이해하기 위해서 우리는 질문의 방향을 우리 자신에게 돌려야 할 것이다. 세상의 불행에 당면하고 있는 우리에게 무엇이 잘못되었는가? 혹은 창세기의 언어로 우리는 야웨 엘로힘에게서 이미 좋은 것을 받았는데 어찌하여 우리는 불행을 살아가지 않으면 안 되는가? 그 이유는 무엇인가? 대답을 하기 전에 창세 3장의 이야기는 아주 은유적으로 사태의 심각성을 가리킬 뿐이다. 어떤 일이 발생했는지 알 수 없는 21세기의 우리는 고대 세계의 상징체계로 초대 받아 떠나야 할 것이다.

아담과 하와. 두 이름은 남자와 여자를 가리키지만, 우리들 각자 안에 살아 움직이는 이름이기도 하다. 창세기는 수직적으로 인간과 신의 관계를 묘사하면서 파기된 약속을 살고 있는 인류의 불행한 역사가 어떻게 전개되고 있는지 보여주는 이름이다. 아담과 하와는 야웨 엘로힘을 대면한 인간들을 가정하지만, 그들은 단지 신의 음성을 들을 뿐이다. 야웨 엘로힘이 아담과 여자에게 말하고 있지만, 아담과 여자는 숨은 채로 질문에 응답한다. 피할 수 없는 신의 질문과 말씀은 숨어 있는 첫 인간들에게 너무나 명백하여서 대답을 회피할 수는 없었던 것이다. 그들은 귀를 막고 신의 음성을 듣지 않을 수 없었으니, 그것은 곧 신의 현존이었다.

이제 인간으로 돌아오면 아담과 여자의 관계는 수평적 관계로 드러난다. 가장 가까운 공간 안에서 첫 인간들은 둘의 관계를 살고 있다. 그러나 신의 모습을 피하려는 두 사람의 관계가 금지명령의 위반 이후에 가장 가까웠던 사이에서 책임을 지지 않으려는 먼 관계로 진전된다. 아담과 하와의 관계는 신의 금지명령위반을 기점으로 서로에게 배타적이며 부정적으로 변질되고 만다.

아담은 자기의 행위에 대한 책임을 여자에게 전가함으로써 오히려 신을 비난한다. '당신이 데려다 준 여자' 가 나를 이 지경에 빠뜨렸으니, 내 잘못에 대해서 누가 책임을 질 수 있습니까? 아담은 여자를 보호하고 배려하는 것이 아니라, 자신을 잘못으로 이끈 원인을 제공한 피의자로 비난하는 것이다. 더 나아가 아담은 여자와 자신의 관계에서 이 불행의 궁극적 원인이 신에게 있다고 불평을 터뜨린다. 그렇다고 아담만 그러한가? 여자도 야웨 엘로힘의 금지명령의 위반에 대해서 질문을 받자 여자는 뱀에게 그 탓을 돌린다. 여자 자신은 무죄하지만 뱀이 유혹해서 그만 넘어가버렸다는 말이다. 자신들을 창조한 신 앞에서 아담과 여자는 자신을 돌아보는 시선을 가지고 있지 못한 것이다.

이 첫인간들의 이야기는 극적인 요소들을 다분히 품고 있다. 이 연극은 언제든지 무대를 설치하면서 되풀이되는 인생극인 것이다. 아마도 이 글을 읽어가면서 우리는 아담과 여자가 우리들 삶의 곳곳에서 현신하는 것을 느끼게 될 것이다. 극은 언제나 시간과 공간을 불문하고 현재화가 가능하기 때문이다.

4.1. 성경본문 : 창세 2,25-3,24

2,25 : 사람과 그 아내는 둘 다 알몸이면서도 부끄러워하지 않았다.

3장 : 엘로힘, 뱀, 아담, 하와

1 : 뱀은 야웨 엘로힘이 만든 모든 들짐승 가운데서 가장 간교하였다. 그 뱀이
여자에게 물었다.
"엘로힘이 '너희는 동산의 어떤 나무에서든지 열매를 따먹어서는 안된다.'
고 말했다는데 정말이냐?"
2 : 여자가 뱀에게 대답하였다.
"우리는 동산에 있는 나무 열매를 먹어도 된다.
3 : 그러나 동산 한가운데 있는 나무 열매만은, '너희가 죽지 않으려거든 먹지도
만지지도 말아라.' 고 엘로힘이 말하였다."
4 : 그러나 뱀이 여자에게 말하였다.
"너희는 결코 죽지 않는다.
5 : 너희가 그것을 먹는 날, 너희 눈이 열려 엘로힘처럼 되어서, 선과 악을 알게
될 줄을 엘로힘이 알고 그렇게 말한 것이다."
6 : 여자가 쳐다 보니 그 나무 열매는 먹음직하고 보암직하였다. 그뿐만 아니라
그것은 슬기롭게 해 줄 것처럼 탐스러웠다. 그래서 여자가 열매 하나를 따서
먹고 자기와 함께 있는 남편에게도 주자, 그도 그것을 먹었다.
7 : 그러자 둘은 눈이 열려 자기들이 알몸인 것을 알고, 무화과나무 잎을 엮어서
두렁이를 만들어 입었다.
8 : 그들은 야웨 엘로힘이 저녁 산들바람 속에 동산을 거니는 소리를 들었다. 사
람과 그 아내는 야웨 엘로힘 앞을 피하여 동산 나무 사이에 숨었다.
9 : 야웨 엘로힘이 사람을 부르며,
"너 어디 있느냐?"하고 물었다.

10 : 그가 대답하였다.

"동산에서 당신의 소리를 듣고 제가 알몸이기 때문에 두려워 숨었습니다."

11 : 야웨 엘로힘은

"네가 알몸이라고 누가 알려주더냐? 내가 너에게 따먹지 말라고 명한 그 나무 열매를 네가 따먹었느냐?"하고 묻자,

12 : 사람이 대답하였다.

"당신이 나와 함께 살라고 준 여자가 그 나무 열매를 내게 주기에 먹었습니다."

13 : 야웨 엘로힘이 여자에게

"너는 어찌하여 이런 일을 저질렀느냐?" 하고 묻자, 여자가 대답하였다.

"뱀이 나를 꾀어서 내가 따먹었습니다."

14 : 야웨 엘로힘이 뱀에게 말하였다.

"네가 이런 일을 저질렀으니
너는 모든 집짐승과 들짐승 가운데서 저주를 받아
네가 사는 동안 줄곧
배로 기어다니며 먼지를 먹으리라.

15 : 나는 너와 그 여자 사이에,
네 후손과 그 여자 후손 사이에 적개심을 일으키리니
여자의 후손은 너의 머리에 상처를 입히고
너는 그의 발꿈치에 상처를 입히리라."

16 : 그리고 여자에게는 이렇게 말하였다.

"나는 네가 임신하여 커다란 고통을 겪게 하리라.
너는 괴로움 속에 자식들을 낳으리라.
너는 네 남편을 갈망하고
그는 너의 주인이 되리라."

17 : 그리고 사람에게는 이렇게 말하였다.

"네가 아내의 말을 듣고, 내가 너에게 따먹지 말라고 명한 나무에서 열매를 따먹었으니,
땅은 너 때문에 저주를 받으리라.
너는 사는 동안 줄곧
고통 속에서 땅을 부쳐먹으리라.
18 : 땅은 네 앞에 가시덤불과 엉겅퀴를 돋게 하고
너는 들의 풀을 먹으리라.
19 : 너는 흙에서 나왔으니
흙으로 돌아갈 때까지
얼굴에 땀을 흘려야
양식을 먹을 수 있으리라.
너는 먼지이니
먼지로 돌아가리라.
20 : 사람은 자기 아내의 이름을 하와라 하였다. 그가 살아있는 모든 것의 어머니가 되었기 때문이다.
21 : 야웨 엘로힘은 사람과 그의 아내에게 가죽옷을 만들어 입혀주었다.
22 : 야웨 엘로힘은 말하였다.
"자, 사람이 선과 악을 알아 우리 가운데 하나처럼 되었으니, 이제 그가 손을 내밀어 생명의 나무 열매까지 따먹고 영원히 살게 되어서는 안되지."
23 : 그래서 야웨 엘로힘은 그를 에덴동산에서 내치어, 그가 생겨 나온 흙을 일구게 하였다.
24 : 이렇게 사람을 내쫓은 다음, 에덴동산 동쪽에 거룹들과 번쩍이는 불칼을 세워, 생명의 나무에 이르는 길을 지키게 하였다.

4.2. 이끄는 말

처음부터 강조해야 할 첫 번째 사실은 창세 3장의 이야기가 죄의 기원이나 인류의 타락 자체를 주제로 하여 그 기원을 밝히고자 하는 이야기가 아니라는 점이다. 창세설화의 의도를 이해하기 위해서 이 점을 강조하는 것은 아주 중요하다. 창세기뿐만 아니라 전체 구약성경을 읽어 가는 지렛대 역할을 할 것이기 때문이다. 부정적이든 긍정적이든 결코 알 수 없는 기원의 신비에 대한 명백한 월권적(越權的) 판단은 인간 이성에 대한 과신일 수 있다. 야웨 엘로힘의 계시라는 이름으로 주장한다고 해도 그러하다는 말이다. 거듭 말하건대 창세 1~11장은 죄의 기원이나 인류 타락의 원초적 신비를 찾으려 한다거나 묘사하려는 것이 아니다. 만약 죄의 기원이나 인류의 타락원인을 묘사하고 있다고 생각한다면, 창세기 주제는 종교의 형이상학적 교리의 주제로 변질될 수 있다. 오히려 인간이 원초적으로 잘못된 선택을 한 이유를 이해하고, 옳은 길을 선택하고 재삼 그 길을 성찰하기를 모든 인간에게 요청하고 있다고 보아야 한다. 우리는 이러한 주장의 한 가지 근거로서 창세 2-3장의 이야기가 인간의 보편적(普遍的) 죄에 대하여 추궁하고 있지 않다는 점을 들 수 있다. 다만 인간에게 무엇인가 잘못된 상황이 발생했을 때, 잘못을 처리하는 인간이 어떤 태도를 취할 것인지가 더 중요하다. 죄라는 단어는 창세 4,7에서 처음 나타나지만, 살인이라는 상황이 이미 구체적으로 설정된 문맥에서 사용되고 있다. 더구나 3장에는 죄와 관련된 어떤 용어도 등장하지 않는다. 4장의 이야기에서 이 죄는 구체적인 어떤 행동을 가리키지, 보편적인 죄의 상황을 가리키지 않는다. 창세기의 이야기는 구체적이고 실제적인 행동의 연속을 묘사하고 있지, 개념을 제시하기 위한 형이상학적 틀을 가지고 있지 않다.

두 번째로, 구약성경 전체를 통틀어서 아담과 하와의 이야기는 놀랍게도 죄를 설명하거나 이해하기 위하여 인용되지 않는다. 창세 3장은 아담과 하와라는 첫 인간들을 등장시켜서 인류의 첫 상황을 이야기라는 형식을 통하여 묘사한다. 그들의 말과 행동이 독자의 시선을 사로잡으며 그 결과는 자기 함정에 빠진 인간의 전형적인 모습을 보여준다. 이야기의 시원적(始原的) 성격 때문에 대단히 중요하다고 여겨질 수 있는 죄의 주제는 단지 결과로만 나타난다. 더구나 구약성경이 창세기 이외의 다른 어떤 부분에서도 창세 이야기를 인용하고 있지 않다는 점은 특기할 만한 사실이다. 신-인간-세계에 대한 이해를 그 출발점으로 삼지 않을 수 없는 종교(宗教)에서 이 점은 놀랄 만한 일이 아닐 수 없다. 말하자면, 죄와 구원의 교리를 설명하기 위해서 인용될 수 있는 아담과 하와 이야기를 구약성경은 이상하리만치 외면하고 있는 것처럼 보인다. 구약성경 전체의 맥락에서 기원(起源)을 언급한다는 것은 이스라엘인에게 너무 당연하고 자연스러운 일인데도 창세기의 아담과 하와 이야기는 전혀 언급이 되지 않는 것이다. 구약성경에서 기원과 관련하여 우리가 들을 수 있는 이야기는 아브라함, 이삭, 야곱 등 이스라엘 민족의 조상들인 족장들과 관련된 이야기들뿐이다. 이 이름들도 역사적 실재로써 의미를 찾기보다는 민족신앙이 형성되던 시기의 이름들로 더 의미가 있다.

그런데 역설적이게도 구약성경이 들려주는 가장 커다란 주제는 이스라엘이 야웨 엘로힘을 배반하고 죄와 악에 빠졌다는 이야기이다. 이스라엘 예언자들이 끊임없이 반복하듯이 선언하고 있는 내용은 이 죄와 악에서 벗어나 야웨께 돌아오라는 것이다. 즉 회심의 길이 이스라엘을 구원하고 신의 은총을 누리는 유일한 길임을 절규하는 것이다. 이렇듯이 구약성경이 이스라엘 전 역사를 통하여 죄와 악의 현상에 대하여 깊은 의식을 가지고 통찰하고 있지만, 그 기원에 대한 언급은 거의 없다. 이스라엘의 민족신앙과 역사를 기술하고 있는 구약성경의 저자들이 죄와 악의 현상에 대해서 그 기원을 아담과 하와 사건에서 찾으려 했다면 오히려 당연하게 여길 수 있다. 그러나 이상하리만치 아담과 하와의 불복종이 죄의 기원이라는 창세기의 진술 이외에 여기서 나타난 죄(罪)에 대하여 깊은 성찰을 시도한 곳은 거의 찾을 수가 없다. 이런 점에서 보면, 유다이즘을 넘어서 그리스도교가 죄의 보편성에 대해서 더 큰 관심을 가지고 있다고 볼 수 있다. 신약성경은 아담을 언급하면서 죄에 대한 그리스도론적 성찰을 아주 깊이 보여주고 있기 때문이다(로마 5,12-21).

이처럼 성경이 인류의 보편적 죄에 대한 성찰을 보여주는 부분이 전혀 없다고는 말할 수 없지만, 구약성경은 이스라엘과 관련되지 않는 한 거의 관심을 나타내고 있지 않다. 오히려 이스라엘은 예언자들이 선언하는 죄를 수용하고 인정하고 있지(예를 들면, 시편들), 죄를 개념화하거나 보편화하지 않는다. 그것도 지극히 한정적으로 사용될 때에만 그러할 뿐이다. 사실상 '모든 인간이 죄인이다.' 라는 개념은 이스라엘에게만 특징적인 것이 아니다. 게다가 중세 이후의 유다이즘은 교의적 의미에서 원죄 개념을 받아들이지도 않는다.

세 번째로, 창세 3장을 읽으면서 우리의 관심을 끄는 주제는 죽음의 문제이다. 창세 3장의 이야기에서 엘로힘의 징벌은 인간의 죽음을 선언하고 있지만(2,17), 징벌의 초점은 죽음이라는 사실에 맞추어져 있지 않고, 인간의 노동에 맞추어져 있다(3,17-19). 인간의 경험에 따르면 노동 자체는 징벌이 아니다. 단지 땅이 저주를 받았기 때문에(3,17ㄴ), 인간이 들여야 하는 노동과 수고가 더 험하게 여겨질 뿐이다. 인간의 잘못으로 인하여 땅은 인간에게 절망을 가져올 것이라는 예고를 듣고 있기 때문이다. 인간은 자신의 일상적 삶을 유지하기 위하여 평생 동안 애쓰며 노동을 하겠지만, 삶의 마지막에 도달하는 결과는 그가 땅으로 돌아갈 것이라는 절망적 사실이다. 저주 받은 땅으로 돌아간다는 허무한 결과가 인간을 기다리고 있다는 운명을 확인한다. 땅과 맺는 시련 속에서, 생(生)의 마지막 단계에 도달한 아담이 겪는 죽음은 이렇게 표현된다 : 너는 먼지이니 먼지로 돌아갈 것이다(3,19).

그러나 죽음은 징벌이 아니라 인간 운명의 확인이고 경고일 뿐이다.[1] 여자에게 내린 엘로힘의 징벌은 죽음이 아니다. 뱀에게 내린 징벌도 죽음이 아니다. 여자에게 내린 징벌은 오히려 그녀가 겪어야 할 실존적 고통일 뿐이다. 이 삶의 고통을 그녀가 매 순간 인식해야 한다는 것이 괴로울 뿐이다. 게다가 삶에서 획득하고 싶은 그녀의 갈망은 실현되지 않으리라. 이것이 야웨 엘로힘의 선언이다.

뱀에게 내린 선언은 더욱이나 이상하다. 뱀은 그의 전 생애를 통하여 서서 걷지 못할 것이고, 남의 눈에 잘 띄지 않게 기어 다녀야 할 것이다. 우리가 알고 있는 뱀의 동물적 특징을 보이는 대로 묘사할 뿐이다. 오늘의 시선으로 볼 때 뱀이 서서 걸어다니리라고 누가 생각하겠는가? 뱀이 서서 걷지 않았다면, 이런 표현이 나올 수 없을 것이다. 이것이 사실을 묘사하는것이 아니라면, 뱀은 무엇을 상징하기 위해서 동원된 은유적 표현일 뿐이다. 은유가 아니라면, 뱀의 자손이 인간의 자손과 영원히 적대관계 속에 놓일 것이라는 언명은 아무런 의미가 없다. 은유이기 때문에 이야기의 의미가 독자의 지성을 통하여 살아날 것이다. 징벌선언에 따르면, 인간의 자손은 뱀의 머리를 짓밟을 것이고 뱀의 자손은 인간의 발뒤꿈치를 물을 것이다. 뱀과 인간은 물리고 무는 위치에 있으며, 서로 완전히 제압할 수도 없고 제압당하지도 않을 것이다. 미묘하게도 죽음은 야웨 엘로힘의 징벌 내용 속에서 이탈되어 있다.

인간이 경험하는 자연세계에서 죽음은 자연스럽게 도래하는 현상이다. 그렇다면, 창세 3장이 제시하고자 하는 주요 주제는 죽음이 아니라, 인간의 고되고 힘든 실존 상황에 대한 선언일 뿐이다. 인간은 왜 이렇게 살아야 하는가? 삶을 시작해서 죽을 때까지 무엇을 위해서 괴롭고 고단한 시간을 보내야 하는가? 어떤 목적이 있을 것이며, 설령 목적이 있다고 할지라도 목적에 이르는 과정에서 겪어야 하는 힘든 상황을 왜 견뎌내야 하는가? 그 원인은 어디에서 유

---

1 구약성경에서 죽음을 경고하는 구절들이 있다. 그러나 그 죽음은, '네가 내 말을 듣지 않으면... 죽을 것이다'라는 선언 속에서 바로 수행되는 죽음의 선언이다. 예. 1열왕기 2,37이하. 만약 죽음의 선언이 연기된다면 그 선언은 아무런 가치도 없는 것이 된다. 이것이 구약성경이 기술하고 이해하고 있는 죽음의 경고이다. 아담은 930년의 시간을 살았다고 창세기는 기록하고 있다(5,5). 이러한 장수(長壽)는 성경적 전통에서는 신의 축복(祝福)이다. 그러므로 구약의 관점에서 볼 때, 아담의 죽음이 엄격한 의미에서 신의 징벌 목록에 들 수 있는 것은 아닐 것이다.

래하는가? 이 모든 질문이 수면 위로 떠오르는 까닭은 죽음 자체가 성경의 인간을 다루고자 한 주요 주제가 아니라는 사실이다.

인간은 야웨 엘로힘의 창조물이므로 야웨 엘로힘의 의지에 절대로 의존할 수밖에 없는 존재이다. 왜 인간이 죽어야 하는가? 하는 따위의 질문은 그렇게 중요하지 않으며, 오히려 이런 질문은 야웨 엘로힘의 의지에 맡겨야 할 인간운명에 대한 저항이라고 여겨진다. 생명이 위에서 주어졌듯이 생명이 위로 떠나가는 것은 인간의 의지에 의존하는 현상이 아니다. 죽음은 인간이 근심 걱정으로 애태울 일이 아니다. 창세기의 주장에 따르면, 죽음은 신의 몫이며, 생명처럼 신의 영역에 속한다. 그러므로 죽음은 불순종의 결과가 아니라 죽음의 방법, 죽음의 상황이 불순종의 결과라고 보는 것이 더 옳을 것이다.

창세 3장은 뒤이어 전개되는 아벨과 카인의 이야기, 노아의 홍수 이야기, 바벨탑 이야기 등을 선행하는 이야기로 창세 1~11장 전체를 이해하기 위한 노력의 시발점이 될 것이다. 창세 3장은 야웨 엘로힘과 인간의 직접적인 관계에 대하여 그 시원(始原)의 시점에서 언급하고자 한다. 그와 반대로 마태 25장은 종말의 시점에서 말하고 있음을 주의해 볼만하다.[2] 구약성경과 신약성경을 일관된 시각에 바라본다면, 그리스도교의 교의적 가르침이 언급하고 있는 인간의 운명에 대해서 누구라도 쉽게 인류의 과거와 미래를 관통하는 놀라운 관점을 얻을 수 있게 된다.

이제부터 논의하게 될 에덴동산은 남자와 여자와 동물들과 온갖 식물이 함께 존재하는 평화의 공간이다. 이 공간은 첫 인간들이 누렸던 삶의 공간이며 야웨 엘로힘이 첫 인간을 통하여 전 인류에게 선사한 삶의 영역이다. 이스라엘

---

2 창세기가 인간기원을 주제로 이야기를 전개한다면, 신약성경은 인간의 미래를 주제로 복음을 이야기한다. 신학적인 표현으로, 구약성경의 Protology(protos+logia : 처음의 시기를 논함)는 신약성경의 Eschatology(eschatos+logia : 마지막 시기를 논함, 신학적 용어로 종말론)를, 신약성경의 Eschatology는 구약성경의 Protology를 '이미' 내포하고 있다고 말할 수 있다.

이 에덴동산을 의미 있는 공간으로 인식한다는 사실은 야웨 엘로힘이 준 약속의 땅이 그들의 역사적 삶의 공간이며 동시에 평화가 있어야 한다는 인식에서 비롯된다.

4.3. 해설과 논의

3장에서 우리는 인간의 행동 속에 복잡하게 얽혀 있는 심리과정을 엿보게 된다. 3장은 인간의 심리를 사실적으로 묘사하지만, 이야기의 서술이나 전개 방식에 있어서는 꾸밈이나, 장식이 거의 없다는 점이 이야기를 읽는 우리를 놀라게 한다. 오히려 이야기의 구조나 사건의 모티브가 될 요소들이 모두 제거된 것처럼 보일 정도다.

이러한 구도에서 창세 3장은 인류의 운명에 대한 역사적 체험을 신화적으로 표상하면서 아주 세련된 인간학적 성찰을 보여준다. 수 천 년이 지났어도 이야기의 원형으로서 그 의미를 잃지 않고, 삶의 통찰거리로서 창세기는 현대를 살고 있는 우리들에게 훌륭한 이야기를 제공하고 있는 것이다.

이야기의 구조 :

첫 인간들이 잘못으로 인류가 타락하게 될 이야기는 이미 2장에서 준비되었음을 우리는잘 알고 있다. 2장의 인간창조 주제는 3장의 이야기를 안에서 들여다볼 수 있게끔 그 초점을 맞추었다. 이제 창세 2,25-3,24의 에덴동산 이야기를 이해하기 위해서 그 구조를 살펴보면, 다음과 같은 주제들이 이야기를 구성하고 있음을 알 수 있다.

ㄱ. 2,25 : 알몸-3장의 주제 도입부.

ㄴ. 1-7절 : 두 번째 음성-동물의 소리.

1-5절 : 뱀과 여자의 대화. (2,9와 2,16-17에서 이미 준비된 관계)

6-7절 : 금지명령의 위반과 그 결과.

ㄷ. 8-13절 : 신 앞에 선 인간.[3]

(야웨 엘로힘과 첫 인간들의 대화)

8-12절 : 아담의 핑계

13절 : 하와의 핑계

ㄹ. 14-19절 : 징벌 선언(宣言).

14-15절 : 뱀에 대한 저주(咀呪),

16절 : 여자에 대한 선고.

17-19절 : 아담에 대한 선고.

ㅁ. 20-24절 : 첫 인간들의 추방.

20절 : 아담과 여자의 관계 암시-이름 주기.

21절 : 추방당하기 전의 첫 인간에 대한 야웨 엘로힘의 자비.

22-24절 : 에덴동산 밖으로 추방.

2장이 인간창조와 관련되어 서술되었다면, 3장은 창조 이후에 인간의 실존적 상황이 어떻게 전개되었는지 원인론적으로 규명해주는 단서를 제공할 것이다. 창세 2장의 마지막 구절은 2장의 이야기에 속하지 않고 알몸과 부끄러움의 주제를 드러내면서 3장의 첫 머리부터 뱀의 유혹을 주제로 이야기를 이끈다.

ㄱ. 알몸 :

25절 : 사람과 그 아내는 둘 다 알몸이면서도 부끄러워하지 않았다.

---

3 첫 인간들의 금지명령위반과 추방이라는 관점을 가지고 여호수아 7장을 다시 읽어볼 수 있다. 또한 에제키엘 28장을 창세 3장에 비추어 읽어볼 수 있다. 특히 에제 28,11-19를 이와 비교해 볼 수 있다.

아담과 여자가 에덴동산에서 어떠했는지 그 상태를 알려주는 구절이다. 그들은 벌거벗고 있었으나 부끄러움을 몰랐다. 벌거벗음과 부끄러움은 옷을 입고 있는 인간의 문화가 알고 있는 자연스러운 심리적 현상이다. 그렇다면 25절은 아무런 의미도 없으며, 군더더기 표현이 아닐까? 그렇지 않다.

25절은 문맥상 창세 2장의 결구가 아니라 바로 창세 3장 7절을 준비한 표현이다(같은 장 10절, 11절에 연이어 나타남). 25절은 인간창조 이야기의 내용이 창세기의 장(章)과 절(節)의 구분에 따라서 결정되지 않는 경우이다. 달리 말하면, 현재의 장과 절의 구분이 내용의 해석을 위하여 그렇게 권위 있게 채택된 방식이 아니라는 말이다.[4] 따라서 우리는 2장 25절이 3장의 이야기를 시작하는 첫 머리의 첫 구절로 받아들일 때 이야기가 훨씬 자연스럽게 전개된다는 것을 알게 된다.[5]

3장의 인간은 이제 더 이상 바랄 것 없는 삶의 환경과 조건에 도달했으며 지복(至福)을 누리게 되었다고 상상할 수 있다. 그런데 이야기를 읽는 현실의 독자는 동시에 질문을 가지지 않을 수 없다. 왜 인간은 이러한 행복을 지속시킬 수 없었는가? 첫 인간 아담과 하와에게 무슨 일이 발생했는가? 등등. 말하자면 첫 창조와 더불어 시작한 인류의 조상인 첫 인간 아담과 하와가 신의 축복 속에서 그들의 삶을 시작했다면, 그 후손인 우리도 그래야만 하지 않는가? 그러나 역사는 그와 반대로 진행되었고, 소수의 인간을 제외하면 대다수의 인간은 불행과 좌절 속에서 살다가 죽어갔다. 오늘 이 순간에도 인간은 불행 속에서 더 큰 불행을 만들면서 살고 있지 않는가? 전쟁과 기아와 죽음이 지구상 곳곳을 지배하고 있는 세상이 인류의 현실이다. 빈국은 빈국대로, 강국은 강국대로

---

4 현재의 장(章)의 구분은 파리의 대주교였던 Éienne Langton에 의해서 1214년 라틴어 역본에 적용되었고, 절(節)의 구분은 1528년 Sanctes Pagnini에 의해서 시도되었고, 1555년 Robert Éienne가 고정시켰다. 이 방식이 1521년의 구약성경 판본 Biblia Hebraica Bombergiana에 채택되었다. EnC, 164쪽 ; B.N. Wambacq, Or Tous Deux Éaient Nus, L'Homme et Sa Femme, Mais Ils N'En Avaient Pas Honte(Gn2,25), in MB Béda Rigaux, Duculot, Gembloux, 1970, 553-554쪽.

5 이런 이유를 긍정하지 않는다고 해도 이 구절이 3장을 2장과 연결해 주는 위치에 있다는 사실은 확실하다.

인간의 가장 추한 모습들을 드러내며 부끄러운 줄도 모르고 살고 있지 아니한가? 바로 이러한 질문들에 대하여 3장은 그 대답을 준비하며 새로운 이야기를 진행할 것이다.

25절은 아담과 하와의 창조와 그들의 완전한 삶의 환경을 묘사하는 2장을 끝 맺으며 동시에, 현실을 사는 인간들의 실존적 질문에 대답할 3장을 여는 위치에 있다. 여기서 마련된 주제가 '벌거벗음'과 '부끄러움'의 두 단어이다.

벌거벗음과 부끄러움 :

이 두 단어를 등장시킨 25절은 에덴동산에서 인간이 어떠했는지 그 상태를 알려주는 마지막 설명구(說明句)가 아니다. 벌거벗음의 상태는 인간실존의 어떤 부분을 상징적으로 암시(暗示)해 주는 용어이다. 창세 3,7절에 가면 이 벌거벗음은 아담과 여자가 야웨 엘로힘의 금지명령을 어긴 다음에 눈이 열려서, 자신들의 상태에 대해서 처음으로 알게 된 사실이기 때문이다. 따라서 이 벌거벗음은 야웨 엘로힘의 금지명령을 '어김'과 관련이 있다. 야웨 엘로힘의 금지명령을 어기기 전에는 이 벌거벗음이 아무런 문제가 되지 않았기 때문이다. 첫 인간들의 벌거벗음의 문제는 아담과 하와 상호 간에 국한된 문제가 아니라, 야웨 엘로힘과 가졌던 관계에서 촉발되었고, 신(神) 앞에서 문제가 된 상징적 주제이다. 이러한 사실은 창세 3,10에 가면 아담이 야웨 엘로힘에게 답변하는 말속에서 발견하게 되며 인간이 피할 수 없는 인간의식의 현실적 결과로 듣게 된다.

벌거벗음(형용사, arom; 명사형은 'arummim).

벌거벗음[6]을 나타내는 단어 arom(2,25과 3,7.10.11)은 수치, 불행, 빈곤

---

6 창세 2,25의 마지막 단어 '부끄러워하다(bosh)'도 마찬가지로 불행과 이러한 상태로 인한 혼란스러움을 가리킨다. 좀 더 자세한 설명은 다음을 참조, B.N. Wambacq, 같은 글, 547-556쪽. 제 6장, 노아와 세 아들의 이야기 해설에서 좀 더 자세하게 다룰 것이다.

등을 가리킨다. 이 단어는 3장 첫 구절에서 뱀을 설명하는 단어 "교활한(' arum)"과 만나서 편집자가 언어의 유희를 통하여 무엇인가를 말하고 있음을 엿볼 수 있게 하는 단어이다. 두 단어는 같은 자음(子音)으로 이루어진 단어에 다른 모음(母音)을 부가함으로써 달라진 용어들이다. 즉, 벌거벗음과 교활함은 같은 어원을 가진다.

부끄러움 :

인간이 벌거벗었기 때문에 발생하는 부끄러움은 우선 자연적인 반응이다.[7] 그 반응은 자기 앞에 서 있는 '타자'를 전제한다. 아무도 없는 데에서 부끄러움을 탄다는 것은 상상할 수 없기 때문이다. 즉 개인적인 문제가 아니라 공동체적인 관계, 적어도 둘 이상이 관련되어 있는 관계가 전제되어 있다는 암시이다.

이 부끄러움은 '자기 의지와는 상관없이 발생한다.' 인간의 부끄러움은 알몸을 물리적(物理的)으로 가릴 수 있어도 심리적(心理的)으로 은폐할 수 없을 때도 발생한다. '보여주고 싶지 않다'는 것은 개인 자신의 부정적 의지의 표시이다. 다른 의미에서 '부끄러움'은 인간의 정상적인 상태를 나타내는 표현으로써, '부끄러움을 모른다'는 것은 '비인간적이다'라고 바꾸어 말할 수 있다. 실수에 대한 부끄러움은 긍정적인 관점에서 이렇게 말할 수 있다. 즉 부끄러움으로 인하여 인간은 실수에서 벗어날 수 있는 계기를 가질 수 있다. 따라서 부끄러움을 죄에 한정해서 말할 필요는 없다.

---

7 예전에는 많은 연구가들이 벌거벗음의 상태를 인간의 사춘기, 죄 이전의 순수성, 타자의 성(性)에 대한 의식, 탐욕의 발현, 혹은 죄의식의 상태 등을 나타낸다고 해석했으나, 이러한 주장은 대체로 오늘의 현실에서 성경의 표현을 유추 해석한 것이라고 볼 수 있다. 왜냐하면 창세기는 이런 해석을 유발할만한 아무런 암시도 없으며, 이 주제는 신(神)의 금지명령위반 이후에 나타나기 때문이다. 따라서 도덕적 의미로, 혹은 성적 속성의 문제로, 혹은 하느님의 권위에 대한 복종이나 불복종 문제로 미리 상정할 필요는 없다. 벌거벗음의 주제는 부끄럽지 않았다의 "부끄러움" 주제에서, 금지명령의 위반 이후에 "두렵다"의 주제로 바뀐다는 사실에 유의하라.

성경은 여러 경우에 '벌거벗음' 이란 표현으로 성(性)을 함축적으로 나타내기도 하지만(레위기 18,6-7), 그러한 경우는 성이 구체적으로 명시된 문맥에 한한다. 그 보다는 앞에서 지적한 바와 같이, '벌거벗음' 을 가난, 빈약, 수치 등을 의미하기 위해서 사용한다는 점을 강조할 필요가 있다(호세아 2,11; 이사야 20,4; 욥 22,6; 24,7 등). 이곳에서 표현된 단어는 성적(性的)인 암시를 나타내지 않으며, 인간의 실존적인 상태, 곧 벌거벗은 상태, 아무 것도 가지고 있지 않은 상태를 의미하며, 이 표현으로 인간이란 보호와 도움이 필요한 존재임을 가리킨다. 욥 1,21과 전도 5,14에서 세상에 태어나는 아기와 죽음에 이르러 모든 소유를 놓고 떠나야 하는 임종하는 사람을 가리키기도 한다. 혹은 전쟁터에서 자신을 보호할 아무런 무기도 없이 포로의 위험에 처해 도망치는 사람의 처지를 가리키기도 한다(아모 2,16).

이렇게 어떤 의미에서 보면 극빈(極貧)의 상태였던 첫 인간들은 자신들의 상태를 부끄러워하지 않았다. 따라서 단어 '벌거벗음' 은 인간의 본성에서 기인하는 실존상황을 나타내는 표현으로 해석할 수가 있다. 더구나 25절을 3장 이야기의 첫 구절로 이해할 때, 인간이 잘못을 범하기 전에 그들은 그들의 처지를 부끄러워하지 않았는데, 범죄 이후에 비로소 눈이 열리고 난 후 그들의 벌거벗은 상태를 수치와 고통으로 여기기 시작했던 것이다. 말하자면, 아담의 입으로 듣게 되는 '…알몸을 드러내기가 두려워(3,10)' 는 명령의 위반 이전의 벌거벗음과 부끄러움이 위반 이후에 두려움의 주제와 연결되어 있음을 확인해 주는 대목이다.

우리는 여기서 한 가지 주의해야 할 사실이 있다. 이 문헌(文獻)이 인간의 실존 문제를 의식하고 이야기를 통해서 전하고자 하는 메시지는 아마도 표현과 그 내용을 알고 있던 동시대인들에게 문제 의식을 제공하고 있었으리란 점이다. 어떤 관점에서 볼 때, 벌거벗음의 문제는 그 안에 바로 두 시간을 내포하고 있다. 에덴의 동산을 살던 시기, 곧 시원(始原)의 시기는 인류에게 보편적으로 적용되는 시간이다.[8] 어느 누구에게나 이 시간은 고유하다. 이 시간은 이 세상에 태어나는 사람이라면 누구나 자신의 인생 중에서 아무런 문제가 없는 기간을 의미한다. 그러나 이 기간은 극도로 짧다. 이 기간이 지나면 인간은 문제를 안고 갈등과 절망을 시시각각으로 살아내야 하는 시간을 맞는다. 바로 3장의 이야기는 우리에게, 인간 각자는 이 세상에 살아가는 동안에 구체적인 삶의 문제, 실존의 문제에 당면하게 된다는 것을 설화의 형식으로 보여준다고 할 것이다. 매순간 어려움에 직면하게 될 때에 돌아보아야 할 행동의 결과에 대해서 우리는 그 원인을 통찰할 수 있는 성찰자가 되는 것이다. 두 번째 시간에 속할 이 문제의 시기를 창세 3장의 시간대에서 만나게 되는 것이다. 바로 오늘의 인간이 살아가는 현실을 말하기 위하여 이야기는 전개된다.

창세 3장은 이러한 의미에서 인간 실존의 구체적인 갈등구조를 보여준다. 3장은 우리가 만나야 할 상징적 현실을 제시하는 것이다. 2장에서 준비된 에덴동산의 이야기는 이미 2장의 마지막 구절인 25절에서 이렇게 준비되었다. 3장은 2장에서 마련된 구조를 바탕으로 첫 인간들의 실존적 상황이 어떻게 변형되어 갔는지, 진지한 식별과 성찰이 없는 인간이 어떻게 전락하게 되는지, 창조주 야웨 엘로힘을 어찌하여 두려운 타자(他者)로 인식하게 되는지 우리의 의식을 들어올린다. 인간이 창조주의 말 대신에 유혹의 목소리에 귀를 기울이게 될 때, 어떤 인간으로 변(變)해 가는지 3장은 상징적 배역들을 등장시켜 들려줄 것이다.

야웨 엘로힘과 첫 인간 외에 제 3자처럼 등장한 뱀의 존재는 정체를 알 수

---

8 시원의 문제. 창세 1,1의 표현은 그 자체가 과학적 실증의 문제의식 속에 작성된 것이 아니라는 것은 일반적으로 받아들여지고 있다. 그렇다면, 시원의 문제는 단순히 물리적 시간의 최초를 의미하는 것은 아닐 것이고, 형이상학적 시간의 논리적 관점을 제공하려는 것도 아닐 것이다. 따라서 우리는 모든 이야기가 그 시작을 가지고 있으며, 그 시작은 바로 끝을 향하고 있다는 매우 상식적인 이해를 수용할 수 있다. 세계창조를 이야기하거나, 인간창조의 이야기를 하거나 그 존재의 기원은 신비이며, 신(神)의 존재 설정에서 출발한다. 우리에게 열려진 이야기의 시작은 우리를 이야기의 종말로 이끌고 가기 위한 전제이며, 이야기의 의도는 인간의 실존에 대한 이해를 풍요롭게 하는 인간의 길을 보여주도록 배려하는 것이다.

없는 목소리의 주인공으로 소개된다. 이 소리는 밖에서 들려오는 타자의 유혹일 수도 있고, 인간의 자아 깊은 곳에서 들려오는 욕망일 수도 있다. 이 소리가 어디에서 들려오는 소리인지 인간은 그 소리의 주인공과 내용을 변별해내야 할 책임이 있다. 뱀의 소리에 대한 식별은 인간의 자율적 행동을 가능하게 할 것이며, 이 행동의 결과는 인간 자신의 운명(運命)을 조형해 나아갈 것이다. 뱀의 말은 야웨 엘로힘의 목소리 다음으로 첫 인간들이 듣게 된 두 번째 음성이다.

ㄴ. 두 번째 음성-동물의 소리 : 1-7절

1 : 뱀은 야웨 엘로힘이 만든 모든 들짐승 가운데서 가장 간교하였다. 그 뱀이 여자에게 물었다.
"엘로힘이 '너희는 동산의 어떤 나무에서든지 열매를 따먹어서는 안된다.' 고 말했다는데 정말이냐?"
2 : 여자가 뱀에게 대답하였다.
"우리는 동산에 있는 나무 열매를 먹어도 된다.
3 : 그러나 동산 한가운데 있는 나무 열매만은, '너희가 죽지 않으려거든 먹지도 만지지도 말아라.' 고 엘로힘이 말하였다."
4 : 그러나 뱀이 여자에게 말하였다.
"너희는 결코 죽지 않는다.
5 : 너희가 그것을 먹는 날, 너희 눈이 열려 엘로힘처럼 되어서, 선과 악을 알게 될 줄을 엘로힘이 알고 그렇게 말한 것이다."
6 : 여자가 쳐다보니 그 나무 열매는 먹음직하고 보암직하였다. 그뿐만 아니라 그것은 슬기롭게 해 줄 것처럼 탐스러웠다. 그래서 여자가 열매 하나를 따서 먹고 자기와 함께 있는 남편에게도 주자, 그도 그것을 먹었다.

7 : 그러자 둘은 눈이 열려 자기들이 알몸인 것을 알고, 무화과나무 잎을 엮어서 두렁이를 만들어 입었다.

창세 3장은 첫 사람들의 행동을 원인론적으로 성찰하는 계기를 제공한다. 이야기는 뱀과 야웨 엘로힘의 창조물인 인간(남자와 여자)과 뱀 사이에 일어난 사건으로 보도한다. 이 보도는 마치 객관적으로 발생한 이야기처럼 서술된다.

뱀의 역할은 야웨 엘로힘이 인간을 보호하기 위해 설정한 금지명령을 위반하도록 유도하는 것이다. 금지명령의 위반은 단지 위반 자체가 문제되는 게 아니라, 창조주 야웨 엘로힘을 의심하고 거스르는 행동이 되기 때문에 위험한 것이다. 아마도 뱀의 유혹에 넘어간 여자는 이 질문이 유도하는 바를 간파하지 못했을 수 있다. 그래서 이야기는 질문에 유혹 당하는 잘못을 범한 인간이 겪어야 할 혼란을 맛보게 하였는지 모른다.

그러나 야웨계 편집자는 이야기를 일차원적으로 단순하게 전개시키지 않는다. 그는 우선 뱀과 여자의 대화에서 창조신을 야웨 엘로힘이라 부르지 않고, 엘로힘이란 호칭을 사용토록 한다. 야웨계 문헌에 속하는 이야기로써 야웨 엘로힘의 호칭을 놓칠 수 없는 게 당연하다면, 의도적이라고 말할 수밖에 없는 호칭의 변경은 주의해야 할 부분이다. 이러한 의도적인 차이를 둠으로써 편집자는 야웨 엘로힘이 아닌 어떠한 신적 존재도 부정하고자 하는 의도를 노출시킨다. 뱀의 감언이설 속에 나타나는 엘로힘은 야웨 엘로힘이 아니라는 암시적 은유이다. 왜냐 하면, 창조주 야웨 엘로힘은 뱀과 여자의 대화 속에 언급된 엘로힘의 이미지와는 전적으로 다르게 나타나기 때문이다. 야웨 엘로힘의 신적(神的) 성격이 뱀과 여자의 인식 속에서 이미 두려움의 존재, 억압하는 존재로 나타나고 있는 사실에 주의하지 않을 수 없다.

이야기 안에서 뱀이 한번, 여자가 한번 사용한 신명 엘로힘은 '야웨 엘로힘'이 아니고, '야웨'가 생략된 채 나타난 '엘로힘'이기 때문에 유의해야 한다. 야웨 엘로힘이라는 호칭에서 야웨를 생략하고 엘로힘으로 부르는 뱀과 여자의 신 호칭은 우연이 아니며, 고의적이라고 해석한다. 편집자의 의도가 충분히 배어 있는 부분이다. 야웨를 구원사의 측면에서 바라본다면, 가나안 땅에 정착하기 시작한 이스라엘에게 풍요와 번영을 기약했 던 야웨는 자연스럽게 모든 민족들의 신으로서 신명을 차용하지 않을 수 없었을 것이다. 그러나 엘로힘은 다른 민족들이 부르던 일반명사의 신명으로 우상숭배에 빠질 수 있는 위험이 될 수 있다.[9] 이런 까닭에 뱀과 여자의 말 속에서 아주 미묘하게 엘로힘에 대한 개념적 왜곡이 발생하는 것을 엿볼 수 있는 것이다. 어쨌든, 이들 첫 인간은 금지된 과일을 먹게 되고, 그 결과 자신들의 벌거벗은 상태를 의식하게 된다.[10] 이 의식의 변화는 무화과 나뭇잎으로 엮어 짠 두렁이를 입는 인간의 방어적 행동으로 나타날 것이다.

뱀의 간교함 :

1절 : 뱀은 야웨 엘로힘이 만든 모든 들짐승 가운데서 가장 간교하였다. 그 뱀이 여자에게 물었다.
"엘로힘이 '너희는 동산의 어떤 나무에서든지 열매를 따먹어서는 안 된다.' 고 말했다는데 정말이냐?"

우화 속에서나 등장할 이 대화의 중심 인물들은 뱀과 여자이다. 뱀의 질문은 일견 동정 혹은 호의로 가득 차 있다는 인상을 준다. 그렇지만 거짓 인상일 수밖에 없는 까닭은 뱀을 이미 문구에서 간교하다고 선언하고 있기 때문이다. 더

---

9 따라서 창세 2-3장에서 야웨를 생략하고 '엘로힘' 만을 뱀과 여자의 입으로 발설하게 한 이유를 조금은 짐작할 수 있을 것이다. Jean L'Hour, Yahweh Elohim, 552-556 참조.

10 창세 2,25절의 벌거벗은 상태('arummim')와 3,1절의 뱀의 교활함('아룸arum') 언어유희(言語遊戲)를 통하여 인간 벌거벗은 상태와 뱀의 교활함을 관계 짓는 수법이 사용된 것이다. 아담과 하와는 벌거벗은(arummim) 상태이지만 사건이 벌어지기 전으로 아직 선과 악을 구별할 줄 모른다. 아담과 여자가 아룸밈의 상태를 부끄러워하지 않지만, 그들이 영리하지 않거나 엉큼하지(arumim) 않은 것은 아니다. '벌거벗은(arummim)' 과 '교활함(arumim)' 의 차이는 자음 m(ㅁ) 하나 차이일 뿐이다.

욱 주의할 것은 뱀이 시작하는 첫 단어 속에 이미 '야웨 엘로힘의 말'이 의문시되고 있다는 사실이다. 인간이 알고 있는 야웨 엘로힘의 명령이(2,16-17) 뱀의 질문이라는 가면을 쓰고 여자의 가슴에 의심을 불러일으키는 것이다. 의심은 참 사실을 모호하게 만들며, 이로 인해서 호도(糊塗)된 사실은 그 신빙성의 근거를 뒤흔들 수밖에 없다.

뱀의 음성이 인간의 의식에 의심의 뿌리를 내린다. 뱀은, 여자에게 '야웨 엘로힘의 금지명령'을 변호할 기회를 주지만, 뱀의 질문은 '사실에 덧붙여진 판단을 흐리게 하는 과장(誇張)' 일 뿐이다. 뱀의 교묘한 질문은 여자에게 야웨 엘로힘의 명령을 옳게 판단하고 변호할 기회이지만, 여자는 이 기회를 놓치고 실패하고 만다. 여자는 뱀의 질문이 옳은지 그른지 판별할 수 있어야 하지만, 이미 그의 시선은 뱀의 말을 제대로 파악할 준비가 되어 있지 않았던 것이다.

이제 우리는 여자의 첫말을 듣게 될 것이다. 앞서 우리가 읽은 창세 2,23은 아담의 독백이었을 뿐, 아담에게서 온 여자의 말은 들을 기회가 없었다. 그러나 이 구절에 와서 뱀의 질문은 여자를 상대로 인간의 첫말을 유도하고 있는 것이다. 독백이 아닌 인간의 첫말은 이처럼 뱀의 질문에서 비롯된다. 인간의 첫 번째 대화가 남자와 여자의 대화가 아니라, 유혹을 불러오는, 의심을 불러오는 대화였다면, 이야기는 많은 것을 말하기 위해서 준비된 것이 아닐 수 없다.

중요한 일일수록 말은 발성(發聲)되기 전에 반성(反省)이 있어야 한다. 뱀의 질문에 대해서 하와는 자신의 논리에서 시작할 것이 아니라 야웨 엘로힘의 신애(信愛)에서 출발했어야 한다. 의문의 뿌리가 내리기 전에 신뢰가 강화되어야 한다. 한 번 잃어버린 신뢰는 회복하기 어렵기 때문이다. 잃어버린 신뢰는 인류의 역사에서 거듭 반복해서 불행을 가져오는 갈등과 긴장의 원인이었던 것이다.

야웨 엘로힘의 음성에 이어 두 번째로 듣게 된 뱀의 소리는 인간에게 평생을 두고 의문을 불러일으킬 것이다. 잠들지 않는 의식으로 식별해야 할 음성, 그로 인한 긴장과 갈등은 인간의 의식을 피로케 할 것이다.

뱀과 상징성 :

성경은 비록 조그만 민족종교에 그 연원을 두고 있지만, 서구의 정신 세계에 오랫동안 깊은 영향을 주었다. 여러 세기를 두고 서구사회를 주도해온 성경의 정신은 서구인들의 심층 속에 자리하고 있다. 따라서 성경이 말하고 묘사하는 일체의 요소가 서구인들에게 심대한 영향력을 발휘하지 않을 수 없었다. 뱀의 표상도 구체적인 예 중의 하나이다. 특히 뱀의 역할에 대한 질문은 사실상 한 마디로 요약하기 어려운 주제들을 발생시켰다. 뱀에 관한 일반적인 인식을 요약하면 다음과 같다.[11]

(1) 뱀은 유혹자이며 사탄으로 야웨 엘로힘의 저주대상이다(3,15절).[12] 이러한 전통적인 그리스도교적 이해를 현대의 성경주석학은 포기한다. 그 주된 이유는 창세 3장의 이야기를 교의적 가르침이라는 틀 안에 가두기를 원하지 않기 때문이다. 창세 1~11장은 인류 보편 설화라는 넓은 지평의 해석을 요청한다고 본다.

(2) 뱀은 상징적인 표현으로 인간의 호기심 혹은 갈망을 나타낸다. 이 경우에 뱀의 상징성은 심리학의 좋은 분석주제가 될 수 있다.

(3) 뱀은 신화적 표상으로 이스라엘의 토라 전통에서 동물로 각하된 첫 번째 예다. 신화적 형태라는 주장에는, 뱀이 번영, 지혜, 생명 등을 가져오는 상징으로 많은 고대종교에 존재한다는 사실에 있다. 뱀은 생명과 죽음의 양면성을

---

11 C. 베스터만이 창세 3,1을 주석하는 자리에서 Th. C. Vriezen의 연구를 (Theologie des Alten Testaments in den Grundzügen, Neukirchen) 요약한 부분을 우리의 관점에 맞게 소개한다. U. Cassuto, Commentary on Genesis, 2 vols., Magnes Press, Jerusalem, 1961에서도 이를 잘 요약하고 있다. 1권, 138-140쪽.

12 뱀과 사탄을 동일시하는 경향은 신약성경의 마지막 책인 요한 묵시록에서도 엿보인다. 묵시 12,9은 용, 뱀, 악마, 사탄을 하나의 카테고리에 넣는다. 그러나 창세 3장에서 신약성경의 묵시록이 제시하는 묘사를 닮은 부분은 전혀 없다. 뱀은 그저 '야웨 엘로힘이 만든 들짐승 가운데서 제일 간교한 동물'로 단 한 번 묘사되었을 뿐, 구약성경을 그리스도교 안에서 성경으로 차용한 이래로 발전한 교의적 이해에 해당되지 않는다. 이야기를 읽는 독자가 자신의 체험으로 이해하거나 파악할 수 있는 명시되지 않는 악의 신비로 설명할 수 있거나 남을 수밖에 없다.

지니고 지하세계의 신성(神性)을 나타내며, 신의 적수 내지는 악을 상징하는 신화적 존재로 표상된다.

(4) 뱀은 특별히 지적(知的) 특성을 나타내는 영리하면서도 교활한 동물이다. 창세기의 뱀은 이러한 특징을 잘 나타낸다.

이러한 설명은 뱀이 생명(生命)과 지(知)와 관련되어 있다고 보는 근거를 충분히 밝혀준다. 이스라엘에서도 뱀을 숭상하던 흔적을 찾아볼 수가 있으며(2 열왕기 18,4; 민수기 21), 주변 민족의 영향으로 이스라엘도 이를 쉽게 물리칠 수 없었다는 역사적 사실을 살펴볼 수 있다. 일례로 뱀은 가나안의 풍요를 상징하며 생명을 약속해 주던 종교적 상징물이었고,[13] 이스라엘은 가나안의 이 상징과 힘겨운 싸움을 벌여야 했다.

그러나 이러한 텍스트 외적인 설명에 대하여 창세 3,1은 단언하듯이 '뱀은 야웨 엘로힘의 창조물(創造物)이다.' 라고 선언한다. 만약에 이야기의 편집자가 뱀이 야웨 엘로힘을 거역할 수 있는 존재의 화신이라고 생각했다면, 이렇게 말할 수 없었을 것이다.[14] 그렇지만 교리적 지식에 젖어있는 독자가 있다면 그는 뱀을 교리적 악(惡)의 상징물로 보고자 하는 유혹에서 벗어나기 어려울 수 있다. 이러한 선입견을 넘어설 수 있기 위해서 두 가지 이유를 이해할 필요가 있다.

첫째는 창세 1~11장 전체를 통하여 더 이상 뱀의 존재가 실상 등장하지 않는다. 즉 뱀의 존재가 인류보편설화를 진행시키는 창세기에서 성찰의 대상이

---

13 C. 베스터만의 연구에서도 언급되었지만, 뱀을 이스라엘 주변의 풍산 혹은 지혜의 문화를 상징하는 유혹으로 해석할 수도 있다. 그러나 이스라엘이 역사적으로 이들 문화와 접촉하면서 경험했던 우상숭배의 유혹을 상징하는 것으로 볼 때에 창세 3장의 해석은 좁은 의미의 틀에 갇히고, 인류의 보편적 경험의 관점에서 보고자 하는 창세 1-11장의 전체적인 흐름에서 빗나간다. J. Ratzinger, In The Beginning, Erdmanns, 1995, 64-71쪽에서 이러한 협의의 해석을 볼 수 있다. 신학적 해석은 가능하지만, 우리가 유지하고 있는 보편주의적 이상과 인간학적 해석의 일관성에서는 어긋난다는 것을 지적한다.

14 C. 베스터만 창세 3,1 주석을 참조.

되지 않는다. 뱀은 어떤 것을 가리키기 위해서 등장된 동물인 것이다. 둘째는 악의 상징 내지는 원인으로써 뱀의 존재를 등장시키지도 않을 뿐더러 강조하지도 않는다. 주변문화에서 보이듯 우주적 환영도, 우주적 변이의 존재도 아니다. 단지 인간의 첫 잘못이 발생하는 과정을 이야기하는 도중에 선택된 동물적 표상이다. 뱀은 해석되어야 할 상징일 뿐이다.

그렇다면 이야기 안에서 뱀은 어떠한 역할을 하고 있는가? 확실한 사실은 동물로서 뱀의 기능이 이야기 소재로 사용된 것이 아니란 점이다. 본문에서 뱀은 하와를 야웨 엘로힘의 말씀에서 벗어나도록 하는 '유혹자(誘惑者)'의 역할을 맡고 있을 뿐이다. 등장 인물들을 사실적으로 이해한다면, 뱀에게 이러한 역할을 맡긴 존재는 오히려 야웨 엘로힘일 수 있다. 그렇다고 야웨 엘로힘을 인간 유혹의 원인이라고 말할 수 있을까? 그렇지 않다. 야웨 엘로힘은 인간의 창조자이고 아담을 에덴동산에 데려다 놓고 살게 한 신(神)이기 때문이다.

창조는 선(善)을 지향하기 때문에 인간이 악에 떨어질 수 있는 시험을 야웨 엘로힘이 행했을까? 아니다. 에덴동산에서 벌어진 이 사건은 두 남녀의 언행에서 유혹의 원인적 요소를 표현하고자 하였을 뿐이다. 이야기의 구성상, 한 인격 안에서 발생할 수 있는 그 무엇을 묘사하려고 했다면, 그 역할을 맡을 새로운 제 3의 등장인물을 제시하기 어려웠을 것이다. 동산에는 아담과 여자와 동물들밖에 없기 때문이다. 따라서 독자는 이러한 논리의 전개를 개인의 인격적 사건에서 발생한 대화 속에서 찾을 수밖에 없게 된다. 이렇게 이야기를 전개하기 위하여 선정된 동물이 뱀이며, 이 우화적 동물은 '말하는 존재'로 등장한다.

창세기의 이 '말하는' 동물은 표현방식에 있어서는 우화적이라고 말할 수밖에 없다. 동물이 말할 수 있는 공간은 우화나 신화에서나 볼 수 있기 때문이다. 그러므로 성경이 말하고자 하는 바를 이해하기 위하여, 위에서 언급한 성경 외적인 설명을 통해서 뱀의 능력을 살펴볼 이유가 없다. 이야기가 취한 우화적 혹은 신화적 기법은 그 자체에서 의문의 답을 우화적으로 혹은 신화적으로 제시하고 있을 것이기 때문이다. 실체적 동물 혹은 존재로 보지 말아야 한다면, 뱀과 하와의 대화는 인간의 내면 안에서 발생한 어떤 사건을 묘사한 이야기로 우리의 시각을 집중해서 볼 수가 있다.

이러한 의미에서 창세 3장에 등장하는 뱀의 존재를 야웨 엘로힘과 적대하는 존재나 힘, 혹은 악의 화신으로 볼 이유는 없다. 성경해석이 신화적 공간으로 떨어지는 것을 막기 위해서는, 앞서도 언급했지만, 신화적 소재를 가지고 이야기를 구성한 편집자의 의도가 먼저 고려되어야 한다. 창세 3장은 분명히 뱀을 등장시키기는 하지만, 신화적 표상으로서 뱀의 존재를 신과 적대하는 세력이나 악의 화신으로 묘사하거나 기술하고 있지 않기 때문이다. 이렇게 단언할 수 있는 까닭은, 이와 관련해서 어떠한 관형어나 설명도 부재하기 때문이다. 다만 뱀은 이야기의 진행상 '유혹자'의 역할을 '상징적'으로 나타낼 뿐이다. 창세 3,1에서 우리가 해석해야 할 뱀은 이야기의 전개상 부수적이고도 우연적인 역할에 끝나는 것을 지적하지 않을 수 없다.[15] 유혹의 동인(動因)을 인간 밖에 설정해 놓은 이유는 단순히 가시적인 표현을 위한 필요와 수단에 불과하다. 악

---

15 G. 폰 라트, 창세기, 한국신학연구소, 1981.

16 영지주의 : 대체로 18세기에 학문적으로 사용되기 시작한 용어로 다양한 내용을 함축한 사유를 일컫는 용어이다. 영지주의는 초대그리스도교 시대에 지중해 연변의 희랍, 유대, 페르샤 등에서 발생하여 그리스도교 신자의 신앙에 심대한 영향력을 주었기 때문에 초대교회에서 영지주의를 경계하는 가르침이 강조되곤 했다. Kurt Rudolf (Die Gnosis, Koehler & Arnelang, 1977)는 이집트의 나그 함마디 문서, 교부들의 문헌, 마니케이즘, Mandaeism(남부 이라크) 등을 이 사조에 포함시킨다. 간략하게 말하면, 영지주의는 차안과 피안, 선과 악, 영과 물질 등의 이원론적 세계관을 주장하며 물질세계를 영의 세계(pleroma의 세계)와 대립시키고, 구원은 플레로마의 세계로 돌아가는 것으로 완성된다고 가르친다. 또한 악의 화신 아르콘(Archons)의 저지와 책략을 벗어나 인간의 영이 죽어서 어떻게 플레로마의 세계로 복귀하는지 그 방법을 가르친다고 주장한다. Nag Hammadi 문서의 하나인 Hypostasis of the Archons는 물질 세계를 창조한 아르콘이 야웨 엘로힘의 역할을 대신하여 아담을 창조한 사건을 묘사한다. 그 목적은 인간의 영적 요소뿐만 아니라 영의 세계를 지배하기 위한 것으로 창세 3장의 이야기를 영지주의적으로 윤색한 재해석이라 할 수 있다. 창세기의 해석과 관련해서 영지주의는 창조주, 에덴동산, 금지명령 등을 부정적으로 취급하고, 뱀이나 인간의 불복종을 긍정적으로 다루는 등 창세기의 의미와 가치체계를 전혀 반대로 해석하고자 한다. 이야기의 간단한 소개는 Philip S. Alexander, The Fall Into Knowledge: The Garden of Eden/Paradise in Gnostic Litterature, in A Walk in the Garden, Sheffield Academic Press, 1992, 91-103쪽을 참조.

을 인간 저편에 있는 대상으로 처리하지 않고 인간 자신 안에 둘 수 있게 된 까닭은 악을 철저하게 인간의 문제로 보려는 성찰의 결과이다. 그렇다고 악의 문제를 전적으로 기원에서 알게 되었다는 말은 아니다. 창세 3장은 악에 대한 영지주의적 해석의 뿌리를 근원적으로 차단할 뿐이다.[16]

인간에게 '유혹'이라는 심리적 사건은 지극히 비신화적이며 현실적이지 않을 수 없다. 이야기는 오히려 뱀의 존재를 등장시켜 유혹의 내용이 무엇인지 논하거나 알려고 하지 않는다.[17] 뱀에 대한 존재론적 기술이 없는 이유가 이를 말한다. 뱀에게 기능적 역할을 맡기는 것으로 이 대화 이후에는 이야기에서 뱀이 등장할 이유는 사라진다. 따라서 뱀의 말이 분명히 야웨 엘로힘의 말에 거역하는 것이기는 하지만, 뱀과 야웨 엘로힘 사이의 적대관계 내지는 뱀이 사탄이라는 주장을 위해 도입된 것으로 나타나지도 않는다. 그렇다면 오히려 뱀이 의미하는 바가 무엇인지, 뱀을 통하여 (이야기의 밖에서) 독자에게 전하려고 하는 화자(話者)의 의도를 아는 것이 더 현명하다고 말할 수 있지 않겠는가?

이런 시각에서 다시 한 번 주장하건대, 동물의 등장은 창세기 이야기 곳곳에서 그 상징성이 해석되기를 기다리고 있다. 1장과 2장에서 언급했던 바와 같이 아담이 수행해야 할 임무 중의 하나가 동물을 다스리는 것이라면, 뱀도 그 중의 하나일 수밖에 없다. 또 뱀의 역할이 인간을 유혹하는 것이라면, 뱀을 지배하고 다스려야 할 인간은 유혹에 귀를 기울여서는 안 된다. 뱀의 말은 이미 유혹을 내포하고 있기 때문에 위험하다. 아무런 경험이 없는 인간이 위험하다는 것을 어떻게 알 수 있겠는가? 위험을 알아챌 수 있는 방법은 경험으로 배울 수밖에 없다. 그러나 이 위험이 치명적이라면 인간은 그 내용을 모르더라도 피해야 한다. 1장과 2장에서 동물의 지배를 통하여 동물성의 지배를 암시하고 있다면, 뱀은 다시 한 번 더 인간을 혼란으로 밀어던지는 역할을 하고 있는 것이다. 지배해야 할 동물로서 뱀이라면, 인간의 잘못은 분명히 상징물로 제시된

17 G. 폰 라트, 창세기, 92-93쪽. 폰 라트는 뱀의 질문에 주석하면서, "이 대화는 섬세한 심리학적 뉘앙스를 가진 걸작품이다." 라고 찬탄한다. (93)

뱀과 연관되어 질문해야 할 것이다.

그렇다면 인간이 잘못을 저지를 수밖에 없는 상황에서 개인이건 집단이건 악의 기원과 연관된 뱀이 상징하는 바는 무엇일까? 만약에 신화적 설명을 허용한다면, 우리는 다시 악의 우주적 원천에 대해 주의를 기울이지 않을 수 없을 것이고, 야웨 엘로힘의 창조계와 신(神)의 의지에 대립되는 세계를 떠올리지 않을 수 없다. 그러나 이스라엘의 창조사상은 악의 기원이 야웨 엘로힘에게서 유래한다고 보지 않으면서, 동시에 창조계 안에서 야웨 엘로힘 이외의 다른 기원을 찾지도 않는다. 뱀도 야웨 엘로힘의 창조물이기에 더욱 그러하다. 인간을 타락하게 하는 동물적 존재가 야웨 엘로힘의 창조물이라고 상상한다면, 이야기가 말하고자 하는 내용과는 거리가 더욱 멀어지지 않겠는가? 유치하게도 '말하는 동물' 이 악의 화신으로 등장했다고 볼 수 있는가? 아니면 이 뱀은, 앞서도 말했지만, 인간 외적인 어떤 형상적 존재도 아니라고 단언할 수 있는가? 창세기에서 언급된 이 짧은 구절이 모든 것을 말하지는 않는다. 그렇지만 앞의 질문들을 염두에 둔다면, 앞에서 언급했듯이 악의 유혹이란 인간적인 현상이며, 유혹을 통하여 악에 기울어지는 것도 사실상 인간 자신이라는 단순한 이해에 도달하지 않을 수 없다.

창세 3장은 특별하게 이스라엘의 죄를 논하는 자리가 아님이 명백하다. 인류의 첫 인간들이 벌이는 무대를 배경으로 한 이야기이며, 인간의 죄의 보편성에 대해서 질문을 던지지도 않는다. 오히려 창세기는 죄의 결과로 발생된 인간의 상황을 이해하고자 하는 자리일 뿐이다.[18] 인류의 기원과 관련하여 인간의 현상으로써 악과 그 결과를 말하고 있다고 본다면, 더욱 그 보편적 이해에 가까이 다가설 수 있지 않을까? 인간이 범하는 악의 기원에 관한 한, 인간 밖의 어떤 존재에게도 그 책임을 전가할 수는 없다. 즉 뱀을 악의 화신으로 해석하고 인정한다 해도, 악이 발생하고 악으로 저질러지는 행동은 인간 책임의 울안에 있는 것이다. 이러한 이유로 악의 기원은 여전히 분명하게 밝힐 수 없는 신비로 남는다. 이러한 의미에서 창세 3,1의 뱀은 인간에게 혼란의 상징이 되고 있다는 사실만은 확실하다.[19] 창조의 선(善) 안에 결정적으로 악(惡)을 불러일으키는 '유혹'으로 묘사된 뱀의 현상과 그 상징은 인류에게 명쾌하게 풀리지 않는 하나의 수수께끼이다.

여자의 답변 :

2 : 여자가 뱀에게 대답하였다.
"우리는 동산에 있는 나무 열매를 먹어도 된다.
3 : 그러나 동산 한가운데 있는 나무 열매만은, '너희가 죽지 않으려거든 먹지도 만지지도 말아라.' 엘로힘이 말하였다."

뱀이 반쯤은 교묘하게 왜곡한 질문에 여자의 대답은 처음에는 옳게 시작한

---

18 사실상 창세 3장을 어떻게 읽느냐에 따라서 이야기의 주제에 대한 초점이 달라질 수 있다. 또 관점에 따라서 이야기 속에 나타나는 주제들의 우선순위를 정할 수 있을 것이다. 여기서 우리는 크게 토론을 벌이지 않고 단순하게 인간학적인 관점에서 인간의 실존 상황에 대한 인식문제를 주요 주제로 삼고 있다. 그렇지만 '인간의 불멸성(不滅性)에 대한 희구(希求)'라는 관점 또한 무시할 수 없다. James Barr, The Garden of Eden and the Hope of Immortality, Forteress, 1993. 에덴동산의 이야기를 바로 이런 관점에서 보고자 한다. 대부분의 성경학자들처럼 그도 창세 3장의 이야기가 결코 인간의 타락이나 죄의 기원을 기술하려고 하는 이야기가 아니라고 주장한다. 그는 이야기의 내용이 이러한 주제들을 통하여 묘사되고 있기는 하지만, 창세기를 인간이 불멸성을 희구하다가 죄에 빠져 영원한 생명을 잃게 된 이야기로 해석한다. 그의 주장에 따르면, 아담과 하와가 에덴동산에서 쫓겨난 이유는 동산에 머물만한 이유를 잃었기 때문이 아니라, 동산에 머물렀다면, 영원한 생명을 얻어서 살게 되었을 것이기 때문이다. J. Barr는 바오로의 로마서 5,12를 거론하면서 바오로의 유형론적 해석방법(Typologia)이 예수의 가르침이나 복음서, 그리고 신약 성경의 다른 부분에는 거의 없는 해석방법으로 바오로에게만 유일한 것이라고 소개한다. 바오로는 로마서 5,12에서 한 사람이 죄를 지어서 세상에 죄가 들어왔으며, 그래서 모든 이가 죄를 짓게 되었다고 주장한다. 바오로는 죄의 결과를 죽음으로, 그리고 예수의 죽음을 속죄의 의미로 이해하고 있는데, 바로 이러한 해석을 가리킨다. 따라서 죄의 기원을 인류의 첫 조상에게 소급하면 바로 우리가 알고 있는 전통적인 원죄의 개념에 다다른다. 물론 오늘의 신학은 원죄의 개념을 '인류가 처한 총체적 죄의 상황'으로 이해하고 있다. 이처럼 아담-그리스도의 유형론적 표현은 바오로의 것이지만, 그의 다른 편지에 자주 나타나는 표현은 아니다(이외에 1고린도15; 1디모데). 그리고 이러한 해석이 그리스도교 가르침의 본질적 요소를 구성하는 것도 아니다. 이에 덧붙여 삶과 죽음에 대한 유대적 인간관을 한 예로 들면서 James Barr는 창세기 이야기를 그리스도교적 교의의 가르침을 바탕으로 하여 읽을 것이 아니라, 텍스트를 주어진 그대로 읽기를 강조한다.

다. 그러나 이 옳은 듯이 보이는 대답 속에 인간의 허약함이 잘 드러나고 있다. 야웨 엘로힘의 명령은 단순하게 '해야 할 것(허용)'과 '하지 말아야 할 것(금지)'을 정해 놓은 법(法)이 아니다. 야웨 엘로힘의 명령은 일차적으로 인간을 보호하기 위한 것이다. 인간은 야웨 엘로힘의 명령 자체가 야웨 엘로힘 자신이란 사실을 간과(看過)한 것일까? 명령을 어긴다는 사실은 명령을 내린 야웨 엘로힘을 부인하는 것이다. 창세 3장은 여자의 말과 뱀의 말 사이의 아주 미세한 차이를 드러내며 이야기를 진행시킨다. 야웨계 저자는 야웨 엘로힘이 '만지지도 못하게 했다'라는 말을 여자의 입을 통하여 발설케 한다. 그렇게 함으로써 미묘한 인간심리의 변화, 곧 과장과 허영의 심리를 들추어낸다.

뱀의 질문에 대해서 과장된 심리를 드러낸 여자는 자신 앞에 야웨 엘로힘이 말한 사실과 다른 법(法)을 세워 놓는다. 달리 말하면, 여자는 1) 야웨 엘로힘의 말을 잘못 해석했거나, 2) 과장하여 거짓을 말했거나, 아니면 3) 야웨 엘로힘의 금지명령과는 다른 '자신의 금지명령'(폰 라트)을 세워 놓았던 것이다. 따라서 여자는 의식적이든 무의식적이든 신의 금지명령을 어길 수 있는 근거를 자신의 답변 속에 이미 준비한 셈이 된다. 여자가 잘못 해석했다면 고쳐야 할 것이며, 거짓을 말했다고 해도 고쳐야 한다. 고친다는 것은 자신의 잘못을 인정하고 부정하는 것이다. 또 야웨 엘로힘의 금지명령이 자신의 금지명령이라면- 여자가 뱀에게 하는 응답에 따르면-언제든지 고칠 수 있는 명령이 되는 셈이니까 인간은 이미 자신의 답변 속에 야웨 엘로힘의 말을 부인할 이유를 담고 있다. 이제 신의 금지명령은 인간의 의식 안에서 본래의 가치를 상실하고 있음이 분명하다. 여자에게 참된 사실이 거짓으로 보이기 시작한 것이다.

---

19 K.R. Joines, The Serpent in Gn, in ZAW 87, 1975, 1-11. 근동의 문헌과 창세기를 비교할 때 뱀은 젊음, 지혜, 카오스를 상징한다. "뱀은 이 세 가지 요소의 이상한 조합이며 뱀의 역할은 인간을 속이고 멸망시키는 것이다. 근원적으로 뱀은 카오스를 상징한다(9)." 그러나 이 성경 외적인 연구의 결과는 성경 이야기의 내용에 어느 정도 근사치를 가지고 있다 할지라도 적극적으로 지지할 수 있는 근거가 되는 것도 아니다. 그러므로 성경 외적인 자료의 도움을 받더라도 성경 내용을 그 틀 안에서 이해하고 해석하는 것이 일차적인 방법이며, 편집자의 의도를 이해할 수 있는 신빙성을 제고하는 길이라고 하겠다.

야웨 엘로힘의 금지명령의 비밀이 여자의 발언 속에서 흘러나온다. "동산 한 가운데 있는 나무." 뱀은 명백한 야웨 엘로힘의 말을 부정함으로써 여자가 금지명령의 상황을 어떻게 받아들이고 있었는지 들추어낸다. 여자는 얼마나 참을 수 없는 욕망으로 금지된 나무를 바라보고 있었을 것인가? 뱀이 묻지도 않은 사실이 여자의 입을 통해서 발설된 것이다. 아마도 여자는 억눌렸던 심정에서 벗어나 이제는 후련한 마음으로 나무를 바라보게 되었을 것이다. 나무로 상징된 어떤 비밀스러운 것 때문에 더 이상 긴장할 필요가 사라졌으리라. 마치 친구의 비밀을 알고 그 비밀을 아무도 모르리라 생각하는 친구를 만나야 하는 사람의 심정이었던 여자는 감정적 질곡의 심정에서 해방되었으리라. 그러나 가슴에 담아 두었던 그 나무의 열매는 이야기를 통해서 이미 인간에게 죽음을 가져오게 되었다.

죽음의 주제 :

앞의 2,17에서 인간의 죽음을 선언한 야웨 엘로힘의 이야기가 창세 3,3에서 다시 언급된다. 야웨 엘로힘의 선언이 여자와 뱀의 대화에 도입된 이 죽음의 주제는 무엇을 말하는가? 이야기를 읽은 독자는 이야기가 어떻게 진행되었는지 그 과정을 잘 알고 있다. 그러나 실상 즉각적인 인간의 죽음은 이야기가 다 하도록 그 어디에도 나타나지 않는다. 야웨 엘로힘의 선언은 외견상 실현되지 않은 채로 남는다. 신의 언명이 있었음에도 불구하고 인간은 야웨 엘로힘의 명령대로 발생해야 할 사실적인 죽음의 고통을 맛보지 않는다.

사실상 창조의 처음에 야웨 엘로힘은 인간이 영원히 살 것이라는 보장을 한 것도 아니다. 다만 생명을 받은 인간에게 죽음이 언급되지 않았을 뿐이다. 야웨 엘로힘은 인간에게 모든 것을 허용했지만, 아무런 약속도 하지 않았던 것이다. 모든 것을 허용했지만, 예외적으로 금지된 나무열매를 먹으면 죽을 것이라고 선언했을 뿐이다. 그렇다면, 이 죽음의 주제는 궁극적으로 무엇을 말하려고 하는가?

뱀의 유혹 :

4 : 그러나 뱀이 여자에게 말하였다.

"너희는 결코 죽지 않는다.

5 : 너희가 그것을 먹는 날, 너희 눈이 열려 엘로힘처럼 되어서, 선과 악을 알게 될 줄을 엘로힘이 알고 그렇게 말한 것이다."

야웨 엘로힘을 거스르는 뱀의 응답은 단호하다 : 너희는 결코 죽지 않는다. 야웨 엘로힘의 말은 아주 쉽게 부정된다. 뱀은 야웨 엘로힘의 속셈을 헤아려서 여자에게 알려준다. 첫째로 너의 눈이 열릴 것이다. 둘째로 너는 엘로힘과 같이 될 것이다. 셋째로 그 결과 엘로힘이 금지한 선악(善惡)이 무엇인지 너는 알게 될 것이다.

야웨 엘로힘의 선언-그 나무 열매를 먹는 날 너는 죽을 것이다(2,17)-의 이유가 뱀이 설명해 주는 대로라면, 인간이 엘로힘과 대등한 관계로 올라서는 것을 엘로힘이 꺼린다는 것이 된다. 여자는 야웨 엘로힘의 말을 신뢰하기보다는, 야웨 엘로힘의 선언을 뱀이 설명해 주는 대로 그 해석을 좇는다. 여자는 야웨 엘로힘의 말을 뱀의 해석에 종속시킨 것이다. 뱀의 해석에 야웨 엘로힘이 끼어들지 않는 것을 보라! 야웨 엘로힘은 인간에게 죽음과 앎이 함께 간다고 경고했는데, 여자는 이제 앎(뱀의 해석)이 죽음(야웨 엘로힘의 선언)을 압도하고 넘어설 것이라는 유혹에 넘어간 것이다.[20]

선(善)과 악(惡)을 안다는 것 :

이 주제는 이야기 전체를 수 놓으며 중심적인 위치를 차지한다. 이 주제는 창세 2,9; 2,17; 3,5; 3,22 등에서 4번이나 연속해서 나타난다. 2장에서는 이

20 현대의 과학문명에서 이와 유사한 일이 발생한다. 계몽주의 시대에도 불완전해 보이는 종교에 재갈을 물리려는 시도를 보인 여러 사상적 조류에서도 동일한 현상을 볼 수 있다. 이성의 제단에 종교를 희생물로 바치고자 했던 모든 현상이 이러한 위험을 내비춘다.

표현이 이야기를 도입하는 재료로 쓰이며 3장을 준비한다면, 이 주제는 3장 5절에서 이야기의 절정에 도달한다. 이 주제는 다시 3,22에서 나타나 이야기의 마감을 위하여 사용된다. 이렇게 보면 '선과 악을 아는 나무'의 주제는 이야기의 전체를 이끌어 가는 소재임에 틀림없다. 그리고 바로 3,5에서 그 역할이 뚜렷하게 나타난다.

선악과를 따먹은 결과를 보면, 1) 눈이 열렸기 때문에, 2) 선악을 알게 되었다(3,22). 그러나 뱀의 주장대로 3) 야웨 엘로힘처럼 되었다는 언급은 뒤따르지 않는다. 이야기의 독자(讀者)나 화자(話者)가 예상하고 있는 바이지만, 처음부터 여자에게는 매혹적일 수밖에 없는 뱀의 해석이 유혹의 함정이란 사실이 드러난 것이다. 열매를 따먹고 난 다음에 뱀이 아담과 여자에게 설명하지도 않고 예상하지도 못한 현상이 발생한 것이다. 이 현상은 3,7에서 즉시 보게 될 것이다. 그러나 이 장면에서 뱀의 해석대로 눈이 열렸다는 사실이 인간에게 무엇을 말해주는지 확실하지 않다. 다만 선악을 알게 되었다는 사실이 어떤 의미에서 신적(神的)인 지혜가 될지는 숙고해볼 일이다. 6절에 가면 나무를 보면서 반응하는 여자의 모습에서 '앎'이 재차 강조되는 것을 본다.

그렇다면 선과 악을 안다는 것은 도대체 무엇을 가리킬까? 선과 악이 무엇인지 이해함과 더불어 우리는 '안다'는 것이 무엇을 의미하는지 생각해 볼 필요가 있다.[21]

무엇보다도 동사 '안다(yada)'는 4,1에서도 나타나지만, 4,2에서 보는 것처럼 카인의 출생과 관련해서 사용된 단어이다. '안다'는 것이 지적 체계에서 얻어지는 것이 아니라 경험적 세계에서 발생함을 가리킨다. 이러한 예는 창세 19,5.8이나 1열왕 1,4에서도 찾아볼 수 있다. 또 선과 악이란 하늘과 땅을 가리켜서 전체를 드러내는 것처럼(창세 1,1), 인간 경험의 두 극단을 거론하여 인

21 '안다' 주제는 4,1에서 다시 한 번 만나게 된다. 이곳에서는 이 단어가 인간의 출생과 인간의 잘못된 내면을 알려주는 표지이다.

22 Laurence Turner, Genesis, 31쪽.

간의 모든 경험을 요약하는 표현방식이다.[22] 이 논리를 뱀에게 적용한다면, 뱀의 말이 의미하는 바는 '너는 모든 것을 알게 될 것이다.' 뱀의 해석에 따르면, 아담과 여자는 그들이 원하는 것이 무엇이든 야웨 엘로힘이 규정한 금지나 제한이 없이 그 모든 것을 알고 경험할 수 있다. 이렇게 이루어진다면, 뱀의 말이 인간에게 얼마나 매혹적인 제안인가? 인간의 자유가 무한대로 팽창하는 것을 느끼지 않는가? 인간의 실존을 제한하는 신의 금지나 조건들이 허공으로 사라지는 것이다. 모든 것을 알게 된다는 삶이 뱀이 여자에게 한 약속이었다.

그러나 이 앎은 신의 금지명령에 반(反)하여 발생하는 불행한 '앎' 이다. 이러한 앎은 인간에게 축복을 가져오지 않고 불행을 가져올 수밖에 없다. 우리는 이를 3,16-19에서 듣게 되는 야웨 엘로힘의 징벌선언을 통하여 더 자세히 알게 될 것이다. 이 선언의 내용을 살펴보면, 야웨 엘로힘은 인간에게 도덕적인 설교를 하고 있는 것이 아님이 분명하다. 선언의 내용은 오히려 인간실존에 대한 좀 더 보편적이며 근원적인 내용을 가리킨다. 인류에게 축복과 불행을 가져온다는 것은, 이야기의 내용에서 보듯이, 여자가 한 행동의 어떤 구체적인 면에 대한 도덕적 윤리적 판단에서 옳고 그른 것을 의미하지는 않기 때문이다.[23] 그렇다고 도덕적 지식, 생명의 출산과 관련하여 성 본능의 자각, 이스라엘의 사고에서 선과 악에 대한 기능적 인식을 가리킨다고 보기도 어렵다. 이러한 성경주석학적 견해들은 창세 3장이 기록된 문화적 배경을 근거로 하여 문제를 인식하거나 문제의 실마리를 찾고자 한다. 예를 들면 가나안의 문화적 종교적 배경에서 풍요, 지혜, 생명, 죽음의 상징으로써 뱀의 의미를 보려고 한다. 그러나 이러한 내용이 이야기의 내용을 배경적으로 이해하는 데 도움은 주지만, 전체 이야기의 모티브와는 관련이 없음을 알 수 있다. 길가메쉬 서사시에 나타나

---

23 참조, C. 베스터만 주석부분; R. Koch, 88-117쪽. 신의 금지명령을 어기고 얻게 된 '앎'에 대하여 연구자들에 따라 여러 견해가 있다. 또 창세 2-3장의 이야기는 이미 동시대 혹은 그에 앞서는 시대의 이야기를 전제로 하고 있으며, 이를 소재로 하여 재구성되었음을 부인할 수 없다. 이러한 의미에서 성경 외적인 이해는 포괄적 이해를 돕지 않으며 오히려 어려움을 낳을 수 있다.

는 이야기와 비교한 연구도 그 한 예이다. 이야기의 소재를 이해하는 데 도움은 되지만 주제의 이해에는 도움이 되지 않는다. 이스라엘이 주변 문화의 영향으로 야웨에게 죄를 지었다고 비판한 예언자들의 말을 알고 있는 우리는 이러한 견지에서 뱀의 신화적 상징을 이해하려고도 한다. 그러나 이러한 이해가 3장의 이야기와 어떤 식으로 연결이 되는지 그렇게 분명하게 설명하지 못하고 있다. 혹은 구약성경의 다른 구절들과 비교를 통해서 3장이 전하지 않는 내용을 좀 더 분명하게 밝히려는 시도도 있다. 예를 들면 욥기 15장이나 에제키엘 28,11-19과 비교연구를 통하여 창세 2-3을 이해하고자 한다. 그러나 그 어느 것도 신화적 요소의 차용은 이야기의 모티브를 정당화시키지 못한다는 비판을 받는다. 그러므로 신의 금지명령의 위반에 따라서 얻어진 앎을 어느 한 범주에 예속시키는 견해는 이 앎의 문제를 전적으로 해결해 주지 못한다는 것만은 분명하다.

오히려 이 앎은 올바르게 알아야 할 '대상(對象)'을 결여하고 있는 것처럼 보인다. 더구나 이 앎이 신의 영역에만 유보된 것인지, 혹은 선과 악을 아는 것이 신적인 특성인지 분명하지 않다. 오히려 더 중요하게 보이는 것은 이 앎에 대한 인간의 욕구가 '야웨 엘로힘의 금지명령' 인줄을 알면서도 '위반을 결행했다' 는 점이다. 즉 위반의 내용이 무엇인지 화자도 말하지 않고 있으며, 독자인 우리도 모른다면, 이야기의 모티브는 이 앎의 내용이 이야기의 초점이 아닌 것이 분명하다. 뱀의 관점을 선택한 여자의 '잘못된 선택'이 무엇인가 불행을 자초하게 될 것이라는 사실만을 강조하기 때문이다.

인간의 선택적인 행동을 '야웨 엘로힘과 인간 사이의 갈등'으로 이해하려는 시도도 가능하다. 그러나 이 경우에 야웨 엘로힘과 인간이, 즉 창조주와 피조물이 동일선상에서 이야기된다는 모순이 있다. 그럴 경우에 신의 금지명령인 '선과 악을 아는 나무'는 뱀의 해석처럼 야웨 엘로힘의 함정 또는 그물로 잘못 이해될 수도 있다. 신이 마련한 교묘한 함정에 인간이 걸려 넘어진다는 식의 이해가 될 수 있다. 이것은 결코 창세기 편자의 의도가 아닐 것이다. 오히려 이

나무가 가리키는 상징이 인간 실존을 전체적으로 보여주거나 제한하는 요소로 읽혀지고 이해되는 것이 올바른 해석일 것이다. '너는 엘로힘처럼 될 것이다' 라는 뱀의 유혹이 바로 이러한 '인간의 실존적 상황'을 나타내 주는 다른 표현이 아닐까? 앎(知)이 인간의 실존 상황을 온전하게 섭렵하는 길을 보여주는 것이라고 한다면, 그것은 신적일 것이고 '신처럼 되는' 길임에 틀림없다. 그러나 모든 것을 아는 지식(앎)이 신 존재가 되는 것을 뒷받침해 주는 것이라고 감히 누가 주장할 수 있을 것인가? 창세기는 이와 같은 사유를 행하지도 않을 뿐만 아니라 언급하지도 않고 이를 전제하지도 않는다. 그러므로 우리가 시도하는 이야기의 이해는 처음으로 다시 돌아간다. 즉, 인간이 경험하는 현실의 불행을 암시하고자 한 이야기의 본래 의도는 그 원인을 인간 안에서 찾으려고 한다는 것을! 창세기 편집자의 의도를 우리는 이야기 자체의 구조 안에서 찾을 수 있어야 한다.

금지명령의 위반과 그 결과 :

6 : 여자가 쳐다보니 그 나무 열매는 먹음직하고 보암직하였다. 그뿐만 아니라 그것은 슬기롭게 해 줄 것처럼 탐스러웠다. 그래서 여자가 열매 하나를 따서 먹고 자기와 함께 있는 남편에게도 주자, 그도 그것을 먹었다.

7 : 그러자 둘은 눈이 열려 자기들이 알몸인 것을 알고, 무화과나무 잎을 엮어서 두렁이를 만들어 입었다.

4-5절의 뱀의 말이 끝난 후 6절은 여자의 반응을 시각적으로 묘사한다. 먼저 여자의 심리가 어떻게 움직이는지, 그리고 행동이 어떻게 뒤따르는지 묘사가 이어진다. 여자에게 유혹의 말을 던진 뱀은 더 이상 등장하지 않을 것이다. 뱀은 사실 동물로서 등장한 것이 아니기 때문이다. 따라서 뱀의 역할은 여기서 끝나고, 이제부터 인간의 모든 행동은 독자적으로 행해진다. 뱀은 더 이상 나타나지 않을 것이지만, 뱀이 던진 유혹은 인간 안에서 살아서 행동으로 표출될

것이다. 뱀이 사라진 동산에는 금지된 열매와 그것을 바라보는 시선만 존재할 뿐이다. 열매를 앞에 두고 갈망의 눈으로 바라보는 인간의 불안한 마음과 시선이 혼란스럽다. 인간의 갈망을 상징하는 열매를 바라보거나 생각할 때마다 뱀의 유혹은 말과 소리가 되어 인간의 기억 속에서 되살아날 것이다.

여자의 시선이 나무에게로 향한다. 금지된 열매로 향한 눈은 '보는 것' 만으로 만족할 수 없다. 적어도 심리적 의미에서 가장 일반적인 인간의 모습이 그려지기 시작한다. 여자의 욕망을 묘사하기 위해서 더 이상의 특별한 설명이 필요 없다. 금지된 것은 이미 모든 것을 말하고 있으며, 인간의 마음을 꿰뚫어 보고 있다.

여자의 말에서 우리는 세 가지를 관찰할 수 있다. (1) 나무의 열매가 먹음직스럽고, (2) 눈(보기)에도 좋아 보였다. (3) 그리고 슬기롭게 해 줄 것처럼 탐스러웠다. 우리가 관찰한 여자의 말은 곧 여자의 욕망을 드러내는 표현이다.

금지된 나무가 욕망의 대상으로 눈앞에 있으니 금지된 그것을 '보는' 것만으로는 이야기가 진전되지 않는다. 욕망을 불러일으키는 열매를 '보고' 그 맛을 알기 위하여 '먹어야' 갈증은 채워질 것이다. 그러나 이미 한 번 충족된 욕망은 끊임없는 욕망의 결핍을 낳을 것이다. 이 욕망(teshqah, 16절)은 엘로힘의 징벌선언 속에서 분명하게 언급될 것이다. 이야기의 의도가 드러나기 위해서라도 극적인 반전이 일어나야 한다.

일차적 욕망과 충족 : 보다, 먹다.

보고 먹는 행위는 인간의 갈망을 충족시키는 일차적인 육체적 행위의 표현이다. '본다' 는 것과 '먹는다' 는 것은 인간의 몸이 세상을 만나는 행위의 일부이며, 물질적 요소와 관능적인 요소들을 축약한 욕망의 표현이다. 그렇다고 6절의 내용이 단순히 감각만을 가리키는 것은 아니다. 감각뿐만 아니라 인식의 갈망이 드러나는 자리이며 욕망의 일차적인 만족이 채워지는 곳이다.

신(神)의 금지명령을 위반한다는 것은 인간의 이해가 도달할 수 없는 깊이와 높이를 가진 법(法)을 어기는 것이 아니다. 그것은 인간 존재의 가장 가까운 곳에서, 가장 용이하게 이루어질 수 있는 손안의 것이다. 가장 가까운 곳이란 의식하지 않으면 인간 자신이 자기와 거리를 둘 수 없음을 의미한다. 가장 용이하다는 것은 일상적으로 발생하는 사건 속에서 찰나적이고 무의식적임을 의미한다. 너무나 자연스럽고 쉽기 때문에 의식하지 않고서도 행동으로 나갈 수 있음을 가리킨다.

금지명령의 위반이란 이름은 그 결과가 두렵고 무서운 것이지만, 그에 이르는 길은 이처럼 아주 쉽고도 일상적이다. 인간의 어두운 심연을 가리키지도 아니하며, 인간의 눈에도 너무나 자연스러운 길이다. 그러기 때문에 자신과 동일시 할 수밖에 없는 자리에 있다. 쉽게 눈에 띄기 때문에 주의할 수 있는가 하면, 너무나 가깝기 때문에 무심코 지나칠 수 있다. 이를 달리 말하면, 신법(神法)을 준수하는 길은 인간이 조금만 주의를 기울이면 자율적으로 통제할 수 있는 곳에 있다. 신법은 일상생활과 동떨어진 게 아니며, 일상을 벗어난 예외적 법칙을 의미하지 않는다.

인간은 이렇게 일상 안에서 신법과 맞닿아 있으며, 신법에 대한 인간의 반응은 진부할 정도로 일상적이다. 따라서 유혹의 심리적 과정은 아주 단순한 묘사로 처리된다. '먹음직하고 보암직한 매혹적인 열매.' 감각적인 용어로 묘사된 이 인간의 심리 과정은 간단하기는 하지만, 인간의 욕망을 극적(劇的)으로 표현하고 있다. 현대인인 우리가 일상 중에 늘 경험하는 오늘의 이야기처럼 들린다. 이 욕망은 일상적이고 인간본성의 일부분에 속하기 때문이다. 욕망이 '대상'으로 있는 한, 논리적으로는 인간 자신과 동일시할 수 있는 것이 아니다. 그러나 욕망은 인간 본성의 한 부분에 속하기 때문에 때로 거리가 감촉(感觸)되지 않을 수 있다. 대상이 인간 자신과 하나가 되어야만 욕망이 채워지고 긴장이 휴지(休止)될 것 같다. 이러한 인간의 욕망은 욕망의 대상이 자신과 동일화 되는 순간 그 대상은 사라지지만, 다시 나타나는 대상은 욕망을 불러일으키는 원인이 되어 욕망의 휴지는 오지 않는다. 말하자면, 욕망의 대상이 사라지지 않는 한, 인간은 끊임없는 갈망으로 고통스러울 수밖에 없다. 이 과정은 욕망에 대한 윤리적 가치판단으로 해소되지 않는다.

이처럼 6절에서 여자의 의식 전체를 한 곳으로 모으는 갈망이 시선을 한 곳으로 집중시킨다. 뱀과 나눈 대화 이후에 금지된 열매에 여자의 시선이 고정된 것이다. 우리에게 금지와 욕망의 관계는 어려운 심리적 이해를 필요로 하는 것이 아니다. 불러일으켜진 욕망은 여자와 남자에게 금지된 대상이 무엇인지 알게 하는 동시에 그것이 금지될 수밖에 없는 이유를 알게 될 것이다.

앎과 욕망 :

욕망의 시선에 이어서 바로 행동의 모티브가 제시된다. 감각적인 용어의 설명이 인간의 본성을 드러내고 있다면, '슬기롭게 해 줄 것처럼 탐스러운' 열매에 대한 묘사는 인간의 지적, 논리적 반성이 작용하고 있음을 드러낸다. 여기에서 우리는 뱀의 말을 기억하지 않을 수 없다. 뱀은 여자에게 선악을 알 수 있는 지혜를 가지게 될 것이라고 유혹했다. 뱀의 유혹적인 이 말은 감각적인 욕망이 충족될 것을 알려주는 것이 아니다. 또 이욕구의 충족이 이야기의 주제도 아니다. 이야기의 초점은 감각적인 욕망이 '선악(善惡)의 지'에 도달하는 길이 될 것처럼 위장한 점이다.

뱀을 통하여 거짓이 진리라는 이름으로 제시되었기 때문에 이 욕망은 오류로 진행될 수밖에 없다. 감각적인 욕망은 인간 자신을 넘어서 초월적 신의 권능을 획득하기 위한 단계로서 반드시 거쳐야 할 것처럼 묘사된 것이다. 말하자면, 나무열매가 인간적 욕망의 대상을 온전하게 가리키기에는 부족한 것이다. 감각에 제한된 것은 감각적인 것으로 끝날 것이기 때문이다. 열매의 상징성은 물질성(物質性)을 대신하며, 열매의 감각성(感覺性)을 초월하는 열매의 상징, 곧 '선악의 지'가 지시된다. 이 '선악의 지'는 뱀이 하와에게 인간조건의 초월을 약속한 가장된 선물이다. 뱀의 언어를 통하여 신(神)의 무한한 선(善)이 인간의 유한한 실존적 조건으로 해석(解釋)된 것이다. 신의 금지명령이 마치 인간의 자유를 제한하고, 인간실존의 무거운 짐처럼 거짓말이 된 것이다.

뱀이 여자로 하여금 금지된 열매를 따먹게 한 배경에는 인간조건을 뛰어 넘어서 새로운 인간조건을 창출하고자 하는 인간의 심리적 욕구와 갈망이 숨어 있다. 그러나 아무리 인간이 자신의 실존조건을 뛰어넘는다 하여도 인간으로 남을 수밖에 없다는 사실은 변하지 않는다. 이런 의미에서 욕구와 갈망은 자기 한계를 드러내는 표현일 뿐이다. 욕구와 갈망은 인간 자신의 실존조건에 대한 처절한 인식의 허망한 내용이며, 이러한 인식을 바탕으로 출발하는 통제되지 않는 욕구와 갈망은 자기초월의 의지를 드러내는 무모한 행동이 되지 않을 수 없다.

앎(知)을 통하여 인간조건을 뛰어 넘으려는 인간의 허무한 행동! 이 앎을 얻는 것으로 '엘로힘과 같이' 될 것이라고 약속했던 뱀의 유혹은 완전하게 실현되지 않는다. 그러나 엘로힘의 고백은 인간이 '우리 가운데 하나처럼(3,22)' 되었다는 것이며, 이 사실이 인간을 동산에서 쫓아낼 이유가 된다. 이 앎의 내용이 우리는 무엇인지 알 수 없고 창세기의 이야기도 그 답을 굳이 말하려 하지 않는다. 이 사실은 그저 알게 된 '상태'를 가리키는 것인지도 모른다. 말하자면, 앎의 내용이 이야기의 초점이 아니라, 금지명령의 위반이 초점인 까닭이다. 유혹에 떨어진 여자와 같이 인간은 나날의 경험 속에서 신의 금지명령을 반복적으로 위반하고 있다는 고발이 이야기의 메시지일 것이다. 그렇다면 무엇을 위반하는지 그 앎의 내용을 찾아나서는 것은 인간의 몫이 되지 않을까?

여인은 자신이 따먹고 난 후, '남자'에게도 따주어 먹게 한다. 이 구절에 대하여 여자가 남자를 유혹하여 함께 먹었다거나, 혹은 남자와 여자 사이에 일종의 합의가 이루어진 행동으로 해석할 수도 있다.[24] 그렇다면 여자의 행동을 정당화하기 위하여 하와가 아담을 필요로 했다는 추측도 가능하다. 악(惡)은 어떠한 경우에도 공모자를 필요로 하기 때문이다. 이것이 악(惡)의 속성이다. 아담은 여자가 뱀의 관점을 취하였듯이 그도 여자를 통하여 뱀의 관점을 공유하게 되었기 때문이다. 신의 금지명령위반과 관련하여 선과 악 어느 것을 지향하든 인간 행동의 부정적 연대성(連帶性)은 여기서도 발휘되고 있음을 알 수 있다. 무엇보다도 공모의 익명성을 보장하려는 악의 태도는 하와나 아담 모두에게 필요한 공모자를 낳기 마련이다.

앎의 결과 : 두려움

7절은 아담과 여자에게 마치 갑자기 도래한 사건이 위기를 조장한 것처럼 묘사한다. 인간은 나무열매를 따먹은 결과로 ㄱ) 자신의 눈을 뜨게 되었고 ㄴ) 자기 몸이 벌거벗은 상태임을 알게 되었으며, ㄷ) 그래서 자신의 몸을 가리게 되었다. 이로써 인간은 변한 것일까? 어떻게 해서 인간은 자신의 벌거벗은 상태를 부정적으로 의식하게 된 것일까? 인간에게 무엇이 변한 것일까? 성경은 이러한 질문에 대하여 명시적인 대답을 주지 않는다. 다만 아담의 눈이 이제까지 보지 못하던 것을 보게 되었고(벌거벗은 상태를 알게 됨), 알지 못했던 것을 알게 되었다고 말할 뿐이다. 만약에 아담의 벌거벗음이 앞에서 진단했듯이 자신을 방어할 수 없는 약함이나, 자신의 존재가 엘로힘에게 전적으로 의존되어 있다는 현실을 의미한다면, 아담의 눈은 자신의 현실을 있는 그대로 보게 되었다는 것일까?

이 변화가 가리키는 인간의식의 전환은 무엇을 의미하는가? 무엇이 옳지 않아서 문제가 발생하게 되었나? 이 대답은 이미 2,25에서 암묵적으로 예고된 사실이다 : 남자와 여자는 둘 다 알몸이면서도 부끄러워하지 않았다.[25] 알몸인 상태, 곧 벌거벗음은 인간이 타자와 야웨 엘로힘에 전적으로 의존된 삶을 상징적으로 보여준다. 그런데 변화된 의식 속에서 아담의 벌거벗음은 타자와 엘로

---

24 인간 생활의 공동체성을 생각한다면, 인간이 함께 기뻐하는 것도 있지만, 악을 행하는 것도 공동체적 속성을 지니고 있다. 공동체라는 테두리에서 선택이나 식별이 옳게 작용하지 않으면 잘못을 저지를 수 있는 것이 인간 사회이다. 개개인은 서로에게 선을 베풀 수도 있지만, 자신의 행동으로 의도하지 않은 악을 범할 수도 있다. 말하자면 죄는 부지불식간에 행해질 수 있어서 분명하게 어느 누구의 개인적 책임으로 돌릴 수 없을 수도 있다. 이를 일컬어 우리는 사회적 공동체성이라고 부른다. 전통적으로 주장되어 온 바와 같이 여자가 죄를 짓고 남자를 유혹했다는 일방적인 견해는 불식시켜야 할 것이다.

힘에 대한 두려움의 표현이 되었다(10절). 이렇게 두려움은 변화한 첫 인간들이 보여주는 첫 반응이며 제일 주제가 되었다. 이 두려움의 주제는 8절에서 아담의 입으로 발설될 것이다.

두려움을 가지게 된 첫 인간들의 행동은 옷을 해 입는 것이다(7절). 자신의 약함이 무엇인지 알고 은폐하는 것, 곧 두려움이 이런 행동을 낳는다. 야웨 엘로힘의 금지명령을 위반해서 발생한 예기치 못한 두려움은 신을 부정하는 것과 동시에 발생한 인간의식의 변화였다. 인간을 보호하기 위한 야웨 엘로힘의 장치, 곧 금지명령을 어긴 결과 인간은 스스로 자신을 보호하기 위한 행동을 하지 않을 수 없게 된 것이다. 여기서 옷을 상징하는 두렁이를 만들어 입는 행위는 인간의 외적(外的)인 어떤 것을 가리키지 않는다. 이것은 인간의 내적(內的)인 무엇과 결부된 상황을 가리킨다. 창조와 더불어 인간에게 허용되었던 것들이 야웨 엘로힘의 금지명령을 위반하게 되자 문제가 된 것을 가리킨다.

그래서 벌거벗음의 상태 그 자체가 문제가 아닌 것이다. 이 상태를 알게(知) 된 것이 문제가 아니라, 인간이 더 이상 야웨 엘로힘에게 전적인 신뢰를 줄 수 없게 된 것이 문제이다. 이 앎(知)은 인간이 자신과 자신의 환경에 대하여 취하는 의식(意識)이나 행동과 통한다. 창조의 처음에 인간이 지녔던 순수의식이 금지명령을 위반한 행동을 통해서 변화를 일으킨 것인가? 이 단계에서 야웨 엘로힘이 할 수 있는 도움은, 나중에 보이겠지만, 인간 자신이 만들어 입은

25 벌거벗음과 부끄러움. 사람에 따라서 뉴앙스는 다르지만 성적(性的)인 의식 내지는 성적인 부끄러움으로 이해한다. 혹은 무지의 시대에서 지식의 시대로, 말하자면 원시시대에서 문화시대로 옮겨 간 변화상으로 해석한다. 이 견해들을 종합적으로 이해하려고도 하지만, 이 부끄러움을 벌거벗음과 관련시켜서 오늘의 문화에서 오직 성(性)의 차원에서 규정하려는 것은 일방적이지 아닐까? 왜냐하면 구약성경에서 히브리어의 '좋다tob'란 단어는 성(性)과 관련하여 사용된 예가 없기 때문이다. J. Barr도 비중 있게 성 문제를 거론하지만, 이 주제와 관련하여 반드시 성의 차원에서만 이해하지는 않는다. 참조, 그의 책, 특히 3장-Knowledge, Sexality, and Immortality. 주시할 것은 이 부끄러움이 앎과 관련이 있고, 부끄러움으로 앎은 인간에게 자의식(自意識)을 불러온다는 점이다. 첫 인간들과 관련하여, 부끄러움이 가지는 다른 의미는 야웨 엘로힘의 존재를 배척한 자신들의 현실을 바라보는 아담과 하와가 되었다는 점이다. 심리학적 표현을 빌린다면, 인간이 앎을 통하여 자의식을 가지기 전에는 동물 세계의 일원이었을 것이므로, 이야기는 동물세계에서 빠져 나오는 아담과 하와의 모습을 이렇게 묘사했다고도 볼 수 있다.

나뭇잎 옷을 대신하여 가죽옷을 만들어 입힐 수 있었을 뿐이다. 인간 스스로 옷을 만들 수 있다는 기술은 결국 자기방어의 허술한 방법일 뿐, 엘로힘의 눈으로 볼 때, 이것이 얼마나 허술한 일인지 인간은 스스로 알 수 없다. 놀랍게도 신(神)도 인간의 내면(內面)을 바꾸어 놓을 수 없으며, 인간의 외면(外面)-옷-만을 도울 수 있을 뿐이다. 인간은 야웨 엘로힘이 자신을 버리지 않았다는 사실을 알지만, 더 이상 야웨 엘로힘에게 접근은 어려워진다. 인간은 금지명령을 위반한 이후에 무엇인지 알게 되었지만, 벌거벗음의 상태로는 야웨 일로힘을 두려움으로 대하지 않을 수 없게 되었던 것이다.

인간이 금지명령의 위반으로 지혜로워졌기에(3,22 : 사람이... 우리 가운데 하나처럼 되었으니), 옷을 만들어 입게 된 것일까? 만약 그렇다면 명령의 위반은 부정적으로만 볼 수 없다. 긍정적으로 본다면, 이 옷은 인간의식의 전환뿐만이 아니고, 인간이 앎(知)을 얻었다는 사실을 상징적으로 나타내기 때문이다. 이 사실은 역설적으로 금지명령의 위반이 낳은 긍정적 결과를 보여주는 유일한 증거이다. 달리 말하면, 인간이 야웨 엘로힘의 금지명령을 어겼다는 사실은 부정적이지만, 자신들이 모르던 사실을 알게 되었다는 점에서는 긍정적인 것이다. 이러한 관점에서 본다면, 성경은 야웨 엘로힘의 금지명령을 위반했다는 사실을 통해서 인간의 길에 부정적인 차원(존재차원)과 긍정적인 차원(실존차원)을 동시에 보여주는 것은 아닌지? 그래서 현실에서 인간의 삶을 보다 긍정적으로 이해하고 인간을 변호할 수 있는 것은 아닐까? 또한 인간의 실존차원은 역사 안에서 해결될 수 없는 자체적인 모순을 내포하고 있음을 보여주고자 한 것은 아닐까?

두렁이 :

이러한 역설이 현실을 반영하는 것이라면, 인간의 실존차원은 사회적 성격을 띠고 있음을 강조한다. 인간에게 옷은 단지 개인적인 것이 아니라 사회적인 의미를 드러내는 현상이고 그 일부이기 때문이다.[26] 이런 시각에서 성경을 이해한다면 7절의 두렁이로 상징된 옷은 바로 문명사회를 고발하는 은유적 수단일 것이다. 자기 방어를 위하여 인간은 엘로힘 뿐만 아니라, 동료 인간들을 거부할 수밖에 없기 때문이다. 자기 방어는 위협이나 공격의 최종적 결과가 죽음이라는 사실을 알고 있으며, 이 위협에서 벗어날 수 있는 가장 직접적이고 확실한 방법을 추구한다. 위협이 상존하는 현실에서 자신의 의도와 상관없이 타인은 형제가 아니라, 자신이 경계해야 할 존재가 된다.

이야기의 전개과정에서 7절의 두렁이는 21절의 가죽옷으로 대체될 것이지만, 무엇보다도 옷의 상징을 더 깊이 이해해야 한다. 일차적으로 옷은 벌거벗음으로 표현된 인간의 허약함을 강조한다. 더구나 (상징으로써) 옷이 없는 인간에게 자연세계는 거칠고 두려울 수밖에 없다. 아담과 여자는 에덴동산에서 아직 이런 거칠고 험한 세상을 경험하지 않은 듯이 묘사되었다. 옷은 비로소 벌거벗은 인간이 자신을 보호하는 법을 깨달은 구체적인 행위를 가리킨다. 물론 이런 행위 자체는 인간의 허약함을 알려주는 것이기 때문에 첫 인간들의 의도를 온전히 성취하지 못한다. 역설적으로 21절의 가죽옷은 이 허약함을 임시로나마 가릴 수단을 나타내며, 야웨 엘로힘이 인간을 보호하는 도구로써 제공된다.

한편, 인간의 허약함은 역사와 문명 안에서 권위와 힘, 인간의 심리를 말해주는 복장으로 사용되기도 한다. 복장이 성대할수록 인간은 자신의 권위와 힘을 사용할 수 있으며, 타인들 보다 우위를 점한다는 사실을 만끽한다. 이러한 사회적 의미의 이면에 인간의 옷은 영적 실재의 상징성을 드러내기도 한다.[27] 성경적 의미에서 옷은 영적 실재를 가리키는 상징으로 낡은 인간(성)을 벗어버리고 창조된 새인간으로 갈아 입고(골로 3,10; 에페 4,24) 그리스도를 입으라(로마 13,14)는 권고까지 듣는다.[28]

---

26 벌거벗음→무화과 나무잎 옷→가죽 옷을 문명화-사회화의 과정 내지는 발전적 현상으로 이해할 수도 있다.

27 E. Haulotte, Symbolique du Vétement selon la Bible, Aubier, 1966, 69-113쪽 참조.

28 옷과 관련된 문맥에서 신약성경의 신학적 의미는, E. Haulotte, 같은 책, 221-225쪽 참조.

이렇게 벌거벗음을 벗어나기 위하여 입게 된 옷의 의미는 인간 사회의 구성 밑바닥에 극복하기 어려운 불신과 위협에 대한 두려움이 있다는 의식을 고발한다. 현실에서 옷을 입고 사는 극히 정상적인 모습 이면에는 상징적으로 드러내지 않으면 고발할 수 없는 인간의 심리적 병리현상이 숨어 있다는 것이다. 옷이 상징하는 것은 아담이 자신의 허약함을 극복하기 위하여, 혹은 방어하기 위하여 야웨 엘로힘에게 의존하기보다는 자신을 신뢰하게 된 불안한 상태를 가리킨다. 에덴동산을 떠나 있는 오늘의 아담은 야웨 엘로힘 앞에서 자기를 방어하고자 애를 쓰고 있는 것이다.

다음으로 창세 3장 이야기의 두 번째 부분인 8-24절은 첫째 부분의 결과를 보여준다. 이 부분은 다시 3가지 주제로 요약된다.

(1) 8-13절 : 변명, (2) 14-19절 : 징벌선언, (3) 20-24절 : 추방. 첫 번째 소주제를 묘사하고 있는 8-13절은 야웨 엘로힘이 인간과 나눈 마지막 대화부분이다.

ㄷ. 신 앞에 선 인간 : 8-13절

8 : 그들은 야웨 엘로힘이 저녁 산들바람 속에 동산을 거니는 소리를 들었다. 사람과 그 아내는 야웨 엘로힘 앞을 피하여 동산 나무 사이에 숨었다.

9 : 야웨 엘로힘이 사람을 부르며,
"너 어디 있느냐?" 하고 물었다.

10 : 그가 대답하였다.
"동산에서 당신의 소리를 듣고 제가 알몸이기 때문에 두려워 숨었습니다."

11 : 야웨 엘로힘은

"네가 알몸이라고 누가 알려주더냐? 내가 너에게 따먹지 말라고 명한 그 나무 열매를 네가 따먹었느냐?" 하고 묻자,

12 : 사람이 대답하였다.

"당신이 나와 함께 살라고 준 여자가 그 나무 열매를 내게 주기에 먹었습니다."

13 : 야웨 엘로힘이 여자에게

"너는 어찌하여 이런 일을 저질렀느냐?" 하고 묻자, 여자가 대답하였다.

"뱀이 나를 꾀어서 내가 따먹었습니다."

에덴동산과 야웨 엘로힘 :

야웨 엘로힘의 현존이 동산에서 거니는 신(神)의 '소리'로 은유된다. 신이 거니는 행동이나 아담과 하와의 숨는 행동도, 나무 숲도 모두 은유의 소산이다. 우리는 아담과 하와와 야웨 엘로힘의 은유의 세계 안으로 들어서야만 의미들을 알아들을 수 있으며, 그 세계의 언어로 이해할 수 있는 내용을 표현할 수 있다.

아담과 하와는 신이 거니는 소리를 듣고 몸을 숨겼다. 나무 사이로 몸은 숨길 수 있었지만 이들은 야웨 엘로힘이 거니는 소리, 그분의 음성만은 피할 수 없다. 소리와 음성은 신의 현존을 표현하는 방식이다. 야웨 엘로힘과 첫 인간들이 대면하는 에덴동산, 이 공간은 신화적으로 설정된 공간이요, 상징이 의미를 생산하는 공간이다. 에덴동산은 야웨 엘로힘이 아담과 하와에게 허용한 곳이니 그분의 현존을 거부할 수 있는 공간은 아니다. 아담과 하와는 자신들의 행동을 규정한 야웨 엘로힘의 명령을 위반했기 때문에 숨어버리고 싶다. 그러나 에덴동산에서 그가 야웨 엘로힘의 현존을 피해서 숨을 곳은 아무데도 없다. 이미 이 동산은 야웨 엘로힘의 현존이 가득한 상징의 공간인 까닭이다.

'금지된 열매'를 따먹은 사건은 아담이 야웨 엘로힘의 금지명령을 거슬러 발생한 사건이다. 이 사건의 상징성은 인간과 인간 사이에 벌어진 사건이 아니라, 신과 인간 사이에 발생한 사건에 그 의미가 있다.[29] 야웨 엘로힘이 넘어서면 안 될 선(線)으로 한정시킨 것을 인간은 알면서 넘어선 것이다. 이 결과, 야웨 엘로힘이 편재하는 상징의 공간에서 신의 현존을 피할 수 없다면, 신을 대면하지 않을 수 없는 것이다. 아담이 자신의 행동 때문에 발생한 결과를 부끄러워하는 것은 더구나 피할 수 없다. 그렇다면, 에덴동산으로 상징된 그 공간은 무엇을 가리키는 것일까? 이제 더 이상 에덴동산이란 공간은 이미 물리적 공간이 아님을 알 수 있다. 이 상징의 동산에서 아담이 알게 된 것이 무엇이던가? 뱀의 말을 듣고 행한 후 그들에게 찾아온 결과는 예상 밖의 것이 아니지 않은가? 금지명령위반의 결과는 뱀이 제안한 약속의 일부와 부끄러움(7절)과 두려움(10절)이었다.

알몸과 두려움 :

야웨 엘로힘의 발자국 소리를 듣고 첫 인간들이 보인 첫 번째 반응은 '자신을 숨기기'였다. 왜 첫 인간들은 본능적으로 숨어야만 했을까? 단순히 금지명령을 위반했다는 사실 때문일까? 창세 3장은 왜 그들이 신의 발자국 소리를 두려워했는지 설명하지 않는다. 아담과 하와가 몸을 숨긴 이유는 단순히 두려움 때문이었다고 한다. 이 두려움은 첫 인간들이 보여준 야웨 엘로힘에 대한 첫 번째 변화요, '신(神)의 현존(現存)'에 대한 잘못된 의식의 표현이 되었다. 신과 인간의 관계가 왜곡되고 만 것이다.

전체 이야기를 통하여 알게 되지만, 신(神)에 대한 두려움은 잘못된 인간의 원초 의식 가운데 하나이다. 창세 11장까지 읽어나가다 보면, 타인에 대한 두

---

29 종교와 율법의 분화 이전 사건. 말하자면 이 사건을 해석하고 이해하기 위하여 종교적 가치체계나 윤리적 판단을 적용하지 말라는 것이다. 이 사건은 태초의 사건이며, 신의 말씀이 종교적으로, 율법적으로 이해되기 이전의 이야기로 이해할 필요가 있다.

려움이 상승하고 강화될수록 인간의 폭력성이 더욱 적나라하게 발휘되는 것을 보게 된다. 인간의 어두움이 잘못과 함께 드러나는 근원에는 신(神)에 대한 인간의 두려운 의식(意識)이 자리하고 있다. 야웨 엘로힘은 아직 아무런 징벌을 선언하지 않았지만, 첫 인간들은 두려워진 것이다. 이 두려움이 인간에게 야웨 엘로힘 앞으로 당당히 나서지 못하게 한다. 금지명령을 어긴 인간이 이 명령을 발한 신에게 사실을 고백할 수 없었다면, 이제 인간의 거짓이 폭로되면 될수록 엘로힘은 더 큰 두려움의 대상이 될 것이다. 참 사실에서 멀어질수록 야웨 엘로힘에 대한 인간의 의식에 변화가 분명해진다. 독자들에게는 아직 가려져 있는 사실이지만, 이야기 속의 인간은 자기들의 잘못이 무엇인지 알기 때문에 몸을 숨겼던 것이다.

아담아, 너 어디 있느냐?

아담과 하와는 들키지 않기 위해서 동산 나무 사이 '어두움'[30] 속으로 피했다. 신은 첫 인간들이 에덴동산에 있는 걸 알면서 그들에게 질문을 던진다. 그들이 숨지 않았다면 던지지 않았을 질문일 것이다. 따라서 이 질문은 단순히 눈에 보이지 않기 때문에 던진 질문은 아니다. 아담과 하와의 행위는 이제 더 이상 은폐할 수 없는 곳에서 숨은 행동이 아님이 드러난다. 자신들의 실상을 드러내 보일 수 없다고 판단한 아담과 하와는 자신들의 처지를 자신들이 본 그대로 대답한다. 그러나 야웨 엘로힘의 물음과 아담의 응답 사이에는 일종의 간극이 있다.

아담, 너 어디 있느냐?[31] 신의 이 질문을 아담이 즉각적으로 알아듣고 있다.

---

30 여기서 사용한 단어 '어두움'은 상징어이다. 한 인간이 자신과 타자에게 드러낼 수 없는 은유의 공간을 가리킨다. 여기서 거짓이나 은폐의 행동이 힘을 얻는다.

31 이 질문(9절)은 장소에 대한 질문이 아님을 누구나 다 알고 있다. 아담은 이 질문에 대해서 그의 감정 상황을 드러냈을 뿐이다 : 알몸이기 때문에 두렵다(10절). 말하자면, 이 질문은 신의 현존이 두려움과 동일하게 된 상황을 의미한다. 아담은 야웨 엘로힘에게서 동산을 관리하라는 책임을 부여 받았다. 그러나 아담은 책임을 경험하지 못했기 때문에 책임을 질 수 없어 보인다.

그래서 이렇게 이해할 수 있다. 아담, 왜 숨었느냐?[32] 일차적으로 이 해석은 아담의 답변에서 확인되지만, 아담의 말은 신의 금령을 위반했기 때문에 발생한 두려움을 표현하고 있다. 11절에 가면 이 사실이 야웨 엘로힘의 말로 드러나고 있다. 아담의 두 번째 답변은 비로소 첫 번째 질문의 깊이를 헤아릴 수 있는 단서가 된다. 아담은 여자를 탓하고, 야웨 엘로힘을 탓하고 있는 것이다. 아담은 제 곁의 에제르, 여자를 보호하는 것이 아니라 여자에게 그 책임을 전가하고 자기를 창조한 야웨 엘로힘마저 고발의 대상으로 삼아 버린다. 신과 인간의 관계가 훼손되었을 뿐만 아니라, 환호를 지르던 아담의 모습(2,24), 한 몸을 이루었던 아담과 여자(2,25)가 더 이상 하나가 아니라 벌거벗은 두 남녀로 갈라서고 붕괴되고 있음을 본다. '사람이 혼자인 것이 좋지 않다.' 고 판단했던 신의 말이(2,18) 이 순간에 현실이 된 것이다. 서로에게 에제르(협력자)여야 할 첫 인간들이 이제는 아담도 혼자이며, 여자도 혼자가 된 것이다. 금지명령을 위반한 아담과 하와의 잘못된 행동 때문에 의심스러운 상대방으로 존재하는 협력자나 신이 비난대상이 된다. 아담, 너 어디 있느냐? 숨은 사실은 겉으로 드러났지만, 홀로 된 사실은 아직도 갈추어져 있다.

따라서 야웨 엘로힘의 이 질문은 인간에 대한 재판이 아니고, 사실에 대한 확인일 뿐이다. 이 질문은 3,1-7에서 보이는 야웨 엘로힘의 금지명령을 깨는 과정과 역순으로 전개된다. 3,1-7에서 사건은 뱀->하와->아담의 차례로 금단의 열매를 따먹는 과정으로 진행되었다. 반면에 8절 이하에서는 야웨 엘로힘의 질문이 아담->하와로 이어지며 뱀은 이제 나타나지도 않는다. 이미 이 사건은 아담과 하와가 관련된 사건이지 뱀의 사건은 아니라는 암시이다. 그리고 야웨 엘로힘의 선고(14-19절)는 다시 금지명령위반 사건의 순서대로 뱀->여자->남자의 차례를 따를 것이다.

---

32 Laurence Turner, 32쪽 ; Victor, P. Hamilton, The Book Of Genesis 1-17, Eerdmans, Grand Rapids, 1990, 193쪽.

명령위반 : 뱀 -> 하와 -> 아담

야웨 엘로힘의 질문 : 아담 -> 하와 -> (뱀 : 생략)

징벌선언 : 뱀 -> 하와 -> 아담

명령을 위반한 사실에 대한 질문이 뱀에게 와서 생략된 것은 무엇을 의미할까? 앞에서 여러 차례 언급하였듯이 뱀은 일차적으로 동물계에 속하지만, 상징의 표상세계에서 인간이 재배하고 다스려야 할 동물성을 가리킨다. 아마도 이 해석에 준할 때, 야웨 엘로힘이 뱀에게 던져야 할 질문이 생략된 이유를 짐작할 수 있지 않을까? 야웨 엘로힘이 첫 인간들에게만 말을 걸고 뱀에게는 질문하지 않은 이유는 뱀에게 주어질 질문은 무의미하다는 뜻이 아닐까? 뱀은 인간이 이겨내야 할 동물성의 상징적 주제(主題)이기 때문에 아마도 유혹자에게 던져질 질문은 없는 게 당연할 것이다. 유혹자는 지배되어야 할 대상일 뿐이지 의논의 대상이 될 수 없는 까닭이다. 그렇다면 그것은 평생을 두고 인간이 해내야 할 투쟁이며, 세세 대대로 이어지는 힘겨운 싸움일 것이다.

야웨 엘로힘이 사람에게 물었다. 너 어디 있느냐? 이 질문은 위에서 보는 것처럼 사람이 금지명령을 위반한 사건과 징벌선언을 듣는 사이에 위치한다. 잘못을 범하고 대가를 치르는 것은 인간사회의 재판절차와 동일하다. 이것은 인간의 사회생활에서 특기할 사항이 아니다. 그러나 이 두 개의 문맥 사이에 신의 말이 들어 있다. 인간이 인생의 어느 시점에서 자신에게 던져야 할 질문이다. 야웨 엘로힘은 나무 사이로 몸을 숨기며 두려움에 떨고 있는 아담에게 이 질문을 던졌다. 아담아, 너 어디 있느냐? 창세 3장의 전체내용을 요약한다면, 이 질문으로 대신해도 좋을 듯싶다. 결국 잘못(1-7절)과 잘못에 대한 보상(14-19절)은 규칙에 따라서 이루어질 터이지만, 인간이 잘못과 보상 사이의 길을 끊을 수 있으려면 이 질문이 필요하다. 징벌의 보상이 없으려면 잘못을 하지 말아야 한다. 인간의 잘못은 무의식적 실수와 함께 간다. 그러나 실수는 의식하지 못했을 때 발생하지만, 3장의 잘못은 인간의 의식 속에 숨어 있는 욕망의 한 표현으로 해석된다. 이 질문은 우리의 실수와 잘못에 대한 기억을 새롭게 상기시켜 줄 것이다.

3장은 인간이 후회하거나 잘못을 범한 죄인의 모습을 보여주지 않는다. 오히려 잘못을 범한 인간의 전형적인 의식과 이 안에서 발생하는 심리적 움직임만을 보여준다. 이러한 점에서 인간에 대한 심리적, 실존적 이해가 앞서야 할 필요성을 제기한다.

무엇이 이러한 심리적인 흐름의 해석을 뒷받침해 주는가? 말하자면 이들 행동을 인간의 일상적인 경험의 차원에서 설명할 수 있을 것인가? 앞에서 잠깐 언급한 것처럼 신(神)이 아담과 하와에게 질문하기 전에, 즉 이들이 야웨 엘로힘의 목소리를 듣기 전에 우리는 아직 이들이 벌인 행동에 대한 반성을 듣지 못했다. "동산에서 당신(야웨 엘로힘)의 목소리를 듣고서" 두려움을 느꼈을 뿐이지, 금지명령의 위반에 대한 자각행위는 드러나지 않고 있다. 이러한 모습은 우리가 일상적으로 경험하는 인간의식의 일반적인 모습이며, 우리가 살고 있는 사회에서 매일매일 발생하는 사건들이기도 하다. 창세기 이야기가 우연히 쓰여진 것이 아니고, 고도의 성찰을 가진 편집자의 손을 거친 것이라면, 이러한 해석은 분명 깊은 성찰에서 나온 편집인 것이다. 그러기에 야웨 엘로힘의 질문을 받기 전이나 후에 첫 인간들의 의식 속에서 드러날 수 있는 잘못에 대한 인식이 묘사되지 않은 것은 충분한 이유가 있다.

창세 3장의 이 부분에서 우리는 신이 인간의 사고와 행동의 거울임을 새삼 발견한다. 신은 인간의 행동에 변화가 일어났을 때 행동의 의미를 그대로 보여주기 때문이다. 금지명령을 위반한 결과로 자신들이 알몸인 것을 알고 두렁이를 엮어 몸에 걸치기 했지만, 이들 자신의 행동에 대한 성찰의식은 결코 드러나지 않았던 것이다. 그렇다면 이 거울의 반사를 보지 못한다면, 인간은 자신의 행동에 대한 자각을 할 수 없는 존재일까? 그렇다고 야웨 엘로힘을 통하여 온전하게 자신들의 잘못을 알 수 있는 것도 아닌 듯하다. 아직도 아담 부부는 자신들의 금지명령위반에 대해서 아무런 책임의식을 드러내지 않을 것이기 때문이다. 거울의 역할은 인간 자신으로 하여금 2차원적으로 되돌아보게 하는 도구적 기능을 할 뿐이다.

이야기의 내용을 한 껍질 벗겨내기 위해서 11-13절을 거듭 읽어보자. 야웨 엘로힘의 질문이 11절과 13절에서 세 번씩이나 반복된다.

> 11ㄱ절 : "네가 알몸이라고 누가 알려주더냐? ...
> 11ㄴ절 : 그 나무열매를 네가 따먹었느냐?...
> 13절ㄱ : 너는 어찌하여 이런 일을 저질렀느냐?"

이미 벌어진 사건이지만, 돌아보고 싶지 않은 인간 행동에 대한 야웨 엘로힘의 확인이다. 인간은 자기의 행동을 숨길 수 없다. 적어도 자기 자신을 숨길 수 없다. 게다가 인간을 창조한 신을 속일 수는 없다. 자기 이외의 모두에게 숨길 수 있다고 생각하는 인간도 자기 자신과 신을 속일 수는 없는 것이다. 의식적이든 무의식적이든 인간은 자신에게 거짓을 말할 수 없다. 비록 최면상태로 자신의 의식에서 벗어날 수 있을지언정 참 사실을 전적으로 외면할 수는 없다.

진실만이 거짓을 밝힌다. 거짓으로 은폐할 수 없는 상황에서 인간이 할 수 있는 최대한의 자기 방어는 변명이다. 자기정당화의 미명으로 변명을 하지 않을 수 없으며, 정당화의 가장(假裝) 하에 책임의 전가가 이루어진다. 자신에게 충실할 수 없는 자는 이미 자신을 배반한 것이다. 자기 방어는 이미 자기 자신에 대한 거짓이며 그 자체가 증거이다. 야웨 엘로힘의 질문은 인간 의식 안에서 메아리치는 소리이며, 이 메아리는 몸을 숨길 수 있다는 생각으로 가능한 게 아니다. 그것이 가능하다 할지라도 인간이 듣는 자신의 귀를 막을 수 없다. 신의 소리는 밖에서 들려오는 게 아니기 때문이다. 이즈음에서 우리는 신의 부름이 더 이상 외적 현상이 아님을 강조해야겠다. 구약성경의 온갖 에피파니(신의 나타남)는 모든 인간이 들을 수 있도록 발생한 사건들이 아닌 것이다. 그것을 들을 수 있는 자만이 신의 음성으로 들을 수 있었던 것이다. 신약성경의 복음서에서 신의 목소리는 오직 예수 한 분만 들을 수 있었다. 사도행전에서 묘사하고 있는 사도 바오로의 회심기에서도 오직 당사자만 들을 수 있었다. 이렇게 신의 음성은 인간의식의 가장 깊은 심처(深處)에서 울려오는 떨림이다. 이 떨림에 대한 첫 번째 인간의 반응은 야웨 엘로힘 앞에서 자기 정당화를 위한 변명으로 드러났다.

아담의 변명과 자기방어 :

10절 : "제가 알몸이기 때문에… 나는 두려워 숨었습니다."

12절 : "당신이… 준 여자가… 내게 주기에 먹었습니다."

이 변명의 이면에는 이러한 말이 들린다. "나는 이제 전과 다릅니다. 처음 눈을 뜨고 당신을 바라보며 당신을 알아보던 때와는 다릅니다. 당신이 두렵습니다. 당신을 찾고 싶지 않습니다. 나는 내가 누구인지 잘 압니다. 나는 벌거숭이입니다. 이제 당신이 나를 찾지 않는 것이 내게는 더욱 좋습니다. 나는 당신으로부터 최대한 멀리 있겠습니다.[33] 당신이 나에게서 멀리 있기를 바랍니다. 그래서 나는 숨었습니다."

아담과 하와의 심리적 변화과정은 이들의 행동을 단순히 '죄' 혹은 '죄의식'이라고 한정하기에는 좀 더 근원적이고 포괄적인 내용을 담고 있다.[34] 첫 인간 아담과 하와가 신(神)에게 드러낸 두려움은 그들이 자신들을 창조한 신(神) 야웨 엘로힘 앞에서 느끼는 부끄러움으로 표현된다. 이 부끄러움은 신(神) 앞에서 인간들이 가지지 않을 수 없는 절대적 본연의 상태이다. 이 부끄러움은 이제부터 인간과 신 사이에 한정되는 상태가 아니다. 야웨 엘로힘과 인간 사이에서 발생한 이 부끄러움은 다음 단계에서 인간-인간의 관계 안에서 확장되어 나타난다. 아담은 하와 앞에서, 하와는 아담 앞에서 자신을 그대로 드러낼 수 없게 된 것이다. 아담과 하와는 더 이상 금지명령위반 이전의 상태로 돌아갈 수 없게 된 것이다.

그들의 원죄적 상태는 행동과 말에서 드러난다. 우선 나뭇잎으로 엮은 두렁이는 아담과 하와가 서로에게 자연스러울 수 없다는 것을 직접적으로 증언한다. 그들은 자신을 타인의 시선에서 보호할 수 있다고 판단해서 나뭇잎으로 자신들의 가리개를 만들었다. 그러나 가리개는 오히려 야웨 엘로힘 앞에서 자신들을 방어할 수 없다는 사실을 확인할 뿐만 아니라, 전락한 자신들의 불행한 처지를 드러낼 뿐이다. 자신을 숨기기 위한 인간의 노력이 신(神)이 거니는 소리, 신의 음성 앞에서, 즉 신의 현존 앞에서 무력하다는 사실을 알려줄 뿐이다.

두 번째로 원죄적 상태는 아담과 하와의 말에서 드러난다. 아담은 자신의 금지명령위반이 여자 때문이라고 책임을 전가한다. 책임전가는 궁극적으로 아담을 위하여 하와를 창조한 야웨 엘로힘을 비난하는 것이다. 아담의 비난 속에서 야웨 엘로힘의 창조가 무의미하게 될 수 있다. 아담의 여자 하와도 한 걸음 더 나아가 자신의 행동은 오로지 뱀의 유혹에 넘어갔기 때문에 발생한 결과라고 대답한다. 남자와 여자 모두 자신의 행동에 대해서 어린아이처럼 책임을 질 수 없다는 고집을 보인다. 아직 이 둘은 자유를 경험하지 못했기 때문에 책임의식도 가질 수 없다. 아담도 하와도 자신의 행동에 대해서 책임을 질 수 있는

---

33 루가 5,8. 예수 앞에서 베드로는 자신이 죄인이라고 고백하면서, 자기에게서 떠나주기를 간청한다. 베드로의 고백은 자신이 잘못을 했기 때문이 아니라, 예수의 행동에서 베드로는 자신도 이해할 수 없는 두려움을 느꼈기 때문이다. 말하자면 인간을 초월하는 어떤 것 때문에 보통 인간은 예수와 함께 있을 수 없다는 인간적 고백임을 알 수 있다.

34 죄라는 말은 창세 3장의 이야기를 읽고 난 뒤에 내린 윤리적 종교적 판단에 따른 표현이다. 그러나 창세기 이야기 속에는 윤리적 의미를 가리키는 죄라는 단어가 없다. 교회는 이 이야기를 통해서 원죄를 이해한다고 생각해왔다. 모든 인간이 태어나면서 짊어지게 되는 죄, 이것이 원죄이다. 그리스도교의 원죄는 첫 인간 아담과 하와가 위반한 신의 금지명령을 깨뜨린 사건에서 비롯된다. 그러나 이는 모든 인간이 태어나게 되는 세상의 상황, 곧 죄의 상태와는 다르다. 말하자면, 태초에 저질러진 이 잘못은 논리적으로는 첫 번째 죄에 해당하여 원죄라고 부를 수 있지만, 본래적 의미에서 원죄는 인간이 태어나면서 직접적으로 자신이 관련되어 있지 않으며 따라서 책임이 없는데도 살게 된 삶의 조건을 의미한다. 원죄는 이러한 의미에서 인류의 실존 상황 내지는 조건을 표현하는 것이라고 정의할 수 있다. 이미 죄라는 단어는 일정한 관점에서 이야기를 해석한 용어이기 때문이다.

자유인이 아닌 것이다. 그들의 손가락은 자기를 향하지 않고 모두가 타자를 향했던 것이다.

결국 야웨 엘로힘의 음성은 첫 인간들이 새롭게-부정적인 의미에서-변했을 뿐만 아니라, 야웨 엘로힘의 현존을 달리 인식하게 되었음을 자각시켜줄 뿐이다. 야웨 엘로힘과 인간의 관계는 예전으로 돌아갈 수 없게 되었고, 신과 인간 사이의 조화는 더 이상 존재할 수 없게 되었다. 인간과 신의 동반자 관계가 인간의 약속 위반으로 깨졌기 때문이다.

처음부터 에덴동산은 첫 인간에게 맡겨졌기에 그 책임은 인간에게 돌아온다. 앞에서 언급했듯이, 인간의 책임이란 주제가 이야기의 초점이라고 말한다면 틀린 말일까? 이런 의미에서 야웨 엘로힘이 내린 징벌의 선고는 반복하건대 인간의 실존에 대한 설명이다. 야웨 엘로힘의 금지명령위반은 야웨 엘로힘의 창조물인 뱀과 함께 시작되었지만, 여기에 대하여 아무런 설명이 주어지지 않은 이유가 있었던 것이다.

잘못된 자유 :

야웨 엘로힘은 아담에게 이렇게 질문했다. 사람아, 너는 ... 그 나무 열매를 따먹었느냐? 아담은 야웨 엘로힘의 질문을 받고 "예"라고 대답은 하지만, 그 대답은 변명을 위한 핑게일 뿐이다. 아담은 야웨 엘로힘 앞에서 자신의 대답을 정당화할 수 있다고 믿는다. 자신을 변호할 수 있다는 생각은 아담이 죄에 대한 의식을 충분히 가지고 있었다고 보기 어렵게 만든다. 열매를 따먹긴 했지만, 그건 야웨 엘로힘이 만들어 놓은 함정이 아닌가? 아담의 대답은, 야웨 엘로힘이 자기 곁에 데려다 준 여자가 열매를 주어서 당연히 먹었을 뿐이다. 아담이 자신의 에제르에게 책임을 전가하는 그의 말은 에제르에 대한 불신을 의미한다. 인간에게 인간은 더 이상 에제르가 아니다.

아담은 자기의 행동을 자기탓으로 돌리지 않고 가장 가까워야 할 여자에게 그 탓을 돌렸다. 이 사실은 단 한 문장으로 기록되긴 했지만, 아마도 인류의 비극적 현실을 가장 잘 설명해 주는 단서일 것이다. 아담과 여자의 관계가 이제 더 이상 무엇으로도 회복 불가능한 불신의 심연으로 변질되었기 때문이다. 두 사람의 정상적인 관계는 붕괴되었고, 아담과 여자 사이에는 힘에 의한 지배와 불행한 종속 관계만이 남을 것이다. 야웨 엘로힘의 징벌 선언이 이를 말해줄 것이다. 남성의 일방적인 지배와 여성의 수치스러운 종속이 인간관계의 일반적인 형태로 자리 잡게 될 것이다. 여자의 종속은 그녀의 노예생활을 상정하고, 아담의 지배는 그에게 맡겨진 엘로힘의 창조계에 대한 불의한 관계를 가리킨다.

다른 시각에서 본다면, 아담의 변명은 그가 얼마나 야웨 엘로힘 앞에서 무모할 정도로 자유로웠는지를 보여주는 증거이다. 여자도 야웨 엘로힘의 질문에 아담이 변명으로 대답했듯이 자기 탓이 아닌 뱀의 탓으로 돌렸다. 한 번 유혹에 넘어간 것이 무슨 대수냐고. 처음으로 돌아가 다시 시작하지 않으면 될 수 있는 게 아닌가? 그러나 정말 다시 시작할 수 있을까? 한 번의 잘못은 재발하기가 너무나 쉽기 때문이다. 인간의 자유가 문제가 된다면, 그것은 인간의 자유가 자기중심적으로 전개되기 때문이다. 인간은 자유를 잘못 행사하는 본능과 습관에서 벗어나기 어려운 것이다. 잘못을 범한 인간이 야웨 엘로힘 앞에서 자신을 변호할 수 있다면, 부정적이든 긍정적이든 인간이 체험하는 자유는 얼마나 클 것인가?

이와 같이 창세 3장의 이야기 안에는 인간의 잘못과 자유에 비례하는 신의 자기 비움, 더 나아가 신의 영역 안으로 인간을 이끌어 들이기 위한 신비가 언급되고 있다. 여기서 인간학적인 견해를 좀 더 강조한다면, 우리는 인간의 죄보다는-그렇다고 아담과 하와의 행동을 가볍게 볼 수 있다는 뜻이 아니다-인간의 자유를 더 관찰해야 하지 않을까? 인간이 되어가는 과정에서 자유는 필수적인 것이며, 이 자유는 잘못을 통하여 책임의식과 더불어 발생하기 때문이다. 야웨 엘로힘의 창조의 신비는 바로 인간의 자율성으로 신(神) 존재의 신비를 스스로 확인할 수 있어야 하기 때문이다.

3장에서 인간의 죄만을 바라본다면 인간은 범죄적 행동을 한 피고(被告)로밖에 보여지지 않을 것이다. 비록 인간의 잘못이 분명할지라도 인간의 운명을 죄에 한정시킬 경우, 이야기가 원하는 인간 이해는 부분적일 수밖에 없다. 오히려 인간존재가 신(神)의 현실 안에서 지금도 인간의 책임과 자유와 더불어 창조의 의미를 드러내는 존재라는 것을 강조해야 하지 않을까?

이야기가 전개될수록 창세 3장에서 보였던 이러한 신(神)의 얼굴은 점점 옅어져서 마침내 그 얼굴을 볼 수 없을 정도로 희미해진다. 창세 1~11장의 설화가 끝날 때쯤이면 신의 얼굴은 더 이상 찾아볼 수 없으며 적요(寂寥) 속에서 들려오는 일방적인 목소리로 남는다. 역사의 진행과정에서 발생하는 숱한 절망과 좌절이 이를 설명한다고 할 수 있다. 그런 까닭에 창세기의 최초 사건은 인간이 자신의 실존적 의미를 찾으려고 할 때 새로운 눈을 열어주는 이야기, 삶의 터전과 그 길목에서 만날 수 있는 이야기인 것이다.

ㄹ. 징벌 선언 : 14-19절

14 : 야웨 엘로힘이 뱀에게 말하였다.
"네가 이런 일을 저질렀으니
너는 모든 집짐승과 들짐승 가운데서 저주를 받아
네가 사는 동안 줄곧
배로 기어다니며 먼지를 먹으리라.
15 : 나는 너와 그 여자 사이에,
네 후손과 그 여자 후손 사이에 적개심을 일으키리니
여자의 후손은 너의 머리에 상처를 입히고
너는 그의 발꿈치에 상처를 입히리라."

16 : 그리고 여자에게는 이렇게 말하였다.

"나는 네가 임신하여 커다란 고통을 겪게 하리라.

너는 괴로움 속에 자식들을 낳으리라.

너는 네 남편을 갈망하고

그는 너의 주인이 되리라."

17 : 그리고 사람에게는 이렇게 말하였다.

"네가 아내의 말을 듣고, 내가 너에게 따먹지 말라고 명한 나무에서

열매를 따먹었으니, 땅은 너 때문에 저주를 받으리라.

너는 사는 동안 줄곧 고통 속에서 땅을 부쳐먹으리라.

18 : 땅은 네 앞에 가시덤불과 엉겅퀴를 돋게 하고

너는 들의 풀을 먹으리라.

19 : 너는 흙에서 나왔으니

흙으로 돌아갈 때까지

얼굴에 땀을 흘려야

양식을 먹을 수 있으리라.

너는 먼지이니

먼지로 돌아가리라.

이야기의 진행만을 본다면, 이 선언은 야웨 엘로힘이 아담에게 명령한 금지 위반의 결과를 구체적으로 나열한 것이다. 이 선언은 이미 2장에서 야웨 엘로힘에게서 들은 "...죽을 것이다 (2,17)"의 내용이 되는 셈이다. 우리는 2장에서 긴장을 불러일으키며 예고된 첫 인간들의 운명을 이곳에서 만난다.

이 이야기는 3장의 마지막 결구에서 보게 될 첫 인간들의 운명을 예감케 한다. 즉 남자와 여자는 야웨 엘로힘이 그들에게 선물한 에덴동산에서 추방당할 운명인 것이다. 그러나 잘 살펴보면, 야웨 엘로힘의 선언과 첫 사람들의 추방은 내용적으로 차이가 나는데, 이에 대한 소고는 각 절의 해설에서 언급할 것

이다. 간단히 말하면, 야웨 엘로힘 징벌선고는(14-19절) 인간의 금지명령위반과 직접적인 관계가 없는 것처럼 보인다. 금지명령을 위반할 때 받아야 할 선고는 죽음(2,17)이었으나, 첫 인간들에 대한 벌은 인간이 일상적으로 겪어야 할 삶의 내용으로 요약되고 있기 때문이다.

다른 한 편, 이야기의 저자가 전하고자 하는 메시지가 어떤 의미에서 내적인 논리적 모순을 일으키고 있다. 그 까닭은 아담과 하와를 창조하고 에덴동산에 데려다 놓은 야웨 엘로힘이 동시에 이들을 쫓아내는 존재가 되어버렸기 때문이다. 야웨 엘로힘 자신이 창조의 목적을 스스로 위반할 수밖에 없었는가? 비록 인간들의 잘못으로 창조의 목적이 (있다면) 훼손되었다고 하더라도 인간들을 추방함으로 창조의 목적을 저버려야 하는가? 그렇다면 야웨 엘로힘의 창조는 불완전하게 진행되었다고 말할 수 밖에 없다. 그러나 이야기의 흐름으로 보건대 이러한 질문은 사실상 무의미하다. 일반적으로 우리들의 종교적 신념에 의하면, 신 존재는 인간을 초월하기 때문에 완전한 존재이다. 이 창조기사는 창조와 인간의 금지명령위반 사건을 통해서 창세 3장의 이야기가 완전한 초월적 신 개념을 소개하고 싶은 것이 아니라, 인간의 불완전성에 대한 고발 내지는 증거를 하고 있는 것이라고 판단되는 것이다.

다음 장면에서 우리는 신의 징벌 내지는 저주의 선언을 듣게 되는데, 첫 인간들에게 에덴동산의 삶이 유토피아적이었다는 설명이 있는 것도 아니므로, 이를 통해서 전통적인 낙원에 대한 기대는 버리는 것이 옳을 것 같다.

뱀의 징벌 :

14절 : 야웨 엘로힘이 뱀에게 말하였다.

"네가 이런 일을 저질렀으니
너는 모든 집짐승과 들짐승 가운데서 저주를 받아
네가 사는 동안 줄곧

배로 기어다니며 먼지를 먹으리라.

15절 : 나는 너와 그 여자 사이에,

네 후손과 그 여자 후손 사이에 적개심을 일으키리니

여자의 후손은 너의 머리에 상처를 입히고

너는 그의 발꿈치에 상처를 입히리라."

간교함('arum)으로 등장했던 뱀은 이야기가 끝나가는 시점에서 일방적으로 야웨 엘로힘의 징벌선언(저주 : 'arur)을 듣는다. 뱀의 간교함이 아무리 사실처럼 보일지라도 신을 속일 수는 없다. 뱀에 대한 선언을 아담과 하와에 대한 야웨 엘로힘의 태도와 비교할 때(16절 이하) 분명히 차이가 난다. 야웨 엘로힘 앞에서 뱀은 자기를 변호할 기회를 처음부터 가지지 못한다. 또한 야웨 엘로힘의 징벌선언을 받을 그 원인에 대해서도 변명할 기회를 박탈 당한 것이나 다름이 없다. 왜 그러한가? 사건의 당사자들인 뱀과 첫 인간들 사이에 어떤 차이가 있는 것일까?

물리적 사고로 이해하려고 한다면, 뱀의 정체는 숱한 호기심과 의문으로 가득 차 있지만, 이미 앞에서 지적한 바와 같이 뱀은 상징과 은유를 위해서 동원된 존재이다. 그리고 독자가 알 수 있는 뱀에 대한 정보는 "뱀은 야웨 엘로힘이 만든 모든 들짐승 가운데서 가장 간교하다(3,1)"는 사실 뿐이다. 여기서 지적된 간교함이 야웨 엘로힘의 저주를, 가장 큰 불행을 뱀에게 불러온 것이라면, 인간에게 심각한 의미가 있는 것이다. 여기서 문제된 것은 뱀의 형상이 아니고, 인간의 성격을 말해 주는 간특(姦慝)함인 것이다.

14절은 일차적으로 뱀의 외형적 모습을 묘사한다. 뱀이 다른 동물들과 구별된다는 언급은 뱀이 살아가는 방식에 대한 것이다. 뱀이 살아 있는 현재의 모습을 벌한다고 해서 징벌 이전에는 뱀의 모습이 달랐으리라고 가정할 필요는 없다. 현재 이야기의 전개를 위하여 필요한 수단일 뿐이다. 뱀에 대한 문화적 이해를 앞에서 보았듯이, 그리스도교는 전통적으로 뱀에 대하여 지극히 부정적인 해석을 하고 있으며,[35] 이것이 성경 이해의 차원에서도 이영향은 아주 컸다.

15절에 오면, 뱀에 대한 징벌선언이 현재에서 미래로 옮겨 간다. 이 선언은 뱀과 야웨 엘로힘 사이에서 발생할 사건의 예고가 아니라, 뱀과 인간 사이에서 발생할 사건을 확인한다. 영지주의적 우주관이 모델이 아닌 것을 여기서도 확인한다. 창세기 설화의 관심은 인간에 있기 때문이다. 이 선언에 따르면, 뱀이 인간을 유혹했기 때문에 이 둘 사이에 긴장과 갈등이 지속될 것이다. 야웨 엘로힘을 반대하여 인간을 자기편에 이끌어 들인 뱀과 인간 사이의 적대적 관계로 간극(間隙)은 오히려 점점 크게 벌어진다. 이 간극은 서로에게 적개심과 죽음에 가까운 폭력으로 표현될 것이다. 뱀의 운명을 묘사하는 14절의 징벌선언이 15절에 이르러 여자와 그 후손(後孫)과 벌여야 할 갈등과 투쟁까지 연장된 것이다. 인간은 끊임없이 후대에서도 뱀의 후손들과 생명을 건 투쟁을 해야 할 것이다. 야웨 엘로힘의 최고 창조물들인 인간과, 들짐승 가운데 가장 간교한 뱀 중에서, 어느 쪽이 최후의 승리를 거둘 것인가?[36] 그렇다고 인간이 싸워내야 할 짐승이 자신과 대등한 존재가 아니라면, 뱀은 동물이 아니라 분명히 상징과 은유의 표상이 아닐 수 없음이 여기서도 드러난다. 뱀으로 표상되는 이 무엇은 야웨 엘로힘의 징벌선고를 통하여 이렇게 이야기 안에서 자신의 상징성을 획득하고 있다. 뱀의 간교성은 도대체 인간에게 무엇인가?[37]

---

35 뱀, 유혹자, 악마, 사탄. 창세기의 뱀의 형상은 여러 형태로 나타난다. 욥기에서는 뱀이 하늘나라의 천사들 중의 하나로 〈고발자〉로 나타나고, 지혜서 2,24는 〈인류의 원수〉로 기록한다. 이 고발자는 신의 정의를 지상에서 실현하는 정의(正義)의 이름을 수행하는 직능을 대표하며, 인간에게 적대적인 의지를 표시한다. 즈가리아 3,1-5에서는 이스라엘 대하여 〈신의 계획에 적대하는 자〉로 등장한다. 역대기 상권 21장은 인구조사-인간은 오직 야웨에게 속하는데, 이를 어긴 다윗은 벌을 받는다-를 행한 다윗의 오만을 벌하는 자로 등장시키기도 한다. 로마서 5장에서는 지혜서의 내용-악마의 질투로 인하여 죽음이 세상에 들어왔다-을 변형하여 '한 사람의 잘못으로 죽음이 이 세상에 들어왔다'고 이해한다. 이 잘못은 바로 뱀의 장난으로 범해졌다. 요한 8,44에서는 〈살인자〉, 진리에 속하지 않는 〈거짓말쟁이〉 등으로 형상화하며, 뱀을 이러한 표상들의 상징적 존재로 이해한다. 마태 4장은 예수가 유혹 당하는 장면에서 이 유혹자가 악마이며, 이 악마는 곧 창세 3장의 뱀을 상기시키기도 한다. 묵시록은 이 뱀이 악마이며 사탄이라고 규정한다 (20,2).

여자의 징벌 :

16절 : 그리고 여자에게는 이렇게 말하였다.

"나는 네가 임신하여 커다란 고통을 겪게 하리라.
너는 괴로움 속에 자식들을 낳으리라.
너는 네 남편을 갈망하고
그는 너의 주인이 되리라."

여자에게 내린 야웨 엘로힘의 선언은 가정을 가진 여자의 일반적인 삶의 모습을 묘사한다. 여자는 한 남자의 아이를 낳고 그의 아내로서 살 것이다. 그런데 아이를 낳는 고통이 강조되고 남편과 함께 사는 생활에 심리적 갈등관계가 새삼스럽게 언급된다. 게다가 16절의 선언에 의하면, 여자는 아내로서 남자를 지배하고 싶으나, 오히려 그의 지배를 받게 되리라. 이러한 목적론적인 이야기의 동기는 무엇일까? 상기해야 할 것은 창세설화의 처음에 등장했던 동물의 지배와 관련된 주제가 여기서도 언급된 사실이다. 인간은 동물을 지배하고 다스려야 한다는 야웨 엘로힘의 언명을 받았지만(1,28; 2,19 참조), 이를 준수하

---

36 창세 3,15 : 교회는 리옹의 주교였던 성 이레네오(130-202) 이후 그리스도와 그 어머니 마리아를 예언한 구절로 이해하고 있다. 이레네오 성인의 해석은 그 후의 중세 신학에서 굳건히 자리를 잡았다. 이 해석은 뱀의 후손-궁극적으로는 사탄으로 대변된다-에 대해 결정적인 승리를 가져올 그 후손을 '그리스도'로 해석한다. 그러나 문법적으로나-복수로 기록되어 있다-, 문맥으로-신의 저주이지 예언이 아니다-볼 때 이러한 신학적 해석이 가능한지는 논쟁거리이다. 헬라어 번역인 70인 역(LXX)에서 이 구절은 남성단수 대명사로 번역되어 있다. 이 번역에 의하면, 여인의 후손이 뱀의 후손에 대하여 승리를 거두는 것이 아니라, 여인의 후손 중의 한 인물(남성)이 승리하는 것으로 이해되고 해석된다. 이것이 교부시대 이후 그리스도교 메시아니즘이라는 큰 사상의 줄기를 형성했다. 성경의 형식비평, 역사비평 방식이 도입되기 전에 비유-알레고리 혹은 유형론적 성경해석은 교의 신학적인 의미 부여에 초점을 맞추었으나, 19세기 이후 성립한 성경해석학은 신앙과 교리의 이해에 영향을 미치는 이러한 신학적 의미 부여에 제동을 걸고 있다. 현대의 성경해석학은 뱀의 이미지를 사탄과 동일시 하거나, 윤리적 해석으로 이행하는 것을 거부하기 때문이다.

37 뱀에 대한 이해 : 창세 3,1에서 뱀에 대한 이해 요약을 참고. 간단히 덧붙이면, 초대 교회 교부들이 악마 혹은 사탄으로 규정하던 경향이 후대에 결정적 영향을 미쳤지만, 과학시대를 거치면서 프로이트의 천재성에 힘 입어 20세기에 성립한 정신분석학은 히브리어의 접속사 "사이(bein)"의 의미에 주의한다. 정신분석은 이를 인간 자신의 내적(內的), 심리적 갈등관계로 해석하려는 경향을 보여주기도 한다. A. Chouraqui, 55쪽.

지 못하고 실패했다는 점이다. 더욱 불행한 사실은 첫 인간들의 실패가 후손까지 대물림하여 고통스럽게 진행될 것이란 점이다. 자식을 낳고 번성하라는 신의 축복조차 잃어버리게 되었고, 오히려 축복으로 선언된 생명의 번성이 고통 속에서 이루어질 것이다. 마침내 남자와 여자의 관계는 서로에게 에제르가 아닌 관계로 전락하게 된 것이다.

어떻게 보면 여자의 징벌선언 3,16에서 언급된 여자의 현재가 창세 2,18에서 묘사된 여자의 모습과 다르지도 않지만, 그렇다고 같다고도 말할 수 없다. 야웨 엘로힘의 징벌은 여자의 삶의 본질적인 부분을 다루고 있으나, 이것이 여자의 운명을 바꾸거나 인격을 해친다고 생각할 수 없다. 만약에 이 선언이 인간의 본질을 변질시키는 말이라면 이해할 수 있게 명백하게 표현되어야만 한다. 징벌의 내용은 현실에서 여자가 감수하는 고통의 의미를 밝히고 있을 뿐이다. 여자가 남자를 지배하고자 하는 욕망이나, 그러다가 남자에게 지배를 받을 것이라는 선언은 첫 인간 이후의 남녀관계가 비정상적인 관계로 이행되었다는 상황을 암시하고 있을 뿐이다. 따라서 여자와 남자 사이가 지배와 종속관계가 되면, 이런 상황은 창조주 야웨 엘로힘이 설정한 창조목적을 벗어나는 죄의 상황을 의미하는 것이다.

죄의 상황에 대한 이러한 선언은, 놀랍게도 인간의 현실이 신의 징벌이라는 이야기로 해석된다. 신의 징벌선언이 인간의 현실을 설명해 준다는 의미이다. 더 구체적으로 말한다면, 신의 징벌선언은 여자가 살아야 하는 세 관계를 고통 속에서 극복 내지는 성취해야 할 의무를 말하고 있다. 그 세 관계는, 1) 어머니-자식(가정), 2) 아내-남편(가정), 3) 여자-남자(사회)의 관계이다. 이 세 관계 모두가 가정과 사회를 배경으로 형성된 일차적인 기초사회를 구성한다. 그런데 신의 징벌선언은 여자의 세 역할이 모두 쉽지 않을 것이라는 예고이다. 어머니와 자식의 관계가 고통일 것이며, 아내와 남편의 관계는 욕망으로 점철될 관계가 될 것이다. 그리고 여자와 남자의 사회적 관계는 원하지 않는 지배와 종속의 관계가 되리라. 돌이킬 수 없는 비극적 사실은 이제부터 남자와 여자 사이에 불신의 심연이 삶을 관통하게 되었다. 인간의 실존적 관계를 단면적으로 보여주는 것이 왜곡된 현실을 사는 여자의 삶에서 나타날 것이다. 이 세 관계는 가정과 사회에서 살아갈 인간의 전형적인 모습을 말해 준다. 이로서 독자는 다시 인간의 원초적인 문제로 돌아가게 된다.

아담의 징벌 :

17 : 그리고 사람에게는 이렇게 말하였다.
네가 아내의 말을 듣고, 내가 너에게 따먹지 말라고 명한 나무에서 열매를 따먹었으니,
땅은 너 때문에 저주를 받으리라.
너는 사는 동안 줄곧
고통 속에서 땅을 부쳐먹으리라.
18 : 땅은 네 앞에 가시덤불과 엉겅퀴를 돋게 하고
너는 들의 풀을 먹으리라.
19 : 너는 흙에서 나왔으니
흙으로 돌아갈 때까지
얼굴에 땀을 흘려야
양식을 먹을 수 있으리라.
너는 먼지이니
먼지로 돌아가리라.

아담은 여자의 말을 듣고 야웨 엘로힘이 금지한 열매를 먹었기 때문에 땅이 저주를 받는다. 야웨 엘로힘의 저주는 직접 아담에게 내리지 않고 땅이 대신 받는 것처럼 말이다. 아담은 땅(아다마)에서 왔기 때문에 그 운명을 상기시키려는 것일까?[38] 아니면 땅이 받은 저주를 회복하기 위해서, 야웨 엘로힘이 준 생명을 살아내기 위해서 들여야 하는 아담 자신의 노력이 신의 징벌을 나타내

는 것일까? 아담은 이제 땅을 경작해야 하며, 자신이 일군 땅에서 생산되는 땅의 소출을 자신의 먹을 거리로 삼을 것이다. 그렇다고 이 노동과 먹을 거리의 제한이 아담에게 특별하게 부여된 고통의 요인이 되는 것이 아니다. 노동을 힘든 수고로, 피할 수 없는 고통으로 인식해야 한다는 것이 징벌 선언의 내용일 뿐이다.

18절은 대지(大地)의 황량한 모습을 묘사한다. 대지에서 소출을 내는 가을의 수확을 위해서 아담은 땀의 수고를 들여야 할 것이다. 그렇다고 이 수고가 일상의 삶을 행복으로 혹은 성공적으로 이끌 수 있다는 확신을 인간에게 늘 주지 않을 것이다. 오히려 나날의 삶에서 흘리는 땀의 노력이 이제부터는 언제 닥칠지 모르는 삶의 불안을 감내하며 삶을 유지하는 힘이 되어야 한다. 이 노력이 아무리 클지라도 삶을 성공적으로 보장하거나. 혹은 삶의 실패에서 회복시킬 수 있을 것 같지도 않다. 한 번의 실패와 고통이 그 한 번으로 끝나지 않고 끊임없이 엄습하는 불안이 되어 고통이 될 것이기 때문이다.

마침내 삶을 마감하면서, 아담은 자신이 온 곳으로 돌아갈 것이다. 어차피 아담의 생명은 야웨 엘로힘에게서 받은 것이니까 자기에게 속한 것은 아무것도 없다. 마찬가지로 죽을 운명이 아니었다가 죽을 운명이 되어서가 아니라, 다만 죽음이 고통과 두려움으로 '인식될' 것이기 때문에 징벌이다. 야웨 엘로힘의 징벌이 비극적인 까닭은 19절에서, 아담의 입장에서 보면 삶의 기반으로 살아야 하는 대지(大地)가 호의적으로 묘사되지 않고 있기 때문이다.

어쨌든 아담이 금지명령을 어기기 전까지 에덴동산에서 어떻게 살았는지 언급되지 않은 그의 삶은 동화적 비밀에 속한다. 첫 인간들의 삶이 고통스러웠는지 아니면 축복을 받은 삶이었는지, 아니면 행복도 불행도 분명하지 않은 그

---

38 땅과 인간의 관계는 4장에서 더 자세히 언급될 것이다. 여기서 아담 대신에 땅이 저주 받았다는 묘사는 인간의 운명을 간접적으로 드러내는 상징 혹은 은유의 산물일 것이다. 3장의 사건은 아담과 여자의 관계, 인간과 신의 문제만을 다룬 것이 아니라, 인간의 허무한 운명을 상징적으로 강조하고 있음을 드러낸다.

저그런 삶이었는지 모른다. 그렇지만, 인간과 동물들의 미분화 세계로 남아 있는 에덴동산은 인간(아담)에게는 동화의 세계일 뿐이다. 동화적 세계관을 고려한다면, 때로는 거칠고 죽음의 위협마저 상존하는 자연세계를 제시한다는 것은 아담과 여자에게 낯설고 위험하고 불투명한 환경인 것이다. 그것은 이 세상에 온 아이가 부모의 품을 벗어나 사회를 경험하면서 겪게 되는 경험과 동일한 선상에 있다. 땅과 하늘을 포함하는 자연세계가 때로 어려움과 비극적 운명을 수용해야 하는 아담에게 이질적인 풍경처럼 나타나는 것과 같다.

그러나 이러한 소묘는 동화의 세계가 아닌 우리의 현실을 기반으로 할 때, 자연세계를 사실적으로 묘사한 현실 그 이상도 그 이하도 아니다. 즉 야웨 엘로힘의 창조계는 인간의 현실에서 바라볼 때, 삶의 터전을 벗어나는 경계 너머에 있는 게 아니다. 아담과 여자는 이제부터 현실적 인간이 되어야 할 뿐이지 그들이 우리의 현실보다 더 심각한 고통을 받고 노력해야 하는 삶을 살게 되었다는 것이 아니다. 창조계 안에서 인간의 삶은 그저 신이 축복하면서 준 소명을 완수해야 하는 삶일 뿐, 그 소명은 인간에게 영원히 변하지 않는 사명이다. 인간이 일하면, 땅은 그 소출을 통하여 인간에게 먹을 양식을 제공할 것이다. 인간은 지상에서 자신의 수명이 다할 때까지 수고를 해야 할 것이며, 이 수고는 어떤 무엇으로도 대체되지 않는다. 땅은 인간의 노력에 어김없이 답할 것이며, 땅의 보상은 자연 안에서 겪는 어려움에도 불구하고 인간에게 그나마 위로가 될 것이다.

인간의 마지막은 지상적 삶의 유한한 운명을 말하며, 인간은 그 어느 누구도 이 운명을 벗어날 수 없다. 인간의 일상적 경험에서 확인되는 사실에 준한 이러한 언명(言明)이 야웨 엘로힘의 징벌이라고 생각할 때, 이는 인간이 가지는 자신의 실존방식에 대한 인식의 재천명이다. 그리고 이 말들은 인간이 신 앞에서 어떤 존재인지를 상기시키는 방법이기도 하다. 인간은 꿈 속에서도 유한한 존재일 뿐이다.[39] 인간은 자신의 기원뿐만이 아니라, 그의 전 생애와 마침내 죽기까지 땅에 예속된 존재이기 때문에 그렇다.

이런 운명을 갖게 된 인간은 신에게서 부여받은 임무를 달성하는 게 심히 어려워졌다. 우선 동물을 지배하는 것이 목숨을 내걸고 싸우는 전쟁보다 더욱 어려워졌다. 뱀으로 대표된 동물의 지배는 인간이 축복이 아니라 세세대대로 도전이 되었기 때문이다. 자식을 많이 낳고 번성하라(1,28)는 축복의 말도 고통스럽게 진행될 것이다. 이 고통과 좌절의 삶은 인간의 현실을 드러낼 뿐만 아니라, 흙으로 돌아갈 인간의 운명을 더욱 허무하게 만든다. 흙의 먼지로 창조된 인간은 먼지로 돌아갈 것이며, 아담에게서 온 여자는 아담의 지배를 받아야 할 것이다. 야웨 엘로힘이 카오스의 기원에서 불러낸 질서의 존재들이 그 존재들의 기원에 의해서 지배 받게 된 것이다. 그러나 뱀은? 신비스럽게도 뱀은 흙에서 왔지만, 그 운명은 불분명하다. 동물로서 뱀은 흙의 존재이지만, 그 운명에서 인간과 함께 흙으로 돌아가는 것이 저주로 선언되지 않는다. 오히려 뱀은 카오스 자체를 상징하는 흙을 먹으며 인간을 쓰러뜨리기 위해서 세세대대로 인간의 후손을 엿볼 것처럼 언급되었다.

39 신화적 재료를 바탕으로 한 창세기가 인간의 유한한 삶에 대하여 이렇게 재천명하는 것은 단순히 창조사상을 강조하는 것은 아닐 것이다. 고대문화 안에서 발견되는 신화적 영원성을 갈구하는 삶과, 죽음을 이기고 생명을 보장 받고 싶어하는 부활사상을 비교해 볼 때, 이는 인간이 자신의 유한성에 대해서 얼마나 절망하는지를 보여주는 예라고 할 수 있다. 참조. James Barr, The Garden of Eden and the Hope of Immortality, Fortress, 1993. 이 책에서 저자는 에덴동산의 이야기를, 인간이 신의 불멸성에 가까이 근접했다가 쫓겨난 이야기로 해석하고 있다. 일부에서 구약성경이 죽음을 신의 징벌로 여기지 않는다고 주장하기도 하고, 인간의 수고 혹은 고통과 관련하여 창세 3,19를 첨가된 구절이라고 해석하기도 한다. 그러나 대부분 죽음을 인간의 기원과 더불어 자연스러운 결과로 보면서도 신의 징벌로 해석하는 것을 보면, 인간의 불멸성(不滅性) 추구는 결코 무시할 수 없는 주제인 것만은 틀림없다.

40 거룹. 게루빔으로 읽히기도 한다. 메소포타미아 전승 안에서 지하세계나 성소를 지키는 문지기를 뜻하기도 하고, 구약 안에서는 동산지기(창세 3,24; 에제 18,14.16)나, 야웨의 현현과 더불어 등장하는 수호천사의 역할을 맡는다(시편 18,10; 80,1; 에제 9,3; 10,1-22 등). 아카디아어에서는 기도하는 자, 혹은 '기도하는 이들의 중개자'의 의미도 있으나, 여러 전승과 출처에 따라서 다르게 나타나기 때문에 정확하게 한 마디로 규정할 수 없다. 무기를 의인화한 표현인(예레 46,10; 이사야 34,5; 스바 2,12 등) '불칼'과 더불어 이 두 요소는 신화적 이미지를 보여준다.

에덴추방 (도메니키노)

ㅁ. 추방 : 20-24절

20 : 사람은 자기 아내의 이름을 하와라 하였다. 그가 살아있는 모든 것의 어머니가 되었기 때문이다.

21 : 야웨 엘로힘은 사람과 그의 아내에게 가죽옷을 만들어 입혀주었다.

22 : 야웨 엘로힘은 말하였다.

"자, 사람이 선과 악을 알아 우리 가운데 하나처럼 되었으니, 이제 그가 손을 내밀어 생명의 나무 열매까지 따먹고 영원히 살게 되어서는 안되지."

23 : 그래서 야웨 엘로힘은 그를 에덴동산에서 내치어, 그가 생겨 나온 흙을 일구게 하였다.

24 : 이렇게 사람을 내쫓은 다음, 에덴동산 동쪽에 거룹들[40]과 번쩍이는 불칼을 세워, 생명의 나무에 이르는 길을 지키게 하였다.

이 부분은 다시 한번 창세 2-3장이 여러 전승의 단계를 거친 후에 완성되었음을 보여준다. 종결부분으로 매끄럽지 않을 뿐만 아니라, 여러 주제들이 중첩반복되고 있다. 이야기의 주제들은 아담과 하와의 추방 이전에 모두 언급되었으며, 단지 야웨 엘로힘과 인간이 갈라서게 된 인간의 현실을 다시 한 번 강조한다.

첫 인간 부부를 추방하는 시점에서 다시 한 번 앞에서 나온 주제들이 반복된다. 하와의 존재가 1장에서 신의 축복을 성취하는 에제르였다는 사실을 상기시킨다. 자식을 많이 낳고 번성하라는 축복이 비록 그것이 고통 속에서 달성될 것이지만 하와의 이름(살아 있는 모든 것의 어머니)에서 확인되는 것이다. 1장에서 하느님이 창조물에 이름을 주는 것으로 엘로힘의 주권을 드러냈다면, 2장에서는 아담이 동물의 이름을 주는 것으로 그 지배권을 상징했다. 그러나 3장은 아담이 여자를 하와라고 부르는 것으로 묘사함으로써 남자와 여자의 관계를 암시한다. 이 부정적인 관계는 신의 저주를 벗어나지 못하고 여자가 아담에게 종속되어 성립되는 관계를 말할 것이다.

한 편, 20절은 이미 여자가 아이를 낳았다는 것을 암시하고, 21절은 인간의 금지명령위반에도 불구하고 인간에 대한 신(神)의 자비의 일면을 보여준다 22절과 24절은 2장에서 금지명령위반의 주제를 마감하기 위하여 앞에서 언급했던 생명나무 주제를 이야기 안으로 재도입하며, 23절은 인간이 추방된 현실, 곧 노동의 현실을 상기시킨다. 따라서 이야기의 결론은 21절과 23절로 해석되며, 성경주석학적 입장에서 볼 때 20.22.24절은 후대에 첨가된 것으로 본다.

인간학적 관점을 바탕으로 몇 가지 주제를 더 언급한다면, 우선 여자의 이름을 들 수 있다. 하와(hawa)는 '모든 살아 있는 것들(hayyah)의 어머니', 곧 '모든 것들의 어머니(집회 40,1)' 인 대지를 암시한다. 물론 하와를 어머니-대지와 동일시할 필요가 없지만, 여기서 우리는 고대인들이 어떻게 생각했는지 그 사상의 흔적을 엿볼 수 있다.

또 하나의 주제는 21절에서 보인다. 야웨 엘로힘은 인간을 에덴동산에서 추방하기 전에 마지막으로 가죽옷을 만들어 입힌다. 창조와 더불어 시작된 야웨 엘로힘과 인간의 관계에서 보면, 이러한 상징적 묘사는 인간에 대한 혹은 자신의 창조물에 대한 야웨 엘로힘의 자비와 관심을 가리킨다.

나뭇잎으로 만든 인간의 가리개(3,7)와 가죽으로 만든 옷(3,21)의 차이는 무엇일까? 나뭇잎으로 만든 가리개가 가죽으로 만든 옷과 비교될 수는 없다. 우리의 상식으로 인간에게 더 필요한 것은 야웨 엘로힘이 제공한 가죽옷이다. 옷의 상징성이 드러내는 영적 의미는 7절에서 간단히 언급했지만, 현실적인 의미에서 야웨 엘로힘의 가죽옷은 인간의 필요와 요구에 응답하는 자비를 가리키는 것은 아닌지. 더구나 나무잎과 가죽은 제조의 차원이 다르다. 나무잎은 자연세계의 자연을 그대로 나타낸다면, 가죽옷은 문명세계의 기계적 가공품을 생각하게 한다. 신의 자비와 인간의 문명 사이에 어떠한 관계가 있는 것인가? 가죽옷이 인간의 문명세계를 암시한다면, 첫 인간들의 운명은 이제 추방된 세계에서 야웨 엘로힘을 기억할 수 있는 보이지 않는 손길로 보호받고 있는 셈이다.

그러나 이러한 차이를 강조한다 해도 일차적으로는 신의 자비를 드러내는 것은 확실하다. 창세 4장에서 마치 아벨을 죽인 형제 살인자 카인에 대한 야웨의 자비스런 응답처럼 말이다. 궁극적으로 옷은 거친 자연세계 안에서 죽음 혹은 죽음의 위협에 내몰린 인간의 생명을 보호하는 도구를 상징한다. 자연세계이든 문명세계이든 모든 생명은 야웨 엘로힘에게서 기인하는 생명의 일차적 보호대상이다. 자연세계 안에서 자신을 보호해야 하는 인간은 자신의 보호물이 자신의 벌거벗음을 알려준다는 것도 잊지 못할 것이다. 자신을 보호하고자 할수록 그 허약함과 불안을 긍정하지 않을 수 없기 때문이다.

이러한 의미에서 옷을 문명의 상징으로 이해한다면, 인간 문명의 기원에 야웨 엘로힘이 있으며, 인간의 삶 자체와 그와 관련된 역사문명이 야웨 엘로힘이 준 인간 능력의 산물이라고 생각할 수 있다. 자연세계에 속했던 인간과 문명세계에 속하는 인간 사이에 차이가 있음을 보면 쉽게 짐작할 수 있다. 문화를 창조해 가는 인류사회는 바로 3,21에서 보는 가죽옷을 만드는 사회인 것이다. 비록 3,21에서는 언급되지 않고 있으나, 가죽옷의 이면에는 동물을 살해한다는 생각이 곁들여 있다. 따라서 야웨 엘로힘의 가죽옷은 문명 사회를 전제하고 있음을 알 수 있다. 더구나 이 표현은 이미 다음 이야기들에서 나타날 숨어 있는 주제이다. 신의 가죽옷은 1장에서 읽어낸 인간-동물의 관계를 나타내는 또 다른 상징의 요소이다. 이는 도시 문명화의 진행 속에서 항상 발생하는 폭력의 잠재적 위험을 암시한다. 그러므로 가죽옷은 신의 자비를 기억시키는 요소인가 하면, 반대로 인간문명의 부정적 요소를 상기시키는 주제이다. 동일 소재의 반대되는 성격과 그 모순을 풀어야 하는 것이 인간의 몫이다.

이리하여 생명의 보호가 필요한 존재로 전락한 아담과 여자는 추방을 경험한 첫 번째 사람들이 되었다. 아담과 하와가 에덴동산에서 맞은 추방은 이들의 삶을 과거로 되돌릴 수 없는 현실이다. 사실상 야웨 엘로힘의 징벌내용은 이 추방사건으로 요약된다. 에덴동산은 인간의 뇌리에서 '추방'되었으며 인간에게 더 이상 존재할 수 없는 영역으로 남게 되었다. 에덴동산을 돌보라는 야웨 엘로힘의 위임은 추방으로 인하여 거두어졌고, 아담이 땅(아다마)에서 온 사실이 부정적이지만 현실적으로, 그리고 아주 구체적으로 실현되었다. 이 선언에서 인간은 땅을 일구며 땅으로 돌아가게 되었기 때문이다.

이 추방사건은 두 가지로 요약된다. 첫째로, 인간은 이제부터 확실하게 땅에 매인 존재이다. 땅을 근간으로 땅과 더불어 땅이 내주는 먹을 거리로 살아갈 것이다. 땅은 인간이 자신의 생존을 위하여 노력해야 할 근거이자 운명인 것이다. 둘째로, 인간은 야웨 엘로힘에게서 스스로 멀어져 갔다. 금지명령위반에서 알 수 있듯이, 아담과 하와는 자기 존재의 원인이며 실존의 가능성인 야웨 엘로힘에게서 숨을 수밖에 없는 존재가 되어버렸다. 더 이상 야웨 엘로힘은 아담과 하와에게 친근한 존재가 되지 못하고 두려운 신이 되었다. 이런 사실은 인간의 실존적 현실이 불행함을 단적으로 말해 준다. 에덴동산이 신의 현존을 상징하는 공간이라면, 인간에게 이곳은 더 이상 자신을 위한 공간이 되지 못한다. 인간은 야웨 엘로힘의 신적 현실을 살 수 없는 존재가 되었고, 야웨 엘로힘에 대해서는 희미한 기억의 흔적만을 간직할 뿐이다. 이것이 추방된 인간의 현실이며, 불행한 인간 역사의 시발점이다.

생명나무의 주제 :

22 : 야웨 엘로힘은 말하였다.

"자, 사람이 선과 악을 알아 우리 가운데 하나처럼 되었으니, 이제 그가 손을 내밀어 생명의 나무 열매까지 따먹고 영원히 살게 되어서는 안되지."

23 : 그래서 야웨 엘로힘은 그를 에덴동산에서 내치어, 그가 생겨 나온 흙을 일구게 하였다.

24 : 이렇게 사람을 내쫓은 다음, 에덴동산 동쪽에 거룹들과 번쩍이는 불칼을 세워, 생명의 나무에 이르는 길을 지키게 하였다.

22절과 24절에서 언급되고 있는 이 주제는 2,9에서 미리 언급되었지만 3장의 이야기에서 아무런 역할이 없었다. 추방 이유 중의 하나가 마치 생명나무를 인간이 건드릴지도 모른다는 우려로 표명되긴 했지만, 이 구절들은 이야기 전체의 결론을 맺는 23절과는 무관하게 첨가된 부분으로 보인다. 따라서 이 구절들은 창세 3,5의 주제를 재론하면서 새로운 주제를 다루려고 하였음에 틀림없다. 비록 전체 이야기의 구성과 어느 정도 이질적이기는 하지만, 24절의 새로운 결론을 유도한 것이다.

이렇게 22절은 선과 악을 알게 하는 나무의 주제를 넘어서 이야기의 방향을 그 동안 유보된 생명나무로 향하게 한다. 선악과를 따먹은 인간이 생명나무마저 건들일까 저어한 신의 조치(措置)를 우리는 듣게 된다. 추방의 이유가 한층 강조되고 생명나무에 이르는 길이 봉쇄된 것이다. 특히 24절에서 언급된 에덴동산의 '동쪽'은 첫 인간의 추방과 관련된 암시적 상징어 역할을 한다. 이 추방은 다시 한 번 카인의 추방에서(4,16) 거론될 주제이며, 이 주제를 강화시키는 방위를 창세기는 다른 어떤 방위도 임의적으로 가리키지 않고 오직 '동쪽'만을 고집한다. 마치 인간의 불행을 암시하는 방향처럼!

그렇다면, 왜 22절과 24절에 와서 이야기의 흐름이 갑자기 다른 곳으로 흘러가는 인상을 주는 것일까? 이 구절들은 새로운 질문을 제기한다. 전체 이야기 구성상, 어째서 2,9에서 언급된 생명나무 주제가 이야기의 흐름 안에서 아무런 역할을 하지 않다가, 겨우 3장 22절과 24절에 와서야 다시 언급되었는가? 이러한 질문을 이해하기 위하여 베스터만은 다음과 같은 대안을 제시하며 두 가지 공통점을 지적한다. 전체 이야기는 ㄱ) 두 나무가 에덴동산에 있었고, 두 이야기가 인간의 추방이라는 결론을 가지고 있었다. ㄴ) 이야기의 편집자는 한 나무의 이야기를 결론지으면서, 다른 나무의 이야기가 가지고 있는 동일한 결론을 암시하려고 했다.

만약 베스터만이 생각하듯이 짐작할 수 있다면, 독자는 두 이야기를 구별할 때에 생명나무 이야기의 결론을 22절과 24절에서 알아들을 수 있고 창세 2,17에서 생명나무에 대한 금지가 명백하지 않았던 이유를 이해할 수 있게 된다. 22절에서 두 나무의 주제가 만나고, 24절에서 생명나무에 이르는 길이 봉쇄되는 이유가 정당화되는 것이다. 따라서 생명나무의 열매는 신(神)같이 된 인간[41]에게 유보될 수밖에 없다. 그렇다고 질문에 대한 답변이 완벽하게 제시된 것은 아니다. 왜냐 하면, "생명나무" 주제에 대하여 이미 언급했지만, "그 열매를 따먹음"에 대하여는 언급을 유보한 상태였기 때문이다.

여기까지 이야기를 읽고 난 후, 우리는 또 다른 질문 하나를 만난다. 선악과(善惡果)를 따먹은 아담과 하와가 생명(生命)나무 열매는 이미 따먹었지 않았을까? 하는 의문이다. 창세 2-3장을 통틀어서 어느 곳에서도 생명의 나무에

---

41 선악과를 따먹고 난 후에 "우리들 중의 하나"' 처럼 된 인간. "신과 같이 된 인간"은 길가메쉬 서사시를 가지고 있는 메소포타미아 전통에서 하늘나라의 존재들, 즉 인간이 겪어야 하는 죽음을 모르는 천사들이나 초인간적 영적 존재들을 의미한다. 참조. 1열왕기 22,19; 욥기 1,6 등. TOB 참조

대한 금지명령은 찾아볼 수 없기 때문이다. 3장 22절은 이에 대한 부정적 답을 제공한다. 그렇다면 왜 첫 인간들은 생명나무의 열매를 따먹지 않았을까? 의문이 아닐 수 없다. 금지명령을 어길 수 밖에 없는 인간을 고려하지 않으면 이해되지 않는 대목이다.

> 22절 : "사람이 선과 악을 알아 엘로힘처럼 되었으니, 이제 사람이 손을 내밀어 생명의 나무열매까지 따먹고 영원히 살게 되어서는 안되지."

이런 시각에서 22절을 이해하고자 할 때, 야웨 엘로힘과 인간의 차이는 영원한 생명을 누리고 누리지 못하는 데에 있는가? 질문에 대한 답변은 아주 단순하다. 신(神)이 아니면 죽는 것이 순리인 것이다.

야웨 엘로힘이 아담에게 밑긴 에덴동산은 야웨 엘로힘 뿐만이 아니라, 인간이 함께 거처하는 공간이란 것은 우리가 알고 있다. 신화세계의 관점에 한정한다면, 에덴동산에 있는 동안 인간은 야웨 엘로힘과 더불어 살고 있었고 영원히 그렇게 살았을 지 모른다. 적어도 첫 인간들이 야웨 엘로힘처럼 영원한 생명을 누리지 못한다고 해도, 에덴동산에서 죽음을 의식하지 않고 살았을 것이다. 그런데 동산에서 쫓겨난 이후 이들의 운명은 바로 우리들 보통 인간들이 지나가야 할 죽음을 맞는 인간으로 선고 받았다. 이러한 논리를 첫 인간들에게 적용한다면, 우리는 다음과 같은 등식이 성립하는 것을 확인한다. 동산에 있음=생명나무 가까이 있는 것=야웨 엘로힘과 함께 살아가는 것=영원한 생명을 누림. 이와 반대로 추방된 첫 사람들은 에덴동산에서 쫓겨남=생명나무에서 멀어짐=야웨 엘로힘과 더불어 있지 못함=죽음을 맛보게 된다.

아마도 길가메쉬 서사시처럼 금지가 선언되지 않은 생명 나무의 열매는 인간에게 영원히 살 수 있는 생명의 원기를 나날이 제공하였을 것이다. 영원한 생명의 주제는 에덴에서 쫓겨나갈 인간들에 대한 징벌의 첫 번째로 선언된 죽음과 연결되기 때문이다. 신은 더 이상 생명나무에 손을 대지 못하게 함으로써 인간이 영원히 살 수 있는 지속성을 박탈했다고 보는 것이다. 어쨌든 이러한 등식은 아담과 하와가 동산에서 살던 시간에 생명의 나무 열매를 먹었으리라는 가정과 더불어 두 가지 생각을 하게 한다.

첫째로, 생명의 나무는 단 한 번 열매를 따먹는 행위로 영원한 생명을 획득하게 하지 않는다. 이 경우 그 열매를 먹으면 원기를 준다고 이해할 수 있다. 둘째로, 야웨 엘로힘은 창조된 인간에게 죽음을 맛보지 않고 살 수 있도록 생명나무를 인간에게 금지하지 않았다. 야웨 엘로힘의 말씀을 지키며 자기의 직분을 지켰더라면, 인간은 영원한 생명을 그분 곁에서 누렸을 것이다. 이 경우, 우리는 이야기의 편집자가 금지명령을 통하여 인간의 실존적 상황에서 발생하는 "윤리적 요소"를 도입했다고 해석할 수 있다. 순명과 불순명에 대한 결과를 통하여 인간은 영원한 생명과 그 반대의 결과를 맛보게 되었다고. 이러한 사실은 펜(pn; 창세 3,22)이란 용어가 "...더 이상...할까 봐"라는 의미로 과거 진행의 시제에서 사용되고 있다는 주장에서 비롯된다. 이와 같은 용례는 탈출 1,7과 1사무 13,19 등에서 보이는데, 말이 선언되는 시점까지 지속된 일의 단절을 가리킬 때 사용된다는 것이다. 따라서 3장 22절의 번역은 다음과 같이 바꾸어 놓을 수 있다. "...사람이 선과 악을 알아 우리 가운데 하나처럼 되었으니, 그가 손을 내밀어 계속해서 생명의 나무 열매를 따먹으며 영원히 살게 되어서는 안 되지."[42]

이러한 모든 해석을 종합한다면, 3장의 이야기는 단순하게 불행한 인간의 현실을 지적하는 이야기라 말할 수 있다. 지(知)와 생명(生命)으로 신의 세계를 나타내던 고대세계의 관념에서, 창세 3장의 이야기는 생명의 길이 봉쇄된 인

---

42 이와 같은 주장을 길가메쉬 서사시와 비교분석한 글, H. Th. Obbink, The Tree of Life in Eden, in ZAWKNJ 5, 1928, 105-112을 참조. 인간의 수명과 관련하여 신의 말씀에 대한 순명과 불순명의 주제는 사제계 문헌에서 주로 나타난다. 인간의 수명이란 주제는 우리가 읽어 나가는 주제와 연관이 되는 주제이지만, 여기서는 더 이상 다루지는 않는다.

간에게 신이 허락하지 않으면, 인간은 신(神)에 이르는 길에서 영원히 배제되리라는 절망적 현실을 반영한다.

4.4. 결어 : 자유와 죄의 탄생

오랜 세월 창세 3장의 이야기를 인간 본성의 어둠을 밝혀주는 이야기로 해석한 교의적(教義的) 가르침과는 대조적으로, 이야기의 기본 재료는 그 기원이 이스라엘이 아닌 것만은 확실하다. 주제에 있어서도 인간 본성에 나타나는 보편적 죄성(罪性)에 초점을 맞춘 이야기도 아니다. 구약성경에는 창세 3장의 이야기 전통이 거의 발견되지 않으며 엄격한 의미에서 이스라엘 것이라고 말할 수 있는 흔적을 전혀 찾을 수 없다. 만약에 창세기의 이야기가 특별하게 어떤 교의적 가치나 중요성을 내포하고 있다면, 구약성경을 종교적 경전으로 수용한 유다교나 그리스도교가 고백하는 신경(信經 : Credo) 안에 포함되어 있지 않다는 사실을 어떻게 설명할 수 있겠는가?

그러므로 옳고 그름을 떠나서 이야기의 근본적인 의도와 교의적 의미 사이에는 차이가 있다는 사실을 재차 강조하지 않을 수 없다. 창세 3장의 이야기는 인류의 타락과 원죄 교의를 첫 번째 주제로 다루고자 한 것이 아니다! 원죄와 관련하여 촉발된 그리스도교의 교의학적 이해는, 후기 유다이즘 전통에서 비롯된 해석이며, 이 전통에 근거한 사도 바오로(서기 5/10-67년)의 신학 안에서 다루어졌다. 이를 기초로 하여 성 아우구스티누스(St. Augustinus, 354-430년) 신학 안에서 원죄 교의가 성립되는데, 이 해석은 5세기 이후 지중해 문화권을 중심으로 한 그리스도교 사상을 특징지우는 결정적 역할을 한다. 인간의 역사는 인류의 타락과 더불어 시작되었으며, 인류의 처음에는 죄가 없었던 무죄의 상태가 있었다는 설명이다. 창세 3장에 근거를 둔 아우구스티누스의 이러한 이해는 그의 시대 이후로 성경 해석에 커다란 영향을 끼치게 되었기 때문에 창세기 설화의 저자가 원하는 의도와 다른 방향으로 흘러갔다는 점을 부인할 수가 없는 것이다.

따라서 창세 3장의 의도를 그 원문(原文)에 충실하여 이해한다면, 성경 연구자들의 견해들이 약간씩 다를지언정 공통적으로 도달하는 주장이 있다. 그것은, 창세 3장의 이야기는 "전인류적(全人類的) 역사체험의 이면(裏面)"을 기술하고 있다는 사실이다. 즉 창세 3장은 신화적 시공간을 뛰어 넘어 오늘을 살고 있는 우리들의 현실과 관련된 이야기이며, 동시에 상징의 시공간 안에서 기술된 최초의 사건이다. 이야기는 죽음, 고통, 죄라는 본질적 요소들을 다루면서 아담과 하와의 사건을 창조시기에 발생한 어떤 사건으로 묘사한다. 문학적으로 파악할 수 있는 구체성이나 사실성을 결여하고 있는 이야기의 묘사가 보여주는 모호성은 다양한 의미를 발생시키는 가능성으로 이해할 수 있는 것이다. 이스라엘이 3장의 이야기를 다른 역사적 사건과 함께 다루지 않는 것도 그 반증이다. 이스라엘의 역사는 아브라함과 함께 시작되었고, 부족의 선조들인 족장들을 시발점으로 기록한 역사이다. 다만 후기 유다이즘에 이르러서 최초의 실재와 역사의 실재 사이에 개재할 수밖에 없는 차이를 착각하면서 인식의 혼란이 생겼고, 이에 따라서 인류의 타락이란 주제가 마치 종교적 진리의 실재적 의미인 것처럼 주요 테마로 등장하게 된 것이다.

그러므로 오늘 우리가 이해할 수 있는 사실은, 창세 3장의 주제는 인류의 최초 상태에 대한 기술에 있지 않고, 에덴동산에서 추방된 인간과 신의 결별에 있다. 창세 3장의 이야기는, 바오로가 로마인들에게 써 보낸 편지에서 주장하듯이, 어째서 인간에게 죽음이 들어 왔으며, 죄의 기원이 무엇인가? 라는 철학적 혹은 신학적 질문에 답하지 않는다. 물론 이러한 질문과 논의가 형성될 수 있었던 기폭제 역할을 했다는 사실은 오랜 전통이 입증하고 있다. 이야기의 초점(焦點)은 신(神)의 창조물인 인간이 어떻게 해서 고통과 죽음을 겪게 되었는지, 그 원인은 어디에 있는지 인간의 자유와 책임 사이의 불일치에 맞추어져 있다. 그래서 이 창세 설화는 현실의 고통스런 실존적 상황의 원인이 인간의 잘못된 선택과 오류에 기인한다는 점을 들려주고자 한다.

창세 이야기를 읽고 난 뒤에 얻어지는 결과는 즉각적으로 객관적일 수가 없다. 해석과 이해는 인간의 실존상황에서 의미를 발생하기 때문이다. 더구나 인간의 죄, 죽음, 고통과 관련해서 제기된 질문과 응답은 언제나 부족한 이해를 채우는 새로운 해석을 요청한다. 창세기는 그답을 결정적인 형태로 완전하게 제공하고 있지 않다. 창세 3장의 이야기에서 야웨 엘로힘이 내린 죽음의 선고는 인간에게 바로 시행되지 않았고, 외견상 인간과 신의 결별도 결정적이지 않았다. 신은 아담과 하와를 에덴동산 밖으로 몰아내지만 죽음이 그들에게 바로 닥치지 않았고, 동산 밖에서 야웨 엘로힘과 유리된 채로 살아가게 되었을 뿐이다.

그래서 첫 인간들은 죄와 죽음이 그들의 삶을 억누르는 요소임을 알고 살아가게 된 것이다. 죽음이 인간에 대한 신(神)의 징벌이기에 문제가 된 것이 아니다. 이들 요소-죽음, 죄, 고통 등-가 바로 신과 유리된 인간의 실존 상황을 말해 준다는 사실이 이야기의 메시지이다. 아마도 이야기의 편집자는, 신(神)에게 불순종한 첫 인간의 태도와 이스라엘의 야웨에 대한 불순명을 같은 차원에서 의미를 짚어보고 싶었는지도 모른다. 이러한 노력으로 이야기의 원소재를 바탕으로 자기 민족의 운명과[43] 인류의 역사를 신과 유리된 역사라고 주장할 수 있었을 것이다. 우리도 이 땅의 역사적 현실을 보면서 이야기를 읽는다면, 문제의식을 좀 더 분명하게 가질 수 있을 것이다.

영원한 생명에 대한 갈망의 주제에 대해서, 구약성경은 에녹(창세 5,22-24; 참조. 히브리 11,5)과 엘리야(2열왕기 2)가 관련된 이야기를 제공한다.

---

43 이스라엘 역사가 시작되는 기점을 시작으로 해서, 이스라엘이 민족적 차원에서 야웨 엘로힘을 기리고, 그분의 자리를 대신하는 율법이 형성되었던 점을 생각해 보라. 그리고 모든 사회의 일반적인 구성과 체제의 유지 방법을 생각해 보라. 로마1,18-3,31도 생각할 거리를 준다. 죄에 대한 형이상학적 혹은 추상적인 개념을 가지고서는 2-3장을 이해할 수 없다. 죄와 악을 인간이 사회적으로 경험하는 구체적인 현실로 인정할 때, 창세 2-3장의 의도에 더 가까이 접근할 수 있지 않을까 한다.

제임스 바(*J. Barr*)는 창세 3장의 이야기에서 아담과 하와가 선악과를 따먹은 것에 대하여 묘사를 하면서도 생명나무에 대해서는 신의 금지가 유효했다는 점을 지적한다.[44] 그의 주장에 따르면, 창세기는 영원한 생명을 얻으려고 시도한 아담과 하와의 이야기가 중심 주제이지만, 아담과 하와의 이야기 자체는 사실상 영원한 생명에 관해서는 거의 언급을 하지 않는 점 또한 받아들여야 할 것이다.

이와 관련해서 창세 3장의 이야기를 로마서 5장의 그리스도론적인 해석을 따라서 읽어 갈 필요는 아직 없다.[45] 그것은 전통신학이 그 동안 읽어온 방식으로는 현대의 성경주석학이 제기하고 있는 이의(異意)를 쉽게 대답해 줄 수 없기 때문이다. 특히 바오로 해석의 근거가 되는 구약성경의 인용문들이 거의 문맥을 벗어나 있거나 후기 유다이즘의 영향에 물들어 있다는 주장을 무시할 수도 없기 때문이다.[46] 솔론몬의 지혜서 2,23에서 보이는 사상이 이러한 점을 나타내고 있고, 이 문헌은 희랍적 사고를 대변하는 문헌으로 인정되고 있다. 이 지혜서는 불멸성(不滅性)이라는 주제에 깊은 관심을 기울이면서 다른 주제들을 압도하고 있다. 거의 동시대의 에즈라 4서는 아담의 죄를 논하는 문헌으로 바오로가 이들 사상의 영향을 받고 있었다는 흔적을 보여준다. 바오로가 아담과 죄를 논하는 것은 창세기에서는 찾아볼 수 없는 무관한 해석이 아닌가 하는 질문이 바로 여기에 있다. 그러나 이러한 해석과 이해를 우리가 받아들인다고 해도, 창세기의 이야기가 바로 인간의 불멸성을 주제로 하는 이야기인가

---

44 J. Barr, 전게서 참조. 22쪽 이하. 그러나 불멸성에 대한 인간의 갈망이 처음부터 있었고, 제 민족의 신화 안에서 표출되고 있다고 해도 이야기의 중심 자리에 있는 것으로 보기는 어렵다. 말하자면, 창세 2-3장에서 이러한 단서를 본다고 해도 신화적 표상의 근거 안에서 더 이상 이야기가 전개되지 않는 것을 수긍할 필요가 있다.

45 C. 베스터만(창세 3,15 주석)은 현대의 대다수 성경학자들이 그리스도론적인 해석을 멀리 하고 있으며, 장 칼뱅(Jean Calvin)도 이러한 해석을 피했다고 말한다. 그렇다고 그리스도론적인 해석이 잘못이라는 말은 아니다. 어떤 이야기든 근거로써 인용하는 것은 옳고 그름이 인용문 자체에 있는 것이 아니고 인용자의 생각과 의도의 전개에 있다. 그러므로 사도 바오로가 창세기를 그리스도론적으로 인용한다고 해서 그의 생각이 잘못되었다는 판단을 해서도 안 될 것이다.

46 J. Barr, 전게서, 16쪽 이하 참조.

하는 주장에는 근본적으로 의문이 제기된다.[47]

창세기 설화는 신의 금지명령에서 이미 죽음을 전제로 이야기를 전개하고 있지만, 저자는 죽음이란 주제를 이야기의 중심에 놓지 않는다. 이야기의 편집자는 인간의 원죄를 중심 주제로 강조하거나 설득하려고 하지도 않을 뿐 더러, 인간의 불멸성을 추구하려는 갈망이 대주제라고도 주장하지 않는다. 오히려 인간의 실존을 현시점에서 보고자 다음과 같은 질문을 가지고 있는 듯하다. "왜 인간은 이렇게 고통과 좌절을 살지 않으면 안 되는가?" 이러한 질문에 답하기 위해서 창세 1장은 지극히 절제된 언어로 서사시적 창조과정을 전개하고 있는 것이다. 게다가 3장의 관심은 구체적인 인간의 실존에 그 초점을 맞추고 인간의 잘못과 실패에 주의할 것을 요청한다. 저자의 관심과 그의 초점은 인간-인간, 인간-신, 인간-자연세계, 남자-여자 등의 관계가 어떻게 왜곡되었는지 그 이유와 원인을 묘사하는데 심혈을 기울이고 있는 것이다. 인간은 관계와 상황의 존재이기 때문에 이 상황 안에 이미 놓여져 있는 첫 인간들을 묘사하며 일체의 실존적 질문과 답을 이곳에서 찾으려 하는 것이다.

사실상 창세기에 등장시킨 일체의 인물들과 창조계는 어떤 구체적 사실을 우리에게 알려주기보다는 그 내용들에 접근할 수 있는 통로를 보여주는 표지로 우리 앞에 서 있다. 따라서 독자인 우리가 할 수 있는 일은 이야기 전체 안에서 파생되는 주제들에 대한 분석과 이해였던 것이다. 인간의 실존에서 피할 수 없는 죽음과 폭력과 죄, 그리고 바른 삶, 인간의 길 등이 그러한 주제가 될 것이다. 현재의 시간을 살고 있는 우리는 과거의 인물들이 살았던 시간대를 반복하면서 살 수 없다. 에덴동산을 살 수도 없을 뿐만 아니라 그 안에 있는 생명

---

47 J. Barr의 주장은, 아담과 하와가 에덴동산에 있었다면, 영원한 생명을 얻기 때문에 추방되었을 것이라는 가정을 한다. 그래서 불멸성을 잃어버렸다는 것은 인간이 사멸성(死滅性)을 수용해야 한다는 것을 의미한다(21쪽). 그러나 그 이후의 창세기 주제는 결코 이 주제를 다루지 않는다. 그러므로 창세 2-3장이 이 주제를 담고 있다는 J. Barr의 주장에는 동감할 수 있지만, 이 주제가 이야기 흐름의 본류(本流)가 된다고는 볼 수 없다.

나무나 선악을 아는 나무도 경험할 수 없다. 이것들은 당대의 사람들에게 그러했던 것처럼 현대의 사람들에게도 상징적 표지일 뿐이다.

과거의 인물들은 과거의 현재를 살았고, 자신들이 고민하던 당대의 문제를 가지고 사랑하고 미워하며 살았다. 인간의 실존적 상황을 묘사하는 고통이나 질투, 삶과 죽음의 문제 등은 주어진 시대의 답만이 결정적일 수 없다. 이러한 질문은 일반적으로 답이 주어지는 것이 아니다. 그 때와 마찬가지로 '오늘'의 문제로 우리 자신이 고민해야 할 '우리 자신'의 특별한 문제로 풀어가야 할 수수께끼인 것이다. 우리 자신의 문제는 우리의 선택에서 해법을 찾을 수 있는 단서를 발견한다. 창세 3장이 보여주는 이 단서의 배경은 무엇인가?

그것은 단순하게 말해서 아담과 여자의 불순종이 뱀의 유혹에 걸려 넘어진 인간을 보여주는 것이다. 궁극적으로 인간이 얻는 자유와 그 자유의 그릇된 행사에서 걸려넘어지는 인간의 잘못과 관련이 있다. 인간의 실존적 상황은 아담과 여자가 유혹의 함정에 빠졌지만, 그 함정에서 빠져나올 노력을 해야 한다는 것도 가르친다. 왜냐하면, 우리가 살아야 할 실존조건은 바로 이런 상황으로 빚어진 죄의 그물로 빽빽하게 쳐진 세상이기 때문이다. 아담과 여자가 잘못 선택한 행동은 인간에게 비참한 결과를 불러왔지만, 궁극적으로 인간의 자유를 암시해 주며, 인간의 불완전한 자유의 행사로 죄가 탄생하고 있다는 것을 알려준다. 즉 창세 3장의 아담과 여자의 이야기는 인간의 삶에 언제든지 악이 스며들 여지가 있다는 것을 말해주는 것이다.

다음에 읽을 4장에서 우리는 인간이 어떻게 자신의 자유를 행사하는지, 그리고 악이 어떻게 인간의 삶에 비집고 끼어드는지 보게 될 것이다. 4장은 일상생활의 공간에서 만날 수 있는 원초적 인간의 어두운 모습을 대면하게 해 줄 것이다. 카인과 아벨의 이야기는 신(神)이 마련해 주었던 동화적 공간과 시간에서 밀려나와 역사의 시간과 공간에 한층 가까이 다가서는 이야기이다. 아담과 하와가 서 있는 신화적(神話的) 시간과 공간에서 빠져나와 한 걸음 더 현실에 가까운 사건을 만난다. 카인과 아벨은 이야기의 주인공들로 인간 각자 안에 살아 있는 야누스적 모습을 상징하는 얼굴들이다. 창세 3장에서 드러나기 시작한 주제가 더욱 구체화되어 가는 것을 보게 된다. 인간 자신의 모습뿐만 아니라, 인간이 경배하였던 신(神)과 인간의 관계가 어떻게 왜곡되어 가는지도 보여준다. 어쨌든 우리는 4장에서 현실에 더욱 가까운 외롭고 추한 살인자의 얼굴을 마주하게 될 것이다.

부록 #1. 동물성의 문제

신의 피조물로서 동물과 인간은 다 같이 '살아 있는 존재(nepesh)' 이다. 여기에는 우리가 다시 읽고 발견해야 할 요소가 있는 것 같다. 특별히 인간과 동물의 세계에서 만나지 않으면 안 될 동물성의 주제를 생각하면 창세기는 할 말이 많다.

무엇이 인간과 동물 사이의 공통점이며 그 차이는 무엇인가? 창세기의 언어로 말해서 단순히 지배와 피지배의 관계인가? 2장은 앞서 C. 베스터만의 말처럼 동물과 인간의 관계를 인간의 관점에서 묘사하고 있다. 인간은 생명이라는 관점에서 동물보다 더 나을 것이 없는 존재처럼 보인다. 사람과 마찬가지로 동물도 땅에서 왔고, 생명의 숨을 받아 살아 있는 존재가 되었기 때문이다. 동물도 사람과 같이 그 운명에 있어서 생명과 죽음, 불행과 구원을 동시에 받는 존재로 묘사되고 있어서(이 주제는 창세 설화의 후반부로 진행해 갈수록 분명하게 드러난다. 예를 들면, 노아와 홍수 이야기 : 창세 7,21; 9,9-15), 인간의 운명은 동물과 비슷하다(시편 49,13-21)는 준엄한 선언을 듣기도 한다.

인간과 동물이 다르다는 점에서 무엇을 말할 수 있는가? 동물이 받은 숨과 인간이 받은 숨 사이에는 어떠한 차이가 있길래 인간과 동물 사이를 갈라 놓는가? 아니면 인간과 동물이 공통으로 지닌 것이 있다면 그것은 무엇인가? 인간은 자기 내부에 동물의 어떤 성질을 가지고 있다는 말인가? 다시 말하면 본문에서 논한 동물성을 가지고 있다는 말인가?

이런 질문을 차치하고라고 신은 창조계 안에서 '너' 라고 발언한 존재는 아담이 있을 뿐이다. 인간과 신의 관계를 스스로 "나-너"로 정의한 야웨 엘로힘이라면, 아담은 동물과는 다른 차원의 존재가 아닐 수 없다. 그렇다면 질료의 측면에서 인간과 다를 바 없는 동물의 위치는 신 앞에서 아담과 얼마나 멀리 떨어져 있는가?

우선 신이 아담에게 제시한 동물 중에는 인간에게 걸맞는 '상대' 가 없다는 것이 확인되었다. 어떤 의미에서든 동물은 인간의 짝, 곧 에제르가 될 수 없다. 신을 닮은 형상으로서 인간(1,26)의 에제르가 될 수 없는 것이다. 야웨계 문헌보다 훨씬 후대에 기록된 사제계 문헌(창세 1,26-28)을 다시 읽어보자.

> 26절 : 우리의 모습을 닮은 인간을 만들자...
>
> 26절 : …그리고 지배하도록...
>
> 27절 : 신은 인간을 남자와 여자로...
>
> 28절 : ….축복하고...
>
> 28절 : …지배하라...

신의 형상을 닮은 인간과 동물의 차이는 무엇인가? 이 차이는 동물에 대한 인간의 기능을 선언하는 자리에서 드러난다. 사제계 문헌에 의하면, 인간이 인간인 까닭은 동물을 지배하기 때문이다(26절과 28절). 인간과 동물의 차이를 드러내는 신(神)의 선언적 지배는 인간이 역사에서 경험하는 불의와 억압을 전제로 하는 지배와 질적으로 다르다. 이 지배는 인간의 자의적 지배가 될 수 없고 신의 축복(祝福)의 선언에 따라 수행되어야 한다(28절). 이 축복은 신의 말씀을 실천하는 행동 속에서 드러나게 되어 있다. 인간은 신의 말씀을 받아서-동물을 지배하라-신의 말씀에 일치하는 실천을 해야 하는 것이다(창세 2,19-20).

더 구체적인 예를 찾아서 다른 측면에서 인간의 동물지배를 바라볼 수 있다. 창세 1,29에서 인간과 동물에게 주어지는 먹을 거리는 채식에 준한다. 말하자면, 동물의 피를 흘리지 않는 먹을 거리이며, 설화의 메시지를 드러내는 비폭력적 삶을 상징한다. 상징의 세계는 현실을 반영한다. 동물의 지배에서 발생되는 인간과 동물의 관계가 현실의 인간에게 적용되기 때문에 의미가 있다. 동물의 피가 상징하는 것은 인간이 흙에서 온 존재로서 동물인 한, 동물로서 인간은 야웨 엘로힘의 숨을 받은 동료 인간과 맺는 관계를 부정하는 표지이다. 동물의 피와 살해는 노아와 대홍수 이야기에서 더 적나라하게 주제화되지만, 인간실존의 불의와 폭력을 가리키는 이 주제는 동일계 문헌의 연장선 상에서 구체화된다. 역설적인 것 같지만, 동물-인간의 관계는 인간이 신의 창조물로서 동물, 즉 동물성을 극복하는 인간-동물의 관계여야 한다. 이것이 동물을 지배하고 다스리는 인간에게 주어진 축복이고, 살아야 할 신의 축복이다.

3장 이후에 전개되는 카인과 아벨 이야기나(4장) 노와와 홍수 이야기에(6-9장) 나타나는 상황은 이러한 범주 안에서 전개되는 이야기의 연속이라고 볼 수 있다. 특별히 노아가 받는 축복은 1장의 축복을 반복하는 것처럼 보이지만, 새로운 출발, 새로운 창조의 시작으로 이 축복은 신-인간의 새로운 관계를 설정한다(9장). 인간은 동물을 지배하겠지만, 더 이상 창세 1장에서 축복 받은 비폭력적 관계는 아니다. 먹을 거리의 선언에서 보이는 신의 새로운 주문은 제한적이지만-그렇지 않으면 혼란과 무질서 속에서 생명의 세계는 사라질 것이다-동물의 피를 흘리는 세계를 표상한다. 인간세상의 유지를 위해서 생명의 상징인 피만은 먹을 거리로 줄 수 없다. 생명은 신의 전권에 해당하기 때문이다. 이로써 살아 숨쉬는 존재들 사이의 평화의 관계를 상기시키는 에덴의 동산은 먹을 거리로 상징되는 피의 폭력 앞에서 하나의 전설이 된다. 신의 형상으로서 인간의 모습은 완전하게 사라지지 않았다고 해도, 폭력이 지배하는 상황이 신의 모습으로 창조된 인간의 본래 모습을 상상할 수 없게 만든 것이다. 에덴동산에서 추방된 이후로 야웨 엘로힘의 얼굴을 잃어버린 인간은 어떻게 신의 얼굴을 알아볼 수 있을 것인가?

제 2 부

너의 형제는 어디 있느냐?

-인류의 운명과 재창조의 길-

카인과 아벨 (로렌초 기베르티)

제 5 장

카인과 아벨 : 형제살인

카인과 아벨의 이야기. 구약성경의 이야기를 역사적 사실성에 근거하여 이해하려고 할 때 생겼던 오해들이 많이 사라진 지금도 부분적으로 그러하지만, 지난 시절에 두 형제 간의 이야기로 이해하거나(19세기 이전), 혹은 두 집단 간의 갈등으로 보고 해석하는 경향이 있었다(19세기 이후). 이러한 관점에서 사막으로 쫓겨난 설화 속의 인물 카인과 역사 속의 종족인 가나안 족을 동일시하기도 했다. 그래서 자칫 민족 간의 분쟁으로 오해될 수 있을 정도로 유다 남부 사막과 팔레스티나 농경지 민족 사이의 갈등으로 보려고도 했다.[1] 같은 맥락에서 사막을 근거지로 하는 가나안 족의 조상을 기념하는 전승으로 이해하기도 했었지만, 현대에 오면 다시 인류의 첫 인간들의 이야기, 즉 상징적 설화의 차원에서 해석하려는 견해를 통하여 인류에게 공통으로 적용될 수 있는 보편적인 의미를 찾으려는 경향이 득세한다. 집단 간의 갈등 이야기로 이해하는 것이 불가능한 것은 아니라고 해도, 카인과 아벨 이야기는 두 인물의 등장으로 엮어지는 이야기답게 인간의 심리적 갈등 요소들로 가득 차 있기 때문이다.

창세기 이야기는 더욱 진행하여 에덴동산에서 발생한 일로 추방을 맞게 된

---

1 Northrope Frye, The Great Code : The Bible and Literature, Routledge and Kegan Paul, 1982, 142쪽. 다니엘 키스터, 60쪽에서 재인용. 문학적 상상력은 용감하게도 이스라엘을 무죄한 아벨로, 카나안족을 카인으로 빗댄 우화로 읽는다.

인간은 창세 4장에 오면 지금까지 살았던 환경과 달리 아주 낯선 세계를 만난다. 이 세계가 낯설다 해도 두 인물 카인과 아벨 이야기에는 어김없이 3장에서 나타났던 소주제들이 반복해서 메아리친다. 예를 들면, 3장에서 독자의 주의를 끈 동사 '알다'(3,5.7.22)가 4장 1절과 9절에서 다시 나타나며, 인간의 삶과 임무를 드러내주는 '경작하다'(3,23)가 4장 2절과 12절에서 반복해서 언급된다. 추방을 나타내는 표현이 3,24과 4,14에서 일치하며, 인간의 운명을 말해주는 땅/흙을 나타내는 단어가 3장의 17절, 19절, 23절에서, 4장의 2-3절, 10-12절, 14절에서 중복해서 나타난다. 더욱 놀라운 점은 3,16ㄴ과 4,7ㄴ 사이의 유사성이다. 이 유사성은 3장의 이야기와 4장의 사건이 거의 비슷한 패턴으로 진행되는 것으로 절정에 이른다.

이러한 유사성은 따로 논해야 할 정도이지만, 무엇보다도 4장의 이야기는 3장의 이야기와 달리 그 주제의 전개가 구체적인 인간사에서 발췌되어 인간의 사회화 과정이 독자의 눈에 돋보이는 배경으로 등장한다. 이러한 시각에서 1부의 전체 주제로 선택한 '아담아, 너는 어디 있느냐?'(3,9)가 3장의 주제를 이끌고 있었다면, 4장은 '카인, 너의 형제 아벨은 어디에 있느냐?'로 주제가 확대된다. 3장이 개인적 차원에서 인간을 묘사한다면, 4장은 이 차원을 더 넓혀 형제관계로 인간의 실존을 구체화한다. 3장의 주제를 함축하면서 4장은 인간이 사회화 과정에서 겪어야 하는 문제를 주제로 삼고 있는 것이다.

그러나 다른 시각에서 보면, 본서의 5장과 관련된 제목이 반드시 이야기 주제에 잘 맞는지 성찰할 필요가 있다. 사실 창세 4장의 이야기를 '카인과 아벨'로 이름을 붙이는 것은 사실 잘못된 방향으로 독자를 오도할 수도 있다.[2] 창세 4장의 이야기는 비록 형제살인에서 출발하지만, 살인 이후에 묘사되고 있는 카인과 야웨의 대화에서 이야기의 주제가 드러나고 있기 때문이다. 말하자면, 이야기의 흐름만을 고려한다면, 창세 4,1-16을 이해하는 제명으로 '카인과 야

---

2 지금까지 발간된 구약성경 번역본들(영어, 프랑스어, 독일어, 이태리어, 스페인어, 그리고 한국어)은 창세 4,1-16 위에 소제목으로 대부분 '카인과 아벨'이란 제명을 붙이고 있다.

웨' 혹은 '야웨와 카인'으로 명명할 필요가 있어 보이기 때문이다.[3] 이야기에서 카인이 아벨을 죽인 사건은 야웨의 개입을 불러오고, 야웨는 카인을 대상으로 대화를 진행시킨다. 이 대화에서 독자는 이야기의 소주제들이 발생되고 있음을 인지하게 되는 것이다.

앞에서 보았다시피, 논리적으로 이야기의 흐름을 파악할 때 정당할 수 있는 문학적 주장이 있지만, 우리는 인간의 이해라는 틀을 강조하고 카인과 아벨의 불행한 관계를 상기시키고자 '카인과 아벨 : 형제살인사건'으로 이름을 붙인다. 더구나 인간의 불행을 성찰케 하는 이 사건은 야웨의 이름으로 선언되지만, 이 이야기는 인간이 자신의 운명을 되돌아보는 것에 초점을 맞추고 있다고 판단하기 때문이다.

이야기는 인간을 부정적인 모습으로 묘사하고 있을 뿐만 아니라, '인간의 문제'에서 '인간들의 문제'로 악화일로에 있다고 본다. 이런 관점에서 제 2부의 주제는 개인적 차원의 인간실존에서 사회화 과정을 겪는 인간의 문제로 이어지지 않을 수 없다. 그러므로 카인과 아벨 사건을 이해하는 일은 앞에서 도입된 소주제들를 바탕으로 사회학적 시각의 성찰을 필요로 한다.

---

3 다니엘 키스터, 59쪽.

5.1. 성경본문 : 창세 4,1-16

1. 사람이 자기 아내 하와를 알게 되니 그 여자가 임신하여 카인을 낳고, 이렇게 말하였다. '내가 야웨의 도우심으로 사내를 낳았다.'
2. 그 여자는 다시 카인의 동생 아벨을 낳았는데, 아벨은 양치기가 되고 카인은 땅을 부치는 농부가 되었다.
3. 세월이 흐른 뒤에 카인은 땅의 소출을 주님께 제물로 바치고,
4. 아벨은 양떼 가운데서 맏배들과 그 굳기름을 바쳤다. 그런데 야웨께서는 아벨과 그의 제물은 기꺼이 굽어보셨으나,
5. 카인과 그의 제물은 굽어보지 않으셨다. 그래서 카인은 몹시 화를 내며 얼굴을 떨어뜨렸다.
6. 야웨께서 카인에게 말씀하셨다.

   "너는 어찌하여 화를 내고, 어찌하여 얼굴을 떨어뜨리느냐?
7. 네가 옳게 행동한다면 얼굴을 들 수 있지 않느냐? 그러나 네가 옳게 행동하지 않는다면, 죄악이 네 문 앞에 도사리고 앉아 너를 노리게 될텐데, 너는 그것을 잘 다스려야 하지 않겠느냐?"
8. 카인이 아우 아벨에게 "들에 나가자."하고 말하였다. 그들이 들에 있을 때, 카인이 자기 아우 아벨에게 덤벼들어 그를 죽였다.
9. 야웨께서 카인에게 물으셨다.

   "네 아우 아벨은 어디 있느냐?" 그가 대답하였다.

   "모릅니다. 제가 아우를 지키는 사람입니까?"
10. 그러나 그분께서 말씀하셨다.

    "네가 무슨 짓을 저질렀느냐? 들어보아라. 네 아우의 피가 땅바닥에서 나에게 울부짖고 있다."
11. "이제 너는 저주를 받아, 입을 벌려 네 손에서 네 아우의 피를 받아낸 그 땅에서 쫓겨나리라."

12. “네가 땅을 부치어도, 그것이 더 이상 수확을 내주지 않으리라. 너는 세상을 떠돌며 헤매는 신세가 되리라.”

13. 카인이 야웨께 아뢰었다.

“그 형벌은 제가 짊어지기에 너무나 큽니다.”

14. “당신께서 오늘 저를 이 땅에서 쫓아내시니, 저는 당신 앞에서 몸을 숨겨야 하고, 세상을 떠돌며 헤매는 신세가 되어, 만나는 자마다 저를 죽이려 할 것입니다.”

15. 야웨께서 그에게 말씀하셨다.

“아니다. 카인을 죽이는 자는 누구나 일곱 갑절로 앙갚음을 받으리라.”

그런 다음 야웨께서는 카인에게 징표를 찍어주셔서, 어느 누가 그를 만나더라도 그를 죽이지 못하도록 하셨다.

16. 카인은 야웨 앞에서 물러 나와 에덴의 동쪽 놋 땅에 살았다.

5.2. 이끄는 말

그 동안의 연구결과에 의거하면, 카인의 형제살인 이야기를 인류 보편적 의미로 해석하고자 하는 이유를 세 가지로 요약할 수 있다.[4]

ㄱ) 창세 4,1-16은 2-3장의 아담과 하와의 이야기와 동일한 패턴의 구성을 가지고 있으면서, 범죄와 추방이라는 주제를 다루고 있다.

ㄴ) 3장과 4장의 두 이야기에서 주제의 변용이 이루어지고 있다. 2-3장이 부부관계, 혹은 남자와 여자의 관계라는 틀 안에서 인간의 모습을 다루고 있다면, 4장은 야웨 엘로힘 앞에 선 인간이라는 동일한 주제이긴 하지만, 형제관계에서 인간이 취할 행동을 다루고 있다. 이야기의 배경과 소재에서 이 형제관계의 주제는 이미 인간의 사회생활(가정)을 함축하고 있어서 3장의 주제가 4장에서 사회 차원에서 다루어지고 있음을 알 수 있다.

ㄷ) 4장 주제의 가장 큰 모티브는 형제관계의 경쟁을 암시하고 있다. 이 관계는 혈육 관계를 포함하여 종교 혹은 사회의 모든 단체 안에 숨어 있는 경쟁의 가능성을 가리킨다. 말하자면, 노동과 직업의 세계를 포함하여 모든 사회생활의 바탕을 이루는 공동체는 그 자체에 갈등 요소를 안고 있다는 사실이다.

이러한 시각에서 볼 때에 창세 4,1-16의 카인과 아벨 이야기는 창세 3장의 이야기와 구조적으로 밀접하게 연결되어 있다. 창세 2-3장이 인간의 창조, 개인적 차원의 인간과 인간의 관계, 인간과 야웨 엘로힘의 관계를 언급하고 있다면, 창세 4장의 초점은 좀 더 사회적 인간문제 쪽으로 기울어져서 인간과 인간

---

4 C. 베스터만은 창세 4,1-16 주석을 마치면서 그 이유를 위와 같이 세 가지로 요약한다. 한편, 이야기에 나타난 주제들에 주의를 기울인다면, 창세 4,1-16은 2-3장과 구조적 유사성에서 이야기의 연속성을 유지하고 있음을 알 수 있다. 미분화 단계에서 1차적인 분화의 단계로 나가는 사회화 현상, 곧 노동의 분화(농경과 목축)를 눈으로 확인할 수 있다. 특별히 노동의 분화는 앞으로 전개될 인류역사의 사회화 현상을 전제하며, 3장에서 보이는 개인과 개인의 관계가 4장에 이르러서 사회적 범주로 이야기의 틀이 확장되었음을 시사한다.

의 사회적 관계, 즉 타자와 맺고 있는 공동체적 관계를 어떻게 정립해야 하는지 그 태도를 이야기한다.

아주 단순하게 읽더라도 카인의 이야기는 인류 최초로 폭력의 극단적 표현인 살인(殺人)이 시작되었음을 알리고 있다. 이 살인적 폭력이 한번 저질러진 이상, 인물이 바뀌더라도 살인의 역사는 지속되기 마련이다. 인류역사의 주역들은 이러한 인물들이 될 것이며, 일견 신의 역할은 보조적인 차원에 머문다. 창세설화가 신화의 옷을 입고 내용적으로 역사성을 띠고 있다면, 카인의 이름에서 시작한 살인의 사회적 문제는 이미 역사적 현실성을 보여주고 있다. 창조에 거스르는 살인의 사회적 문제가 홍수 이야기에 이르면, 인간과 창조계에 밀어닥친 결정적 자연재앙의 형태로 나타난다. 인간의 개인적 차원의 문제가 사회성을 띠고, 역사에 대변혁을 가져오면서 파멸적 재앙으로 끝나는 것이다. 이를 두고 성경은 모든 살아 있는 것의 끝(6,13)이 왔다고 단언한다.

이렇게 4장은 창세 1-11장의 대주제의 연속선 상에 있다. 4장에서 본격적으로 드러나기 시작한 인간의 폭력이란 주제에 초점을 모으면, 카인의 살인 행동을 묘사하는 데에 여러 상징어(象徵語)가 사용되고 있음을 알 수 있다. 아담과 하와의 이야기에서 동물의 표상방식이 사용되었듯이, 카인 이야기의 상징어도 비인간적인 동물적 표상세계를 나타낸다. 3장에서 여자를 유혹했던 유혹자가 뱀의 표상이었다면, 카인의 경우에, 본문해석에 문제의 소지는 있지만, 동물의 상징이 반복하여 나타난다. 구체적으로 창세 4,7절에서 해석문제가 제기되지만, 이해의 가능성을 위해서 창세 1-11장의 주제의 논리적 연속성이 강조될 것이다. 동물의 표상어 뒤에 숨어 있는 인간의 폭력성에 대한 고발을 전제해야만 논리적 해석의 가능성이 생기기 때문이다.

4장의 이야기에서 우리는 다시 한 번 더 확인하게 되겠지만, 인간은 동물의 말을 들을 것이냐, 아니면 그 동물을 지배할 것이냐 하는 선택의 기로에 서게 된다. 여기서 동물성의 주제화가 더 분명하게 이루어지는 데, 동물의 말을 듣는 자와 이를 거부하는 자의 운명을 보게 된다. 동물성에 복종하게 될 때에 개인은 카인의 운명을 지속시킬 것이며, 더 나아가 인간 역사가 동물성의 지배하에 드는 결과, '노아와 대홍수 이야기'로 상징되는 운명을 맞게 된다. 동물성에 굴복한 개인과 그 개인들의 전체 집단이 걸어야 할 길은 역사적 붕괴요 자멸의 길이 될 것이라는 통렬한 경고이자 예언이다. 창세기의 이 이야기가 우리로 하여금 그 결과를 미리 보게 하는 이유는 인간의식의 각성을 통하여 이 불행을 벗어날 삶의 방향전환을 요구하기 때문이다.

이러한 여러가지 관점을 염두에 두고 창세 3장과 4,1-16의 구조적 유사성에 주의한다면, 카인과 아벨의 형제살인 이야기를 인간학적 관점에서 해석하는데 무리가 적어지리라 생각한다. 이와 관련되어 해석의 어려움을 제기하는 성경주석학적 문제들은 특별히 주제의 논리적 연관성을 유지하는 틀에서 다루어질 것이다.

5.3. 해설과 논의 : 창세 4,1-16

인류의 첫 살인사건 이야기는 단순히 당사자들 간에 벌어진 사건을 알려 주는 데에 있지 않다. 아담과 하와의 금지명령위반에서 알 수 있듯이 인간이 악을 행한다면 그것은 다른 누군가의 잘못에 의해서 발생하는 것이 아니라, 바로 그 자신이 악행의 주체자라는 것을 깨우쳐 준다. 더욱 놀라운 사실은 악을 실행하는 원인이나 악의 희생자가 당하는 그 원인이 모두 인간이 나날의 생활에서 경험하는 일상적 삶에서 확인된다는 점이다. 악의 현실성이 뚜렷한 이 세상에서 인간이 살아내야 할 사회적 삶은 고되고 불안하기만 하다. 카인의 이름이 잊혀질 수 없는 이유가 여기에 있다.

아담과 하와의 이야기와 더불어 카인의 이야기는 근본적으로 인간 존재 안에 내재한 어두운 인간성(人間性)을 알아볼 수 있도록 빛을 준다. 인간의 창조와 추방 사건 뒤에 잇따라 전개되는 카인의 이야기는, 창세 3장이 남자와 여자의 관계를 보여주듯이, 함께 사는 사람들의 관계-형제는 그 중의 한 예로, 혈연적으로 가장 가깝다-가 어떤 식으로 전개되는지, 어디에서 갈등이 불거지고 폭발하는지를 알려준다. 창세기의 저자(著者)는 남자와 여자 사이에서 발생하는 지배와 종속의 불공정이나, 가족 안에서 부모와 자식의 관계 상징을 통하여 무엇이 갈등의 요소들인지 말하고자 하는 것이다.

창세 2장에서 남자와 여자 사이의 관계가 공정한 상호부조를 바탕으로 성립할 수 있다는 가능성을 말하려고 했다면, 3장은 남자와 여자의 관계가 이 가능성을 바탕으로 가장 이상적일 수 있지만, 이 관계의 가능성을 무너뜨리면 가장 먼 관계, 심지어는 적대자나 원한관계가 될 수도 있음을 보여준다. 한 걸음 더 나아가 4장은 이 관계의 이상적 가능성이 형제 간에서 경쟁과 적개심과 갈등(葛藤)으로 변할 수 있다는 것을 보여준다. 가슴 섬뜩한 4장 이야기의 메시지는, 피를 나눈 형제도 서로에게 폭력을 휘두를 수 있고, 살인을 행할 수 있다는 것이다. 피를 나눈 형제조차 더 이상 관용과 이해와 용서의 대상이 되지 못하고, 3장에서 보여주듯이 책임전가의 대상일 뿐, 심지어 살인의 희생물로 삼을 수 있다. 인간은 이런 관계의 마지막을 폭력과 살인으로 끝낼 수 있다. 이것은 극단적인 수단을 통해서라도 상대를 확실하게 제거하여 문제를 해결하고자 하는 이 세상의 불의와 통한다. 인간은 상대가 죽으면 모든 문제는 마치 없었던 것처럼 상황이 반전되리라 믿는 것이다. 이러한 어두움을 안고 사는 비극적 존재가 카인으로 대표되는 인간인 것이다.

4장의 인간은 바로 이러한 비극적 인간의 탄생을 알려 주고 있다. 창세 12장 이후에 나타나는 이스라엘 족장들의 이야기에서도 형제들의 삶은 경쟁과 갈등관계의 연속이다. 한 핏줄을 가지고 태어나는 형제도 경쟁, 적개심, 증오, 질투라는 갈등을 살아야 한다면, 가정이 다르고 언어와 문화가 다른 공동체들이 만난다면, 이런 문제는 언제나 폭발할 수 있는 긴장과 갈등이 잠재해 있다고 보아야 한다. 이러한 실존적 상황은 여느 인간이나 공동체, 혹은 민족과 국가에서만 특별하게 발생하는 부정적이고 어두운 삶의 모습이 아니다. 살인이나 학살이 예외없이 모든 남녀관계, 부모자식, 형제관계, 사회와 민족, 국가관계에서 발생할 수 있는 잠재적으로 위험한 가능성이다. 인간과 인간사회에 잠재해 있는 이 살인의 위험한 가능성이 어떻게 실현되는지 창세 4장은 설화적 언어로 보여주는 것이다.

4장은 어두운 형제관계의 갈등을 상세히 묘사하지도 않을 뿐만 나니라 상세히 그 소재들을 제공하지도 않는다. 오히려 아주 간단하게 사태의 발단과 그 결과만을 보도하는 편집자의 의도를 통해서 무서운 인간현실을 보게 해준다. 형제살인(兄弟殺人)은 어떻게 가능하며, 어떻게 발생하는가? 동서를 막론하고 역사적으로도 사해동포주의를 역설해 온 인류의 관점에서 보면, 인간관계는 종교의 이름을 들먹이지 않더라도 넓은 의미에서 형제관계이지 않은가? 그런데 인간관계가 올바르게 맺어지지 않고 화해가 이루어지지 않을 때, 그 결과는 바로 개인이건 집단이건 상대방을 제거할 수밖에 없는 것이 우리가 경험한 인류역사의 현실이다. 어떤 현실에서도 잠재적으로는 갈등의 끝이 (풀리지 않는 한) 살인이라는 도식이 성립하는 것이다![5]

카인과 아벨 이야기로 불려지는 창세 4,1-16은 앞에서도 말한 바와 같이 사실상 그 주인공은 카인이다. 카인의 이름은 설명과 함께 주어지나(1절) 아벨의 이름은 그렇지 못하다. 아벨의 신원은 그저 '카인의 형제(2, 8, 9, 10, 11절)' 일 뿐이다. 그는 자신의 이름으로 말하지 못하고, 자기 형 카인의 희생물로 소개될 뿐이다. 아벨은 이야기의 흐름이 필요해서 등장시킨 인물처럼 나타났다가

---

5 성경의 여러군데서 이런 주제들을 확인할 수 있다. 가장 큰 예가 신약성경의 예수의 죽음이며, 그 의미를 이런 관점에서 이해할 수 있다. 죽음을 가져오는 죄의 인간이 화해를 할 수 있다면-그리스도교 신학의 대주제-죽음이 생명을 가져오는 경우이다. 이를 설명하는 개념으로써 대속적(代贖的) 의미의 인류학적 이해를 위해서 다음 저자의 책들을 참조할 것. R. Girard, Le Bouc émissaire, Grasset, 1982(희생양, 민음사, 1998); Le Violence et le Sacré, 1972(폭력과 거룩함, 민음사, 1997).

사라지고 아무런 주의를 필요로 하지 않는 존재처럼 잊혀진다.[6] 카인이 살과 피를 가진 인간으로 묘사되고 있다면, 아벨은 그림 속의 인물처럼 우리의 시선을 끌지 못한다. 카인의 동생 아벨은 이야기의 전개를 위한 지나가는 인물일 뿐, 수동적인 역할로서 암시적인 기능만을 남기고 떠난다. 카인의 악이 지배하는 세상에서 희망이 되어야 할 선의 가능성으로써 아벨 이야기는 그가 살해 당함으로써 가계가 끊어졌지만, 아담의 세째 아들 셋의 탄생으로 이어진다. 카인이 아벨을 살해하자(야웨계 문헌), 엘로힘께서 아벨 대신 다른 자식 하나를 세워 주었던 것이다(4,25; 사제계 문헌).

이런 이해를 가지고 4장의 이야기를 폭 넓게 보편적인 인간의 문제로 해석하려면 이야기의 상징성에 유의해야 할 것이다.[7] 3장의 모티브를 함축한 채, 첫 인간들을 부모로 한 인류의 두 번째 세대의 이야기를 독자는 독자성(獨自性)과 보편성(普遍性)을 염두에 두고 읽을 수 있을 것이다.

이야기의 분석 이전에 앞에서 말한 아담과 하와 이야기, 그리고 카인과 아벨 이야기의 유사성을 확인하는 견지에서 창세 2-3장과 4장의 내용전개를 비교해 보는 것도 이야기의 이해에 도움이 될 것이다. 아담과 하와 이야기는 3장에서 본격적으로 전개되지만, 이미 2장에서 이야기의 주제들을 준비하고 있다는 점은 앞에서 누누이 강조했다.

카인과 아벨 이야기(4장)와 아담과 하와 이야기(2-3장)의 구조 :

우리는 창세 3장 이야기가 전개되는 패턴이 카인과 아벨 이야기에서도 그대로 확인되는 까닭에 두 이야기의 밀접성을 살펴보지 않을 수 없다. 먼저 4장 이야기의 진행과 구성을 살펴보면, 크게 두 부분으로 나눌 수 있다. 첫 부분은 도입부(1-2절)를 제외한 행동부분(3-8절), 두 번째 부분은 야웨 엘로힘과 카인의 대화부분(9-15절)이다. 첫 번째 부분은 이야기의 주제가 드러나는 두 번째 부분을 역동적으로 살리기 위한 예비 단계로 이해할 수 있다.

이러한 이해를 가지고 창세 4장의 이야기를 2-3장의 이야기와 비교하면, 두 이야기의 흐름이 일정한 패턴과 구성의 일치를 가지고 있음을 점검할 수 있다.[8] 범죄를 저지른 후에 벌어진 카인과 야웨 사이의 대화에서 여러 주제들이 확인된다. 범죄 사실뿐만 아니라(9-10절), 징벌(1-12절), 징벌의 조절(13-15절), 범죄를 저지른 카인을 보호하는 야웨(15절), 야웨에게서 멀어지는 카인(16절) 등의 양상이 아담과 하와 이야기에서 나타난 요소들을 그대로 반영한다. 또한 두 이야기가 동일한 야웨계 저자의 작품이기 때문에 해석에 있어서 카인 이야기에서 발생하는 어려움을 아담과 하와 이야기의 흐름과 논리를 바탕으로 해석할 수 있는 가능성이 높아진다.

카인과 아벨 이야기 : 4장	아담과 하와 이야기 : 2-3장
1-2 : 카인과 아벨의 등장[9]	2,21-24 (남자와 여자)
3-5 : 제물-갈등요인	2,25 (알몸-부끄러움)
6-7 : 카인에게 주는 야웨의 말	3,1-5 (뱀의 유혹)
8 : 카인의 행동-아벨의 살해	3,6 (여자의 행동)
9-10 : 범죄 사실의 확인	3,9-13 (첫 인간의 행동 확인)
11-12 : 징벌의 선언	3,14-19 (징벌선언)
13-15 : 카인의 반응과 엘로힘의 반응	3,21 (야웨 엘로힘의 행동)

6 아벨의 존재는 구약성경에서 그렇게 의미 있는 인물이 아니다. 창세 4장을 벗어나면 그의 이름은 더 이상 등장하지 않는다. 신약에서 겨우 복음서에서 한 번(마태 23,15=루카 11,51) 동일 서간에서 두 번(히브 11,4; 12,24) 인용될 뿐이다.

7 텍스트를 이해하기 위하여 여러 방법이 동원될 수 있다. 말하자면 문학비평적 해석, 신화비평적 해석, 심리학적 해석, 사회학적 해석의 접근 방식을 언급할 수 있다. 이들 방법에 적용되는 통시적(通時的, diachronique) 접근방식과, 텍스트 자체를 완전한 이야기의 그릇으로보고 그 자체로 이해하고자 하는 공시적(共時的, synchronique) 접근 방식 중에서, 여기서는 의미의 공시성에 더 주의를 두고 이해하고자 한다. W. Vogels, Caïn : L'etre humain qui devient une non-personne, NRT 114 (1992), 324-326쪽 참조.

8 W. Vogels, 앞의 책.

9 성경연구자들은 1절이 17절에서 시작하는 족보의 시발점으로 보며, 2-6절은 삽입된 것으로 본다.

16 : 결론	3,23-24 (결어)

두 이야기의 구조적 유사성은 이야기의 전개상 얻어지는 논리적 흐름의 공통성을 반영한다. 그러므로 두 이야기를 지극히 인위적인 구성으로 보지 않는다면, 창세 2-3장의 이야기 전개의 연장선상에서 4장 이야기를 해석할 수 있는 가능성을 엿볼 수 있는 것이다.

다음 세대의 새로운 인간은 앞선 시대의 인간과 맺은 관계에서 이해된다. 3장에서 신의 창조가 남자와 여자로 완성되었듯이, 4장에서는 남자와 여자로 구성되는 가족단위의 인간 공동체가 새로운 창조의 기본 단위로 인식된다. 첫 인간 아담과 하와가 야웨 엘로힘이 창조한 인류의 첫 조상으로 부부를 이루었듯이, 다음 세대의 부부는 가정을 이루고 야웨 엘로힘의 창조 단위로서 기능할 것이다.

ㄱ. 카인과 아벨의 등장 : 1-2절

1. 사람이 자기 아내 하와를 알게 되니 그 여자가 임신하여 카인을 낳고, 이렇게 말하였다. '내가 야웨의 도우심으로 남자아이를 낳았다.'
2. 그 여자는 다시 카인의 동생 아벨을 낳았는데, 아벨은 양치기가 되고 카인은 땅을 부치는 농부가 되었다.

이 첫 구절은 아주 간단하게 이야기의 연속성을 유지하기 위하여 아담과 하와를, 이야기의 새로운 시작을 위해서 카인과 아벨의 두 이름을 소개하며 이야기를 진행한다.

카인의 출생과 여자 :

3장의 이야기가 야웨 엘로힘의 주도로 진행된 아담과 하와의 이야기였다면, 4장은 인간이 주도하는 새로운 역사, 곧 인간의 역사로 진행된다. 1장과 2장에서 야웨 엘로힘이 창조의 역사를 주관했다면, 창조사는 인간의 등장으로 구원사로 전개될 것임을 암시한다. 첫 인간들의 금지명령위반 사건을 다룬 3장에 이어 4장에서는 인간들이 주역(主役)을 맡은 사건에 야웨 엘로힘이 개입하는 형태로 이야기의 흐름이 바뀐 것이다. 야웨 엘로힘은 무대전면에서 물러나고 남자와 여자가 새롭게 이야기의 전면에 나선다. 인간들의 활동영역에 야웨 엘로힘은 주도자의 역할에서 물러나고, 인간들 사이에 벌어진 사건에 이차적으로 개입하는 역할로 등장한다. 더구나 3장의 이야기보다 더 역동적으로 4장의 이야기를 이끄는 인물은 야웨 엘로힘이 아니고 카인이 주인공이다. 이로서 사건의 발생 이전에 야웨 엘로힘이 예방적 차원의 개입을 할 수 없게 되었고, 인간이 주도하는 사건이 이야기를 이끌어간다. 짐짓 인간의 역사가 시작된 처음에 인간만 있었던 것처럼 이야기가 전개된다.

에덴동산에서 추방된 이후 아담과 하와의 관계가 새롭게 이해되기 시작한다. 남자와 여자의 관계가 새로이 정립되고 가정을 단위로 하는 인간 공동체가 생겨난 것이다. 마치 창세 1,28의 축복이 아담의 금지명령위반 이후에 처음으로 실현되기 시작한 것처럼 보인다.[10] 3장의 금지명령 위반사건을 아담이 주도하지 않은 것처럼, 4장 이야기에서 아담은 이차적인 존재이다. 이야기의 도입부에 아담의 존재가 언급되지만 주도적인 역할을 하는 인물은 남자가 아니다.[11] 다시 말하면, 남자의 지배와 여자의 종속관계가 전면에서 진행될 듯했지만, 어느 사이 여자의 소리가 장면을 주도한다. 잘 알다시피, 2장의 창조기사

---

10 3장과 4장 이야기의 논리적 연결은 이미 전제했지만, 간단한 소개를 위하여 다음을 참고할 수 있다. Shamai Gelander, The Good Creator-Literature and Theology in Genesis 1-11. 특별히 45-46쪽을 참조할 수 있다.

11 원문은 '하아담Haadam'이지만, 첫 인간 아담으로 보지 않고 (일반적인 의미에서) 남자로 해석한다. 말하자면 이 표현에서 개인 아담을 보지 않는다.

에서 아담을 시작으로 이야기가 전개되다가, 정작 3장에 이르러서는 이야기의 주도적 행동자는 여자였다. 4장에서도 남자는 사라지고 이야기의 흐름은 여자가 주도한다. 3장의 이야기 패턴이 4장에서도 마찬가지로 전개되고 반복된다. 따라서 4장의 이야기는 3장의 이야기를 모델로 편집된 것처럼 보이는 것이다. 마치 3장의 이야기에서 여자가 금지명령 위반사건의 중앙에 있었던 것처럼, 새로운 인간공동체가 시작되는 4장의 이야기에서 아담은 사라지고 여자의 역할이 전면에서 강조된다.

아들의 탄생 :

1절의 언어 사용에 있어서 여자의 외침은 정상으로 들리지 않고 이해되지도 않는다. '야웨와 더불어 한 사내(ish)를 낳았다.'[12] 이상하지 않다고 말할 수 없다. 인간의 탄생에 신의 개입이 결정적이라면, 이는 신화적 표상이 아닐 수 없다. 사내 아이에게서 미래의 (어른으로서) 한 사내를 본다는 해석도 있지만 참으로 이상하다. 아니면, 야웨 엘로힘이 아담을 창조했듯이, 하와가 한 사내를 낳았다는 해석이 가능할까?

1절에서 생기는 어려움은 전치사의 용법에서 발생한다. 야웨의 '도움으로'는 'את' ('t)를 번역한 말이다. 이 말의 번역이 어려운 이유는 성경에 이 단어의 용례가 없고, 야웨에게 직접 적용된 문법적 사례를 찾아 볼 수 없기 때문이다. 이 표현은 '나는 주님이 창조하셨듯이 한 인간을 창조했다(*I have created a man as well as Lord.*)' 라고 해석하기도 한다.[13] kanithi(창조하다/만들다/낳다) 동사에 대한 논의를 짧게 요약하면, 그 요지는 다음과 같다. '야웨 엘로힘은 아담을 창조하였다(2,7).' 그리고 '나(하와)도 두 번째 인간을 창조했다.' 그러므로 이 문장이 암시하고자 하는 것은 인간(하와)도 '창조자의 서열에 야웨 엘로힘과 동렬에 서 있다.'[14](201쪽) 만약 1절을 이렇게 읽는 것이 가능하다면, 이 문장은 신과 같이 된(창세 3,5) 여자의 지극히 교만한 인간정신을 고발한다.

정상적인 경우라면 카인의 출생에 아담이 먼저 언급되었어야 하지 않을까? 그러나 이야기는 이러한 짐작과 달리 인간정신의 오만을 고발하듯이 여자의 외침을 들려주는 것이다. '야웨의 도움을 받아 한 사내를 낳았다' 는 것은 이처럼 여자의 갈망(3,16)을 암시하는 표현으로 해석하는 것이 가능해진다. 만약에 하와가 한 사내를 낳았다는 것이 야웨가 인간 탄생에 함께 주체적인 역할을 했다는 의미로 읽는다면, 창세기 이야기의 논리적 흐름을 벗어날 뿐만 아니라, 이야기의 내용과 동떨어진 말을 하고 있는 셈이 된다.

이렇게 이해하고 보면, 창세 2장과 3장에서 에덴동산으로 상징된 신의 영역을 떠난 인류의 첫 부부 아담과 하와가 세상에서 처음으로 생명을, 카인을 낳았다는 사실에서도 인간의 욕망은 전혀 감소하지 않는다. 이처럼 야웨 엘로힘의 창조사업을 묘사하면서 여자의 출산이 창조의 과정을 닮았다는 것을 강조하는 이유는 이야기의 일관된 흐름을 지지하는 것으로 보인다. 아무튼 우리는 아직도 신화적 세계의 표상에서 멀리 떠나와 있지 않지만, 이야기가 무엇을 전달하려는지 그 의미는 분명하다.

'안다(yada)' 는 것 :

1절은 카인의 출생과 관련해서 인간의 첫 번째 행동을 동사 '안다(知)'[15]로 묘사한다. 아담과 하와가 자신들이 벌거벗은 것을 알고 부끄러워서 알몸을 가렸다고 했는데(3,7), 4장의 이야기에서 인간의 첫 번째 행동은 이 부끄러움에도 불구하고, 혹은 이 부끄러움을 극복하고 서로를 알기 위한 행동이었다. 성

---

12 Cassuto, A Commentary on The Book of Genesis, vol. I ; C. Westermann, Genesis 1-11 ; L. Turner, Genesis ; John Gibson, Genesis, vol. I, Saint Andrew Press, Edinburgh, 1981 등 참조.

13 L. Turner, 36쪽.

14 Cassuto, 198-202쪽 ; L. Turner, 36-37쪽 등.

15 알다(yada) : 이 단어는 구약성경에서 자주 성적 행동을 의미한다. 몸의 접촉은 단순한 물리적 접촉 이상으로 인격적 만남의 결과로 이해하며, 인간의 경우에만 적용되는 말이다. 낳다(knh) : 획득하다, 얻다. (드물게) 만들다, 창조하다. 신의 창조과정을 뒤따른다는 이미지를 준다. 창세 3,5에서 사용된 이 단어도 문맥은 다르지만, 인간정신을 고발하는 성격을 지닌다.

(性)을 암시하는 이 묘사는 남자와 여자가 서로를 가장 깊이 알기 위한 것임을 나타낸다. 이 단어와 직접적으로 연결되는 에덴동산의 사건에서 그 앎의 결과는 아담과 하와에게 당황스러운 것이었다. 그러나 4장의 1절은 출산의 고통이 있음에도 불구하고(3,16) 그 결과가 축복이며, 야웨 엘로힘의 선언이 성취됨을 보여준다. 첫 인간들은 신이 아담과 하와를 창조하였듯이 둘이 한몸을 이루어(2,24) 생명(生命)을 창조하게 된 것이다. 야웨 엘로힘의 창조행위가 여기서는 인간들의 행동으로 수행된 것이다.

야웨 엘로힘이 아담을 창조하는 과정에서 2장은 여자가 남자에게서 왔다고 묘사한다. 이에 반하여, 첫 인간들의 첫 인간 출생에서 4장은 남자(카인)가 여자에게서 온다!는 것을 알려준다. 여자는 야웨 엘로힘의 개입으로 남자에게서 왔으니(2,21-22), 마찬가지로 야웨 엘로힘의 개입으로 남자는 여자에게서 와야 했던 것이다. 이제는 야웨 엘로힘의 도움이 없이 남자와 여자는 자신들의 존재의 기원을 상대에게서 찾을 수 있게 되었다. 야웨 엘로힘의 창조계에서 남자와 여자는 서로에게 기원이며 결과가 된 것이다.

1절의 암시가 이런 것이라면, 인간은 남자와 여자로서 3장에서 아담과 하와가 걸었던 삶을 반복해서는 안 된다. 아담과 하와가 금지명령을 위반하여 에덴동산에서 쫓겨났다면, 원초적 불행의 원인과 결과를 반복하지 말아야 하는 것이다. 그러나 4장의 이야기에서 카인은 이러한 명제를 거스르는 듯이, 아담과 하와가 취했던 삶의 잘못을 반복하며 그 상황은 더욱 악화된다. 3장의 아담과 하와의 사건에서 당사자들 사이의 책임전가를 발견한다면, 4장의 카인과 아벨 사건에서는 책임회피의 단계를 넘어서 형제살인극으로 치닫게 된다. 아직 불분명한 3장의 상황은 4장에서 더욱 구체화되고 심각해지며, 마침내 통제할 수 없는 상황으로 내달리는 인간의 불행을 보지 않을 수 없을 것이다.

이제 1절의 주제를 마감하기 위해서 창세 2-3장의 연속선상에서 분석해 본다면, 그 내용을 세 가지로 요약할 수 있다.

첫째, 첫 인간들은 카인을 낳음으로써 생명을 주는 자들이 되었다. 즉 야웨 엘로힘이 아담과 하와를 창조하였듯이, 카인의 탄생은 인간의 신적(神的) 행동에 버금가는 사건이 되었다.

둘째, 여인의 외침 속에서 저자는 의도적으로 남자(ish)라는 단어를 사용한다. 2장의 여자(ishsha)가 남자에게서 왔다면(22절), 이제 4장에서는 남자가 여자에게서 온다. 신의 창조는 이제부터 인간의 삶과 실존에서 발생하게 되었다.

세째, 아담은 동물들에게 이름을 주었고(2,19-20), 여자에게 이름을 주었다(3,20). 이름을 주는 자와 이름을 받는 자의 관계를 생각한다면, 4장 1절은 카인이란 사내의 이름을 하와가 명명함으로써 남자에 대한 여자의 태도에서 지배욕을 암시한다. 남자와 여자의 관계는 아직 지배욕의 상호갈등을 해소하지 못한 관계이다.

카인과 아벨의 상징성 :

2절에는 족보와 본 이야기의 도입부가 중첩되어 있다. 아벨의 이름이 17절에서 다시 시작하는 족보에 나타나지 않는 것으로 보아, 이 이름은 4,1-16절의 이야기를 위해서 등장한 인물로 보인다. 카인의 탄생과 더불어 환희의 소리를 질렀던 하와의 목소리를 아벨의 탄생과정에서는 들을 수 없는 것도 이런 짐작을 가능하게 한다. 어떻게 보면 아벨은 카인의 경쟁적 상대로 여겨졌던 것은 아닌 듯하다. 아벨은 그저 카인의 살인 사건에 우연하게 등장했다가 사라진 인물로 여길 수 있을 것 같다. 그렇다면, 모든 요소들을 중요하게 다룰 수밖에 없는 이야기의 저자에게 중요하게 여겨지지 않을 이름이 있단 말인가? 아벨의 이름에 무슨 의미가 있을까?

놀랍게도 아벨은 그 자신의 이름으로 불리지 않고 단지 카인의 동생으로만 소개된다. 저자의 의도가 역역히 드러나는 아벨은 그림자 같은 성격을 나타내듯이 이름으로만 존재하는 것이다. 하와의 둘 째 아들인 아벨은 그 이름이 의미하듯이 한 번의 '숨'처럼, 또 '수증기'처럼, 그리고 '아무것도 아닌 것'(시편 39,6; 144,4; 욥기 7,16)처럼 아주 짧은 시간 동안만 나타났다가 사라진다. 그의 죽음 이후 아벨은 다시는 어디에서도 등장하지 않는다.[16] 그의 운명은 이 세상에 태어났다가 살해되어 사라졌다는 사실 이외에는 알려진 것이 없다. 3장에서 인간은 먼지라고 했는데, 여기서 보이는 인간의 운명은 필연적인 존재라기보다는 우연하게 왔다가 우연하게 떠난 존재, 인간 누구에게나 이러한 운명이 발생할 수 있다는 것을 암시하고 있는지도 모른다. 이러한 허무주의는 카인의 이름을 여자가 짓지 않고 이야기의 저자가 설명하는 데서도 드러난다. 인간의 운명을 앞서 내다보고 이야기를 전개시키는 제 3의 인간관과 역사관이 직접 개입되어 있는 것으로 추측된다.

반면에 카인은 형제를 죽일 수 있는 강한 인물로 이야기에 문학적 상상력과 역동성을 부여한다. 어원적으로 설명이 가능한 그의 이름이 어느 정도 이를 암시한다.[17] 그는 철을 다루는 인물, 그 옛날에 무기를 만들 수 있었던 기술을 소지하고 있던 직업을 가리킨다.[18] 그래서 금속을 주조하고 형태를 준다는 의미에서 아담의 첫 아들 카인의 이름은 '창조한다'는 의미를 담는다. 야웨 엘로힘의 창조가 인간에게 '무상의 은총'이었다면, 이제부터 인간의 창조는 힘에 의한 '소유와 지배욕'을 상징하게 되리라. 더구나 카인의 이름이 소유와 관계 있는 것을 보면, 아벨의 존재는 모든 것을 놓아버린다는 의미일 터이다. 아벨은 이야기의 중요한 요소는 아니지만, 이 세상 모든 소유가 허무한 것임을 알려주는 이름이리라. 더욱이 인간이 욕망에 휩쓸릴 때, 아벨의 이름은 소유와 욕망의 존재 자체도 허망하다는 사실을 말하리라. 더구나 창조된 땅의 소유와 관리는 인간의 고통과 노력의 대가로 이루어지는 까닭이다(3,19).

---

16 DNPB, 3. Abel〈hebbel. 수증기나 김, 혹은 증기처럼 올라가는 연기, 연무. 이로부터 허무함이란 의미가 파생한다. 이러한 어원적 이해에 주의를 촉구하는 목소리도 있다. E.A. Speiser, Genesis, 30쪽.

17 DNPB, 84-85. 일반적으로 대장장이, 철을 다루는 주물공 등을 의미. 신약성경의 히브리서(11,4)에 오면 이 이름은 아벨과 대조적으로 '불의한 자'로 지칭된다. 그 이름은 히브리어의 카나-얻다-와 비슷한 발음을 가진다.

18 Cassuto, 197쪽 이하.

이렇게 볼 때 카인과 아벨은 이 세상의 사회를 구성하는 두 부류의 인간을 대표하는 이름이다. 두 이름을 구별하고 관계없는 사이로 보게 되면, 서로에게 의미없는 존재가 될 뿐이다. 이들은 얼굴도 없을 뿐만 아니라, 이들의 성격을 설명하는 구절도 제공되지 않는다. 개인을 나타내기 위하여 등장시킨 인물들이 아니기 때문에 이들은 어떤 부류를 대표하는 인물로 의미가 있는 것이다.

앞에서 진술한 것처럼 두 인물을 비교하면, 카인은 장자로서 창조자, 소유자, 지배자를 나타낸다. 카인은 아담과 하와의 맏이로서 모든 상속권을 가진 자이며 실질적인 지배자요 소유자인 것이다. 반면에 아벨은 둘째 아들로 큰 아들의 그늘이다. 본문에서 밝히듯 아벨은 카인의 동생일 뿐이며, 목동으로 땅을 소유할 수 없고 가진 것이 없다. 고대세계의 사회구조에서 보면, 아벨은 자기 존재를 과시할 수 없으며, 장자인 형의 은택으로 살아갈 수 있을 뿐이다. 아벨이 소유와 지배의 영역과 거리가 멀다면, 카인은 모든 것을 지배하고 소유하는 부류를 대변한다. 아벨과 카인의 관계는 쌍방이 아닌 일방적인 관계를 나타내는 불행한 인간들의 집단을 대표한다.

카인의 부류를 특징짓는 소유는 땅과 관련이 있다. 땅은 창세설화 전체를 이끌어가는 아주 중요한 상징의 요소이다. 이스라엘 신앙의 조상 아브라함에게 주어진 신의 약속도 땅이다(창세 12,1). 땅은 인간의 속성을 정의하는 요소도 되지만(2,7-흙의 먼지로 사람을 빚으시고; 3,19-너는 먼지이니 먼지로 돌아가리라), 양보할 줄 모르는 인간세계에 갈등과 긴장을 가져오는 원인으로도 작용한다. 카인은 아담과 하와에게 맡겨진 땅을 관리하고 경작하는 임무를 계승한 것처럼 보인다. 카인에게 땅은 그의 직업이라고 묘사하여 '땅을 부치는 농부'라고 지칭한데서 그 뜻을 알 수 있다. 야웨 엘로힘의 현존이 이미 인간의 의식에서 멀어지고 흐려지면서, 창조과정에서 인간의 실존을 상징하던 땅은 현실적으로 삶의 터전으로 변한 것이다. 자연의 힘은 땅을 경작하며 살아갈 인간에게 자신의 노동으로 성공할지 좌절할지 직접적인 영향을 미치는 결정적인 요소이다. 땅에서 인간이 성공하기 위하여 자신이 땅의 노예가 되어야 하는 것처럼, 땅의 소유자는 땅의 노예가 되고 타인을 노동의 노예로 만들 것이다. 인간은 그 허무한 땅의 존재로 땅을 소유하고, 땅에 종속된 존재가 되는 것이다. 생겼다가 사라지는 아벨의 존재처럼, 이 땅으로 상징되는 허무함을 둘러싸고 인간은 폭력과 갈등을 경험하게 된다.

이 같은 상징의 두 인물 카인과 아벨은 아담이 여자를 알게 된 결과요, 엘로힘이 축복한 일을 발생시킨 인물이다. 카인과 아벨은 온 세대의 인간이 직면해서 바라보아야 할 인물인 것이다. 엘로힘이 축복한 대로 카인은 땅을 관리하는 농부가 되었고, 아벨은 동물을 지배하는 목자가 되었다. 의미심장하게도 땅의 관리와 동물의 지배 중에서 동물을 지배하던 아벨은 사라진다. 누가 이 동물을 지배할 것인가? 여기서도 우리는 아주 자연스럽고 우연하게 지정된 것처럼 보이는 농사와 목축의 주인공들인 두 형제의 등장으로 창세 1장부터 시작된 동물의 지배가 가리키는 주제를 이야기는 놓치지 않고 있다. 아벨은 카인에게 살해당함으로 사라졌고, 살인자 카인은 자신의 행동으로 먼지로 돌아갈 운명을 자초했다. 두 인물로 대표된 인간은 어느 누구도 동물을 지배할 능력을 얻지 못하고 만 것이다.

마지막으로 다시 한 번 강조하고 싶은 사실은 아벨의 호칭이다. 여러 구절에서 반복되어 나타나는 아벨에 대한 호칭이 앞에서 언급한 내용들을 간접적으로 증명해 줄 것이다. 2절에서 아벨의 이름이 나타나지만, 아벨은 그저 그(카인)의 형제라는 호칭을 받았을 뿐이다. 앞에서 이야기했듯이, 아벨은 이 지상에 아무런 흔적도 남기지 못하고 사라지는 이름이다. 이야기의 진행 속에서 아벨은 그의 본래 이름으로 불려지지 못하고, '카인의 형제' 로 불릴 것이다. 이야기의 저자는 아벨을 그저 타자로만 존재하다가 죽어갈 인물로 묘사하는 것이다. 아마도 이 호칭방식은 분명 저자의 어떤 의도를 드러내는 듯하며, 아벨이 카인의 동생이라는 사실을 통하여 자신의 사회관습에서 파생하는 불운한 인물들의 운명을 보상해 주고 싶었는지도 모른다.[19]

ㄴ. 제물과 카인의 화 : 3-5절

3. 세월이 흐른 뒤에 카인은 땅의 소출을 주님께 제물로 바치고,
4. 아벨은 양떼 가운데서 맏배들과 그 굳기름을 바쳤다. 그런데 야웨께서는 아벨과 그의 제물은 기꺼이 굽어보셨으나,
5. 카인과 그의 제물은 굽어보지 않으셨다. 그래서 카인은 몹시 화를 내며 얼굴을 떨어뜨렸다.

카인의 제물은 인류역사상 신에게 바쳐진 첫 번째 봉헌물이다. 아벨도 카인을 따라서 기르던 가축을 제물을 바쳤는데, 여기에서 문제가 발생한다. 아벨의 제물만 받아들여지고, 카인의 제물은 거부당한 것이다. 카인과 아벨이 그들의 직업에 따라 각기 야웨께 제물을 바치는데, 다음에서 설명하겠지만, 이 직업이 형제 간의 갈등을 발생시키는 중요한 원인을 가리키는 것은 아니다.[20] 오히려 제물봉헌의 요소는 형제살인의 주제를 극화시키는 소재로 작용할 뿐임을 강조한다.

카인의 분노 :

2절에서 이야기의 주요 주제 중의 하나로 사회적 현상을 암시하는 노동의 분화를 언급하였는데, 카인의 갈등 혹은 살해 동기가 노동 혹은 직업간의 차이-농경과 유목-에서 발생한 것은 아니다. 단지 두 형제 사이의 갈등 원인은 생산물을 제물로 봉헌했을 때, 야웨가 아벨의 제물은 받아들이고 카인의 제물은 돌아보지 않았던 '사실' 때문이다. 이야기가 신(神)이 제물봉헌에 대해서 어

---

19 2절, 10절, 11절에서 한번, 8절과 9절에서 두 번씩, 모두 7번이나 언급된다. "그의 형제"라는 표현은 당시의 사회적 관습을 나타내는 것으로도 본다. 즉 장자권(長子權)을 통하여 형이 동생에 대해서 지배권을 가진다(fratriarchy).

20 Shamai Gelander, The Good Creator, 46쪽.

떠한 요구도 전제하지 않는 것으로 보아, 카인과 아벨의 제물봉헌은 전적으로 각자의 자유에서 시작된 것으로 보인다.

사건 전개에서 쉽게 이해할 수 없는 질문이 일어난다. 문맥만 본다면, 어째서 야웨는 이러한 갈등상황을 허락했으며, 그 결과 카인이 제 아우를 살인하도록 내버려두었는가? (갈등의 신) 야웨는 왜 카인의 제물을 거부하고 아벨의 제물만 받아들였을까? (질투의 신) 카인의 살인을 발생시킨 원인은 정말 사랑과 자비의 신이란 말인가? (살인의 신) 유다이즘 전통과 해석에 따라 이해하듯이 아벨은 제물을 정성스럽게 봉헌했고 카인은 그러지 않았기 때문인가?

그러나 신의 의지와 행동에 대하여 인간은 알 수는 없는 것, 따라서 제물봉헌의 수납여부와 관련해서 신의 의지를 알아본다는 것은 무의미한 일이다. 또 카인과 아벨의 제물이 정성스러웠는가 아닌가에 대해서 알아본다는 것도 문맥상 무의미하다.[21] 전통적으로 유대 전통의 영향으로 카인의 제물이 불량했을 것이라는 소박한 주장도 있다. 유대인의 전통에서 이해하려는 경향으로 봉헌된 제물이 '가축의 맏물(레위 27,26; 신명 12,6)' 합당한 농사의 '맏물(탈출 23,19; 34,26; 레위 2,14)'이 없기 때문이라는 해석도 가능하다. 아니면 금지된 나무의 열매를 먹은 기억과 농사의 제물이 어떤 유사성-인간의 운명을 상기시키기 때문일까? 만약 그렇다면, 금지된 열매를 먹고 에덴동산에서 추방당한 것(3,23-24)과, 땅의 제물봉헌이 거부당한 일로 결국 카인이 야웨에게서 추방당하는(4,16) 사건은 유사하다고 주장할 수도 있다. 그러나 제물의 봉헌이 금지된 사항이 아니라면, 인간의 실존을 지탱해 주는 봉헌물을 바친 행위는 금단의 열매를 먹지말라는 명령을 위반한 내용과 그 괴리가 너무 크다. 이러한 추론은 지나친 유추일 뿐으로 텍스트 자체는 그러한 상상을 허용하지 않는다. 단지 희생제물의 하나는 받아들여졌고, 다른 하나는 거부되었다는 사실만 우

21 일종의 신적 편애라고 할 수 있다. 이는 달리 말하면 신의 선택이 인간과 아무런 관련없이 이루어짐을 의미한다. 인간 사회의 장자우선권이 둘째 아들에게 물려지는 방식을 신의 선택으로 보는 구약성경의 이야기는 이러한 점을 시사한다.

리의 이해를 위해서 중요하다.

여하튼 이야기 안에서는 표출되지 않은 야웨의 차별적 행동-적어도 인간에게 이렇게 보인다면-이 카인의 화를 돋구었고, 아벨을 살해할 동기를 발생시켰다. 아벨의 죽음에 대하여 어떠한 상황 묘사도 허용하지 않는 이야기는 단지 이 죽음이 아벨의 입장에서 무고(無故)하다는 것을 짐작하게 하지만,[22] 이것도 이야기의 핵심적인 요소는 아니다. 아벨의 죽음이 더 이상 언급되지 않음으로써 이야기는 아벨의 죽음을 중심 주제로 여기지 않기 때문이다. 오히려 신(神)과 카인의 대화는 카인의 태도에 대한 정밀한 묘사를 제시하면서 인간의 첫 아들 카인을 사건의 중심에 놓는다.

살인이 발생하기 전을 설명하는 3절의 첫마디(세월이 흘러…)는 이야기의 시작을 말하기 보다는, 사건이 야기될 상황이 이미 상당히 진행되고 있었음을 암시한다. 이 짧은 이야기에서 언급된 살인사건은 어느 한 순간에 발생할 수 있지만, 사건이 발생하기 전까지 오랜 시간 원인들은 축적되기 마련이다. 따라서 이야기는 살해원인이 어떻든 간에 형제 사이에는 오래 전부터 불화가 쌓이고 있었다는것을 말해 준다. 아벨과 카인 사이에 독자(讀者)가 모르는 어떤 일이 이미 심각하게 진행되고 있었다는 것이다. 아벨과 카인, 즉 인간 공동체 안에서 무슨 일이 발생하고 있었길레 살인이 발생할 수 있는 것일까?

이야기 자체만을 본다면, 누구(아벨)는 받아들여지고 누구(카인)는 거부되는 상황은 우리가 일상적으로 경험하는 현상을 묘사한다. 신과 관계에서 문제가 된 이 사실은 부모와 자식 사이에서도 비슷하게 발생하는 일이다. 이런 일들은 인간의 내면에서 화해가 성립해야 해결이 될 수 있다. 화해가 마음의 태도라

---

22 아벨의 죽음과 카인의 폭력. 4장 이야기의 해석은 창세 3장의 선행논리에 따라서 해석해나갈 수밖에 없고, 그 와중에 발생하는 문제들을 해결하는 데는 어느 한 노선을 취해야 한다. 그러나 연구에 따르면 각각의 이야기는 독립된 출처에 근거하기 때문에 하나의 이야기로서 의미를 내포할 수 있고, 또 이를 허용할 수 있어야 할 것이다. 카인과 아벨 이야기에서 카인은 살인자, 아벨은 피해자의 역할로 구분되지만, 이 두 인물 사이에 생긴 갈등이 우리의 주의를 필요로 한다. 살인은 살인을 유발한 요소가 있다고 상식적으로 짐작할 수 있기 때문이다. 게다가 드러난 카인의 살인행위는 그의 행동을 촉발시킨 사회적 상황을 전제하고 있다.

면, 신과 인간 사이에서 인간의 제물이 신의 허용과 거부의 기준은 아닐 것이다. 제물 자체를 필요로 하는 신은 참된 신이 아닐 것이며, 제물이란 신에게 인간의 마음을 표현하는 상징일 뿐이다. 이런 시각에서 신은 인간 자신보다 인간의 마음에 더 가까이 있는 존재이다. 이런 의미에서 카인이 어떤 마음을 가지고 있었는지 그가 보여주는 카인의 태도가 신의 선택을 결정한다.[23]

그런데 이상하게도 이야기의 초점이 진행을 바꾸는 것처럼 보인다. 카인이 거부되었다는 것이 진행의 중심에 있는 것처럼 보이지만, 그 이전 단계에서 신의 시선이 아벨의 제물을 '먼저' 보고 받아들인 사실이 조명을 받는다.

> 3절 : … 카인은 … 제물로 바치고,
> 4절 : 아벨은 … 바쳤다.
> (그런데 야웨께서는)
> 아벨과 그의 제물은 기꺼이 굽어보셨으나,
> 5절 : 카인과 그의 제물은 굽어보지 않으셨다.

3-5절의 연속된 문장구조에서 보다시피 이야기의 초점은 4절의 내용이 핵심을 가리키고 있음을 알 수 있다. 3절과 5절은 카인의 제물봉헌이 먼저 이루어졌으나 그 반응은 아벨의 제물봉헌보다 나중에 언급된 사실을 알려준다. 저자는 어째서 카인보다 나중에 바친 아벨의 봉헌을 먼저 언급했을까? 이야기는 카인의 거부에 초점을 맞추려는 것이 아니고, 자유로운 신의 선택이 이야기의 초점임을 드러내려는 것이 아닌가? 더구나 봉헌물 자체가 유의미한 것이 아니라, 제물을 바치는 자의 '무엇'이 야웨 엘로힘의 시선을 끄는 것이라면, 카인과 아벨의 신원이 어느 정도 밝혀질 필요가 있다. 사람의 마음이 다른 무엇보다도 중요하다는 것은 성경의 오래된 주제이기 때문이다. 사람은 눈에 들어오는 대

23 Shamai Gelander, 49쪽. 이 태도를 경건성과 결부시킨다. 달리 말하면, 신에 대한 내적 태도를 의미한다.

로 보지만, 주님은 마음을 본다(1사무 16,7). 그렇다고 해도 첫눈에 불합리하게 보이는 이유를 무시할 수 없다. 그 까닭은 무엇일까?

카인의 갈등과 살해의 동기는 직접적으로 제물이다. 제물은 신에게 바쳐지는 것이기도 하지만, 궁극적으로 제물을 바치는 사람이 먹는 양식이다. 이 양식은 노동의 산물이고, 계절에 따라 생산되는 땀의 첫 수확이다. 동시에 인간이 신에게 감사를 표현하는 제물인 것이다. 이처럼 제물봉헌은 감사제이기도 하며, 생명의 원천에 대한 기억제이기도 한 것이다.

먹을 거리는 사람의 생명을 유지하는 땀의 결과이며, 창조계의 차원에서 생명의 연장과 생명의 활동을 가능하게 하는 창조의 결정체이다. 무엇보다도 신의 선물인 생명의 유지차원에서 볼 때, 제물봉헌은 아주 중요한 의미를 지닌다. 제물의 봉헌은 고대의 종교적인 습관이기도 하지만, 무엇보다도 인간이 노동으로 생산한 것에서 출발한다. 신의 축복 속에서 거둔 소출이기 때문에 카인과 아벨이 바친 제물은 제물이 지닌 의미와 그 기능으로 이해되어야 하는 것이다.

그렇다면, 신이 임의로 제물을 거부하거나 받아들인다는 생각은 무엇을 말하는 것일까? 이야기에서 아무런 설명도 없이 이야기를 진행시킨다면, 반드시 납득할 만한 이유가 있을 것이다. 아니면 어떤 관점에서 본다면, 설명이 필요 없이 이해될 수 있는 이야기일 수도 있는 것이다.

신의 선택과 인간의 거부 :

야웨가 두 형제의 제물을 선택적으로 취하기도 하고 거부하기도 한다면, 이는 이미 두 형제와 야웨 사이의 어떤 관계를 전제하지 않고는 이해할 수 없다. 이런 전제에 대해서 아무런 설명이 없다면 독자는 이미 앞에서 읽어온 3장의 내용을 상기하지 않을 수 없다. 창세 3장의 논리에 의거하여 4장의 긴장을 이해하기 위해서 다음과 같은 가정을 하지 않을 수 없다. 즉 아담과 하와가 야웨 엘로힘의 명령을 어겼던 사실을 상기하면서, 한 형제는 야웨의 명령을 받아들였고 다른 형제는 야웨의 명령을 거부했다고 가정할 수 있는 것이다. 현실적 맥락에서 아우는 도움이 필요한 약자이고, 형은 도움을 주어야 할 강자의 위치에 있었던 것이 아닐까? 문맥만을 본다면 카인의 제물이 적절하지 않았으리라고 생각하거나 혹은, 그의 태도가 옳지 않았다고 하는 가정은 불필요한 설명이 된다. 이 구절에서 알아들을 수 있는 추가적인 설명이 없기 때문이다. 말하자면, 본문이 말하는 사건과 직접적으로 관련된 일이 발생한 것으로 볼 수밖에 없다.

이야기는 카인이나 아벨이 자신들의 삶이 신(神)에 의해서 받아들여졌는지 혹은 거부(拒否) 당했는지를 전할 뿐이다. 일차적으로 두 인물의 운명을 서술한다면, 그 것은 인간이 체험한 내용에 따라서 달라질 수밖에 없다. 그것은 오직 체험한 사람만 알 수 있다. 그렇다면, 카인과 아벨에게 이 체험은 무엇을 말하는 것일까? 일방적인 신의 결정이라고 말할 수 있는 것일까? 만약 카인이 아벨의 제물이 받아들여진 것을 알았고, 아벨도 카인의 제물이 거부되었다는 것을 알았다면, 두 사람은 그 원인을 알 수 있는 유일한 사람들이다. 카인을 거부한 원인이나, 아벨을 받아들인 원인은 오직 이 두 사람의 태도에 있다. 따라서 두 사람은 절대자인 야웨 앞에서 (카인과 아벨의 주관적 의식에서) 동등할 수가 없게 되었다. 제물을 봉헌했지만 거부당한 카인은 자신이 거부된 것으로 여기지 않을 수 없을 것이다. 둘 이상의 인간이 존재하는 공동체 안에서 한 사람이 거부되고, 다른 사람이 받아들여지는 것은 그 공동체가 성장해 나가는 과정에서 발생될 수 있는 자연스러운 과정이며 현상이다.

이렇게 본다면, 카인의 제물 거부와 아벨 제물의 수용은 야웨를 포함하는 공동체에 받아들여진 체험과 거부당한 체험을 대표하는 것일까? 이 질문은 계속해서 이렇게 진행될 수 있다. 공동의 권리와 동일한 삶의 조건을 가진 인간들이 이룬 공동체 안에서 구성원 간의 관계가 어떻게 해서 깨질 수 있는가? 이유와 조건을 막론하고 한 공동체 안에서 누군가가 더 많은 권리를 가지게 되었을 때나 더 성공적일 때에, 공동체 안에 사회적 문제가 발생한다. 이상적으로는 모두가 평등해야만 하는 공동체 안에서 불평등은 이해할 수 없는 일방적 상황을 발생시키기 때문이다.

제물봉헌에 있어서 카인은 그가 야웨와 맺고 있는 관계를 통해서 문제를 의식하지 않을 수 없다. 문제의 근원은 직접적인 관계를 맺고 있는 형제나 인간 사이의 사회적 상황이 정당한 관계를 허락하지 않는 데에 있다. 카인이 잘못된 길을 가게 된 이유이며 원인이 이러한 사회적 불평등이 아닐까? 살인이라는 극단적인 행동을 취하지 않을 수 없게 된 착각의 근원이 아니라면 무엇일까? 카인의 이야기에서 보듯이 이 문제의 답은 분명하게 주어지지 않기 때문에 살인의 동기는 어처구니없이 단순할 수 있다. 불평등 원인의 기원에는, 인간이 제어할 수 있는 태도나 상황과 달리 설명할 필요조차 없는 어떤 것이 있을 수 있기 때문이다. 인간이 더불어 있는 곳, 공동체에는 이러한 갈등이 잠재적으로 있을 수밖에 없지만, 해소가 불가능한 것은 아니다.

이런 이해를 토대로 앞에서 논한 아벨과 카인의 특성을 잠시 생각해 볼 수 있다. 카인이 장자로서 모든 권력을 가지고 있다면, 아벨은 그림자 같이 살아야만 하던 부류가 아닐까? 신이 장자의 것을 흠향하지 않고 먼저 둘째의 제물을 굽어살폈다면, 이 사실은 다음과 같이 이해할 수 있는 것이다.[24] 말하자면, 사랑의 신으로서 야웨는 약자를 먼저 돌본다는 성경의 주장을 귀담아 들을 필요가 있는 것이다. 고대세계에서 장자의 권리가 의미하는 바대로 장자가 아닌 집안의 가솔들은 가장이 부재하는 동안에 계승권자인 장자의 그늘에 있을 수밖에 없다. 이러한 이해를 바탕으로 할 때에 아벨은 장자인 카인의 그늘 속에서 삶을 살아야만 하는 사회의 약자를 대표한다. 따라서 신이 아벨의 제물을 기꺼이 굽어보았다면, 약자를 먼저 보살펴야 하는 신의 사랑을 가리키는 것이 아니겠는가? 이런 관점에서 본다면, 4장은 신이 카인의 제물을 거부하거나 카

24 고대세계에서 사회가 인정하는 장자권한이 어떻게 행사되었는지 확실하지 않지만, 후대의 편집자들이 이해하는 방식을 따라간다면 어느 정도 긍정할 수 있다. 구약성경에 전승되는 여러 이야기들은 둘째 혹은 작은 아들이 장자권을 사거나 대신하는 경우들이 선호되고 있는 것을 보면 알 수 있다.

인이 신을 거부한 것이 이야기의 주제가 아닐 수 있다. 오히려 모든 것을 가지고 누릴 수 있는 장자인 카인은 신의 시선을 따라서 자기의 이웃이며 형제인 약자를 먼저 돌보아야 하지 않을까? 모든 것을 가지고 누릴 수 있으며, 모든 이의 시선을 받아야만 하는 카인은 이와 반대로 자신이 야웨의 시선을 받지 못한 것이 거부된 것으로 반응하고 만다. 이것이 인간의 일상적 경험과 동일하다면, 카인의 이야기는 현대를 사는 우리들의 이야기인 셈이다.

이유를 알 수 없는 인간의 불행 :

이야기의 전개를 위해서 등장한 아벨은 야웨가 그 제물을 받아들인 인물이지만 자기 형제 카인의 손에 죽어 가는 가련한 존재이다. 역설적으로 신이 받아들인 인물이 신이 창조한 인간에 의해서 살해당한다. 인간 사회의 전형이라고 하면 지나친 과장일지 모르나 적어도 모든 인간에게 실존적인 질문이다. 무고한 죽음의 예고를 통해서 우리 자신도 형제살인에 가담하고 있을 뿐만 아니라, 형제살인의 희생양이 될 수 있음을 말하고 싶은 것이다. 카인이 화를 낸 까닭에 대해서 성경은 아무런 설명도 없이 마치 제물봉헌의 거부가 유일한 원인처럼 보고하지만, 이처럼 인간의 실존조건이 이야기의 바탕인 것이다.

3장에서는 인간의 부끄러움이 위반의 결과로 묘사되었고, 4장에서는 분노가 카인의 행동-제물 봉헌-의 결과로 묘사되었다. 거듭 말하는 바이지만, 분노는 필연적으로 아벨과 비교한 상태 혹은 받아들일 수 없는 상황에서 연유한다. 카인은 왜 자기의 제물이 거부당했는지 혼자만 알고 있을지 모른다.[25] 이 거부에 대한 카인의 표현은 이유를 모르는 한에 있어서 정당할 수 있다. 아니면 성경은 분명하게 밝히고 있지 않지만, 카인이 받아들일 수 없는 이유가 전제되어 있을지 모르는 이야기이다.[26] 아무런 전제가 따르지 않는 명백한 사실

---

25 타르굼이나 미드라쉬의 유대 전통적인 해석들이 있지만 여기서는 소개하지 않는다. 장자권의 전통이 수립된 것은 아브라함 때부터이기는 하지만, 여기서 맏이의 권리가 인정된 시기는 아주 짧다. Elie Munk, The Call of The Torah, 111쪽.

을 인정한다면, 이야기는 인간 개인의 이야기가 아니고, 인간 실존의 일반상황에 대한 기술임을 짐작할 수 있는 것이다. 카인의 반응은 처음에 옳은 태도였을지 모른다. 권력자도 강한 자도 약자처럼, 상황이 어려운 사람들처럼 종교적으로 경건할 수 있다. 그러나 이 태도가 사건의 전개에서 보아 알 수 있듯이 폭력에 의존하여 문제 해결을 시도했다는 데에서 인간 실존의 근원적인 질문이 발생한 것이다. 이유를 알 수 없는 상황, 예상할 수 없는 인간의 사회생활은 바로 카인과 아벨이 겪는 상황이다.[27]

아벨은 아무런 설명도 없이 겪어야 하는 고되고 때로는 절망적인 인생살이, 개인적인 짐작 혹은 짐작조차 불허하는 사건 속에서 허무와 좌절을 수용해야 하는 인간을 표상하기도 한다. 무고한 익명으로 죽어가는 아벨이 있는가 하면,

---

26 카인의 잘못에 대하여 아무 것도 명시적으로 밝힐 수 없지만, 유다종교 전통 안에서 종교적 잘못으로 해석한다. 참조, H. Hirsch Cohen, The Drunkenness of Noah, 78-79. 코헨의 설명에 따르면, 카인은 악마를 지하세계로부터 불러 올리는 제의(祭儀)에 참가하고 제물을 바쳤다는 것이다. Lappetah(문앞에서)의 명사형은 petah(열기, 동굴, 입). 동사 patah(열다)는 구덩이나 굴을 열거나 덮은 것을 제치는 의미가 있다. 이야기에서 사람의 거주처로 집이 언급되지 않은 점으로 보아 이 단어는 필시 땅과 관련이 있다고 짐작된다. 카인을 땅을 경작하는 인물로 소개한 것으로 보아 lappetah(문앞에서)는 땅 구덩이를 덮었던 것을 열었다는 행동과 관련이 있다. 다음에 나오는 단어 hatta't는 죄로 번역되지만, "밟는다" 혹은 "걷는다"라는 의미도 있다. 다음에 robeš는 아카디아어에서 차용한 말로 "악마"로 번역된다. 성경은 죄를 악마로 의인화하지 않음으로, 카인의 행동은 악마가 나오는 땅 구덩이를 열고 제물을 바침으로써 악마가 어슬렁거리는 정황묘사가 된다. 카인은 바로 이 악마 제의에 참석한 잘못을 범한 것이다. 10절에 나오는 표현 '네가 무엇을 했느냐?'에서 'asah(하다)는 '덮다'라는 의미도 있다. 따라서 이 질문은 "네가 무엇을 덮었느냐?"라는 질문으로 바뀐다. 카인은 자신의 폭력에 의한 아벨의 죽음을 덮어둔 그 제의 구덩이 옆에 있었고, 야웨는 그 피의 소리를 들은 것으로 표현된다. 카인은 땅을 미리 파두었고, 그 구덩이 입구를 덮었을 것이다. 그런 다음 아벨을 꾀었을 터이고 악마 의식에 따라서 그 곳에 아벨을 희생제물로 그의 피를 흘렸다고 묘사한 것이 된다. 아벨은 희생제물로 그의 형 카인에 의해 선택된 것이다. 이러한 해석은 주변문화의 종교의식 중에서 특별히 이와 어울리는 희생제의를 통해서 히브리 단어의 의미가 선택되었을 때에만 가능하다. 결국 이러한 해석에 의한 카인의 죄는 살인 이전에 "우상숭배(偶像崇拜)(90쪽)"라는 등식이 성립한다. 이러한 해석은 본문에서 어의적 해석 이외에는 이야기로써 조그만 실마리도 보이지 않기 때문에 고대종교의 의미로만 해석하기에는 3장의 틀에서 많이 벗어난다. 우리는 다음에서 더 설득력 있는 다른 해석도 보게 될 것이다.

27 욥기 2장 21절 참조 : "벌거벗고 세상에 태어난 몸, 알몸으로 돌아가리라. 야웨께서 주셨던 것, 야웨께서 도로 가져가시니 다만 야웨의 이름을 찬양할지라." 욥이 당한 불행한 현실의 원인은 아무도 모른다. 이 인간적인 '무지'는 무엇으로도 채워지지 않는다. 욥의 고백은 종교 이전에 '인간의 실존적 현실'을 표현하는 말이다. 결국 인간은 자신의 불행을 앞에 두고 두 가지 길을 만난다 : 무신론적 태도와 유신론적 신앙의 길.

다른 편에는 동료 인간을 죽여야 (분노의 결과를 극단적으로 표현) 화가 풀릴 수 있는 상황, 그런 행동을 의식적이든 무의식적이든 취할 수밖에 없는 인간이 있다. 아벨은 자기가 죽어야 할 이유도 모르고 제 형의 폭력에 의해 살해당했을 것이지만, 카인은 자기 자신도 이해하지 못하는 야웨의 거절을 받고 제 동생을 죽였을 수도 있다. 살인을 하기까지 카인과 아벨, 어느 누구도 잘못을 밝힐 수 없는 것이 사실이다. 인생은 그런 것이다. 공정한 것 같지만 불의하며, 불공정한 것 같지만 반드시 불공정하지 않은 것이 우리의 삶이다. 일상 속에서 다반사로 기대하지 않은 일이 발생하는가 하면 기대한 일은 도래하지 않는다. 인생은 불가예측한 것이다. 그렇다고 카인이 살인을 한 것처럼 상대방도 이해할 수 없는 피해를 가한다고 해서 가지고 있는 문제가 해결되는 것도 아니다. 폭력은 더 큰 폭력을 불러올 뿐이다.

사랑하지 않는다고 해서 미워하는 것은 아니다. 제물의 봉헌이 거부되었다고 해서 야웨가 카인을 덜 사랑한다는 징표가 된 것도 아니다. 제물이 거부되었다고 해서 야웨의 관대함이 줄어드는 것이 아니며, 덜 사랑 받는다고 해서 거부당하는 것도 아니다. 신은 인간의 편에 서 있기에 단죄하지 않지만, 인간은 자신의 판단에 신을 일치시키려고 애쓴다. 사실상 신의 요청과 인간의 실천 사이에 생기는 불일치는 생활 속에서 매 순간 예견할 수 없는 사건들에서 경험되기 마련이다. 제물에서 신이 눈을 돌림은 카인이 기대하지 않은 것이지만, 카인이 거부당한 것을 의미하지는 않았다. 오히려 신의 행동은 인간이 이해할 수 없을 정도로 자비를 보여준다. 신은 인간의 한계이며, 이 한계를 긍정할 때 비로소 신의 선물을 이해할 수 있는 단서가 발견된다. 그런데 카인의 반응은 바로 인간의 한계를 받아들이기보다는 반항으로 자신의 분노를 표현하였다. 카인은 자신도 그 이유를 모르는 화를 내며 머리를 떨어뜨리는 인간을 보여준다. 우리는 자신을 정당화할 수 없이 거부당한 카인이 우리 주변에 무수히 있다는 사실도 알고 있다. 그리고 이러한 사실이 사회의 긴장원인이 될 수 있다. 이것이 우리가 살고 있는 사회에서 일상적으로 발생하는 살인과 폭력의 원인이다. 그렇다고 이러한 불공정을 참고 견디는 것으로 문제가 해결될 수는 없다. 어떻게 이러한 좌절과 이해할 수 없는 상황을 극복해 나가야 하는가?

ㄷ. 인간 안의 동물성 : 6-7절

6. 야웨께서 카인에게 말씀하셨다. "너는 어찌하여 화를 내고, 어찌하여 얼굴을 떨어뜨리느냐?
7. 네가 옳게 행동한다면 얼굴을 들 수 있지 않느냐? 그러나 네가 옳게 행동하지 않는다면, 죄악이 네 문 앞에 도사리고 앉아 너를 노리게 될텐데, 너는 그것을 잘 다스려야 하지 않겠느냐?"

카인과 아벨 이야기에서 이 부분의 구절은 해석하기 어려운 난점이 있다. 그러나 해석의 난점들이 전체 이야기의 흐름에 장애가 될 수는 없다. 5절에서 본 카인의 태도는 신(神)의 꾸중어린 질타를 불러온다. '너는 어찌하여 화를 내고, 어찌하여 얼굴을 떨어뜨리느냐?' 7절은 신의 뜻을 잘 표현해 내는 듯하지만 6절의 뜻이 더 분명해진 것은 아니다. 가정과 질문의 반복은 카인으로 하여금 자기 성찰로 이끄는 것처럼 보일 뿐이다. 카인에 대한 야웨의 힐난은 카인의 분노가 섞인 반응이 허용되지 않음을 보여준다. 무엇보다도 야웨의 질문은 카인이 겪은 체험의 내용이 결코 운명적인 사건이 아니라는 것을 상기시킨다. 인생 길에서 인간이 취할 선택의 자유와 그 결과는 생명의 길과 죽음의 길, 행복의 길과 불행의 길, 축복의 길과 저주의 길을 연상시키기 때문이다.

같은 구절에서 두 번씩이나 사용된 "왜"[28](6절)는 카인이 돌아서야 할 길을 강조한다. 카인에게 일어나는 불행처럼 삶은 많은 좌절을 인간에게 안겨준다.

---

28 왜(lammah) : 여기서는 '어찌하여' 라고 번역하고 있다.

그러나 좌절은 넘지 못할 장애가 아니라 그 너머에 있는 희망을 가리는 것일 뿐이다. 예상할 수 없는 고통은 일상적으로 만나는 삶의 한 면이기에, 인간은 자신이 취하는 태도에 따라서 좌절을 희망으로, 희망을 절망으로 경험할 수 있다. 이런 의미에서 야웨의 말은 카인의 좌절이 자신의 삶을 지배하지 못하게 하라는 것이다. 희망은 카인의 손 안에 있는 것이지 다른 사람의 손에서 빼앗아 올 수는 없다. 이야기는 분명하게 카인의 행동이 옳지 않다는 것을 암시한다. 카인이 '옳지 않게 행동한다면' 그 앞에 떨어지는 모든 불행의 책임은 자신에게 있음을 의미한다. 말하자면 인간의 행복과 불행은 자기 자신이 원인인 것이다. 책임의식은 타인에게서 불행의 원인을 찾는 것을 허용하지 않는다. 나날의 일상에서 겪게 될 좌절을 극복해야 할 것을 야웨는 카인에게 촉구하는 것이다.

'네가 옳지 못하게 행동한다면…(7절)':

이 문장의 후반부는 문법적(文法的) 해석의 어려움을 제기한다. 문법적인 어려움뿐만이 아니고, 내용에 있어서도 해석을 거부하는 것처럼 보인다. 마치 윤리적인 언명처럼 보이는 '악/죄가 문 앞에 도사리고 있다'는 문구가 이해의 어려움을 더 한다. 이 표현은 구약 성경 어디에서도 찾아볼 수 없기 때문이다. 이 문장은 문법 상의 여성과 남성의 대명사가 불일치를 보여주고 있어서 그 의미를 밝히는 데 곤란을 초래한다.[29] 또한 7절의 표현에서 죄가 인격화되고 있는데, 이곳 이외에 어느곳에서도 이와 같은 표현을 찾아 볼 수 없다. 그래서 이 문구의 의미를 해석하는 데 많은 질문이 제기되고 있는 게 사실이다.

그렇다면 이 구절을 어떻게 이해해야 하는가? 어떠한 가정을 전제로 해석을 시작할 수 있을까? 본문의 내용을 문법적으로 간단히 살펴보는 게 이해의 지름길이 될 수 있다. 7절의 문법적 구조에서 언어적으로 문제가 발생한 내용은

---

29 C. 베스터만의 주석 참조; W. Vogels, Caïn : l'être humain qui devient une non-personne (Gn 4,1-16), NRT 114 (1992), 332쪽 이하 참조.

다음과 같다.

"죄악이 네 문 앞에 도사리고 앉아 너를 노리게 될텐데…."에서 사용된 (도사리고 있다는 의미의) 동사 로베쓰(רבצ : rbts)는 남성 단수로 되어 있고, 죄를 의미하는 명사 함마아트(חטאת)는 여성 단수이기 때문에 어려움이 생겨난다. 동사와 명사가 나타내는 성의 불일치가 문제의 원인이다. 더구나 동사 로베쓰는 동물에게만 사용되는 단어이다. 혹자는 다른 문장 구조가 이 표현으로 대치됨으로써 문법적 불일치가 일어났으리라 짐작하기도 한다.

문장의 구조를 축자적으로 다시 짚어보면, 7절의 두 번째 구절은 다음과 같은 형태가 된다.

7절 : (그러나 네가 옳게 행동하지 않는다면,)
문 앞에 죄(=여성)가 웅크리고(=남성) (있고)
너를 향하여 그(=남성)의 욕망이.
그러나 너는 그(=남성)를 지배하라.

문법적으로 죄는 여성이기 때문에 그 뒤에 나오는 동사는 여성형 단수로 변화해야 한다. 또한 여성형 명사를 받기 위해서 대명사는 여성형이어야 한다. 그러나 보다시피 동사는 남성 단수형으로 되어 있고, 대명사도 남성형이다. 그러므로 이 문장은 문법적으로 완전히 틀린 구문을 형성하고 있다. "죄가 문 앞에 웅크리고" 너를 노려보는 그 무엇이 될 수 없는 것이다. 앞에서 지적하였듯이 로베쓰(rbts)는 짐승의 행동을 나타내는 단어이다. 이를 좀 더 적극적으로 생각한다면, 죄를 의인화하여 동물적으로 표현했다고 짐작할 수 있다. 즉 문 앞에 웅크리고 있으면서 사람을 해치기 위해 노려보는 존재를 유혹자(=사탄), 혹은 짐승으로 보는 것이다. 이렇게 유추한다고 해서 정확하게 이해되는 것은 아니고 만족스럽지도 않다. 이유는 원래의 성경 텍스트가 가필 내지는 훼손되었다고 보기 때문이다.

문법적으로 이해가 되지 않는 이 문장을 재구성할 수 없다면, 이 구절의 이해는 불가능할 것인가? 이해의 가능성을 열기 위하여 우리는 문법적인 구문 이해에 집착하기보다는 앞에서 이야기의 논리를 중요시하였듯이, 창세 1~11장이 지향하는 주제의 내적 논리에 주의를 돌릴 필요가 있다. 카인과 아벨 이야기는 앞에서 논하였듯이 창세 2-3장의 주제를 더 심화시키고 있다고 보는 것이다. 그렇다면 4장에서 발생하는 문법적인 문제를 해설할 수 있는 논리의 단서를 어떻게 발견할 수 있을 것인가?

아담과 하와 이야기(3장)에서 에덴동산의 유혹자는 신이 창조한 동물 중에서 가장 교활한 뱀(3,1)이었다. 이 뱀은 남성명사이며, 그 행동거지는 바로 동물의 행태이다. 4장에서 사용된 단어 '로베쓰(움크리고/도사리고 있는)'가 뱀의 움직임을 묘사한다고 보면 위의 문장은 더욱 잘 어울리는 표현이 되지 않을 수 없다. 로베쓰가 남성 단수형 동사인 것이 이러한 가정을 지지한다. 따라서 이 동물의 행태를 묘사하는 동사는 뱀이고,[30] 카인이 지배해야 할 대상도 뱀인 것이다. 동사의 행동거지 묘사는 사실상 파충류인 뱀보다는 네발 짐승에 더욱 어울린다. 그러나 이 단어가 고대인의 상상 속에서 뱀과 악마를 동일시하는 사유형태로 본다면, 뱀을 가리키면서 동물적인 악마의 모습을 묘사하는 것이 그리 부자연스러운 것은 아니었을 것이다. 어쨌든 이 표현은 창세 3,16절에서도 보인다. 4,7의 문법적 오류에서 이해하기 어려웠던 의문은 유혹자로 등장했던 3장 1절의 뱀을 상정할 때에 어느 정도 이해할 수 있을 만큼 해소된다. 여기서 뱀과 죄가 카인의 행동을 설명해 주는 주제요소로 연결된 것이다. 그러므로 7절은 카인이 뱀과 죄에 굴레를 씌어 그 유혹을 이겨내야 한다는 신의 주문으로 그 의미가 살아난다. 뱀은 3장에서 상정하고 이해했듯이 인간을 굴레씌우는 야수성 내지는 동물성의 상징이며 은유이다.

---

30 W. Vogels, Nos Origines, Novalis, Ottawa, 1992, 126쪽. 바빌론 신화에서 지나가는 행인을 덮치는 역할을 하는 게 악마(rbs, 라비쑤)이다. 이 단어 라비쑤는 로베쓰와 모음만 다르고 동일한 자음으로 구성된다.

어쨌든 카인은 야웨에게서 죄가 그 자신을 지배하도록 내버려두어서는 안 된다는 경고를 받은 것이다. 카인 스스로 욕망에 자신을 방치하는 순간 죄의 노예이자 비극적 운명의 희생자가 될 것이기 때문이다. 따라서 카인 이야기의 주장에 따르면, 인간은 자신의 책임자가 되지 않을 수 없다. 이제는 카인의 분노와 그 결과에 대하여 아무런 변명이 허용되지 않는다. 그 변명의 여지가 없을 뿐만 아니라, 잘못의 책임을 카인은 벗어날 수 없다. 하지만 야웨의 경고는 그 의미가 명백하게 드러나지 않은 채 질문으로 남는다. 왜 카인은 여기서 드러나지 않은 원인에 대하여 책임을 져야 하는가? 사건의 밖에서 이야기를 듣는 우리에게 본문은 아무런 답을 제공하지 않는다. 그렇지만 이야기가 주장하고자 하는 의도는 분명하다. 카인이든 누구이든 간에 자신의 생각과 행동에 주의를 기울인다면 죄에 빠지지 않을 수 있다는 것. 죄에 관한 한, 카인과 같이 어느 누구도 결코 변명할 구실을 찾을 수 없다. 3장에서 아담과 하와는 야웨의 금령을 위반한 다음에 선악을 분별할 수 있는 지혜를 얻었다. 그 결과 에덴동산에서 쫓겨나게 되었지만, 실천적 차원에서 질문은 제기되지 않았다. 그런데 4장에서는 이 분별의 지(知)가 야웨에 의해서 행동 차원에서 문제로 제기된 것이다. 카인이 무지했기 때문에 살인을 하게 된 것이 아니라, 알면서도 분별력을 잃어버렸거나 넘지말아야 할 경계를 넘어버린 것이다.

"네가 옳게 행동하면 얼굴을 들 수 있지 않느냐?" (7절).

분별의 지혜(앎) 자체가 인간을 구하는 것이 아니라, 이 분별의 지혜를 옳게 행동으로 옮길 수 있을 때 인간은 죄에 빠지지 않을 수 있다. 3장에서 아담과 하와에게 삶과 죽음이 선택의 문제가 되었다면, 4장에서 카인은 선(善)의 식별과 그 실천이 선택의 문제가 되었다. 3장에서 일차적으로 인간과 신의 수직적 관계가 거론되었다면, 4장은 실천적 차원에서 형제와 이웃의 수평적 관계를 핵심주제로 제기한다. 창세기의 설화는 이 두 개의 관계, 수직적 차원과 수평적 차원의 두 관계가 결코 분리될 수 있는 것이 아님을 강조하고 있는 듯하다. 인간과 신의 문제가 인간과 인간의 관계에서 드러나고 이 관계의 공정성이 삶의 내용을 규정하기 때문이다.

ㄹ. 최초의 살인, 형제살인 : 8절

> 카인이 아우 아벨에게 "들에 나가자." 하고 말하였다. 그들이 들에 있을 때, 카인이 자기 아우 아벨에게 덤벼들어 그를 죽였다.

성경의 살인 이야기는 우리가 살고 있는 사회와 인류의 역사 속에 근본적인 모순이 있다는 것을 가르쳐준다. 이 모순의 극단이 돌이킬 수 없는 행동의 결과로 인간을 피할 수 없는 궁지로 몰아간다. 카인과 아벨의 이야기는 8절에서 살인사건으로 그 절정에 도달한다. 카인은 그의 동생과 함께 들로 향하기 전에, 아벨에게 무엇인가를 말했다.[31] 그리고 형이 동생을 죽이는 살인사건이 발생했다. 이 살인사건은 카인이 이해할 수 없는 불공정한 대우에 대한 의식에서 비롯된 반응이 극단적으로 표현된 것처럼 묘사되어 있지만, 근본적으로 이야기는 살인이 아주 교묘하게 그리고 고의적으로 준비된 살인이라는 것을 암시한다. 아벨에게 카인은 무엇인가를 말했고, 둘이 함께 들판에 이르자 순간을 포착하여 형제를 죽인 사건이 되었기 때문이다.

8절의 이야기는 정황묘사를 통하여 일련의 단계적인 과정을 적확하게 표현

---

31 마쏘라 텍스트에는 없으나, 희랍어나 라틴어 번역본을 포함하여 여러 이본(異本)에는 이런 문장이 추가되어 있다 : '들로 가자.' *마쏘라 텍스트(Massoretic Text) : 일군의 유대인 학자들이(Massoretes) 6-10세기에 걸쳐 완성한 히브리 성경 결정본. 본래의 성경은 기본적으로 자음만으로 표기되었는데, 현재의 성경은 본래의 구약성경에 모음을 추가한 것으로 후대인들은 텍스트만 보고서 발음할 수 있게 되었다. 구전전승의 텍스트에서 성문화 과정을 겪으면서 등장한 문서가 오늘의 구약성경이다. '들로 가자'라는 표현이 있든 없든 이야기의 수수께끼에서 비롯되는 '왜, 죽였을까?'란 질문은 구체적인 응답을 얻을 수 없다.

카인과 아벨

한다 : ㄱ) (무엇인가를) 말했고, ㄴ) 폭력을 자행했으며, ㄷ) 마침내 (아벨을) 죽였다. 여기서 '들'은 광야를 의미하지 않고 일상의 공간이다. 왜냐하면, 들은 노동의 현장이며 곡식을 추수하는 장소인 까닭이다. 들은 제단이 있어야 할 곳도 아니며, 신에게 제물을 봉헌하는 장소도 아니다. 그러기 때문에 들에서 발생한 살인은 인간의 일상생활에서 반복해서 일어날 수 있다는 것을 강하게 암시한다.

어쨌든 3장에서 아담과 하와가 금단의 열매를 따먹고 눈이 열렸을 때, 그들이 기대했던 것과는 다른 결과가 찾아 왔듯이, 카인에게도 제 동생을 살해한 뒤에 자기의 기대와는 달리 두려움이 찾아왔다. 이제 카인의 몸과 마음에는 살인의 현장이 각인 되었고, 살해당한 자의 공포가 그의 존재를 휘감았을 것이다. 그는 동류의 인간을 죽인다는 것이 무엇을 의미하는지 알게 된 최초의 인간인 것이다. 그 결과 아담이 혼자 있는 것이 좋지 않았던(2,18) 야웨 엘로힘의 판단이 아벨이 없는 카인에게 돌아왔다. 야웨는 혼자 있던 아담에게 에제르를 창조하셨지만, 카인은 자신에게 에제르여야 할 아우를 죽여버렸다.

이처럼 이야기는 인간이란 자신의 노력으로 얻은 수확을 신(神)에게 바칠 줄 아는 존재이지만, 동시에 이런 인간이 자기와 동류인 형제 인간을 죽일 수 있다는 것도 보여준다. 인간은 선의 세계와 악의 세계를 동시에 드나들 수 있는 존재가 된 것이다. 신에게 제물을 봉헌할 줄 알았던 인간이, 피를 나눈 형제를 살해할 수 있는 존재라니, 얼마나 무서운 일이며, 받아들이기 어려운 사실인가? 카인만이 그럴 수 있다는 것이 아니라, 인간이면 누구나 이러한 행동을 할 수 있다는 것이다. 카인 홀로 야웨가 가르쳐준 사실을 잊었던가? 첫 인간 아담과 하와가 잘못된 선택을 했듯이 카인도 폭력의 유혹을 뿌리치지 못하고 잘못된 선택을 했다. 우리는 자신 안에 내재(內在)한 살인의 가능성을 인정할 수 있는가? 악의 유혹은 한 번으로 끝나지 않는다. 잘못은 죽을 때까지 반복될 것이며, 선과 악 사이에서 선택은 매 순간 우리의 삶을 결정할 것이다. 성경을 앞에 두고 있는 한, 우리는 유혹을 거부하며 진실과 선을 선택하도록 초대받고 있는 셈이다.

우리는 카인과 아벨 이야기의 두 번째 부분을 읽게 되었다. 이 부분의 이야기는 사실상 카인 이야기가 우리에게 들려주고 싶은 내용을 전한다. 특별히 신과 살인자가 살인사건을 두고 나눈 대화인 사실을 주의해야 한다. 창세 1~11장은 점점 더 야웨 엘로힘과 인간 사이에 있을 법한 직접적인 대화를 멀리하려는 경향을 드러낸다. 이런 점에서 보면 4장의 카인과 신이 나눈 마지막 대화의 기록은 아직 인간을 '너'로 부르시는 신의 마음을 보여준다. 카인 이야기는 인간과 신의 관계가 임계점에 도달한 것으로 생각될 수 있는 부분이다. 노아와 홍수 이야기에 이르면 더 이상 대화가 아니라, 신의 일방적인 명령만 남게 된다.

9-16절 : 카인과 아벨 이야기의 두 번째 부분

9. 야웨께서 카인에게 물으셨다. "네 아우 아벨은 어디 있느냐?" 그가 대답하였다. "모릅니다. 제가 아우를 지키는 사람입니까?"
10. 그러나 그분께서 말씀하셨다. "네가 무슨 짓을 저질렀느냐? 들어보아라. 네 아우의 피가 땅바닥에서 나에게 울부짖고 있다."
11. "이제 너는 저주를 받아, 입을 벌려 네 손에서 네 아우의 피를 받아낸 그 땅에서 쫓겨나리라."
12. "네가 땅을 부치어도, 그것이 더 이상 수확을 내주지 않으리라. 너는 세상을 떠돌며 헤매는 신세가 되리라."
13. 카인이 야웨께 아뢰었다. "그 형벌은 제가 짊어지기에 너무나 큽니다."
14. "당신께서 오늘 저를 이 땅에서 쫓아내시니, 저는 당신 앞에서 몸을 숨겨야 하고, 세상을 떠돌며 헤매는 신세가 되어, 만나는 자마다 저를 죽이려 할 것입니다."
15. 야웨께서 그에게 말씀하셨다. "아니다. 카인을 죽이는 자는 누구나 일곱 갑절로 앙갚음을 받으리라." 그런 다음 야웨께서는 카인에게 징표를 찍어주셔서, 어느 누가 그를 만나더라도 그를 죽이지 못하도록 하셨다.
16. 카인은 야웨 앞에서 물러 나와 에덴의 동쪽 놋 땅에 살았다.

이야기의 두 번째 단락인 창세 4,9-16은 앞에서 소개한 것처럼 창세 3,9-24의 진행을 따라서 구성되었고 대체로 동일한 과정을 밟는다. 논리 흐름의 동일한 패턴을 인정한다면, 이야기 소재의 차이에도 불구하고 창세기의 일관된 주제가 4장에서도 발휘되고 있다고 해석할 수 있다.

4,9-10	3,9-13	도입부
4,11-12	3,14-19	징벌의 선언

4,13-15	3,21	징벌의 완화
4,16	3,23-24	추방

창세기 이야기의 주인공들은 대체로 선(善)을 지향하는 것이 아니라 야웨에게 반항하거나 도전하는 인물들이다. 카인이나 아담은 행동의 원인과 결과를 반성하지도 못하며 어찌 될지 알지 못하는 가련한 야웨의 창조물처럼 등장한다. 이야기의 주장은 한 마디로 인간은 자신의 행동에 대하여 책임을 져야 한다는 것이다. 종교적 속죄의식은 후대에 발전된 개념이지만, 인간 행동의 결과가 무엇인지 암시한다. 인간이 져야 할 책임 때문에 발생하는 추방은 인간과 신의 거리가 점점 벌어지고 있음을 의미한다.

이러한 사실은 3장에서 사용된 '알다'와 '지키다/보호하다'(5.7.22절)가 카인의 이야기에서 반복되는 것으로 나타난다. 이 사실은 3장의 결과가 더욱 증폭된 양식으로 카인의 행동의 결과를 말해줄 것이다. 3장의 결과가 에덴동산에서 쫓겨난 것이라면, 카인의 경우 야웨 엘로힘 앞에서 물러나 유랑의 길을 떠나는 것으로 드러날 것이다. 땅이 아담의 잘못 때문에 저주를받았다면(3,17), 카인의 저주는 땅의 저주에서 범죄자에게 직접 초점이 옮겨갈 것이다. '너는 땅에서 쫓겨나리라'(11절).

또 하나 확실한 사실은 범죄의 보상 법칙이 현대적인 의미에서 적용되는 것은 아니지만, 생명에 대한 가해행위는 엄격하게 다루어져야 한다는 것이다. 피를 흘림은 궁극적으로 신의 생명을 침해한 행동이다. 신(神)은 물론 가해자(加害者)도 땅에서 올라오는 희생자의 절규, 피의 절규를 외면할 수 없다.

ㅁ. 피의 절규 : 9-10절

9. 야웨께서 카인에게 물으셨다. "네 아우 아벨은 어디 있느냐?" 그가 대답

하였다. "모릅니다. 제가 아우를 지키는 사람입니까?"

10. 그러나 그분께서 말씀하셨다. "네가 무슨 짓을 저질렀느냐? 들어보아라. 네 아우의 피가 땅바닥에서 나에게 울부짖고 있다."

3장에서 우리는 아담을 부르시는 야웨 엘로힘의 질문을 기억한다. 아담에게 '너 어디 있느냐?(3,9)' 는 부르심과 호소이며 질문이 있었다. 인간은 자신이 인생의 어디쯤을 걸어가고 있는지, 혹은 자신이 어떻게 살고 있는지 돌아볼 필요가 있다. 인생의 여정(旅程)에서 신의 목소리는 인간이 가는 길의 방향을 가리키는 이정표이다. 카인을 부르는 신의 목소리는 이 이정표의 역할을 재삼 확인한다.

너의 형제는 어디 있느냐?

아담에게 던져졌던 신의 질문은 아담 자신에게 유의미한 질문이었다. 이제 새롭게 '너'의 실존에 관한 질문이 카인에게 주어진다. 아담에게 던져졌던 질문이 카인에게는 형제와 형제 관계를 묻는 질문으로 변한 것이다. 아담에게는 형제가 아니라, 자신의 분신과 같은 존재가 있었다. 그러나 카인은 아담의 세상과 다른 환경에 처해 있으며, 질문도 구체적으로 사회생활이 관련된 형제의식을 내용으로 설정된다. 아담의 응답이 한 인간을 찾는 신의 목소리에 대한 반응이라고 한다면, '너의 형제 아벨은 어디 있느냐?'는 신의 질문은 카인에게 이웃형제들을 향한 인간의 태도를 요구한다.

인간은 내가 아닌 타자의 삶에 어떤 방식으로든 참여한다. 야웨 엘로힘의 질문이 있기 전에 아담은 신과 자신에게서 숨으려고 했었다. 카인에 이르면, 형제를 찾는 신의 촉구에 그는 형제관계를 부정하려고 했다. 야웨 앞에서 사라진 아담을 찾는 목소리가 이제는 형제를 살해한 자를 찾으려 왔다. 지상에서 사라졌지만 생명의 피는 지하에서 맴돌다 카인에게 돌아온 것이다. 인간은 자기 홀로 존재하지 않는다. 인간은 타자(他者)를 향하여 존재한다. 너와 나의 연대성이 실존의 내용이며 외형이다. 가장 가까운 타인을 향한 인간의 태도는 이 연대성을 가늠하는 척도이다.

'너는 어디에 있느냐?' 신과 아담의 관계에서 직접 발생한 질문이 인간과 인간의 관계를 설정하는 질문으로 변한 것이다. '너의 형제는 어디에 있느냐?' 성경은 이러한 질문이 인간이라면 누구나 답해야 할 질문으로 본다. 너는 어디 있느냐? 에덴동산 어디에 숨어 있느냐? 너의 형제는 어디에 있느냐? 네 손에 피 흘리며 죽어가는 형제는 어디 있느냐? 질문은 자신의 기억 속에 삶의 여러 사건을 가지고 있는 사람들을 향해 던져진다. 이 질문 또한 사건의 당사자인 카인을 향해 있다. 신은 카인의 아우 아벨이 어디에 어떻게 있는지 묻는다. 카인과 아벨은 피를 나눈 형제이기에 형제애가 둘 사이의 다리가 되어야 한다. 그러나 현실은 그렇지 못하다. 형제애가 그들의 관계를 형성하고 있는 것이 아니라 미움과 증오가 적대적(敵對的) 관계를 형성하고 있다. 인간은 어쩌다가 이렇게 변하게 되었는가? 자기가 속한 사회의 행복과 불행의 당사자인 인간이 걸어가야 할 길은 어디를 향하는가?

내 형제의 파수꾼 :

'나는 모릅니다. 내가 내 형제의 파수꾼이라도 됩니까?' 책임을 회피하는 카인은 자신과 신에게 거짓말을 하고 있다. 죄의 첫 번째 자기방어적 행위는 거짓말이다. 범죄적/파괴적 행동 뒤에는 이를 정당화하거나 감추기 위한 거짓이 필요한 까닭이다. 3장에서 아담과 하와가 한 행동-나뭇잎을 엮어서 몸을 가렸다-의 의미가 여기서 서서히 밝혀진다. 자신의 부끄러움을 숨기거나 자신을 감추는 행위가, 카인에게 오면, 진실을 가리거나 사실을 숨기고자 하는 행동과 거짓말로 구체화된다. 이 거짓말이 발각되는 순간 카인은 자기방어적 태도를 급격하게 강화한다. 아담의 자기방어는 변명과 책임의 전가로 여자를 유기하고 신을 고발하는 것이었다. 카인에게 오면 이 태도는 더욱 강화되어 "너와 나는 관계가 없다."는 태도로 돌변한다 : 카인이 아우 아벨의 파수꾼이라도 됩니까?

성경은 적어도 이러한 의미에서 파수꾼(여기서는 '지키는 사람'으로 번역)이라는 단어를 사용하지 않는다. 재산이나 동물을 지키는 파수꾼은 있어도 사람을 지켜주는 파수꾼은 오직 신(神)뿐이다. 따라서 카인의 응답은 전혀 틀린 말이 아니며, 어느 정도 사실을 말한다. 그러니 카인이 야웨에게 책임을 질 수 없다는 도전은 겉으로 그리 틀린 의미가 아닌 셈이다. 내가 책임질 일이 아니고 야웨가 아벨을 지켜야 되는 것이 아닌가? 왜냐 하면 신은 아벨의 제물을 받아들였고, 카인의 제물은 받아들이지 않았으니, 아벨은 야웨의 귀염둥이, 당신이 책임질 일이 아닌가? 3장에서도 아담은 야웨 엘로힘에게 같은 말로 핑계를 구했다: '당신이 내 곁에 데려다 준 여자가…(12절).'

카인의 거짓말 :

우리는 카인에게서 아담과 동일한 심리적 태도가 더 강화되어 나타났음을 발견한다. 카인이 발설한 말의 의미에서, 즉 성경적 의미에서 인간은 어느 누구도 자기 형제의 파수꾼 노릇은 할 수 없다. 이 점에서 카인의 말은 완전한 거짓말이 아니다. 각자는 자신의 인생이 있고, 자기만이 책임을 져야 할 일이 있다. 그러나 개인의 삶은 형제적 관계로 얽힌 사회를 전제할 때에만 가능한 것을 잊어서는 안 된다. 이웃과 관계 혹은 친교에 대하여 우리는 이렇게 말할 수 있을 것이다. 인간은 자신을 돌보아야 할 뿐만 아니라, 자기가 만나는 이웃의 어려움에 손을 주어야 한다. 우리의 삶은 결코 이웃과 유리된 삶일 수 없고, 이웃의 삶에 관련되지 않을 수 없다. 이웃과 공유되는 부분은 어느 한 쪽만이 책임지는 일방적인 성격이 아니다. 내가 그의 이웃이 되고 그가 나의 이웃이 되기 때문이다. 책임은 상황이 요청하는 대로 수락해야 하고, 실질적인 행동으로 실천되어야 한다. 사람 사이에 발생하는 기본적인 책임의식은 미리 규정된 명문에서 발생하지 않는다. 책임은 두 사람 이상이 관련된 관계에서 무조건적으로 발생하는 것이다. 나의 목숨 전체를 주어야 한다면, 그 상황이 어떠할지라도 책임은 목숨을 바치는 형태로 수행되어야 한다.

카인의 잘못은 단지 신과 자신에게 거짓말을 하고 있다는 사실만이 아니고, 진실을 호도하며 거짓으로 이 책임의 성격을 흐리는 데에 있다. 카인이 '모른다'고 대답했을 때, 그는 이미 알고 있는 형제의 죽음에 대한 거짓말을 하고 있다. 카인은 이 거짓을 은폐하기 위해서 마치 알지 못하는 무관심의 언어를 과장한다. 더 나아가 자신이 살해한 아벨 뿐만 아니라, 신마저 적의의 대상으로 삼고 있다. 그가 처한 상황에서 고백했어야 할 참된 이유마저 거부한 것이다. 카인의 대답은 참으로 거짓말이었다. 거짓이 들통나면 거짓은 타인을 비난하거나 중상 모략하는 단계로 진행된다. 야웨의 질문을 회피하는 카인의 응답이 바로 이러한 심리를 드러낸다.

카인의 거짓말은 자기의 부정과 타인의 부정을 동시에 나타낸다. 아담과 야웨의 관계에서 희미하게 나타나던 요소들이 발전적으로 나타나기 시작한다. 이야기는 마치 재판관이 피의자를 앞에 두고 사건을 심문하는 양상을 띤다. 3장의 아담은 아직 거짓말은 하고 있지 않지만 야웨에게 변명(辨明)을 하고 있었다. 변명은 최소한 사실을 확인해 준다. 반면에, 카인은 알고 있는 '나'를 부정하고, 죽은 아벨을 대신하여 말하고 있는 '신(神)'에게 거짓말을 한다. 카인의 경우 이 거짓말은 이야기의 중요한 구성적 요소이다. 카인과 신의 관계에서 고백을 통하여 전도된 관계를 회복할 수 있는 기회가 거짓말로 대치되었기 때문이다.

카인은 자신의 의식(意識) 안에 갇혀서 벗어날 수 없는 거짓말을 선택한다. 자신을 속일 수도 없고, 신을 속일 수도 없는 상황에서 카인은 거짓말을 한 것이다. 여기서 우리는 카인에게 던져진 질문(너의 형제가 어디에 있느냐?)과 그의 대답(나는 모릅니다) 사이에서 일순간에 변(變)한 카인의 얼굴을 본다. 질문은 말로 표현되지 않았을 때 감출 수 있던 사실을 확인한다. 카인은 살인자인 것이다. 이제 카인은 자신뿐만 아니라, 야웨 앞에서도 다른 사람이 되어 버렸다. 분노로 일그러진 카인의 얼굴은 야웨 엘로힘의 선언이 드러내주는 비극적 운명의 표지이다.

거짓과 불안 :

성경은 살인의 기억을 더욱 생생하게 증언한다. 신의 생명을 받아들인 땅에서 살해당한 아벨의 피가 외치고 있다. 카인은 '네 아우의 피가 땅바닥에서 나에게 울부짖고 있다' 는 야웨의 말을 듣지 않을 수 없다. 죽은 자가 절규하고 있는 것이다. 아벨의 피는 땅에 떨어져 절규(絕叫)하는 소리가 되어 하늘로 올라갔다. 그리고 이 절규는 다시 '신(神)'의 목소리가 되어 카인에게 돌아왔다. 앞서 언급했듯이 아벨이 죽은 이유는 이야기에 나타나 있지 않다. 죽음은 한 인간의 파멸이기에, 땅에 흘려진 피는 희생자의 절망을 의미한다. 바로 이 피가 살인자 카인이 피할 수 없는 절규가 되어 '신에게' 올라갔던 것이다. 모든 거짓말은 진실이 되어 나타나기까지 불안하다. 언제까지나 숨어 있을 수 있는 거짓말은 존재하지 않기 때문이다. 거짓말은 인간을 불안하게 만든다. 거짓 평화에 끝까지 머물러 있을 인간은 없다. 이것이 카인의 거짓말로 잘 드러난 경우다. 카인의 불안을 벗겨주는 이는 야웨 자신이다. 야웨의 말은 단순히 살인한 사실을 밝힐 뿐만이 아니고, 카인이 떨고 있는 불안을 벗겨준다. 신은 인간에게 진실이며, 진실만이 인간을 거짓에서 해방시킬 수 있다. 진실은 불안에 떠는 인간에게 가혹할 수 있지만, 거짓에서 얻는 해방은 그렇지 않음을 말해 준다.

카인은 살인자일 뿐만 아니라 자기 앞의 현실이 더 이상 예전의 현실과 다르다는 것을 인정하지 않을 수 없다. 살아 있는 '네 형제의 외침' 보다 더 사실적이고 극적인 효과를 가져오는 것은 없다. 카인은 죽은 '네 형제의 피(血)의 외침' 을 신의 목소리를 통하여 듣게 되었다. 카인은 더 이상 감출 수 없게 된 현실을 마주해야 한다. 자신이 알고 있는 사실을 자기만의 과거, 자기만의 기억 속에 눌러 둘 수 없다. 야웨는 끊임없이 카인에게 질문(質問)의 형식(形式)으로 올 것이다. '너의 형제 아벨은 어디 있느냐?' '네가 무슨 짓을 했느냐?'

'어쩌다가 이런 짓을 했느냐?' 하는 안타까움이 실려 있는 탄성에 가까운 야웨의 한숨을 감지(感知)할 수 있다.

카인은 단순히 아벨이 제 앞에서 사라지길 바랬다고 말할 수 있다. 그러나 이 사라짐은 죽어 없어지는 것이고, 폭력의 마지막 단계인 살해(殺害)라는 수단을 통해서 이루어졌다. 아벨은 피를 흘리고 죽었으나, 그의 존재는 사라지지 않았다. 오히려 아벨은 신(神)의 질문을 타고, 신의 목소리로 돌아온 것이다. 카인은 자신의 손으로 죽인 처참한 얼굴의 아벨을 피할 수 없고, 아벨에게서 시선을 돌릴 수 없는 가련한 인간이 되었다. 불의한 죽음은 신(神)에게 기댈 수밖에 없다. 피해자의 절규를 막을 수 있는 자의 폭력도 '신의 음성'을 사라지게 할 수 없다. 신만이 이 세상에서 호소할 데 없고 보호 받을 데 없는 약자의 절규를 듣는 유일한 존재다. 이런 사실을 카인은 한 순간이라도 잊고 싶었을 것이다. 그러나 이번에는 카인 자신이 아벨의 죽음을 마주해야 한다.

카인 이후 이제는 인간 누구에게나 살인이 잠재적으로 가능한 현실이 되었다. 그러나 완전 범죄는 불가능하다는 것도 알게 되었다. 왜냐 하면 '네 형제의 피의 소리가 야웨에게 호소하고 있다'는 것을 알려주고 있기 때문이다. 살인자와 피해자 모두 야웨와 관계를 청산할 수 없다. 그뿐만 아니라 살인자는 살해당한 자의 억울함을 대신하는 신(神)의 목소리를 듣지 않을 수도 없고 피할 수도 없다.

인간의 귀는 듣지 못해도 신(神)은 죽은 자의 호소를 듣는다. 우리는 구약 성경의 2사무엘 11장[32]과 열왕기 21장[33]의 이야기를 예로 들을 수 있다. 나봇과 우리아의 죽음은 비밀스럽게 지켜질 수 없었던 것이다. 살인을 보고 듣는 귀는 어디에나 살아 있는 법이다. 인간의 현실에서 불의한 죽음은 사건과 무관한 제3의 인간이 개입하면서 들추어지게 마련이다. 성경에서 그는 예언자의 이름으로 오기도 한다.

ㅂ. 징벌선언 : 11-12절

11. "이제 너는 저주를 받아, 입을 벌려 네 손에서 네 아우의 피를 받아낸 그 땅에서 쫓겨나리라."
12. "네가 땅을 부치어도, 그것이 더 이상 수확을 내주지 않으리라. 너는 세상을 떠돌며 헤매는 신세가 되리라."

신의 징벌 :

3장에서 아담과 하와가 야웨 엘로힘의 징벌선언을 들었듯이, 여기서 카인의 운명이 징벌의 형태로 예고된다. 아담과 하와의 잘못이 그들의 운명을 불러왔듯이, 뱀 또한 야웨의 이름으로 저주를 받았다. 아담과 하와의 잘못은 징벌을 불러왔으나, 땅이 이 첫 인간들의 잘못을 대신하여 저주를 받았다. 말하자면, 야웨의 징벌은 첫 인간들에게 간접적으로 내렸을 뿐이다. 징벌의 간접성이 무너진 4장에서는 카인이 직접 야웨의 저주를 듣는다. 더 이상 카인을 대신할 징벌의 대상을 찾는 것이 무의미해진 것이다.

신의 징벌선언은 땅과 인간의 관계가 적대적으로 변한 사실을 일깨워준다. 땅을 갈고 애써도 땅은 인간에게 노력에 대한 정당한 대가를 주지 않으려고 저항한다. 3장의 뱀에게 내린 야웨의 저주는(3,14) 카인에게 와서 인간의 현실이 되었다. 땅도 그 때문에 저주를 받은 것이다. 그 저주는 악순환처럼 인간에

---

32 다윗이 왕 위에 오른 뒤, 주변민족들과 계속된 정복전쟁 동안에 발생한 이야기. 친구이며 부하인 우리아가 전쟁터에 있는 동안, 그의 아내 벳사베의 미모를 보고 그녀를 잠자리에 불러들인다. 임신이 되었다는 사실을 알고, 다윗은 사실을 은폐할 수 없는 지경에 이르자 우리아를 전쟁터에 내보내어 고의로 그가 죽을 수밖에 없는 상황을 만들었다. 마침내 우리아가 전선에서 적의 손에 죽었다는 보고를 듣자 다윗은 그 여자를 궁으로 불러들였다. 그러나 사건의 전말을 알았던 예언자 나탄이 과감하게 다윗의 알려진 비밀을 들어내며 그의 잘못을 비판한다.

33 작은 포도원지기의 땅을 탐내서 권력을 이용하여 재산을 가로챈 이야기. 무죄한 이의 재산을 뺏기 위하여 허위 증언을 조작하였고, 포도원 주인 나봇을 죽여 없앤다. 마침내 그 땅의 권리를 빼앗은 권력의 주인공은 왕 아합이란 사실이 밝혀지는데, 예언자 엘리아가 목숨을 걸고 이 내막(內幕)을 드러낸다.

게 돌아간다. 에덴동산에서 아담과 하와가 잘못하게 되자, 땅과 인간의 관계가 소원해지기 시작했다. 그런데 카인에 이르면 그의 살인으로 인간과 땅의 관계는 더욱 벌어진다. 인간과 땅의 관계가 친화의 관계에서(2장), 소원한 관계로(3장), 마침내 적대적 관계로(4장) 점점 악화되어버린 것이다. 어째서 인간의 잘못으로 땅이 저주를 받는지 그 사유는 아직 분명하지 않으나, 우리는 노아와 홍수 이야기를 읽는 단계에 가면 부분적으로나마 이해할 수 있는 근거를 만나게 될 것이다.

이제 결정적으로 카인과 그의 후손은 땅을 근거로 하는 관계에서 외롭고 고독한 삶을 살게 될것이다. 그뿐만 아니라, 카인과 그의 후손은 상징적 의미에서 세상을 떠돌며 살게 될 것이다. 땅이 억울한 한 '인간의 피'를, 희생자의 억울함을 대신하여 가해자에게 응답하게 된 것이다. 마치 피해자의 진실을 간직하는 유일한 증언자처럼. 땅은 카인이 범한 살인의 대가(代價)로 인간의 노동에 의해 약속된 소출마저 내기를 거부할 것이다. 우리는 여기서 한 번 더 카인의 노동이 땅을 경작하는 인간으로 소개된 사실을 기억해야 할 것이다. 땅이 거부반응을 보인다는 것은 단순히 카인에 대한 땅의 역기능으로만 간단히 볼 수 없다. 인간과 땅의 관계에서 카인은 이제 그가 하던 일에서 절망을 하게 될 것이다. 땅은 그의 삶의 터전으로 소개되지 않았던가(4,2). 아담이 노동의 수고로, 땀의 대가로 삶을 유지할 수 있었던 땅이 카인에게 오면 그마저 거부한다는 것이다. 땅이 소출을 거부한다면, 땅은 인간에게 무용한 것이다. 땅을 통해서 삶을 유지할 수 없다면, 땅은 더 이상 카인에게 진정한 삶의 터전이 될 수 없다. 땅이 인간에게 철저한 저항을 보여줄 것이라면, 인간은 어찌 살 수 있을 것인가? 결국 그의 살인 행동은 땅마저 인간에게 저항할 수밖에 없는 상황을 만들었다. 게다가 카인 자신은 땅에서 점점 멀어지게 된다. 카인은 자신의 삶의 터전을 버리고 그의 일에서 손을 떼게 될 것이다. 그는 땅의 방랑자, 헤매는 자가 될 것이다. 인간의 기원이며 삶의 터전인 땅을 포기하고 땅을 떠나야 하는 자의 운명이 카인의 운명이다. 그는 인간이 온 그 땅에서 쫓겨난 것이다. 아벨의 피로 땅을 더럽혔기 때문이다. 이처럼 땅은 많은 것을 상징하고 있다.

혼돈의 땅, 피로 얼룩진 땅 :

여기까지 창세기를 읽어 오는 동안 우리는 인간과 신의 관계가 땅에 대한 인간의 관계로 매개되는 것을 보았다. 땅에 대한 인간의 관계가 신의 징벌선언 속에서 인간의 운명을 결정하는 것처럼 보이는 까닭이다. 그렇다면, 인간의 운명을 결정짓는 땅은 어떤 의미를 가지는가? 에덴동산에서 아담의 잘못 때문에 땅이 저주를 받았는가 하면, 카인의 이야기에서는 카인이 아벨의 피 때문에 땅의 저주를 받았다. 땅의 어떤 성질들이 인간의 운명을 상징하는 것인가? 아니면, 땅의 상징성은 인간의 운명을 어떻게 말하는 것일까? 땅에서 왔고, 흙의 운명을 지닌 인간들, 아담과 카인의 운명이 본질적으로 땅과 얽힌 관계로 상징되고 있다. 아담과 자연, 카인과 자연의 관계, 그리고 이들 인간의 운명을 나타내기 위하여 야웨계 저자는 땅을 어떻게 상징하고 있는가?

이 상징성을 밝히기 위하여 우리는 창세 2-4장의 이야기의 전개 속에서 창세기 저자가 사용하는 어휘 "땅"과 관련된 용어들을 한 번 살펴볼 필요가 있다. 여기서 한 가지 중요한 사실을 발견하게 되는데, 독자는 창세기 편집자가 은밀하게 밝혀주는 땅에 속한 인간 운명의 순환론적 진행을 보게 된다.

야웨의 창조로 세상에 나타난 첫 인간은 아담이라고 불린다. 아담의 이름이 이렇게 불리는 이유는 단지 그가 흙에서 왔기 때문이다. 흙은 아담의 기원을 의미하는 이름이며 그 속성을 담고 있다. 아담은 흙(아다마adamah; 2,7)에서 왔던 것이다. 야웨 엘로힘은 아담을 에덴동산으로 데려다 놓고, 그에게 동산을 맡겼으며 책임 있는 삶을 위임했다. 비록 아담은 흙에서 온 흙의 존재였지만, 창조신 야웨 엘로힘의 친교 속에서 살았다. 그 후 불행하게도 아담은 그를 창조한 야웨 엘로힘의 금지명령을 어겼기 때문에 에덴동산에서 쫓겨났다. 에덴동산에서 추방된 후, 아담은 자신의 생명을 유지하기 위하여 땅(adamah; 3,23)을 경작하며 살아가게 되었고, 결국 자기 자신의 기원으로 돌아가야 하는 운명을 선고 받았다.

여기까지 이야기에서 흙에서 온 인간이 흙으로 돌아간 이유와 그 운명에 대하여 징벌적 차원에서 받아들이는 것이 어렵지 않았다. 비록 그 내용의 상징성이 확연하게 드러나지 않았지만, 그것을 아담의 운명으로 받아들일 수 있었기 때문이다. 그런데 우리는 카인이 아벨을 살해한 사건을 통하여 이야기의 진행에 있어서 엄청난 심정적 변화를 겪지 않을 수 없게 된다. 이 급격한 변화는 형제살인이라는 피의 사건을 통해서 우리에게 오게 된다. 그것은 다시 인간의 운명이 땅으로 돌아가야 한다는 사실이다!

이야기의 내적 논리를 따라서 카인과 그의 후예들이 어떠한 운명을 살아야 할지 인간이 돌아가야 할 땅의 의미를 찾지 않을 수 없다. 아주 조심스럽지만, 인간운명이 부정적으로 예견되는 것을 느끼지 않을 수 없다. "땅"이란 용어로 지시되는 인간의 운명은 엘로힘이 우주를 창조하던 날의 혼돈을 상기하지 않을 수 없게 만드는 것이다. 인간의 운명은 질서에서 혼돈으로 되돌아가는 창조의 역행과 맞물려서 혼돈의 땅으로 되돌아가는 인간의 모습을 마주하게 된다.

이 땅, 3장의 아담이 돌아온 자기 기원의 아다마에서 아담은 인간의 첫 아들을 낳는다. 이미 아담은 땅으로 돌아갈 것이라는 신의 선언을 들은 후이다. 아담의 첫 아들 카인은 흙의 인간 아담과 하와의 첫 열매이고 둘 째 아들 아벨이 탄생한다. 이 지상에 첫 가정을 이루는 아담 내외와 그들의 두 아들이 존재하게 된 것이다. 살인사건이 벌어지지 않았더라면, 미리 말하건대 이들은 아직 아다마의 운명을 살 수 있었을 것이다.

그런데 살인사건이란 불행이 인류의 운명을 바꾸고 만다. 카인이 자신의 아우 아벨을 살해한 것이다. 살인사건으로 카인은 부모인 아담과 하와의 가정에서 떨어져 나와 자신이 머물던 땅(adamah)에서 쫓겨나고 만다. 이런 의미에서 아담이 백 삼십 세에 세째 아들 셋을 낳았다면(5,3), 이들은 아다마(땅)의 축복을 살게 된 인류의 선조로 남아 있는 사람들의 선조이다. 그러나 아다마에서 쫓겨난 카인은 야웨의 명령에 의해 우주 창조의 기원인 무로, 혼돈으로 돌아가야 한다. 그 땅은 방랑의 땅(에레츠' eretz; 4장 12-16절)이며 카인의 운명을 선택한 자들이 살아가야 할 땅인 것이다.

야웨의 선언이 발해진 창세 4,12.16에서 선택된 용어 "땅"은 나무도 풀도 자라지 않는 땅('eretz; 2,5)이다.[34] 더욱이 이 용어는 창세 1,1에서 엘로힘 신(神)이 창조의 사업을 시작했던 그 혼돈의 땅(에레츠)이다. 그 땅은 어둠과 혼란으로 무질서를 상징하는 표현이다. 인간은 신의 의지를 거역했기 때문에 자기가 온 곳으로 다시 돌아가야 한다. 그렇다면 아담은 혼돈에서 왔기 때문에 다시 그곳으로 돌아가야만 하는가? 인간은 자신이 온 곳으로 되돌아갈 수밖에 없는가?

성경은 우주창조의 과정이 혼돈의 땅, 에레츠에서 질서의 땅, 아다마로 이행하는 것이었음을 보여준다. 창조의 신은 처음부터 에레츠에서 아담을 불러내지 않았다. 에레츠에 질서를 부여하고 아다마를 준비하였고, 질서의 땅 아다마에서 아담을 창조하였다. 아담은 자신의 기원인 아다마에서 에덴동산으로 불려왔다. 아마도 아담은 그 동산의 영원한 인간의 원형으로 머물 수 있었을지 모른다. 그러나 금지된 열매로 상징된 신법을 위반하는 사건은 아담의 운명을 바꾸었다. 신의 금지명령을 어긴 아담은 동산에서 추방되었고, 그의 기원인 아다마를 경작하며 관리자로서 살 운명으로 되돌아 왔던 것이다.

우리는 인간이 어디에서 자기의 운명을 결정하는지 모른다. 운명은 늘 선악의 경계선에서 결정되기 때문이다. 아직 인간이 신법을 지키거나 위반하는 경계에 머물고 있는 동안 그는 자기의 기원 위에서 살 수 있다. 그러나 인간의 세계는 무수한 죽음을 생산하는 이기적 세계이다. 부정적으로 말한다면, 역사는 인간의 죽음을 바탕으로 형성되어 왔다. 창세기의 세계는 바로 이 인간세계가 신법으로 무장할 수 없는 세계임을 주장하고 있는지 모른다. 창조의 첫날에 발

---

34 W. Vogels, 앞의 책, 335쪽 참조.

생한 사건을 통하여 카인의 얼굴에서 우리는 형제 살인자의 눈빛을 보게 되었다. 자기와 동류인 또 다른 아담에게 폭력을 가하고 피를 흘리게 한 인물을 보게 된 것이다. 자기와 동류이며, 피를 같이 나눈 형제를 죽인 인물 카인, 살해 동기야 어떻든 한 인간의 피를 흘린 것이다. 혼돈에서 질서로 나아가는 길에 인간의 존재를 위한 신이 있었다면, 이제 인간은 그 신을 거역함으로써 그가 온 곳으로 돌아갈 운명에 처해졌다.

인간이 흙의 인간으로서 아직 아다마에 머물 수 있는 동안 인간의 운명은 아다마로 돌아가는 것이었다. 그는 아직 창조의 시초를 상징하던 혼돈의 땅으로 가지 않아도 된다. 그러나 카인이 신의 생명을 범한 이상 그는 더 이상 아다마에 머물 수가 없다. 혼란과 어둠으로 덮여 있는 곳이 그를 기다리게 된 것이다. 우주창조 이전의 혼돈상태가 카인의 존재를 뒤덮은 것이다. 아담은 본래 에레츠('eretz)의 존재가 아니었지만, 이제 카인의 사건을 통해서 그는 에레츠의 존재가 되었다. 에레츠에서 질서잡혔던 땅 아다마(adamah)에서 아담(adam)이 되었다가, 불행하게도 혼돈의 땅 에레츠('eretz)로 되돌아가게 되었다. 이러한 의미에서 카인은 이성적 동물로 정의되는 현대의 인간이 보여주는 혼란(混亂)의 전형(典型)이다. 이 혼란은 인간의 기원인 땅으로, 그것도 혼돈(混沌)으로 표상된 태초의 상태로 돌아가는 것이다.

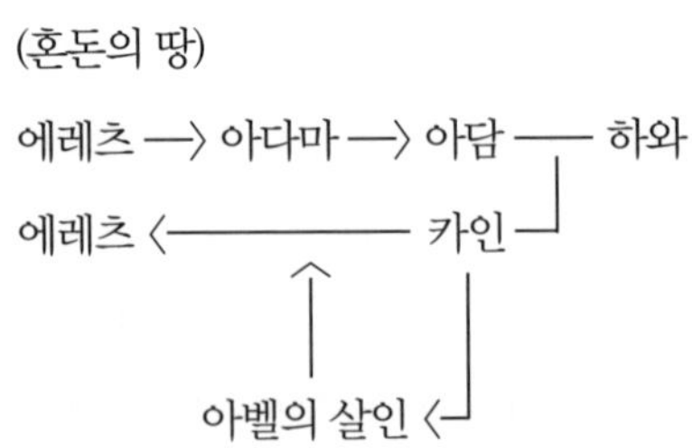

카인 안에서 발견되는 인간은 에레츠로 상징된 혼돈의 인간이다. 혼돈은 인간의 잘못된 선택이 낳은 결과이며, 살인은 창조에 역행하는 단적인 사건이다.

이 혼돈은 창조의 바퀴를 거꾸로 돌리려는 시도처럼 보인다. 이처럼 카인의 뒤를 따르는 인간 사회가 혼돈으로 되돌아갈 징후를 볼 때, 인간을 기다리는 결과가 무엇이겠는가?

아담과 하와가 에덴동산을 떠난 이후, 그의 첫 후손이 야웨의 저주를 받음으로써, 인류는 자신의 운명을 비극적으로 알아듣게 되었다.[35] 이 비극의 내용은 4장에서 더욱 구체적으로 드러난 형제살인이라는 극적인 상황이다. 아무런 장식도 없이 묘사된 이야기의 주제는 바로 신에게서 소외(疏外)된 인간의 모습, 카인인 것이다. 그뿐만 아니라 카인 이야기를 기초로 할 때, 인간은 신 뿐만 아니라 자기 자신에게서 소외 당한 존재로 나타난다. 그리고 인간은 현실에서 자기가 속한 공동체에게서 소외를 경험하는 것으로 그의 절망적인 운명을 확인한다. 마찬가지로 신과 맺는 관계도 우리가 일상에서 확인할 수 있는 인간의 현실, 곧 타자(他者)와 맺는 관계에서 예고(豫告)된다. 앞에서 든 성경의 이야기, 다윗과 아합 왕의 두 예도 그런 경우이다.

ㅅ. 추방 : 13-16절

13. 카인이 야웨께 아뢰었다. "그 형벌[36]은 제가 짊어지기에 너무나 큽니다."
14. "당신께서 오늘 저를 이 땅에서 쫓아내시니, 저는 당신 앞에서 몸을 숨겨야 하고, 세상을 떠돌며 헤매는 신세가 되어, 만나는 자마다 저를 죽이려 할 것입니다."
15. 야웨께서 그에게 말씀하셨다. "아니다. 카인을 죽이는 자는 누구나 일곱 갑절로 앙갚음을 받으리라." 그런 다음 야웨께서는 카인에게 징표를 찍

35 C. 베스터만은 이 사실을 강조하며, 이 이야기에서 말하는 인류의 운명을 집합적 의미에서 이해하고자 한다.
36 아원*Awon*. 죄 혹은 징벌의 양 측면을 포함하는 단어.

어주셔서, 어느 누가 그를 만나더라도 그를 죽이지 못하도록 하셨다.

16. 카인은 야웨 앞에서 물러 나와 에덴의 동쪽 놋 땅에 살았다.

창세설화는 인간의 잘못은 반드시 징벌을 수반한다는 점을 강조한다. 징벌은 인간이 맺고 있는 타자관계에서 충분히 확인할 수 있다. 4장에서 보인 사건에서 카인은 그의 삶에서 세 가지 관계를 악화시킨다. 이 세 관계는 인간의 운명을 보여주는 요소들이며, 창세기 설화의 이야기 방식이기도 하다.[37]

ㄱ) 인간과 땅의 관계.

ㄴ) 인간과 야웨의 관계

ㄷ) 인간과 인간의 관계(살아 있는 모든 다른 존재들을 포함).

카인은 자신이 받아들여지지 않았다는 사실 때문에 세상이 자신을 거절하리라는 위협을 느낀다. 자신의 행동으로 인하여 카인은 ㄱ) 자신의 거절, ㄴ) 타자의 거절, ㄷ) 야웨 신의 거절을 동시적으로 경험한다. 어느 누구도 그를 보호해 주지 않으리라는 카인의 경험은 절망적이다. 그러나 야웨는 카인에게 '표지'를 해줌으로써 그가 야웨의 거부를 받지 않았다는 것을 보여준다. 아무도 받아주지 않는 인간이 기댈 수 있는 존재는 야웨뿐이다. 인간이 마지막으로 돌아가 제 얼굴을 볼 수 있는 존재가 신(神)인 것이다. 카인은 타인에 의한 살해위협에서 보호는 받겠으나, 자신의 행동에서 비롯된 두려움과 삶의 절망적 상황은 피할 수 없다. 그것은 인간실존의 성격을 말해주기 때문이다.

카인의 절망과 징벌의 경감 :

카인의 운명적 삶은 신과 자신의 관계에서 극명하게 드러난다. 그는 자신이 범한 살인으로 시작된 운명을 돌이키지 못하고 야웨 앞에서 멀어져 간다. 아담과 하와가 야웨 엘로힘에게서 자신들을 숨겼듯이 카인도 야웨의 얼굴에서 멀리 떨어져 자신을 숨겨야 할 것이다. 아담과 하와가 자신들을 숨겼지만, 야웨 엘로힘과 이들의 거리가 멀어졌다는 말은 없었다. 그러나 카인의 경우에는 야웨 앞에서 '멀리' 떠나 세상을 떠도는 인물로 직접 표현된다.

이야기는 단순하지만 놓칠 수 없는 놀라운 사실이 카인의 말속에 내포되어 있다. 3장에서 아담은 자신의 잘못 때문에 에덴동산에서 쫓겨나지만, 아담의 두려움은 야웨의 현존이었다. 그러나 카인의 두려움은 일차적으로 야웨의 현존에서 오는 두려움이 아니다. 그의 인생에서 만날 타자의 존재가 카인에게 위협이다. 카인은 형제를 죽인 살인자지만, 오히려 그의 살인경험이 타인의 존재를 두려움이라고 가르쳤다.

아담이 야웨를 떠나게 된 사연은 금령을 위반한 결과이다. 스스로 에덴동산을 떠난 것이 아니고 야웨 엘로힘이 추방한 것이다. 추방은 야웨의 강제 명령의 결과인 것이다. 그런데 4장의 이야기는 카인이 "신(神)과 결별(訣別)"한 사실을 이미 받아들이고 있을 뿐만 아니라, 놀랍게도 자신의 행동에 대한 어떠한 회한(悔恨)도 표현하지 않는다. 이야기는 카인이 살인의 잘못을 후회하지 않으며, 그의 관심이 오직 살인의 대가로 받는 징벌의 무게에 있다는 사실에 초점을 맞추고 있는 것이다. 이것이 이유야 어떠하든 제 동생 아벨을 죽일 수밖에 없었던 카인이 스스로 떠나야 할 것을 알고 떠나간 인간의 모습이다. 살인을 경험한 그의 얼굴은 변했으며, 카인은 이미 징벌을 삶의 중압감으로 이해한다. 이야기는 단지 카인이 삶의 무게를 짊어지기가 너무 무겁다는 사실과 카인이 살인자로서 가지게 된 타자(他者)에 대한 두려움을 호소(呼訴)할 뿐이다.[38] 이야기는 카인을 위한 야웨의 개입이 없는 한 카인의 호소는 그의 삶이 절망적(絶望的)이라는 사실을 강조한다.

---

37 인간, 땅, 신의 세 주제들의 관계에 대해서 부록 #1을 참고할 것.

38 카인의 호소. 이 문장을 그대로 받아들이면, 이미 지상에 다른 종족이 있다는 것을 암시한다고 볼 수 있다. 그래서 어떤 이들은 이 문장이 본래는 다른 문맥에서 사용되었던 문구로 보기도 한다. 족보와 이야기를 다른 차원에서 보아야 카인의 이야기가 이해된다. 말하자면, 4,2-16은 창세 2-3장의 연장이 아니라, 어떤 원초사건을 언급하는 독립된 이야기였을 것이다.

이 두려움을 야웨 신(神)은 카인의 이마에 표시를 해줌으로써 완화해준다. 4장의 이야기는 3장의 진행을 따르면서 가죽옷을 입혀준 신의 자비를 대신해서 징벌의 무게를 경감해 주는 신의 관대함을 보여준다.

(카인의) 잘못 => (야웨의) 징벌 =>
(카인의) 호소 => (야웨의) 징벌의 완화

생명을 살해한 자도 다른 모든 사람과 마찬가지로 죽음에 대한 두려움을 가진다. 그도 살아 있는 동안 자기 생명을 유지하기 위하여 징벌의 무게를 신에게 호소한다. 비록 살인자(殺人者)이긴 하지만, 야웨의 창조물로서 카인의 생명은 보호 받아야 한다. 살아 있는 생명 그 자체로서 생명은 보호 받아야 하기 때문이다. 살해당한 아벨의 외침이 그의 죽음이 무고했음을 알려주지만, 살인자 카인이 살인의 대가로 죽어야 하는 것은 아니다. 오히려 살아 있는 존재로서 살인자 카인은 야웨의 보호를 받아야 한다. 카인의 호소에 그의 미래가 걸려 있음을 알 수 있다. 신(神)은 부당하게 죽은 자의 절규를 들을 뿐만 아니라, 살인을 행한 자의 두려움에 찬 호소도 듣는다. 신법은 인간이 어떤 상황에 있든지 생명 그 자체로서 보호 받아야 한다는 것을 알려준다. 이 생명에 대한 성경의 논의는 홍수 이야기에서 더욱 확실하게 나타나며, 인간의 삶의 방식을 결정하는 요인으로 선언된다. 어쨌든 신의 표지는 생명의 보호와 관련이 있는 것만은 확실하다.

카인에게 주어진 이 "신의 표지"[39]는 아무도 그가 한 행동에 대하여 동일한 강압적 책임을 지울 수 없다는 것을 말해준다. 살인을 했다고 하여 그의 생명을 대가로 지불하게 할 수 없다. 아벨이 카인에게 살해당했다는 사실이 카인을 다른 사람의 희생물로 만들 수는 없다. 살인은 폭력의 극단적 형태임을 알려줄 뿐, 살인 때문에 살인을 할 법적 논리의 근거가 될 수 없다. 인간의 생명은 신의 생명-숨에서 비롯되기 때문에 신(神)만이 그 숨을 거두어들일 수가 있다.

카인은 형제살인이라는 무거운 짐을 지고 살 것이지만, 그가 살아 있는 한 그는 야웨의 보호 아래에 있다. 그의 호소를 야웨가 받아들였다는 것이 이를 말해 준다. 이 표지는 아주 단순하게 카인의 생명을 해치려는 자들에게서 그를 보호하는 것이다. 야웨가 보호의 징표로 카인에게 해준 신의 표지는 ㄱ) 카인은 살인자이며, 동시에 ㄴ) 살인자의 생명도 보호하는 신의 은총을 상기시킨다.

그렇다면, 카인을 보호하고자 표지를 해준 야웨는 살인자의 살인을 인정하는 것인가? 이야기를 자세히 살펴보면, 카인은 제 잘못에 대한 책임을 자신이 져야 한다는 것을 지적하고 있다. 신(神)은 카인에게 생명을 보상케 하지 않지만, 카인의 책임은 그 자신이 져야 할 몫으로 남는다. 인간이 야웨의 얼굴을 피한다면, 그것은 신(神)의 요구가 아니라, 인간이 범한 행동의 결과 때문이다. 에덴동산에서 쫓겨난 아담과 하와처럼, 카인도 이 땅의 유형자(流刑者)가 된 것은 자신이 그 원인이다.

인간은 자기가 온 대지(大地)로 돌아갈 것이지만, 죽기까지 이 지상마저 친숙하지 못하고 방랑자의 삶을 살아야 한다. 아벨과 함께 살았던 그 땅에서 카인은 형제를 죽였기 때문에, 홀로 떠나야 하는 것이다. 형제는 에제르로 대해야 하지만, 카인의 경우 살해의 대상이었을 뿐이다. 각자에게 에제르가 되지 못하는 한, 인간은 자기 삶의 터전마저 누리지 못하고 그 땅에서 방랑인(放浪人)이 되는 셈이다. 카인은 아벨과 함께 대지가 제공하던 삶의 기쁨을 누리지 못하게 된 것이다. 따라서 카인이 죽음을 두려워하며 야웨께 호소하는 것은 당

39 예레미아 31,35;에제키엘 9,4-6 참조. 생명의 보호(TOB), 이것이 신의 표지이다. C. Westermann은 다음과 같은 의미에서 이 말을 이해한다. 생명은 신에게 속하며, 어느 누구도 신을 대신하여 생명의 전권을 휘두를 수 없다. 구체적으로 이 "카인의 표지"에 대한 주장들을 간단히 소개하면, 1) 구체적인 어떤 물질적 표지를 받았다; 2) 카인의 생명이 위협 받을 때마다 공격자로부터 보호를 받았다 (ôt는 대체로 어떤 사건을 지칭하는 데 사용된 단어); 3) 카인은 개인적인 인물을 가리키며, 이 인물을 조상으로 하는 부족의 모든 구성원은 이 표시를 받아 보호를 받는다; 4) 혹은 법을 어긴 자에 대한 사회적 추방의 표시이다. 성경적 이야기의 내용에 충실하다면, 그 내용이나 형태 혹은 표시의 기능이 무엇인지를 구체적으로 언급하는 것은 거의 불가능하다. 이야기의 의도는 살인자이기 때문에 신의 징벌을 받았지만, 그럼에도 불구하고 카인의 생명을 위협하는 모든 인간은 신의 경고로써 이 표지를 이해해야 한다는 점이다.

연하다. 타인(他人)을 죽이던 그 손 때문에 이 번에는 자신의 죽음을 두려워하게 된 것이다. 살인자가 오히려 죽음을 두려워하며, 자신의 행동 때문에 신(神)에게서 멀어지게 된다. 카인은 신(神)의 얼굴을 바라볼 수 없는 인간이 되었다. 그는 신(神)의 시선(視線)을 견딜 수 없기 때문에 '스스로 자신을 추방하는 카인'이 되었다.

그렇지만 살인자이며 추방자인 카인은 어떠한 죽음의 위협에서도 보호 받아야 한다. 살인자를 살인하는 자는 그 일곱 배의 벌을 받을 것이다. 그 이유가 어떠하든 인간은 어느 누구의 생명도 다쳐서는 안 된다. 살아 있는 존재인 모든 인간은 야웨에게 속(屬)하기 때문이다. 인간은 형제인간을 대하면서 신(神)을 대신할 수 없다. 카인을 죽이는 자는 일곱 배의 벌을 받을 것이다. 달리 말해서 이 말은 폭력을 금지하는 신(神)의 선언(宣言)이다. 폭력은 폭력으로 문제를 해결하지 못한다. 오히려 더 큰 폭력을 낳을 뿐이다.

살인(殺人)과 관련하여 우리는 한 가지 명심할 것이 있다. 카인의 살인은 형제 살인이며, 자기의 잘못을 보복하려는 동료 인간의 폭력을 두려워한다. 카인의 두려움이 가리키는 보복적 폭력의 위협은 이미 두려움이 일상화 되었다는 암시이다. 그 두려움이 심리적 형태의 막연한 두려움이든, 형제살인을 통해서 발생한 구체적 죽음의 공포이든, 혹은 눈앞에 살인자를 앞두고 있는 직접적 두려움이든지 간에 살인현상이 일상적 사건이 되었다는 것이다. 이렇게 살인의 잠재적 위험 속에서 살게 된 사회가 카인이 속한 사회이다. 자기가 살고 있는 곳에서 자신의 생명이 위협 받는 사회, 그것이 카인의 살인 사건이 가리키는 카인의 사회인 것이다. 살인의 원인이 인간 자신이고, 그의 손이 벌인 사건이기에 더욱 두렵고 암울한 사회를 표상한다!

종결 : 16절

카인은 야웨 앞에서 물러 나와 에덴의 동쪽 놋 땅에 살았다.

16절은 두 가지 사실을 알려준다. 하나는 카인이 야웨 앞을 떠나 멀어져 간다는 사실이다. 이 사실은 이후 전개되는 이야기에서 신이 더 이상 인간과 직접적인 대화를 하지 않는 결과로 나타난다. 두 번째, 카인은 야웨를 떠나 에덴의 동쪽에 살 곳을 정했다는 것이다. 동쪽이란 방위는 창세 2-4장을 통하여 세 번 만난다. 먼저 2장 8절은 에덴을 '동쪽'에 있는 어느 동산으로 생각하게 한다. 3장 24절에 오면 야웨 엘로힘이 첫 인간들을 추방한 후에 '동쪽' 문에 거룹들을 세워 지키게 한다. 인간은 동쪽으로 추방당한 것이다. 그리고 4장 16절에 와서도 에덴의 '동쪽' 땅이 다시 거론된 것이다. 이스라엘과 첫 인간들의 운명이 마치 실타래처럼 얽혀 있다는 인상을 받는다. 인간의 불행을 상기시키는 카인의 살인이 기억되는 곳이 에덴의 동쪽이다. 이처럼 동쪽은 이스라엘의 운명을 살았던 창세기의 저자에게 인간의 불행이 깃든 방향을 나타내는 단어가 되어버린 듯하다. 이 방위는 다시 11장 2절에서도 언급될 것이다. 사람들이 '동쪽'에서 이주해오다가 시날 땅에서 도시를 짓기 시작했다는 이야기이다. 그렇다면 이러한 반복은 이스라엘의 불행이 지리적으로 동쪽의 제국들(바빌로니아, 아시리아 등)과 만나면서 발생한 역사적 재난을 상기시키고자 하는 것일까?

카인이 거주하게 된 곳의 이름은 에덴의 동쪽 '놋'[40]이다. 아담, 하와, 카인, 아벨의 이름이 그러하듯이 지명을 나타내는 이름도 말로 설명할 수 없는 것들을 가리킨다. 때로 현실에서 폭로할 수 없는 사실을 거론하는 수단이 될 수 있기 때문이다. 카인이 살게 된 놋의 땅은 어원적으로 '잠든 자들의 땅'이다. 놋은 잠을 의미하기 때문이다. 에덴동산의 사건들을 모두 잊어버린 자들이 사는 땅으로 이해할 수 있는 일이다. 놋은 카인의 운명을 나타내는 단어이고, 에덴

40 놋(nod)은 12-13절에서 표현된 '떠돌이'를 나타내는 단어 〈낟nǎd〉과 관련이 있다고 본다(TOB). 그러나 또한 이 단어는 '잠'을 의미하기도 한다. 놋의 땅은 '잠든 자들의 땅'이란 의미가 된다. H. Jacobson, The Land of Nod, in JTS 41 (1990), 91-92쪽 참조. W. Vogels, Cain:..., 338쪽. 방랑자들은 에덴동산에 돌아올 수 없는 이들, 놋의 땅에 거주하는 자들은 잠 속에서 그 모두를 잊어버린 이들, 모두 같은 운명을 가리킨다. 그러나 '잠든 자들'이 깨어 일어나 다시 나올 때 무슨 일을 벌일 것인가?

동산에서 추방된 자의 유형지이다. 이 마지막 구절이 에덴동산의 이름을 한 번 더 언급하는 이유는 첫 인간들의 상태를 오늘의 시점에서 상기시키고 싶기 때문이다. 첫 인간 아담에서 카인에게 이르기까지 잘못된 사건으로 야기된 인간의 불행을 대조하고 싶은 것이다. 그렇다고 에덴동산이 유토피아적 장소라고 주장하고 싶은 것은 결코 아니다. 이야기를 전해주는 저자(著者)는 인간의 잘못이 오늘 우리가 살고 있는 불행의 원인이라고 말하고 싶은 듯하다. 말하자면, 저자의 일관된 관점은 카인의 이야기를 아담 이야기의 연장선 상에서 창세 설화의 주제를 심화하는 것이다.

마지막으로, 신에게서 '멀어짐'을 물론 공간적 장소 이동이나 물질적 거리의 확대 등으로 이해해서는 안 될 것이다. '신에게서 멀어져 간다'는 사실은 창세 2-3장에서도 확인되는 중요한 주제들 중의 하나여서 놓칠 수 없는 주제이다. 이곳에서 야웨와 인간의 관계가 가시적으로 명시화되는 이유는 동료 형제에 대한 인간의 범죄가 지극히 불행한 인간의 현실을 고발하기 때문이다. 또한 '멀어져 간다'는 표현은 '야웨의 징벌' 이후에 찾아 온 신(神)과 인간(人間)의

카인과 그 후손의 유랑 (페르낭 코르몽)

관계를 상징적으로 드러내는 표현이기도 하다. 따라서 이 구절은 인간이 땅에서 추방(追放) 당하는 사건을 가리키는 또 다른 은유적 표현으로 이해할 수 있다. 카인이 신 앞에서 점점 멀어짐으로써 카인은 더 이상 야웨를 생각하지 않아도 좋게 되었지만, 이 결과는 지상의 인류가 멸망으로 치닫게 되는 현실을 설명해 준다. 인간의 비극적 운명은 노아와 홍수 이야기에서 불행하게도 더 확실하게 구체화될 것이다.

5.4. 카인 이야기의 후속편 :

도시문명의 건설과 폐단

아담과 하와의 금지명령 위반사건(3장)은 첫 인간들이 관계되어 있는 창조 이야기(2장)와 하나로 엮어진 첫 인류의 이야기였다. 여자와 남자의 첫 번째 모습을 통하여 인간의 원형적 자기 성찰의 자리를 마련했다. 이들 부부가 세운 첫 가정 안에서 태어난 첫 번째 아들들의 이야기가 창세 4,1-16에서 읽은 카인의 살인사건이다. 카인 이야기는 최초의 가족이라는 사회의 기초단위를 배경으로 하여 그 안에서 발생했으리라는 살인 이야기였다. 일반적으로 이야기가 가질 수 있는 모든 장식적인 부분이 배제되긴 하였지만, 창세기는 그 소재와 배경을 가정(家庭) 안에 설정함으로써 이야기를 읽는 독자나 이야기를 전하는 편집자 모두에게 인간의 근본문제를 피할 수 없게 만들었다. 신(神)을 기리면서도 자기와 피를 나눈 형제를 살인할 수 있는 인간의 모순된 인간성이 카인이란 인물을 통해서 발현되었던 것이다. 곧 선과 악을 동시에 행할 수 있는 존재 카인이란 이름은 우리에게 던져진 수수께끼이며 풀어야 할 화두(話頭)이다.

카인 이야기의 후속편으로 4,17-26을 읽게 될 터인데, 창세 2-4장의 주제가 얼마나 명료하게 들어나는지 알게 될 것이다. 4장의 카인 이야기까지 부부 혹은 형제관계가 이야기의 사건을 다루는 틀로 제한되었지만, 가정을 가장 작은 사회단위로 본다면 4,17 이하에서 다룰 이야기는 사회조직이 될 수 밖에 없다.

카인의 이야기를 뒤따르는 4,17 이하는 이야기의 편집과 구성의 확대라는 점에서 당연해 보이는 기록이다. 우리가 읽게 될 이야기는 일종의 족보에 해당하는 기록으로 사회의 복잡화 현상에서 발생하는 문제들을 최소화하면서 간단하게 요약하고 있다. 이야기꾼으로서 전하는 것 같기는 하지만, 인류의 공통적인 기억의 하나로 인간문제에 대한 깊은 성찰 이후에 나온 편집물이라는 사실을 잊어서는 안 될 것이다.

ㄱ. 성경본문 : 4,17-26

17. 카인이 자기 아내를 알게 되니, 그 여자가 임신을 하여 에녹을 낳았다. 카인은 성읍 하나를 세우고, 자기 아들의 이름을 따라 그 성읍의 이름을 에녹이라고 하였다.
18. 에녹에서 이랏이 태어났고, 이랏은 므후야엘을 낳고, 므후야엘은 므두사엘을 낳고, 므두사엘은 라멕을 낳았다.
19. 라멕은 아내를 둘 얻었는데, 한 아내의 이름은 아다이고, 다른 아내의 이름은 실라였다.
20. 아다는 야발을 낳았는데, 그는 집짐승을 치며 천막에 사는 이들의 조상이 되었다.
21. 그 아우의 이름은 유발인데, 그는 비파와 피리를 다루는 모든 이들의 조상이 되었다.

22. 실라도 두발-카인을 낳았는데, 그는 구리와 쇠로 된 온갖 도구를 만드
는 이였다. 그리고 두발-카인의 누이는 나아마였다.
23. 라멕이 자기 아내들에게 말하였다.
"아다야, 실라야, 내 소리를 들어라.
라멕의 아내들아, 내 말에 귀를 기울여라.
나는 내 상처 하나에 사람 하나를,
내 생채기 하나에 아이 하나를 죽였다.
24. 카인을 해친 자가 일곱 갑절로 앙갚음을 받는다면
라멕을 해친 자는 일흔 일곱 갑절로 앙갚음을 받는다."
25. 아담이 다시 자기 아내를 알게 되니 그 여자가 아들을 낳고는,
"카인이 아벨을 죽여버려, 엘로힘께서 그 대신 자식 하나를 나에게 세워
주셨구나." 하면서 그 이름을 셋이라 하였다.
26. 셋에게도 아들이 태어나자, 그는 아들의 이름을 에노스라고 하였다. 그
때부터 사람들이 야웨의 이름을 받들어 부르기 시작하였다.

카인과 아벨 이야기에서 우리는 형제 사이에 벌어지는 참극(慘劇)이 특별한 원인에서 발생하는 일이 아니란 것을 보았다. 또 형제 살인이 사회의 기본적인 구성 단위인 가족을 배경으로 하고 있다는 것도 주목했다. 참으로 비극적인 사건의 보도 안에는 그 사건과 분리해서 볼 수 없는 인간의 본성문제가 있다. 말하자면, 인간의 심성 안에 이해하기 어렵지만 누구에게나 보편적인 어떤 요소가 숨어 있다는 것을 짐작하게 한다. 이처럼 쉽게 받아들이기 곤란한 사실들이 성경적 인간의 실존적 의미를 구성하고 있다.

창세기는 신(神)에게서 멀어져 가는 인간의 모습과, 자신조차 자기에게서 소외되어 가는 고독한 인간의 모습도 보여준다. 결국 인간의 자기소외의 원인은 제 잘못에서 기인한다. 그 잘못의 내용은 인간이 경험하는 사회적 불의나 절망을 대응하는 방식으로 그 모습을 드러낸다.

카인과 아벨 이야기를 뒤따르는 족보 이야기는 카인을 조상으로 하는 후손들의 가계로 야웨계 문헌의 연속이며, 사제계 문헌인 5장에서 소개되는 셋의 족보와 여러 점에서 비교가 된다. 두 족보는 라멕이라는 이름에서 만난 다음에 6장에서 인류의 지구적 재앙을 기술하게 될 터인데, 이 직전에 라멕의 아들로 새로운 구원의 인물인 노아를 소개한다. 사실상 홍수 이야기의 중심에 등장할 노아에 이르기까지 인류사회가 어떻게 진행되었는지 창세기는 상세히 기술하지 않는다. 그렇지만 지금 읽게 될 가계의 족보는 설명할 수 없는 역사 이전의 이야기를 조금이나마 엿볼 수 있는 기회를 제공할 것이다. 전(前) 역사에 해당하는 홍수 이야기는 새 창조에 해당하는 새로운 인류 역사의 시작을 우리에게 들려줄 것이다. 여기서 우리는 창세기의 구절들을 주석하기보다는 인간학적 관점을 유지하는 입장에서 몇 가지를 지적하는 것으로 만족할 것이다.

ㄴ. 도시문명의 예고 : 17절

카인이 자기 아내를 알게 되니, 그 여자가 임신을 하여 에녹을 낳았다. 카인은 성읍 하나를 세우고, 자기 아들의 이름을 따라 그 성읍의 이름을 에녹이라고 하였다.

카인이 야웨의 얼굴을 마주볼 수 없게 된 이후로, 그가 지상을 떠돌 것이라는 선언(12-14절)과는 다르게, 17절에서는 카인이 도시를 건설한다는 이야기가 덧붙여진다.[41] 도시를 혼자서 건설할 수는 없는 일, 따라서 카인은 어떤 집단을 대표하는 성격을 지닌다고 볼 수 있다. 여러 인류집단 중의 하나라고 해도 틀린 말은 아닐 것이다. 이름을 남긴다는 것은 "이름을 날리려고(11, 4)" 노력하던 바벨 탑 이야기의 주인공들로 이어질 것이다. 11장의 이야기에 따르면, 이들은 하늘에 대하여 공격적 성향을 드러냈기 때문에 결국 바베탑을 끝내지 못하고 온 땅으로 흩어져 갔다.

도시 :

이곳의 도시 주제는 아주 중요한 주제이다. 그것은 이미 첫 사람들의 삶의 환경이 자연세계의 땅에서 문명의 도시로 변한 사실을 알려주기 때문이다(17절-성읍; 20절-집짐승; 21절-비파, 피리; 22절-구리와 쇠 등의 도구 등). 따라서 도시가 제공하는 삶에 여러 가지 문제들이 인간의 실존과 더불어 발생할 것이다. 땅을 바탕으로 이해되었던 인간과 신의 관계가 이제부터는 도시를 바탕으로 인간과 신의 관계를 드러낼 것이다. 도시는 인간의 집단적 삶의 특징들을 담아내는 장의 표상이다. 인간의 삶이 집단화되어 갈수록 인간정신의 궁극적 잣대로써, 혹은 인간 행동의 거울로써 신의 현존은 점점 흐려지고 잊혀진다.

사회의 집단이 커지면 커질수록 인간은 자신의 익명성(匿名性)을 쉽게 획득한다. 익명성을 쉽게 보장하는 도시문명의 생활자들은 신과 관계가 멀어지는 경향을 보여준다. 인간이 신에게서 점차 멀어진다는 사실에 주의를 기울이면, 도시를 건설한다는 사실이 무엇을 의미하는지 짐작할 수 있다. 비판적인 시각에서 인간이 문명화하면 할수록, 신에게서 멀어진다는 것이 창세기의 관찰이다. 인간은 자신이 건설하는 도시문명의 기능성으로 신(神)의 자리를 대신하는 듯하다. 달리 말하자면, 도시문명의 기능성이 인간의 삶에서 일체를 의미하게 되는 것이다. 도시문명에 대한 창세기의 비판은 도시생활 자체를 문제 삼는 것이 아니라, 도시문명을 특징짓는 삶의 구조적 모순에 있다.[42] 창세기는 그 모순의 근원이 인간에게 있다고 원인을 들추고 싶은 것이다.

---

41 문맥상 카인이 아니라 그의 아들 에녹이 도시 건설자로 주장되기도 한다. C. 베스터만의 주석 참조; 데이비드 M. 롤, 문명의 창세 제 1권, 해냄, 1999 (영어판, 1998), 299-304쪽 참조. 이러한 해석의 논쟁에서 어느 쪽이 옳다고 하더라도, 카인이 그의 아들 이름을 빌어 도시명을 지었다는 창세기의 언급은 카인과 그 후손을 도시문명의 선각자로 여긴다는 것을 의미한다. 더욱이 농경민의 생산물을 제물로 바쳤던 카인을 도시문명의 연계선상에서 이해하고 있음도 눈여겨볼 일이다. 도시는 이스라엘에게는 야웨의 선물로 여겨진다. 즉 인간의 거주 환경인 도시조차도 인간 자신의 손으로 이룩한 성과-인간이 주인인 도시-가 아니라는 의미에서 신(神)의 선물이다. 참조, 신명기 6,10이하.

42 소돔과 고모라의 경우. 미가 1,5를 보라.

ㄷ. 두 여자의 사내, 라멕 : 19-24절

19절 : 라멕은 아내를 둘 얻었는데, 한 아내의 이름은 아다이고, 다른 아내의 이름은 실라였다.

23절 : 라멕이 자기 아내들에게 말하였다.
"아다야, 실라야, 내 소리를 들어라.
라멕의 아내들아, 내 말에 귀를 기울여라.
나는 내 상처 하나에 사람 하나를,
내 생채기 하나에 아이 하나를 죽였다.

24절 : 카인을 해친 자가 일곱 갑절로 앙갚음을 받는다면
라멕을 해친 자는 일흔 일곱 갑절로 앙갚음을 받는다."

카인 이후로 일곱 번째 대(代)에 이르면, 라멕의 이름이 보이며,[43] 그는 두 아내를 거느린 인물로 소개된다. 라멕의 세대를 나타내는 7의 숫자는 창조계의 붕괴와 관련해서 의미가 깊다. 창세 1장의 창조가 정점에 이르는 것은 7일째 엘로힘의 휴식이었다. 엘로힘은 그 날(시간)을 '축복'하시고 '거룩'하게 하셨다(2,1-3). 아담에게서 7번째 세대가 되는 라멕에게 오면 일곱번째 요소가 '교만'과 '저주'의 주제를 이룬다(4,23-24). 이러한 대조는 아담과 하와의 금지명령 위반사건(2,4ㄴ-3,24)과 카인의 형제살인사건(4,1-16) 때문에 더욱 강조되었을 것이다.[44] 이러한 의미에서 엘로힘의 창조의 축복과 거룩함이 라멕 이야기의 교만과 저주와 대조된다. 그래서 라멕이란 이름은 카인의 세대 이후에 사회가 어떻게 진행되었는지 인간사회의 어두운 그림자를 알려주는 표지가 된다. 라멕 이야기의 중요성은 이미 전 세대를 묘사한 내용(4,17-18.

---

43 라멕이란 이름은 '압제자, 폭력을 행사하는 자' 혹은 '전사'를 의미한다. J. Gabriel, Die Kainitengenealogie, in Bib 40, 1950, 415 참조.

44 L. Turner, 39쪽.

20-22)과 라멕의 한 세대 이야기를 묘사한 내용(4,19.23-24)을 눈으로 비교해 보는 것만으로도 확인할 수 있다.

창세 2,24에서 한 남자와 한 여자의 결합을 야웨 엘로힘의 창조의 결실로 여겼지만, 라멕의 시대는 이런 사상이 결정적으로 부정되었음을 보여준다. 야웨 엘로힘에 대한 카인의 도전이 라멕에 와서 더욱 심화되었음을 보여주는 도시문명현상이다. 카인의 가계(家系)를 나타내는 세대의 물림은 사회구조의 복잡화가 진행되었을 것이라는 징표이다.[45] 라멕과 관련해서 기록된 내용은 ㄱ) 두 아내를 맞이했다는 사실과, ㄴ) 그가 아주 단순한 이유로 살인했다는 범죄 사실이다. 그의 범죄에 대한 기술은 몇 구절 되지 않지만, 그 피의 복수는 처절했다는 사실을 함께 알려주는 것이다.

도시문명의 삶 : 남자와 여자

라멕이 두 여자와 한 가정을 꾸몄다는 언급은 아주 단순하다. 그렇지만, 야웨계 문헌의 이야기 의도를 잠깐 엿볼 수 있는 대목이다. 두 여자의 이름이 가지는 어원적 뜻이 불확실하기는 하지만 살펴 볼만한 가치가 있다. 첫 번째 여자 '아다'란 이름은 '장식(粧飾), 몸치장, 장신구' 등을 의미한다. 두 번째 이름 '실라'는 일반적으로 '그늘, 혹은 보호'를 뜻하기도 하지만,[46] 이 이름이 악기(樂器)인 심발에서 나온 것으로 보고 '아름다운 여자의 목소리'의 상징으로 보기도 한다.[47] 이 두 이름이 나타내는 의미를 가지고 단언하기는 어렵지만, 여인의 감각적인 아름다움을 나타내는 두 요소 '얼굴'과 '목소리'가 서로 호응한다는 점은 지나칠 수 없다. 두 여자의 이름이 가지는 이러한 점을 라멕이란 인

---

45 이름들이 가지는 직업과 어원의 뜻은 현대적인 의미에서 사회의 계급구조를 가리키고 있음이 틀림없다. 가계(家系)에서 열거하고 있는 이름과 직업 사이 사이로 엿보이는 인문화(人文化) 과정을 표시하는 성경 기록이 족보toledot의 기능 중의 하나이다.

46 DPNB, 10, 93. 두 이름의 더 자세한 어원적 설명은 J. Gabriel, Die Kainitengenealogie, 416-417쪽 참조. 아다는 '금발의 여자,' 실라는 '피부가 검은 여자'로 해석하기도 한다.

47 U. Cassuto의 해석.

물과 연결해 볼 때 그 사회의 실상을 간접적으로나마 엿볼 수 있다. 한 마디로, 창세 2,24의 의미가 실종된 사회의 모습을 증거하고 있다고 해석할 수 있다.

3장의 첫 인간들은 에덴동산에서 쫓겨나 야웨의 얼굴을 볼 수 없게 되었고, 4장의 카인은 제 형제 아벨을 죽였으며, 5장의 라멕은 자기 자신의 만족(滿足)만을 위하여 살인과 폭력을 아무렇지도 않게 행사하던 인간을 대표한다. 역사의 흐름 속에서 이러한 사례는 흔하디 흔한 사실로써 엄연히 존재하는 현실이다. 창세기의 저자(著者)는 족장들의 시기에 행해졌던 결혼관습의 연장선상에서 이 기록을 하고 있는 것이 아니리라. 더구나 모든 인간의 족보가 남자 중심으로 기록되고 있는 것은 가부장 사회의 전형으로 볼 수 있다. 여자가 족보에서 제외된 현상은 3,16ㄴ에서 이미 예고된 선언으로 읽을 수 있다. 남자가 여자를 지배하는 사회는 창조의 수레바퀴를 거꾸로 돌리는 창조의 모순이며, 이러한 상황은 강자가 약자를 지배하는 사회로 야웨의 저주를 실현하는 불행한 인간의 모습을 보여준다.

이렇듯이 이야기의 화자(話者)는 라멕과 더불어 에덴동산의 남자와 여자가 살았던 삶의 방식이 달라졌다는 것을 스쳐 지나듯 전하고 있기는 하지만, 구전으로 전승해 온 이야기의 요점을 놓치지 않고 있다. 이야기 안에 보일 듯 말 듯 본령을 잠깐씩 내보이는 이러한 사실은 신화적 모티브를 가지고 있기 때문에 상징적으로 밖에 표현할 수 없는지도 모른다. 예를 들면, 2장은 창조의 첫 나날에 아담이 하와에게서, 하와가 아담에게서 발견한 자기 인생의 동반자, 즉 평등한 동반자(에제르) 관계를 보여준다. 놀랍게도 2장의 인간들에게서 3장, 4장을 지나 5장에 이르러 라멕을 만나면 개인의 잘못과 사회적 악(惡)이 하나로 연결된 것을 볼 수 있다. 남자와 여자의 관계가 부정적으로 변질되었을 뿐만 아니라, 두 여자 아다와 실라를 아내로 취한 라멕을 통하여 사회의 실상을 생각하지 않을 수 없다. 라멕의 삶은 야웨가 인간에게 제시한 동반자의 관계를 깨뜨린 어두운 사회의 적나라한 모습을 보여준다. 단순히 사회적인 규칙을 어긴 데 문제가 있는 것이 아니라, 야웨가 보여준 기본적인 남녀의 동반자적 관계가 무의미해졌다는 데에 문제가 있다. 남자는 여자를 힘으로 다스리고, 여자는 남자를 꾀로서 낚으리라. 가부장 사회의 라멕과 두 여자 아다와 실라의 관계는 권력이 있는 자가 약자를 무자비하게 누를 수 있는 사회의 전형을 보여준다. 우리는 이러한 사회적 메카니즘의 또 다른 예를 홍수 이야기의 도입부인 창세 6,1-4에서 신화적 표상의 편린으로나마 볼 수 있다.

한 편, 라멕의 살인을 카인의 이야기와 연계하고 있다는 사실은 카인 사건의 연장선 상에서 라멕의 살인을 이해하도록 한다. 카인이 형제를 살해했다는 사실이 라멕의 살인에 이르면 생명에 대한 경시나 살해행동이 생각보다 훨씬 더 일반화했다는 것을 확인할 수 있다. 발작적인 폭력이 쉽게 타인을 해치고, 방어능력이 없는 이들은 이런 폭력의 첫째 대상이 되었을 것이다. 사회적 폭력의 발생 빈도가 높아질수록 힘없는 이들은 폭력에 쉽게 노출되어 피해를 입는다. 자기방어능력이 없는 이들일수록 폭력에 노출될 빈도가 높기 때문이다. 사내를 낳았다는 자랑스런 여자(4,1)의 교만한 인간정신이 카인의 형제살인으로 발휘되었고, 카인의 형제살인의 분위기는 라멕에 와서 사람을 죽이는 게 자랑스러운 인간의 사회적 죄악으로 악화되었다. 문제를 해결하기 위한 폭력이 또 다른 폭력을 낳고 더 큰 폭력으로 증폭해 가는 현상을 여기서도 확인할 수 있다.

이렇게 카인의 아벨 살해사건에서 라멕의 살해사건에 이르는 과정은 문명화해 가는 사회의 모습이고, 범죄적 상황이 악화일로(惡化一路)에 있었던 인류의 전반적인 모습이다. 생명을 파괴할 분명한 이유가 없어도 살생이 벌어지는 인류문명사회는 분명 인간의 모순을 드러내는 것이다. 이런 관점에서 야웨 엘로힘이 인간을 축복하면서 내린 임무(참조, 창세 1,28; 2,15; 3,23)이기도 한 문명과 문화의 진전(進展)이 인간을 보다 나은 삶을 살도록 이끌었는가? 하고 자문하지 않을 수 없다. 역사와 사회의 진보라는 시각에서 보면 절망적 의문이 아닐 수 없다. 인류의 역사와 사회는 오히려 인간의 야만적 속성들을 유감없이 발휘하게 하는 장(場)을 보다 효과적으로 제공하지는 않았는지? 이러한 이해는 인류문화나 문명이 계승된 곳이면 그늘진 삶의 사회적 불의가 만연하지 않을 수 없는 도시문명에 대한 성경의 고발이기도 하다.

살인자 카인을 보호하는 신(神)의 선언이(15절) 이미 그 효력을 상실한 사회를 라멕의 노래는 우리에게 들려준다. 살인이 자랑스러운 사회의 모습, 자기의 힘을 과시하는 라멕의 목소리가 두 여자에게 어떻게 들렸는지 모르나, 여자의 이름들은 당대 사회의 분위기를 알려준다. 야웨는 아담을 창조하고 죽을 운명을 선언했기에 신만이 생명과 죽음의 주인임을 밝혔다. 그런데 마치 야웨 엘로힘처럼 아담 이후 인간은 생명을 낳을 수 있게 되었지만, 불행하게도 그 후손은 자신의 형제인 동료 인간을 죽일 수도 있게 되었다. 살인이란 창세기의 입장에서 보면, 인간실존의 모순성을 적나라하게 드러내는 표지이다. 그것은 죽음에 이르는 폭력이다. 인간은 야웨 엘로힘처럼 생명을 전할 수도 있지만, 생명을 앗을 수도 있는 악마적 행동의 존재이다. 힘으로 타인을 쓰러뜨리고 제거할 수 있는 라멕은 마치 생명을 지배하는 자처럼 살인행동이 자랑스럽기까지 했던 것이다.

라멕의 노래 (창세 4,23-24)

23. 라멕이 자기 아내들에게 말하였다.
“아다야, 실라야, 내 소리를 들어라.
라멕의 아내들아, 내 말에 귀를 기울여라.
나는 내 상처 하나에 사람 하나를,
내 생채기 하나에 아이 하나를 죽였다.”
24. 카인을 해친 자가 일곱 갑절로 앙갚음을 받는다면
라멕을 해친 자는 일흔 일곱 갑절로 앙갚음을 받는다.”

간단한 타박상이나 상처를 받고서 그에 대한 복수를 피로 앙갚음하는 사회, 살인을 밥 먹듯이 하는 사회가 라멕이 살던 시대(時代)의 모습인 것이다. 동시에 피의 복수를 금하는 신의 명령을 소개하는 라멕의 노래는 지나간 문명의 단면(斷面)을 엿보게 한다.[48] 카인의 시대보다 더 복잡해진 라멕의 사회에서는 개인의 죽음이 문제가 아니라, 다수의 생명을 쉽게 앗을 수 있다는 사실이 문제의 초점이다. 상호의 파멸이 기다리고 있는 사회는 그 사회의 붕괴를 예고하고 있는 것이나 마찬가지이다. '생명에는 생명, 눈에는 눈, 이에는 이, ... (참조, 출애굽 21,23-25).' 인간의 자율성이란 측면에서 본다면, 토라(율법)의 시대는 이미 라멕의 시대보다 훨씬 앞선 시대인 셈이다. 이런 의미에서 인간의 길은 멀고 험하다. 카인의 역사는 신에게서 멀어져 가는 문명 사회를 고발하고 라멕의 노래는 카인의 사건이 심화(深化)한 결론처럼 들린다. 말하자면, 카인의 족보(4,17-24)는 결국 아담과 하와의 출생 이야기를 설명하고 그 후손들의 역사가 어떻게 잘못되어 왔는지 상기시켜 주는 기록인 셈이다.

ㄹ. 셋의 탄생과 아벨의 기억 : 25-26절

25. 아담이 다시 자기 아내를 알게 되니 그 여자가 아들을 낳고는,
"카인이 아벨을 죽여버려, 엘로힘께서 그 대신 자식 하나를 나에게 세워
주셨구나." 하면서 그 이름을 셋이라 하였다.
26. 셋에게도 아들이 태어나자, 그는 아들의 이름을 에노스라고 하였다.
그때부터 사람들이 야웨의 이름을 받들어 부르기 시작하였다.

---

48 라멕이 피의 복수자로서 노래하는 것이 아니고, 생명이 살해당한 사실을 언급하는 것이라고도 해석한다. 허나 그 상황을 이해하기는 마찬가지이다. 참조, 1사무엘 18,7; 21,11; 29,5. 마태 18,22은 베드로와 예수의 대화를 통하여 이 주제를 이렇게 이해한다. 한 번의 잘못에 대하여 형제를 일곱 번 용서하면(카인) 되겠느냐는 질문에 대하여 예수는 77번씩 일곱 번 용서할 것-무한정-을 요구한다(라멕). 조건 없는 용서는 신의 속성(屬性)이며, 이 용서는 죄의 심장을 꿰뚫는다.

아담에게서 또 한 갈래의 인류의 조상(祖上)이 탄생한다. 이 조상의 이름은 셋으로 불리며 그의 길은 카인으로 상징되는 인간의 길에서 벗어나 신(神)께 돌아선다. 셋은 새로운 시작을 알리는 이름이며, 동시에 카인의 길을 간접적으로 징죄하는 역할을 한다. 또한 신(神)에게서 떨어져 나온 카인의 길을 어쩌면 신(神)에게로 되돌릴 수 있으리라는 희망을 불러일으키는 이름이다. 그 이름은 이야기 속의 아벨, 신이 흠향(歆饗)의 눈길로 바라보았던 인물, 카인의 손에 의하여 이름만 남기고 사라져야 했던 존재, 그의 자리에 새로 들어선 이름인 것이다.[49]

아담과 하와의 세 아들 중에서 맏이는 땅에서 추방 당하고, 둘째는 맏이에 의해서 살해 당했으며, 이제 셋째의 희망이 생긴 것이다. 첫째와 둘째의 희망을 잃고 생겨난 이 셋째의 희망은 제라(zera, 씨 혹은 자손)라고 표현된다. 이 표현은 카인을 낳았을 때 지칭한 단어 이쉬(ish, 사내, 남자)와 비교할 때 암시적이다. 우리는 창세 3장에서 야웨 엘로힘이 뱀을 저주한 사실을 기억한다. 제라는 뱀의 후손과 여자의 후손(zera)이 적이 되리라는 징벌선언에서 사용된 단어이다(3,15). 여자가 셋을 자신의 제라로 선언했다면, 창세 3,15에 따라서, 셋의 후손이 뱀의 후손과 세세대대로 갈등의 상대가 될 것이라는 의미이다.

카인과 아벨의 이름은 하와가 주었지만, 에노쉬는 아버지 셋이 아들에게 준 첫 번째 사람의 이름이다. 바로 이 인물에게서 에노쉬가 탄생하고, 카인이 잃어버린 야웨 엘로힘을 되찾아 비로소 신(神)의 이름을 기리기 시작한다(26절).[50] 에노쉬는 히브리어로 약한 인간, 부서지기 쉬운 인간, 죽어 사라질 인간을 지칭하는 시적 어휘이다(예, 시편 8,4). 이 이름은 인간의 본성과 운명을 생각할 때 아담의 어원적 의미를 상기시킨다.

---

49 셋의 탄생은 4,17이하에 기록된 7세대 이전의 이야기이다. 그런데 왜 연대기적 기록의 순서를 무시하고 이 자리에서 언급되는 것일까? 더구나 창세기는 여자의 입을 통하여 한 번 더 카인의 형제살인 이야기를 언급하는 것일까? 4,24에서 카인과 라멕을 비교하고 있다면, 이제 셋의 가계를 통하여 새로운 창조의 시작을 강조하고자 하는 것이 아닐까? L. Turner, 40쪽 참조. 셋의 가계는 카인의 족보를 잇는 라멕에서 만나며(5,25), 여기서 노아의 이름을 만난다(5,29). 노아는 홍수가 끝난 뒤 야웨 엘로힘에게서 새창조의 계약을 받는 인물이 된다(9,9).

아담과 실질적으로 동일한 이름을 가진 존재로 표기된 인물이 신을 기린다는 이야기는 두 의미가 있다. 하나는, 3장에서 잃어 버리기 시작한 인간과 신의 관계를 회복하고 창조주를 되찾았다는 것이다. 둘째로 인간이 다시 카인의 길에서 벗어나 야웨를 참으로 숭배하게 되었다는 의미로 이해한다. 그래서 '신(神)을 기리는' 이 이름이 카인에게서 시작된 인간 파멸의 길을 벗어나 구원을 향한 인간의 샛길을 연 셈이다. 창세기 저자에 의하면, 카인의 길이 하나의 거대한 흐름을 형성하고 있는 세상에서 이 샛길은 인류가 신을 향하여 나갈 수 있는 유일한 구원의 길인 것이다.

지금까지의 성찰은 인류문명의 기원을 고고학적 혹은 성경주석학적으로 신과 인간의 관계 전반을 살펴보고자 한 것이 아니다. 전통적으로 유지해 왔던 현대 세상에서 인간의 위치를 전 지구적인 시각에서 재고할 필요를 제시하고자 할 뿐이다. 창세기에서 보여준 도시 문명은 인간과 인간의 관계는 물론이고 인간과 환경의 관계를 반성토록 한다. 자연과 인간의 관계는 우주까지 확장이 되며, 우리는 창조계 안에서 우주와 인간의 관계, 창조주 신과 인간의 관계를 재정립할 수 있어야 한다. 인간정신의 고양을 위한 인문과학은 기술문명을 주도하는 자연과학과 어떤 방식으로든 대화를 해야 한다. 이 대화가 가능할 때에

---

50 참조, 4,26절은 일반적으로 5,29절로 이어진다고 주장된다(창세 5장은 대체로 사제계 문헌으로 본다). 에노쉬는 약한 인간, 부서지기 쉬운 인간, 죽어 사라질 인간을 지칭하는 시적 어휘이다(욥기 18번, 시편 13번, 이사야 8번 등 총 42번의 용례가 있다). 여기서 신은 야웨를 말한다. 이스라엘 민족은 이 신을 아도나이adonai-나의 주님이란 뜻-라고 불렀다. 이들은 오늘날도 마찬가지이지만 감히 신명(神名)-야웨, YHWH (Yahweh)-을 인간의 입으로 부르는 생각을 가지지 못했다. 참고로 야웨계 문헌(文獻)에서는 이 신의 이름을 사용한 것이 셋의 가계로부터 시작되었다고 말하고 있고(참조, 민수 24,17; 루가 3,38), 엘로힘계 혹은 사제계 문헌에서는 이스라엘 민족 형성기인 모세 시대에 처음으로 이 신명을 사용하기 시작했다고 한다(출애굽 3,14). 그 이전에는 다른 이름으로 숭배되었던 신이었지만(참조, 출애굽 6,2-3), 이스라엘 민족 안에서 야웨신앙으로 확립된 것은 모세 시대라고 보는 것이 보통이다. 보편신앙으로서 야웨와 인류의 관계-현대인에게는 종교라고 표현할 수 있다-와 이스라엘 역사 안에서 드러난 이스라엘과 야웨의 관계를 구별해야 한다는 주장도 있다. C. 베스터만의 창세 4,26 주석 참조. 그러나 이 신명을 아담의 손자까지 소급한 이유는 아마도 야웨 신앙의 보편성-모든 인류에게 적용할 수 있고 적용하려는-을 강조하고자 함이 아니겠는가.

비로소 세상을 보는 새로운 시각을 인간에게 제시할 수 있을 것이기 때문이다. 자연과학만으로 인류문명의 발전을 기대할 수 없듯이, 새로운 대안적(代案的) 사고를 위한 인문적 인간의 노력이 필요하다. 창조계를 전체로 파악하며 그 안의 인간을 새롭게 이해할 때에 균형 잡힌 미래적 사유와 삶의 방식을 창안해 낼 수 있을 것이다. 인류의 미래를 위한 이 새로운 대안적 사유가 세상을 옳은 방향으로 변화시킬 가능성을 낳을 때, 인류는 파멸의 길에서 벗어날 수 있는 길을 제시할 수 있을 것이다.

다음 장에서 보게 될 노아와 홍수 이야기는 이 같은 인간의 문제를 파멸적으로 나타내는 재앙적 사건을 기술한다. 인류의 문명과 문명의 주인으로 자처해 온 인간이 어디까지 자신에게 맡겨진 세계의 주인으로 남을 수 있는지 의문을 제기하는 이야기이다.

5.5. 결어 : 비극적 인간의 운명

카인의 이야기는 카인의 살인 자체를 문제삼기 보다는 인간과 신의 관계를 더 심각한 문제로 제기하고 있는 듯싶다. 이야기 전체에서 야웨와 카인이 나누는 대화의 길이를 생각하면 편집자는 이 대화를 통해서 무언인가를 전하고 있다는 인상을 준다. 따라서 죄를 카인 이야기의 주요 모티브로 보지 않는다면 죄에 대한 징벌도 그렇게 일차적인 주제로 생각하지 않아도 될 것 같다. 그렇다고 죄나 징벌 자체를 심각하게 여기지 않기 때문이 아니다. 아담과 하와의 이야기에서 야웨 엘로힘이 내린 징벌이나 카인 이야기에서 신이 내린 징벌은 사건의 결구로 장식되는 것처럼 이해되는 것도 같은 맥락이다. 오히려 창세설화는 일차적으로 인간에 대한 신의 정의를 강조하고 있다. 신의 정의는 살인자를 보호하는 것으로 그 단적인 특성을 드러내지만, 우선적으로 인간과 신의 관계를 전제한다면, 이를 뒷받침하는 핵심적인 주제는 인간과 인간의 관계가 된다.

카인과 아벨 이야기의 역사적 근원이나 그 배경에 대한 연구는 우리의 인간학적 성찰에 도움은 되지만 결정적 변수는 아니었다.[51] 이야기가 보여주는 주요 테마는 두 형제 혹은 두 인간 집단 사이에 갈등이 생길 때, 그 갈등의 해소 방법으로 형제 살인이라는 극단적인 수단이 채택되었다는 사실이다. 살인은 상대방을 제압하는 폭력의 가장 극명한 수단이며, 이 행동이 우리 인간에게 언제나 가능하다는 것을 이야기는 말하고 있다. 이러한 관점에서 우리는 카인의 살인행동에서 야기된 신의 징벌을 이해할 수 있으며, 카인이 존재의 고향인 땅 아다마에서 혼돈의 땅 에레츠로 추방당한 주제를 해석할 수 있었다.

대조적 위치에 서 있는 아벨이나 카인은 어떤 방식으로든 신(神)과 연결되어 있다. 무고한 죽음을 당한 자는 순결하기 때문에, 살인자 카인은 살인을 했기 때문에 신과 관련된다. 그래서 질문은 이렇게 제기된다. 왜 카인은 신(神)에게 자신의 화를 드러내면서 엉뚱하게 아우 아벨을 살인했을까? 분노의 동기가 제물을 봉헌하는 행위에 있었다면, 자기의 태도를 돌아보아야 하지 않았을까? 카인은 자신의 분노의 원인을 알고 있었을 것이고, 이 분노가 긍정적으로 해소되기 위해서는 정당하게 표출되었어야 한다. 그러나 그 분노는 형제에게 던져졌다. 아마도 이 점에 있어서는 심리적인 분석이 필요할지 모른다. 정당하게 표현되지 않은 분노가 살인행동으로 이행되었다는 것은 시사하는 바가 크기 때문이다.

---

51 첫 인간의 두 아들 간에 생기는 갈등을 주제로 한 이야기가 에집트, 페르샤, 팔레스티나를 중심으로 한 중근동과 아프리카를 포함하여 세계 곳곳에 산재해 있다는 연구는 카인과 아벨 이야기의 주제의 보편성을 더욱 실감하게 한다. 이야기들의 결과는 형제살인으로 마감한다는 점에서 일치한다.

살인의 발생 :

형제 간 갈등 => 갈등의 해소 :

상대방을 제거 => 신(神)의 징벌 => 유랑.

카인의 운명 :

질서의 땅(아다마) => 혼돈의 땅(에레츠).

살인이 발생한 시점에서 보면, 위의 구도에서 보다시피 카인의 운명은 결국 혼돈의 땅에서 유랑으로 마감한다. 신과 인간의 관계가 (적어도 인간 편에서) 소원해지고 인간 상호 간의 관계도 갈등의 최고조에서 끊어진다. 창세기에서 이 관계는 인간과 땅의 관계를 설정하면서 상징적으로 이 해석을 뒷받침하였다. 카오스에서 온 운명의 인간이 코스모스의 세계로 나와서 다시 카오스의 세계로 돌아간 카인은 비극적 인간이다. 카인을 통하여 우리는 미래의 인류가 어떤 방향으로 문명을 끌고 나갈 것인지 짐작할 수 있게 되었지만, 이로부터 더 긴 세월이 지난 뒤에 창세기는 노아와 홍수 이야기를 통하여 마침내 자연재앙에 의해서 궤멸에 이른 인간의 문명과 운명을 보여줄 것이다.

창세기의 흐름에 따라서 이제 우리는 카인의 운명이 그의 후대를 사는 인간의 운명을 암시해 주고 있음을 알았다. 살인자 카인은 살인의 무게를 지고 살게 되었지만, 아벨의 죽음에 책임을 지고 죽을 수도 없다. 말하자면, 그의 죽음이 행동의 대가(代價)로 지불되어 생명이 회복되는 것도 아니다. 야웨 엘로힘만이 생명의 주인으로 생명을 책임질 수 있기 때문이다. 역설적이게도 살인한 카인은 오히려 자신이 살해 당할지도 모른다는 두려움과 공포를 호소한다. 카인은 이제부터 살인에 대한 책임으로 그에게 남은 인생을 두려움 속에 살아야 한다. 삶의 고통과 좌절을 살아냄으로써 살인으로 야기된 책임을 져야 한다. 창세기에 의하면, 그 삶은 카인의 의식 속에서 '추방된 삶'으로 각인 된다. 이 추방의 삶을 사는 이를 살해한다는 것은 더욱 용서할 수 없는 일이다. 추방 자체가 이미 그의 불행을 말하고 있기 때문이다. 불행한 자를 더욱 불행하게 하는 자는 신의 징벌을 자초할 것이다. 이러한 의미에서 이야기는 카인의 요청에 의한 징벌의 완화를 전하고 있지만, 신(神)은 가련한 인간을 폭력으로 제거하려는 인간적인 어떤 시도도 거부한다. 폭력의 고리는 폭력으로 끊어지는 게 아니기 때문이다. 오히려 살인자의 폭력으로 희생된 자를 거두고 남은 생명을 수용해야 한다. 인간에게 가해지는 이 폭력은 신을 향한 폭력으로 간주되며 생명은 어느 상황에서도 보호 받아야 한다.

그러므로 카인과 아벨의 이야기에서 형제살인과 추방의 삶은 인간의 삶을 바라보는 중요한 두 주제이며, 이 두 주제는 서로 아주 밀접하게 연관되어 있다. 두 주제의 선후관계는 중요하지 않다. 살인(殺人)은 언제나 발생할 수 있는 인간의 폭력형태로 극단적 예이며 조그만 부주의에서도 발생 가능한 것이 우리의 현실이다. 폭력의 위협은 유랑자의 삶과 같은 인생의 여정에서 상존하는 위험요소이지만, 인간이 살아야 하는 실존적 상황의 특징이기도 하다. 카인의 삶은 추방자(追放者)의 삶, 유랑하는 방랑자(放浪者)의 삶이며, 위험에 노출된 삶이다. 이처럼 이야기는 추방(追放)이라는 주제를 통하여 죽음 자체보다는 우리가 언제 어느 곳에서 살해당할지 모르는 위험에 노출되어 있는 삶을 살고 있으며, 이런 삶이 우리의 사회라는 사실도 고발한다. 이것이 인간의 비극이며, 우리는 카인에게서 탄생한 비극적 운명의 인간을 보게 된다. 카인의 살인사건 이후에 발생한 인간이 알게 된 두려움이 인간사회의 현실인 까닭에 삶은 더욱 불안하고 무겁기만 하다.

따라서 카인의 예에서 보듯이 살인자의 의식은 불행히도 어느 곳에서도 안심하지 못하고 아무에게도 의존할 수 없는 삶이다. 그의 후손인 우리의 인생은 두려움이 가득 찬 삶이다. 어떤 사회의 구성원으로도 받아들여지지 않는 생(生), 이웃이 될 수도 없고 이웃으로 존재할 수도 없는 삶이 바로 인간이 짊어진 고독한 삶이다. 야웨가 카인을 보호하고자 낙인을 찍었다면, 카인은 낙인의 표지를 살아야 한다. 신(神)의 낙인은 카인의 두려움을 완화시켜주지만, 동시에 낙인의 표지(標識)는 그가 타인에게서 거절될 것을 예고하는 표지이기도 하다. 어떤 인간 공동체도 거부하는 삶이 카인의 운명이고, 이 운명의 원인은 생명(生命)의 원천인 신(神)의 생명을 제거한 행동에 있다.

3장의 사건이 신의 금지와 제한을 위반한 점에 초점을 맞추고 있다면, 4장의 사건은 인간이 타자(他者)의 현존으로 인한 제한을 거부한 데서 발생했다. 공동체적 삶이 인간의 실존적 특성이라면, 인간의 삶은 제한과 조건이 늘 따르는 삶이다. 자신의 삶에 방해가 된다고 여겨 이웃과 형제를 거부한다면, 인간은 자신의 사회적 특성을 부인하는 꼴이 된다. 이는 공동체성이 요구하는 동반자의 삶(아담의 에제르)이 아니며, 창조의 목표를 거부하고 홀로 가는 삶의 길이요, 외로운 죽음의 길이다.

이처럼 신의 현존을 거부한 아담의 삶이 카인에게 오면 이웃을 거부하는 길로 나타난다. 아담의 길이 신-인간의 수직적 관계를 보여 준다면, 카인의 길은 인간-인간의 수평적 관계의 공동체성을 보여준다. 이 두가지 방식의 인간관계가 곧 인간이 살아야 할 실존 모습이다. 신명 6,5(온 마음을 다 하여 야웨를 사랑하라…)가 제일 계명이라고 한다면, 레위기 19,18(이웃을 사랑하라…)은 두 번째 자리에 온다. 인간의 사회적 삶에서 이웃을 베제한 삶을 생각할 수 없듯이, 이웃을 거부하는 첫 번째 계명은 생각할 수 없다. 또 신을 경배하면서 자신의 이웃을 거부할 수 있는 논리도 성립하지 않는다. 신의 실존과 이웃의 현실은 인간 삶의 질을 규정하는 동전의 양면인 것이다.[52]

지금까지 읽어 온 창세기 인간상은 우리에게 두 가지 모습을 허용한다. 첫 번째로 아담과 여자에게서 창조된 존재의 이상적 인간의 모습을 본다면, 두 번째는 카인과 아벨에게서 실존적 존재로서 어두운 그림자를 보게 한다. 아담과 여자에게서 남자와 여자의 관계를 에제르의 관계로 볼 수 있는가 하면, 서로에

52 모든 계명 가운데서 첫째 가는 계명은 하느님을 섬기는 것이다. 그러나 이웃사랑을 따로떼어서 생각할 수 없다는 것이 신약성경의 주장이다. 마르 12,28-34. (참조, 마태 22,34-40; 루카 10,25-28)

게 가장 가깝지만 서로에게 타자인 얼굴의 존재를 본다. 이러한 양면적 인간의 모습은 창조의 진행에서 발생된 역사적 결론이다. 그렇다면 신은 어떻게 역사에 그 존재를 알리는가? 신은 인간 사이에 있으면서 상대방을 향한 두 사람의 시선 속에 존재한다. 상대방을 바라보는 시선이 왜곡되면, 인간의 시선 속에 왜곡된 신의 모습이 그대로 투영된다. 인간을 왜곡하는 시선이 바로 신을 바라보는 시선이기 때문이다. 그래서 신(神)은 인간이 자신의 가장 내밀한 곳에서도 피할 수 없는 존재이다.

아담과 여자는 신 앞에서 아직 시련을 겪지 않은 인간의 전형적인 얼굴을 보여준다. 반면에, 4장에서 인간은 형제로서 인간, 즉 공동체적 삶을 나타내는 사회적 모습을 보여준다. 사회는 인간이 서로에게 형제애를 가지고 살아갈 때에 가능한 조직이다. 사회는 또한 인간의 의식과 삶의 형태가 분화하는 장(場)이다. 문명과 문화가 발생하고, 인간의 삶의 방식이 다양해진다. 사회적 다양성은 인간적 성숙을 나타내는 징표이다. 한 사회의 문명이 부정적으로 진행된다면, 사회적 갈등은 증폭(增幅)될 수밖에 없다. 갈등은 서로의 반목으로 발전하고 공동체를 불안하게 만드는 요인이다. 카인의 사회를 형제살인으로 묘사한 것은 극도의 폭력이 지배하게 된 사회를 암시한다. 형제살인은 개인의 멸망이지만, 개인의 멸망은 인류의 멸망(滅亡)으로 증폭된다. 부메랑과도 같은 업이요 결과이기에 인간에게 재앙이 되어 돌아오는 것이다. 이러한 시각에서 카인에게서 인류의 비극적 운명이 태어나는 것을 보게 된다. 카인과 아벨 이야기는 바로 이러한 현상에 대한 근본적인 성찰을 요구하며, 무엇보다도 사회와 문명의 의미를 근본에서 성찰하게 하는 이야기이다.

끝으로 아벨의 존재에 대해서 한 마디 말을 덧붙이는 것으로 이야기의 작은 결론을 마감하자. 아벨은 이야기의 전개와 주제의 범위 내에서 거의 언급이 되지 않은 인물이다. 아벨은 그 자신의 말이 없는 존재인 까닭이다. 신이 그의 제물을 받아들였다고는 하지만, 그가 어떤 존재인지에 대해서 기억할 수 있는 것은 하나도 없다. 그는 있는 듯하지만 없는 존재이다. 아벨은 카인을 이해하는 데에 아무런 효용 가치도 없는 존재이다. 그렇다면, 이야기의 전개를 위해서만 필요한 존재였던가? 그렇게 볼 수도 있지만 또 다른 의미가 있다. 카인을 통해서 '인간이란 신의 금지명령을 어기는 존재'라는 것을 안다면, 아벨을 통해서 우리는 카인적 인간의 희생양으로 등장하는 말없는 사회의 다수를 기억하게 된다. 한 사회에서, 혹은 한 무리에서 소리를 낼 수 없는 이들, 아무도 알아주지 않는 존재들, 아무도 그의 존재를 대변해 주지 않는 사람들, 그래서 오직 신(神)만이 그를 대변할 수밖에 없는 부류의 사람들이 바로 아벨의 존재이다. 그러므로 카인과 마찬가지로 아벨이란 이름은 상대적인 표현이다. 인간이 폭력을 휘두른다면, 약자에게 돌아갈 수밖에 없고, 약자 중에서도 사회에서 밀려난 자들이 바로 아벨이란 사실을 기억해야 할 것이다.

성경도 이러한 해석학적 이해를 지지한다. 텍스트 자체를 해석의 장으로 하는 현대의 성경이해는, 카인의 제물봉헌과 범죄가 그 자신의 결정이기 때문에 카인을 굳이 악의 원천으로 보려고 하지 않는다.[53] 마찬가지로 아벨을 더 이상 의로운 자의 전형적 표상으로 보지 않는다. 그저 공동체 내에서 벌어지는 경쟁의 단순한 희생자로 이해한다. 두 사람 사이에 벌어진 살인 사건으로 카인은 공동체에서 추방되었고, 아벨은 희생자가 되었다고 생각하는 것이다. 살인사건 이전에 그들은 여느 사람들과 마찬가지로 공동체의 구성원으로 이해하는 것이다. 공동체의 일원으로써 카인은 사회의 음지를 만드는 인간군상을 떠올리게 하며, 이들은 매순간 카인에게서 탄생하는 비극적 인간의 운명을 보여준다. 인간운명의 비극성을 암시하는 카인과 아벨의 이야기는 우리의 일상적 경험, 곧 악의 개인적 차원과 사회적 차원을 엄격하게 고발하는 것이다.

---

53 마태 23,35; 1요한 3,12; 히브리 11,4; 12,24; 참조. 이들 신약성경의 구절들은 후기 유다이즘의 전통을 따르고 있다. 이 전통은 의인과 불의한 자라는 신학적 구도를 가지고 이해하려고 한다. 말하자면, 그리스도교가 후기 유다이즘 전통의 연속선상에서 카인과 아벨 이야기를 이해하고 있다는 증거로 본다. C. 베스터만의 카인과 아벨 이야기의 주석을 참조.

부록 #1. 창세 2장, 3장, 4장의 관계

창세기 이야기의 분석을 앞으로 진행하기 전에 한 가지 맺음을 해야 할 필요가 있다. 2-4장에서 우리가 발견한 주제들의 선후관계를 말끔히 요약하는 것이다. 4장 이후에 대주제가 될 노아와 홍수 이야기는 차원을 달리하는 인류의 운명을 거론할 것이기 때문이다. 2-4장에서 특별히 인간의 운명을 표상하기 위해서 사용한 소주제들이 모두 인간-땅-신의 세 단어를 중심으로 일종의 망을 형성하고 있다. 이야기의 세 요소들 사이의 관계가 아주 밀접하게 연결되어 있다는 점을 강조하지 않을 수 없다. 하나의 관계가 잘못되면, 다른 두 관계가 흐트러지고 혼란으로 빠지는 것을 알 수 있다. 이 구도는 다음의 이야기들에서도 거의 같은 리듬을 가지고 진행될 것이므로, 지금까지 드러난 세 요소들의 관계를 분명하게 이해하고 지나가는 것이 유익할 것이다.

창세 2-4장이 담고 있는 두 이야기-금지명령의 위반과 형제살인 이야기-는 모두 동일한 야웨계 문헌들이다. 우리는 이들 이야기의 내용을 해석하면서 사건의 전개나 이야기의 구성이 같은 리듬과 패턴을 가지고 진행된다는 것을 잘 파악하고 있다. 우리의 판단에 따르면, 편집자는 2장, 3장, 4장의 이야기를 하나의 연속선 상에서 묘사하면서, 상호 연결된 의미를 제공하고 있다. 창세기의 이야기를 병렬해 놓으면, 인간과 야웨의 관계는 물론 인간의 실존 상황이 점점 더 악화되어 가고 있음을 알 수 있다. 두 번째 이야기는 첫 번째 이야기에서 드러났던 주제들을, 세 번째 이야기는 두 번째 이야기에서 나타난 주제들을 더 분명하게 들어내면서 이야기를 전개하고 있는 것이다.

지금까지 우리가 읽은 이야기들의 이해를 바탕으로 창세 2-4장의 주제들을 인간-땅-신을 세 축으로 하여 도식적으로 간단하게 요약을 해 보면 다음과 같다.

1) 2장 : 인간은 인간과 신의 관계, 인간과 환경의 관계를 맺는다. 인간은 이야기의 세 축, 곧 땅, 인간, 신의 상호관계의 중심에 있다.

ㄱ1) 인간은 땅에서 왔고 땅을 관리하는 존재(2,7-8) : 인간과 땅의 조화.

ㄴ1) 인간은 야웨의 소명을 받아 야웨와 함께 하는 존재(2,15-17) : 인간과 신의 친교(조화).

ㄷ1) 남자와 여자는 서로 돕는 관계(2,18-25) : 남자와 여자의 조화.

2) 3장 : 최초의 관계(2장)는 첫 인간들의 잘못으로 틀어지고 관계의 조화가 깨진다. 첫 번째 이야기는 이 점을 상징적으로 보여준다.

ㄷ2) 남자와 여자는 상대방 앞에서 부끄러움을 가지게 된다(3,7) : 남녀의 조화가 깨진다.

ㄴ2) 인간은 신을 두려워하기 시작한다(3,8-10) : 인간과 신의 친교(조화)가 깨진다.

ㄱ2) 노동이 괴로운 일이 된다(3,17-19) : 인간과 땅의 조화가 깨진다.

3) 4장 : 카인이 아벨을 살해하고 난 뒤, 인간-땅-신의 세 관계는 더욱 악화한다.

ㄱ3) 인간의 노동에도 불구하고 땅은 더 이상 소출을 내지 않을 것이다(4,12) : 인간과 땅의 조화에 심각한 균열이 발생한다.

ㄴ3) 신에 대한 두려움이 신의 부재로 나타난다(4,14) : 인간과 신의 친교가 깨지고 관계회복이 불가능해 보인다.

ㄷ3) 살인자가 살해의 위협을 느낀다-인간이 인간을 두려워한다(4,14) : 인간과 인간의 관계는 살해위협과 불안의 증폭으로 심화.

인간-땅, 인간-인간, 인간-신의 관계가 2장에서 보였던 조화와 평화에서 부조화와 갈등의 관계로 심각하게 변하는 것이 창세 3-4장에서 나타난다. 이 변화는 인간이 그 원인이 되어 땅과 신의 관계를 깨뜨리고, 결과적으로 인간 자신에게도 피폐한 결과를 가져온다. 인간은 자기의 주변세계뿐만 아니라, 자신의 실존에 대해서도 변화된 시각, 곧 갈등과 긴장의 시선을 가지게 된다. 신이 맡긴 세계에 대한 인간의 책임이 점점 잘못되어 가고 있음을 한 눈에 알아볼 수 있다.

위의 사실을 가) 인간-땅, 나) 인간-신, 다) 인간-인간의 관계로 환원시키면 이 관계들이 얼마나 악화되어 가는지를 한 눈에 알아 볼 수 있다.

가) 인간과 땅의 관계 : 땅과 조화를 이루던 에덴동산에서(ㄱ1), 조화가 깨지자 노동이 괴로워지고(ㄱ2), 그 괴로운 인간의 노동이 있음에도 땅은 소출을 내지 않을 것이다(ㄱ3).

나) 인간과 신의 관계 : 신과 인간의 친교가 완전했던 에덴동산에서(ㄴ1), 신법이 위반되자 신은 인간에게 두려운 존재가 된다(ㄴ2). 카인의 살인이 자행된 이후 신은 두려운 존재로 인식되고, 신의 부재, 혹은 신에게서 멀어지는 결별로 나타난다(ㄴ3).

다) 인간과 인간의 관계 : 인간은 창조되었을 때 서로에게 동등한 협조자-에제르-였다(ㄷ1). 신의 금지명령을 위반하고 난 뒤, 인간은 서로에 대하여 부끄러워졌고(ㄷ2), 형제살인이 벌어진 뒤에는 더우기 인간이 인간을 두려워하게 되었다(ㄷ3).

카인의 이야기로 우리는 창세기가 말하고 싶은 주제들을 거의 요약할 수 있게 되었다. 카인 이후의 시대는 이 주제들이 얼마나 일목요연하게 확대 재생산되며, 인간의 운명을 만들어가는지 보여줄 뿐이다. 인간들이 불어나고 사회가 복잡해지는 것을 상징적으로 보여주는 창세 4,16-26의 족보 이야기가 끝날 때쯤, 창세기는 지구적 차원의 재앙을 준비하면서(5장) 노아 시대를 통하여 혼돈의 창조 이전으로 우리의 시선과 이야기의 진행을 되돌릴 것이다(6-8장).

노아와 홍수

제 6 장

노아와 홍수 이야기

창조의 실패는 인간과 신 모두에게 참혹한 비극을 안겨주었다. 도대체 이 비극적 운명의 원인은 무엇일까? 인간에게서 비롯된 것일까, 신의 창조가 처음부터 잘못된 것일까? 이미 엘로힘의 창조는 한 인간의 문제를 넘어서 인류집단의 운명을 비극으로 몰아가는 신과 인간의 실패로 비화된 것이다. 카인의 형제살인 이후 인류의 공동운명의식은 남자와 여자의 개인적 차원을 넘어서 인간과 인간의 사회적 차원으로 확대되었다. 어느 한 개인의 운명으로 한정하기엔 이미 통제할 수 없는 사태로 번진 인간의 불행을 예감하지 않을 수 없다. 처음 촉발된 아담과 여자의 금지명령위반사건은 예상할 수 없었던 인류 전체의 운명과 관련된 지구적 현상의 비극으로 치닫게 된 것이다.

창세 6-9장에서 읽게 될 홍수 이야기는 2-4장에서 출발하여 지구를 삼키는 대홍수의 원인으로 인간의 부패와 불의를 설정한다. 창세 1장에서 제시된 생명 있는 모든 것들의 공동체적 조화는 더 이상 유지되지 못하고 파멸의 길을 걸었다. 창조계를 지배하고 관리해야 할 인간의 임무가 건실하게 수행되지 않았던 것이다. 먼저 노아 이전의 세대에 입소문으로 들리던 전설적 거인 이야기가 그 하나의 예로 제시되고(6,1-4), 노아 당대의 시대상이 제시된다(6,5-13). 이러한 시대에 유일하게 노아만 엘로힘의 마음에 드는 인물로 선택을 받는다. 노아의 선택은 2장에서 우리가 발견한 예외의 법칙이 적용된 듯싶다. '모든 것은 허용되나… 이것만은 안 된다.' 노아의 경우는 그 반대로 '모든 것은 파멸할 것이나… 노아(와 그의 가족)만은 구원 받을 것이다.' 파멸 속에서 다시 시작할 수 있는 가능성을 찾는 신의 법칙처럼 말이다.

신의 명령에 의해서 홍수를 견디기 위한 배가 만들어지고, 홍수 속에서 살아남는 생명체들이 다시 건설해야 할 세계상이 엘로힘에 의해서 선언된다. 홍수에서 살아남은 인간이 걸어가야 할 새 창조의 길은 첫 번째 창조와 엄격히 다르다. 이 두 번째 창조는 첫 번째 창조에서 인간이 경험한 구조적인 악을 바탕으로 진행된다. 무엇보다도 인간을 살리기 위한 수단으로 악을 견제하고 제한하는 법칙이 계약의 형태로 선언된다. 더 이상 인간은 선하지도 않고 악을 행하기 마련일 뿐(8,21), 그대로 두면 인간사회는 인간의 불의와 부패로 폭력이 만연하는 세상을 살 수밖에 없다. 그래서 두 번 다시 인간의 악이 살아 있는 모든 생명체와 지구가 공멸하지 않도록 그 경계를 세워야 한다. 창세 9장의 새로운 계약의 선언과 엘로힘의 축복은 이 점에서 창세 1장의 계약과 축복을 달리 한다.

1장에서 발견한 인간의 먹을 거리 규정과 동물의 상징성을 통해서 인간의 폭력과 동물성에 주의하도록 초대한 글읽기는 9장에서 더 분명하고 확실하게 선언된다. 살해의 금지와 제한, 혹은 금지와 제재가 성경적 상징성을 현실화하는 규정으로 드러난다. 유대인에게 이것은 율법의 형태가 될 것이지만, 이 글을 읽는 이십 일세기의 우리는 인간의 사회규칙이란 관점에서 이해해야 할 것이다. 생명의 주관자 엘로힘을 대신하는 신법(神法)이 유효하기 위해서 인간이 져야 할 책임이 무엇인지 깊이 성찰해 볼 주제인 것이다. 노아와 홍수 이야기에 선행하는 이야기들이 인간의 비극적 운명을 강하게 암시하고 있다면, 이 책임은 노아와 새로운 창조계를 짊어질 전생명계의 운명을 긍정적으로 받아들이는 것과 관련이 있다.

이제까지 진행된 창세 2-4장이 야웨계 문헌으로 창조와 그 이후에 발생한 이야기를 다룬다면, 창세 5장은 사제계 문헌으로 1장의 전승의 방식으로 그 이야기를 이어간다. 6-9장의 노아와 홍수 이야기를 시작하기 전에 5장이 선행하는 이유를 이해할 수 있다. 그러므로 두 전승이 엇갈리면서 이루어낸 6-9장의 노아와 홍수 이야기를 해설하기 전에 5장의 족보 이야기는 반드시 읽고 넘어가야 할 작품이다.

6.1. 성경본문 : 창세 6,1-9,17

6장 :

1. 땅 위에 사람들이 늘어나기 시작하면서 그들에게 딸들이 태어났다.
2. 엘로힘의 아들들은 사람의 딸들이 아름다운 것을 보고, 여자들을 골라 모두 아내로 삼았다.
3. 야웨께서 말씀하셨다.
   "사람들은 살덩어리일 따름이니, 나의 영이 그들 안에 영원히 머물러서는 안 된다. 그들은 백 이십 년밖에 살지 못한다."
4. 엘로힘의 아들들이 사람의 딸들과 한자리에 들어, 그들에게 자식이 태어나던 그때와 그 뒤에도 세상에는 느빌림족이 있었는데, 그들은 옛날의 용사들로서 이름난 장사들이었다.
5. 야웨께서는 사람들의 악이 많아지고, 그들 마음의 모든 생각과 뜻이 언제나 악하기만 함을 보시고,
6. 세상에 사람을 만드신 것을 후회하시며 마음 아파하셨다.
7. 그래서 야웨께서 말씀하셨다.
   "내가 창조한 사람들을 이 땅 위에서 쓸어버리리라. 사람뿐 아니라 집짐승과 기어다니는 것들과 하늘의 새들까지 쓸어버리리라. 내가 그것들을 만든 것이 후회스럽구나!"
8. 그러나 노아만은 야웨의 눈에 들었다.
9. 노아의 역사는 이러하다. 노아는 당대에 의롭고 흠 없는 사람이었다. 노아는 엘로힘과 함께 살아갔다.
10. 그리고 노아는 아들 셋, 곧 셈과 함과 야벳을 낳았다.
11. 세상은 엘로힘 앞에 타락해 있었다. 세상은 폭력으로 가득 차있었다.
12. 엘로힘께서 내려다보시니, 세상은 타락해 있었다. 정녕 모든 살덩어리가 세상에서 타락한 길을 걷고 있었다.

13. 엘로힘께서 노아에게 말씀하셨다.

"나는 모든 살덩어리들을 멸망시키기로 결정하였다. 그들로 말미암아세상이 폭력으로 가득 찼기 때문이다. 나 이제 세상에서 없애버리리라.

14. 너는 전나무로 방주 한 척을 만들어라. 그 방에 작은 방들을 만들고, 안과 밖을 역청으로 칠하여라.

15. 너는 그것을 이렇게 만들어라. 방주의 길이는 삼백 암마, 너비는 오십 암마, 높이는 삼십 암마이다.

16. 그 방주에 지붕을 만들고 위로 한 암마 올려 마무리하여라. 문은 방주 옆쪽에 내어라. 그리고 그 방주를 아래층과 둘째 층과 셋째 층으로 만들어라.

17. 이제 내가 세상에 홍수를 일으켜, 하늘 아래 살아 숨쉬는 모든 살덩어리들을 없애 버리리라. 땅 위에 있는 모든 것이 숨지고 말리라.

18. 그러나 내가 너와는 내 계약을 세우리라. 너는 아들들과 아내와 며느리들과 함께 방주로 들어가거라.

19. 그리고 온갖 생물 가운데서, 온갖 살덩어리 가운데서 각각 두 마리씩 방주에 데리고 들어가, 너와 함께 살아남도록 하여라. 그것들은 수컷 암컷이어야 한다.

20. 새도 종류대로, 짐승도 제 종류대로, 땅바닥을 기어다니는 것들도 제 종류대로, 각각 두 마리씩 너에게로 와서 살아남도록 하여라.

21. 그리고 너는 먹을 수 있는 모든 양식을 가져다 쌓아두어, 너와 그들 모두의 양식이 되게 하여라."

22. 노아는 그대로 하였다. 엘로힘께서 명하신 그대로 하였다.

7장 :

1. 야웨께서 노아에게 말씀하셨다.

"너는 네 가족과 함께 방주로 들어가거라. 내가 보니 이 세대에 내 앞에서 의로운 사람은 너밖에 없구나.

2. 정결한 짐승은 모두 수놈과 암놈으로 일곱 쌍씩, 부정한 짐승은 수놈과 암놈으로 한 쌍씩 데려가거라.
3. 하늘의 새들도 수컷과 암컷으로 일곱 쌍씩 데리고 가서 그 씨가 온 땅 위에 살아 남도록 하여라.
4. 이제 이래가 지나면, 내가 사십 일 동안 밤낮으로 땅에 비를 내려, 내가 만든 생물을 땅에서 모두 쓸어버리리라.
5. 노아는 야웨께서 명하신 대로 다 하였다.
6. 땅에 홍수가 난 것은 노아가 육백 살 되던 때였다.
7. 노아는 아들들과 아내와 며느리들과 함께 홍수를 피하여 방주로 들어갔다.
8. 정결한 짐승과 부정한 짐승, 새와 땅바닥을 기어다니는 모든 것이
9. 엘로힘께서 노아에게 명하신 대로, 수컷과 암컷 두 쌍씩 노아에게 와서 방주로 들어갔다.
10. 이레가 지나자 땅에 홍수가 났다.
11. 노아가 육백 살 되던 해 둘째 달 열이렛날, 바로 큰 심연의 모든 샘구멍이 터지고 하늘의 창문들이 열렸다.
12. 그리하여 사십 일 동안 밤낮으로 땅에 비가 내렸다.
13. 바로 그 날, 노아는 자기 아들 셈과 함과 야펫, 자기 아내, 그리고 세 며느리와 함께 방주로 들어갔다.
14. 그들과 함께 모든 것이 제 종류대로, 모든 집짐승이 제 종류대로, 땅을 기어다니는 모든 것이 제 종류대로, 그리고 모든 새가 제 종류대로, 곧 온갖 날짐승과 날개 달린 것들이 들어갔다.
15. 살아 숨쉬는 모든 살덩어리들이 두 쌍씩 노아에게 와서 방주로 들어갔다.
16. 이렇게 엘로힘께서 노아에게 명하신 대로, 모든 살덩어리들의 수컷과 암컷이 들어갔다. 그런 다음, 야웨께서 노아 뒤로 문을 닫아 주셨다.
17. 땅에 사십 일 동안 비가 계속되었다. 물이 차 올라 방주를 밀어 올리자 그것이 땅에서 떠올랐다.

18. 물이 불어나면서 땅 위로 가득 차 오르자 방주는 물위를 떠다니게 되었다.

19. 땅에 물이 점점 더 불어나, 온 하늘 아래 높은 산들을 모두 뒤덮었다.

20. 물은 산들을 덮고도 열 다섯 암마나 더 불어났다.

21. 그러자 새와 짐승과 들짐승과 땅에서 우글거리는 모든 것, 땅에서 움직이는 모든 살덩어리들, 그리고 사람들이 모두 숨지고 말았다.

22. 마른 땅 위에 살면서 코에 숨이 붙어 있는 것들은 모두 죽었다.

23. 그분께서는 사람뿐 아니라 짐승과 기어다니는 것들과 하늘의 새들까지, 땅에 사는 모든 생물을 쓸어버리셨다. 이렇게 그것들은 땅에서 쓸려 가버렸다. 노아와, 그와 함께 방주에 있는 사람과 짐승만 남았다.

24. 물은 땅 위 백 오십 일 동안 계속 불어났다.

8장 :

1. 그때 엘로힘께서 노아와, 그와 함께 방주에 있는 모든 들짐승과 모든 집짐승을 기억하셨다. 그리하여 엘로힘께서 땅 위에 바람을 일으키시니 물이 내려갔다.

2. 심연의 샘구멍들과 하늘의 창문들이 닫히고, 하늘에서 비가 멎으니,

3. 물이 땅에서 계속 빠져나가 백 오십 일이 지나자 물이 줄어들었다.

4. 그리하여 일곱 째 달 열 이렛날에 방주가 아라랏산 위에 내려앉았다.

5. 물은 열 째 달이 될 때까지 계속 줄어, 열 째 달 초하루에는 산봉우리들이 드러났다.

6. 사십 일이 지난 뒤에, 노아는 자기가 만든 방주의 창을 열고

7. 까마귀를 날려보냈다. 까마귀는 밖으로 나가 땅에 물이 마를 때까지 왔다갔다 하였다.

8. 그는 또 물이 땅에서 빠졌는지 보려고 비둘기를 내보냈다.

9. 그러나 비둘기는 발붙일 곳을 찾지 못하고 방주로 노아에게 돌아왔다. 온 땅에 아직 물이 있던 것이다. 노아는 손을 내밀어 그것을 잡아 방주 안으로 들여놓았다.

10. 그는 이레를 더 기다리다가 다시 그 비둘기를 방주에서 내보냈다.

11. 저녁때가 되어 비둘기가 그에게로 돌아오는데, 싱싱한 올리브 잎을 부리에 물고 있었다. 그래서 노아는 땅에서 물이 빠진 것을 알게 되었다.

12. 노아는 이레를 더 기다려 그 비둘기를 내보냈다. 그러자 비둘기는 그에게 다시 돌아오지 않았다.

13. 노아가 육백 한 살이 되던 해, 첫째 달 초하룻날에 땅의 물이 말랐다. 노아가 방주 뚜껑을 열고 내다보니 과연 땅바닥이 말라있었다.

14. 둘째 달 스무 이렛날에 땅이 다 말랐다.

15. 엘로힘께서 노아에게 이르셨다.

16. "너는 아내와 아들들과 며느리들과 함께 방주에서 나오너라.

17. 너와 함께 있는 살덩어리들, 곧 새와 집짐승과 땅을 기어다니는 모든것을 데리고 나오너라. 그래서 그것들이 땅에 우글거리며 번식하고 번성하게 하여라."

18. 노아는 아들들과 아내와 며느리들과 함께 밖으로 나왔다.

19. 모든 짐승과 기어다니는 모든 것, 모든 새와 땅을 기는 모든 것도 종류별로 방주에서 나왔다.

20. 노아는 야웨를 위하여 제단을 쌓고, 모든 정결한 짐승과 모든 정결한 새들 가운데서 번제물을 골라, 그 제단 위에서 바쳤다.

21. 야웨께서 그 향내를 맡으시고 마음속으로 생각하셨다.
"사람의 마음은 어려서부터 악한 뜻을 품기 마련.
내가 다시는 사람 때문에 땅을 저주하지 않으리라.
이번에 한 것처럼 다시는 어떤 생물도 파멸시키지 않으리라.

22. 땅이 지속되는 한
씨뿌리기와 거두기, 추위와 더위
여름과 가을, 낮과 밤이 그치지 않으리라."

9장 :

1. 엘로힘께서 노아와 그의 아들들에게 복을 내리시며 말씀하셨다.
"자식을 많이 낳고 번성하여 땅을 가득 채워라.

2. 땅의 모든 짐승과 하늘의 모든 새와 땅바닥을 기어다니는 모든 것과 바다의 모든 고기가 너희를 두려워하고 너희를 무서워하리라. 이것들이 너희의 손에 주어졌다.

3. 살아 움직이는 모든 것이 너희의 양식이 되리라. 내가 전에 푸른 풀을 주었듯이, 이제 이 모든 것을 너희에게 준다.

4. 다만 생명, 곧 피가 들어있는 살코기를 먹어서는 안 된다.

5. 나는 너희 각자에 대한 피의 값을 요구하리라. 나는 어떤 짐승에게나 그 핏값을 요구하리라. 남의 피를 흘린 사람에게 나는 사람의 생명에 대한 값을 요구하리라.

6. 사람의 피를 흘린 자
그자도 사람에 의해서 피를 흘려야 하리라.
엘로힘께서 당신 모습으로
사람을 만드셨기 때문이다.

7. 너희는 자식을 많이 낳고 번성하여라.
땅에 우글거리고 그것에서 번성하여라."

8. 엘로힘께서 노아와 그의 아들들에게 말씀하셨다.

9. "이제 내가 너희와 너희 뒤에 오는 너희의 자손들과 계약을 세운다.

10. 그리고 너희와 함께 있는 모든 생물 곧 방주에서 나와, 너희와 함께 있는 새와 집짐승과 땅의 모든 짐승과 내 계약을 세운다.

11. 내가 너희와 내 계약을 세우니, 다시는 모든 살덩어리들이 멸망하지 않고, 다시는 땅을 파멸시키는 홍수가 일어나지 않으리라."

12. 엘로힘께서 다시 말씀하셨다.
"내가 미래의 모든 세대를 위하여, 나와 너희, 그리고 너희와 함께 있는 모든 생물 사이에 세우는 계약의 징표는 이것이다.

13. 내가 무지개를 구름 사이에 두리니, 이것이 나와 땅 사이에 세우는 계약의 징표가 되리라.

14. 내가 땅 위로 구름을 모아들일 때 무지개가 구름 사이에 나타나면,

15. 나는 나와 너희 사이에, 온갖 몸을 지닌 모든 생물 사이에 세워진 내 계약을 기억하고, 다시는 물이 홍수가 되어 모든 살덩어리들을 파멸시키지 못하게 하리라.

16. 무지개가 구름 사이로 드러나면, 나는 그것을 보고 엘로힘과 땅 위에 사는 온갖 몸을 지닌 모든 생물 사이에 세워진 영원한 계약을 기억하리라."

17. 엘로힘께서 노아에게 말씀하셨다. "이것이 나와 땅 위에 사는 모든 살덩어리들 사이에 내가 세운 계약의 징표이다."

6.2. 이끄는 말

노와와 홍수 이야기를 읽기 전에 노아가 살았던 세상이 어떠했는지 잠시 눈을 돌려보기로 하자. 우리는 이미 카인과 아벨 이야기의 뒤를 따르는 동일한 전승의 야웨계 문헌인 카인의 족보를 읽었다(4,17-24). 창세 4,17-24의 이야기가 카인을 정점으로 그 후손들의 족보를 싣고 있다면, 노아의 이름이 등장하는 사제계 문헌 5장은 셋의 족보를 통하여 인류의 가계를 읽게 한다. 외견상 선과 악을 기원으로 하는 카인과 셋의 두 족보가 다시 노아에 오면 두 지류가 합류하여 하나가 되듯이 통합된 하나의 족보를 이룬다. 말하자면 아담-카인-라멕의 야웨계 문헌과, 아담-셋-라멕의 사제계 문헌이 라멕을 통하여 노아를 향하는 것이다(4,19; 5,25). 이처럼 우리는 5장에서 아담을 조상으로 하는 새로운 족보를 만나지만 카인의 이름을 볼 수 없었다. 그렇다면 창세 5장의 기록자는 카인의 이름을 제거함으로써 무엇을 말하고자 한 것일까?

우리가 알다시피, 4장의 카인 족보는 야웨계 문헌이고 5장은 사제계 문헌으로 분류한다. 두 문헌은 내용과 구성에 있어서 아주 비슷하지만, 차이도 드러낸다. 인류의 역사를 카인의 후손과 셋의 후손이 이룩한 역사로 나누어 보려는 의도를 은연중 보여주는 것이다. 두 가계는 아담의 아들들인 카인과 셋을 선조로 하여 그 후손들이 라멕에 이른다. 우리는 라멕이 의미 있는 인물로 제시된 이유를 창세 4장을 읽었기 때문에 이미 알고 있다. 라멕만이 유일하게 두 문헌에서 동시에 언급한 인물로 소개되어 있다(4,23-24; 5,29). 야웨계 문헌에 소개된 카인의 후손 라멕은 살인자로서 아주 험상궂은 인물이며, 폭력의 화신처럼 묘사되어 있다. 반면에 사제계 문헌에 기록된 셋의 후손으로서 라멕은 마치 '미래의 희망'[1]처럼 소개된다. 카인의 족보에서 끝 인물인 라멕이 생명의 찬탈자라면, 셋의 족보는 라멕에 이어 노아를 소개하며 생명을 보존한 인물로 희

---

1 L. Turner, 41쪽.

아담의 자손 (피에로 델라 프란체스카)

망을 제공한다. 수수께끼 같은 창세 5,29의 말도 이런 관점에서 보면 6장-9장에서 전개될 홍수 이야기를 이해하는 단서이기도 하다. 홍수 이야기처럼 어떤 사건으로 각 세대는 단절될 수 있지만 신의 구원틀 안에서 전체를 이해한다면 신의 역사개입이 무엇을 의미하는지 통찰할 수 있는 가능성이 높아진다. 아마도 이러한 점이 사제계 문헌 5장의 의도가 아닐까 엿보이는 것이다.

창세 5장 : 홍수 이전의 족보 이야기

1. 아담의 족보는 이러하다. 엘로힘께서 사람을 창조하시던 날, 엘로힘과 비슷하게 그를 만드셨다.
2. 그분께서는 남자와 여자로 그들을 창조하셨다. 그리고 그들을 창조하시던 날, 그들에게 복을 내리시고 그들의 이름을 사람이라 하셨다.
3. 아담은 백 삼십 세 되었을 때, 자기와 비슷하게 제 모습으로 아들을 낳아 그 이

름을 셋이라 하였다.

4. 셋을 낳은 다음 아담은 팔 백년을 살면서 아들딸들을 낳았다.
5. 아담은 모두 구백 삼십 년을 살고 죽었다.
6. 셋은 백 오 세가 되었을 때, 에노스를 낳았다.
7. 에노스를 낳은 다음 셋은 팔백 칠 년을 살면서 아들딸들을 낳았다.
8. 셋은 모두 구백 십이 년을 살고 죽었다.
9. 에노스는 구십 세 되었을 때, 케난을 낳았다.
10. 케난을 낳은 다음, 에노스는 팔백 십오 년을 살면서 아들 딸들을 낳았다.
11. 에노스는 모두 구백 오 년을 살고 죽었다.
12. 케난은 칠십 세 되었을 때, 마할랄렐을 낳았다.
13. 마할랄렐을 낳은 다음, 케난은 팔백 사십 년을 살면서 아들딸들을 낳았다.
14. 케난은 모두 구백 십 년을 살고 죽었다.
15. 마할랄렐은 육십 오 세 되었을 때, 야렛을 낳았다.
16. 야렛을 낳은 다음, 마할랄렐은 팔백 삼십 년을 살면서 아들딸들을 낳았다.
17. 마할랄렐은 모두 팔백 구십 오 년을 살고 죽었다.
18. 야렛은 백 육십 이 세 되었을 때, 에녹을 낳았다.
19. 에녹을 낳은 다음, 야렛은 팔백 년을 살면서 아들딸들을 낳았다.
20. 야렛은 모두 구백 육십 이 년을 살고 죽었다.
21. 에녹은 육십 오 세 되었을 때, 므두셀라를 낳았다.
22. 므두셀라를 낳은 다음, 에녹은 삼백 년을 엘로힘과 함께 살아가면서 아들딸들을 낳았다.
23. 에녹은 삼백 육십 오 년을 살았다.
24. 에녹은 엘로힘과 함께 살다가 사라졌다. 엘로힘이 그를 데려가신 것이다.
25. 므두셀라는 백 팔십 칠 세 되었을 때, 라멕을 낳았다.
26. 라멕을 낳은 다음, 므두셀라는 칠백 팔십 이 년을 살면서 아들딸들을 낳았다.
27. 므두셀라는 모두 구백 육십 구 년을 살고 죽었다.

28. 라멕은 백 팔십 이 세 되었을 때, 아들을 낳고,

29. "이 아이가 야웨께서 저주하신 땅 때문에 수고하고 고생하는 우리를 위로해 주리라." 하면서, 그의 이름을 노아라 하였다.

30. 노아를 낳은 다음, 라멕은 오백 구십 오 년을 살면서 아들딸들을 낳았다.

31. 라멕은 모두 칠백 칠십 칠 년을 살고 죽었다.

32. 노아의 나이 오백 세 되었을 때, 노아는 셈과 함과 야펫을 낳았다.

5장은 29절을 제외하고는[2] 아주 규칙적인 호흡을 가진 기록이다. 각각의 단문은 두 인물과 세 개의 숫자를 독자에게 알려준다. 두 인물은 아버지와 아들이 누구인가를 가리키며, 세 개의 숫자는 ㄱ) 첫아들[3]을 낳았을 때 아버지의 나이, ㄴ) 첫아들의 탄생 후 생존했던 기간, 그리고 ㄷ) 전체 생존 기간의 햇수가 그것이다.

사제계 문헌의 족보에서 우리는 인류의 창조에 관한 기사를 아주 간단하게 다시 듣는다(5,1-2). 그러나 에덴동산에서 인류의 시조가 무엇인가 잘못했다는 이야기는 다시 언급되지 않는다. 아담이라는 단어는 첫 인간 부부에게 붙여졌지만, 사제계 문헌은 이 이름을 첫 인간으로 나타난 남자의 고유한 이름으로 부를 뿐이다(5,1). 사제계 문헌은 잘못된 과거를 생각하기보다 밝은 미래의 희망을 더 이야기하고 싶어한다.

한편, 셋의 탄생과 함께 덧붙여진 설명은 셋이 아담의 모습과 닮은 후손이라는 것이다. 아담이 엘로힘의 모습을 닮아 창조된 최초의 인물이라면, 이제부터 인간은 아담의 모습을 원형으로 이 세상에 태어난다. 창조의 정점에서 탄생한

---

2 5장이 창세 4,25-26에 속하는가 여부에 대한 성경주석학적인 논쟁이 있으나, 확실한 것은 5,29가 야웨계 문헌의 셋의 가계를 지시하는 단편(斷片)으로 편집과정에서 이 곳에 삽입된 것으로 본다는 점이다.

3 첫아들의 연속으로 구성되는 가계는 이스라엘의 형성으로 이어진다. 말하자면, 각 세대를 대표하는 첫 아들처럼 이스라엘은 만민구원사상의 정점을 이루는 모든 민족의 맏물로 이어진다. 그렇다고 이러한 주장이 맹목적 민족주의를 의미하는 것은 아니다. 장자제일주의는 카인과 아벨 이야기에서 보이듯이 결국 장자가 다른 형제들을 보살펴야 할 책임의식을 가리킨다. 그것은 특권이 아니라 의무를 나타내는 것이다.

아담은 엘로힘의 형상을 닮았지만, 에덴동산에서 신의 금지명령을 어긴 인간이다. 아담을 닮아 태어나는 인간은 한편으로는 엘로힘의 숨을 받은 모습을 닮을 수 있다면, 흙의 속성을 벗어나지 못하고 에덴동산에서 추방 당한 아담의 후손일 수밖에 없다.

야웨계 문헌에서 인류의 시조인 아담을 필두로 카인의 족보가 다루어졌다면, 사제계 문헌에서 셋은 인류 구원의 다른 줄기로서 소개된다. 이는 첫 인간 아담이 야웨를 경배하던 인물이란 점을 암시하고 있는 것 같다. 이런 관점을 지지하듯이 아담의 셋째 아들 셋의 가계에서 특이한 인물들이 나타난다. 에노쉬, 에녹, 노아 세 인물이 그들이다. 에노쉬는 처음으로 신 야웨의 이름을 부르기 시작한 인물이고(4,26), 아담의 7대 후손 에녹은 엘로힘의 길을 살다가 사라졌다(5,22-24). 그는 일년의 날수인 365년을 지상에서 살았고 엘로힘은 그를 죽음에 내버려두지 않고 지상에서 올려 하늘로 데리고 갔다.[4]

노아는 아담 이후 10대째의 인물, 라멕이 182세에 낳은 아들로서 500세가 되어서 셈, 함, 야펫이란 세 아들을 둔다(5,32).[5] 노아와 관련된 10이란 숫자는 창세기의 저자가 이야기에 특별한 의미를 주려는 듯한 의도를 보인다. 10은 창세 1장의 창조기사에서 열 마디의 말씀으로 창조하신 엘로힘의 숫자이며, 이스라엘이 이집트 탈출에 앞서 야웨가 내린 열 번의 재앙을 나타낸다. 그러나 10은 무엇보다도 아담에서 라멕에 이르는 시간을 표현한다. 노아의 시간대는 10대의 시간을 완결한 뒤에 새로 시작하는 시간을 나타낸다. 이 새로운 시간대

---

4 7번째와 365라는 숫자는 바빌론 문명의 태양신 숭배와 연관이 있다. 신의 길을 따르는 인물은 이 세상에서의 죽음을 맛보지 않으며, 신이 하늘로 직접 데리고 간다는 주제가 성경에 나타난다. 참고, 2열왕 2,11의 엘리야의 경우. 후기 유다이즘 문헌인 '에녹서', '에녹의 계시록', 신약성경 히브 11,5-6에 이 주제가 잠시 엿보인다. 만약 이 글귀가 단순히 신화적 사실이 아니라면, 이것이 의미하는 바는 인간의 지상 수명은 예상하지 못할 만큼 짧을 수가 있다. 신이 원하면 언제든지 인간을 데려갈 수 있기 때문이다.

5 함-사제계 전통에서는 둘째(창세 5,32; 6,10; 10,1; 1역대기 1,4), 야웨계 전통에서는 둘째(9,18) 혹은 막내로(창세 9,24) 혼동. 오늘날의 에티오피아, 이집트, 아라비아, 가나안의 선조로 여긴다. 야펫-그의 후손은 소아시아와 지중해 연안의 섬 주민들을 포함한다. 셈-어원적 의미는 '이름, 명성,' 노아의 세 아들 중의 첫째. 오늘날 셈계 민족의 조상으로 아르박삿을 다리로 하여 아브라함에게 이른다.

는 야웨 엘로힘의 첫 창조가 붕괴되고 새 창조를 시작하는 새로운 시간을 의미한다. 노아 이후 아브라함에 이르는 가계의 족보가 또한 10대로 표현된다. 말하자면 10은 인간의 역사가 단순히 시간의 흐름 속에서 벌어지는 인간들만의 이야기가 아니란 것을 말하며, 각 세대와 그 세대로 이루어지는 인류의 역사가 신의 개입으로 완성된다는 것을 가르쳐준다. 동시에 이 역사, 곧 구원의 역사를 인간 자신에게만 맡겨둘 때, 인류의 역사는 자멸에 이를 수 있으며 끊어질 수 있다는 것을 의미한다.

창세기의 저자는 이러한 의미에서 노아가 인간과 신의 역사에서 얼마나 중요한 인물인지 제시하려는 것 같다. 그래서 노아는 저주받은 땅과(3,17) 노동의 고통에서 위로를 주는 인물로 소개된다(5,29). 그의 이름은 노동과 일상의 고통에서 위로를 받는 '휴식'과 관련이 있다.[6] 땅의 저주는 홍수의 재앙이 지구를 지나간 다음에 노아의 제물을 흠향하는 야웨 엘로힘에 의하여 철폐될 것이다(8,21).

인간의 수명(壽命) :

5장의 가계를 보면서 우리는 일정한 리듬과 변화를 보여주는 인간의 수명(壽命)에 유의하지 않을 수 없다. 알다시피 에덴동산은 역사 이전의 신화적 요소들로 가득한 시기를 함축한다. 신화시기를 빠져 나오면서 사제계 문헌으로 분류되는 이 기록은 가계(家系)를 통해서 인류의 시원적 상태에 변화가 발생했다는 것을 숫자를 통하여 서술하는 것이다. 이 변화의 내용은 창세 3-4장의 사건을 염두에 두고 있으며, 인간 자신의 잘못으로 그 수명(壽命)에 이상이 생겼다는 암시를 제공한다. 창세기 기록에 제공된 숫자들은 미묘하지만 독자인 우리에게 몇 가지 유익한 정보들을 제공한다.

첫째. 홍수 이전의 인간은 홍수 이후의 후손들에 비해서 아주 긴 수명을 누

6 칠십인역본(LXX)은 'nawah, 휴식하다'의 의미를 준다. 창세 5,29는 어원 nhm에 근거하여 (이사야 40,1) '힘을 북돋다, 위로하다' 라는 의미를 제시한다. DNPB, 277.

렸다. 아담의 전(全) 생애와 그 후손들의 나이는 현대의 인간들이 누리는 수명을 훨씬 넘어선다. 아담과 노아 사이의 인물들은 700-1000세의 장수를 누렸으며, 노아와 아브라함 사이의 인물들은 대개 200-600세의 세수를 기록한다(11,10-26). 첫 인간 아담에서 멀어질수록 인간의 수명은 점차적으로 짧아진다. 사제계 문헌에서 인간의 수명은 신의 은총을 가리키는 지표이다. 말하자면 수명의 숫자를 제공하는 5장의 족보는 인간이 점점 신의 은총을 잃어버리게 되었다는 보고서인 것이다.

둘째. 에덴동산 사건 이후, 인간은 시간에 종속하게 되었고, 그 결과 수명은 점점 짧아졌다. 홍수 이전의 조상들과 홍수 이후의 후손들을 비교해 보면, 인류는 그 기원에서 멀어질수록 수명이 감소하고 있는 것이다. 창세설화의 시기 이후 족장들의 시대에 오면 눈에 띌 정도로 짧아진다(창세 25,7; 35,28; 47,28; 50,26). 족장들의 시대를 지나면 장수(長壽)를 신의 은총으로 여기지만, 이스라엘의 개인수명은 대체로 70-80세가 되며, 이를 장수하는 것으로 여기게 된다.

셋째. 유한한 존재가 된 인간은 시간의 주인인 신의 손안에 있다. 생명은 인간의 생존기간으로 표시된다. 아담과 하와의 이야기를 기억한다면, 인간에게 장수하는 것은 신의 축복이다. 그러므로 아담 이후로 인간의 수명이 점차 짧아지는 사실은 신의 은총이 인간에게서 멀어져 간다는 것을 의미한다. 신의 은총이 감소하는 것에 비례하여 수명이 짧아진다면, 이에 반비례하여 인간의 악은 점점 확대되고 심화되어 감을 의미한다. 이런 관점에서 보면, 인간의 수명이 감소하는 것을 인간의 악과 결부시킨 5장의 기록은 사제계 문헌이 보여주는 한 특징이다(창세 6,3).

이렇게 가계와 이름을 통해서 아담의 후손을 기록하고 있는 5장은 읽기에 지루한 느낌을 불러일으키는 문헌이다. 비록 이러한 요소들을 통해서 신학적 사유를 풀어내기는 하지만, 기록은 숫자와 반복되는 문구의 연속으로 되어 있기 때문이다. 이러한 사실에도 불구하고 우리의 시선은 숫자 이외에 이것들이 가리키는 '탄생-수명-죽음'의 반복이 말하고자 하는 의미를 무시하고 지나칠 수 없다. 이 세 단어는 인간의 자연적 운명을 여실히 보여주는 실존적인 용어들이다. 개인으로서 인간은 탄생, 삶, 죽음이라는 단계를 거치면서 역사의 뒤로 사라지지만, 전 인류의 차원에서 보면 인간은 역사를 구성하면서 생명을 계속한다. 다만, 이제까지 죽음과 관련된 표현이 살인을 가리키는 내용으로 4장 8절과 23절에 한정시켜 사용되었다면, 5장은 이 표현으로 2장에서 암시된 인간의 운명을 직접적으로 나타낸다. 2,17절에서 야웨 엘로힘이 선언한 대로 인간의 유한성이 적나라하게 밝혀진 것이다. 그러나 모든 인간이 동일한 죽음을 맞이하는 것은 아니다. 이유는 알 수 없지만, 아담에게서 7대째 인물 에녹은 엘로힘이 데려갔다고 기록하고 있다(5,24).[7]

사제계 전승의 기록인 창세 1,26-31의 기사를 보면, 시간 안에서 인간이 자신의 인격(人格)을 후대에 물려줄 수 있다는 엘로힘의 축복을 받았다. 1장을 실현하는 창세 5,1은 신의 모습을 닮은 아담의 창조를 기록하는 반면에, 5,3은 아담이 자기의 모습을 닮은 아들을 낳은 것을 기록하고 있다. 에덴동산에서 추방된 후 아담은 자신의 인격을 그의 아들에게 물려줄 수 있게 된 것이다. 게다가 5,2는 하느님이 사람에게 아담이란 이름을 주었다고 함으로써 신-인간의 관계가 어떻게 변질되었는지 알려주는 대목이기도 하다. 이 구절은 신을 지배와 종속의 관계로 의식하게 된 인간의 불행을, 곧 신에게서 더욱 멀어진 인간의 절망적 상태를 암시하는 구절로 이해할 수 있다. 이처럼 엘로힘에게서 소외된 인간의 모습은 엘로힘의 모상으로 창조된 아담(5,1) 이후에, 더 이상 엘로힘의 모상이 아닌 아담의 모상, 인간의 모상으로(5,3) 태어나는 것이다.

---

7 일곱(7)이란 숫자는 암시적인 숫자인 것만은 확실하다. 엘로힘의 휴식(2,3), 아담의 일곱째 세대 라멕, 셋의 일곱번째 후손 에녹, 에녹에서 에베르까지 7세대, 에베르에서 테라의 후손까지 7세대 등. 에베르는 히브리의 선조라는 의미로 이해한다. 창세기의 새로운 장을 여는 인물 테라에게서 이스라엘의 족장사를 시작하는 아브라함과 이스라엘의 족장들 이야기가 소개된다.

이러한 아담 가계의 연속은 기원에서 홍수 이전까지 인간이 역사를 형성해 왔다는 사실을 보여준다. 물론 이러한 편집 방식은 오늘날과 다른 역사기록방식이긴 하지만,[8] 숫자와 이름들은 모든 인간에게 공통의 기원인 창조의 시점부터 이어 온 인간의 역사를 상징하기에 부족함이 없다. 달리 말하면, 창조를 기원으로 시작된 시간은 인류라는 물줄기를 이루며 역사를 구성하기에 이른 것이다. 인간은 역사 안으로 돌입하게 되었으며, 인간 자신의 손으로 역사를 진전시키는 존재가 된 것이다. 인간은 이제부터 역사의 존재라고 불리기에 부족함이 없게 되었다.

이런 관점에서 사제계 문헌은 무엇보다도 인간의 역사가 신의 현존을 부정할 수 없다는 의도를 드러낸다. 인간의 기원을 말하기 위해서 언제나 엘로힘의 창조를 언급하지 않을 수 없으며, 신과 인간의 동반자적 관계를 부정할 수 없다. 아담에게서 시작된 인류의 가계는 인간이 역사적 존재라는 사실을 드러내면서, 동시에 인간은 신의 창조물이라는 사실을 거듭 확인한다. 엘로힘의 창조는 인간 존재의 처음과 그 과정, 그리고 그 끝에 신이 존재한다는 의미이다. 신의 피조물, 이것이 인간의 실존적인 조건이며, 이 실존조건의 강조는 사제계 문헌의 특징으로 인류의 역사성과 피조성을 가계를 통하여 드러내는 역할을 한다.

역사를 구원의 관점에서 이해하는 사제계 문헌은 인류의 역사가 노아에 이르기까지 전인류의 파멸을 가져올 자연재앙과 그 고통을 향해 진행하고 있었다는 듯이 기록하고 있다. 인류의 파멸은 궁극적으로 새로운 구원을 향한 발걸

---

8 성경 5장의 가계 기록과 바빌론 전승의 통치자들의 기록물을 비교 분석한 주석학적 글들에 대한 자세한 사실은 C. 베스터만 주석부분을 참조. 바빌론전승만이 아니고, 전지구적인 홍수에 관한 기록은 많은 민족들의 공통적 신화로 남아 있다. 창세 5장의 이야기는 인류의 창조 이야기라는 맥락 안에서 홍수 이전의 인류의 모습을 보여주는 반성이 담긴 기록물이라는 것이 그 특징이다.

9 가계와 인류의 구원. 마태 1,1-17과 루가 3,23-28을 참조. 루가의 기록은 예수에게서 시작하여 아담에 이르고, 마침내 신(神)에 이른다. 이처럼 루가는 가계를 통하여 유대인 예수에게서 시작하여 신의 창조의 근원으로 거슬러 올라가, 전 인류의 구원이라는 보편적 역사관의 일면을 보여준다. 반면에 마태오는 이스라엘 민족의 시조인 아브라함에서 시작하여 예수까지 내려오는 이스라엘 중심의 구원사관을 보여준다.

음이며 다시 시작될 재창조의 단서라는 사실을 의미한다.[9] 말하자면, 가계의 이야기를 인간의 역사로 이해했으며, 인간의 역사는 구원(救援)을 향한 역사로 해석하고 있다는 뜻이다. 신이 인간을 창조했다는 기술(記述)이 인간 조건을 규정하고 있다면, 이제부터 인간의 삶은 역사적으로 이해되고 규정되어야 할 것이다. 인간의 역사는 노아를 거치는 동안에 신의 구원이란 대단원의 물줄기를 형성하게 된다. 본격적인 의미에서 신과 인류의 역사가 인간의 구원이라는 대주제를 매개로 하여 보편적 역사관과 구원관을 만들어낸 것이다.

6.3. 해설과 논의

홍수 이야기는 전세계에 걸쳐 있는 인류의 보편적인 기억 중의 하나이다. 어떤 보고에 의하면, 이야기의 전개나 등장 인물들이 조금씩 상이한 점들은 있지만, 모든 민족이 제 나름대로 고유한 홍수 이야기를 보유하고 있으며, 그 수는 300 여 편이나 된다고 한다.[10] 지구상에 발생했던 대홍수와 관련된 과학적 탐구[11]도 그 동안 심도 있게 연구되어 온 사실들을 확인해 주고 있다. 그렇다면 창세기의 홍수 이야기는 그 중의 하나로 유일신론적(唯一神論的)인 해석을 가한 변형 판본인 셈이다.[12] 인류의 보편적인 설화처럼 여겨지는 대홍수 설화가 특별히 성경적으로 해석되고 있다면, 그것은 홍수설화와 밀접한 관계를 맺고 있는 인물 노아의 역할에만 초점을 맞추지 않는다. 성경은 오히려 홍수와 노아를 통하여 인류의 타락에 대한 엘로힘의 주도적 역할을 강조한다. 말하자면, 홍수 이야기를 인간에게 발생한 자연재앙의 사건으로만 이해하는 것이 아

---

10 L.R. Baeiley, Noah: the Person and the Story in History and Tradition, 6쪽.

11 William Ryan & Walter Pitman, Noah's Flood-The New Scientific Discoveries About the Event That Changed History, Simon & Schuster, 1998; Donald Wesley Patten, The Biblical Flood & Flood and The Ice Epoch, Pacific Meridian Publishing, 1966.

니라, 인간과 신이 관련된 사건으로 보고 있기에 구원사적 의미의 보편성을 말할 수 있게 된 것이다.

홍수 이야기에 따르면, 인간의 타락이 절정에 달해 있었기 때문에, 엘로힘의 결정도 절대적일 수밖에 없었다. 이러한 인류의 상황이 노아의 의로움으로 인류의 새로운 시작을 위한 전제로 이해될 수 있는 것이다. 이 요소들이 홍수 이야기의 핵심을 구성한다.

이야기의 구성 :

창세 6장-9장에 들어 있는 홍수 이야기의 전개과정을 살펴보면, 이야기가 아직 신화적 표상들로 가득하다. 이것들도 새로운 해석을 필요로 하는 것이다. 홍수 이야기는 단 번에 알아챌 수 있을 만큼 분명하게 무질서에서 카오스로, 카오스에서 질서로 진행된다. 즉 이 이야기는 거의 완벽할 정도로 구조적 대칭성을 보여준다. 홍수 이야기의 메시지를 알기 위하여 긴 본문의 구조를 간단히 분석해 보면 다음과 같다.[13]

---

12 중근동의 여러 홍수 이야기들 속에, 성경의 노아에 해당하는 인물들의 예를 들어보면, 수메르 홍수의 지우수드라(Ziusudra), 고대 바빌론 홍수 설화의 아트람 하시스(Atram-Hasis 혹은 아트라-하시스Atra-hasis Epic), 길가메쉬 서사시의 우트나피슈팀(Utnapishtim), 바빌론의 제관 베로수스(Berssus)의 책(Babyloniaka)의 주인공 크시수트루스 왕(King Xisuthrus) 등이 홍수에서 살아남은 유일한 인물로 묘사되고 있다. 이들 이야기들은 George Smith가 1872년 12월 3일 성경고고학회에서 길가메쉬를 소개하면서 성경과 메소포타미아의 홍수 설화를 비교한 연구를 발표한 이래 고고학, 지질학, 기후학, 성경학, 중근동학 등의 여러 분야에서 관련 연구가 지속되어 오고 있다. 요점은 성경의 홍수설화가 사실이었는가, 사실이었다면 다른 설화와의 관계는 어떠한가? 등이다. 자세한 이해를 위하여 다음을 참고. E. Noort, The Stories of the Great Flood : Notes on Gen. 6:5-9:17 in its Context of the Ancient Near East, *in* Interpretations of the Flood, ed. By Florentino Garcia Martinez et ali., Brill, 1998, 1-38쪽. 이러한 설화들이 하나의 정치적 목적을 가지고 다시 편집될 가능성도 있다. 예를 들면 수메르 홍수 이야기의 주인공은 왕이다. 왕을 주인공으로 할 때 신에게 헌신하는 왕을 살려주는 신은 곧 왕의 신이며 백성은 왕의 말을 듣지 않을 수 없다. 이는 대홍수 이야기를 왕조의 안녕을 위한 판본으로 변형된 경우이다. Norman Cohn, Noah's Flood, Yale Univ. Press, 1996, 3쪽. 성경의 노아의 인물됨을 야웨 앞에서 의로운 인물로 묘사하는 것도 하나의 의도적 표현인 셈이다.

13 Bernhard W. Anderson, 'From Analysis To Synthesis : The Interpretation of Genesis 1-11', JBL 97, 1978, 23-39쪽; L.Turner, 43쪽 참조.

(ㄱ)노아와 세 아들(6,9-10)

(ㄴ) 폭력(6,11-12)

(ㄷ)파멸의 결심(6,13-22)

(ㄹ)방주로 들어감(7,1-10)

(ㅁ)홍수의 시작(7,11-16)

(ㅂ)물이 늘기 시작(7,17-24)

(ㅅ)엘로힘이 노아를 기억함(8,1ㄱ)

(ㅂ')물이 줄기 시작(8,1ㄴ-5)

(ㅁ')홍수의 끝남(8,6-14)

(ㄹ')방주를 떠남(8,15-19)

(ㄷ')질서의 확립(8,20-22)

(ㄴ')평화의 축복 : 계약(9,1-17)

(ㄱ')노아와 세 아들(9,18-19)

사제계 전승과 야웨계 전승이 모자이크처럼 구성된 문헌의 성격상 이야기의 진행과 구성에서 논리적인 흐름이 자주 차단되지만, 이와 같이 내용의 대칭성은 부인할 수 없다. 창세 1장에서 보면, 카오스에서 질서로 진행하는 과정이 엘로힘의 창조로 이해된다. 1장의 창조 이야기는 물을 카오스의 대표적 상징물로 제시하면서 물에서 창조물들이 시작되는 것을 보여준다. 홍수 이야기는 이와 반대로 지상을 물로 뒤덮는 파괴의 과정으로 묘사한다. 물은 모든 질서를 무너뜨리고 원시의 혼란 상태로 후퇴시키는 역창조의 원인적 매체로 소개된 것이다. 본문의 구조와 배열에서 알 수 있듯이, 홍수 이야기의 핵심은 카오스와 코스모스, 혼란과 질서가 뒤범벅인 세상에서도 '신'이 언제나 인간을 기억한다는 사실이다. 엘로힘이 노아를 기억하기까지(8,ㄱ) 창조계가 붕괴되는 과정을 보여주고 있다면, 엘로힘이 노아를 기억하는 순간부터 마치, 창세 1장의 창조과정이 보여주듯이, 혼돈의 상징인 물이 어떻게 갈라지고 질서를 확립해가는지(재창조의 과정) 보여준다.

창세 6-9장의 긴 이야기를 간편하게 해설하기 위하여 이야기의 주제와 구성요소들 중심으로 구분해 보면 다음과 같다.

가) 지구상 인간의 실태에 대한 보고 : 6,1-13. 여기서 초인간적 존재들(엘로힘의 아들들 : *bene-ha-elohim*)이 거론되고 세상의 부패와 불의가 묘사된다. 이야기의 전개를 위해서 대홍수의 필요가 준비된다.

나) 엘로힘의 지시로 홍수를 대비하는 노아 : 6,14-7,5. 신의 명령과 노아의 의로움이 강조된다.

다) 홍수의 시작부터 끝날 때까지 : 7,6-8,22. 창조의 특성들이 사라지고 카오스의 특징들이 이야기를 채운다.

라) 이야기의 결론부분 : 9,1-17. 이 부분에서 노아와 엘로힘이 계약을 맺는다. 이 계약을 통하여 새로운 창조가 마련되고 창조를 유지하기 위한 금지의 법이 선언된다.

---

14 창세 6-9장의 분절(分節)은 기본적으로 주석학적인 견해들을 참고하지만, 우리들의 관심인 인간학적 관점을 유지하기 위해서 이야기의 흐름을 중점으로 구분한다. 특히 이야기는 두 가지 전승을 중심으로 엮어졌기 때문에 중복되거나 어긋나는 부분들이 있다. 예를 들면 : 배에 들어간 동물들을 언급하면서 사제계 전승은 한 쌍씩이라고 하지만(6,19-20), 야웨계 전승은 7쌍씩이라고 한다(7,2-3). 노아와 그에 딸린 가족이 배에 들어간 것이 홍수 전 일주일전이라고 하기도 하고(7,1.4), 홍수가 난 그 날에 들어갔다고도 한다(7,7). 야웨계 전승이 깨끗한 짐승과 불결한 짐승의 구별하는 데 관심이 있다면 그것은 야웨께 홍수가 끝난 뒤에 제물을 바치기 때문이다. 그러나 사제계는 이러한 구별을 모른다. 두 전승은 40주야(야웨계) 혹은 태양력 1년 동안(사제계) 홍수가 지속되었다고 보며, 야웨계 전승이 홍수의 원인을 폭우에서 찾는다면(7,4.12; 참고, 2,5), 사제계 전승은 하늘에서 내리는 비뿐만이 아니라 땅 아래에서 솟는 물도 그 원인이라고 본다(7,11; 참고, 1,7). 이렇듯이 홍수 이야기에 여러 차이가 상존하지만 해석에는 큰 문제가 제기되지 않는다. 홍수전승의 관심사항에 따라서 서로 모순이 되는 부분들은 주제파악에 그리 어려움이 되지 않고 또 중요하지도 않기 때문이다. 오히려 이 두 가지 전승을 하나의 이야기로 편집한 마지막 저자의 의도가 어디에 있는지 그 것을 파악하는 것이 더 중요한다. 우리의 시각은 인간 창조에서 시작하여 인류의 역사가 어떻게 진행되었는지 그 과정에 초점이 맞추어져 있기 때문이다. 참고로 대체로 인정되는 6-9장의 전승별 내용을 제시한다. 야웨계 전승-6,5-8; 7,1-5. 7-10.12. 16ㄴ-17. 22-23; 8,2ㄴ-3ㄱ. 6-12. 1ㄴ. 20-22; 사제계 전승-6,9-12; 7,6.11.13-16ㄱ. 18-21.24; 8,1-2ㄱ.3ㄴ-5. 13ㄱ. 14-19; 9,1-17.

홍수 이야기에 이르기까지 창세 1-5장의 이야기들은 사제계 문헌이나 야웨계 문헌의 독립적 단위로 통일성을 유지하면서 구성되었다. 그래서 각 이야기의 단일성이 보존되었고 논리적 진행에 무리가 없었다. 창세 6-9장의 이야기는 이와 달리 두 전승이 하나의 주제를 놓고 반복하거나 중복하고 있어서 읽기에 불편할 뿐만 아니라 일견 모순까지 드러낸다. 이야기 속에서 두 전승의 요소들이 상충하고 있는 것은 사실이지만,[14] 그렇다고 이야기가 강조하는 요소들에 초점을 맞추고, 그 진행과정을 논리적으로 이해하는데 무리가 있는 것은 아니다. 여기서 우리는 창세 1~11장를 관통하고 있는 대주제를 이해하는 것을 목표로 삼고 있기 때문에 주석학적인 논의의 불일치는 거의 문제가 되지 않는다. 우리의 이야기 해석은 일관된 주제가 어떻게 드러나는지 알아보는 데에 있고, 또한 인간학적 관점을 잃지 않도록 유의할 것이다.

ㄱ. 지구재난의 원인 : 6,1-13

지구의 재난은 곧 인류의 재앙이며 구원의 필요성이란 주제를 대기시킨다. 재앙이 이야기의 전개상 구원의 전단계로 묘사되고 있다면, 대홍수의 직접적인 원인을 두 가지의 짧은 이야기로 함축적으로 제시한다. 거인족 이야기(1-4절)와 어지러운 세상의 상황(5-13)에 대한 묘사가 그것이다.

ㄱ1. 지구재난의 원인(1)-엘로힘의 아들들과 거인족 : 1-4절

1. 땅 위에 사람들이 늘어나기 시작하면서 그들에게 딸들이 태어났다.
2. 엘로힘의 아들들은 사람의 딸들이 아름다운 것을 보고, 여자들을 골라 모두 아내로 삼았다.
3. 야웨께서 말씀하셨다.

인류의 타락 (카롤스펠트)

"사람들은 살덩어리일 따름이니, 나의 영이 그들 안에 영원히 머물러서 는 안 된다. 그들은 백이십 년밖에 살지 못한다."

4. 엘로힘의 아들들이 사람의 딸들과 한자리에 들어, 그들에게 자식이 태어나던 그때와 그 뒤에도 세상에는 느빌림족이 있었는데, 그들은 옛날의 용사들로서 이름난 장사들이었다.

거인족 이야기 :

1절의 묘사는 인간들이 지상에 널리 퍼지기 시작했다는 기사(記事)의 다음에 홍수의 재난이 발생한 이유를 설명한다. 지상에 인간들이 많아지기 시작했다는 기사는 5장의 사제계 문헌이 족보를 통해서 보여준 반면에 야웨계 문헌은 직설적이다. 그러나 지상의 인간이 늘어나기 시작했다는 보고는 현실적이며 인류의 현실에 대한 꾸밈없는 보고이다. 창세 1장을 기억한다면 '낳고 번성하는' 것은 신의 축복이며, 그 축복이 실현되고 있다는 인상을 준다(1,28). 그런데 이 축복 속에 인류의 불행이 싹튼다. 어찌 된 일인가? 신의 축복이 엘로힘의 아들들에 의하여 불행으로 바뀌기 시작한 것이다. 어찌하여 신의 축복은 인간의 불행을 낳는 것처럼 보이는가? 이 모순과 그 원인은 무엇일까?

2절에서 우리는 신화적인 특성을 보여주는 표현을 만난다. 이 기록은 인간의 딸들을 취한 엘로힘의 아들들의 행동을 아무런 수식(修飾) 없이 전하고 있다. 이러한 묘사는 이야기의 화자(話者)가 특별한 의도를 가지고 있다는 것을 짐작하게 한다. 인간의 딸들은 아름다웠고, 아름다움에 취한 엘로힘의 아들들은 여자들을 취했다. 이야기의 진행에서 보면 여자의 아름다움은 특별한 것이고, 이 아름다움을 취하는 것도 특별한 행동을 나타낸다. 이 과정이 어떤 의미가 있다면, 그리고 창세 1~11장의 전체 맥락에서 본다면, 엘로힘의 아들들은 여자들의 의사와 관계없이 취할 수 있었다는 뜻이다. 이야기의 초점은 '여자들의 아름다움'에 있고, '엘로힘의 아들들'이 이 아름다움을 취했다는 두 가지 사실에 있다. 창세 2장의 아담이 여자를 만났지만 그 여자는 야웨 엘로힘이 데려다 준 여자였다. 여자는 아담에게 에제르였고, 삶에 활력을 주는 기쁨을 주는 존재였다. 창세 6장에서 엘로힘의 아들들은 단지 사람의 딸들을 '여자의 아름다움' 때문에 선택했다. 5장에서 라멕이 두 여자를 아내로 삼을 수 있었던 사회적 맥락이 불의한 환경을 암시한다면(5,23), 엘로힘의 아들들이 모든 여자들을 임의로 '골라잡는(6,2 : בחר(bĥr)-선택하다)' 행위는 무엇을 가리키겠는가? 이야기의 저자는 이 행위가 엘로힘의 징벌을 불러일으킨 직접적 원인처럼 말한다.

그러나 1-2절의 내용을 전체적인 관점에서 해석하기 위해서, 지금까지 진행된 앞의 이야기들로 돌아가야 한다.[15] "땅 위에 사람들이 늘어나면서…"(1절). 이 문장에서 땅은 아다마, 사람은 아담을 번역한 단어들이다. 여기서도 저자는 간단한 언어유희로 2,7에서 암시된 인간의 운명을 은근히 암시한다. '엘

---

15 이 전제는 우리의 독서가 처음부터 견지해온 바이다. L. Turner, 44쪽 참조.

로힘의 아들들은 사람들의 딸들이 아름다운 것을 보고…' (2절). 이 구절은 창세 1장과 3장의 두 장면을 상기시킨다. 1장의 창조를 묘사하는 장면에서 반복적으로(4절, 10절, 12절) 나타나는 구절은 '엘로힘이 보니…좋았다(tob).' 이다. 그리고 3장에서 뱀의 유혹은 인간이 '엘로힘과 비슷하게' (3,5) 되는 것이었다. 특별히 '엘로힘의 아들들'(6,2)은 마치 인간이 아닌 존재들로 소개되었는데, 3장에서도 뱀은 상징물이지만 분명 인간이 아닌 존재이다. 3장과 6장이 보여주는 공통점, 즉 인간이 아닌 두 존재인 뱀과 엘로힘의 아들들이 방식은 다르지만-3장에서는 생각의 일치, 6장에서는 몸의 일치로-여자와 결합한 것을 상징적으로 묘사하고 있다. 3장의 여자가 보니 나무가 좋아(tob) 보여서 따 먹었다(lqĥ ; 6절). 6장의 엘로힘의 아들들도 여자를 골라서 아내로 취했다(lqĥ; 2절). 3장의 여자가 이 행동(lqĥ)으로 불행한 인류의 현실을 초래했다면, 엘로힘의 아들들이 초래한 인류의 불행은 어떠할 것인가? 창세 1~11의 이야기를 일관성을 가지고 세심하게 취사선택해서 편집했다는 전제에서 출발한 사실을 기억한다면, 이러한 유사성을 염두에 둘 때 엘로힘의 아들들이 받을 운명은 아주 분명해진다. 그러나 엘로힘의 아들들은 신의 징벌 대상으로 직접 언급되지 않고, 오히려 신의 선언은 인간의 수명을 120년으로 단축시킨다(3절). 신화적 표상의 엘로힘의 아들들은 이미 인류의 운명을 대표하는 것이 아니지 않겠는가?

그렇다면, 엘로힘의 아들들은 누구를 지칭하는가?[16] 앞의 문맥에서 엘로힘의 아들들은 딸을 가진 인간들보다 더 힘이 있고 우위에 있다는 사실을 가리킨다. '엘로힘의 아들'이 신화적 표현이라고 말할 수 있지만, 문자 그대로 사용한다면 역사적 표현은 천자(天子)에 해당한다. 아니면, 그들은 우주적 초인간적 존재들을 가리키는가? 그렇다면 이야기는 다시 신화의 세계로 빠져들어간다. 표현은 신화적이지만 창세기의 기록이 암시하고자 하는 역사적 맥락을 생각한다면, 우리는 현실적인 의미에 귀를 기울여야 할 것이다. 만약에 신화적 표현의 내용이 이야기를 이끄는 동력이라면, 이 표현은 더욱 반복해서 나타나야 한다. 그러나 이 표현은 이야기에서 인류의 현실을 가리키는 문맥에서만 의미를 전달하고 더 이상 나타나지 않는다.

성경은 엘로힘의 아들들을 천사 혹은 초인간적인 존재들로 묘사하거나(시편 29,1; 89,7; 욥 1,6; 2,1; 38,7 등), 통치자들로 지칭한다(2사무엘 7,14; 시편 2,7; 89,27 등). 이 문헌의 의도가 역사적 인간의 운명을 가리키고자 하는 것을 상기한다면, 우리는 이들 존재가 인간 사회를 구성하는 인물들이라는 사실을 긍정하는 게 그렇게 어렵지 않다. 말하자면, 힘있는 자들이 여자의 아름다움을 보고 그 아름다움을 권력이든 금력이든 힘으로 얻는다는 역사적 경험의 우화적 표현으로 읽을 수 있는 것이다. 신화적 서술은 인간사회에서 위장된 폭력을 폭로하는 방법으로써 얼마나 기묘한가? 이러한 불의와 부패는 대표적인 합법적 통과의례로써 정치적 사회적 의미를 가지지 않는가? 더구나 주의해야 할 점은 엘로힘의 아들들이 인간의 딸들을 취했다는 기사에서 인간들의 저항을 나타내는 언급이 없다는 사실이다. 그렇다면 '엘로힘의 아들들'은 인간사회에서 군림하던 전제적 통치계급을 의미하지 않는가?

보통 인간들에게 초인간이란 한 사회의 절대권력자의 이미지와 일치한다. 그러한 예를 우리는 이스라엘의 역사기록에서 찾아볼 수 있다. 자기의 오누이이며 아내인 사래를 파라오에게 바치는 아브라함의 태도(창세 12,10-20)에

16 엘로힘의 아들들*bene-(ha)-elohim.* 엘로힘의 아들들에 대한 세 가지 해석 : 1) 엘로힘의 아들들은 셋족 사람들이고(5,13), 사람의 딸들은 카인족 출신들이다. 2) 엘로힘의 아들들은 지상의 여인들과 짝 지은 천상의 존재들이다. 3) 엘로힘의 아들들은 전제군주들처럼 왕조의 지배자들이다. 참조, D.J.A. 클라인즈, 태고사(창세 1-11)의 문맥에서 본 "하느님 아들들"에 관한 설화(창세 6,1-4)의 의미, in 신학전망 80호, 1988/봄, 3-4쪽. 각 해석들은 그 주장만큼 반대의견이 있다. 유다이즘 전통이나 그리스도교 전통에서 천사(天使)라고 지칭하는 영적 존재들이라는 주장도 있다. 즉 영적 존재들이 육체를 취하여 인간의 딸들과 함께 살았다는 이야기다. 그렇다면, 엘로힘의 아들들이란 소재는 이야기의 전체 맥락과는 관계없는 천사론적인 이야기의 삽입으로 변질될 우려가 있다. 다른 편에서는 궁켈(H. Gunkel) 이후 천사론에 대한 부정적 해석의 경향이 있었다. 이런 주장에 대한 상세한 요약은 C. 베스터만; U. Cassuto 참조. 성경 주석학적인 주장들의 사실 여부와는 관계없이, 이 소재는 인류의 타락(墮落)과 부패(腐敗)의 상황이 심화되어 가는 과정에 언급되었다는 사실을 기억해야 할 것이다. 말하자면, 이 소재는 인류의 부패된 상황을 강조하고자 한 동기에서 언급되었다는 점을 전제로 한다.

서, 아랫사람 우리아의 아내를 강제로 취하고 부하를 죽게 하는 다윗의 불법적 행위(2사무엘 11장)에서 보통사람의 인격을 넘어서는 초인격적 인물들의 이야기를 읽을 수 있다. 잘 알려진 성경의 더 많은 이야기들은 권력(權力)이 형제들 앞에서도 한 인간을 초인간으로 격상시키며 신과 같은(창세 3,5) 행동을 가능하게 한다는 역사의 실례(實例)들이다. 이러한 해석의 근거는 다음 구절에서 언급된 엘로힘의 생각에서 읽을 수 있다.

1-2절에서 아무런 설명이 없이 엘로힘의 아들들이 인간의 딸들을 취했다는 말이 3절에 오면 어느 정도 그 의미를 분명하게 드러낸다. 엘로힘의 아들들의 행동에 반응하는 엘로힘의 생각은 살덩어리일 뿐인 인간의 수명을 줄이고 한정하는 것이다. 인간의 존재를 육체성에 한정시키고, 신의 축복인 수명을 제한하는 3절의 생각은 1-2절의 묘사에 대응하는 엘로힘의 의지를 나타내는 것이 아니고 무엇이겠는가?

사실상 창세기는 엘로힘의 아들들이 누구인지 알려주지 않는다. 이들의 신원이나 정체를 밝히는 것이 이야기의 전개를 위해서 그리 중요하지 않기 때문이다. 거인족 이야기 자체가 신화적이며, 어떤 뜻을 내포한 신화일 수 있지만, 홍수 이야기의 저자는 신화를 설명하려고 이 자리에 인용하고 있는 것이 아니다. 그는 이야기를 소개하되 자신의 메시지를 제공하기 위해서 차용하고 있을 뿐이다. 그래서 인간의 수명을 줄이고 한정하겠다는 엘로힘의 언급만이 1-2절의 의문에 찬 묘사에 희미한 답이 되어 준다. 엘로힘의 아들이 누구이든지 그들의 잘못에 대해서 엘로힘은 인간(人間)을 징벌하겠다는 의지를 드러낸 것이다. 이야기는 '엘로힘의 아들들'의 행동에 대한 징벌을 구체적으로 언급하지 않고 인간의 딸들에 관한 어떠한 잘못도 묘사하지 않는다. 그런데 징벌은 모든 인간에게 선언된 것이다. 엘로힘의 아들들이 인간세상에 속하지 않는다면, 이런 선언은 이해할 수 없는 징벌인 것이다. 만약에 엘로힘의 아들들을 신화적 혹은 천상적 존재들로 이해하려고 한다면, 이 기록은 답을 얻을 수 없는 하나의 의문이 아닐 수 없다.[17] 이 의문은 앞에서 언급한 대로 '엘로힘의 아들들'이라는 신화적 옷을 벗겨버리지 않으면 이해할 수 없는 표현인 것이다. 엘로힘의 아들들은 누구인가? 이들 존재는 바로 인간사의 한 중심에서 일어나는 사건의 인물들을 가리키고자 사용한 표현이지 않겠는가?

주석학적인 논쟁들을 논외로 한다면,[18] 6,3은 5장에서 인류의 족보가 제시했던 의미의 연장선 상에 있다는 것을 알 수 있다. 장수(長壽)가 신의 은총을 나타내는 표현이었다면, 수명의 제한은 엘로힘이 인간에게 수여한 은총을 제한하는 것이다.[19] 은총의 제한은 엘로힘의 영(ruach, 숨)과 관련이 있다: '나의 영이 그들 안에 영원히 머물러서는 안 된다(3절).' 이렇게 인간의 수명을 제한하는 이유는 인간의 잘못에서 기인한다. 이 잘못은 엘로힘이 제시한 길을 떠나거나(신명 27,18), 인간집단의 정치적 해악을(1사무 26,21) 의미할 수도 있다. 이러한 현상을 교정하기 위해서 은총은 죄악 때문에 인간에게 제한을 가할 수밖에 없다는 생각을 가져온다. 엘로힘의 생각은 인간에게 생명을 제한하는 것이 역설적으로 인간에게 좋으리라는 것이다. 긴 수명을 신의 은총이라고 여겼는데, 인간의 잘못으로 신은 그 은총을 제한하였고, 이 제한이 인간을 보호하는 알려지지 않은 이유가 된 것이다. 이러한 의미에서 수명의 제한은 육체적 존재에게만 적용되는 자연스러운 현상인데, 인간과 신의 관계를 규정하는 소재로 사용되었다.[20]

---

17 '신들의 아들들의 행동'을 이해하기 위하여 그 배경에 희랍신화에 나오는 프로메테우스 전설식의 이야기를 도입하여 이해하려고도 한다. 말하자면 신들의 아들들이 인간 편에 서서 인간을 격상시키기 위한 행동으로 인간의 딸들을 취했다는 이야기로 해석한다. 참조, C. 베스터만.

18 이 구절은 창세 3,22을 병행구로 읽는다. 말하자면, 인간의 영원한 생명을 얻으려는 노력에 대한 신의 제한과 관련이 있다고 본다. 신의 아들들과 인간의 딸들의 결합은 신의 아들들이 인간의 생명을 연장하려는 의도가 배경에 깔려 있다고 보면, 6,3절의 의미가 신의 선언으로 이해가 된다는 해석이다.

19 120세로 인간의 수명을 제한한다는 것이 무슨 의미일까? 다음에 시작되는 홍수 이야기와 연관이 있지 않을까? 말하자면 현 위치에서 임박한 파멸적 재앙 전의 유예기간과 관련이 있어 보인다. "아트람하시스 서사시"와 관련시켜 120이란 숫자를 바빌로니아의 육십진법에서 유래한다고 주장하는 해설은 클라인즈, 앞의 글, 14쪽 참조.

20 J. Barr, The Garden of Eden and the Hope of Immortality, Fortress, Philadelphia, 1993, 74-93쪽.

4절은 주석학적으로 이야기의 전개상 필요해서 삽입한 문구로 본다. 4절은 느빌림이라는 거인족 존재의 기원에 대한 언급이다.[21] 그들은 '엘로힘의 아들들'과 인간의 딸들이 결합하여 낳은 후손으로 이야기에 등장한다. 이들은 다만 그 옛날의 영웅들로 이해되었던 존재들이다. 현대 과학에서 (가설이지만) 그 가능성을 보이고 있는 일종의 하이브리드 인간일까? 이들이 누구인가에 대하여 창세기 저자가 침묵을 지킨다면 이유가 있을 것이다. 설화로 구전된 이야기에 대하여 창세기가 설명을 하지 않는다면, 그 까닭은 무엇일까? 이들의 존재와 관련하여 창세 1~11장의 전체흐름을 되돌아 볼 필요가 있다.

창세 3장에서 아담과 하와가 야웨 엘로힘이 금지한 열매를 따먹고 난 다음, 구체적 실현으로 4장에서 카인의 형제살인 이야기가 진행되었다. 5장은 인구의 증가와 더불어 문명이 진행되었다는 사실을 간접적으로 가리켰다. 인간의 문명은 5장에서 엿보이듯이 무법의 사회로 치달리고 있었다는 역사적 상황을 상상하게 만든다. 용사들은 난세의 영웅이란 말이 있듯이, 무질서와 폭력이 난무하는 사회의 산물이다. 창세기 저자는 느빌림이라는 거인족의 이야기를 이러한 배경 속에서 진행하고 있는 것이다. 이야기의 진행 패턴을 인정한다면, 4절의 삽입이 약간은 부자연스럽다고 하더라도 내용의 논리는 명약관화하다. 다시 말하면, 4절은 '엘로힘의 아들들'과 인간의 딸들의 결합은 '잘못된 사실'이라는 것을 지적하고 있다. 그들의 후손이 거인족이며 이들이 한 때 지상에 살았던 종족이었다는 사실을 알려줌으로써 인류 역사의 부정적인 측면을 거론하고 나선 것이다.

4절의 마지막 묘사-옛날의 용사들로서 이름난 장사들-는 거인 종족이 신

---

21 느빌림(npl : 거인) : 본래의 이 단어가 지칭하던 대상은 신화적 존재이었을 것이다. 말하자면 길가메쉬 서사시나 희랍 신화에 나타나는 반신 반인적 존재로 전쟁과 함께 기억되는 태고적 존재들. 그러나 성경은 느빌림 종족이 어떤 종족이었는지에 대한 정보를 주지 않는다. 그들도 한 때는 지상의 종족이었다는 사실만 알 수 있을 뿐이다. 느빌림과 관련하여 에제키엘서에 약간의 언급을 찾아볼 수 있다(에제 32, 20-27). 보시니 참 좋았다, 125-126쪽 참조. 혹은 이들 존재를 '칼을 맞고 쓰러져 지옥/셰올로 떨어진 존재'로 이해하고, 인간의 역사에서 불행하게도 지상에서 사라진 존재들로 이해하기도 한다. U. Cassuto, 298-301쪽 참조.

화적 표상(表象)을 깨고 인간세상에서 현실적 존재로 나타나는 순간이다. 거인, 엘로힘의 아들들, 옛날의 용사들이란 표현은 모두 폭력을 암시하는 위압적 인간 존재를 나타내는 표현들이다. '엘로힘의 아들들'과 인간의 딸들의 결합을 위와 같이 해석할 수 있다면, 이야기의 내용해석이 비록 완전하지 않더라도 그 논리는 아주 정연하게 정리된다. '엘로힘의 아들들'과 인간의 딸들의 결합이라는 묘사는 앞에서 설명한 대로 시대를 불문하고 그 먼 옛날에도 인간 사회가 불의(不義)로 부패해 있었고 고통을 받았다는 지적이다.

1-4절은 신이 제한한 실존조건과 그 제한을 넘으려고 하는 인간의 불의한 노력(!)을 아주 작은 문단이지만 가장 효과적으로 묘사한 것이다. 인간의 조건과 한계는 일차적인 의미에서 부정적이지만, 인간이 신법(神法)을 살고 신의 은총을 불러올 수 있는 토대이다. 신의 이름으로 인간에게 부과한 조건과 한계는 인간이 타자를 자기와 동등하게 존중하는 형식이다. 이 조건과 한계를 넘으려는 인간의 노력은 다음의 이야기가 보여주겠지만 사회적 불의(不義)를 낳는 원인이 된다.

ㄱ2. 지구재난의 원인(2)-신의 결정 : 5-13절

(야웨계)

5. 야웨께서는 사람들의 악이 많아지고, 그들 마음의 모든 생각과 뜻이 언제나 악하기만 함을 보시고,

6. 세상에 사람을 만드신 것을 후회하시며 마음 아파하셨다.

7. 그래서 야웨께서 말씀하셨다.

"내가 창조한 사람들을 이 땅 위에서 쓸어버리리라. 사람뿐 아니라 집짐승과 기어다니는 것들과 하늘의 새들까지 쓸어버리리라. 내가 그것들을 만든 것이 후회스럽구나!"

8. 그러나 노아만은 야웨의 눈에 들었다.

(사제계)

9. 노아의 역사는 이러하다. 노아는 당대에 의롭고 흠 없는 사람이었다. 노아는 엘로힘과 함께 살아갔다.

10. 그리고 노아는 아들 셋, 곧 셈과 함과 야펫을 낳았다.

11. 세상은 엘로힘 앞에 타락해 있었다. 세상은 폭력으로 가득 차있었다.

12. 엘로힘께서 내려다보시니, 세상은 타락해 있었다. 정녕 모든 살덩어리가 세상에서 타락한 길을 걷고 있었다.

13. 엘로힘께서 노아에게 말씀하셨다.

"나는 모든 살덩어리들을 멸망시키기로 결정하였다. 그들로 말미암아 세상이 폭력으로 가득 찼기 때문이다. 나 이제 세상에서 없애버리리라."

일반적으로 5-8절은 야웨계 문헌에 속하고 9-13절은 사제계 문헌에 속한다고 본다. 인류에게 내린 재앙의 원인과 노아를 야웨 엘로힘이 선택하게 된 연유를 밝히는 방식에 있어서 두 문헌은 차이를 보여준다. 야웨계 문헌은 모든 이가 부패했다고 전하지만 8절에 오면 예외적으로 노아만이 야웨의 눈에 들었다고 한다. 이 표현은 7,1에서 다시 부연될 것이다. 9절 이하의 사제계 문헌은 아예 처음부터 노아가 어떠한지 그의 삶의 모습을 묘사하고 엘로힘의 선택을 정당화한다. 노아는 그가 살던 시대에 다른 사람들과 달리 유일하게 의롭고 정의로운 인물이었다는 것이다.

세상의 부패 :

야웨계 저자는 인구가 증가하고 지상에는 인간의 못된 짓이 더욱 심해졌다고 부정적 보고서를 제공한다(5-7절). 야웨 엘로힘의 눈에 인간의 짓거리가 고약하기 때문이다. 인간은 악한 것만 생각하고 악한 짓만 골라서 행한다. 신인동형론적(*anthropomophism*) 표현을 사용하는 야웨계 저자는 신의 마음이 괴롭다고 전한다. 창조를 후회하고 마음이 참으로 아프다는 것이다. 신의 가슴에서 느껴지는 이 고통과 아픔은 여자가 자식을 낳는 진통보다 더한 고통이다.[22] 신의 분노라기 보다 '신의 절망적 파토스'[23]가 창조의 첫 시점으로 되돌아가고 싶을 정도로 악화된 사태를 강조한다.

6,2까지 '보다(r' h)'는 창조와 관련해서 '좋다(tob)'는 문맥에서 사용되었다. 1장의 창조와 관련해서(4, 10, 12, 18절 등), 3장의 여자가 나무를 보았을 때(6절), 6장의 엘로힘의 아들들이 지상의 여자들을 보았을(2절) 때 좋았다. 그러나 6장은 인간의 생각과 뜻이 악하기만 한 것을 '본(r' h)' (5절) 엘로힘을 묘사함으로써 신과 세상의 관계를 결정적으로 갈라 놓고 있다. 2,18에서 아담이 혼자 있는 것이 좋지 않다고 '본(r' h)' 야웨 엘로힘은 아담의 에제르(ezer)를 창조하는 것으로 상황을 교정했다. 그러나 6,5에 오면, 지상의 상황이 그러한 교정만으로 바뀌지 않을뿐더러 근본적인 대책이 필요하다는 것이 강조된다. 이 장면에서 신의 후회는 전술한 내용 모두를 일거에 요약해 버린다.

야웨 엘로힘의 후회(後悔)! 인간의 행동에 대하여 엘로힘이 후회를 한 것뿐만이 아니다. 야웨는 인간 존재의 창조를 후회하고 있다. 그 후회는 생명 있는 모든 것의 멸종으로 나타날지 모른다. 어떻게 신이 인간의 행동을 두고 자신의 창조사업을 후회할 수가 있게 되었는가? 창세기 설화는 신이 누구인가, 혹은 신이 어떻게 인간과 같이 생각하고 느끼는가 질문하지 않는다. 설화는 인간의 상황에서 무엇이 잘못되고 있는가, 그 잘못은 누가 주역인가 하는 것이 초점이다. 즉 설화의 저자는 독자가 이야기를 읽고 자기를 돌아보도록 초대하는 것이 목적이다. 이 단계에서 우리의 질문은 신이 창조를 무(無)로 돌릴 수가 있겠는가? 하는 것이다.

---

22 창세 3,16; 6,6(*issabon*과 *eseb*).

23 L. Turner, 45쪽.

5절은 신의 눈으로 본 지상 인간의 악한 모습이 지구 전체의 상황임을 고발한다. 인간의 악이 지상에 넘쳐나고 있는 사회인 것이다. 인간이 **'온 종일'** 생각하는 게 **'모두'** 악하기만 한 사회의 실상을 고발하는 것이다. 표현은 과장처럼 들리지만, 이보다 더 잘 표현할 수 없다. 창세기의 저자가 지상의 사정을 인간의 시선으로 묘사하는 것처럼 보이지만, 엘로힘의 시선에서 강조하고 있는 것이다.[24]

이 시점에서 창세기 저자가 사용한 단어는 "쓸어버리다"이다. 이 단어는 지상의 아담과 그 안에 있는 모든 생명 있는 것들을 괴멸시키겠다는 의미이다. 창조의 원점으로 돌아가야 될 정도로 인간의 상황은 심각해졌다. 인간 때문에 다른 모든 생명 있는 것들도 더불어 지상에서 사라질 운명에 처해진 것이다. 그러나 이야기는 재앙의 예고 순간에도 마지막 희망의 문을 열어 놓는다. 오직 한 사람 노아가 모든 생명 있는 것들이 살아남을 수 있는 마지막 가능성을 예비한다. 인간 중에서 오직 그만 야웨 엘로힘의 눈에 든 까닭이다. 5,29에서 라멕이 외친 노아의 역할이 신의 자비로 성취되는 것을 기대할 수 있게 되었다. 5장에서 하느님과 함께 걷던 에녹은 죽지 않고 엘로힘이 하늘로 데려갔고, 다른 모두는 죽었다. 마찬가지로 6장에서 시작되는 홍수 이야기에서 엘로힘과 함께 걷던 노아(와 그 가족, 그리고 방주에 딴 생명체들)만이 살아남고(6,9) 나머지는 모두 죽을 것이다(6,7.13). 보통사람의 운명을 경험하지 않았던 에녹처럼 노아도 부패한 세상의 여느 사람들이 겪을 운명을 피해갈 것이다. 노아의 이야기 8절은 9-10절의 설명을 거쳐 7장에서 계속될 것이다.

노아를 바라보는 엘로힘의 눈은 그를 제외한 모든 다른 인간은 변명의 여지가 없다고 판단한 것이다. 인간 스스로 통제할 수 없게 된 악이 신이 견딜 수 없을 정도로 지상에 넘치게 되었으니 이 악이 인간의 생존을 위협하게 된 것이다. 인간의 생존과 파멸이, 그리고 살아 있는 모든 것의 생멸이 인간의 악에서

---

24 5, 11, 12절의 반복은 인간의 부패상에 대한 강조이다. 강조는 이미 깊은 성찰을 했다는 암시이다. 특히 세 구절 모두 신의 시선을 전제하고 있음에 주의할 것이다.

비롯되고 있다. 어떤 의미에서 엘로힘은 인간의 악으로 인하여 자기 모순적(自己矛盾的)인 행동을 하게 될 것이다. 인간은 야웨 엘로힘의 창조를 거스르는 절망(絕望)이 된 것이다. 엘로힘은 자신이 창조한 인간 때문에 절망하고 있고 자기 모순(矛盾)에 빠졌다. 역설적으로 야웨 엘로힘의 창조(創造)와 파괴(破壞)는 엘로힘의 자기 모순을 낳았다. 결국, 인간은 신의 절망이며 모순이고, 자기 자신에게 절망이요 모순이 된 것이다.

실제로 이러한 자기모순을 느끼는 존재는 누구인가? 그것은 불행하게도 우리 자신이 아닌가? 우리 인간은 엘로힘의 창조와 파멸을 경험할 것이고, 그 모순을 우리 안에 가지게 될 것이다. 신의 모순적인 갈등은 '엘로힘이 후회한다' 혹은 '마음이 아프다'라는 표현에서 강렬하게 드러난다. 그렇지만, 역설적으로 이 표현은 엘로힘이 인간을 사랑한다는 것을 의미하기도 한다. 고통은 사랑이 없이는 전해지지 않는다. 인간에 대한 엘로힘의 사랑은 신의 자아에만 머무는 사랑이 아니라, 밖을 향한 사랑임을 밝혀준다. 끊임없이 자기를 넘어서 밖을 향하는 것, 자기 안에 고착(固着)되지 않는 사랑이다. 인간 때문에 신의 사랑이 자기모순에 봉착(逢着)하게 된 것이다. 신은 이기심이 없는 사랑이기 때문에 절망과 모순은 더욱 강하다. 사랑이 없는 인간은 결코 엘로힘의 절망과 모순을 알 수 없다.

엘로힘의 창조계획에서 인간의 악은 모순의 원인이다. 그러나 인간의 죄를 멸망의 원인으로 돌리기에는 아직 이해하기 어려운 것들이 있다. 개인적인 인간의 악이 문제가 된 것이 아니기 때문이다. 인간 집단의 생존이 이 사태의 중심에 있다. 인간의 악은 엘로힘의 개입을 불러왔고, 신의 징벌을 야기했던 것이다. 야웨 엘로힘이 역사 안으로 들어왔고, 인간과 역사를 더불어 창조하게 되었다. 인간들의 악은 추상적인 악이 아니라, 역사적으로 파악되는 악과 살인과 '폭력(暴力)'이다.[25]

인간의 악은 우리 세대를 포함하여 모든 시대가 경험하는 불행한 이야기이다. 사회의 악이 개인을 넘어서 집단적으로 행해지면, 상상을 초월하는 악이 된다. 상상을 초월하는 악이 자행되고 있는 세상의 주인공이 인간인 것이다. 이런 의미에서 모든 인간이 악을 저지르고 있었다(5절, 12절)는 창세기의 증언은 현실적으로 절박한 인류의 문제이다. 인간의 모든 생각과 뜻이 그러하고(5절), 모든 살덩이가 타락의 길을 걷는다. 단순해 보이는 창세 6장의 증언은 한 사회 전체가 악으로 뒤덮여 있는 상황을 묘사한다. 악이 악을 부르고 선의 씨앗을 기대할 수 없는 상황이 된 것이다. 따라서 5절에서 전하는 인간의 악은 아주 구체적이며 동시에 역사적이고, 파멸을 예고하는 재앙의 징조로 인간 스스로 통제할 수 없는 악일 것이리라. 그 결과 7절과 13절은 지구 자체도 인간 때문에 멸망할 것이라는 묵시적 선언을 들려준 것이다.

세상 - 혼돈의 땅, 에레츠 :

이러한 관점에서 13절과 7절이 표현하고 있는 의미를 좀 더 가까이 살펴볼 필요가 있다. 왜냐하면, 6장의 저자는 7절과는 달리 11-13절을 도입하면서 어떤 세계관을 강조하며 정리하고 있는 듯하기 때문이다. 7절은 땅 위의 "인간과 생명 있는 것들"의 멸망에 초점을 맞추고 있는 반면에, 13절은 인간을 언급하면서 "폭력으로 가득 찬 세상"을 두 번씩이나 반복하고 있다. 그런데 13절의 '세상'은 4장에서 카인과 땅의 관계를 이해하면서 논의되었던 에레츠(eretz)를 번역한 표현이다. 11절과 12절도 동일한 단어 에레츠를 사용하여 '세상은 폭력으로…' (11절), '세상은 엘로힘 앞에 타락해…,' '세상에서 타락한 길을…' (12절), '세상이 폭력으로 가득 찼기…,' '나 이제 세상에서 없애버리리라.' (13절)라고 말하고 있다.[26] 만약에 저자가 아다마가 아닌 에레츠를 세상/땅으로 표현한다면, 앞에서 이해했듯이 이것은 주의해서 알아들어야 할 단어가 아니겠는

---

25 악과 폭력은 창세설화의 대주제이다. 이 주제는 앞에서 밝힌 것처럼 설화의 후반부에서 더욱 분명하게 나타난다. 재창조의 길은 계약의 도입으로 성문화하고, 인간의 사회적 삶은 금지법으로 특징을 삼게 된다. 창세 9,1-17의 해설 참조.

가? 에레츠는 아다마와 달리 저주 받은 카인이 땅과 맺은 관계를 혼돈으로 암시하는 단어가 아니지 않은가? 이곳에서 사용된 에레츠는 타락과 폭력으로 가득 찬 땅을 암시하고자 하는 것은 아닌지? 따라서 저자는 13절에서 직접적으로 밝히지 않는 현대인이 모르는 어떤 사실을 전하고 있는 것으로 보인다. 13절이 인간과 동시에 세상/땅을 반복하면서 인간이 원인이 되어서 땅, 곧 세상이 멸망한다는 이야기를 하고 있기 때문이다. 단순히 홍수로 인하여 지상의 모든 생명체가 죽는다고 생각한다면 7절의 표현만으로도 충분할 것이다. 이로써 인간의 악이 땅과 지상생명을 파멸케 하는 재앙의 원인으로 보는 것만은 확실하다. 창세기는 구체적으로 이 선언의 내용을 구체적으로 '타락과 폭력'으로 표현한다.

타락과 폭력 :

인간의 부패는 이제 극에 도달했다. 현대적인 표현으로 말한다면, 인간의 부패뿐만 아니라 창조와 더불어 인간에게 위임된 땅도 병들었고 쓸모 없게 되었다. 인간이 거주하는 공간인 땅도 이미 인간에게 쓸모가 없게 되었고, 그 자체로도 존재이유가 사라져버렸다. 인간은 창조와 더불어 엘로힘에게서 위임 받은 자의 역할을 잃어버렸다. 이러한 성찰은 11-13절에서 분명하게 확인할 수 있다. 엘로힘의 눈에 땅은 부패했고 폭력으로 가득 찼기 때문이다. 모든 인간이 자신들의 타락을 땅에 뒤집어 씌웠으니, 땅은 인간의 언어로 말하지 않으나, 자신의 목소리를 나타냈을 것이다. 성경이 타락과 폭력이 가리키는 바를 명백하게 드러내지 않지만, 이 두 단어가 가리키는 바를 통해서 그 내용을 알아보기로 한다.[27]

---

26 세상을 나타내는 단어 에레츠(earth)는 사실상 구약성경 전반에 걸쳐 사용된다. 아주 드물게 사용되는 아다마(adamah)는 11장이 끝나고, 족장설화가 시작되는 창세 12장에서 아브라함에게 '세상 사람들이 네 덕을 입을 것이다(12,3)' 라고 야웨가 하신 말씀에 사용된다. 28,14; 탈출 10,6; 20,24; 32,12; 33,16 등 참조.

타락(shĥt) :

단어의 어원은 부식(腐蝕)시키거나 파괴(破壞)시킨다는 의미이다. 따라서 사물이 사용목적에 합당하지 않은 상태로 변화된다는 뜻이다. 구체적으로 예를 들면, ㄱ) 인간이나 동물에 이 단어가 사용될 때에는 '생명을 빼앗는다'는 함의(含意)가 있다. 또 이 단어는 ㄴ) '개인이든 집단이든, 올바르게 살 수 있는 인간의 내적 태도나 방향감각을 잃어버리게 하고 붕괴(崩壞)시킨다'는 의미가 있다. 그러나 ㄷ) 이 단어가 사물에 적용될 때에는(도시, 밭, 나무 등) '본래의 목적에 맞게 사용할 수 없는 상태가 된다'라는 뜻을 가진다.

11-12절에서 세 번씩이나 반복되는 이 단어는 13절에서 같은 어근의 표현으로 '멸망시킨다'는 의미로 한 번 더 사용된다. 이렇게 반복적으로 강조된 시각에서 볼 때, '땅이 부패했다(번역 : 세상이 타락해 있었다, 11절)'는 의미는 땅이 더 이상 제 구실을 할 수 없는 상태가 되었다는 뜻이다. 성경적으로 이해한다면, 땅은 더 이상 실질적으로 인간이 원하는 소출을 낼 수 없게 되었다. 야웨가 아담에게 내린 징벌선언 창세 3,17-18을 상기시키는 구절이기도 하다. 인간들은 이렇게 땅을 부패시킬 정도로 멸망에 이르는 삶을 살았으니, 인간들의 내적 태도를 가리키는 이 표현들은 인간-신, 인간-땅의 관계가 긍정적이지 못하고 파괴적(破壞的)이 되었음을 의미한다. 이 단어는 지상의 삶이 시간이 지날수록 더욱 악화되었다는 것을 고발하는 아주 중요한 용어인 것이다.

폭력(ĥamas) :

하마스는 '폭력' 혹은 '잘못된 행동'을 가리킨다. 의미의 폭이 넓어서 '언어의 폭력'에서 '피를 흘려서 타인의 생명을 빼앗는 행동'까지 포함한다. 사회적인 관점에서는 가난하고 약한 자들을 억누르는 행위뿐만 아니라 자기 방어 능

---

27 참조, Sharp, Donald B., A Biblical Foundation for an Environmental Theology : A New Perspective on Genesis 1,26-28 and 6,11-13, in ScEs 47/3, 1995, 305-313쪽. 좀 더 자세한 어원적 설명은 TWAT, W. Kohlhammer, Stuttgart, 1984을 참조.

력이 없는 이들을 착취하는 행위를 의미하기도 한다. 하마스의 대상은 대체로 인간이지만, 환경이 그 대상으로 지적되기도 한다(하바꾹 2,17). 하마스는 이처럼 인간의 착취 내지는 물리적 폭력을 함의하면서 동시에 환경의 파괴나 황폐화를 지칭한다.

두 단어의 용례에서 보이듯이 지구와 관련되어 사용된 단어 타락 혹은 부패는 인간 자신은 물론이고 인간이 살고 있는 환경의 황폐화를 가리키며, 폭력은 인간에 대한 언어와 물리적 억압 행위뿐만이 아니라 동물이나 식물을 포함하는 환경에 대한 파괴적 의미로도 사용된다. 땅이 타락과 폭력으로 넘친다는 성경의 지적은 전 지구적 차원의 재앙을 불러들이는 정당성을 제공한다. 엘로힘이 다른 방법을 취하여 세상을 치유할 수 없을 정도로 인간과 땅은 병들어 있었다는 묘사인 것이다. 저자는 이제 홍수라는 지구적 재앙이 필연적일 수밖에 없다는 내적 논리를 통해서 엘로힘의 선택이 어쩔 수 없는 행위임을 주장할 수 있게 되었다. 왜냐하면 야웨 엘로힘은 인간에게 땅을 포함한 창조계를 위탁했지만, 11-13절에서 주장하는 것처럼 인간은 위임 받은 책임을 수행하지 못하고 자멸(自滅)의 길을 갔기 때문이다.

다른 한 편, 독자는 이 문맥에서 이야기의 편집자가 지상의 인간들을 묘사하면서 사용할 법한 용어인 죄(罪)란 단어를 사용하지 않은 사실에 유의할 것이다. 이 단어는 카인과 야웨 엘로힘의 대화 중에 처음 사용되었던 용어이다(4,7). 그런데 죄의 상황을 묘사하면서 이러한 용어를 피한 듯한 인상을 준 까닭은 무엇일까? 아마도 그것은 이 용어가 엘로힘과 카인이 나눈 개인적인 차원의 대화 때문이 아니었을까? 왜냐하면 인간의 집단적 차원에서 이 용어를 사용하지 않음으로써 홍수 이야기는 단지 윤리적인 측면에서만 반성할 수 있는 사실이 아님을 암시하기 위한 것 같다. 이러한 추정의 근거는 이 용어 대신에 타락이나 부패(腐敗) 혹은 폭력(暴力)을 나타내는 단어들을 거듭해서 사용하고 있기 때문이다.

폭력과 관련해서 다시 한 번 더 숙고하고 강조할 필요가 있다. 폭력은 강(強)한 자가 약(弱)한 이들을 향해서 사용하는 힘이며, 약자들이 이 폭력에 굴복하지 않고 항거할 경우 죽음의 위협을 감내해야 한다. 폭력이 집단 안에서 사용될 때는 증폭되는 특성이 있어서 훨씬 더 무서운 효과를 불러일으킨다. 일반적으로 약한 자들은 도움을 필요로 하고, 강한 자들은 도움을 줄 수 있는 처지에 있다. 그러나 불의한 폭력이 판치는 세계는 이와 반대로 흘러간다. 강한 자들은 약한 자들을 발판으로 자기들의 삶을 더 영광스럽게 과시하고자 한다. 인간사회에서 약자의 약함을 이용하는 것이 강자의 속성으로 자주 드러난다. 강한 자들은 자신들의 능력을 발휘할 수 있는 대상으로 약한 자들을 억누르고 공포로 다스린다. 더우기 우리가 살아가는 사회적 현실은 폭력이 집단 안에서 가동될 때에 조직적인 메카니즘 속에서 효과적으로 발휘된다는 것을 보여준다. 이처럼 집단 안에서 행해지는 폭력은 조직적인 성격을 띨 수밖에 없기 때문에, 지구적 차원의 폭력은 지구 어디에서나 인간의 악을 저지할 수 없게 되었다는 말이다. 지구적 차원의 불의와 부패는 지구적 차원의 재앙을 불러올 원인을 충분히 제공한다.

인간은 물론 지구도 폭력은 죽음의 힘으로 작용한다. 홍수라는 지구적 재앙을 불러들인 악(惡)은 우리에게 어떤 추론이나 형이상학적 사유를 통해서 소개되지 않았다. 창세기는 직설적 표현으로 커다란 호소력을 서술할 수 있게 되었다. 달리 말하면, 창세 6장의 묘사는 지구를 가득 채우고 있는 폭력이 인간의 삶을 지배하고 있다는 사실을 증언한 셈이다. 사회적 폭력이 개인적 삶을 지배할 뿐만 아니라 이제는 지구 전체를 덮게 된 폭력을 고발하고 있는 것이다! 이 죽음의 힘인 폭력을 살고 있는 세상이 엘로힘의 마음을 아프게 했던 것이다. 그래서 창세기는 자연재앙인 홍수의 원인을 자연에서 찾지 않고, 상상을 초월하는 폭력을 행사하는 인간과 인간사회에게서 찾은 것이다.

창조의 마지막 날, 엘로힘의 고백을 기억해 볼 필요가 있다. 엘로힘의 눈에 일체의 창조가 보기에 아주 좋았다(1,31). 2장에서 야웨 엘로힘의 창조는 개선의 여지가 있었지만(2,18 : 아담이 홀로 있는 것이 좋지 않으니...), 이제는 그럴 여지조차 사라졌다. 인간은 어느 사이 모든 질서를 거꾸로 돌려놓았던 것이다. 무질서와 혼돈은 인간 개개인의 문제를 넘어서 사회 전체, 인류 전체의 미래가 관련된 문제가 되었다. 인류 공동체 전체가 죽느냐 살아 남느냐 하는 문제로 생존의 갈림길에 서게 된 것이다. 세로운 질서가 확립되기 전에 홍수는 창조의 첫날에 묘사된 혼돈과 무질서의 세계를 가져올 것이다.

ㄴ. 노아와 홍수의 대비 : 6,14-7,5

땅과 함께 인간들을 멸망시킬 홍수가 닥치기 전, 엘로힘은 노아를 통하여 새로운 창조를 준비한다. 멸망의 어둠 속에서 배태되는 창조의 씨앗이 엘로힘의

노아와 홍수

말에서 나타난다. 새로운 창조가 선택된 한 인간과 함께 준비되고 있다. 대홍수는 새 날을 준비하는 어둠과 혼돈을 가져올 것이며, 그 위를 떠다닐 작은 생명의 배는 오직 신의 보호만으로 살아날을 수 있을 것이다.

ㄴ1. 배의 건설 : 6,14-16

> 14. 너는 전나무로 방주 한 척을 만들어라. 그 방에 작은 방들을 만들고, 안과 밖을 역청으로 칠하여라.
> 15. 너는 그것을 이렇게 만들어라. 방주의 길이는 삼백 암마, 너비는 오십 암마, 높이는 삼십 암마이다.
> 16. 그 방주에 지붕을 만들고 위로 한 암마 올려 마무리하여라. 문은 방주 옆쪽에 내어라. 그리고 그 방주를 아래층과 둘째 층과 셋째 층으로 만들어라.

배의 건설과 관련해서 연구자들은 길가메쉬 서사시와 비교하기도 한다. 창세 6장의 이야기와 같이 창조물들을 쓸어버리기 위한 결정을 선택한 엘로힘이 배 만들기를 지시한다. 창세 6장의 노아에 해당하는 인물-노아의 역할을 하는 인물을 수메르어로 지우수드라(Ziusudra), 고대 바빌로니아어로 아트라하시스(Atrahasis), 아카드어로 우트나피쉬팀(Utnapishtim-길가메쉬의 조상)이라고 한다-은 신의 명령대로 배를 건설하는 데, 이 크기는 노아가 건설하도록 명령 받은 배의 크기와 비교가 될 수 없을 정도로 크다.[28]

노아가 만든 이 배는 테바(tbh, 보통 방주方舟라고 번역하는데 그 모양을 나타낸다)라고 불리며, 그 크기는 사만 톤 이상을 실을 수 있는 크기의 배이다.

---

28 Cahiers Evangile #64, Supplement : La Création et le Déluge, 48쪽 이하 참조. 배의 모양 : 일종의 궤짝과 같고, 전체 모양은 평저선(平底船; 바닥이 평평한 배)의 모습을 가진 것처럼 묘사되어 있다. 또 다른 바빌론 문헌에 의하면 홍수 때 만든 배의 길이는 거의 1000미터에 이른다는 보고도 있다.

창세 6,15에 지시된 배(테바)의 크기를 수치로 나타내보면 그 크기에 놀라지 않을 수 없다. 창세에 기록된 단위를 현대에 사용되는 미터시스템으로 환산하면 창세기에서 사용된 단위 '암마(amah)'는 전문가에 따라 약간 다르지만, 45㎝ 내지는 53㎝ 안팍으로 계산한다. 작은 길이를 택하여 45㎝로 환산하면, 길이 약 135미터(=300amh×0.45), 폭 약 22.5미터(=50×0.45), 높이 약 13.5미터(=30×0.45) 정도의 크기로 이해된다. 이 크기는 135m×22.5m×13.5m= 41006.25㎥로써 화물을 실을 경우 무려 40,000톤이 넘는 거대한 배가 우리들 앞에 나타난다. 만약 이것이 사실에 가깝다면(신화는 늘 어떤 사실에 대한 먼 기억의 흔적이다), 노아 시대의 사회는 우리가 상상할 수 없는 고도의 문명을 누리고 있었다는 사실에 놀라지 않을 수 없다. 4만 톤이 넘는 배를 만들기 시작한 것은 20세기에 들어와서 가능했기 때문이다. 우리는 문명이 고대로부터 지금까지 점진적으로 발전해 왔다고 믿고 있는 데, 이러한 사실이 심각한 의문에 붙여지기도 한다. 문명과 역사의 발전에 대한 기존의 가정이 성경의 증언으로 무너지는 것처럼 느껴진다. 길가메시 서사시에 나타난 배의 크기를 계산해 보면 더욱 놀라울 뿐이다. 폭은 약 60미터, 높이는 약 60미터로 길이는 나타나 있지 않지만, 폭은 3배 정도, 높이는 4배 이상이니 노아가 명령받은 크기와 비교해 볼 때, 길가메시 서사시에 나타난 배는 노아의 배보다 훨씬 더 큰 배라는 것을 짐작할 수 있다.

14절부터 16절에 걸쳐서 배의 크기와 모습을 상세하게 기록하고 있는 토라가 건축물과 관련하여 세세한 크기를 언급하고 있는 두 번째 경우는 성전의 건설뿐이다(1열왕기 6-7장). 이는 토라가 노아와 홍수의 이야기에 특별한 의미를 부여한다는 것을 짐작하게 한다. 성전(聖殿)은 일차적으로 야웨 엘로힘이 이스라엘을 만나는 공간적 매개 장소로서 이스라엘 민족의 구원역사라는 관점에서 이해할 수 있는 개념이다. 마찬가지로 노아의 방주(方舟)라고 번역하는 이 단어 테바는 궤짝의 의미로도 사용된다. 출애굽 2,3에서 갓난아기 모세를 살리기 위하여 나일 강물 위에 띄어보낸 바구니가 바로 이 테바이다. 이런 의미에서 테바는 모세의 경우처럼 생명을 담고 '떠도는 에덴'[29]이라고 말할 수 있다. 말하자면, 테바는 인류의 구원이라는 주제와 관련해서 그 의미를 발생시킨다. 이처럼 성전이 이스라엘의 구원역사관에 중요한 개념인 것처럼, 노아의 방주도 인류의 구원에 그와 동등할 정도로 중요한 개념인 것이다.

ㄴ2. 인류의 파멸과 새 창조의 예고 : 6,17–7,5

(사제계)

17. 이제 내가 세상에 홍수를 일으켜, 하늘 아래 살아 숨쉬는 모든 살덩어리들을 없애 버리리라. 땅 위에 있는 모든 것이 숨지고 말리라.

18. 그러나 내가 너와는 내 계약을 세우리라. 너는 아들들과 아내와 며느리들과 함께 방주로 들어가거라.

19. 그리고 온갖 생물 가운데서, 온갖 살덩어리 가운데서 각각 두 마리씩 방주에 데리고 들어가, 너와 함께 살아남도록 하여라. 그것들은 수컷 암컷이어야 한다.

20. 새도 종류대로, 짐승도 제 종류대로, 땅바닥을 기어다니는 것들도 제 종류대로, 각각 두 마리씩 너에게로 와서 살아남도록 하여라.

21. 그리고 너는 먹을 수 있는 모든 양식을 가져다 쌓아 두어, 너와 그들 모두의 양식이 되게 하여라."

22. 노아는 그대로 하였다. 엘로힘께서 명하신 그대로 하였다.

(야웨계)

7장 :

1. 야웨께서 노아에게 말씀하셨다.

---

29 Jean-Pierre Molina, Noé et Déluge, in ETR 55, 1980, 259쪽.

"너는 네 가족과 함께 방주로 들어가거라. 내가 보니 이 세대에 내 앞에서 의로운 사람은 너밖에 없구나.

2. 정결한 짐승은 모두 수놈과 암놈으로 일곱 쌍씩, 부정한 짐승은 수놈과 암놈으로 한 쌍씩 데려가거라.

3. 하늘의 새들도 수컷과 암컷으로 일곱 쌍씩 데리고 가서 그 씨가 온 땅 위에 살아남도록 하여라.

4. 이제 이레가 지나면, 내가 사십 일 동안 밤낮으로 땅에 비를 내려, 내가 만든 생물을 땅에서 모두 쓸어버리리라.

5. 노아는 야웨께서 명하신 대로 다 하였다.

6,17-22는 사제계 전승이고 7,1-5는 야웨계 전승으로 동일한 내용을 두 전승이 달리 전하고 있음을 알 수 있다. 모든 사건에서 알 수 있는 것처럼, 홍수 이야기에서도 구원의 소식은 인류의 파멸과 짝을 이룬다. 생명을 주시는 분이 그 생명을 거둘 것이다. 6,17과 7,4절은 바로 이러한 의지를 선언한다. 6,13(…땅에서 쓸어버리리라.)에서 선언된 엘로힘의 의지가 반복해서 나타난다. 테바를 건조하는 이유가 바로 홍수를 통하여 지상의 모든 생명을 쓸어 없애고자 하는 엘로힘의 의지이다. 인류의 구원과 파멸이 동시에 짝을 이루는 역설적 주제로 나타나는 것이다. 테바의 건조가 창조계의 파멸이라는 지구 재난의 와중에서 노아와 그에 딸린 가족과 동물들의 구원을 상징한다면, 이 구원은 바로 엘로힘이 노아와 맺을 계약이라는 것을 미리 앞서서 예고하는 것이 된다(18절).

이 예고로 테바는 창세 2장을 통해서 우리에게 알려진 정식을 상기시킨다. '모든 것은 허용하되, 이것만은…(예외적으로)금한다.' 창조계의 모든 생명 있는 것들에게 파멸을 가져오지만, 노아와 그와 함께 머무는 가족과 생명들에게만 파멸이 유보되는 예외를 허용한 것이다. 그렇다면 왜 노아를 포함한 소수의 생명을 건지면서 더 많은 다수의 생명을 포기하는가? 한 생명이라도 더 건져야 하는 것은 아닌가? 창세기는 이 같은 질문을 직접 대답하지 않지만, 소돔과 고모라에 관한 아브라함과 야웨 엘로힘의 대화를 제공한다(창세 18,16-33; 19,1-29). 이 대화에서 알 수 있는 것은 소수는 전체를 대변하는 성경적 상징인 것이다. 따라서 소수를 살린다는 것은 전체를 구원하기 위한 예비적 행동이다.

이와 같이 테바는 엘로힘이 소수를 파멸의 예외로 허락하는 생명의 배이며, 말씀을 상징한다. 홍수 후에 살아 남는 노아와 그 가족, 테바의 생명들은 전 창조계의 생명을 대표한다. 이들의 미래가 되는 창조계의 전 생명은 이미 테바에서 잉태되고 있었으며, 엘로힘은 이들에게 선포하는 계약의 구체적인 내용을 테바에 준비시키고 있었던 것이다. 이 계약의 내용은 전 창조계를 대표한 노아에게 홍수가 끝나는 시점에서 알려질 것이다(9장).

테바에 들어가 노아와 함께 생명을 보호 받는 동물들, 곧 생명의 대표집단에 이미 균열이 예고된다. 이들에 대한 사제계 전승(6,17-22)과 야웨계 전승(7,1-5)의 내용에 일종의 불일치가 발생하고 있고, 7장은 정결한 동물과 부정한 동물의 보호 숫자에 차이를 둠으로써 의문을 발생시키고 있는 것이다. 왜 정결한 짐승은 암수 7쌍, 부정한 짐승은 암수 1쌍으로 제한하였는가?(2-3절). 정결과 부정은 종교적 개념이며, 창조계 안에서 거룩함과 불결함을 구별하는 일종의 부정적 태도를 나타낸다. 창조의 진행을 '좋았다(tob)' 고 선언한 엘로힘의 판단은 더 이상 유효하지 않고, 인간의 생각에서 깨끗한 것과 깨끗하지 않은 창조물의 구별로 창조에 대한 새로운 이해가 발생한다. 어쨌든, 이 질문에 대한 대답은 8,20-22에서 부분적이나마 듣게 될 것이다. 아직 인간과 동물이 채식을 하는 같은 운명의 공동체를 구성하고 있지만, 정결한 짐승과 부정한 짐승의 구별은 벌써 동물의 생명계에 피의 폭력에 대한 위험스런 전조를 느끼게 한다.

파멸과 구원 :

엘로힘의 명령은 구원의 명령이며 단호하고 아주 단순하다. '들어가라!' 노아가 건설한 배 안으로 노아와 그 가족과 동물들이 들어가고, 홍수기간 동안에 필요한 먹을 거리가 채워진다. 여기서 우리는 창세 2장에서 야웨 엘로힘이 아담 앞으로 동물들을 이끌어 내어 지나가게 한 장면을 상기할 수 있을 것이다. 엘로힘이 명령한 대로 건설한 테바 안으로 들어가는 동물들과 인간의 모습에서 우리는 2장의 장면을 새로운 시선으로 바라볼 수 있다. 2장이 야웨 엘로힘의 현존이 가득한 에덴동산을 무대로 하여 연출되고 있다면, 6장의 이 장면은 지구적 재난으로 인한 전 인류의 파멸을 앞두고 전개되는 지상이 그 무대라는 점이 대조적이다. 에덴동산에서 전체 생명계가 평화를 누리고 있었다면, 지금은 홍수를 눈앞에 두고 노아를 포함하는 전체 생명계가 두려움과 긴장에 떨고 있다. 인간의 번성과 축복이 무너지는 순간에 동물도 동일한 운명을 맞이하고 있는 것이다. 동물도 엘로힘이 '번성하라(1,22)'라는 축복을 내린 창조계의 구성원들이 아니었던가. 죽음과 생명의 명암이 엇갈리는 이 장면은 엘로힘의 축복을 받은 창조계의 구원이 인간 때문에 멸망의 공포와 두려움 속에서 새창조가 시작되고 있음을 보여준다.

구원은 파멸(破滅)과 더불어 시작한다. 창조가 물로 상징되는 카오스에서 질서를 세워나간 것이라면(1장), 그리고 창조의 정점이 일곱째 날에 엘로힘의 휴식으로 상징되었다면(2,3-4), 홍수(물)에 의한 파멸은 다시 일곱째 날에 시작된다(7,4.10). 전 인류에게는 멸망이 되는 새로운 창조는 이렇게 일곱째 날에 시작될 것이었다. 노아와 동물들이 함께 구원을 받는다면, 멸망할 인간들은 그와 더불어 동물들과 함께 멸망할 것이다.

여기서 우리는 창조계 안에서 '살아 있는 존재로서'(6,17; 2,7) 인간과 동물간의 관계가 얼마나 가까운 관계를 형성하고 있는지 생각해 보아야 할 것이다. 동물들의 멸종은 곧 인간 멸망의 징조로 예감해도 크게 어긋나지 않으리라. 홍수 이야기는 암시로나마 인간과 동물을 분리하기는커녕 이들이 동일운명의 공동체를 이루고 있다는 사실을 보여준다. 엘로힘과 인간의 관계가 동물과 인간의 관계를 나타내는 척도인 것처럼 말이다. 그리고 6,21에서 준비되는 양식은 아직 인간과 동물들의 먹을 거리를 구분하지 않는다. 인간의 삶과 동물의 삶은 서로를 배척하지 않고 하나를 이루고 있기 때문이다. 먹을 거리 규정으로 인간과 동물이 (상징적으로) 적대적 관계로 선언되는 9장에서 인간의 채식은 끝나고 선언적으로 동물의 육체가 인간의 양식으로 허용될 것이다.

6,18에서 사용된 '계약(*brith*)'이란 용어는 아직 구체적인 선언의 내용을 명시하고 있지 않으나, 인간의 구원(救援)이 바로 새로운 창조(創造)라는 것을 암시하고 있다. 그리고 그것은 인간과 신의 약속으로 유효하다. 이 약속은 미래의 일을 가리키며 아직 성취되지 않은 엘로힘의 의지를 나타낸다. 이 약속은 엘로힘의 명령을 그대로 실천하는 과정에서 실현될 것이다. 6,22와 7,5는 바로 이러한 노아의 태도에서 신의 인류구원이라는 창조의 미래를 보여주고 있다. 엘로힘이 지시한 대로 노아는 실천한 것이다.[30]

22절(노아는 그대로 하였다. 엘로힘께서 명하신 그대로 하였다.)은 아주 간단한 표현이지만, 인류 구원의 시각에서 볼 때 아주 중요하다. 아담과 하와 이후로 진행된 역창조의 진행과정에서 문제된 것은 하나같이 야웨 엘로힘의 명령에 순종할 수 없었던 인간의 반항이었다. 아담의 후손이 보여준 반항과 달리 노아의 태도는 순종이란 단어 하나로 요약할 수 있게끔 묘사하고 있는 것이다. 인류역사의 붕괴를 야기한 인간의 관점에서 노아의 이런 태도는 이해할 수 없었던 행동이었으리라. 인간의 자율성을 뜻하는 불순종이 파멸을 불러왔지만, 엘로힘에게 순종함은 인류를 보존하고 생명을 보호하는 행동이었던 것이다.

30 신의 명령을 실천했다는 의미는 노아가 신에 의해서 선택된 사실을 설명하는 말이다. (참조. 히브리 11,7). 창세에서 노아의 인물됨에 대하여 '의(義)롭다'고 할 때에 그것이 무엇을 의미하는지 아무런 전제도 해설도 없다. 우리에게 중요하게 보이는 사실은 다만, 노아가 인류의 미래를 짊어진 신의 전령으로 선택되었다는 점이다. 그는 신과 더불어 인류의 미래를 새롭게 창조할 아담인 것이다.

달리 말하면, 인간은 불순종의 태도로 자기통제능력을 잃어버림으로써 '신과 함께 걸을 수 있는 길(순종)'을 벗어나 자기 파멸의 길에 들어선 것이다.

ㄷ. 대홍수 : 7,6-8,22

노아의 나이 600세 되던 해에 홍수가 발생했다. 야웨계 전승에 따르면, 홍수는 밤낮 40여 일을 내렸고(7,12. 17), 노아와 함께 있는 동물을 제외하면, 지상의 생명체는 모두 사라졌다. 이야기는 아직도 두 전승 층이 엇갈리고 있어서 우리에게 의문을 불러일으키지만, 그 묘사는 한층 더 우리의 관심을 흥미진진하게 만든다. 우리의 관심은 이러한 엇갈린 전승층의 구별에 있는 것이 아니니 이 문제는 주석가들에게 맡기고 우리는 홍수 이야기의 진행과정과 그 의미만을 추구하기로 한다.

ㄷ1. 홍수(洪水)의 시작[31] : 7,6-24절

6. 땅에 홍수가 난 것은 노아가 육백 살 되던 때였다.
7. 노아는 아들들과 아내와 며느리들과 함께 홍수를 피하여 방주로 들어갔다.
8. 정결한 짐승과 부정한 짐승, 새와 땅바닥을 기어다니는 모든 것이
9. 엘로힘께서 노아에게 명하신 대로, 수컷과 암컷 두쌍씩 노아에게 와서 방주로 들어갔다.
10. 이레가 지나자 땅에 홍수가 났다.

---

31 이 부분의 기록은 사제계 문헌으로 분류할 수 있어서 대체로 사제계 이야기 안에 야웨계 문장이 조금씩 삽입된 것으로 본다. 창세 7,6-24을 야웨계와 사제계 문헌으로 분리해서 이해하고자 한다면, 본 장의 마지막에 부록으로 첨부한 표 1을 참조할 것.

11. 노아가 육백 살 되던 해 둘째 달 열이렛날, 바로 큰 심연의 모든 샘구멍이 터지고 하늘의 창문들이 열렸다.
12. 그리하여 사십 일 동안 밤낮으로 땅에 비가 내렸다.
13. 바로 그 날, 노아는 자기 아들 셈과 함과 야펫, 자기 아내, 그리고 세 며느리와 함께 방주로 들어갔다.
14. 그들과 함께 모든 것이 제 종류대로, 모든 집짐승이 제 종류대로, 땅을 기어다니는 모든 것이 제 종류대로, 그리고 모든 새가 제 종류대로, 곧 온갖 날짐승과 날개 달린 것들이 들어갔다.
15. 살아 숨쉬는 모든 살덩어리들이 두쌍씩 노아에게 와서 방주로 들어갔다.
16. 이렇게 엘로힘께서 노아에게 명하신 대로, 모든 살덩어리들의 수컷과 암컷이 들어갔다. 그런 다음, 야웨께서 노아 뒤로 문을 닫아 주셨다.
17. 땅에 사십 일 동안 비가 계속되었다. 물이 차 올라 방주를 밀어 올리자 그것이 땅에서 떠올랐다.
18. 물이 불어나면서 땅 위로 가득 차 오르자 방주는 물위를 떠다니게 되었다.
19. 땅에 물이 점점 더 불어나, 온 하늘 아래 높은 산들을 모두 뒤덮었다.
20. 물은 산들을 덮고도 열 다섯 암마나 더 불어났다.
21. 그러자 새와 짐승과 들짐승과 땅에서 우글거리는 모든 것, 땅에서 움직이는 모든 살덩어리들, 그리고 사람들이 모두 숨지고 말았다.
22. 마른 땅 위에 살면서 코에 숨이 붙어 있는 것들은 모두 죽었다.
23. 그분께서는 사람뿐 아니라 짐승과 기어다니는 것들과 하늘의 새들까지, 땅에 사는 모든 생물을 쓸어버리셨다. 이렇게 그것들은 땅에서 쓸려 가버렸다. 노아와, 그와 함께 방주에 있는 사람과 짐승만 남았다.
24. 물은 땅 위 백오십 일 동안 계속 불어났다.

홍수 이야기의 중심부에 위치한 재앙의 묘사는 엘로힘의 명령에 따라 노아가 만든 배-테베 안으로 들어온 동물계 곧 전 창조계를 대표하는 '살아 있는 존재' 들을 열거함으로써(7,7-9; 7,14-16) 새로운 창조신학을 전개한다. '창조는 엘로힘의 은총이다.' 라는 생각은 창세기 첫 머리부터 제시해 놓은 사상이다. 생명을 주시는 그 분이 생명을 거두어가는 엘로힘이지만, 바로 그 엘로힘이 홍수로 멸망에 닥친 창조계에 구원의 길을 열어 놓는다.

창세기 전체의 이야기가 그 절정을 향해 달리는 과정에서 창조는 홍수라는 지구적 재앙의 공포를 배경으로 점차 구원이라는 주제를 향해 변모하기 시작한다. 이미 테바 안으로 들어간 노아의 가족 여덟 명과 미래의 생명계를 지속할 짝을 이룬 동물들이 이야기의 토대를 준비한다. 더구나 이야기의 맥을 변질시키지 않는 범위 안에서 야웨계 문헌과 사제계 문헌이 이 인물들의 미래의 삶과 죽음을 반복해서 서술한다는 것은 창세기 저자의 초점이 어디에 있는지 보여준다. 창조의 씨를 잉태한 테바의 삶이 준비된 후에 창세기는 가공(可恐)할 홍수가 지구를 덮쳤다고 기록하고 있는 것이다(7,10-11). 그날 하늘 위의 물과 땅 아래의 물이 모두 물을 쏟아내기 시작했다. 그날 노아와 그의 가족과 동물들은 엘로힘의 명령대로 테바 안으로 들어갔다. 멸망과 구원은 같은 날 같은 시간에 시작되었다(7,13-14).

엄청난 물이 지표면을 덮고, 지상의 살아 있는 모든 생명체를 삼켜버렸다. 지상의 높은 산들을 물 아래로 내려보낸 이 재앙은 생명을 멸절하는 파괴적인 자연의 보복처럼 묘사된다(7,17-21). 그리고 노아와 함께 테바 안으로 들어간 동물들을 제외하고 모든 생명체의 죽음을(7,22) 엘로힘의 징벌로 선언한다(7,23). 오랜 기간 물은 지구를 덮고 생명의 가능성을 거부한다. 이야기가 강조하듯이, 물은 혼돈에서 갈라져 나올 때에는 생명의 원천이 되지만, 혼돈으로 돌아갈 때에는 생명을 앗아가는 어두운 힘이다. 창조가 진행되는 동안(1장)에 물은 '위'에 있는 물과 '아래'에 있는 물로 나뉘어(1,6-8) 엘로힘의 창조의 영역인 뭍과 바다를 준비했다(1,9-10). 그러나 지상에서는 '위'에 있는 엘로힘의 아들들이 '아래'에 있는 지상 인간의 딸들과 그 경계를 무시하며 행동했다

(6,1-4). 홍수 이야기가 있기까지 창조계의 모습을 묘사하고 있는 이러한 창세설화는 이런 의미에서 홍수를 '위'와 '아래'의 경계를 무너뜨리는 인간의 행동에 대한 징벌선언을 상징한다.

홍수는 '아래'에 있는 '큰 심연의 모든 샘구멍이 터지고' '위'에 있는 '하늘의 창문들'이 열려(7,11) 질서를 무너뜨리고 생성된 카오스를 가리킨다. 우주창조의 첫 단계에서 위의 물과 아래의 물이 나뉘어(1,7) 수직적 차원에서 혼돈을 가르고 나온 코스모스가 등장하고 있다면, 창세 2장은 에덴동산의 물이 4개의 강으로 나뉘고 갈라짐으로써(10절) 카오스에서 더욱 분명한 코스모스인 지상세계의 출현을 강조했다. 이처럼 홍수는 엘로힘의 창조 이전의 상태인 카오스로 돌아가는 것을 상징하며, 창조의 역행을 드러내는 재앙으로 묘사된다. 그러나 카오스의 상징으로써 홍수가 엘로힘의 창조력을 앗아갈 듯이 묘사되어 있지만, 이것도 엘로힘의 의지에 따라서 조율되어야 한다. 물은 엘로힘이 인류를 징벌하는 한에 있어서만 그 파괴적인 힘을 발휘할 뿐이다.

창세기의 이러한 묘사는 엄격한 의미에서 사실적 묘사가 아니며 그렇다고 전적으로 신화적 묘사도 아니다. 당대의 전승들과 비교되는 고대 바빌론 문명의 길가메쉬 서사시와 달리, 노아의 이야기는 구원과 창조의 신학적인 의미(意味)를 전달하기 위하여 기록되고 있기 때문이다. 창세기는 창조에서 홍수에 이르는 과정을 창조 -> 파괴 -> 재창조의 진행으로 보여주면서 이 전 과정을 엘로힘의 은총에 의한 구원사로 해석한다. 또한 전 지구적인 생명 -> 죽음 -> 생명의 틀이 노아라는 한 인물로 집중하고 있다는 점을 강조한다. 노아는 무엇보다도 엘로힘의 명령을 그대로 수행한 인물이다. 아주 단순하게 아무런 수식어 없이 기록되어 있는 이 말-엘로힘의 말씀대로 행동했다-속에는(6,22; 7,5. 참조, 7,16ㄴ) 유일한 구원의 끈이 노아를 통하여 생존할 수 있었던 세상의 부정적 상황을 암시한다. 비록 창세기는 노아의 입장에서 서술될 수 있는 세상을 묘사하지 않지만, 그는 세상의 상황을 심각하게 바라보고 있었을 것이다. 엘로힘이 인간에게 절망하여 자조 섞인 독백을 하고 있는 동안에, 노아만 의로운 인간으로 묘사되었다는 사실이 이를 암시한다. 노아도 멸망할 인류의 한 존재였으니까 그의 생각에 자신만 혼자서 멸망할 인간들 중에서 벗어날 어떤 이유도 없었을 것이다. 이야기의 편집자가 노아에게 말할 기회도 주지 않았고, 재창조의 길을 택한 엘로힘의 구원 행동만을 묘사하고 보고한 이유가 여기에 있다.

ㄷ2. 홍수의 끝 : 8,1-22.

창세 8장 전체는 대홍수가 끝나고 노아와 그의 가족들이 방주 밖으로 나온 장면을 묘사한다. 홍수가 끝나고 비로소 새 창조를 여는 시간이 된 것이다. 홍수의 끝이 노아와 재난을 피해 살아난 창조계의 희망으로 묘사되고, 새 세상의 시작을 알린다.

홍수의 끝 시작 : 1-5절

1. 그때 엘로힘께서 노아와, 그와 함께 방주에 있는 모든 들짐승과 모든 집짐승을 기억하셨다. 그리하여 엘로힘께서 땅 위에 바람을 일으키시니 물이 내려갔다.
2. 심연의 샘구멍들과 하늘의 창문들이 닫히고, 하늘에서 비가 멎으니,
3. 물이 땅에서 계속 빠져나가 백오십 일이 지나자 물이 줄어들었다.
4. 그리하여 일곱 째 달 열 이렛날에 방주가 아라랏산 위에 내려앉았다.
5. 물은 열 째 달이 될 때까지 계속 줄어, 열 째 달 초하루에는 산봉우리들이 드러났다.

태양력으로 한 해를 꽉 채우고 홍수의 끝이 온다.[32] 홍수의 끝은 엘로힘이 홍수 위를 떠도는 노아를 기억하는 사실부터 시작한다. 엘로힘은 홍수의 고통을 겪고 있는 그의 창조물들에 대한 염려를 표시한다. 신은 홍수로 고통 받고 있는 인간을 기억한 것이다. 창세 8,1에서 엘로힘이 인간을 기억한다는 것은 노아의 두려움, 절망적 상태, 애원과 연관이 있다. 그러나 엘로힘의 자비는 그

이상이다. 인간이 엘로힘을 생각하기 전에 엘로힘은 인간의 필요에 따라 행동하신다.

노아는 엘로힘의 구원 약속에도 불구하고 사실상 죽음의 상태에 놓여 있었다. 그의 삶의 공간은 지구(地球)라는 물결 위에 떠 있는 테바일 뿐이었기 때문이다. 창조의 공간은 물 속에 삼켜지고 죽음의 위협만이 경험되는 테바는 죽음 속에서 피어날 생명의 씨앗이며 불꽃이었다. 테바 안에서 살아 있다는 것은 죽음의 공포와 삶의 가능성이 매 순간 교차하는 일상적 공간의 연속이었으리라. 생명이 잉태되고 세상의 빛을 보기 전의 어둠이 테바의 삶이었으니 노아의 1년은 죽음에 가까운 어둔 기간이었을 것이다. 엘로힘의 기억은 어둔 밤을 지나고 있는 노아를 빛으로 불러내는 은총의 시작이었던 것이다.

엘로힘의 기억은 홍수를 대상으로 그분의 숨-바람을 불어보내는 것으로 시작한다. 어둠이 깊은 물 위를 덮고 그분의 숨이 휘돌고 있었던 혼돈의 시간(창세 1,2)을 떠올리게 한다. 엘로힘의 숨이 홍수의 원천을 막아버리자 점차 물은 수위를 낮추고 산들의 정상이 나타난다.[33] 산들의 정상이 다시 나타나는 모습을 묘사하는 과정은 혼돈에서 자연계의 질서가 점차 그 얼굴을 드러내는 첫 창조를 연상시킨다.

---

32 숫자놀이에 세심한 사제계 문헌을 따라서 홍수의 기간을 계산해 보면 다음과 같다. 노아의 나이 600세, 둘째달 17일 (7,11). 홍수가 끝나는 날, 노아의 나이 601세, 두 번째 달 27일 (8,13-14). 기간은 1년 11일. 태음력의 일년은 6개월×30일+6개월×29일=354일. 354+11일=365일은 태양력 1년을 뜻한다. 따라서 홍수 기간은 태양력으로 만 1년을 채웠다. 알렉산드리아에서 번역된 희랍어 성경 70인 역본도 이 구절을 태양력으로 계산하여 1년 365일로 이해하며, U. Cassuto도 14절을 365일(완전한 태양력 1년)로 해석한다. U. Cassuto, 제 2권, 창세 8,14절 주석부분과 43-45쪽; 태음력과 태양력 사이의 조화 시도에 대한 해석의 예, J.T.A.G.M. Van Ruiten, The Interpretation of the Flood Story in the Book of Jubilees, in Interpretations of Flood, 66-85쪽, 특별히 68-72쪽 참조. 참고로 이 장의 마지막에 첨부되어 있는 표 2는 이 부분의 전승층을 구분해서 보여준다.

33 아라랏산. 터어키 영토내에 있다. 노아의 테바가 멈추었으리라고 전해지는 곳. 오늘날의 코카사스 남부지방-아르메니아, 터기의 동부 산악지대, 이란의 서부 산악지대를 아우르는 고지대로 이 산은 3000-5000미터가 넘는 고봉지대에 위치한다. 2열왕기 19,37; 이사야 37,38. 여기에 대한 전승은 주변문화에서 여러 양태로 나타난다. 그러나 성경의 이야기는 어떤 특정의 산 봉우리를 가리키고 있지 않다는 것이 정설이다.

새를 날려보냄 : 8,6–12

6. 사십 일이 지난 뒤에, 노아는 자기가 만든 방주의 창을 열고
7. 까마귀를 날려보냈다. 까마귀는 밖으로 나가 땅에 물이 마를 때까지 왔다갔다 하였다.
8. 그는 또 물이 땅에서 빠졌는지 보려고 비둘기를 내보냈다.
9. 그러나 비둘기는 발붙일 곳을 찾지 못하고 방주로 노아에게 돌아왔다. 온 땅에 아직 물이 있던 것이다. 노아는 손을 내밀어 그것을 잡아 방주 안으로 들여놓았다.
10. 그는 이레를 더 기다리다가 다시 그 비둘기를 방주에서 내보냈다.
11. 저녁때가 되어 비둘기가 그에게로 돌아오는데, 싱싱한 올리브 잎을 부리에 물고 있었다. 그래서 노아는 땅에서 물이 빠진 것을 알게 되었다.
12. 노아는 이레를 더 기다려 그 비둘기를 내보냈다. 그러자 비둘기는 그에게 다시 돌아오지 않았다.

물이 충분히 빠졌는지 알기 위하여 처음에는 까마귀를 날려보냈고,[34] 이후 계속해서 3번 비둘기를 날려보냈다. 그러나 마침내 세 번째 비둘기는 돌아오지 않았고[35] 노아는 물이 충분히 빠진 것을 알았다. 물이 빠졌는지 알아보려고 새를 날려보내고 돌아오길 기다리는 노아의 행동(10절)은 삶의 희망을 표현한다. 길고 긴 어두움을 지나온 노아이지만 재앙에서 생명을 보존한 테바를 떠나 이 공간적으로 제한된 영역을 벗어나고 싶다. 엘로힘의 명령으로 건설한 테바 안에서 생명을 건진 노아는 재앙이 끝난 후 그 테바를 벗어나 마른 땅에서 삶을 확인하고 자유를 누리고 싶은 것이다. 이렇게 벗어나고 싶은 자유에

---

34 세계의 많은 민속 속에 자주 등장하는 장면이다. 성경의 이야기와 많이 비교되는 길가메쉬 서사시에서는 세 번 모두 다른 동물들이 보내진다 (비둘기, 참새, 까마귀).

35 U. Cassuto는 랍비문학 전통을 따라 까마귀와 비둘기의 차이를 강조한다. 까마귀는 불결한 동물, 비둘기는 깨끗한 동물이라고 지적하여 비둘기가 구원의 희망을–올리브 나뭇잎–창조주의 자비를 상징–가져온 새라고 전한다. 이와 달리 길가메쉬 서사시에서는 까마귀가 세 번째로 보낸 새이다.

대한 갈망이 바로 새를 날려보냈다는 행동으로 상징된 것이다. 그리고 테바는 삶과 생명의 보존을 상징하지만, 역설적으로 테바는 죽음의 공포와 긴장을 표현한다.

노아가 겪은 죽음의 공포와 긴장은 아담이나 카인의 그것과 비교할 수 있을 것이다. 창세 3-4장의 장면과 크게 다르지만, 엘로힘 앞에서 가졌던 아담의 두려움(3장)이나 카인이 인간의 무리 안에서 받았던 두려움(4장)이 노아에게서는 홍수의 재앙으로 표시되었다. 노아는 죽음과 삶이라는 긴장과 안도가 교차하는 감정을 살았던 것이다. 이처럼 노아의 기다림의 표현인 새를 날려보내는 행동은 엘로힘에 의한 구원의 긴장을 구성한다. 새를 날려보내는 노아의 마음! 새를 날려보내는 이야기는 홍수의 끝을 예고하고, 노아의 새로운 삶을 예감하게 하며, 이제 새로운 삶이 곧 열릴 것이다.

홍수의 끝 : 8,13-22

13. 노아가 육 백 한 살이 되던 해, 첫째 달 초하룻날에 땅의 물이 말랐다. 노아가 방주 뚜껑을 열고 내다보니 과연 땅바닥이 말라있었다.
14. 둘째 달 스무 이렛날에 땅이 다 말랐다.
15. 엘로힘께서 노아에게 이르셨다.
16. "너는 아내와 아들들과 며느리들과 함께 방주에서 나오너라.
17. 너와 함께 있는 살덩어리들, 곧 새와 집짐승과 땅을 기어다니는 모든 것을 데리고 나오너라. 그래서 그것들이 땅에 우글거리며 번식하고 번성하게 하여라."
18. 노아는 아들들과 아내와 며느리들과 함께 밖으로 나왔다.
19. 모든 짐승과 기어다니는 모든 것, 모든 새와 땅을 기는 모든 것도 종류별로 방주에서 나왔다.
20. 노아는 야웨를 위하여 제단을 쌓고, 모든 정결한 짐승과 모든 정결한 새들 가운데서 번제물을 골라, 그 제단 위에서 바쳤다.

21. 야웨께서 그 향내를 맡으시고 마음속으로 생각하셨다.
"사람의 마음은 어려서부터 악한 뜻을 품기 마련.
내가 다시는 사람 때문에 땅을 저주하지 않으리라.
이번에 한 것처럼 다시는 어떤 생물도 파멸시키지 않으리라.
22. 땅이 지속되는 한
씨 뿌리기와 거두기, 추위와 더위
여름과 가을, 낮과 밤이 그치지 않으리라."

마침내 홍수가 끝나고 물이 땅 아래로 빠진 것이다. 혼돈과 파괴가 지배하던 지구가 자기 모습을 찾은 것이다. 새로운 세상은 이 날을 기점으로 시작될 것이다. 그리고 엘로힘은 이 날을 축복할 것이다(9,1). 사제계 문헌의 변화된 관점이 같은 문헌인 창세 1장과 잘 비교된다. 창세 1장에서 7번째 날을 축복한 엘로힘이 홍수가 끝난 이 날을 축복한 것이다. 그리하여 지구적 재난인 홍수에서 벗어난 첫해의 첫 달 첫날에(13절; 노아의 601세 첫 달, 첫날) 새로운 삶을, 새로운 인류의 역사를 시작하게 된다. 새 창조가 시작된 것이다. 앞에서 표현된 문구에서 세 번씩이나 첫 번째를 강조한 것에 주의할 것이다. 노아가 새 인간의 전형을 이룬다면, 창세의 홍수 이야기는 아담과 하와의 첫 인간의 창조이야기처럼 새 인류의 이야기가 된 셈이다. 이처럼 창조는 의미상 '새롭게' 되는 것과 관련이 있다.

노아가 기다림의 세월을 테바 안에서 살았다면, '테바 안으로 들어가라'는 엘로힘의 명령과 '테바 밖으로 나가라'는 명령은 이러한 창조를 준비한 과정이다. 이제 테바 밖에서 새로운 창조의 길을 열고 새로운 계약과 축복이 전해질 것이다. 새 창조를 암시하는 들고 나는 것이 엘로힘의 명령으로 시행된 것이라면, 한 번 더 반복되는 이 명령은 보호 받은 창조계가 창조의 길을 가야 할 것을 암시한다. 그것은 바로 '낳고 번성하라'는 축복의 말로 확인될 것이다(8,17).

홍수의 결론 : 8,20-22

20. 노아는 야웨를 위하여 제단을 쌓고, 모든 정결한 짐승과 모든 정결한 새들 가운데서 번제물을 골라, 그 제단 위에서 바쳤다.

21. 야웨께서 그 향내를 맡으시고 마음속으로 생각하셨다.

 "사람의 마음은 어려서부터 악한 뜻을 품기 마련.

 내가 다시는 사람 때문에 땅을 저주하지 않으리라.

 이번에 한 것처럼 다시는 어떤 생물도 파멸시키지 않으리라.

22. 땅이 지속되는 한

 씨뿌리기와 거두기, 추위와 더위

 여름과 가을, 낮과 밤이 그치지 않으리라."

홍수에 관한 야웨계 문헌의 결론 부분이다. 홍수가 끝나고 노아는 제단을 쌓아(참조, 출애굽기 20,24) 새로운 삶을 감사하는 희생물을 야웨 엘로힘에게 바친다.[36] 홍수에서 구원을 받은 뒤 제물을 바치는 이야기는 모든 홍수 이야기에 일반적으로 등장한다. 제물을 바치는 행위는 넓은 의미에서 종교적 행위로 인간과 신의 관계를 나타내는 중요한 요소이다. 곧 재앙에서 구원을 받은 자는 감사의 표현으로 제물을 봉헌하며, 이는 인간의 가장 보편적인 행위에 들어간다. 이러한 관점에서 카인과 아벨의 제물봉헌을 이해할 수 있다. 첫 인간들의 첫 아들들도 그들이 얻은 노동의 첫물을 야웨에게 바쳤던 것이다. 이 제물은 세세대대로 계절과 더불어 계속될 것이다. 노아의 제물봉헌은 죽음의 위험에서 생명을 건진 사건을 기억하는 감사제이다.

그러나 이 감사제와 더불어 7,2-3에서 제기된 의문이 질문과 대답을 동시에 발생시킨다. 어째서 정결한 동물과 부정한 동물의 보호숫자가 달랐던 것인가? 홍수가 발생하기 전에 노아가 방주를 지은 것은 생명을 보호하기 위한 것

---

36 'olot은 제물이 되는 짐승을 통째로 불에 태워 바치는 것을 의미한다. 이 동물은 물론 율법적인 의미에서 정결한 동물이다.

이었다. 노아는 엘로힘의 명령대로 암수 일곱 쌍의 정결한 동물과 암수 부정한 동물 한 쌍씩을 데리고 테바에 들어갔다. 그런데 이곳에서 보듯이 노아가 홍수에서 생명을 건진 다음에 한 첫 번째 행위는 정결한 동물의 생명을 앗는 것이다. 역설적이게도 야웨 엘로힘의 홍수에서 노아와 함께 살아 남은 동물이 노아의 칼날을 피하지 못한 것이다.[37] 이 사실에서 창세기 저자가 얼마나 세심하게 이야기의 구성요소들을 다루었는지 알 수 있으며, 정결한 동물이 부정한 동물보다 많아서 앞에서 제기되었던 까닭은 어느 정도 해소된 것 같다.

희생된 동물이 인간의 먹을 거리로 제공될지 모르나, 우선적으로 부정한 동물은 신에게 바칠 희생제물로 가치가 없으니 이제 이들은 인간의 양식이 될 것이다(9,1-7). 신에게 바쳐지는 희생제물이나, 인간의 양식으로 죽어가는 동물은 생명체인 한에 있어서 피를 흘리며 죽어간다. 7,2-3에서 암시된 동물의 분리는 이렇듯이 8,20에서 동물을 희생제물로 삼는 감사의 성격으로 결론에 이른다. 말하자면, 정결한 동물과 부정한 동물의 구분은 이미 동물의 희생이 전제되어 있으며, 동물의 희생제인 감사제의 성격 속에 동물을 희생제물로 삼는 폭력의 주제를 은폐하고 있는 것이다. 마찬가지로 인간의 먹을 거리로 허용되는 동물의 살해는 이 주제가 무엇을 의미하는지 9장에서 더욱 분명하게 드러나게 될 것이다.

이 주제가 더 분명해 지기 전에 8,21-22절에서 엘로힘의 독백이 이어진다. 21-22절의 신의 반응은 3장(3,17이하)과 4장(4,11-12), 그리고 6장(6,5-7)에 표현된 엘로힘의 생각들을 상기시킨다. 인간의 잘못으로 땅이 저주를 받았으나, 이제 인간의 본성이 악한 것으로 선언된 까닭에 엘로힘은 더 이상 인간 때문에 땅을 저주하지 않을 것이며, 살아 있는 다른 존재들을 파멸로 내치지 않을 것이다. 이로써 인간과, 땅과 동물의 관계가 더 분명해졌다. 인간과 땅의 관계에서 인간은 인간, 땅은 땅으로 배타적으로 존재할 것이며, 인간과 동물의

---

37 L. Turner, 50쪽.

관계에서도 인간은 인간, 동물은 동물로 배타적으로 존재할 것이다. 인간이 땅을 해치면 땅이 인간을 해치려 들것이며, 인간이 동물을 해치면 동물이 인간을 해치려 들 것이다. 더 나아가 인간 때문에 동물이 죽어가고 땅이 죽어가면, 그 대가로 인간도 죽어간다는 것을 알아야 할 것이다. 이로써 동물의 삶과 땅의 삶은 인간의 현재와 미래를 알려주는 전조(前兆)가 될 것이다.

21절의 새로운 창조의 시점에서 신의 독백은 이미 노아와 그의 가족들 안에서 악의 현실을 부인하지 않는다. 더구나 이 말은 노아에게 개인적으로 발설된 말이 아니라 노아와 노아의 후손, 곧 모든 인류에게 전해진 말이다. 21절이 인간 일반을 대상으로 한 엘로힘의 반성이라면, 홍수라는 지구적 재난도 인간의 악한 성향을 고칠 수 없다는 절망적인 말이다. 노아의 정의가 후손에게 유습되지 않는다면, 인간의 미래는 창조 이전의 카오스를 의미하는 혼돈의 경험에서 멀지 않다. 따라서 노아와 함께 시작된 재창조의 희망은 처음부터 완전하지 않다는 결론이다. 홍수로 인간의 많은 악은 멸망하고 사라졌으나, 악의 뿌리는 뽑혀지지 않았다. 다만 인간에 대한 엘로힘의 태도에 변화가 생긴 것만은 확실하다. 인간의 태도에 변화가 없지만, 엘로힘의 태도에 변화가 온 것이다. 엘로힘은 인간사(人間事)에 더 이상 적극적 개입을 하지 않을 것이다. 그만큼 인간은 신에게서 멀리 떨어져 살게 될 것이다.

22절은 창조계의 법칙을 현상적으로 묘사하고 있다. 창조계는 엘로힘의 작품이다. 그러므로 창조계의 질서는 인간에게는 야웨 엘로힘의 선물이다. 21절이 야웨 엘로힘의 의지를 적극적으로 표현하고 있다면, 22절은 자연계의 순환을 통해서 야웨 엘로힘의 의지가 드러날 것이라는 간접적 표현이다. 인간의 악한 경향은 이제 흙의 인간이 땅으로 돌아가기까지 신의 인내로 표현될 것이다. 홍수 이야기까지 도달한 창세기의 관점에서 보면, 인간의 실존 자체가 신의 인내인 셈이다.

야웨 엘로힘은 땅이 존속하는 한, 인간을 멸망시키지 않을 것이다. 땅은 시작이 있고 끝이 있으며 언젠가는 사라질 것이다. 우리가 사는 세상은 이처럼 시간적으로 유한(有限)한 세상이다. 2장의 세계는 인간이 자연세계와 맺은 관계에서 이해되었던 세상이지만, 시간을 경험할 수 없었던 세상이다. 홍수를 경험한 세상은 인간이 지구의 차원에서 역사와 시간의 흐름을 경험한 세상이다. 인간은 생명계인 살아 있는 존재들과 만나는 관계뿐만 아니라, 자기가 살고 있는 환경과 이 환경을 둘러싸고 있는 거대한 세상과 맺은 관계를 경험했다. 비로소 홍수를 경험한 세상은 이 세상이 사라질 수 있는 세상임을 시간적으로 역사적으로 알게 된 것이다.

땅이 지속되는 동안, 인간은 계절의 순환과 나날의 변화를 경험하며 수명(壽命)을 생각해야 할 것이다. 죽을 때까지 인간은 자신이 시간의 존재임을 명심해야 할 것이다. 세상이 사라질 수 있듯이, 시간 속에서 인간 자신도 사라지리라는 삶의 유한성을 기억해야 할 것이다. 유한성을 경험하는 가운데서도 야웨 엘로힘은 인간을 축복했다. 이 유한한 세상도 인간은 자신의 노력으로 살만한 세상을 만들 수 있는 것이다. 땅이 존속하는 동안, 인간은 계절의 순환, 밤낮의 뒤바뀜이라는 시간의 변화 속에서 야웨 엘로힘의 축복을 경험할 것이다. 야웨 엘로힘과 인간의 새로운 관계는 시간 속에서 맺어졌고, 인간은 이 관계의 결실을 얻어야 할 것이다.

ㄹ. 축복과 계약[38] : 9,1-17

지구적 재난의 끝은 창조의 새로운 시작이다. 자연적 물리적 재난으로 창조의 새로운 세계가 시작된 것이다. 홍수 이야기에서 우리는 엘로힘의 창조는 이미 종말을 그 안에 내포하고 있음을 경험했다. 홍수는 비록 자연재앙이긴 하지

38 야웨계 문헌에 속하는 8,21-22의 결론부분과 비교하여, 사제계 문헌에 속하는 9,1-7은 8,22에 해당하고, 9,8-17은 8,21에 해당한다.

노아의 제사 (제임스 티솟)

만 하나의 끝을 매듭지으며 동시에 새로운 시작을 여는 인류 역사의 분출구가 되었다. 새로운 시작은 첫 창조의 나날처럼 신의 축복으로 거듭나야 한다. 그러나 반복되는 시작은 이미 첫 시작과 다르다. 새로운 시작은 돌이킬 수 없는 사건을 경험한 후이기 때문이다.

다음에서 우리는 엘로힘이 노아와 함께 시작하는 재창조를 위한 축복의 장면과 엘로힘이 노아와 맺는 계약을 통하여 인류와 새롭게 관계를 재정립하는 과정을 보게 된다. 엘로힘의 축복과 계약이 홍수 이후의 세계를 결정할 것이지만, 비로소 악습에 길들여져 변할 수 없는 인간의 본성 때문에 창세기는 악을 통제하는 문제를 다루게 된다.

ㄹ1. 축복(祝福) : 1-7절.

1. 엘로힘께서 노아와 그의 아들들에게 복을 내리시며 말씀하셨다.

"자식을 많이 낳고 번성하여 땅을 가득 채워라.

2. 땅의 모든 짐승과 하늘의 모든 새와 땅바닥을 기어다니는 모든 것과 바다의 모든 고기가 너희를 두려워하고 너희를 무서워하리라. 이것들이 너희의 손에 주어졌다.

3. 살아 움직이는 모든 것이 너희의 양식이 되리라. 내가 전에 푸른 풀을 주었듯이, 이제 이 모든 것을 너희에게 준다.

4. 다만 생명, 곧 피가 들어있는 살코기를 먹어서는 안 된다.

5. 나는 너희 각자에 대한 피의 값을 요구하리라. 나는 어떤 짐승에게나 그 핏값을 요구하리라. 남의 피를 흘린 사람에게 나는 사람의 생명에 대한 값을 요구하리라.

6. 사람의 피를 흘린 자
그자도 사람에 의해서 피를 흘려야 하리라.
엘로힘께서 당신 모습으로
사람을 만드셨기 때문이다.

7. 너희는 자식을 많이 낳고 번성하여라.
땅에 우글거리고 그것에서 번성하여라."

9,1의 엘로힘의 축복은 창세 1,28의 축복을 상기시킨다. 창세 1장과 9장의 축복을 비교해 보면, 한 눈에 커다란 차이를 발견하게 된다. 9장의 축복이 1장의 축복을 갱신하는 것 같지만, 부분적으로만 그렇다. 창세 1장에서 희미하게 나타난 인간-동물의 관계가 명시적으로 나타나고, 그 안에 숨어 있었던 인간-인간의 관계가 빛살 속에 드러나기 시작한다. 동물-인간의 관계뿐만이 아니라, 인간-인간의 관계가 평행하게 드러나는 것이다. 말하자면 먹을 거리 규정을 통하여 상징되는 동물-인간의 관계는 인간-인간의 관계를 언급하기 위해서 준비된 주제로 비로소 그 의미가 분명해진다. 창세 1,28-30와 9,1-7를 비교하면서 읽어보기로 하자.[39] 이러한 관계가 무엇을 의미하는지 다음의 분

석에서 좀 더 용이하게 찾아낼 수 있을 것이다.[40]

9,1-7의 내용을 간단히 분석해보면 먹을 거리의 규정과 제한이 중심 메시지임을 알 수 있다. 이 메시지를 중심으로 동물과 인간의 관계를 나타내는 내용이 인간과 인간의 관계를 나타내는 은유적 상징적 수법임이 드러난다. 창세설화 전체를 관통하는 이 주제가 창세 1장에서 제기되었던 문제이며, 바로 이 주제가 현대의 우리가 겪는 문제임을 더욱 확실하게 드러내고 있는 것이다.

1절 : 축복.

2절 : 생명체들과 인간의 관계 : 지배와 두려움의 관계.

3-4절 : 먹을 거리 규정과 제한

5-6절 : 인간과 인간의 관계 : 살인과 피의 관계 금지.

7절 : 축복

창세 9,1-7의 간단한 분석내용을 살펴보면, 엘로힘의 축복(1절과 7절)은 생명체들과 인간의 관계, 그리고 인간과 인간의 관계를 나타내는 2-6절을 감싸고 있다. 인간과 동물의 관계(2절), 그리고 인간과 인간의 관계(5-6절)는 3-4절의 주제인 인간의 먹을 거리 규정을 중심으로 배치되어 있으며, 이 규정은 두 관계의 내용을 지향하고 있다. 엘로힘의 축복은 궁극적으로 이 먹을 거리 규정을 통하여 인간의 삶을 정의하는 것이다. 즉 엘로힘의 축복 안에서 먹을 거리 규정을 통하여 인간과 인간의 관계, 인간과 전 생명계의 관계를 규정하는 것이다.

창세 1장에서 우리가 들은 엘로힘의 축복은 이미 카인의 후손과 셋의 후손의 가계를 통해서 부분적으로 성취된 것으로 묘사되었으나, 결국은 이 축복이

---

39 창세 1,28과 9,1-7의 비교는 장말에 있는 표 3을 참고.

40 박종구, 엘로힘의 축복 : 폭력의 제한과 금지의 보편법(창세 9,1-17)

인류의 행복을 보장하지 못하였다. 9,1절의 축복도 4장 후반부와 5장에서 부분적으로 성취된 내용 그대로 10장에서 민족들의 번성으로 나타날 것이다. 즉 이들 엘로힘의 축복은 완결되지 못하고 약속과 계약의 형식으로 미래를 향해 있다.

엄격하게 말해서 9장의 축복은 1,28이 약간 변형된 채로 반복된 것이다. 그러나 축복의 외적 변형이 사소해 보일지라도, 그 내용은 대단히 근본적이다. 9,2는 살아 있는 생명체들과 인간의 변화된 관계, 즉 지배와 두려움의 관계를 강조한다. 9,3도 1,29의 내용을 답습하지만 근본적인 차이를 드러낸다. 동물이 인간에게 먹을 거리로 허용된 것이다. 이 허용에는 두 가지 제한이 따른다. 하나, 생명을 상징하는 피를 먹지 말아야 한다. 둘, 형제의 피를 흘리지 말아야 한다. 이 두 가지 조건으로 동물의 피 흘림과 인간의 살해가 하나로 연결된다. 두 번째 제한인 형제의 피를 흘리는 자에 대해선 엘로힘의 보복이 강조된다. 그 이유는 인간은 엘로힘의 형상으로 창조되었기 때문이다(1,26; 9.6).

9,3의 이러한 차이가 인간에게 주어진 엘로힘의 축복 가운데에 들어 있음은 의미심장한일이다. 동물은 인간에 의해서 엘로힘께 희생제물로 바쳐질 뿐만 아니라(8,20), 인간의 먹을 거리로 허용된다. 정결한 동물과 부정한 동물의 구분 없이 동물에 대한 인간의 지배가 더욱 확장되고 거칠어진 것이다. 인간의 실존적 상황을 설명하는 부패와 폭력으로 얼룩진 이 세상(6,1-13)에서 홍수 이후 인간에게 내려진 축복은 창조계에 끊임없는 긴장을 불러일으킬 것이란 점이다. 왜냐하면 피를 흘려서 먹을 거리를 마련해야 할 인간은 산 생명체를 살해할 필요성을 가진 삶을 살게 되었기 때문이다. 그렇다고 단순히 동물의 살해를 문제 삼고자 하는 것이 아님은 확실하다.

금지와 제한 :

앞에서 여러 번에 걸쳐서 암시되고 강조된 것처럼, 동물 살해는 세상을 살아가며 경험하는 인간의 폭력을 상징한다. 폭력은 인간이 생존하는 한, 규제와 제재를 통하여 제한할 수 있으나, 이 제한은 완전하지 않다. 이는 인간이 사는 세상이 폭력을 모르는 에덴동산이 아닌 까닭에 폭력이 상존할 것이라는 전제이다. 그러나 인간 사회가 노아의 세상처럼 폭력 때문에 궤멸되지 않고 유지되기 위해서는 규제되어야 한다. 노아와 함께 시작하는 새로운 세상은 불행하게도 폭력과 죽음과 공포로 얼룩진 세상이며, 법적으로 일정한 질서를 부여할 필요가 긴급해진 세상이다. 인간은 온전하게 야웨 엘로힘의 말씀을 지킬 수 없는 존재가 된 것이다.

인간은 필연적으로 자기의 먹을 거리를 얻기 위하여 동물을 죽여야 한다. 먹을 거리를 위한 동물의 살해는 피를 흘리는 행동이지 않을 수 없다. 이 피를 흘리는 행동은 인간으로 하여금 카인의 형제살인을 끊임없이 상기시킨다. 인간과 동물은 다르지만, 2장에서 말한 바 와 같이 '살아 있는 존재'이다. 인간을 포함하여 모든 살아 있는 존재들은 살아 있는 존재를 죽이는 자를 두려워할 것이다. 살아 있는 자로서 동물들의 평화는 이미 깨졌기 때문이다. 인간의 손이 그들을 지배하고 그들의 생명을 다룰 것이다. 여기서 궁극적으로 동물의 살해가 인간의 폭력을 은유하는 상징성을 발휘된다. 이 상징성은 동물들이 인간의 먹이로 허용되었기 때문이 아니고, 동물이 자기의 몸을 인간에게 먹을 거리로 제공해야 하는 희생을 감내(堪耐)하기 때문도 아니다. 창조계에서 동물은 인간의 동물성을 상징하기 때문에 인간과 인간 사이에 발생하는 상징적 긴장을 드러낼 필요가 있었던 것이다. 이 긴장은 인간과 동물 사이뿐만이 아니라, 인간 자신에게도 상징적 긴장을 유발할 것이다.

이런 의미에서 피 흘림은 그것이 동물의 피이건 인간의 피이건 이미 상징적 의미의 실현으로 구체화된다. 창세 1장에서 축복으로 선언되었던 동물에 대한 인간지배의 주도권이 이제는 동물에게 공포와 두려움으로 전환되었다. 그런데 '공포와 두려움' 이나 '...네 손에 맡긴다'는 표현들은 창세기 저자가 선택한 전쟁용어들이다.[41] 세심하게 선택된 이 용어들은 동물과 인간 사이의 관계가 어떻게 변했는지 이야기해 주며, 인간의 사회적 역사적 경험을 상징적으로 말해준다. 말하자면, 인간과 동물의 관계가 생존을 위한 몸부림과 같은 상황이 되었음을 암시하는 것이다. 이 사실을 더 자세히 살피기 위해서 창세 9,4-5를 병렬로 표시하면 다음과 같다.

행위자:	대상 :	금지 행동 :	
인간	동물의 피	를 먹지 말라	(4절)
동물	인간의 피	를 흘리지 말라	(5ㄴ절)
인간	형제/인간의 피	를 흘리지 말라	(5ㄷ절)

위의 표를 보면서 창세기의 저자가 무엇을 강조하는지, 이 강조가 무엇을 말하는지를 살펴볼 필요가 있다. 인간과 동물의 관계가 폭력적 관계로 변화되었다는 것은 앞서 이미 언급했다. 폭력적 관계가 사회적 긴장을 조성한다는 것도 우리는 알고 있다. 바로 이런 상황에서 엘로힘의 선언은 바로 이 긴장과 먹을 거리의 규정을 하나로 연결함으로써 인간 자신의 목소리에 귀를 기울일 것을 요구하고 있다.

엘로힘은 인간에게 폭력과 긴장의 해소를, 동물의 고기를 먹되 생명의 피를 먹지 말라는 상징적 명령으로 제한한다. 알다시피 동물의 살해가 폭력을 상징하는 것이라면, 인간의 삶은 이미 폭력을 기저로 구축(構築)된 삶이다. 죽이지 않는다면 피를 흘릴 수가 있겠는가? 엘로힘의 경고는 여기서 생명을 상징하는 동물의 피와 형제살인을 관련시키고 있다. 동물을 먹을 거리로 허용하되 생명에 대한 폭력을 거부해야 한다. 인간이 동물의 고기는 먹되 생명을 건드리면 안 된다는 선언에 이어서 형제살인을 거듭 경고하는 이유는 먹을 거리와 폭력의 상징적 관계를 드러내기 위한 것이다.

인간사회에서 폭력의 발생은 막을 수 없지만, 그것은 반드시 제한되어야 한

---

41 N. Lohfink, Gewalt und Gewaltlosigkeit, 87; P. Beauchamp, La Création et Fondement de la loi, 155쪽.

다. 3장과 4장에서 보았듯이 이 제한규정은 인간에게 늘 위험을 불러온다. 제한은 뛰어 넘으려는 인간의 속성(屬性)을 유혹하기 때문이다. 4절과 5절은 '살아 있는 존재,' '생명체'로서 인간과 다를 바 없는 동물의 고기를 먹는 것과 생명을 죽이는 행동인 살해 사이의 긴장을 내포(內包)한다. 동물과 인간의 관계가 먹을 거리의 제한규정을 통하여 인간 폭력의 긴장이 고도의 극적 상징성을 얻고 있는 것이다.

인간으로 하여금 인간의 본성 안에 깃든 폭력성을 직시하고 고발케 하는 것은 물론이고, 폭력을 피해야 한다는 법적(法的) 규제까지 경고하고 있다. 피를 먹지 않는 유대인의 습관을 만든 9장의 이 표현들은 엘로힘의 법적 규정으로 발전한다. 엘로힘의 이 말씀이 토라의 규정 속에 들어가 있는 것으로 알 수 있다.[42]

그러나 제한 규정을 자세히 읽어보면, 질문이 생기지 않을 수 없다. 피 자체가 문제가 되는 이유는 무엇인가? 동물의 고기를 먹는 것은 이미 죽은 동물을 염두에 둔 발언이 아닌가? 생명으로 여기는 피를 금지한다는 명령은 죽은 것보다 살아 있는 것과 더 관련이 있는 발언이 아닌가? 그러므로 동물의 피를 금지하는 것은 생명에 대한 폭력에 유의하라는 말이지 않을 수 없다. 이를 이해하기 위하여 한 가지 예를 든다면, 다음과 같은 추론을 할 수 있다. 동물의 피를 먹는 것은 동물이 살아 있다는 것을 의미한다. 이는 생명이 폭력으로 죽어가는 상태를 이르는 다른 표현이다. 이 피를 먹는 것은 동물, 살아 있는 생명체의 고통과 상응한다. 창세 2장의 표현처럼 살아 있는 존재로서 동물이 살해되어 죽어가는 것은 동물의 고통을 상징하는 것이다. 이 고통은 인간에게도 그대로 적용되는 고통이다. 따라서 고통을 유발하는 폭력을 인간은 즐길 수 없다. 인간이 폭력을 행사하면 안 되는 이유는 바로 이 고통 때문이며 이것이 금령의 내용을 이룬다.[43]

---

42 신명기 12,16.23-24; 15,23; 레위기 3,17; 7,26-27 등.

동물에 대한 폭력은 먹을 거리로만 가능하다는 엘로힘의 축복은 유지되어야 한다. 그러나 동물 살해는 그 행동 자체 안에 폭력을 지향하는 내성(민수기 23,24; 신명기 32,42; 예레미 46,10)과, 살해를 위해서 살해하는 폭력의 악순환을 낳을 수 있다. 4절과 5절의 제한이 함께 적용되는 이유는 성경이 이미 살아 있는 존재로서 인간과 동물이 단순히 상이(相異)하다는 사실에 있지 않고, 두 존재가 아주 밀접한 관계를 지니고 있다는 것을 알고 있기 때문이다. 생명의 존재로서 동물의 살해는 인간의 형제살인과 통하기 때문이다. 인간의 삶을 위한 선택적인 동물살해가 제한적으로 허용되어야 한다. 그것도 아주 엄격하게 생명 자체를 다루지 않는 범위 안에서 허용되어 할 것이다. 종교적인 의미에서 희생제물을 준비하기 위해 동물을 살해한다는 것은 인류문화학적으로 잘 설명되고 있는 주제이다.[44] 살해 당하는 대상이 동물이든 인간이든 죽이는 행동은 폭력의 본성을 드러내는 표현이다. 그리고 이 둘은 아주 밀접한 관계에 있다. 법으로만 규제할 수 없는 인간의 폭력성은 동물살해라는 행동을 통해서 언제라도 나타날 것이기 때문이다. 이처럼 동물에 대한 태도와 인간의 형제에 대한 태도는 두 사건이 하나의 상징으로 동일선상에 있다.

금지와 제재 :

이러한 동물 피의 상징성은 금지와 제재라는 주제로 완전한 의미를 얻는다. 위에서 언급한 5절의 내용을 다시 읽어보자. 5절은 살인에 대한 엘로힘의 강력한 금지의지를 3번씩이나 반복하면서 강조하고 있다. 동물 살해는 인간에게

---

43 피를 생명 그자체로 해석하려고 할 때 토라가 의도하는 의미를 이해하지 못한다. 피를 기능적 의미로 해석할 때에 토라의 의미가 신의 정당한 말씀으로 살아날 것이다. 참조. J. Milgrom, JBL 90 (1971), 149쪽. C. 베스터만 9,4 주석부분. 이어서 같은 내용을 반복하는 6절에서 후대의 율법적 요소나 금언적 요소, 혹은 예언자적 선언의 관용적 표현인가를 찾아보려는 학자들의 토론이 있으나, 인간학적 측면에서 고려할 수 있는 것은 신의 이름으로 선언된 이 내용이 신-인간-동물의 관계를 규정하는 lex talionis (눈에는 눈, 이에는 이-복수의 법; 레위기 24, 19-20)에 가깝다는 사실이다.

44 René Girard, 희생양; 같은 저자, Depuis la fondation du monde. 동물의 희생이 인간집단 안에서 긴장을 해소하는 역할을 한다는 것을 역설하고 있다.

상징적 의미를 제공할 뿐만 아니라 사실적으로도 어떤 연관성이 있다는 것을 성찰(省察)케 하는 것이다. 다음과 같은 도식으로 이러한 가정을 충분히 확인할 수 있다.

동물의 피를 먹는 것	금지한다,	그러나 제재는 없다.
인간의 피를 흘리는 것	제재한다,	그러나 금지는 없다.

아주 미묘한 차이가 나타난다. 동물을 죽이고 피를 흘리는 것은 제의적인 요소로 나타나고, 인간의 살해는 윤리적 요소로 등장한다.[45] 말하자면, 동물의 피를 먹는 것은 상징적으로 인간의 살인적 행동을 가리키지만, 살인을 발생시킨 것은 아니다. 따라서 동물의 피를 흘리고 먹는 것은 금지된 일이지만, 제재는 없다. 신에게 바치는 동물은 일종의 희생제물로 인간에게 의미를 던지는 것으로 충분한 것이다. 인류학적 해석에 따르면, 동물의 희생양적인 죽음을 통하여 인간의 폭력이 해소되기 때문이다. 이러한 제의적 의미에서 동물의 죽음이 인간의 윤리적 범주 안으로 전환되어 들어 온다.

6절에 오면 4절과 5절에서 반복된 엘로힘의 선언적 성격이 더 분명하게 살아난다. 창세 1장에서 이미 드러나기 시작한 내용이지만, 인간은 엘로힘의 형상/모상으로 창조되었기 때문에 인간의 피를 흘리는 자는 제재 받을 것임을 명시한다. 인간의 존재가 엘로힘의 모습으로 창조되었다는 사실이 이 법칙의 보편성을 뒷받침한다. 살인은 곧 엘로힘의 형상을 파괴하는 것이며 그의 현존을 부인하는 것이다. 인간의 삶에 있어서 피에 대한 피의 보복은 결코 인간의 구원에 이르는 길이 아니다. 폭력은 더 큰 폭력을 부르고, 피는 피를 부를 뿐이다. 모든 인간은 엘로힘의 형상이기 때문에 타인에 의해 흘리는 인간의 피는 엘로힘을 부인하고 그의 명령을 위반하는 것이다. 그러므로 살인은 생명의 주

45 P. Beauchamp, 159쪽.

도권을 의미하는 신권(神權)에 대한 직접적인 도전이다. 자신의 생명을 유지하고 싶은 자는 타인의 생명을 해칠 수 없다. 엘로힘의 형상이라는 사실이 살인 금지의 선언적 근거로 명기되었다. 엘로힘의 형상이 1장과 9장에서 상호 근거의 양상으로 나타나는 것이다.

다시 한번 더 4-6절의 피 흘림에 대한 엘로힘의 선언을 배면(背面)에서 살펴보면, 노아 이후의 사회의 모습을 짐작할 수 있다. 인간의 폭력 양상은 인간 스스로 통제할 수 없는 존재임을 가리킨다. 이에 엘로힘은 인간의 폭력을 제한할 뿐만 아니라 폭력 제재의 유일한 근거로서 나타난다. 폭력은 인간이 극복해야 할 가장 어두운 현실이지만, 이를 제재할 근거는 인간에게 있는 것이 아니라 신인 것이다. 생명을 준 엘로힘의 의지와 정반대 되는 현실을 인간 자신이 만들고 있기 때문에 인간은 폭력을 제재할 근거가 되지 못하는 것이다. 이것이 창세기가 상징을 통하여 보여주고 싶은 창조 이후의 역사이다.

어떤 이유에서든 한 인간을 살해할 때 그가 속한 사회는 죽음의 폭력을 경험하는 것이며, 더 큰 살인의 개연성을 축적하게 된다. 인류의 경험은 살인의 이유가 정당화될수록 살인을 방지할 수 없으며, 오직 생명과 죽음에 대한 엘로힘의 권리를 인정할 때에만 그 폭력에서 벗어날 수 있음을 안다. 개인이든 집단이든 법적 체제의 국가라고 할지라도 살인을 방조하고 살인을 행동으로 실행하는 곳에서는 엘로힘의 권리가 무시되고 있는 것이다.

> 사람의 피를 흘린 자
> 그자도 사람에 의해서 피를 흘려야 하리라.
> 엘로힘께서 당신 모습으로
> 사람을 만드셨기 때문이다.

이렇게 선언된 6절의 엘로힘의 선언(宣言)은 곧 인간이 넘어서는 안 될 제한

(制限)이며, 이 제한을 무시할 때 인간은 피할 수 없는 불행(不幸)을 자초(自招)한다. 인간은 자신의 행복과 불행을 결정할 수 있는 존재이기에, 자신의 행복한 삶과 불행한 삶을 선택할 수 있는 자율적 존재이다. 이러한 의미에서 인간은 신의 축복을 받을 만한 존재인 것이다.

ㄹ2. 계약(契約) : 8-17절

엘로힘의 계약선언이 이루어지는 홍수 이야기의 마지막 부분은 8-17절로 끝이 난다. 이 첫 부분인 8-11절에서 엘로힘의 계약이 묘사되며, 두 번째 부분인 12-17절에서는 계약의 표지가 언급된다.

계약 선언 : 8-11절

8. 엘로힘께서 노아와 그의 아들들에게 말씀하셨다.
9. "이제 내가 너희와 너희 뒤에 오는 너희의 자손들과 계약을 세운다.
10. 그리고 너희와 함께 있는 모든 생물 곧 방주에서 나와, 너희와 함께 있는 새와 집짐승과 땅의 모든 짐승과 내 계약을 세운다.
11. 내가 너희와 내 계약을 세우니, 다시는 모든 살덩어리들이 멸망하지 않고, 다시는 땅을 파멸시키는 홍수가 일어나지 않으리라."

창세 9,1-7의 축복은 인간과 살아 있는 모든 것이 조화를 이루며 살기를 원하는 엘로힘의 선언이었다. 9,9-17에서 엘로힘은 이러한 희망 위에 인간과 계약(契約)을 한다. 그것도 엘로힘의 주도로 이 계약을 선언한다. 이 계약은 인류 역사상 전무후무한 의의를 지닌다. 더구나 이 약속은 살아 있는 모든 존재와 맺는 약속이다. 인간, 동물, 더욱이 "모든" 동물이라는 단어의 덧붙임은 계약의 의미가 어디에 있는가를 알게 한다. 이 계약은 전 생명계를 향한 선언이다. 인간을 정점으로 맺는 계약이 아니고 전 생명계에 선포하는 선언이다. 생명의 차원에서 차별이 있을 수 없다.

계약을 맺는다는 표현이 9-17절 전체에서 14절을 제외하고 거듭해서 되풀이 선언된다. 즉 홍수 이야기의 중심주제는 계약사상을 향해 있는 것이다. 노아에게 선언된 계약의 특징은 엘로힘의 일방적인 선언이라는 사실에 있으며, 인간, 즉 노아의 역할과 반응은 전적으로 수동적이며, 계약의 준수를 위한 노아의 태도만 요구될 뿐이다.[46] 노아에게 전한 이 선언은 노아를 포함하여 그와 함께 테바에서 나온 모든 동물들에게도 그대로 유효하다. 땅과 더불어 전 창조계를 대표하는 테바의 생명 전체가 포함된다. 엘로힘의 약속은 전 창조계가 '공동의 운명체' 라는 사실을 명시한다. 살덩어리(6,3.13.19; 7,15.16 등)일 뿐인 인간의 잘못으로 인하여 창조계를 혼돈의 나락으로 떨어뜨릴 홍수와 같은 재앙은 더 이상 지상에 없을 것이다.

계약의 표지 : 12-17절

12. 엘로힘께서 다시 말씀하셨다.
"내가 미래의 모든 세대를 위하여, 나와 너희, 그리고 너희와 함께 있는 모든 생물 사이에 세우는 계약의 징표는 이것이다.
13. 내가 무지개를 구름 사이에 두리니, 이것이 나와 땅 사이에 세우는 계약의 징표가 되리라.
14. 내가 땅 위로 구름을 모아들일 때 무지개가 구름 사이에 나타나면,
15. 나는 나와 너희 사이에, 온갖 몸을 지닌 모든 생물 사이에 세워진 내 계약을 기억하고, 다시는 물이 홍수가 되어 모든 살덩어리들을 파멸시키지 못하게 하리라.
16. 무지개가 구름 사이로 드러나면, 나는 그것을 보고 엘로힘과 땅 위에 사는 온

46 창세 17장에서 아브라함과 맺은 계약과 노아의 계약을 비교하기도 한다. 창세 17장은 아브라함이 신과 맺은 계약을 위해서 그 역할이 주어진다. 노아의 신은 일방적인 선언을 하고 그 약속을 스스로에게 지우는 것처럼 보인다. 더 자세한 논의는 다음을 참조, U. Cassuto와 C. 베스터만 창세 주석 부분.

갖 몸을 지닌 모든 생물 사이에 세워진 영원한 계약을 기억하리라."

17. 엘로힘께서 노아에게 말씀하셨다.

"이것이 나와 땅 위에 사는 모든 살덩어리들 사이에 내가 세운 계약의 징표이다."

계약의 표지를 나타내는 말의 지루한 반복은 여러 전승층이 겹쳐졌기 때문이다. 구름 위에 나타나는 무지개가 그 표지가 될 터인데(참조, 에제키엘 1,28), 무지개가 엘로힘이 노아와 전 창조계를 대상으로 하여 맺은 계약을 상기시킬 것이다. 더 이상 지상에서 살아 있는 생명의 존재를 쓸어버리지 않겠다는 엘로힘 자신의 약속을 말이다. 여기서 사용된 홍수, 구름, 무지개는 일련의 같은 이미지를 나타낸다. 무지개는 비가 끝나면 생길 수 있는 자연현상의 일부이다. 이것이 엘로힘의 약속의 표지이다. 무지개란 늘 보이는 것이 아니며, 드물게 나타나는 대기 현상이다. 그런데 무지개가 어떻게 계약의 내용을 의미할 수 있는가?

홍수 이야기의 문맥에서 무지개의 의미는 다시 한 번 더 1장의 창조 이야기를 상기시킨다. 창세 1,6-8은 위의 물과 아래 물을 갈라 놓는 궁창을 이야기하고 있다. 홍수가 쏟아질 즈음 7장 11절은 이 과정을 이렇게 묘사하고 있다. '바로 큰 심연의 모든 샘 구멍이 터지고 하늘의 창문이 열렸다.' 창세 1장에서 궁창의 기능이 위와 아래를 갈라 놓는 것이었다면, 홍수는 이 기능을 상실시키는 것으로 보인다. 엘로힘이 이 땅 위에 있는 모든 생물을 홍수로 파멸시키지 않겠다(9,11.15)고 선언했을 때, 이 말의 의미는 아래와 위의 물을 갈라 놓는 궁창의 기능, 곧 질서의 기능을 결코 훼손하지 않겠다는 것이다.[47] 무지개는 바로 궁창의 기능을 기억하는 것으로 인간을 포함한 전 창조계와 맺은 계약을 지키겠다는 상징이다. 무지개는 외형적으로 '위'의 물을 통제하는 궁창의 궁형을 닮은 모습이다.

---

47 혹은 무지개의 궁형(弓形) 모습에서 전사들의 활을 보고, 활을 하늘에 걸어 놓은, 즉 전쟁의 기능을 제거한 상징으로 폭력을 거부한 엘로힘을 은유한다고 읽기도 한다.

6.4. 결어 : 새 창조, 불안한 시작

카인의 형제살인 이야기 이후 창세기는 문명의 시작을 알리는 인간들이 늘어남에 대한 기록을 펼쳐 보였다(4,17 이후). 카인의 후예들은 슬며시 사라지고-물론 아담 이후의 셋의 가계와 어느 정도 평행을 이루면서 소개되었고, 라멕이라는 인물에 와서 만나기는 하지만-아담부터 셋을 거쳐서 노아에 이르는 창세기 인류의 족보가 소개되었다(5장 이후). 이 족보는 카인의 가계가 인류의 정통 족보에 들지 않는다는 인상을 받도록 꾸며졌던 것이다. 따라서 셋의 가계를 통하여 야웨를 부르며 신을 숭배하는 세대가 셋의 아들 에노쉬에게서 시작되었다는 강조는 당연한 흐름인지 모른다.

노아의 시대에 이르러(6장) 본격적으로 홍수의 시대를 알리는 노아의 시대상, 곧 인류의 문명상황에 대한 부정적 보고가 전개되었다. 인류문명에 대한 부정적 고발이 의도하는 바는 홍수의 예고에 앞서서 인간을 포함한 창조계에 야웨 엘로힘의 개입이 절대적으로 필요하다는 논리를 정당화한다. 즉 신의 개입이 인간의 역사에 개입해야 인간의 멸망을 막을 수 있다는 논리의 필요성을 준비하기 위한 것이다. 6장의 인류 고발은 결국 야웨 엘로힘의 개입만이 악으로 치달리는 인류를 완전한 멸망의 구렁텅이에서 구원할 수 있다는 신의 의지를 거듭 확인한다. 역으로, 인간의 선(善)을 위해서 신의 개입이 불가피하다는 것은 인류문명에 대한 고발이 목적인 것이다. 6장은 인간의 창조계에 대한 무책임한 행동을 고발하는 것이지만, 심층적으로 보자면 인류에 대한 일종의 문명사적 고발인 것이다.

홍수 이야기가 노리는 궁극적인 목적은 지구가 존속하는 한, 인류를 포함한 전체 생명계를 보존하겠다는 신의 단호한 결심을 보여주는 것이다. 역설적이지만, 이야기는 홍수라는 지구적 재난(災難)을 소재로 하여 인류의 구원이라는 신의 계약으로 끝을 맺는다. 인간의 죄를 엄격하게 묻는 야웨 엘로힘이 이유는 충분히 드러나지 않지만 인류를 무조건적으로 구하시는 신으로 소개된 것이다. 창세 3장과 4장의 이야기에서 인간을 대하는 야웨는 징벌과 자비를 보여주는 양면적 성격을 드러내고 있었다면, 홍수 이야기에 와서 이 양면성은 비할 데 없이 극적으로 제시되었던 것이다.

창세기 이야기의 연속적인 초점은 인간의 한계를 넘어서려는 도발적인 인간들의 노력이 신의 징벌의 대상이 된다는 점이다. 문제의 중심에서 고발을 당하는 위치에 있는 인간이란 도대체 어떤 존재인가? 이스라엘 역사, 인류의 역사를 고발하는 창세기 편집자의 고민 속에 이러한 질문이 담겨 있다. 그래서 저자는 신이 창조한 인간의 모순을 지적하면서 인간의 길을 보여주고 싶었던 것이다. 창세기 저자에 따르면, 야웨 엘로힘의 형상으로 창조된 인간은 자기 자신도 모르는 수수께끼 같은 존재이다. 인간은 자기의 행동이 어떤 결과를 가져올지 전혀 염려하지 않다가, 갑작스러이 밀려오는 재앙 앞에서 허둥지둥 갈피를 못 잡고 자멸의 길에 드는 존재! 이스라엘의 멸망과 그 불행한 역사를 지켜보아야 했던 창세기의 저자로서는 인간이 자신의 운명 앞에서 멸망이 오고 있는데도 재난을 벗어날 생각을 못하고 사는 가련한 존재로 보지 않을 수 없었을 것이다.

그렇다면 왜 신은 인간을 창조했단 말인가? 창조의 신 야웨 엘로힘은 누구인가? 이런 질문은 사실상 아무런 대답도 기대할 수 없다. 종교적 신념만이 인간 현실에서 증명되지 않는 답을 줄 수 있을 뿐이다. 대부분의 인간은 고통과 질곡 속에서 죽어 가는 것이 인류의 현실이지만, 이런 질문과 문제가 보여주는 모순을 외면하려는 인간의 모습도 우리의 현실이다. 이러한 현실의 모순이 지배하는 역사를 경험한 창세기의 저자들은 놀랍게도 신에 대하여 아무런 설명을 하지 않는다. 말하자면, 창세기는 인간의 실존이나 멸망도 인간의 문제일뿐으로 인간 스스로 자신을 알 수 있을 때 이러한 역사적 모순이 해결될 수 있는 것이라고 주장하는지도 모른다.

홍수 이야기를 읽고 나서 한 가지 놀라운 사실은 이야기의 특성에서 오는 것이라고 짐작은 하지만, 선행하는 이야기들과 달리 신과 인간 사이의 대화가 전혀 고려되지 않고 있다는 점이다. 첫 인간의 잘못이 있었을 때나, 카인이 자기 동생 아벨을 죽였을 때도 신은 문제를 지적하는 대화의 존재로 등장했다. 그런데 홍수 이야기에 와서 신과 인간의 대화가 있을 법도 하건마는 오직 신만이 생각하고, 신만이 말하며, 인간은 주어진 명령을 수행하는 위치에 놓인다. 더 이상 인간은 신과 직접적인 관계를 맺지 못하고, 신의 주도권만이 인간에게 신 자신을 드러내는 길이 된 것이다. 왜 그럴까?

인간은 하루 종일 제 안에 갇혀서, 나쁜 생각과 행동으로 하루종일을 보내니(6,5) 신을 생각할 여지가 없는 것이다. 인간의 이런 모습에 신은 인간의 언어로 가슴 쓰린 모습으로 나타날 뿐이다. 신과 대화가 전혀 고려되지 않는 인간의 모습! 노아의 침묵 속에 신의 고통이 담겨 있는 것처럼 느껴진다. 그래서인지 이 침묵은 바로 구원을 향한 묘사만 허락될 뿐, 파멸에 대한 묘사도 없고 오직 테바와 테바에 있는 생명만이 이야기를 이끌고 나가는 내용이 된다. 구원은 인간이 선택할 수 있는 사항이 아니라 오직 엘로힘에게서 오는 것이라고 말하는 듯하다!

다음에 읽어나갈 바벨탑 이야기를 포함하여 창세기 전체 이야기는 개개의 사건을 중심으로 전개된다. 신과 인간이 벌이는 숨바꼭질 같은 사건의 전개가 신(神)에 대하여 말할 수 있는 기회를 조금이나마 제공할 뿐이다. 물론 인간에 대한 주제가 전체 이야기를 일관하고 있음을 부인해서는 안 된다. 여기까지 오면서 독자로서 우리가 느끼는 신은 인간의 상상을 초월해 있음을 알 수 있다. 창세기는 신에 대하여 선험적 발언을 허용하지 않으며, 신은 어떤 존재인가 물음 자체를 제시하지도 않는다. 신은 인간의 존재를 허용한 분, 인간의 존재 이전에 이미 계신 분, 인간이 최초로 실존하는 순간부터 인간에게 말을 걸어오신 분으로서 소개될 뿐이다. 창세기 저자에게 신은 인간의 존재와 의식의 최초 순간부터 인간의 곁에 있었다는 사실이 중요할 뿐이다. 그러므로 인간이 신에 대하여 생각할 수 있는 계기는 개개의 사건 속에 나타난 신의 현현만이 있을 뿐이다. 이러한 의미에서 모든 사건은 인간과 신의 관계를 드러내며, 사건에 대한 깊은 성찰만이 인간의 길을 정확하게 가늠할 수 있는 가능성을 제공한다. 신에 대하여 쉽게 말할 수 없는 이유가 바로 여기에 있다.

표 1. 창세 7,6-24의 전승구분

사제계 이야기 구성 (P)	야웨계 이야기 구성 (J)
6. 땅에 홍수가 난 것은 노아가 육백 살 되던 때였다.	7. 노아는 아들들과 아내와 며느리들과 함께 홍수를 피하여 방주로 들어갔다.
11. 노아가 육백 살 되던 해 둘째 달 열이렛날, 바로 큰 심연의 모든 샘구멍이 터지고 하늘의 창문들이 열렸다.	8. 정결한 짐승과 부정한 짐승, 새와 땅바닥을 기어다니는 모든 것이 9. 엘로힘께서 노아에게 명하신 대로, 수컷과 암컷 두 쌍씩 노아에게 와서 방주로 들어갔다.
13. 바로 그 날, 노아는 자기 아들 셈과 함과 야펫, 자기 아내, 그리고 세 며느리와 함께 방주로 들어갔다.	10. 이레가 지나자 땅에 홍수가 났다.
14. 그들과 함께 모든 것이 제 종류대로, 모든 집짐승이 제 종류대로, 땅을 기어다니는 모든 것이 제 종류대로, 그리고 모든 새가 제 종류대로, 곧 온갖 날짐승과 날개 달린 것들이 들어갔다.	16ㄴ.그런 다음, 야웨께서 노아 뒤로 문을 닫아 주셨다.
15. 살아 숨쉬는 모든 살덩어리들이 두 쌍씩 노아에게 와서 방주로 들어갔다.	12. 그리하여 사십 일 동안 밤낮으로 땅에 비가 내렸다. 17ㄴ. 물이 차 올라 방주를 밀어 올리자 그것이 땅에서 떠올랐다.
16. 이렇게 엘로힘께서 노아에게 명하신 대로, 모든 살덩어리들의 수컷과 암컷이 들어갔다.	
17ㄱ. 땅에 사십 일 동안 비가 계속	

되었다. 18. 물이 불어나면서 땅 위로 가득 차 오르자 방주는 물위를 떠다니게 되었다. 19. 땅에 물이 점점 더 불어나, 온 하늘 아래 높은 산들을 모두 뒤덮었다. 20. 물은 산들을 덮고도 열 다섯 암마나 더 불어났다. 21. 그러자 새와 짐승과 들짐승과 땅에서 우글거리는 모든 것, 땅에서 움직이는 모든 살덩어리들, 그리고 사람들이 모두 숨지고 말았다. 24. 물은 땅 위 백 오십 일 동안 계속 불어났다.	22. 마른 땅 위에 살면서 코에 숨이 붙어 있는 것들은 모두 죽었다. 23. 그분께서는 사람뿐 아니라 짐승과 기어다니는 것들과 하늘의 새들까지, 땅에 사는 모든 생물을 쓸어버리셨다. 이렇게 그것들은 땅에서 쓸려 가버렸다. 노아와, 그와 함께 방주에 있는 사람과 짐승만 남았다.

표 2. 창세 8,1-22의 전승구분

사제계 (P)	야웨계 (J)
1. 그때 엘로힘께서 노아와, 그와 함께 방주에 있는 모든 들짐승과 모든 집짐승을 기억하셨다. 그리하여 엘로힘께서 땅 위에 바람을 일으키시니 물이 내려갔다. 2ㄱ. 심연의 샘구멍들과 하늘의 창문들이 닫히고,	2ㄴ. 하늘에서 비가 멎으니, 3ㄱ. 물이 땅에서 계속 빠져나가 6. 사십 일이 지난 뒤에, 노아는 자기가 만든 방주의 창을 열고 7. 까마귀를 날려보냈다. 까마귀는 밖으로 나가 땅에 물이 마를 때까지 왔다갔다하였다.
3ㄴ. 백 오십 일이 지나자 물이 줄어들었다. 4. 그리하여 일곱 째 달 열 이렛날에 방주가 아라랏산 위에 내려앉았다. 5. 물은 열 째 달이 될 때까지 계속 줄어, 열 째 달 초하루에는 산봉우리들이 드러났다.	8. 그는 또 물이 땅에서 빠졌는지 보려고 비둘기를 내보냈다. 9. 그러나 비둘기는 발붙일 곳을 찾지 못하고 방주로 노아에게 돌아왔다. 온 땅에 아직 물이 있던 것이다. 노아는 손을 내밀어 그것을 잡아 방주 안으로 들여놓았다. 10. 그는 이레를 더 기다리다가 다시 그 비둘기를 방주에서 내보냈다. 11. 저녁때가 되어 비둘기가 그에게로 돌아오는데, 싱싱한 올리브 잎을 부리에 물고 있었다. 그래서 노아는 땅에서 물이 빠진 것을 알게 되었다.
13ㄱ. 노아가 육백 한 살이 되던 해, 첫째 달 초하룻날에 땅의 물이 말랐다.	12. 노아는 이레를 더 기다려 그 비둘기를 내보냈다. 그러자 비둘기는 그에게 다시 돌아오지 않았다.

14. 둘째 달 스무 이렛날에 땅이 다 말랐다.
15. 엘로힘께서 노아에게 이르셨다.
16. "너는 아내와 아들들과 며느리들과 함께 방주에서 나오너라.
17. 너와 함께 있는 살덩어리들, 곧 새와 집짐승과 땅을 기어다니는 모든 것을 데리고 나오너라. 그래서 그것들이 땅에 우글거리며 번식하고 번성하게 하여라."
18. 노아는 아들들과 아내와 며느리들과 함께 밖으로 나왔다.
19. 모든 짐승과 기어다니는 모든 것, 모든 새와 땅을 기는 모든 것도 종류별로 방주에서 나왔다.

13ㄴ노아가 방주 뚜껑을 열고 내다보니 과연 땅바닥이 말라있었다.
20. 노아는 야웨를 위하여 제단을 쌓고, 모든 정결한 짐승과 모든 정결한 새들 가운데서 번제물을 골라, 그 제단 위에서 바쳤다.
21. 야웨께서 그 향내를 맡으시고 마음속으로 생각하셨다. "사람의 마음은 어려서부터 악한 뜻을 품기 마련. 내가 다시는 사람 때문에 땅을 저주하지 않으리라. 이번에 한 것처럼 다시는 어떤 생물도 파멸시키지 않으리라.
22. 땅이 지속되는 한 씨뿌리기와 거두기, 추위와 더위, 여름과 가을, 낮과 밤이 그치지 않으리라."

표 3. 창세 1,28과 9,1-7의 비교

창세 1,28-30	창세 9,1-7
28 : 엘로힘께서 그들에게 복을 내리며 말씀하셨다. "자식을 많이 낳고 번성하여 땅을 가득 채우고 지배하여라. 그리고 바다의 고기와 하늘의 새와 땅을 기어 다니는 온갖 생물을 다스려라."	1. 엘로힘께서 노아와 그의 아들들 "자식을 많이 낳고 번성하여 땅을 가득 채워라. 2. 땅의 모든 짐승과 하늘의 모든 새와 땅바닥을 기어다니는 모든 것과 바다의 모든 고기가 너희를 두려워하고 너희를 무서워하리라. 이것들이 너희의 손에 주어졌다.
29 : 엘로힘께서 말씀하시기를, "이제 내가 온 땅 위에서 씨를 맺는 모든 풀과 씨 있는 모든 과일 나무를 너희에게 준다. 이것이 너희의 양식이 되리라.	3. 살아 움직이는 모든 것이 너희의 양식이 되리라. 내가 전에 푸른 풀을 주었듯이, 이제 이 모든 것을 너희에게 준다. 4. 다만 생명, 곧 피가 들어있는 살코기를 먹어서는 안 된다.
30 : 땅의 모든 짐승과 하늘의 모든 새와 땅을 기어다니는 모든 생물에게는 온갖 풀을 양식으로 준다"고 하시자 그대로 되었다.	5. 나는 너희 각자에 대한 피의 값을 요구하리라. 나는 어떤 짐승에게나 그 핏값을 요구하리라. 남의 피를 흘린 사람에게 나는 사람의 생명에 대한 값을 요구하리라. 6. 사람의 피를 흘린 자 그자도 사람에 의해서 피를 흘려야 하리라. 엘로힘께서 당신 모습으로 사람을 만드셨기 때문이다. 7. 너희는 자식을 많이 낳고 번성하

	여라. 땅에 우글거리고 그것에서 번성하여라."

제 7 장

바벨 탑 이야기

인류의 분열과 언어(言語)의 비밀

우리는 이제 창세 1-11장의 마지막 단계에 다다랐으며, 누누이 강조하였듯이 인류의 보편적 경험을 보고하고 있는 설화를 매듭짓게 되었다. 앞 장의 대홍수 설화는 창세 9,17에서 끝나고 새로운 이야기가 전개된다.[1] 노아와 전 창조계를 대상으로 계약을 맺은 엘로힘의 선언대로 9,18은 우선 노아와 그의 아들 이야기를 선두로 민족들의 이야기를 펼친다. 1장에서 들었던 엘로힘의 축복(*자식을 낳고 번성하여*…)이 4-5장에서 부분적으로 성취되고, 마찬가지로 9장 첫 머리에서 다시 선언된 엘로힘의 축복은 10장과 11장의 바벨 탑 이야기 이후에서도 일부분만 성취된다. 10장에서 묘사된 노아의 세 아들과 그들의 계보 이야기는 다시 좁혀져 11장 10절 이하의 셈의 계보와 27절 이하의 데라의 계보로 이어진다.

창세 11,1-9의 바벨 탑 이야기는 10장과 11장 10절 이하의 두 족보 이야기 전후로 위치하며, 인류의 운명을 더 나은 방향으로 나가도록 조치한 야웨 엘로힘의 의지를 읽어내도록 독자들을 초대한다. 바벨 탑 이야기의 주제와 경고를 듣게 될 우리는 그 옛날 수수께끼 같은 창세기가 기실 전설이 아니라 과거 속

1 홍수 이후의 인류의 번성과 민족들의 이야기를 바벨 탑 이야기에 선행시키는 이유는 노아의 홍수 이야기는 사실상 9,17에서 끝났을 뿐만 아니라, 홍수 이야기의 주제와는 다르기 때문이다. 노아와 그의 세 아들을 시조로 하는 인류의 족보는 바벨 탑 이야기에 와서(11,1-9) 왜 인류가 전 지구상에 퍼져 살게 되었으며, 서로 다른 언어를 쓰게 되었는지 답변을 제시하려는 태도로 이야기를 전개한다. 참조, U. Cassuto, 제 2권, 141쪽 이하.

에서 얼굴을 내미는 현대의 이야기임을 알게 된다. 우리의 독서를 마감하게 될 바벨 탑 이야기는 야웨계 문헌에 속하며 인간이 창조한 문명의 속성에 대한 명석한 통찰을 요구한다.

바벨 탑 이야기의 마감 이후 사제계 문헌의 특징을 나타내는 족보가 11장 10절에서 시작된다. 이 부분은 셈의 가계를 보여주는 새로운 변형본으로 10장 21-31절을 다시 반복한다. 11, 24-26에서 셈의 후손으로 언급된 데라는 11장 27절에서 읽게 되는 노아 후손들의 족보를 역사로 전입시키기 위하여 등장한 인물이다. 창세기 이야기는 마지막 단계에서 설화에서 역사로 진입하며, 마침내 이스라엘의 민족과 신앙의 역사를 여는 아브라함이란 인물을 12장에서 소개하게 된다.

역사적 확인이 불분명한 신화적인 바벨 탑 이야기에는 이미 이스라엘 신앙의 주제들로 각인된 많은 전제들이 깔려 있다. 성경을 참고한다면, 아버지 이삭의 명령으로 라반을 찾아 떠난 야곱의 이야기(창세 28,10-22)에서 그 흔적을 찾을 수 있다. 하란을 향하던 들길에서 하룻밤을 자게 된 야곱은 꿈을 꾸면서 땅에서 하늘에 닿는 층계를 본다. 야곱은 엘로힘의 천사들이 오르락 내리락 하는 것을 보고 잠에서 깨어나서 이렇게 외친다. "이 얼마나 두려운 곳인가. 여기가 바로 엘로힘의 집이요, 하늘문이로구나!(28,17)" 사실상 족장설화에 속하는 이 이야기는 창세 11,9의 바벨을 이렇게 만나는 것이다.

현대의 고고학적 발굴로 잘 알려진 탐사내용을 참고하게 되면, 바벨 탑의 건설은 메소포타미아 지방에 널려 있는 지구라트(Ziggurat)[2]를 만나게 된다. 이스라엘의 유일신 신앙에서 비판적으로 소개된 이 문화유산은 사실상 당대의 인간들이 신의 거처로 삼고 경배하기 위해서 건설된 구조물이다. 인간들의 교만을 가리키는 것이 아니라, 신들을 경배하려는 인간의 심성을 알려준다. 달리 말하면, 땅과 하늘의 결합을 염원하고 신과 인간의 온전한 통교를 갈망하는 인간의 희망을 고고학이 드러내는 것이다. 지구라트는 이렇듯이 인류문명의 역사적 흔적을 나타내지만, 창세 11장의 설화에서는 탑의 소재가 아주 다른 의도로 사용된다.

어쨌든 바벨 탑 이야기의 주제를 해석하고 이해하기 위해서는, 탑과 관련해서 특별한 전조들이 언급되지 않는 점으로 보아, 창세 1-10장까지 소개된 여러 이야기들을 배경지식으로 삼아야 한다. 일관된 이야기의 주제를 전제로 개개의 소재들이 사용되고 있고, 이야기가 진행되고 있기 때문이다. 분명히 강조해야 할 사실은 앞에서도 반복해서 언급한 것처럼 이야기 속에 종교적인 개념이 소개되지 않은 점을 주의해야 한다.

창세 11,1-9의 이야기는 온 세상이 하나의 언어를 사용하고 있었고, 너른 평야에 도시를 건설하고 높은 탑을 쌓겠다는 인간의 욕망을 말해준다. 이런 욕망을 방치했다가는 인간이 신의 위치에서 혼란을 야기시킬 것이라는 염려가 야웨의 입으로 발설된다. 신은 인간이 '하고자 하는 것은 무엇이든지 못할 일이 없을 것'이라고 걱정한다. 창세기 3장에서 아담과 하와를 에데동산에서 쫓아내면서 신은 이렇게 말했다. "자, 사람이 선과 악을 알아 우리 가운데 하나처럼 되었으니, 이제 그가 손을 내밀어 생명의 나무 열매까지 따먹고 영원히 살게 되어서는 안되지." 바벨 탑 이야기는 3장 22절을 다시 거론한 이야기처럼 들린다. 그래서 신은 하나의 언어를 사용하던 사람들을 흩어버리기 위해서 말을 뒤섞어 놓았다고 한다. 바벨 탑 이야기는 두 개의 주제, 즉 탑 쌓기와 언어가 하나의 이야기 안에 융해되어 인간의 욕망에 대한 경계와 주의를 요청한다.

---

2 참조. L.-H. Vincent, o.p., De la Tour de Babel au Temple, Revue Biblique 53 (1946), 403-440쪽. 지구랏은 지구를 상징하며(435쪽), 신의 집의 기초를 일컫는다. 성전 내에 위치하며, 지구랏의 꼭대기는 평평하여 신이 거처한다고 생각되는 하늘의 연장(延長)으로 이해한다. 지구랏의 아래 부분, 곧 성전에 속하는 부분은 신이 자기 백성에게 자신을 드러내는 장소로 여겨진다. 따라서 지구랏은 하늘과 땅이 만나는 장소를 상징하는 것으로 보인다. 바벨 탑의 성격도 이러한 것이 아니었을까 짐작하고 있다. 그러나 성경의 이야기는 탑의 성격과는 무관하게 전개된다. 지구랏의 크기를 짐작해 보면 다음과 같다 : 406m×408m×456m×412m. ABC, vol.I, 561-2쪽; IBC,vol.I, 343쪽; A. Parrot, Ziggourats et tour de Babel, Albin-Michel, 1949; P. Grelot, Homme, qui es-tu? Cahiers Evangile #4, 1973, 54. 이러한 지구랏과 같은 건축물은 중국에도 보인다. 북경의 천단(天壇)도 지구랏과 같은 신화적 표상을 기억하는 편린이 아닐까?

7.1. 성경본문 : 창세 11,1-9

1. 온 세상이 같은 말을 하고 같은 낱말을 쓰고 있었다.
2. 사람들이 동쪽에서 이주해 오다가 시날 지방에서 한 벌판을 만나 거기에 자리 잡고 살았다
3. 그들은 서로 말하였다.
   "자, 벽돌을 빚어 단단히 구워내자."
   그리하여 그들은 돌 대신 벽돌을 쓰고, 교니 대신 역청을 쓰게 되었다.
4. 그들은 또 말하였다.
   "자, 성읍을 세우고, 꼭대기가 하늘까지 닿는 탑을 세워 이름을 날리자. 그렇게 해서 우리가 온 땅으로 흩어지지 않게 하자."
5. 그러자 야훼께서 내려오시어 사람들이 세운 성읍과 탑을 보시고
6. 말씀하셨다.
   "보라, 그들은 한 겨레이고 모두가 같은 말을 쓰고 있다. 이것은 그들이 하려는 일의 시작일 뿐, 이제 이들이 하고자 하는 것은 무엇이든지 못할 일이 없으리라.
7. 자, 우리가 내려가서 그들의 말을 뒤섞어 놓아, 서로가 남의 말을 알아 듣지 못하게 만들어 버리자."
8. 야훼께서는 그들을 거기에서 온 땅으로 흩어버리셨다. 그리하여 그들은 그 성읍을 세우는 일을 그만두었다.
9. 그래서 그곳의 이름을 바벨이라 하였다. 야훼께서 거기에서 온 땅의 말을 뒤섞어 놓으시고, 사람들을 온 땅으로 흩어버리셨기 때문이다.

7.2. 이끄는 말-노아 이후의 족보 이야기

대홍수 이야기의 시작과 끝을 마감하면서 홍수의 메시지는 어느 정도 이해할 수 있었다. 창세 1장의 축복과 계약이 9장에서 새 창조의 가능성으로 다시 열린 것이다. 이번 장에서 읽게 될 바벨 탑 이야기는 사실상 홍수 이후의 이야기를 마감하고 새로운 단계로 진행하는 창세기의 고리 역할을 한다. 그러한 까닭에 바벨 탑 이야기에 이르기 전에 홍수 이후의 민족들의 이야기를 읽어야 할 필요가 있다. 홍수 이후의 인류 이야기는 연대기적으로는 노아와 홍수 이야기의 후속편이지만, 의미론적으로는 바벨 탑 이야기를 선행한다. 바벨 탑 이야기가 창세기의 논리 흐름 속에서 자연스럽게 전개되기 위해서는 홍수 이후의 인류가 어떻게 지상을 채워갔는지 정보를 제공할 필요가 있는 것이다.

이런 관점을 가지고 이번 장에서 읽게 되는 홍수 이후의 인류 이야기는 창세 9,18-10,32에 들어 있으며, 이어서 11장의 바벨 탑 이야기가 그 뒤를 따른다. 이 장의 이야기는 다음과 같은 주제들을 가지고 전개된다.

ㄱ. 9,18-27 : 노아와 그의 세 아들

ㄴ. 9,28-10,32 : 민족들의 이야기

ㄷ. 11,1-9 : 바벨 탑 이야기

(ㄹ. 11,10-32 : 노아의 맏아들 셈에서 아브라함에 이르는 가계)

포도밭을 가꾸는 노아는 땅을 경작하는 농부로 소개되지만, 그는 우선적으로 새 인류의 원조이다. 아담의 후손은 카인과 셋의 후손으로 확대되지만, 두 가계가 노아에 와서 하나의 족보를 이루고 홍수 이야기가 전개되었기 때문이다. 창세기의 저자는 노아 이후의 후손이 지구 상의 인류를 대표한다는 논리를 제공한 것이다. 노아는 홍수 이전의 과거에서 빠져나온 유일한 가계를 대표하는 까닭에, 창세 1장의 이야기처럼 엘로힘의 새로운 축복을 받고 새 창조를 시

노아의 만취 (조반니 벨리니)

작하는 인물이 된 것이다.

그의 세 아들 셈, 함, 야펫의 이야기는 홍수 이후 9,1-17에서 들은 엘로힘의 축복과 계약을 확인하는 첫 번째 이야기이다. 노아와 세 아들 이야기는 야웨 엘로힘의 인간 창조 이후에 첫 인간부부 아담과 하와가 금단의 열매를 따먹은 위반 사건과 같은 위치에 놓여 있다. 세 아들 이야기가 특별히 의미 있는 것은 이 이야기가 창세 3장의 연속선 상에서 읽혀져야 하는 설화의 기본적인 구도를 가지고 있기 때문이다.[3]

노아의 사후 진행된 지상의 인종들에 관한 족보도 마찬가지로 이야기의 연속선 상에서 그 의미들을 간단하게 살펴보게 될 것이다. 인종들의 족보 이야기는 바벨 탑 이야기를 도입하기 위해서 그 직전의 인류 상황을 말해주는 도입부

---

3 아담과 하와에게 세 아들이 있었지만, 둘째 아들 아벨은 맏 아들 카인에 의해서 살해되었다. 노아에게 세 아들은 아담 부부에게 부족한 부분(살해되어 죽은 아벨)마저 보상받았다는 인상을 준다. 그러나 아담의 둘째 아벨이 무고하게 살해된 까닭에 인류에게 불행이 온 원인을 제공하게 되었다면, 노아의 둘째 함의 잘못은 새 창조의 시작부터 불길한 인류의 운명을 암시한다.

역할을 한다. 따라서 대홍수 설화 이후의 에피소드와 민족들이 갈라져 나간 기록을 통하여 11,1-9의 바벨 탑 이야기를 이해하는 단서들을 발견할 것이다. 바벨 탑 이야기를 대단원의 끝으로 창세 1~11 설화 전체를 마감한다. 그러므로 노아와 세 아들 이야기와 노아의 후손들인 뭇 민족들의 이야기를 간단하게나마 훑어보는 것이 필요하며 바벨 탑 이야기를 해석하는 열쇠를 얻게 될 것이다.

ㄱ. 노아와 그의 세 아들 이야기 : 9,18-27

18. 방주에서 나온 노아의 아들은 셈과 함과 야펫이다. 함은 가나안의 조상이다.
19. 이 셋이 노아의 아들인데, 이들에게서 온 땅으로 사람들이 퍼져 나갔다.
20. 농부인 노아는 포도밭을 가꾸는 첫 사람이 되었다.
21. 그가 포도주를 마시고 취하여 벌거벗은 채 자기 천막 안에 누워 있었다.
22. 그때 가나안의 조상 함이 자기 아버지의 알몸을 보고 밖에 있는 두 형제에게 알렸다.
23. 셈과 야펫은 겉옷을 집어, 둘이서 그것을 어깨에 걸치고 뒷걸음으로 들어가, 아버지의 알몸을 덮어드렸다. 그들은 얼굴을 돌린 채 아버지의 알몸을 보지 않았다.
24. 노아는 술에서 깨어나 작은아들이 한 일을 알고서,
25. 이렇게 말하였다.

    "가나안은 저주를 받으리라.

    그는 제 형제들의 가장 천한 종이 되리라."
26. 그는 또 말하였다.

    "셈의 엘로힘인 야웨께서는 찬미받으실지어다.

그러나 가나안은 셈의 종이 될지어다.

27. 엘로힘께서 야펫에게 자리를 넓게 마련해 주시고

셈의 천막들 안에서 살게해 주실지어다.

그러나 가나안은 야펫의 종이 될지어다."

18-19절은 대홍수 이후의 인류의 조상에 대한 서술이며, 20-27절은 농부가 된 노아와 그의 둘째 아들 아들 함 사이에 벌어진 일을 기록하고 있다. 18-19절의 언급은 이야기의 전개 상 홍수 이후를 소개하는 도입부이다. 이제 모든 인간이 홍수라는 재난으로 사멸(死滅)했다고 가정한다면, 노아와 그의 아들들이 인류의 시조가 되는 셈인데, 이는 아담과 하와가 차지했던 첫 창조에 버금가는 위치를 차지한다고 볼 수 있다. 물론, 이 세 아들의 족보는 10장에서 길게 열거(列擧)될 것이다.

20-27절에서 노아와 그 아들들 사이에 벌어진 일을 전하는 창세기 저자는 야웨 엘로힘의 축복과 저주를 직접 보여주지 않는다. 그 대신에 저자는 자식을 둔 아버지의 축복과 저주가 야웨 엘로힘의 선언을 대신한다는 놀라운 변화를 알려준다. 이제는 선행하는 이야기들과 달리 신이 축복과 저주의 주체(主體)가 아니라, 이제는 아버지 노아가 그 역할을 담당한다.

두 번째 부분 20-27절을 해석하는 데 두 가지 요소가 관건이다. 하나는 노아의 벌거벗음의 주제이며, 다른 하나는 이 주제가 제기하는 가족 내의 사건이다. 이 문제를 어떻게 이해해야 할 것인가? 두 요소는 서로 밀접하게 연결되어 있기 때문에 서로 분리해서 다루기 어렵지만, 문제의 요소로 지적된 벌거벗음과 부자(父子) 사이의 문제는 독립된 주제들로 다룰 수도 있다. 그렇지만 이야기를 분석하는 과정에서 이 두 개의 요소가 동시에 요구됨을 알게 될 것이다. 또한 본문에서 언급되고 있는 아들들의 이름은 중근동 지방의 민족과 관련이 있기 때문에 자칫 일방적인 해설이 될 수도 있어 조심할 필요가 있다.

ㄱ1. 아버지와 아들의 관계

이야기의 소재는 다르지만 형식으로는 3장과 9장이 아주 비슷하게 전개된다. 노아는 땅(아다마)을 경작하는 농부이고, 라멕의 외침대로(5,29) 인간에게 희망을 주는 인물이다. 3장에서 금단의 열매를 먹는 것이 문제가 되었다면, 9장에서는 포도열매의 술이 문제가 된다. 열매를 먹고나자 남자와 여자의 눈이 열렸고 그들은 자신들의 벌거벗음을 알았다. 노아의 경우엔 포도주를 마시고 벌거벗었으며, 취한 상태에서 자신의 벌거벗음을 의식할 수 없었다. 3장의 남자와 여자는 자신들에게 찾아온 상태를 참을 수 없었고, 두렁이를 만들어 몸에 걸쳤다. 9장에서 둘째 아들 함은 아버지 노아가 벌거벗은 몸인 줄을 보고도 아버지의 몸을 덮어드리지 않았다. 오히려 함은 노아의 벌거벗은 몸을 보고 두 형제에게 발설해 버렸다. 노아는 자신에게 벌어진 일이 함으로 인해서 알려졌고, 다른 두 아들이 아버지를 위해서 한 행동을 두고 세 아들에게 축복과 저주를 선언한다. 벌거벗은 몸의 아버지에게 한 둘째 아들 함의 행동을 보면, 아담과 하와가 두렁이를 만들어 벌거벗은 몸을 가린 행위와 대조적임을 알 수 있다. 노아와 함의 이야기에서 벌거벗음의 상태는 문제가 되지 않으나, 이 부끄러움을 보호 받지 못한 것이 문제로 보인다.

동일한 이야기의 흐름을 보여주는 3장과 9장의 이야기는 벌거벗음의 주제를 풀어야 할 수수께끼처럼 이야기의 중심에 놓고 있다.[4] 두 행위의 결과로 3장에서는 야웨 엘로힘의 저주가 따르고(14-19절), 9장에서는 노아의 저주가 둘째 아들 함에게 쏟아진다(26-27절). 야웨 엘로힘의 금지명령을 위반한 아담과 하와의 행위는 둘째 아들 함이 아버지 노아에게 한 행동과 일맥 상통한

---

4 이야기의 흐름을 볼 때 3장과 9장이 유사함으로 발생하는 벌거벗음의 주제를 성(性)문제로 해석하려는 경향이 아주 사라진 것은 아니다. 게다가 6,1-4의 거인족 이야기를 성과 관련해서 해석하려는 경향은 3장과 9장의 이야기의 해석에도 동일하게 적용하려는 시도로 일관하기도 한다. L. Turner, 55쪽. 독립적이고 단편적인 이야들로 이해할 때에는 이러한 주장이 불가능한 것은 아니지만, 창세기 설화의 주제를 지나치게 협의화하는 단점이 있다. 그 뿐만 아니라 창세 이야기들의 일관성을 해치는 부조화를 발생시킨다.

의미가 있음을 짐작하게 한다. 이와 비슷하게 3장에서 신이 첫 인간들에게 가죽옷을 만들어 입힘으로써 벌거벗음을 가려준다면(21절), 9장에서는 야웨 엘로힘 대신에 두 아들 셈과 야펫이 늙은 아버지 노아의 벌거벗음을 가려준다(23절). 또 아담이 에덴동산에 온갖 동물들과 함께 있으면서 자기에게 맡겨진 임무를 수행하고 있었다면(2,19-20절), 노아는 방주에서 살아남도록 선택된 모든 동물들과 함께 있으면서 엘로힘의 명령을 수행했다(8,16-17).

이처럼 창세 3장과 9장의 두 이야기가 전개되는 양상이 유사하기 때문에 노아는 새 아담으로 이해되기도 한다. 이야기 전개의 유사성은 노아와 세 아들 이야기를 창세 1-2장 이후에 벌어진 사건에 기대어 이해할 수 있는 근거를 제공하기도 한다. 더구나 홍수 이후 엘로힘의 독백(8,21)은 인간의 악을 인간 실존의 근본적인 문제로 소개한다. 이런 관점에서 9,20-27의 이야기를 이해할 수 있다.

이야기를 이해하기 위한 전제로 창세 이야기 전체를 일관하는 논리적 측면을 고려하면서, 3장의 에덴동산에서 있었던 사건의 주인공들이 뱀과 인간이었음을 기억하자. 우선 동물과 인간의 관계는 아담과 하와, 즉 인간들 사이의 관계에 이상이 생겼음을 고발하는 방식이었다. 나아가 야웨 엘로힘과 인간 사이의 관계에도 이상이 생겼음이 드러났다. 신의 징벌은 남자와 여자, 남편과 아내 사이의 갈등이 표출되면서 조화와 균형이 깨지게 된 사건, 인간관계의 부조화를 고발하는 것이었다. 카인의 형제살인사건에 와서는 인간과 인간, 신과 인간의 관계는 물론 인간과 땅의 관계마저 깨졌다는 불행한 소식을 들을 수 있었다. 4장의 주제를 더욱 심각하게 고려하고 확대한 문헌이 5장이란 것은 이미 알고 있는 사실이다. 이어서 전개된 대홍수 이야기는 이 관계의 균열을 치유하는 소재로 사용되었다. 새로운 계약과 축복으로 새 창조를 시작하는 첫 사람들이 바로 홍수에서 살아 남게 된 노아와 그 가족들인 것이다. 그런데 엘로힘의 새 창조의 축복을 받고 난 이후에 처음으로 발생한 사건이 첫 인간의 아버지와 아들 사이의 사건이 되어버린 것이다. 카인과 아벨의 살인사건이 가족 내의 형제지간에 벌어진 인류의 첫 사건이었다면, 노아와 함의 사건은 새창조가 시작되는 시점에서 벌어진 가족 내의 부자지간의 사건이다.

부자지간에 벌어진 이 사건의 묘사는 아주 간단하다. 노아와 그 아들 사이에 발생한 사건은 가족 내의 혈연관계가 직접적으로 문제가 된 경우이다. 술 취한 아버지의 몰골을 보고 보호해 주지 않은 둘째 아들의 태도에 대하여 아버지가 저주를 내리는가 하면, 아버지의 벌거벗음을 알고 옷을 덮어준 두 아들에게는 축복을 내린다. 이제부터 저주와 축복은 아버지의 몫이며, 엘로힘이 부여한 아버지의 역할은 아무도 앗을 수 없다. 불행하게도 가나안이 맡아야 할 제 행동에 대한 보상은 두 형제의 노예가 되는 것이다.[5]

그러나 부자지간의 관계에 있어서 저주와 축복이 이렇게 내린다면 가정사(家庭事)처럼 보이는 이 사건은 이해하기 어려운 수수께끼가 된다. 가족사처럼 보이는 이 사건을 명확하게 이해하고 수긍할 만한 설명을 문장 안에서 찾기가 그리 쉽지가 않기 때문이다.[6] 술에 취해서 천막 안에 벌거벗고 누워 잠들어 있는 아버지를 보고 둘째 아들이 취한 행동, 곧 아버지가 술에 취해 벌거벗은 채로 잠들어 있는 모습을 형제들에게 전달했다는 사실이 저주를 이끌어낼 수 있다면, 그 아버지의 저주를 내린 행동은 정상적인 아버지의 모습을 보여주지 않는다. 사건의 진행이 독자의 주의를 끌기는 하지만, 이야기의 초점은 무엇을 가리키고 있는지 분명치 않은 것이다.[7] 그것은 23절에서 두 아들의 태도를 둘

---

5 막내의 이름과 가나안의 관계에 대한 주석학적 논의가 있으나, 우리는 이 주제를 논외로 한다. 막내가 아버지의 벌거벗은 몸을 보았다는 것이 이야기의 요점이고 이에 대한 해석이 우리의 관심이다.

6 아버지의 벌거벗은 몸을 본 것과 저주에 대하여, 많은 주석가들은 이스라엘이 가나안 문화를 처음 접하면서 만났던 성문화(性文化)와 관련해서 해석하기도 한다. 그러나 재언하는 바이지만, 창세 1-11장을 인류사의 보편적 이야기로 전제한다면, 굳이 민족 간의 갈등을 불러일으키는 편협한 민족주의적 이야기로 볼 필요는 없을 것 같다. 탈무드나 유대의 미드라쉬 전통에서도 성(性)을 기반으로 한 해석이 있으나, 성을 직접적으로 가리키는 정황 묘사가 아니기 때문에 이를 곧이곧대로 받아들이기는 어렵다. 또 이야기에 등장하는 인물들은 사실상 개인(個人)의 자격이기도 하지만, 집단(集團) 인격체(人格體)로 기능하고 있다는 점도 잊어서는 안 될 것이다. 25절이 후대(後代)에 첨가되었다는 주장에 따르면, 노아의 선언은 함-가나안과 셈-이스라엘 관계의 역사적 정치적 정황을 나타낸다. 어쨌든 텍스트 자체에는 이러한 언급이 없다는 점에 유의하는 것이 낫다.

째 아들의 태도와 대조시킴으로써 이야기가 단순히 가정 내의 단순한 사건이 아니라는 암시를 받는다. 아들로서 당연히 했어야 할, 술에 취한 아버지를 보호하지 않은 것이 둘째 아들 함의 잘못이라면, 나머지 두 형제는 사실상 아들로서 당연한 행동을 했을 뿐이지 특별히 축복을 받거나 칭찬 받을만한 일은 아니다. 그러나 아버지의 맨몸을 가려주지 않은 둘째 아들의 행동과 아담과 하와를 위해서 가죽옷을 만들어 입혀 준-몸을 가려준-신의 마지막 행동을 상기한다면(창세 3,21), 두 아들의 행동과 함의 행동 사이에는 보이지 않는 커다란 차이가 있음을 알 수 있다. 아마도 이야기의 저자는 이 당연해 보이는 행동에 의도적으로 그가 말하고자 하는 내용을 전하기 위해서 초점을 맞추었을 것이다.

ㄱ2. 알몸 혹은 벌거벗음 : 노아의 수치

이러한 문제와 편집자의 표현되지 않은 의도를 따라서 등장한 알몸의 주제는 무엇을 의미하는가? 노아의 취한 상태를 설명해 주는 단어는 알몸이다. 이 주제를 발생시키기 위하여 편집자는 의도적으로 함의 행동과 두 아들의 행동을 강조하고 비교한다. 그리고 노아가 술에 취한 모습을 드러나게 표현함으로써 사건의 진행을 극화한다. 창세 2-3장에서도 나온 주제 중의 하나인 '벌거벗음'의 단어가 진행과정에서 두드러진다. 술에 취한 노아는 벌거벗은 상태로 천막에 들어가 잠이 들었다. 아담과 하와의 이야기에서도 그러했지만, 많은 주석가들은 이 상태를 성(性)과 관련해서 이해하려고 했었다. 그러나 성경에서

---

7 술, 불, 성(性)을 하나의 주제로 노아와 함 사이에 벌어진 일을 유다이즘의 전통에 따라서 해석하기도 한다. 불은 성 능력을 가리킨다. 이야기 전개의 유사성은 지중해문화권, 특히 희랍신화에서 찾는다. H. Hirsch Cohen, The Drunkenness of Noah, Univ. Alabama Press, 1974, 1-12. 성경의 예로, 술로 정신을 놓은 롯과 두 딸간의 근친관계, 다윗이 밧세바와의 관계를 은폐하기 위해 그 남편 우리아에게 술을 먹인 사실들을 든다. 그리고 함의 행동과 두 아들의 행동을 노아가 거세당한 사실을 전제로 이해하고자 하며 주변문화의 신화에서 논거를 찾기도 한다(13-30쪽). 그러나 창세기의 묘사는 성과 관련된 일체의 표현을 피하고 있고, 또 성경 외적인 전거(典據)를 통한 이러한 해석이 가능하다고 해도, 여기서 발생한 사건에서 아들-아버지 관계가 근본적으로 잘못되었다는 현상의 지적에는 변함이 없다.

'벌거벗음'[8]은 대체로 두 가지 경우를 언급할 때 사용된다. 첫 번째 경우는 율법에서 성(性)을 언급할 때, 직설적으로 명시적 표현을 사용할 때에 한한다. 예를 들면 레위기 18장을 보면 쉽게 알 수 있다. 두 번째는 가난, 수치, 불행, 굴욕 등의 상태를 의미할 때 이 말은 적극적으로 사용된다. 예를 들면 에제키엘 16장 7-14에 이 표현이 보인다.[9]

노아는 농부였고, 술을 마시고 취한 상태로 잠이 들었다. 이러한 노아의 알몸 상태는 본문이 묘사하는 대로라면 술에 취해서 흐트러진 모습의 연약한 인간일 뿐이다. 그것은 인간의 가난과 연약함을 나타내는 인간적인 모습이다. 아들이 아비의 부끄러움을 본다는 것은 아버지 스스로 자신의 보호자가 되지 못하니, 아들이 아버지의 보호자가 되어야 한다는 의미이다. 그 아들인 함이 제 아비의 흐트러지고 연약한 모습을 보지 말았어야 함에도 불구하고 보았다면, 제 아비의 허약하고 벌거벗은 모습의 약점을 공개하지 말았어야 할 것이다. 그 아들은 이미 100세가 넘었을 성인이었으니[10] 옳고 그름에 대한 판단력과, 해야 할 일과 하지 말아야 할 일을 구분할 수 있는 식별력을 갖추고 있어야 했을 것이다.

이 아들은 어찌해서 아버지를 부끄럽게 했을까? 의문이 아닐 수 없다. 함의 행동은 이야기 밖의 독자는 모를 어떤 연유에서 제 아비인 노아를 무시한 처사

---

8 B.N. Wambacq, 〈Or tous deux étaient nus, l'homme et sa femme, mais il n'en avaient pas honte (Gn 2,25)〉, in Mélanges bibliques en hommage au P. Béa Rigaux, Gembloux, Duculot, 1970, 547-556.

9 벌거벗음 : 명사 ערוה ('erwah), 형용사 מערו ('arum). 명사로 사용한 예 : 레위기 18장, 20장에 성과 관련한 율법적 표현에 나타난다. 반면에 에제키엘 16,7-9. 14.37; 23,10.29의 표현들은 이스라엘의 빈약한 상태를 상징한다. 그 외에도 애가 1,8; 이사야 20,4; 창세 42,9.12 등. 형용사의 사용 예 : 욥기 1,21; 이사야 20,2-4; 58,7; 호세아 2,5; 아모스 2,16; 미가 1,8 등 일체가 엄밀한 의미에서 성(性)과 관련이 없이 벌거벗은 상태, 무력하고 가난하고 연약한 인간의 모습을 나타낼 뿐이다. W. Vogels, Cham découvert les limites de son Père Noé, NRT 109, 1987, 554-573 참조.

10 창세 5,32. 노아는 500살의 나이에 아들 셋을 두었다고 했다. 홍수는 노아의 나이 600세 나던 해에 발생했고, 그 기간은 1년, 따라서 세 아들의 나이는 적어도 100세가 넘었을 것이다. 게다가 세 아들은 모두 아내를 둔 가장(家長)으로 성인이었다.

였던 것이다. 그는 이러한 사실을 다른 두 형제에게 전함으로써 노아는 아비로서 갖추어야 할 모든 위엄을 잃어버렸다. 노아는 세 아들의 아비로써 얼굴을 들지 못하게 된 것이다. 노아가 신(神)의 눈에 든 의로운 이였다고는 하나(6,8-9), 인간으로서 연약함이 없다는 의미는 아니다. 인간은 아무리 고상하다 할지라도 인간일 뿐이다. 함이 이러한 연약함을 보고도 아비의 부끄러움을 덮지 않고 공공연하게 밝힌 행동은 아버지-아들의 정상적인 관계를 짓밟는 행위이다. 보호자-피보호자의 역할을 깨뜨리거나 그 관계를 무시해 버린 것이다.

두 아들 셈과 야펫의 행동은 둘째인 함의 행동과 아주 대조적으로 묘사된다. 함이 아비의 알몸을 '보고' 그 상황을 그대로 '말을 전했다면,' 두 아들은 알고서도 '보는 것을 피하고' 아비의 '부끄러움을 덮어주었다.' 함의 행동으로 비록 다른 두 아들의 고마운 행동이 있었다 해도 노아는 함을 볼 때마다 자신의 수치를 상기해야 했을 것이다. 노아의 경우처럼 인간은 저마다 한계(限界)를 가지고 있다. 이 한계는 보호 받아야 하며, 그것을 들추어내어 사람을 부끄럽게 하지 말아야 한다. 3장에서 아담과 하와에게 가죽옷을 만들어 입힌 야웨 엘로힘의 뜻이 무엇이었겠는가? 함은 엘로힘의 행동과 반대로 처신했고, 두 아들은 노아의 축복을 들을만한 일을 했던 것이다. 함은 아비의 부끄러움을 보았고 그 사실을 공개했다. 누구나 드러나지 않게 간직하고 있어야 할 부끄러운 비밀을 무시한 것이다. 아들이 제 아비 노아의 부끄러움을 보고, 그 부끄러움을 가까운 두 형제에게 알렸다면 약자를 배려한 행동은 아닌 것이다. 악은 늘 타인의 약함을 범할 유혹의 언저리에 머문다. 유혹에 마음을 둘 때에 행동은 한 발자국 앞으로 진행한다. 둘째 아들 함은 여기서 가장 가깝고 존경해야 할 아버지 노아의 약함을 범했던 것이다.

가족 내에서 당연히 지켜져야 할 일들이 어긋날 때, 사회적으로 그 이상의 일들이 발생하리라는 것은 쉽게 짐작할 수 있다. 남의 부끄러움을 들추거나 드러내는 것이 개인적일 때라도 그것은 당연히 덮어주고 가려 주어야 한다. 둘째 아들 함의 행동은 타인, 곧 존경해야 할 노아-아버지, 연장자, 앞선 세대-를 우습게 만든 꼴이 되었던 것이다. 가장 작은 사회적 단위인 가족 내에서 벌어진 이 사건은, 창세 첫 장에서 일어난 사건들의 지속적 관심사의 연장이라고 보아야 할 것이다. 창조와 함께 첫 부부를 시작으로 인류가 불어나기 시작했고, 홍수 이후 한 가정을 시작으로 인류가 불어나기 시작했다. 3장에서 인간의 첫 부부가 엘로힘을 거슬러 잘못을 저질렀고, 9장에서는 가정 내에서 아들이 아버지에 대해서 잘못을 저질렀다. 야웨 엘로힘과 첫 인간들(3장), 아버지와 아들의 관계(9장)는 아주 묘한 대조를 이루며 이야기의 패턴이 반복되고 있음을 보여준다. 창조자와 피조물, 낳은 자와 낳음을 받은 자의 관계에서 신의 상처는 어떠했을까? 이러한 보도를 통해서 창세기 저자는 인간 사회에서 발생할 수 있는 여러 가능성을 가리키고 싶었을 것이다. 이 사건은 사회가 분화하고 도시 문명을 건설한 인류에게 일어난 바벨 탑이라는 사건을 해석하는 연장선상에 있다.

가정에서 아버지는 현재를 책임지며 현재를 떠나 과거로 가는 세대를 상징한다면, 아들은 현재에서 보호를 받고 미래를 책임질 미래에서 현재로 오는 세대를 의미할 것이다. 아버지는 떠나가는 세대로서 늙음을 대변하는 약자로 바뀌고, 아들은 젊음을 대표하는 힘 있는 자가 되어간다. 이러한 시각에서 본다면, 막내의 행동은 현재에서 과거로 떠나가는 세대를 무시한 꼴이다. 강자가 약자를 경시하고, 오는 세대가 가는 세대를 무시한 것이다. 이 이야기에서 아버지가 할 수 있는 일은 아들을 제압하는 것이 아니라 그 아들에게 저주를 내리는 것이다. 아버지가 아들의 미래를 그가 잘못한 현재에서 저주의 형태로 그 운명을 제재한 것이다. 과거의 아버지가 무시 받으면, 미래의 자식은 저주를 받아야 한다. 과거의 아버지를 보호한다면, 그를 보호하는 이는 누구든지 축복을 받는다. 아버지의 위치는 존경을 받고 보호를 받아야 하는 것이다. 이러한 통찰에 의하면, 인간 공동체가 유지되기 위해서라도 약자는 언제나 배려의 대상이 되어야 하고, 강자는 약자를 보호해야 하는 원칙이 지켜져야 한다. 인간은 서로에게 강하고 약한 존재로 사는 것이 아니라, 강자는 약자를, 젊음은 노쇠를 보좌해야 하는 것이다. 노아와 함의 이야기는 이렇게 우리의 과거가 보호받을 때 미래도 지켜진다는 아주 고귀한 사회적 의미를 알려준다.

ㄴ. 노아의 후손들－뭇 민족들의 이야기 : 9,28－10,32

9장 :

28. 노아는 홍수가 있은 뒤에 삼백오십 년을 살았다.

29. 노아는 모두 구백오십 년을 살고 죽었다.

10장 :

1. 노아의 아들 셈과 함과 야펫의 족보는 이러하다. 홍수가 있은 뒤에 그들에게 자식들이 태어났다.

야펫의 후손 :

2. 야펫의 아들은 고멜, 마곡, 메대, 야완, 두발, 메섹, 디라스이다.

3. 고멜의 아들은 아스그낫, 리밧, 도가르마이고,

4. 야완의 아들은 엘리사아, 다르싯, 기띰, 도다님이다.

5. 이들에게서 바닷가 민족들이 퍼져 나갔다. 이들이 지방과 각 언어와 씨족과 민족에 따라 본 야펫의 자손들이다.

함의 후손 :

6. 함의 아들은 구스, 에집트, 푸트, 가나안이다.

7. 구스의 아들은 스바, 하윌라, 삽다야, 라아마, 삽드가이다. 라아마의 아들은 세바와 드단이다.

8. 구스는 니므롯을 낳았는데, 그가 세상의 첫 장사이다.

9. 그는 야웨 앞에도 알려진 용맹한 사냥꾼이었다. 그래서 "니므롯처럼 야웨 앞에도 알려진 용맹한 사냥꾼"이라는 말이 생겼다.

10. 그의 왕국은 시날지방의 바벨과 에렉과 아깟과 갈네에서 시작되었다.

11. 그는 그 지방을 떠나 아시리아로 가서 니느웨와 르호봇-이르와 갈라를 세우고,

12. 니느웨와 큰 성읍 갈라 사이에 레센을 세웠다.

13. 에집트는 리디아인, 아남인, 르합인, 납두인,

14. 바드루스인 후에 불레셋족이 나온 가슬루인, 갑돌인을 낳았다.

15. 가나안은 맏아들 시돈, 헷,

16. 여부스족, 아모리족, 기르갓족,

17. 히위족, 아르키족, 신족,

18. 아르왓족, 스말족, 하맛족을 낳았다. 그 뒤에 가나안족의 씨족들이 사방으로 흩어져 나갔다.

19. 가나안족의 경계는 시돈에서 그랄쪽으로 가자까지 이르고, 소돔과 고모라와 아드마와 스보임쪽으로는 라사까지 이르렀다.

20. 이들이 씨족과 언어와 지방과 민족에 따라 본 함의 자손들이다.

셈의 후손 :

21. 셈에게도 자식들이 태어났는데, 그는 엘벨의 모든 아들들의 조상이며 야펫의 맏형이다.

22. 셈의 아들은 엘람, 아시리아, 아르박삿, 룻, 아람이다.

23. 아람의 아들은 우스, 훌, 게델, 마스이다.

24. 그리고 아르박삿은 셀라를 낳고 셀라는 에베르를 낳았다.

25. 에베르에게는 아들 둘이 태어났는데, 한 아들의 이름은 벨렉이다. 그의 시대에 세상이 나뉘었기 때문이다. 그 동생의 이름은 욕단이다.

26. 욕단은 알모닷, 셀렙, 하살마웻, 예라,

27. 하도람, 우잘, 디클라,

28. 오발, 아비마엘, 세바,

29. 오빌, 하윌라, 요밥을 낳았다. 이 모두가 욕단의 아들들이다.

30. 그들의 거주지는 메사에서 동부 산악지방인 스바르쪽까지였다.

31. 이들의 씨족과 언어와 지방과 민족에 따라 본 셈의 자손들이다.

32. 이것이 민족 계보에 따라 본 노아 아들들의 씨족들이다. 홍수가 있은 뒤에, 이들에게서 민족들이 세상으로 갈라져 나갔다.

이 문헌 안에는 두 전승-야웨계 전승과 사제계 전승-이 혼란스럽게 섞여 있지만,[11] 전체 이야기는 노아의 세 아들을 기원으로 하여 이후의 후손들이 퍼져나간 민족들의 가계를 무리없이 서술하고 있다. 전승(傳承)들의 기원이 다른 까닭으로 작은 부분에 서로 모순을 드러내고 있지만, 이야기가 의도하는 바를 이해하는 데는 큰 무리가 없다. 모순의 일례로 아시리아의 수도 니느웨는 함의 후손으로 적혀 있으나(11절), 아시리아인의 선조인 아시리아는 셈의 후손으로 엇갈리게 기록되어 있다(22절). 또 어떤 이름들은 개인을 의미하기도 하고(2-5절, 야펫의 아들들), 어떤 이름들은 민족의 이름을 가리키기도 한다(13-14절, 미스라임, 에집트의 아들들). 한 인물을 공동 조상으로 하거나, 그 조상의 이름을 가지는 인물들을 통해서 이야기의 저자는 모든 민족들이 노아를 조상으로 하여 시작되었다는 것을 보여주고자 하는 듯하다. 의도적으로 명확한 숫자를 계산한 편집자는 민족들의 수를 칠십(七十)[12]으로 규정함으로써 전 인류가 노아라는 한 단위의 가정에서 비롯되었다는 상징성을 강조하고, 이 기록을 통하여 인류는 한 가족이라는 보편주의를 강조하는 것처럼 보인다. 그

---

11 약간 다른 주장들이 있지만 두 전승의 구분은 대체로 다음과 같다. 야웨계 : 10장의 1ㄴ, 8-19, 21, 24-30절. 제관계 : 9장의 28-29. 10장의 1ㄱ, 2-7, 20, 22-23, 31-32절.

12 창세 10장이 전 인류의 민족들의 수를 규정한 수는 70이다(노아와 세 아들의 이름은 제외). 우가릿(Ugarit) 문서에도 엘(El, 하느님)의 아들들은 70명이다. 전통적인 숫자 70은 성경에서 이렇게 전체를 나타내는 방식이다. 판관 8,30; 9,2; 루가 10,1.17; 창세 46,27; 출애 1,5. 참조. NJBC, 17쪽.

러나 인류가 하나라는 보편주의는 11장에서 고발하듯이 획일성을 가리키는 하나의 언어를 강조하는 것과 아주 다르다. 창세 10장의 5절과 31-32절은 애써 각 민족은 고유의 언어가 있다는 것을 강조하고 있기 때문이다.

잘 살펴보면, 이들 민족들은 대체로 지리적 위치에 따라 설명되고 있음을 알 수 있다. 셈의 후손들은 고대 세계의 중부와 동방이라고 할 수 있는 팔레스티나와 메소포타미아에 분포한다. 함의 자손들은 남부지방으로, 가나안을 제외한다면, 이집트, 아라비아 반도, 아프리카에 위치하고, 야펫의 후손들은 북부와 서부, 곧 소아시아, 그리스, 지중해의 섬들을 근거로 기록된다.[13] 이야기의 편집자는 기록의 순서를 팔레스티나를 중심으로 지리적으로 먼 곳에서 가까운 곳을 향하도록 조정한 듯하다. 야펫의 후손(2-5절) => 함의 후손(6-20절) => 셈의 후손(21-30절)의 차례로 기록함으로써 세상은 주변에서 중심으로, 세상 끝에서 이스라엘을 향한다는 야웨 엘로힘의 구원역사에 대한 신학적 성찰의 효과를 얻고자 한다는 인상을 준다.[14]

민족들의 족보 :

따라서 민족들의 족보는 중요한 구원사적 의미를 제공한다. 이 의미와 관련하여 창세기의 저자는 야웨 엘로힘의 창조사상을 효과적으로 정리하는 것이다. 구원사상과 창조사상의 두 틀을 기반으로 민족들의 족보가 의미하는 바를 정리한다면 다음과 같이 간단히 요약할 수 있다.

---

13 야펫 : 그리스 신화에 나오는 야펫(japetos)과 동일한 음가를 가진다. 야펫은 천둥의 신과 대지의 신이 결합하여 낳은 인물로 그의 자손들은 소아시아와 아르메니아 지방에 산다고 전한다. 따라서 성경의 기록과 비교해 볼 때에 두 문화의 야펫은 서로 연관이 있어 보인다. 마곡 : 야펫의 아들. 곡의 땅-북부지방 스키타이인들이 정복한 땅을 의미한다고 하나 확실하지 않음. 에제키엘 38,2; 39,6에서 언급되고 있는 이 이름은 묵시론적인 상황과 연결되어 나타난다. 신약성경 요한 계시록 20,8에서 언급되어 있는 곡과 마곡의 이름들도 방향은 조금 다르지만 묵시론적 분위를 전한다. 그러나 창세기가 전하는 이름과 관련하여 결론적인 언급은 할 수 없다.

14 지리적 중심주의나 인종중심주의는 이 점에서 오해를 불러일으킬 수 있다. 그러나 이러한 중심주의는 상대적이며, 인류의 역사를 통째로 보는 현대에 와서 보편적 역사성이 이해된 오늘날 문제가 되지 않는다. 토라 자체도 이미 이러한 분열적 지역주의나 인종주의는 역사적 산물임을 알고 있고, 이 한계를 넘어서 있다. 이천여년 전에 시작된 신약성경도 편협한 사유로 보일 수 있는 지역주의나 민족주의의 한계를 이미 넘어섰다.

(ㄱ) 모든 민족은 한 조상에서 갈라져 나왔다. 인간의 집단이 커지면 공동체 안과 밖을 가르는 것이 인간심성의 분열적 경향이다. 따라서 다르게 보이는 민족들의 조상이라도 거슬러 올라가면 한 조상을 만난다. 모든 민족은 한 조상을 가진 형제관계이고 한 분 야웨 엘로힘의 창조물이다. 이것이 우리에게 자신과 타인의 관계를 생각할 거리를 준다.

(ㄴ) 신(神)은 오직 한 분 야웨 일로힘이다. 지상의 모든 민족들이 자기 고유의 민족신들을 가지고 있는 듯하지만, 인간을 창조한 신은 오직 한 분뿐이다. 야웨 엘로힘이 모든 민족을 창조했고 축복했다. 따라서 모든 민족의 역사는 야웨 엘로힘과 더불어 성취되어야 할 구원의 역사이다.

(ㄷ) 악에 물든 민족들의 구원을 위하여 한 민족이 뽑힐 것이다. 즉 인간이 죄악에서 벗어나 구원의 역사를 통해서 창조의 목표를 성취할 민족이 태어날 것이다. 민족들의 기록이 지닌 함의는 인류의 역사 안에서 셈의 후손인 한 민족이 여러 민족들 한 가운데서 나타날 것이다. 이 예고는 일종의 메시아니즘을 표방할 수 있지만, 한 민족의 선택이 다른 민족들을 거부하는 것은 아니다. 그 이유는 앞서 요약한 내용이 설명해 준다.

이러한 창세기의 역사인식에도 불구하고 야웨 엘로힘은 이미 노아를 통해서 모든 민족들을 축복했으나, 세상은 더욱 부패하리라는 불행한 암시를 받는다. 인류 절멸의 위기에서 노아가 선택되었듯이, 구원의 역사에서 한 인물이 선택될 것이며 그로 인하여 다수(多數)에게 엘로힘의 축복을 가져올 것이다. 미래의 구원을 위해서 야웨는 데라의 후손 아브라함을 선택할 것(11,26이하)이며, 이 가계(家系)는 그 목표를 성취하기 위한 과정을 계속할 것이다. 구원의 역사 안에서 야웨 엘로힘을 동반할 인물의 선택이 바로 목표의 성취로 나타날 것이다. 구원(救援)이란 단어는 신학적 용어로 화석화되기는 했지만, 다른 말로 바꾸어 본다면 '신(神)은 늘 인간(人間)을 향해 있다.'

역으로, 가계의 끝은 처음을 가지고 있다는 것을 기억시킨다. 인류의 처음을 향하여 거슬러 올라가면 늘 첫 인간-그 이름이 아담이 아니라고 해도 괜찮다-을 만나게 되며, 이 인물은 신(神)을 만난다. 족보(族譜)의 중요한 기능 중의 하나가 이러한 설명을 아주 간단하면서도 실질적으로 가능하게 하는 것이다. 아무런 단서를 필요로 하지 않으며 우리들 두 눈앞에 들여 내미는 것으로 족보 이야기는 자기 할 바를 완수한다. 한 분이신 신이 모든 인간을 위해 존재하며, 인간의 운명을 위해 함께 역사를 창조하고 역사 안에서 각 인간을 동반한다. 불행하게도 이 역사가 인간 존재의 역겨운 모순(矛盾)을 한없이 보여준다는 것이 우리를 씁쓸하게 만들지만, 이 기록을 전하는 사람의 의도는 분명하다.

니므롯과 에베르 :

좀 더 상세한 민족들의 족보에 대한 해석과 해설은 주석서들을 참고하면 좋겠다. 두 이름만 명기하고 지나간다. 니므롯과 에베르.

우선 눈에 띄는 이름은 함의 후손 중에서 세상의 첫 장사로 소개된 니므롯이다. 이 이름에 관한 언급은 짧지만, 상대적으로 엄청난 구절들을 할애하고 있다(8-12절). 그는 야웨 앞에서 위대한 인물이었으며, 그가 이룩한 제국의 도시가 상대적으로 꽤나 많았다. 이러한 증언으로 미루어 볼 때 그는 고대의 영웅적인 인물로 보인다. 그의 제국은 시날 땅을 포함하며(10절), 이 땅은 바벨 탑 이야기의 공간으로 언급될 것이다. 그의 이름은 미가서 5,5에서 한 번 언급되며 아시리아-바빌론 제국을 세운 자와도 연관된다.[15]

니므롯과 반대편에 에베르의 이름이 보인다. 10,21의 에베르는 히브리인들(아브라함에 이르는 족보. 11,10-26)과 아랍인들(26-30절)의 조상으로 기록된다. 에베르의 어원적 의미는 '횡단한다'라는 의미의 동사에서 유래한 것으로 보인다. 어떤 특정한 종족을 의미하지 않으며, 유프라테스 강 건너편에서 온 자들을 지칭한다(여호수아 24,2-3, 14-15). 반드시 이스라엘만을 가리키지 않지만, 에베르의 모든 후손이 셈의 후손이라는 기록에서(21절) 이스라엘이 그 후손이라는 암시를 제공한다. 이들 하비루[16]는 바빌론-메소포타미아에서 발굴된 고문서에 의하면, 고대 동방의 유목민, 곧 유랑하는 족속들을 가리킨다. 말하자면 유목민들, 혹은 일정한 정주처(定住處)를 가지지 못한 자들의 집단을 가리킨다. 도시민들이나 농경민들의 입장에서 볼 때 이들은 노략질을 일삼는 자들로 인식되어서 기존사회를 불안하게 하는 존재들이다. 10장은 문화를 가지지 못한 이들을 12장에서 시작되는 아브라함의 선조로 이해하려고 이 자리에 삽입한 듯하다.

이와 같이 니므롯과 에베르란 두 이름은 그 언급이 아주 간단해서 우리가 잘 알 수 없는 인물들이기는 하다. 그렇지만 이 두 이름이 역사의 두 부류를 대표한다는 사실을 상기해야겠다. 두 이름은 각각 한 사회의 상층부와 하층부를 이루는 계급을 대표한다고 볼 것이다. 어떤 사회이든 능력을 가진자는 다른 사람들을 다스릴 수 있는 상층부을 이루는 부류일 것이며, 반면에 그 사회의 하층부를 이루며 기존 사회체제 안에 쉽게 받아들여지지 못한 자들이 있게 마련이다. 통치자는 경쟁에서 살아남은 자이며, 경쟁에서 탈락한 자들과 실패한 자들은 권력을 행사할 수 있는 자의 지배를 받을 수밖에 없다. 그는 할 수 있다면, 선을 지향하든 악을 지향하든 적으로 생각되는 상대방을 언제든지 제압하거나 제거할 수 있다. 강한 자의 지배체제에 장애가 된다면 그 대상을 제거할 수 있는 힘과 폭력은 언제든지 사용된다. 이것이 니므롯이 상징하는 의미이다. 니므롯이 '저항하다'라는 의미도 있다고 보면, 이 이름은 미래에 발생할 일들의 나쁜 징조일 것이다.[17] 이 저항은 야웨 엘로힘의 명령에 반하는 내용일 것이기

---

15 U. Cassuto는 니므롯 서사시의 흔적을 여기서 본다. 고대의 바빌론과 아시리아를 중심으로 벌어졌던 숱한 전쟁에서 이름을 남긴 전쟁 영웅일 것이다. 고대 세계에서 힘있는 자는 인간들을 괴롭히는 야생동물들을 제압할 수 있었어야 한다고 사냥꾼의 의미로 해석하기도 한다. 길가메쉬 서사시 참조. 데이비드 M. 롤은 문명의 창세제 1권에서 니므롯이란 인물을 홍수 이후 우루크의 두 번째 통치자인 수메르의 영웅 엔메르케르 (*En-meer-ker/ En-me-ker*)와 동일한 인물이라고 주장한다(325-331쪽).

16 *habiru-abiru, habiri, hapiru* 등의 표현이 있다. 이스라엘을 가리키는 히브리인들이 이들과 연관이 있다고도 주장하나 확실하지 않다.

때문이다. 11장 1-9절에서 읽게 될 바벨 탑 이야기는 앞에서 언급한 대로 니므롯과 관련이 있어 보인다(10,8-11).

한 편, 고대세계에서 기존사회에 편입되지 못한 자들은 어떤 이유에서건 그 사회가 요구하는 기준에 들어맞지 않아서 끝내는 도태된 자들이다. 그들이 사회의 구성원으로 남을 수 있으려면 자력으로는 할 수 없는 까닭에 타인의 도움이 필요하다. 이들은 남의 지배를 받을 수밖에 없기 때문에 강자의 보호를 받아야 한다. 이들은 상대적으로 늘 약자이며 도움이 필요한 자들이다. 에베르는 이러한 부류를 상징한다. 굳이 두 부류의 인간 집단으로 나눌 필요는 없지만, 인간의 정신은 대체로 실용적이고 유용한 능력을 찾아 나설 때, 사회 안에 내재한 모순에 눈을 감는 것이 보통이다. 서로가 형제라는 사상은 동서양을 막론하고 회자되는 말이지만, 현실은 그렇지 못하다. 역사는 과거를 성찰토록 하지만 현실은 두 이름 중에서 전자를 찬미하며, 후자를 경멸한다. 창세 10장의 설화는 전자를 기려서도 아니 되지만, 후자를 낙오시켜서도 안 된다고 설파하는 것이다.

첫 인간의 창조 이후 야웨 엘로힘은 지구 위에 대홍수를 내려 창조의 흔적을 지워버리려고 했다. 또한 대홍수 후 민족들이 팽창되어 나가면서 엘로힘의 축복이 성취되어 나가는 과정으로 묘사되기도 했다. 그러나 그 내용을 안에서 살펴보면, 창조의 본의와 다른 길로 가고 있는 인간의 행진소리가 들린다. 그렇다면 야웨 엘로힘의 창조는 실패한 것인가? 아담 이후의 인간은 야웨 엘로힘이 원하는 길을 잃고 헤매고 있는 듯이 보이기 때문이다. 창조의 목표가 지향하는 것과 달리 인류는 실패의 연속으로 절망할 수밖에 없는 삶을 살아야 하는가? 창세기의 편집자는 이러한 기록으로 무엇을 말하고자 하는 것일까? 오늘의 우리는 어떻게 알아들어야 할까?

---

17 L. Turner, 58쪽.

사실상 족보를 통한 정보는 지극히 제한적이다. 그렇지만 우리는 홍수 이후의 인간들이 어떻게 살았는가 창세 10장을 통해서 희미하게나마 짐작해 볼 수 있다. 인류의 팽창과 더불어 찾아온 인간들의 불화와 분열은 무엇을 말하는 것일까? 인류의 정의와 민족들의 화해와 일치의 삶은 불가능한 것일까? 민족들의 일치와 불화는 창조사상이 지향하는 목표에 도달할 수 없는 반대의 현상을 나타낸다. 이를 설명하기 위해서 10장은 가계의 역사를 통하여 제기되는 문제를 11장에서 바벨 탑 설화로 이해의 실마리를 제공한다. 11장의 바벨 탑 설화는 아주 짧지만(1-9절), 어떻게 해서 민족들이 분규를 경험하게 되는지 상징적 수법으로 보여준다. 분규는 불일치를, 불일치는 불화를, 불화는 폭력을, 폭력은 죽음을 낳는다. 이 논리적 과정은 우리의 구체적인 현실이며 인류가 경험하는 역사이다. 이 역사에 대한 반성을 통해서 우리는 인류가 겪는 고난의 원인을 찾아내야 한다. 창세 3장의 사건에서 우리는 무엇을 보았는가? 우리는 뱀의 약속이 무엇이었는지 기억하는가? 그것은 엘로힘과 같이 될 것이라는 기대였다. 그러나 금지된 열매를 따먹는 순간 그 기대는 산산이 깨지지 않았는가? 그러나 재창조의 과정을 출발하며 엘로힘의 축복을 받았던 인류는 다시 동일한 문제에 직면한다. 인간은 엘로힘의 축복을 받을 수 없는 존재인가? 11장은 뱀의 유혹을 다시 만난 민족들의 사태를 재현시켜 준다. 인간은 자기에게 거짓을 말하고, 스스로 최면을 거는 것일까? 인간과 더불어 인간 안에서 작용하는 이 뱀은 정말로 끈질긴 존재이다.

바벨 탑 이야기를 읽으면서 알게 되겠지만, 인간의 욕망은 하늘에 오르려는 인간들의 태도로 나타난다. 이러한 태도는 욕망의 심리적 갈증을 표현하는 것처럼 보인다. 세상은 신에 대한 도전을 자신의 목표로 삼는 것인가? 아니면 신의 형상으로 창조된 인간의 자신에 대한 도전인가? 인간은 자신의 모험을 제한 없이 행사하려는 존재인 것 같다. 하늘은 신의 거주처이고, 신을 상기시키는 상징적 이미지이다. 바벨 탑 이야기의 익명의 주인공들, 인간은 신의 자리를 끝내 차지해야만 만족할 것인가? 3장에서 시작된 이야기는 11장에 이르러서도 질문들이 제기하는 암울한 함정에서 어떻게 인간이 벗어날 수 있는지 분명한 탈출구를 제공하지 않는다. 모든 요소들이 극화되고 인간의 갈망과 교만의 주제들은 강화되어 전개될 뿐이다. 이야기가 가리키고 있는 바는, 인간은 매 순간 유혹에 추락할 수 있으며, 선택의 기로에 서 있다는 사실이다. 욕망과 교만은 인간이 유혹에 추락하는 커다란 원인들이다. 무한한 욕망과 교만은 인간의 추락을 부추기고, 그의 타락은 마침내 폭력과 살인을 야기한다. 따라서 자연스럽지 못한 죽음은 신의 금지명령을 어긴 결과로 이해된다. 그 결과 인간의 고통과 절망은 자기 안에 그 원인을 가지고 있는 것처럼 보인다.

7.3. 해설과 논의 : 11,1-9

아담에게 말을 걸었고, 카인에게 면박을 주기도 했던 야웨 엘로힘, 노아에게 축복을 내리고 새로운 창조의 수레바퀴를 굴리기 위해서 계약을 맺었던 야웨 엘로힘, 민족들의 팽창을 통해서 생명의 축복을 허락하신 야웨 엘로힘, 그러나 바벨 탑 이야기에 오면 이 신은 더 이상 인간과 대화를 가지지 않는다. 신은 자신의 독백과 자신의 일방적 결정으로 인간사에 개입한다. 인간은 시간의 흐름과 더불어 신의 존재를 잃어버린 것이다. 이렇게 신의 부재를 경험하게 된 인간은 결국 신의 부재마저도 의식하지 못하고 만다.

ㄱ. 이해를 위한 예비걸음 :

다음에서 읽게 될 바벨 탑 이야기에서 우리는 신의 개입조차 인간에게 어떤 사건으로 인식되지 않음을 알게 된다. 신의 주도적 행위로 세상사람들이 흩어

바벨탑 (피테르 브뢰겔)

지게 된 것도 다만 인간들의 현상일 뿐, 거기에 신의 개입을 의식하거나 인정하는 인간들의 반응은 보이지 않는다. 신의 의도는 의도대로 이루어지지만, 모든 것이 인간의 현실적 인식 중심으로 엮어진다. 신은 아주 멀리 존재하고, 아주 먼 곳에서 인간을 내려다 바라볼 뿐이다. 인간의 의식 안에 더 이상 신은 존재할 자리를 마련하지 못한 것처럼 보인다. 바벨 탑 이야기는 그 자체의 이야기 전개보다 이야기를 근거로 파악된 사실을 더욱 심각한 주제로 떠올리고자 한다. 인간은 마침내 자기 삶에서 신을 몰아냈다!고 말하고 싶은 것일까?

바벨 탑 이야기는 다른 측면에서 지구적 차원의 홍수 이전 인류의 좌절을 새롭게 경험하게 한다. 창세 11장은 민족들의 족보 이야기를 전해주는 10장에서 보여준 일치와 조화가 깨지고 서로를 등지고 멀어지는 인류의 모습을 그린다. 3장의 주제와 마찬가지로 엘로힘과 같이 되고 싶은 욕망, 엘로힘의 자리에 오르고자 하는 인간의 열망이 묘사되어 있다. 선악을 안다는 것이 인간에게 무엇을 의미하였던가? 뱀은 첫 인간들에게 유혹자로 나타났고, 인간들은 그 유혹에 넘어갔다. 4장은 카인의 형제살인으로 인간의 문제가 극도로 심각해진 상황을 전해주었다. 6-9장에 이르러 인간의 멸망이 가시화되지만, 신의 자비는 새로운 창조계를 노아에게 제안했다. 그렇다고 새로운 재창조의 길을 시작한 인간에게 문제가 사라지지 않았다. 놀랍게도 창세 11장에 오면 현대세계에서 만나는 언어문제가 이야기의 중심재료로 제시된 것이다.

창세의 다른 이야기들이, 사실에 있어서 개인적이든 집단적이든, 인간이 저지른 범죄와 징벌이라는 구도 속에서 전개되었다면, 단 아홉 구절의 짧은 이야기인 바벨 탑 이야기는 이 양상(樣相)에서 벗어난다. 인간의 실존적 상황을 아주 다르게 묘사하고 있다. 직접적인 상황의 묘사는 배경으로 사라지고 인간의 사고와 기억을 바탕으로 한 '집단적 인류의 상황'을 전제로 한다. 바벨이란 이름으로 시원의 시간이 역사의 시간대와 만나고, 역사 안에 등장한다. 바벨이란 도시는 야웨가 언어를 뒤섞었다는 사실을 직접적으로 증언하는 자리에 선다. 현실을 들여다보는 이야기 화자(話者)의 눈은 이미 인간이 지구상에 널리 퍼져 살고 있다는 것을 알고 있기 때문에 - 홍수 이후의 민족들의 형성과 언어에 관하여 10장에서 이미 기록하고 있다 - 인간이 지구상에 흩어져 살았기 때문에 언어가 달라졌는지, 혹은 언어가 달라져서 인간이 흩어지게 되었는지에 대한 논리적 선후 판단은 그리 중요하게 여기지 않는다. 다만 그는 두 가지 주제, 즉 언어의 혼란과 탑 쌓기란 소재를 가지고 인간들의 흩어짐이란 결론을 유도한다. 인간의 현실은 신(神)과 점점 더 멀어졌고, 신은 인간의 의식에 더 이상 존재하지 않는다. 신은 인간의 망각(忘却) 속으로 떨어졌고, 인간은 그를 창조한 사실마저 잊어버렸다. 그 결과 창조의 목적과는 달라진 인간의 어두운 미래가 펼쳐질 것이라는 예감을 조성한다. 도시건설의 중지는 탑 쌓기의 중지로 나타나며, 곧 이어 발생하는 인간들의 흩어짐은 야웨와 인간이 쉽게 만나지 않을 것이라는 불길한 암시를 준다. 이로써 편집자는 단순하게 인간의 절망적 상태를 묘사하고 있는 것이 아니라, 현재의 인류상황에 대한 이해와 답을 어느 정도 찾았다는 인상을 남긴다.

탑 쌓기와 언어의 비밀 :

이야기의 기본 틀은 10장에서 전제하는 인류언어의 다양성이 신의 축복이란 사실이다.이를 토대로 전개되는 이야기는 언어-탑-도시의 독립된 세 주제가 하나의 틀 안에 짜 맞추어졌다. 말하자면, 독립된 소주제들이 점차적으로 유기적인 관계로 엮어지면서 발전하여 하나의 완전한 이야기 구조를 형성한다. 그런데 야웨계 전승의 바벨 탑 이야기의 첫 머리가 사제계 문헌인 창세 10,31-32과는 상충하는 듯이 보인다. 사제계 문헌에서는 대홍수 이후에 이미 민족과 언어는 불가분의 관계로 나타나기 때문이다. 그래서 11,1의 진술은 삽입된 사제계 전승의 두 구절을 뛰어넘어 창세 10,30의 야웨계 문헌의 연속으로 본다. 민족들의 분산은 홍수 이후의 이야기 전통을 묘사하고 있고, 이 분산을 야웨의 개입으로 해석하는 바벨 탑 이야기는 앞의 서술과 독립적으로 보인다.

이러한 이야기 전개의 부자연스러운 문제를 고려할 때, 바벨 탑 이야기는 탑 쌓기와 언어의 혼란이라는 독립적인 두 주제가 하나의 이야기 안에 짜깁기된 형태라고 주장할 수 있다. 이 이야기를 전체적으로 보면, 1절에서는 전세계가 하나의 언어를 가지고 있었다는 점을 강조하고 있고, 마지막 9절에서는 야웨가 이 하나의 언어를 뒤죽박죽으로 만들어서 인간들을 흩어지게 했다는 것이다. 그러므로 이야기는 하나의 언어를 쓰는 사람들의 일치된 행동으로 탑 쌓기가 이루어지자, 신이 개입하여 그 일치를 흔들어 놓는 '언어의 혼잡'[18]에 초점을 맞추고 있다. 이야기의 구조를 간단히 분석해 보면 다음과 같은 수사학적 구조를 발견한다.

이야기의 수사학적 구조 :

1-2절 : 온 세상이 같은 말을하고 같은 낱말을⋯ 시날 지방에 자리잡고⋯

 3-4ㄱ절 : 벽돌을⋯구워내자.. 성읍을 세우고..탑을 세워⋯

 4ㄴ절 : ⋯온 땅으로 흩어지지 않게 하자.

 5절 : 야웨께서⋯사람들이 세운 성읍과 탑을 보시고⋯

6ㄱ절 : 한 겨레이고 모두가 같은 말을 쓰고⋯

 6ㄴ절 : 하려는 일의 시작일 뿐⋯

 7-8ㄱ절 : 말을 뒤섞어 놓아⋯남의 말을 알아듣지 못하게 하자.

 8ㄴ절 : ⋯그들은 그 성읍을 세우는 일을 그만두었다.

---

18 바벨(*Babel=bab+el* 〈*=Babylonia* : *bab+ilani*, 하늘의 문, 혹은 신들의 문)과 '섞다, 혼잡하다'란 뜻의 히브리어 babal과 비슷한 발음을 가진다. 창세 11,9에서 이를 설명한다. 신약성경은 성령 강림과 더불어 이 언어의 분열 현상을 극복했다고 이해한다. 사도행전 2장 참조. 바벨 탑과 같은 유형의 건축물이 자주 바빌론 문헌(설형문자)에 언급되고 있는 건축물이 지구랏(*ziggurat* : 산의 정상 혹은 구조물의 꼭대기를 의미)이다. 서기전 20세기로 거슬러 올라가며 수메르 통치자가 신에게 봉헌한 칠층단의 구조물이 언급된다. 성경의 바벨과 같은 내용을 담고 있는 문헌은 신 바빌론 제국의 창시자 나보폴라사르(*Nabopolassar*, 서기전 625-605년)의 입으로 전해진다. 구운 벽돌, 역청(*bithume/bitumen*), 하늘에 닿는 단을 쌓기 등의 동일한 표현이 기록으로 남아 있다. 신전은 평원에 위치한 도시마다 세워져 있었으며, 도시 바비론의 마르둑(*Marduk*) 사원은 그 중에서 가장 유명한 사원이었다. 평원에 세워지는 사원의 탑(지구랏)은 에테메난키(*Etemenanki* : '하늘과 땅의 집')로 불리며, 멀리서 볼 때 장관이었을 것이다. 그의 후계자 나부칸드네자르(*Nabuchandnezzar*, 서기전 604-562년)도 바빌론에 이러한 탑을 세우기 위하여 자기 국민뿐만 아니라, 전쟁에서 포로로 잡아온 노예들의 노동도 사용하였다는 기록이 전해진다. 이러한 전통은 알렉산더 이후 동방을 지배하던 네 왕조 중의 하나인 셀류키드 왕조의 셀레우쿠스 2세의 기록(서기 전 229년 12월 12일)에 바벨 탑의 크기를 짐작할 수 있는 구체적인 수치가 남아 있다. 서기 전 460년경 바빌론을 방문했던 헤로도투스(*Herodotus of Halicarnassus*)도 탑에 대한 아주 자세한 외형의 묘사를 기록으로 남기고 있다. 단순한 탑이 아니라 거대한 구조물 위에 신전을 세워 놓은 일종의 신단 혹은 천단이라 할 수 있다. André Parrot, Ziggourats et tour de Babel을 참조. 신전의 제단의 모습은 성경에도 그 흔적을 남기도 있다; 출애 27,2; 30,2; 1열왕 1,50; 에제 43,13-17 등. 탑의 기능은 상단의 신전이 신의 지상의 현존을 위한 자리로 이해되며, 하단부는 지상의 인간과 만나는 자리로 여겨진다. 따라서 지구랏은 땅과 하늘을 잇는 곳, 혹은 인간과 신의 통교 혹은 결합이 이루어지는 곳으로 이해된다(64쪽). 예 : 창세 11,9(신의 문)와 창세 28,17(하늘 문).

9절 : 온 땅의 말을 뒤섞어 놓으시고, 사람들을 온 땅으로 흩어버리셨기…

이야기의 구조를 보면, 하늘까지 닿는 탑을 쌓는 주제(2-5절)와 사람들의 말을 뒤석어 놓는다는 주제(6-8절)가 자연스럽지 못한 형태로 모자이크처럼 맞추어져 있다. 주제들이 혼란스럽게 나타나지만, 오히려 이야기 저자의 의도는 아주 분명하게 드러난다. 1-5절의 첫 부분은 인간들이 어떻게 탑 쌓기를 시도하는지를 묘사하며, 그 결과 야웨의 개입으로 탑 쌓기와 언어의 뒤섞임이 발생한 내용은 두 번째 부분 6-8절에서 확인된다. 9절은 앞의 소재들을 요약하는 결론을 내리고 있다.

3장에서 인간의 행동에 대한 야웨의 반응을 상기한다면, 11장의 바벨 탑 이야기와 비교되는 것을 알 수 있다. 신은 사람들을 (온 땅으로) 내치신 것이다. 결론처럼 보이는 흩어짐이 사실상 민족들의 번성과 관련되어 있다는 사실을 기억한다면, 묘하게 신의 축복을 받는 것과 관련됨을 알 수 있다. 이야기의 진행은 인간의 잘못 이후 인간과 신이 대결하는 구도로 변한 신-인간의 관계를 강조한다.

ㄴ. 언어의 비밀 : 1절

온 세상이 같은 말을 하고 같은 낱말을 쓰고 있었다.

언어의 단일성 : 같은 말, 같은 단어

첫 구절은 어떤 의미에서 완전한 세상의 모습을 그린다. 모든 땅-대지-세상이 오직 하나의 언어, 같은 어휘를 쓰고 있다. 완전한 의사 소통을 전제하는 듯한 세상의 모습이다. 마치 천지창조의 첫 시기에 세상은 이러했을 것이라는 묘사는 '옛 날 옛 적에...' 구수한 옛 이야기를 들려주는 이야기꾼의 목소리를 듣는 듯하다.

그러나 이 표현은 당대를 살고 있는 사람들의 상황에 대한 부정적 시각과 그 옛날에는 그러하지 않았다는 암시를 드러낸다. 지금은 말할 수 없는 어떤 현실이 비정상적임을 가리킨다. 그래서 인류가 경험하고 있는 언어의 분화를 통하여 고발하겠다는 암시가 내포되어 있다. 우선 1절에서 사용된 '세상(에레츠)'[19]이란 단어가 이야기 편집자의 의도를 나타내기 위해서 사용되었다면, 무질서와 혼돈이 지배하는 세상을 가리킬 것이다. 세상 혹은 세상 사람들을 말하기 위해서 에레츠를 일차적으로 땅 혹은 흙을 나타내는 단어 아다마와 비교해서 볼 때 충분히 바벨 탑의 세상을 어찌 이야기하려는지 짐작할 수 있으리라. '온 세상'은 무질서와 혼돈이 지배하는 세상을 가리키는 단어로 차용되었을 것이다.

같은 언어를 쓴다는 것은 지리적으로 고정된 영역, 적어도 지리적으로 소통이 원활했던 제한된 영역에서만 가능한 것이 역사적 현실이고 인간의 경험이다. 아마도 이야기의 편자는 이러한 경험을 충분히 고려했을 것이다. 그렇다면, 역사적 시간을 거슬러 올라가면 인간은 처음에 하나의 언어를 쓰고 있었다고 주장하고 싶었던 것일까? 불행하게도 그렇지 않다. 1절은 10장에서 말하고 있는 신의 은총에 반대되고 있음을 고발하고 있기 때문이다. 알다시피 10장은 족보를 통하여 세상의 민족들에 대한 이해를 설명하고 있다. 이 사제계 문헌은 노아의 세 아들들과 그 후손들의 이름을 열거하면서 그 의미가 무엇인지 강조하고 있는 것이다.

5절 : 이들에게서 바닷가 민족들이 퍼져 나갔다.

---

19 여기서 1차적인 의미에서 '땅'을 의미하는 에레츠를 '세상'을 나타내기 위해서 사용한 것은 상당히 의도적일 수 있다. 참조, 4,11-12의 해설부분. 에레츠는 아다마와 비교해서 사용할 때(야웨계 문헌), 무질서와 혼돈을 함축하는 뜻이 강하다. 아다마가 혼돈에서 불러낸 질서를 함축하는 땅을 가리키고, 인간(아담)을 창조할 때 사용한 재료였다면, 세상사람들 나타내기 위해서 사용한 단어 '에레츠'는 벌써 의도적인 표현이란 것을 알 수 있을 것이다. 따라서 바벨 탑 이야기의 무대인 이 세상(에레츠)은 어지럽고 무질서를 경험하는 혼돈의 세계를 암시한다고 이해할 수 있다.

이들이 지방과 각 언어와 씨족과 민족에 따라 본 야펫의 자손들이다.

20절 : 이들이 씨족과 언어와 지방과 민족에 따라 본 함의 자손들이다.

31절 : 이들의 씨족과 언어와 지방과 민족에 따라 본 셈의 자손들이다.

32절 : 이것이 민족 계보에 따라 본 노아 아들들의 씨족들이다.
홍수가 있은 뒤에, 이들에게서 민족들이 세상으로 갈라져 나갔다.

10장의 5절, 20절, 31절에서 노아의 세 아들들의 후손들이 자기 땅과 자기 언어를 가지고 살고 있었다는 것을 말하고 있다. 민족의 다양성과 언어의 다양성을 인류의 계보로서 알려주고 있는 것이다. 32절은 이 주장을 통째로 종합하면서 이 사실을 강조한다. 즉 민족들은 신이 준 땅에서 자기들의 언어와 문화를 가지고 살았다는 것이다. 이것이 신의 은총이며 인류의 현실이라는 10장의 주장이다.

따라서 바벨 탑 이야기의 서두는 아무런 설명을 하지는 않지만, 같은 언어를 쓰고 있었다는 사실을 언급하면서 어떤 현실-이야기의 편집자가 이미 경험하고 있는 현실-의 비정상적인 상황을 암시하고 있는 것이다. 말의 반복-같은 말을 하고 같은 낱말을 쓰고-은 이러한 상황을 강조하면서 현실을 완곡하게 고발하고 있다. 같은 언어와 같은 단어를 사용한다는 것은 강요되지 않으면 불가능한 일이다. 1절은 이처럼 상황을 직접적으로 설명하지도 않고 특별한 사건을 전혀 기술하지 않지만, 이미 너무 많은 것을 말하고 있다. 정치와 사회의 왜곡된 현실과 불의를 고발하는 것이 아니지 않은가? 인간의 정치적 사회현실을 직접 비판할 수도 고발할 수도 없을 때 사용하는 은유일 수 있는 것이다.

ㄷ. 도시건설과 탑 쌓기 : 2-4절

2 : 사람들이 동쪽에서 이주해 오다가 시날 지방에서 한 벌판을 만나 거기에

자리잡고 살았다

3 : 그들은 서로 말하였다.

"자, 벽돌을 빚어 단단히 구워내자."

그리하여 그들은 돌 대신 벽돌을 쓰고, 교니 대신 역청을 쓰게 되었다.

4 : 그들은 또 말하였다.

"자, 성읍을 세우고, 꼭대기가 하늘까지 닿는 탑을 세워 이름을 날리자.

그렇게 해서 우리가 온 땅으로 흩어지지 않게 하자."

2-4절에서 도시와 탑 건설이 주제로 드러난다. 탑은 도시의 일부이므로 도시건설의 주제 안으로 삽입시키고 단순화할 수도 있다. 그러나 탑은 제의적 성격을 가지고 있고 도시를 통치하는 상징적 표지이기 때문에 아마도 탑 쌓기란 표현이 더 시각적으로 보고 듣는 이들을 자극할 것이다. 도시의 수평성이 탑의 수직성을 돋보이게 하는 까닭이다. 탑의 건설은 하늘 끝까지 도달하는 것이며, 지상에서 흩어지지 않고 꽁꽁 뭉치는 것을 목표로 삼는다. 전면에 나섰던 탑 주제는 마치 창세 2-3장의 첫머리 2,9에서 거론되었다가 슬그머니 배경으로 흘러 들어간 '생명나무' 주제와 같이 배경으로 물러갈 것이다. 왜냐하면 신이 하늘에서 내려오는 목적은 도시건설을 막거나 탑을 못 쌓게 하는 것이 아니라, 동일한 언어를 사용하지 못하게 하는 것이기 때문이다.

5절 이하에서 보겠지만, 신의 관심은 바로 인간들의 '언어'를 혼란스럽게 만드는 것이다. 언어의 혼란이 발생하고 사람들은 흩어져 한 곳에서 세상 곳곳으로 퍼져나간다는 주제가 이야기를 마감할 것이다.

동쪽에서 :

2절 : 사람들이 동쪽에서 이주해 오다가 시날 지방에서 한 벌판을 만나 거기에 자리잡고 살았다

2절은 구체적으로 유목민이 이동 생활에서 농경 정착생활로의 전환을 기술하는 것처럼 보인다. 그럴까? 다른 의미는 없을까? 어디에서 왔는지는 모르지만, 이들이 시날 땅의 평원을 정착 공간으로 삼는 것을 보면, 이들이 발견한 평원과는 다른 곳에서 옮겨 온 것이 틀림없다. 비좁은 산악의 공간에서 드넓은 평원으로 나선 것이라고도 볼 수 있다. 창세 10,8-12에 니므롯과 관련된 서술이 바벨의 이름을 들고 있어 니므롯과 그의 세대가 2절이 언급하고 있는 사람들일 수 있다. 이러한 구체적인 이름이 거론되지 않지만 이야기는 어느 정도 이동의 부정적 성격을 말해준다. 이러한 기술이 역사적 사실을 가리키고 있고 증명할 수 있다고 하더라도,[20] 신화적 공간의 특성을 가진 민족의 이동을 묘사하면서 인간에 대한 질문을 하고 있다고 보는 것이 옳을 것이다. 이들은 먼 시간의 어둠 속에서 홀연히 나타나서 역사의 시간을 마련하는 인물들이다. 그 시간은 '시날' 땅이라는 구체적인 지명이 알려졌던 시기일 것이다. 메소포타미아(혹은 바빌로니아) 땅을 지칭하는 시날 땅에 바벨의 이름이 나타나기 때문이다. 이 땅의 이름을 바벨이라고 지칭하는 것은 이야기의 마지막 구절 11,9에서 만날 것이다.

언급하지 않고 지날 수 없는 사실 하나는 2절의 평범한 서술이 부정적인 내용을 함축하고 있으리라는 것이다. 1절에서 같은 언어를 사용한다는 사실과 2절에서 사람들의 이동을 언급한 사실이 동시에 10장의 신학과 배치된다는 사실이다. 보다 사실에 가깝게 생각한다면, 이들 사람들은 여러 민족 가운데서 같은 언어를, 같은 생각을 하는 민족 혹은 부족 단위라고 생각할 수 있다. 왜냐하면 같은 공간을 점유하고 같은 생각을 가지고 한 도시를 일구어 낼 사람들이 될 것이기 때문이다.

---

20 데이비드 M. 롤, 문명의 창세기 참조. 창세 1-11장의 내용을 가리키는 장소들을 고고학적으로 찾아낼 수 있다고 주장한다. 그러나 고고학의 통찰이 긍정적인 해석을 제시할 수도 있겠지만, 창세 1-11의 이야기들의 메시지를 인간학적으로 해석하고 이해하는 것이 이 글의 목적이기 때문에, 우리는 최종편집자가 무슨 생각으로 기록을 했는지 그 의도를 알아내는 데 노력을 기울인다. 무엇보다도 창세 1-11장의 이야기는 **인간에 대한 보편적인 의미를 제시**하는데 있다고 보기 때문이다.

그러나 사람들의 이동은 막연히 유목민이 사막을 이동하는 것과 다르다. 10장의 관점과 주장에 의거할 때, 모든 민족은 신이 정해준 땅에서 살아야 한다. 그런데 2절은 이 원칙을 거스르고 있는 사람들을 묘사하고 있다. 무심히 들을 수 있는 민족의 이동은 인간의 역사에서 무엇인가 피해야 할 사건이 발생하고 있거나 발생했다는 사실을 가리킨다. 사람들이 이동하여 시날 땅에 정착한다는 것은, 10장의 신학에 의하면, 신이 정해 준 경계를 넘어섰다 것을 암시하는 게 아닐까? 그렇다면 이들은 자기들 땅이 아닌 다른 사람들의 경계를 이미 침범한 것이 아니겠는가? 이러한 암시는 10장의 기록과 주장이 이미 이스라엘의 역사적 경험을 전제로 하고 있기 때문이다.

2절에서 설정된 방향에도 문제를 암시한다.[21] 즉 동쪽과 관련된 단어(*miqqedem*)는 창세기 설화에서 강한 부정을 암시하고 있다. 에덴동산에서 흘러나오는 세 번째 강 티그리스는 아시리아 '동쪽으로' 흐르고(2,14), 에덴동산도 '동쪽에' 있었다(2,8). 첫 인간 아담과 하와를 추방하고 난 뒤에 야웨 엘로힘은 에덴동산의 '동쪽'에 거룹을 세우고 불칼을 설치하여 인간의 통행을 금지시켰다(3,24). 카인은 형제살인의 징벌로 에덴의 '동쪽' 놋 땅으로 물러갔다(4,16). 11,2에서 사용된 '동쪽에서(*miqqedem*)'로 우리는 벌써 바벨 탑 이야기의 결말이 축복이 아니라 저주라는 예감을 받는 것이다. 그렇지만, 신의 저주는 궁극적으로 인간을 보호하는 일이다.

도시와 탑 : 3-4절

3 : 그들은 서로 말하였다.

"자, 벽돌을 빚어 단단히 구워내자."

그리하여 그들은 돌 대신 벽돌을 쓰고, 교니 대신 역청을 쓰게 되었다.

4 : 그들은 또 말하였다.

"자, 성읍을 세우고, 꼭대기가 하늘까지 닿는 탑을 세워 이름을 날리자. 그렇게 해서 우리가 온 땅으로 흩어지지 않게 하자."

장면은 바뀌어서 사람들의 행동단계가 설정된다. 사람들은 무엇을 할 것인지 서로 의논한다. 도시를 세우고 탑 건축을 위한 재료를 만들자고 말한다.[22] 도시를 건설한다는 것은 문명의 시작이고 기록의 역사가 시작된다는 것을 의미한다. 사회가 형성되면 혼자만의 삶은 더 이상 불가능하다. 사회의 모든 기능이 분화되어 사람들은 개인으로서 기능적인 임무를 가지게 된다. 도시(都市, 여기서는 성읍)라는 이 단어는 많은 것을 함축하고 있다. 이야기는 단순하게 전개되었지만, 이미 고도의 문명 단계를 드러내고 있고, 문명화한 사람들의 정신을 언제든지 내보일 준비가 되어 있다. 탑 건축은 도시 문명의 진행을 상징적으로 보여주는 사건이며, 이 상징의 완성을 위한 인간들의 노력이 엿보이는 현상이다.

도시 문명은 탑의 건축으로 대표될 것이다. 사람들의 마음을 담고 있는 탑의 건축은 하늘에 도달하기 위한 행동이다. 그 상징적 의미는 사람들이 '하늘까지 올라가는 것'이다. 하늘까지 올라가는 이유는 자신들의 이름을 드날리고, 세워진 도시 안에 살면서 하나가 되어 지상에서 흩어지지 않기 위해서다.[23] 창세 1장부터 반복해서 선언된 엘로힘의 축복 중의 하나가 인간이 지상을 가득 채우는 것이었다. 이 축복은 홍수 후에 노아와 그의 가족에게도 동일하게 요청되었

---

21 L. Turner, 59쪽.

22 바빌론 문명에서 도시와 탑은 전체 구도를 이루는 중요한 도시건축의 요소들이다. 이 요소들은 여러 발굴 도시에서 발견되고 확인된다. 비록 탑 쌓기의 주제가 언어의 혼란과 이야기의 결론을 유도하는 데 필연적인 소재가 아니기 때문에 전혀 다른 이야기였을 것이라는 주장도 있지만, 이야기의 전체 구도상 탑과 도시를 구분할 필요가 없는 것이 사실이다. 참고로 3절에서 언급하고 있는 건축재료에 대해서는 고고학적 발굴을 통해서 구체적으로 증명되었다. 그 지방에서 나는 재료를 기본으로 한다는 것이다.

23 U. Cassuto, vol.II, 243쪽; L. Turner, 60쪽. 세상에 이름을 드날리려는 이유는 그들이 건설한 도시에 살며 흩어지지 않기 위함이다. 9,1의 엘로힘의 축복의 명령은 지상(세상)을 가득 채워라! 였다. 이에 반대되는 행동이 도시를 건설하는 이들의 생각이고, 이 생각을 부수려는 것이 엘로힘의 의도이다. 역설적으로 인간에게 닥치는 불행이 신의 축복을 지키는 길처럼 보인다.

던 축복이었다(9,1). 그러나 그 축복이 무엇을 의미하는지 확실하지 않았다. 생물학적인 번식으로 퍼져나가는 것이었던가? 그런데 11장에 오면 사람들은 지상에서 흩어지지 않겠다는 의지를 표현한다. 달리 말하면, 창조의 축복을 거스르려는 것이다. 한 곳에 머물고 지상을 채우지 않으려는 의지는 단순히 세상에 멀리 퍼져나가 거처를 정하는 것을 반대하는 것이 아니다. 도시를 건설하는 생각에는 더 심각한 불의가 숨어 있다는 것이다. 노아가족과 예외적으로 보존된 생명체를 제외하고 지상에서 살아 있는 모든 것을 파멸시킨 홍수 이후에도 사람들은 근본적으로 바뀌지 않았다고 엘로힘의 절망적인 독백을 들었다(8,21). 바벨 탑 이야기에 오면 이 상황을 해결하기 위해서 엘로힘은 인간들을 지상으로 흩어지게 하려는 것이다(11,8-9).

그렇다면 지상을 채우라는 축복은 인류에게 무엇을 의미하는가? 아마 이 질문은, 간접적으로는 10장에서 암시하고 있는 민족들의 번성과, 직접적으로는 11장의 바벨 탑 이야기의 주제인 언어와 관련이 있을 것이다. 이야기의 마지막에서 답을 들을 수 있을 것인가?

4절에는 이름을 날리려는 인간의 마음에 대해서 창세 1-11장의 일관된 지적이 들어 있다(2-3장, 4,1-9, 6,18). 야웨 엘로힘이 지정해 준 세상 안에서 자기 자리를 거부하는 것이다. 이를 불복종이라고 이해할 수도 있고, 인간의 오만이나 질시라고도 이해할 수도 있다. 더구나 대홍수 이후 엘로힘이 노아와 그의 아들들에게 지상을 채우라는 축복을 내렸는데(9.1), 이들은 신의 축복을 거부한 것이다. 신의 축복 대신에 자신들의 힘과 능력을 앞 세우고 자신들만의 삶의 공간을 만들고자 한 것이다. 이 도시의 인간들은 자신들을 중심으로 뭉치고자 한다. 이 공간은 누구를 위한 것인가?

자연세계 안에서 하늘과 땅은 상징성을 내포하기 전에는 그저 하늘이고 땅이다. 아무런 상징적 의미를 요구하지도 않고 해석할 필요도 없다. 인간의 정신세계에 오면 비로소 하늘은 상징성을 띄기 시작한다. 이 하늘을 향한 인간의 갈망이 무엇인지 해석이 필요해진다. 자연세계 안에서 하늘과 도시문명 안에서 하늘은 해석학적으로 다른 것이다. 최소한 도시는 도시가 지니는 기능성과 역사성을 내포하면서 사람들의 삶에 영향을 준다. 동시에 도시는 그 나름대로 자연성을 내포한다. 자연은 인간생활의 터전을 확장한다는 측면에서 이해될 수 있기 때문이다. 도시는 구성원들의 사회성으로 인하여 일종의 상징성을 얻을 준비가 되어 있다. 탑의 건설에 오면 이미 다른 차원의 의미가 부여되는 것이다. 새로 얻게 된 상징성의 설명이 11장에서 '하늘까지 오르는 것' 이다. 도시와 탑의 형상적 이미지를 상상하면, 수평과 수직의 체계가 거대하게 나타난다. 거대함은 단지 수직으로 솟는 것만을 의미하지 않는다. 거대한 탑의 건설은 거대한 도시의 건설과 인구를 전제하고 있기 때문이다.

하늘까지 오르는 것은 구체적으로 무엇을 의미하는가? 고대의 건축술에 관하여 우리가 알고 있는 것은 고고학적 발굴에 의한 발견과 그 추론에 힘입고 있을 뿐, 그에 관한 정보는 제한되어 있다. 중요한 것은 바벨 탑 이야기의 저자는 그가 속한 세계에서 인간 자신에 대한 보편주의적 성찰을 하고 있다는 사실이다. 비록 역사적 경험이 특수하고 제한되어 있을지라도 창세기의 일관된 사유를 따라가고 있다. 바벨 탑 이야기를 전하면서 그의 눈에 비친 인간의 모습을 그리고 있는 것이다. '하늘까지 오른다' 는 표현 속에서 이야기의 화자는 그의 눈에 비친 탑의 크기를 묘사하면서 인간의 마음을 드러내고 있는 것이다. 탑의 크기는 '하늘까지 닿는' 교만과 오만으로 가득 찬 마음의 높이를 의미할 것이다. 땅의 사람들이 하늘의 엘로힘 자리까지 오르겠다는 것이다. 하늘까지 닿는 탑 쌓기를 통해서 사람들은 무엇을 의도하겠는가?

도시를 세우고 탑 쌓기가 성취되면 사람들은 이름을 내게 될 것이다. 거대도시가 형성되고 탑 건설이 이루어지면 그 결과 이름을 드날릴 것이다. 아무 것도 하지 않는 인간은 이름을 날릴 수 없다. 이름을 날리기 위해서 많은 사람들을 모으고 대중 앞에 서 있을 수 있어야 한다. 여기서 그 이름은 곧 명성이다. 동시대인들에게 그리고 후대에 '이름을 날리자' 는 것은 지상의 모든 것이 한 번 왔다가 사라지는 일과성(一過性)이라는 것과 비교가 된다. 자연계뿐만 아니라 인간의 삶이 그러하며 순환하는 일체의 사물은 지상에 흔적을 남기지도 않고 다시 오지도 않는다. 이를 극복하는 것이 바로 탑 쌓기로 대변된다.

ㄹ. 신의 개입과 언어의 혼란 : 5-9절

5. 그러자 야웨께서 내려오시어 사람들이 세운 성읍과 탑을 보시고
6. 말씀하셨다.
"보라, 그들은 한 겨레이고 모두가 같은 말을 쓰고 있다. 이것은 그들이 하려는 일의 시작일 뿐, 이제 이들이 하고자 하는 것은 무엇이든지 못할 일이 없으리라.
7. 자, 우리가 내려가서 그들의 말을 뒤섞어 놓아, 서로가 남의 말을 알아듣지 못하게 만들어 버리자."
8. 야웨께서는 그들을 거기에서 온 땅으로 흩어버리셨다. 그리하여 그들은 그 성읍을 세우는 일을 그만두었다.
9. 그래서 그곳의 이름을 바벨이라 하였다. 야웨께서 거기에서 온 땅의 말을 뒤섞어 놓으시고, 사람들을 온 땅으로 흩어버리셨기 때문이다.

바벨 탑 이야기의 두 번째 부분에서 인간들의 행위에 대한 신의 반응과 개입이 묘사된다. 신은 인간의 계획을 도전으로 보았던 것일까? 신의 행동을 설명하는 부분에서 탑은 아무런 구실도 안 한다. 탑을 부수려는 어떤 의도나 행동도 신의 모습을 묘사하는 데 동원되지 않고 있기 때문이다. 야웨의 개입 원인은 오직 인간들이 하나의 언어를 쓴다는 사실에서 비롯된다. 야웨가 내려와서 언어를 뒤섞어 놓기 때문에 인간들은 도시계획을 중단한다. 이 사건의 내용을 두 가지로 요약할 수 있겠다.

신들이 땅으로 내려오려는 의도는 아주 간단하다. ㄱ) 도시와 탑 건설을 하려는 인간들의 의도를 알아챘기 때문이며, ㄴ) 한 민족처럼 쓰는 언어를 서로 이해하지 못하도록 뒤섞어 놓기 위해서 내려온다.[24] 홍수가 끝난 후 신은 노아에게 약속했다. 더 이상 인간과 지상 위의 생명을 멸망시키지 않겠노라고. 따라서 바벨 탑 이야기에서 신이 땅으로 내려오는 행동은 언뜻 보아서 자신의 말을 부인하는 행위처럼 보인다. 그러나 야웨의 하강은 인간을 파멸시키고자 하는 행동이 아니다. 오히려 창세 1-11장의 논리적 진행을 염두에 두고 읽는다면, 11장의 바벨 탑 이야기에서 신의 개입은 인류가 더욱 나쁜 길을 가는 것을 막는 예방적 차원의 행동이다. 이야기의 목적론적 결론을 8-9절에서 읽을 수 있다.

ㄹ1. 야웨의 관찰 : 5절

그러자 야웨께서 내려오시어 사람들이 세운 성읍과 탑을 보시고,

신(神)이 하늘에서 지상(地上)으로 내려온다. 야웨는 이미 인간 가운데에 거처하지 않는다. 5절의 표현은 이미 대홍수 설화에서 짐작된 것이지만, 야웨는 인간 사이에 거리가 있음을 표현한다. 창세 2-3장에서 인간과 대화하는 야웨는 카인과 대화하기는 하지만(4장) 이미 거리를 두었다. 두 사건 사이에서 신은 인간에게서 깊은 차이와 거리를 느끼게 했다. 창세 6-9장에 오면 노아와 야웨는 계약을 맺지만 더 이상 대화를 하는 것이 아니었다. 일방적인 명령으로 야웨의 현존이 표현될 뿐이었다. 창세 11장에서 인간은 땅의 존재로 땅에 있고, 야웨는 하늘의 존재로 하늘에 있다. 하늘과 땅이 완전히 구분되는 것처럼 신과 인간은 서로에게서 아주 멀다. 신은 신, 인간은 인간이다. 이러한 관점에

24 학자들은 여기서 이야기의 두 전승층(傳承層)이 기록자의 의도대로 잘 짜깁기 되어 있다는 것을 발견한다.

서 볼 때, 야웨의 하강은 신과 인간의 관계를 나타내는 상징적 표현이다. 신-인간의 관계는 하늘과 땅만큼이나 벌어졌다.

이 관계는 인간의 잘못에 기인한다. 신과 인간의 거리는 인간을 향해서 신의 하강함으로써만 좁혀질 수 있다. 그것은 언제나 신의 주도권에 달려 있다. 인간의 잘못이 벌려 놓은 이 거리를 좁힐 수 있는 것은 신의 권리인 것이다. 5절이 신의 하강을 표현하고 있다면, 그것은 인간의 잘못에 대한 예방적 차원의 행위이다. 그 만큼 신과 인간의 관계가 부정적인 의미에서 이해된다. 인간과 신의 거리가 분명해진 것이다. 이야기는 신이 지상에 내려오는 목적이 도시와 탑을 건설하는 사람들에게 어떤 문제가 있다고 본 것이다.

특히 5절의 '사람들'이란 번역은 히브리어 본문에서 '아담의 후손들(*bene haadam*)' 을 가리킨다. '아담의 후손들'이라는 표현을 쓴 것을 보면, 이야기의 저자는 창세 3장을 상기시키려는 것 같다. 그렇지 않다면, 이야기의 시작(2절)에서 사용한 '사람들'이란 단어가 훨씬 더 자연스러울 것이다. 여기서 '사람들' 은 1절에서 세상을 의미하는 에레츠(eretz)로, 2절 이하에서는 3인칭 남성 복수로 표현되고 있다. 10장의 연속선 상에서 이해하고자 한다면, 구체적으로 이들은 이미 시날 땅에 자리잡고 있는 니므롯과 그의 사람들일 것이다(10,10). 창세 10장은 이들의 중심도시 중의 하나로 이미 바벨이란 도시를 알고 있기 때문이다.

신이 개입하지 않으면 세상의 인간사에 불의는 징죄(懲罪)되지 않고 흘러 넘칠 것이다. 신이 지상에 내려온다는 주제는 7절에서 다시 한번 더 강조 될 것이다. 신이 지상에 내려온다는 사실과 인간들의 탑이 하늘로 높이 솟는다는 사실은 시각적으로 대조된다. 신은 내려오고, 인간은 오르려 한다. 앞으로도 신은 끊임없이 지상으로 내려오고, 인간은 끊임없이 하늘을 향하여 오르려 할 것이다. 인간의 성취욕은 세기를 두고 하늘을 향해 높이 솟을 것이며, 신(神)의 자비(慈悲)는 지상의 인간을 향하여 아래로 하염없이 흘러내릴 것이다.

ㄹ2. 언어의 혼란 : 6-7절

6 : (야웨께서) 말씀하셨다.

"보라, 그들은 한 겨레이고 모두가 같은 말을 쓰고 있다. 이것은 그들이 하려는 일의 시작일 뿐, 이제 이들이 하고자 하는 것은 무엇이든지 못할 일이 없으리라.

7. 자, 우리가 내려가서 그들의 말을 뒤섞어 놓아, 서로가 남의 말을 알아듣지 못하게 만들어 버리자."

신은 인간의 일을 보고 생각한다. 아담의 후손들이 건설하고 있는 도시와 도시문명의 상징인 탑을 보고 단번에 인간의 계획이 어디에 있는지 알아챘다. 그 계획의 진행을 막을 수 있는 길은 언어를 혼란시키는 것이라고 본다. 신이 지상에 내려온 까닭은 앞서도 언급했지만, 인간의 불행을 초래케 하려는 데에 있지 않다. 인간의 계획이 신의 창조와 어긋나고 인간의 불행을 자초하는 것임을 암시한다. 문맥상 아직 밝혀지지 않은 인간의 의도(意圖)가 신의 개입을 불러일으킨 것이다. 신의 개입은 인간의 의도를 좌절시키고자 하지만 직접적이지 않다. 신은 생각한다. '이것은 인간들이 하려는 일의 시작일 뿐이다...' 신은 인간들의 계획이 그들의 미래를 불행하게 할 것이라고 파악하고 있는 것이다. 본문에서 표현되지 않은 어떤 것이 암시되고 있는데, 그것은 알려진 무엇일까? 이야기가 제기하는 문제의 성격을 나타내는 것이 있는가?

신의 개입은 직접적이지 않다. 인간들의 계획인 도시나 탑의 건설을 직접 방해하지 않는다. 인간의 계획과 신의 개입은 마치 별도로 움직이는 이야기와 같다. 신은 인간들의 도시건설이나 탑 쌓기와 같은 일을 중지시키는 것이 아니라 언어의 혼란을 생각하고 있다. 인간의 행동과 신의 생각은 만나지 않는다. 지금까지 신과 인간 사이에 불행한 일이 지속되고 있다는 창세기의 보고는 인간과 신의 대화단절을 가리킨다. 신과 인간의 대화가 복원이 된다면 창조의 본래

목적을 찾아갈 수 있을 것인가? 그런데 인간과 인간의 대화소통을 신이 방해해야 할 일처럼 전개된 것이다. 무엇이 문제일까?

인간들이 하려는 일의 시작일 뿐 :

신은 개입을 하더라도 지금 사람들이 하려는 계획, 곧 도시건설과 탑쌓기를 훼손하지 않는다. 신은 아직 오지 않은 인간의 미래계획을 방해하고자 한다. 일차적으로 신의 개입은 인간의 미래를 보호하기 위해서 진행된 것으로 보이기 때문이다. 미래를 위한 인간의 계획은 그래서 좌절될 것이다.

미래를 인간에게 맡길 수 없다는 판단이 신의 지혜인가? 이와 같은 의미를 우리는 창세 3장에서 인간을 에덴동산에서 추방하는 야웨의 말에서 듣는다. 생명나무마저 건들일까 저어하면서 다시는 접근할 수 없도록 길 막음을 조처했다. 생명나무의 접근을 막은 것은 인간의 미래를 염려한 신의 행동인 것이다. 바벨 탑 이야기에서는 야웨가 걱정한 인간의 미래와 그 미래를 보호하기 위한 조처로서 인간에게 언어의 혼란을 불러일으킨다! 문제는 인간의 미래와 인간이 사용하는 언어의 관계이다. 야웨의 의중에 있는 이 언어는 무엇을 의미하는가? 사람들은 또 이 말을 어떻게 이해하고 있는지?

언어는 정보를 나르는 도구이다. 언어는 일차적으로 소통을 위하여 사용된다. 그러나 소통을 위한 사회가 아니라면, 언어는 쌍방성을 잃고 일방적 정보의 흐름만 가능하다. 그럴 경우, 언어는 명령을 받아 수행하는 도구일 뿐이다. 모든 정보와 지식이 인간을 통제하는 도구로 사용될 수 있다. 우리는 창세 3장에서 지(知)를 얻은 인간의 길을 보았다. 에덴동산에서 쫓겨난 것이 인간의 운명이었다면, 인간은 지(知)와 함께 쫓겨난 것이다. 에덴동산에서 인간에게 제한할 일이 없어진 것이다. 제한이 없는 인간에게 무엇이 발생할 것인가? 야웨의 걱정이다. 2장에서 인간은 창조물이라는 사실을 우리는 알고 있다. 이 창조된 상태의 제한을 극복하고자 하려는, 곧 자기 제한을 넘어서 절대적인 자율성을 구가하려는 인간에게 야웨는 위험을 느낀 것이다. 이 위험은 야웨에게 위험이 아니라, 인간에게 돌아오는 위험임이 틀림없다.

따라서 야웨의 걱정은 인간의 미래를 위해서 심각한 것이다. 인간을 그대로 내버려 둘 때에 하지 못할 일이 없으리라는(6절) 염려는 인간들이 엘로힘처럼(창세 3,5) 되고 싶은 욕망을 가리킨다. 인간이 엘로힘처럼 될 때에 무슨 일이 발생하겠는가? 자율적이지 못한 인간이 타자를 자기 통제 아래에 두고자 할 때 일차적인 결과는 무엇이겠는가? 자신의 뜻과 다른 모든 이들에게 무질서와 혼돈과 죽음뿐이다. 탑을 건설하는 인간의 모습 속에서 우리는 창조된 인간이 자신의 한계를 파괴적으로 넘어서려는 몸부림을 본다. 신(神)의 영역(領域)에 틈입(闖入)하려는 인간은 모든 사람들을 하나처럼 발판으로 삼지 않을 수 없으며, 형제의 희생을 강요하지 않을 수 없다.

다양성, 신의 축복 :

우리는 여기서 다시 한번 한 언어의 사용이 상징하는 의미를 되새길 필요가 있다. 왜냐 하면 한 가지 언어의 사용을 강조한 구절은 도시와 탑을 건설하는 가장 중요한 출발점처럼 암시하고 있기 때문이다. 이 말은 그들이 한 언어를 사용하기 때문에 가능한 집단이며 한 통속이라는 것을 가리킨다. 한 통속은 또한 한 의지를 가리키고, 흩어지지 않고 하나로 있을 수 있는 근거처럼 보이기 때문이다. 그러나 정치적 종교적 제국주의로써 인류의 통일성을 보장 또는 성취하려는 이 표현은 인간의 유혹[25]을 상징한다. 하나가 되어 결집한다는 것은 창조의 근본 정신인 다양성(多樣性)[26]을 희생하는 바탕 위에서만 가능하다. 다양성은 인간실존의 모습을 나타내는 참 자유의 표현이다. 이미 10장을 통해서 인간의 경험은 다(多) 민족, 다(多) 언어가 야웨의 축복이라는 사실을 증거하고 있음을 안다. 그러나 역사적 사회적 현실은 이 축복과는 반대 방향으로

---

25 임승필 역, 창세 11,4의 주석; TOB, 11,4 주석.

26 다양성 : 사제계 문헌인 족보의 신학이 의도하는 것이다. 뭇민족들과 그들의 언어는 바로 창조의 궁극적 목적이 어떻게 시현되는가 알려주는 창조의 해석이다.

진행되고 있었다는 것을 증언한다. 이 축복은 인간 자유의 실현을 전제로 하고 있으나, 하나의 언어는 자유의 억압을 상징하는 단서이다. 사실상 하나는 다양성의 대척적(對蹠的) 위치에 선다. 다양성은 인간에게 두 가지를 동시에 함의(含意)한다. 하나는 야웨의 축복이며, 둘째는 인간에게 한계(限界)를 정한다는 점이다. 다양성이 창조의 근본적인 정신을 나타낸다면, 이 두 가지는 창조의 내용이기도 하다. 이러한 의미에서 창조는 인간을 축복하되 제한(조건)을 설정하는 것이다.

다양성을 긍정할 때 인간은 한계를 인정하고 받아들 수 있다. 바벨 탑 이야기의 도시와 탑은 다양성을 반대하는 기능적 상징으로 읽을 수 있도록 독자를 안내하는 것이다. 도시는 무한한 공간적 수평의 확대를 상징한다. 사람들이 어디선가 출현해서 벌판에 도달했을 때(2절), 이 벌판은 이러한 상징성을 암시한다. 이들이 도시를 건설하는 구체적 행동으로 실행할 때 이 상징성은 현실화한다. 다양성을 희생하는 토대 위에서만 무한한 인간의 자유를 확대하며 도시건설과 탑 쌓기는 진행될 수 있다.

인가의 다양성을 거부하는 탑은 수직적 상징성을 대표한다. 수직성은 인간들이 하늘에 닿기까지 탑을 건설하고자 마음먹었을 때에 극도의 상징성을 드러낸다. 공간의 확대는 시간의 지배에서 극대화한다. 높이는 수평적 극대화에서 부족한 시간성을 제공하기 때문이다. 사람들은 말한다. 역사에 이름을 날리자! 달리 말하면, 역사를 지배하려는 인간의 욕망이다. 공간과 시간을 지배하고자 하는 인간 욕망의 표출이 여기서 상징적으로 읽을 수 있는 것이다. 바벨탑 이야기는 획일주의[27] 뿐만 아니라 시공간의 지배라는 인간의 욕망을 상징화한다. 도시와 탑의 건설자체를 문제 삼은 것이 아니라, 도시와 탑과 언어의 일치를 인간 사회를 고발하는 상징적 대체물로 삼은 것이다. 역사적 사건으로서 탑의 구체적 상징은 지배와 억압을 의미한다.[28] 지배와 억압은 오직 하나,

27 기호학적 분석 글로, 서인석, 언어의 혼란과 인간의 생성-바벨 탑 이야기 (창세 11,1-9), in 기독교사상 301, 1983, 202-225; 성서와 언어과학, 제 9장을 참조.

혹은 소수만을 위한 다수의 굴종인 것이다. 창세기가 바벨 탑을 거부하는 이유가 있는 것이다.

편집자는 언어의 다양성을 이미 알고 있었으며, 민족의 다양성도 이미 전제하고 있다. 도시와 탑의 건설도 그가 겪은 제국주의 문명의 산물로 알고 있다. 편집자는 아마도 이러한 도시문명의 부정성을 고발하는 것에 한정하지 않는 듯싶다. 그는 궁극적으로 인류의 다양성을 희생하지 않으면서 야웨와 일치를 이룰 수 있는 길이 무엇일까 고민하는 것이 아닌지? 어쩌면 (상징적으로) 신을 대상으로 전쟁을 벌이려는 인간들의 오만을 바벨 탑 이야기에서 말하고 싶었는지도 모른다. 도시와 탑의 건설이 인간 자신의 확신에 기초한 인류발전의 한 모형을 상징한다면, 이는 인간이 자신을 자기 안에 감금하고 파멸에 이르게 될 것이라는 경고이다. 인간의 자기 폐쇄성은 자기 안에서 최고 가치를 추구하기 때문에 위험하다. 이러한 외적 조건에 의한 팽창과 성장은 무수한 자기 형제를 발판으로 진행될 수밖에 없기 때문에, 더 이상 긍정적일 수 없다.[29] 인간의 자율성과 영광을 가장한 모든 행위는 실로 억압과 지배를 견고히 하려는 체제가 되기 쉬운 것이다.

ㄹ3. 바벨 탑의 기원과 도시건설의 포기[30] : 8-9절

8 : 야웨께서는 그들을 거기에서 온 땅으로 흩어버리셨다. 그리하여 그들은

---

28 A. Parrot, Deluge et Arche de Noé, Cahiers d'Archéologique Biblique, #1, 67쪽. 본래 지구랏이 하늘과 땅을 이으려는 인간의 종교적 심정의 발로라면 이는 아주 긍정적이다. 사실상 고고학적으로도 이렇게 이해된다. 그러나 신의 대리자로서 지배체제를 위한 도구로 사용된다면 부정적인 비판을 받을 수밖에 없다. 성경이 동일한 소재를 사용하여 아주 다른 주제를 이야기하며 새로운 의미를 부여하고 있다는 점이 본래 소재의 정치적 의미와 아주 커다란 차이다.

29 심용섭, 인간의 미래에 대한 하느님의 대안-창세 11,1-9의 생성과 그 신학의 선포성, in 사목 236, 1998, 68-94쪽과 사목 237, 106-123쪽. 특히 121-123쪽 참조.

30 이 부분의 주제는 바벨 탑이 아니고 분명 도시건설을 포기하고 흩어져 가는 사람들이다. U. Cassuto, vol.II, 226쪽.

그 성읍을 세우는 일을 그만두었다.
9 : 그래서 그곳의 이름을 바벨이라 하였다. 야웨께서 거기에서 온 땅의 말
을 뒤섞어 놓으시고, 사람들을 온 땅으로 흩어버리셨기 때문이다.

야웨는 하늘에서 땅으로 내려와 인간의 언어를 휘저어 놓는다. 사람들은 거대한 도시건축을 포기하고 사방으로 흩어진다. 탑은 이 거대도시의 일부이므로 당연히 탑 쌓기도 멈추지 않을 수 없다. 8절의 표현은 거대도시 문명이 인간이 원하는 대로 성취될 수 없다는 간접적 비판이다. 거대도시는 제국의 번영을 의미하고, 인간의 능력을 과신하는 오만을 상징한다. 탑은 도시의 수직적 교만함을 드러내는 상징인 것이다. 도시의 수평성과 탑의 수직성은 인간의 생각을 구성하는 표지들이다. 거대하게 부풀어 오르는 인간들의 허영과 오만이 도시와 탑 속에 각인되어 있다. 그러나 이 둘은 하나가 되어 인간의 욕망을 나타내지만, 이것은 인간의 깨진 꿈이 되어 흔적만을 남긴다. 신의 개입으로 사람들은 도시 세우는 일을 포기한 것이다.

인간들이 하늘에 닿기 위한 노력과 야웨가 땅에 내려오는 의도에는 분명 차이가 있다. 탑을 쌓는 행위의 표면적 이유가 이름을 날리고 흩어지지 않는 것이지만, 그 안에는 하나의 언어, 하나의 목소리를 유지한다는 이념 혹은 주의(主義)가 내포되어 있다. 창세기의 저자는 야웨의 판단에 근거하면, 이것은 지극히 부정적이라는 것이다. 야웨의 목적은 인간들이 하나의 체제에 묶여 자유를 잃지 않도록 하는 것이다. 인간이 추구하는 자유를 오히려 잃지 않고 지상으로 퍼져나가도록(사제계 문헌이 강조하는 엘로힘의 축복이다!) 언어를 뒤섞는 것이다. 언어의 중심성은 인간들을 하나로 묶겠지만, 모든 인간이 추구하는 자유 혹은 다양성은 희생될 것이다. 누구를 위하여 인간들을 하나로 모으려는가? 야웨의 판단은 언어의 중심성이 사라지면 자연스럽게 다양성이 회복될 가능성이 생기는 것이다. 인간이 교만하게도 하늘에 닿으려는 노력은 자연스럽게 중지되고 이러한 노력은 없었던 듯이 사라질 것이다.

창세 10장은 민족들의 갈라짐과 언어의 발생을 대홍수 후에 살아남은 인류에게 주어진 신(神)의 축복(祝福)으로 이해했다. 민족들의 다양성은 언어의 다양성을 전제하며, 인간이 널리 퍼져 살게 되면서 발생하는 정상적인 현상으로 묘사된다. 바벨 탑 이야기의 문제제기는 현대인에게도 시사하는 바가 크다. 신이 인간들이 하는 일을 보고 언어를 뒤섞어 놓았고–당연히 언어의 다양성을 의미–마침내 인간들이 흩어지게 되었다고 일견 부정적인 시각으로 보이기 때문이다.

그렇다면 사제계 문헌(10장)과 야웨계 문헌(바벨 탑 이야기) 사이의 엇갈림을 어떻게 이해해야 할까? 10장에서 민족들의 다양성과 언어의 다양성을 신의 축복으로 여기는 긍정적 시각과, 11장에서 민족들의 다양성을 흩어짐으로, 언어의 다양성을 언어의 혼란으로 여기는 부정적 시각은 화해할 수 없는 것일까? 이 현상을 어떻게 이해해야 할까?

인간이 야웨의 영역인 하늘까지 닿는 탑을 건설하려고 그 의지를 보였을 때, 야웨는 인간의 미래를 위해서 개입했다. 인간들이 흩어지게 된 직접적인 이유가 언어의 혼란이고, 이 혼란은 탑 쌓기를 중지하게 만들었다. 즉 언어의 혼란을 발생시킨 결과 탑 쌓기는 중지되었고 민족들은 흩어졌다. 우리가 알 수 있는 것은 야웨의 개입이 단일체계의 언어가 가지는 제1의적(第一義的)인 의사소통의 부정을 목표로 하고 있다는 점이다. 겉으로는 부정적으로 보이는 10장과 11장의 엇갈림은 무엇을 의미할까?

의사소통의 일방성 :

성경은 이 점에 대하여 침묵하고 있으나, 앞서 우리가 조금 지적하고 지나갔듯이 정보의 전달과 정보의 축적과 사용에 문제가 있으리란 사실을 상상할 수 있다. 그 이유는 인간들의 완전한 의사소통이 탑의 건설로 이어졌기 때문이다. 즉 원인론적인 관점에서 보면 인간의 단일 언어는 단순한 의사소통에 머물지 않고 탑의 건설로 이어졌으며, 이 탑의 건설은 하늘에 도달하고자 하는 인간의 욕망을 대변한다. 역으로 인간의 욕망은 하늘에 닿는 탑의 건설이며, 탑의 건설은 인간의 완전한 의사소통을 전제로 한다. 성경이 직접적으로 알려주고 있는 단서는 탑 쌓기가 인간의 이름을 드높이 날리는 데 있다. 그리고 창세 1-11장의 이야기 흐름이 전제하고 있는 것은 야웨의 개입은 인간의 보호에 있다. 따라서 바벨 탑 이야기를 이해하기 위하여 우리는 문명 안에서 언어가 가지는 상징적 의미에 주의를 기울이지 않을 수 없다.

세계의 다양성은 다양한 민족들과 언어로 대변된다. 언어가 다르면 민족이 다르고, 민족이 다르면 사용하는 언어가 다르다. 언어의 다양성은 인류에게 풍요를 누리게 하지만, 오해의 요인이기도 하다. 그래서 언어는 소통의 쌍방성을 통하여 사람들 사이의 평화와 자유를 유지하려는 노력을 하게 하는 기반인 것이다. 인간은 이 점을 역사에서 경험하며 배우는 것이 아닐까? 그런데 온 세상(1절)은, 10장의 논리를 그대로 따르면, 이미 다양한 민족과 다양한 언어를 상정한 세상이다. 그런데 첫 구절부터 사실상 모순된 어법을 사용하고 있는 것이다. 온 세상(에레츠)은 현실적으로 '같은 말을 하고 같은 낱말을' 쓸 수가 없기 때문이다! 같은 말을 하고 같은 낱말을 사용한다면, 강요나 강제가 아니라면 자연스러운 현상이 아니다. 달리 말하면, 세상은 다양성을 상실하고 획일주의에 강요 받거나 지배받는 세상인 것이다.

다양성과 획일성은 이러한 의미에서 인간이 타자와 어떻게 관계를 맺는가 하는 문제와 직결된다. 획일성이 타자의 존재를 지배하고 타자성을 배척하는 논리라면, 다양성은 타자의 존재를 긍정하고 타자성을 수용하는 논리이다. 인간관계에서 다양성을 부정하고 획일성을 강요할 때 갈등과 폭력이 발생하기 마련이다. 지배의 논리는 자기와 다른 것을 용납하지 못하기 때문이다. 오직 일방적인 관계만 남는다. 따라서 11장의 세상은 인간사회에 잠재한 갈등과 폭력을 실제적으로 경험한 사회일 것이다. 언어의 쌍방성을 인정하지 않는 사회는 언어가 나르는 모든 정보가 일방적일 수밖에 없다. 잘못된 사회구조를 생각하지 않고서는 이해할 수 없는 사회구조의 산물일 수밖에 없는 것이다. 아마도 바벨 탑 이야기는 역사의 경험을 통해서 배운 이야기의 산물일 것이다.

9절 : 그래서 그곳의 이름을 바벨이라 하였다. 야웨께서 거기에서 온 땅의 말을 뒤섞어 놓으시고, 사람들을 온 땅으로 흩어버리셨기 때문이다.

언어의 혼란과 인간들의 흩어짐

9절은 이야기의 결론 부분으로 바벨이란 이름이 어떤 연유에서 유래했는지에 대한 원인을 제공하면서 이야기를 마감한다. 오늘의 상황과 더불어서 바벨 탑의 이름을 이해하는 계기를 제공한 것이다.[31] 야웨 엘로힘을 거부하는 사람들이 세우려는 도시의 탑은 바벨, 히브리어의 유사음으로 이것은 뒤섞는 것을 의미한다. 말하자면 이야기의 편집자는 저들의 위대함을 풍자적으로 모독하고 있는 것이다. 거대한 마르둑 신전의 까맣게 솟은 바벨 탑은 지배와 억압을 위한 인간의 영광과 오만을 결집한 것이라고. 그러나 그것도 역사에서 사라지는 허망한 이름에 불과한 것이라고!

인간의 욕망을 드러내는 양상이 달라졌다. 11장은 엘로힘이 계시는 곳, 하늘까지 오르려는 인간의 욕망이 구체적인 계획으로 시행되었다는 점을 강조한다. 탑을 쌓는 일은 엘로힘이 거주하는 곳까지 도달하여, 신적(神的) 실존을 쟁취하려는 행동으로 현실화한 것이다. 신적 실존과 인간의 실존 사이의 경계를 넘어서려는 인간의 욕망! 이 욕망은 엘로힘이 금지한 선을 넘어서는 것으로 만족하지 않는다. 욕망을 달성하기 위한 인간은 결국 폭력을 행사하지 않을 수 없을 것이며 자기추락의 불행을 겪지 않을 수없다. 인간 실존의 모순은 창조된

31 9절의 원인론적인 결론은 독립적이다. 결론이 없어도 이야기는 그 자체로 완전한 내용을 가진다. 따라서 언어의 다양성과 인간들의 흩어짐을 설명하는 이야기는 바벨 탑의 설명부분을 꼭 필요로 하지 않는다. 어원을 통한 아마추어적인 바벨의 설명부분은 이야기가 전승되는 과정에서 부가된 것으로 본다. 오히려 도시와 탑 건설의 좌절이라는 결론이 이야기 전승의 초기 단계로 본다.

존재의 실추를 드러내며, 이 결과는 '언어의 혼란'을 겪는 인간으로 표상되었다.[32]

11장은 마치 가치판단을 유보한 듯이 사실 만을 전하는 태도를 취했다. 중립적인 이 상황 묘사는 인간들의 생각을 이끌어내기 위한 도입요소의 역할을 했다. 마침내 야웨의 개입(介入)이 필요했으며, 인간들이 하는 일이 성취되지 않도록 결말이 유도되었다. 앞서 언급한 대로 이 장(章)에서는 야웨와 인간의 대화 혹은 접촉이 전혀 고려되지 않았다. 인간들도 독자적으로 결정(決定)하고 실행할 뿐만 아니라, 야웨도 독자적으로 결정하고 실행한다. 인간과 신 사이에는 아무런 가교(架橋)가 존재하지 않는 듯 하며, 모든 일이 독립적으로 행해진 것이다. 인간과 신 사이에 모든 연계가 사라진 듯하다. 마치 따로따로 노는 아이들의 장난이 겉으로는 서로에게 전혀 관계없는 듯이 진행되는 것과 같다. 각자가 눈치채지 못한 채 모든 일들이 결정되고 실행되어 마침내는 처음이 어떠했는지조차 모르는 일로 되어버린 것이다. 결국 사건의 종말도 타인의 일처럼 처리되었다는 인상을 준다.

왜 그럴까? 무엇인가 잘못된 세상을 고발하고자 하는 바벨 탑 이야기는 창세 1장부터 반복되는 질문을 던지는 듯싶다. 우리 인간은 오늘 왜 이렇게 살게 되었는가? 창세기가 신화적 모델을 바탕으로 편집된 성찰이란 사실을 인정할 때, 편집자는 바로 이 점을 의식하고 있었던 듯싶다. 왜 오늘은 어제보다 못하고 불안하고 고통스러운 절망을 살아야 하는가? 어제 보다 못한 오늘의 상황에 대한 절망은 인간이 단순히 살기 어렵다는 인식에만 있는 것이 아니다. 창세기의 성찰은 신(神)의 창조 의지를 거스르는 인간의 본성이 무엇인지 인간의

---

32 이 주제는 홍수와 연결되어 있는 보편 주제로 여러 민족들의 전승 안에 들어 있다고 한다. 참고. C. 베스터만은 바벨탑 이야기를 주석하는 자리에서 H. Lüken(Die Traditionen des Meschengeschlechts, 1856)을 포함한 그 동안의 연구결과를 종합적으로 요약해 주고 있다. 그러나 홍수와 언어의 혼란은 탑 쌓기 주제와는 거의 연결되지 않는다.

실존성에 대한 깊은 절망적 통찰에서 우러나오고 있기 때문이다. 인간이 겪는 악(惡)의 현실이 너무도 뿌리가 깊은 것이다. 더구나 인간 자신이 그러한 절망적 현실의 원인이란 성찰의 결과를 회피할 수도 없다. 인간 자신에 대한 성찰이 깊어지면 깊어질수록 사회적으로 드러나는 악의 현실을 도외시하고서는 인간의 역사적 현실을 개선해 나갈 수도 없다. 현실에 대한 책임을 신(神)에게 돌릴 수 없다면, 어떤 종교적 신념이라도 인간에게 그 책임을 요구할 수밖에 없다. 인간은 신의 창조물이다. 신이 인간을 악의 원천으로 창조했을 까닭은 만무한 것, 자기 현실에서 악의 원인이라는 경험은 인간 자신을 이해하고자 하는 이들에게는 절망적 모순일 뿐이다. 현재의 기원으로써 어떤 사건이 인류의 역사에 발생했는지 오늘의 인간은 알 수 없다. 역사와 사회 안에서 인간은 이 악의 경험을 피할 수 없다는 사실이 절망적일 뿐이다.

7.4. 셈의 계보와 아브라함 : 설화에서 역사로

사실상 창세 1~11장의 이야기는 11,9에서 마감된다. 창세 1장의 창조 이야기의 정점이 2,4에서 보는 바와 같이 엘로힘의 쉼(shabbat)으로 정리된다면, 11장의 이야기는 신의 축복을 유지시키려는 신의 행동에서 끝난다. 창세 1장의 주제는 일관성을 가지고 점점 극화되고 심화되어 11장의 바벨 탑 이야기에서 완성되지만, 미완의 창조사상은 역사로 연결된다. 이야기 전체의 구도를 잠시 되돌아보면서 이야기의 말미가 어떻게 마감되는지, 설화의 주제가 어떻게 완성되는지 살펴 볼 필요가 있다.

창세 1-2,4 : 카오스(창조 이전)에서 코스모스(엘로힘의 쉼)로.

창세 2,4-324 : 인간의 창조(2장)에서 첫 인간들의 추방(3장).

창세 4,1-16 : 첫 인간의 탄생에서 형제살인과 추방으로(16절).

창세 4,17-5,32 : 카인의 세대(4,17)에서 노아의 세대까지(5,32).

창세 6,1-9,17 : 거인족 이야기(6,1-4)에서 새로운 계약까지(9,17).

창세 9,18-10,32 : 노아와 세 아들 이야기(9,18-29)에서 민족들의 번성으로(10장).

창세 11,1-9 : 하나의 제국과 하나의 언어(1절)에서 여러 민족과 언어의 다양성(9절).

이야기들의 주제는 카오스(혼돈)와 코스모스(질서)라는 두 개의 축을 중심으로 움직이고 있음을 즉각적으로 알 수 있다. 창세 1-11장 전체의 이야기를 지나치게 단순화시키고 있는 듯 하지만, 이 두 축의 움직임은 설화 전체를 일관하는 축이라고 상정할 수 있다. 우주적 차원에서 이해하는 카오스와 코스모스는 개인적 차원에서 혹은 사회적 차원에서 혼돈과 질서의 세계를 나타낸다.

	카오스	코스모스
창세 1-2,4 :	토후, 보후(1,1)	엘로힘의 쉼(2,4)
창세 2,4-3,24 :	아무것도 없음(2,5)	인간의 창조(2,7.22)
	인간들의 추방(3,24)	
창세 4,1-16 :		아담과 하와(4,1)
	살인(8절)과 추방(16절)	
창세 4,17-5,32 :		카인과 아내(4,17)
	라멕 이야기(4,20-24)	
		아담과 아내(4,25)
	노아의 세 아들(5,32)[33]	
창세 6,1-9,17 :		사람이 불어나면서(6,1)
	거인족 이야기(6,1-4)	새로운 계약(9,17)

창세 9,18-10,32 :	노아와 세 아들(9,18-29)	민족들의 번성(10장)
	홍수가 있은 뒤(10,32)	
창세 11,1-9 :		하나의 언어(1절)
	흩어짐(9절).	

바벨 탑 이야기까지 일관된 흐름은 카오스에서 질서를 불러내는 신의 창조였다. 이것이 인간의 역사에서는 코스모스에서 카오스로 역행하는 움직임으로 나타났다. 한 마디로, 창조는 카오스의 상황에 직면하는 인간을 코스모스로 이끌어내는 움직임으로 나타난다. 두 개의 축 사이를 오가며 인간의 역사를 묘사하는 창세기 설화를 읽으며, 설화 편자의 견해에 동조한다면 우리는 다음 이야기가 어떤 방향으로 진행하리라는 것을 짐작할 수 있다. 이제 창세설화는 카오스에서 희망으로 나가는 도상에 서 있는 인류의 길을 셈의 가계를 통해서 설파하리라는 예상이다. 즉 설화의 저자는 바벨 탑 이야기 이후에 전개될 이야기를 구원의 역사로 이해하고 희망을 가지고 바라보는 것이다. 이것이 창세 11,10 이하에서 전개되는 족보의 의미이며, 마침내 데라의 후손으로 등장하는 아브라함은 설화 속에서 역사의 시간으로 빠져나오는 설화적 역사의 인물이 된다.

새로운 희망의 족보 : 11,10-26

창세 11,10에서 셈의 가계가 다시 시작하는 것은 신의 창조를 이끌어나가는 인류에게 어떤 희망을 주기 위한 의도라고 말하지 않을 수 없다. 이미 형제를 죽인 살인자의 계보(4,17-26)를 밀쳐두고 아벨을 대신하는 자리를 차지한 셋의 후손들은 5장에서도 기술된 바 있다. 그래서 창세기의 저자는 11장의 바벨 탑 이야기가 끝나는 시점에서 5장에서 보여주었던 셋의 계보를 다시 나열한

33 노아와 세 아들 이야기는 사실 9,18 이하에서 언급되었다. 그러므로 여기서는 앞으로 진행될 이야기의 결말을 암시하는 것으로 알아들 수 있다.

다. 10절에서 사용되는 톨레도트가 사제계 문헌의 성격을 보여주면서 새로운 희망의 단서를 열듯이 사용된 것이다. 사제계 문헌이 인류의 족보를 이용하는 이유는 아주 간단하다. 창세 11장의 이야기를 이스라엘 이야기와 연결시키기 위해서 셋의 족보를 이용하는 것이다. 그러나 살펴보면 금방 알 수 있듯이 5장의 이야기를 문자 그대로 반복하지는 않는다. 저자는 아주 의도적인 서술을 하고 있는 것이다.

아담에서 열번째 세대를 대표하는 이름이었던 노아처럼, 11장의 셈의 족보에서 열번째 세대의 이름을 아브람으로 작성한다.[34] 또 다른 측면에서 아담에서 에녹까지 7세대, 에녹에서 테라의 후손까지 14(=7×2)세대가 된다. 테라는 70(7×10)세까지 아브라함과 나홀과 하란을 낳았다(11,26). 마치 대홍수 이후에 노아와 세 아들이 새로운 삶을 이어갔듯이(9,18이후), 데라에게서 그런 후손들을 기대하게 된다. 마찬가지로 아담의 일곱 번째 후손이 에녹이었던 것처럼 셈에게서 일곱 번째 후손 에베르(Eber)[35]에게 이런 기대를 하게 된다. 더구나 11,10-26까지 족장들의 나이는 모두 2996년이며, 아담에서 노아까지 8,575년의 나이를 합하면, 아담에서 데라까지 11,571년의 세월이 지났으며, 이 숫자는 7로 나누어지도록 배열되어 있다.[36]

이러한 의도적인 배치는 나이를 계산하는 것만으로 끝나지 않는다. 셈의 후손으로 기술된 아르박삿은 앞에서 장자(長子)에서 장자로 이어지는 족보의 전승에 걸맞지 않다. 셈은 이미 다른 두 아들 엘람과 아시리아가 있지 않은가?

---

34 인위적인 본문의 작성은 편집자의 견해를 짜맞추기 위함이다. 실제로 열 번째가 되지 않아서 70인역은 새 이름을 삽입한다. 족보 편집의 의도성을 짐작할 수 이는 부분이다. 10이란 수자는 이집트 탈출사건 이전에 10번의 이적을 상기시키고, 시나이 산에서 받은 십계명판의 율법 수자를 기억하게 한다.

35 에베르(*Eber*) : 히브리인들의 선조로 이해한다. 10,21에서 언급된 이름이다.

36 L. Turner, 61쪽.

37 장자 우선의 가부장사회가 가진 결점을 메우려는듯이, 구약성경은 이스라엘 선조들의 족장설화에서 둘째가 신의 선택을 받도록 이야기를 전개한다. 아브라함의 아들 이사악은 정실부인 사라의 장자이지만, 서자인 이스마엘을 생각하면, 아브라함의 둘째 아들이다. 이사악의 둘째 아들 야곱이 속임수를 써서 장자 에사우의 자리를 차지하는 이야기도 이러한 정신을 보여준다. 후대로 내려가면 장자가 아닌 차남, 아니면 막내가 신의 은총을 받는다는 원칙 아닌 원칙이 자연스럽게 만들어진다.

(10,22) 그는 장손이 아니며 후손에서 후손으로 이어지는 장자전승의 법칙을 거스르는 인물이다. 그 이유는 무엇일까? 이 이유는 아마도 12장 이후에 펼쳐지는 족장들의 설화에서 답을 찾을 수 있을 것이다.[37] 선행하는 이야기에 숨어 있는 답을 뒤 따르는 이야기에서 밝히 드러내는 것이 구약성경 이야기 전승자들의 비법이다.

또 11장은 5장과 비교할 때 각 세대의 평균연수를 낮게 책정하고 있으며, 12장에서 시작되는 족장들의 정상적인 나이에 근접하도록 배려하고 있다. 5장과 눈에 띄게 다른 점이 있다면, 11장에 기록된 이름들은 성경 밖의 자료에서도 찾을 수 있다는 점이다. 성경의 이름들이 신화의 세계에서 역사의 세계로 나와 그 빛을 받고 있는 것이다.

마침내 노아와 그 후손들에게 증여된 신의 축복은 다시 데라와 그의 후손들에게 전해진다. 창세 1~11장에서 거듭해서 주어진 신의 축복이 역사의 시간으로 빠져나온 인물 아브람에게서 성취되어야 하기 때문이다. 그러나 역사의 시간대로 홀연 등장한 인물 아브람일지라도 야웨와 계약이 체결될 때서야 비로소 설화의 연장선 상에 존재하는 인물 아브람에서 야웨와 계약을 맺은 인물 아브라함(17,5)으로 성형된다. 계약의 인간 아브라함은 이스라엘의 역사적 운명을 지켜내는 최초의 인물이자 최후의 참고점이 되기 때문이다.

어쨌든 이러한 인위적 편집의도는 신이 인류의 역사에 개입하지 않으면 인류의 구원이 이루어질 수 없다는 구원관을 드러낸다. 창세기의 세계관에 따르면, 우리의 삶은 전적으로 신에게 의존하기 때문이다.

7.5. 결어 : 실패한 욕망, 신을 향하여

이야기에 등장하는 탑은 바빌론 제국에 있었던 지구랏(ziggourat)이나 바빌론 제국의 반대자였던 니므롯의 지구랏을 소재로 사용했을 수도 있다. 이야기의 소재로 쓰인 이러한 탑은 메소포타미아 제국의 여러 곳에 실존했었다. 그렇다면, 이 탑은 무엇을 상징하려고 등장시킨 것일까? 인간의 의식 안에 살아있는 지배의식의 상징? 아니면 자기 운명을 정복하고자 하는 인간의 갈망을 상징하는가? 역사에 나타났던 뭇 민족의 지구적 차원의 어떤 시도일까? 인간의 불의와 부패를 기록하고 있는 창세 6,1-4를 기억하지 않을 수 없다. 바벨 탑 이야기는 탑에 대한 어떠한 정보도 주지 않으며, 탑 자체에 대한 관심도 보여주지 않기 때문이다. 역사적으로 현존했던 거대한 지구랏, 곧 바벨 탑의 기능에 대해서 아무런 언급이 없고 이야기의 관심은 그저 사람일 뿐이다. 인류와 인류의 실존 상황에 대한 질문을 가진 이야기이다. 왜 인간은 고통을 받으며 죽을 수밖에 없는가? 단지 형이상학적 인식론적인 질문이 아니라 오늘의 (당대의 사람들의 경험) 이 삶이 어찌 이리도 불행한 것인가? 누가 내 삶에 불행을 가져오는가? 엘로힘은 이러한 불행을 왜 허용하시는가?

고대인이 이러한 주제에 관심이 있었다면 무엇 때문에 탑과 도시의 건설을 이야기의 주제로 삼았을까? 고대인들의 문명을 오늘과 비교할 때 과학기술의 능력차이를 인정한다 해도 인간은 끝 없는 높이를 자랑하는 건축물 자체를 과시하고 싶었던 것일까? 이야기의 성격상, 우리는 종교적 의도를 전제로 한 이 거대 건축물의 의미를 이해해야 할 필요성이 있다. 게다가 거대 건축물의 축조는 정치적으로 모든 사람의 동의가 필요하거나 아니면, 고대사회에서 신정론적 결정사항일 수밖에 없다. 그러나 성경은 사회구조에 관하여 아무런 암시도 주지 않을 뿐만 아니라, 마찬가지로 정치체제에 관해서도 아무런 정보를 제시하지 않는다. 이야기의 서술만을 고려한다면, 다만 모든 이의 동의를 이끌어내는 것만이 중요한 듯한 묘사만 있을 뿐이다. 이야기의 주인공들에게 필요한 것은 일사불란한 의사 결정이 모두인 것처럼 보인다.

카인의 도시건설은 바벨 탑 이야기에 와서 대규모로 진행되었고, 탑의 건축은 전(前) 단계의 도시문명을 전제한다. 하늘에 닿는 건축물은 도시의 기능으로서 쉼터이며 피난처라는 4,17과는 전혀 다른 차원과 의미를 내포한다. 11,4는 인간들의 폭발적인 야심을 드러내 주는 단계처럼 보이지만, 그것은 실패한 행동이다.

> 네가 속으로 이런 생각을 하지 아니하였더냐?
> "내가 하늘에 오르리라.
> 나의 보좌를 저 높은 하느님의 별들 위에 두고
> 신들의 회의장이 있는 저 북극산에 자리 잡으리라.
> 나는 저 구름 꼭대기에 올라가
> 가장 높으신 분처럼 되리라!
> 그런데 네가 저승으로 떨어지고
> 저 깊은 구렁의 바닥으로 떨어졌구나!" (이사 14,13-15).

우리의 귀에 바벨 탑 쌓기의 실패 원인이 창세 3,5(...엘로힘처럼 되어서...)에서 메아리쳐 들린다. 창세 3,5가 개인적 단계의 표현이라면, 11,4는 인류의 집합적 인격을 나타낸다. 한계를 넘어서려는 인간의 끝 없는 욕망과 지칠 줄 모르는 갈망, 자제력 없는 인간의 모습이 나타난다. 인간의 한계는 바벨 탑의 높이만큼이나 가시적인가? 바벨 탑 이야기를 듣는 고대인들은 그들의 지성에 호소해 오는 이들의 상징과 암시를 이미 알고 있지 않았을까?

창조를 인간학적 이해의 테두리로 삼는다면, 인간은 자율성과 자신의 한계에 대한 철저한 이해를 해야 할 것이다. 한계인식은 누구나 받아들여야 하는 절대적인 요청이다. 한 인간의 삶이 역사와 만나고, 사회적 의미를 지니게 될 때에, 인간의 실존은 인류 보편의 문제가 된다. 역사는 인간이 가야 할 길, 다시 한 번 더 성경의 용어를 취한다면 창조의 역사는 인간의 길이며 그 조건이다. 이 조건에 충실할 때에 인간은 신을 만날 것이다. 이 조건은 역사의 조건이며, 역사의 완성을 가리키는 희망이 될 것이다. 이야기가 엘로힘에게 도전하는 인간의 모습을 직접적으로 묘사하지는 않지만, 인간은 개인적 차원 혹은 집합적 차원에서 이 조건을 넘어서려는 인간의 저항을 보여준다.

문명을 일으키고 역사 안에서 인류의 삶의 지평을 넓히고자 하는 인간의 이념을 바벨 탑 이야기는 말하고 싶다. 바벨 탑의 역사적 산물인 거대한 구조물 지구랏을 다수의 손을 필요로 하는 단순 건축물로 한정할 필요는 없다. 지구랏은 역사적이지만, 바벨 탑은 인간의 정신세계를 드러내는 상징물인 까닭이다. 바벨 탑 이야기는 인간의 지적 능력과 일, 의사소통의 문제, 사회정치체제, 고도의 과학기술 등이 복합적으로 얽혀 있다는 것을 암시한다. 개인이라고 할 때에도 이 개인은 단순한 개인이 아니라, 정치와 사상의 지도자나 집합적 인격을 표시할 수밖에 없다. 도시와 탑으로 대변되는 인류문명을 선도하는 인격체이기 때문이다. 기술문명의 기능적 편리를 맛보고 있는 현재의 인류는 지도자의 정보나 생각을 혹은, 한 체제의 명령이나 지시를 어떻게 모든 이에게 전달하고 있는지도 알고 있다. 적절한 분별의식이나 식별과정이 없이 무제한의 영향력 행사가 가능한 것이 기술문명의 시대에 경험되는 위험이다. 인간은 자신의 야망을 실현하기 위하여 손에 들어오는 모든 방법과 도구를 사용할 줄 알기 때문이다.

창세 3장부터 11장까지 진행된 이야기의 흐름을 보면, 신과 인간의 관계가 인간 사이의 문제에서 분명하게 드러나는 것을 알 수 있다. 인간은 어리석을 정도로 자신의 야망을 실현하는 단계에서 파생하는 위험을 직시하지 않는다. 인간적 야망의 실현이 신에게 직접적으로 반대되는 것은 아니다. 그러나 인간의 야망 안에 이미 인간의 조건을 넘어서는 위험이 내포되어 있고, 이를 통제할 수 없는 무절제와 혼돈이 도사리고 있다. 인간이 자신의 욕망에 맡겨질 때 발생하는 위험이 얼마나 큰지 우리는 이미 알고 있다. 인간이 신의 직접적 통제 하에 있는 것도 아니고, 신이 인간의 역사를 통제할 것도 아니라면, 인간은 자기의 미래를 책임질 수 있어야 하지 않는가? 창세기의 영역에서 멀리 떠난 신을 어디에서 만날 것인가? 인간의 오류를 교정할 수 있다면, 그 교정은 바로 신을 찾는 자리일 것이다.

인류의 통일은 모든 민족이 제 고유성을 잃어가면서 획일성을 획득해야 하는 것이라고 생각할 수 없다. 그런데 바벨 탑 이야기는 실제로 그 진행과정을 바벨 탑 쌓기로 상징해서 보여준다. 현대적 표현은 사용되지 않았지만, 소재로 사용한 언어는 이야기의 의도를 충분히 반영하고 있다. 오직 하나의 생각을 위하여 전체가 개인의 고유성을 희생하는 것이다. 언어는 하나의 생각을, 탑은 그것을 지향하고 유지하는 방법인 셈이다. 따라서 다양성의 긍정적인 측면을 누리지 못하는 인류는 그 부정적인 내용을 살지 않겠는가? 단일화, 획일화, 세계화, 통합 등은 자칫 인간의 고유성을 부정하는 표어일 수 있다. 힘을 합하여 하나가 되고 일을 해치우자는 표어가 그렇게 낯선 것만은 아니다. 하나가 되면 당면 목표의 설정과 성취를 위한 작업이 용이하게 진행될 것이라고 믿는 것도 소박한 견해이기도 하다. 일치에 도달하기까지 걸려야 하는 인내와 기다림을 누가 참고 기다리겠는가? 목적에 어긋나는 이들을 희생시키는 게 전체를 위해서 효과적이지 않을까? 인간의 역사는 이에 대한 모범적인 답변을 알고 있다. 정의의 이름으로 수행하는 전쟁일지라도, 더 나은 경제생활을 위한 국가적 계획일지라도 희생당하는 이들의 고통과 절망적 상황을 개선하겠다는 전제가 없다면, 그 역사는 타자의 희생을 기초로 한 사회일 뿐이다. 타자를 희생시킨 사회는 누구를 위한 사회가 되겠는가? 바벨 탑 이야기의 저자는 인간이 빠질 수 있는 유혹을 경계하는 고발자다. 인간은 바벨 탑을 건설하며 신의 아들이 될 희망을 가질 터이지만, 결국 자신과 신을 동일시하지 않겠는가? 이 고발을 잊어서는 안 될 것이다.

신의 징벌은 인간을 구원하기 위한 선택을 가리킨다. 인간의 실존 조건인 고통과 비극적 죽음의 원인에서 구하기 위한 대답이기도 하다. 인간은 신의 뜻을 거스르면서 자기의 운명을 스스로 결정하고자 한다. 그러나 인간은 자신의 결정이 무엇을 의미하는지 모른다. 인간은 자신의 전(全) 실존을 볼 수 없으며,

오직 그럴 수 있는 존재는 신이란 이름으로 존재한다. 창세 12장의 아브라함의 떠남은 바로 인간 각자에게 들려오는 신의 부름에 응답하는 인간의 행동이다. 창세 1-11장의 이야기가 끝나면 신화의 시간은 끝나고 한 민족의 역사가 태동하기 시작한다. 신의 소리-계시는 단 한 마디이다 : '네가 살던 땅을 떠나라!' 네 자신도 모르는 곳, 신을 향하여 떠나라. 인간이 신의 말씀을 전적으로 신뢰하지 않으면 그는 자기를 향한 길을 갈 것이다. 창조자 신은 유한한 생명인 인간에게 절대로 강요하지 않는다. 신의 부름은 인간이 숙고(熟考) 끝에서 선택할 수 있는 제안일 뿐이다. 선택은 인간이 자신을 향하든지 신을 향하든지 두 길 중의 하나이다. 신과 인간의 관계는 놀라우리만치 철저한 자유와 자율의 관계이다.

창세기를 인류에게 남긴 이스라엘 민족의 기나긴 역사적 체험은 인류 보편의 질문이 되기도 했지만, 우리들 각자에게 실존적으로 던져진 화두이다. 어느 누구도 자신을 대신하여 이 질문을 다룰 수 없으며, 각자에게 던져진 화두에 다른 사람의 답을 신에게 가져갈 수도 없다. 각자에게 필요한 대답은 자기가 마련해야 한다. 창세 1장에서 11장에 이르는 과정은 개인에서 민족으로, 민족에서 인류로 이야기의 진행을 전개했지만, 창세기는 거기에서 끝나지 않는다. 설화의 세계를 끝내고 창세 12장은 이스라엘 민족의 역사를 여는 여정을 한 개인의 실존에서 다시 시작하는 것이다. 그 개인 아브라함은 우리 각자가 될 수밖에 없다.

제 8 장

맺는 말

야웨 엘로힘, 인간의 미래

창세기의 첫 11장을 읽으면서 기대해 온 모든 것을 발견했다고 말할 수 없다. 많은 주제들이 여기저기서 솟아오르다가 사라지고 보일 듯하다가 얼굴을 가리고 만 경우도 여럿 있다. 서술형식에 있어서 창세기 첫 11장을 편집한 두 학파의 특징이 약간의 언급만으로도 쉽게 구별되었다. 두 학파의 전승이 두드러지게 이야기를 지배하고 있지만 전체를 관통하는 주제들은 실에 꿰인 구슬들처럼 영롱하게 빛나는 것을 볼 수 있다. 창세기를 관통하는 대주제가 서술방식과 소재의 다양성에도 불구하고 처음부터 일관되게 일정한 간격으로 나타나는 것이다. 사실상 창세 1-11장의 대주제는 이스라엘 민족의 비극을 겪은 저자들의 관심을 전제로 하고 있다. 인간이란 무엇인가? 창조의 선물을 받은 인간은 어찌하여 신의 선물을 거부하고 파멸의 길을 선택하는가? 아니면, 인간은 자신이 통제할 수 없는 상황의 희생물이라고 주장할 수 있을까? 그렇다면 인간은 자신의 운명을 우연에 맡길 수 있다고 말하려는 것일까? 주어진 선물을 마다하고 자기를 고집하는 인간 때문에 신이 오히려 절망하는 것은 아닌가? 이 왜곡된 고집이 잘못된 선택을 의미하지 않는가? 이런 질문을 염두에 두고 창세기는 인간에 대한 보편주의적 이해에 도달하려고 한다.

창세 1장은 거대한 서사시적 구조를 가지고 창조의 날들을 서술한다. 등장인물이 없이 전개되는 창조의 날들은 인간창조에 와서 절정에 이른다. 엘로힘은 인간을 창조하되 남자와 여자로 창조하였고, 신을 닮은 모습으로 인간은 창조의 정점에 놓인다. 창조의 절정에서 엘로힘의 창조가 완결되는 듯싶었으나, 오히려 창조의 수레바퀴는 내리막길을 달리듯이 우리의 기대를 벗어난다. 인간의 창조를 서술하는 대목에서 이미 인간의 일상경험에 어긋나는 엘로힘의 선언이 선포된다. 인간의 폭력성을 고발하게 될 먹을 거리규정이 준비된 것이다. 더구나 인간을 엘로힘의 형상에 따라서 창조하였다는 진술은, 한편으로 인간의 고귀성을 강조하지만, 다른 한 편, 인간이 인간을 짓밟는 역사현실을 고발하는 첫 번째 근거가 된다. 창조의 사제계 문헌은 일견 우주창조와 인간창조라는 장엄한 신의 무대를 묘사하지만, 세심하게 구성된 내용은 인간의 역사가 보여준 부조리를 고발하는 문헌으로 읽혀진다. 그러나 아직 이러한 주장은 구체적이지 않으며, 창세 1-11장의 이야기를 일관할 수 있을 때 이 고발의 의미를 이해하게 된다.[1]

이러한 점에서 1장의 사제계 문헌은 인류에 대한 '사회 정치적' 고발로 읽을 수 있는 계기를 마련한다. 이러한 정신을 이어서 창세 2~3장은 야웨계 문헌으로 인간의 창조와 첫 인간들의 잘못과 오류를 묘사한다. 2장은 3장에서 진행될 이야기들의 주제를 소묘하고 있지만, 무엇보다도 인간이 창조의 선물을 어떻게 해야 자기의 생명과 창조계를 유지할 수 있는지 알려준다. 아직 인간의 잘못을 드러내기 전에 금지의 법칙이 창조계의 법칙으로 인간에게 선언된 것이다. 야웨 엘로힘은 창조계의 평화와 생명을 유지하기 위해서 인간에게 모든 것을 허용하되 인간 자신을 위하여 예외의 금지법을 세운 것이다. "모든 나무에서 열매를 따 먹을 수 있지만... 오직 생명나무에서는 그 열매를 따 먹어서는 안 된다."(창세 2,16-17 참조) 이 법칙은 엘로힘에게 유보된 신법(神法)을 인

---

1 사제계 문헌과 야웨계 문헌의 성격은 아주 판이하지만 그 차이를 궁극적으로 밝힐 수는 없다. 그러나 사제계 문헌의 특성상 인류의 운명을 긍정적으로 이해하려고 한다면, 야웨계 문헌은 이야기만을 볼 때(3장, 4장, 11장), 대단히 비극적 운명을 제시하고 있는 것만은 확실하다. 사제계 문헌이 근본적으로 창조계를 장엄하게 좋다고 선언하지만 인간과 먼 신의 모습을 제시한다면, 야웨계 문헌은 인간운명의 비극성에도 불구하고 인간에게 더 가까운 신의 모습을 보여주고자 한다.

간이 침탈할 수 없다는 제한이며, 인간의 실존을 이해하는 지름길이다. 이 법칙은 소극적으로는 인간의 한계를 지적하는 명제이지만, 실천적으로는 인간 생활의 전영역에 적용되어야 할 진술이다. 인간은 자기의 삶에서 발생하는 모든 일들을 자유롭게 처리할 수 있겠지만, 타자와 창조계를 만나는 경계에서 넘어서서는 안 될부분이 있는 까닭이다. 우리가 이 금지영역을 넘어서는 순간 인간사회의 기반은 무너지고 만다.

창세 3장은 2장에서 진술된 명제가 적나라하게 드러난 사건을 묘사한다. 아담과 하와의 이야기는 신화적 소재로 구성되어 있어서 그 내용은 상징적이며 은유적인 질문과 대답을 제시한다. 여자가 뱀의 말을 듣고 아담과 더불어 야웨 엘로힘의 금지명령을 위반하게 된 순간 이들 첫 인간들에게 창조주는 물론 창조계를 바라보는 시선에 변화가 닥친다. 더 이상 아담과 하와는 사건 이전의 세계로 돌아갈 수 없게 된 것이다. 첫 인간들의 실존상황에 돌이킬 수 없는 변화가 도래했고, 이 변화는 인간의 미래를 결정하게 된다.

그러나 3장을 읽는 우리는 아담과 여자에게 말한 야웨 엘로힘의 선언이 2장의 금지명령대로 그 자리에서 수행되지 않음을 발견한다. 게다가 신의 징벌선언은 오늘을 살고 있는 인간의 일상적 경험을 묘사하고 있으며, 나날이 흘러가는 동안 인간이 겪지 않을 수 없는 실존조건을 말하고 있을 뿐이다. 그렇다면 무엇이 인간의 잘못에 따른 신의 선언인가? 그것은 아마도 인간의 실존조건의 변화에서 비롯되는 것이 아니라, 창세기의 소재로 제시된 일상의 노동을 고통으로 받아들이는 인간의 인식변화에서 비롯되는 것이리라. 그래서 인간은 흙에서 왔으니 흙으로 돌아갈 때까지 그의 삶이 고통인 것처럼 죽음에 이르기까지 고통의 인식이 삶을 지배한다. 신의 징벌선언에서 인간의 삶을 규정하는 실존적 규정들이 새로울 것이 없는 것이다. 인간이 받아야 할 신의 선언이 고통이라면 우리가 생각해야 할 것이 무엇일까? 3장은 아마도 다음과 같이 말하는 것이 아니지 않겠는가? 세상의 고통은 신들에게서 비롯된 것이 아니라 – 예를 들면, 신들의 저주 – 인간 자신이 책임을 지지 않았기 때문이다. 인간의 고통은 우연한 사건도 아니고 알 수 없는 운명에서 비롯된 것이 아니라, 인간 자신의 선택과 결정에서 기인한다.

사실상 3장의 이야기는 아담과 하와의 구체적인 잘못과 그 원인을 알아보도록 요청하는 것이 아니다. 아담과 하와를 피고인으로 만들어 그들을 고발하고자 하지 않는다. 첫 인간들의 잘못과 그 원인을 추정하려는 것이 아니라면 창세 3장에서 우리가 알아들어야 할 것은 무엇일까? 인간에게 잘못이 있다면, 어떤 잘못도 원인이 없이는 행해지지 않는다. 그 잘못의 원인은 여러 시각에서 관찰할 수 있고, 그 결과를 추정할 수도 있다. 아직 3장만으로 우리가 분명하게 알 수 있는 것은 거의 없다. 다만 신의 금지명령을 위반했다는 사실과 그 내용이 진술되지 않은 수수께끼라는 것만이 숙제로 남아 있다. 확실한 것은 신과 인간의 관계가 깨졌다는 사실이며, 이 관계의 저울은 신인 관계를 수평적 친밀함에서 수직적 상하관계로 돌변시킨다.

창세 4장은 3장이 우리에게 제시한 수수께끼를 풀 실마리를 풀어 놓는다. 아담과 하와의 후손들이 일으킨 사건은 도저히 믿을 수 없는 충격적인 사건이다. 카인의 형제살인이라 일컬어지는 이 사건은 제 동생을 살인한 이해할 수 없는 충격에 속한다. 이 형제살인은 아담과 하와가 남긴 수수께끼 같은 사건의 실마리를 찾는 단서로 이야기를 급격하게 진전시킨다. 에덴동산의 평화가 깨지고 긴장이 발생했다고는 하지만, 4장에서 들려오는 살인사건처럼 극단적인 모습으로 이야기가 전개되리라고는 상상할 수 없었다. 앞에서 보았다시피, 3장에서 뱀은 악 혹은 악의 세력을 통해 나타난 유혹의 상징 혹은 은유로 등장했었다. 그런데 4장에 오면 악 혹은 악의 세력은 인간의 내부에 도사리고 있는 어떤 심리적 실재처럼 묘사된다. 살인사건의 원인을 어디에서 찾든지 창세기의 저자는 인류에게 닥친 비극이 단순한 잘못이 아니란 것을 암시한다. 아담과 하와의 어떤 잘못이 피를 나눈 형제 사이의 살인과 연관성이 있다면, 아담과 하와의 잘못이 그 만큼 심각했다는 의미이다. 비극은 원인이 밝혀지면 하찮게 생각될 수 있다. 아담과 하와의 금지명령의 위반도 그러할지 모른다. 어쨌든 카인의 사건으로 인간은 아담과 하와의 관계에서 기울어지기 시작한 인간-인간의 수평적 관계를 완전히 깨버렸다. 신과 인간의 수직적 관계뿐 아니라, 이제는 인간과 인간의 수평적 관계마저 더 이상 유지될 수 없게 된 것이다.

카인의 사건이 소개된 후에 사제계 문헌인 4장 17절부터 5장까지 카인의 후손들과 홍수 이전의 족장들 이야기가 전개된다. 이 이야기는 아주 단순하며 운율을 지닌 문장으로 구성되지만, 그 형식의 단순성에도 불구하고 말하고 싶은 내용은 모두 표현한 것 같다. 홍수 이야기가 본격적으로 소개되기 전에 이야기의 전개상 필요한 구성부분으로, 무엇보다도 인류의 전반적인 상황을 묘사해준다. 인류의 도시문명이 엘로힘의 재앙을 불러일으킬 정도로 부패해 있었고, 불의가 사회를 지배하고 있었다는 보도이다. 자연재앙이 단순한 자연의 변화에서 비롯된 것이 아니고, 인류의 잘못으로 발생되었다는 논리의 준비로 제시된 것이다. 홍수 이야기의 소재와 주제가 논리적으로 어울릴 수 있다고 본 이야기의 필자들은 아마도 창세 1장에서 출발하여 2~3장, 4장을 거쳐오면서 인간의 어두운 면을 고려하여 서술했을 것이다.

창세 6-9장의 노아와 홍수 이야기는 첫 인간에서 출발하여 부족과 민족을 이루게 된 인류의 심각한 잘못이 창조계를 뒤흔들만큼 심각했다는 것을 지적한다. 그러나 지상을 덮친 대홍수와 지구의 파멸에 닥쳐서도 신의 자비는 끊임없이 창조계에, 생명계에게 베풀어진다. 지구와 생명의 파멸로 창조는 멈출 수밖에 없는가? 신의 창조가 인간의 잘못으로 중단될 수밖에 없다면, 인간은 신의 능력을 넘어서는 존재가 된다. 역설적으로 인간은 자신을 넘어서는 신의 창조를 실패케 할 수 있는 승리자가 되지만 그는 운명인 흙으로 돌아가고 만다. 동시에 신은 인간의 장애에 막혀 창조를 완성하지 못한 실패자가 되고 만다. 그러므로 창조는 창조의 목적을 이룰 때까지 계속될 수밖에 없는 신의 움직임이다. 지구적 재앙인 대홍수의 파멸 한 가운데에서 새롭게 구원의 소식이 들려온다. 홍수가 끝나고 신은 인간에게 새로운 세계와 새로운 계약을 제시한 것이다. 여기서 우리는 이야기의 주제가 처음으로 돌아가고, 1장에서 제안된 먹을 거리 규정이 다시 언급되는 것을 듣게 된다. 인간의 폭력성에 기인한 잘못이 금지와 제재라는 형식을 통해서 먹을 거리 규정에 수정이 가해진 것이다. 인간을 근본적으로 교정할 수 없는 것이라면 금지와 제재를 통하여 폭력을 완화하고 인간의 삶이 가능하도록 창조계의 틀을 수정하는 것이다.

인류가 경험하는 역사적 현실은 창세 1~11장의 저자들에게 폭력적 상황으로 통찰되었던 것같다. 처음부터 일관되게 유지해 온 이 주제는 내가 아닌 이웃을 타자로서 받아들이지 못하고 책임을 전가했던 아담부터 피를 나눈 형제를 받아들이지 못하여 그 결과 살인에 이른 카인에 이르기까지 죽음에 이르는 폭력이 처음 인간들을 지배한 세상을 고발한다. 노아와 홍수 이야기는 죽음에 이르는 폭력이 개별적 인간에게 한정된 것이 아니라, 집단의 성격을 띠고 민족과 종족, 더 나아가 인류 전체에 이르게 된 상황을 보고하고 있는 것이다.

끝으로 창세 11장에서 창세기의 인간에 대한 상황이 다른 형태로 보고된다. 11장의 바벨 탑 이야기는 홍수 이후 인류의 문명이 성립하는 과정에서 발생하는 잠재적 불의의 과정을 알려준다. 사실상 창세기의 이야기는 신화 혹은 역사적 소재를 다루고 있지만, 이야기로서 일관된 성격을 유지하기 위해서 세심한 노력을 하고 있다. 바벨 탑 이야기의 소재 자체는 신화적 성격을 가지고 있지만, 그 주제의 동기는 보편적이며 가장 현대적일 수 있다. 그것은 야웨 엘로힘의 개입으로 깨져버린 인간 사이의 소통문제이다. 부정적이든 긍정적이든 인간과 인간을 맺어주는 것은 상호이해이며, 이해가 가능한 수단을 소유하는 것이다. 상호소통의 가능성이 바벨 탑 이야기가 제시하는 주제의 배경이라면, 일방적인 소통은 인간을 억압하고 극단적인 오해와 불신의 사회체제를 강화하는 것이다. 바벨 탑 이야기에서 인간 사이의 일방적인 소통은 신(神)을 배제한 상황, 즉 신을 생각하지 않는 상황을 암시한다. 신의 부재를 초래하는 인간 사이의 불평등과 사회정치적 구조는 결코 평등을 보장하지 못한다. 신의 자리를 차지할 인간의 탄생이 우려되는 시점에 도달한 것이다.

따라서 인간 사이의 소통이 일방적이라면, 역사경험의 불의를 반대하는 바벨 탑 이야기는 일방적인 소통의 폭력성을 암시하는 것이 된다. 이 경우, 야웨 엘로힘의 행동은 그 폭력의 근원을 없애는 이유를 드러낸다. 언어의 다양성은 다양한 인간과 문화를 긍정하는 유연성이며 폭력을 배제하는 상호존중을 나타내는 것이다.

전체적으로 말하자면, 창세 1~11장을 관통하는 주제는 사회의 구성원을 억압하는 폭력성의 제재로 드러난다. 폭력의 주제는 각각의 이야기들이 소재로 삼는 방식에서 다양한 차이를 드러낸다. 1장에서 식물을 먹을 거리로 제공한 엘로힘의 규정에서 인간의 폭력성을 암시하고 있다면, 2~3장에서는 아담과 하와의 금지명령을 위반함으로써 피조물인 첫 인간들이 야웨를 거스르는 것으로 나타난다. 4장에서는 형제살인으로 더 구체화 되었고, 5장에서는 도시문명의 한 현상으로, 6-9장에서는 자연재앙의 형태로 폭력이 인간에게 부메랑으로 돌아온다. 더우기 노아와 세 아들 사이에서 발생한 일은 형제 사이의 사건만큼이나 상징적이다. 11장에 이르러서는 소통의 주제를 중심으로 인간문명이 무엇을 토대로 세워졌는지 자문하지 않을 수 없게 된다.

이러한 커다란 주제의 흐름을 염두에 두고 볼 때, 창세 1~11장의 전체구도는 카오스에서 코스모스로, 혼돈에서 질서로 창조의 수레바퀴를 굴리는 창조주의 손길을 느끼게 해준다. 이와 반대로 신의 방향과 거꾸로 가려는 인간의 거짓과 폭력은 사회적 불의와 부패로 증폭되고, 결국은 인간이 속한 동물계를 포함하는 자연세계의 죽음으로 치닫는 원인이 된다. 창세기가 보여주는 인간상에 따르면, 인간은 어떤 의미에서 자신도 이해하지 못하는 가장 커다란 수수께끼이며 어둠이다. 살려고 하면서 죽음의 길로 치달으며, 선을 지향하면서 악의 경향으로 쉽게 빠지는 존재가 인간인 것이다.

그렇다면 인간의 이러한 성향을 되돌릴 수 있는 방법이나 길은 없는 것인가? 창세기의 이야기에 따르면, 문명이란 우리의 이해와 다르게 인간의 이성에 기반을 둔 사회화 과정의 긍정적 산물이 아니다. 문명은 첫 인간 아담과 하와의 후손들이 어둠의 길고 긴 터널을 지나와서 자신도 모르고 세운 삶의 결과이다. 그 토대는 놀랍게도 이성을 주장하는 인간의 거짓과 불의와 폭력이다. 비관적으로 보면 거짓과 불의와 폭력 위에 세운 인간의 삶터, 그것은 때때로 언제 무너질지 모르는 사상누각과 같다.

그러나 인간이 신 앞에서 자신을 되돌아볼 수 있다면 희망을 가질 수 있다. 창세기의 이야기는 문학양식에서 볼 때 모두 그 결말이 폐쇄적이 아니라 열려 있는 형태이어서 이야기를 대하는 우리는 이야기의 참여자가 된다.[2] 말하자면, 우리의 삶은 이야기의 결말을 향하여 가야 할 길이 마련되어 있는 실존적 드라마를 살도록 초대 받고 있는 것이다. 이러한 의미에서 신은 우리 자신의 기원과 종말에서 기다리고 계신 분, 인간 자신의 실수와 잘못을 모두 용서하시는 분, 오류투성이임에도 불구하고 다시 시작할 수 있는 용기를 북돋워주시는 분인 것이다. 창세 1~11장의 저자가 우리에게 희망의 메시지를 던진다면, 그것은 인류의 모든 잘못이 신의 심장에 상처를 내더라도 상처투성이의 신은 인간이 되돌아서길 기다리고 계신다는 것이다.

이와 같이 신의 존재가 인간의 의식에 불확실함에도 불구하고 인간의 희망이라면, 창세 1~11장의 야웨 엘로힘은 인간의 미래가 되지 않을 수 없다. 마지막 장에 와서 인간은 신을 기억하지 못하고 자신들만의 삶의 터를 문명의 이름으로 세우려 하지만 실패하고 만다. 창세기의 저자가 오늘 우리에게 도움말을 해준다면 아마도 인간의 궁극적인 실패가 신을 제외하고 자신만의 길을 고집하는 인간중심주의에 있다고 말할 것이다. 신을 배제한다고 하여 인간의 삶에서 중요한 것이 줄어드는 것이 아니라면, 신을 잊어버렸다는 창세기의 주장은 인간의 불의와 부패를 통제할 수 있는 길을 잃어버렸다는 것을 뜻한다. 인간이 자신의 길을 고집하면서 달려가는 모습은 마치 물과 불의 위험을 모르는 아이

2 다니엘 키스터, 성서설화, 64쪽.

에게 세상을 맡기는 것과 같다. 그 결과가 뻔히 내다보이는 위험한 모험이 아닐 수 없다. 이 위험을 예방하고 창조계의 선을 진작시키기 위해서 무엇을 해야 하는가? 자문하지 않을 수 없는 일, 우리는 무엇보다도 인간의 가슴에서 떨려 나오는 연약한 신의 목소리에 귀를 기울여야 하지 않을까?

참고문헌

이 글을 쓰면서 참고한 문헌들을 임의로 선별해 놓았다. 다음의 인용 서적들은 성경을 전문으로 주석하는 이들의 입장에서는 부족하리라 생각되고, 일반 독자들에게는 낯설 것이다. 또 대개가 서구의 참고서적이라서 일반 독자는 이 자료들을 구하는 일 자체가 쉽지 않을 것이다. 필자도 구해 읽을 수 있는 범위가 극히 한정되어 있었기 때문에 인용 문헌도 극히 제한되어 있음을 고백하지 않을 수 없다. 다음의 참고 문헌들은 일별하는 수준에서 소개한다.

1] 성경 :

성경, 한국천주교중앙협의회, 2005.

200주년 기념성서 번역 시리즈, 창세기, 임승필 역.

공동번역

Biblia Hebraica Stuutgartensia, 1967/77, 1984.

La Bible de Jérusalem, 1973.

TOB : Traduction Oecuménique de la Bible, 1975.

NRSV : New Revised Standard Version, 1989.

Die Bibel, 1984.

2] 사전류 :

ABD : The Anchor Bible Dictionary, 6 vols., ed. by D.N. Freedmann, Doubleday, New York, 1992.

CJB : Concordance de la Bible de Jérusalem, Cerf/Brepols, 1982.

DNPB : Dictionnaire des Noms Propres de la Bible, Cerf/DDB, 1978

DBS : Dictionnaire de la Bible, Supplément

DECA : Dictionnaire Encyclopédique du Christianisme Ancien, 2vols., cerf, 1990 (1983).

DS : Denzinger-Schoenmetzer, Enchiridion Symbolorum Definitionem et Declarationum (36판), Herder, 1976.

EAC : Eerdamans Analytical Concordance, ed. By Richard E. Whitaker, Eerdamans Publishung Company, 1988.

EJ : Encyclopedia Judaica, 16vols., Keter Publishing House, Jerusalem, 1972.

EnC : Encyclopedia of Catholicism, HarperSanfrancisco, 1995.

IBD : The Interpreter's Bible Dictionary 5 vols., Abingdon, 1962

NJBC : The New Jerome Biblical Commentary, Prentice Hall, 1990.

NJE : The New Standard Jewish Encyclopedia, ed. by Geoffrey Wigoder, Doubleday, 1977.

OBC : Oxford Bible Commentary, ed. By J. Barton et J. Muddiman, Oxford Univ. Press, 2001.

ODCC : The Oxford Dictionary of the Christian Church, ed. by F.L. Cross, 1983, (수정판).

JSOT : Journal for the Studies of Old Testament

VTB : Vocabulaire de Théologie Biblique

TWAT : Theologisches Wörterbuch zum Alten Testament, 8 Bände, hrag. von G.J. Botterweck&H. Ringgren, Verlag W. Kohlhammer, 1973-1995.

THAT : Theologisches Handwörterbuch zum Alten Testament, 2 vols., hrag. von Jenni Westermann, Chr. Kaiser Verlag, München, 1971.

3] 정기 간행물 약호(略號) :

BA : The Biblical Archeologist

Bib : Biblica

Bij : Bijdragen

BJRL : Bulletin of the John Rylands Library

BASOR : Bulletin of American School of Oriental Research

CBQ : The Catholic Biblical Quarterly

CahEv : Cahiers Evangile
CC : Civiltá Catholica
Con : Concilium
ETR : Etudes Théologiques et Religieuses
HTR : Harvard Theological Review
Interp : Interpretation
JBL : Journal of Biblical Literature
JSOT : Journal for the Studies of the Old Testament
JTS : Journal of Theological Studies
LV : Lumière et Vie
NRT : Nouvelle Revue Théologique
RB : Revue Biblique
Rivbib : Rivista Biblica
RSR : Recherches de Science Religieuse
SB : Studia Biblica
ScEs : Science et Esprit
Scrt : Scriptura
VT : Vetus Testamentum
ZAW : Zeitschrift für die alttestamentliche Wissenschaft
ZAWKNJ : Zeitschrift für die alttestamentliche Wissenschaft und die Kunde des Nachbiblischen Judentums.

4] 참고서적 :

김현, 지라르 혹은 폭력의 구조, 나남, 1987.
벌핀치, 토마스, 정성호번역쎈터 옮김, 그리스 로마 신화, 도서출판 오늘, 1992.
로핑크, 노르베르트, 폭력, 분도, 1987.
롤, 데이비드 M., 김석희 옮김, 문명의 창세기 2권, 해냄, 1999
(The Genesis of Civilisation, Random House, UK, 1998).
박시인, 알타이 신화, 삼중당, 1980.
박종구, 여섯째 날의 두 번째 창조 : 인간실존과 폭력성의 고발(창세 1,26-30), in 신학전망 139호 (2002, 겨울).
______, 엘로힘의 축복 : 폭력의 제한과 금지의 보편법(창세 9,1-17) in 신학전망 148

(2005,3).
보시니 좋았더라, 성서와 함께, 1988.
서인석, 한 처음에 : 창세기 1-11 기호학적 설화 분석, 생활성서사, 1986.
_____, 언어의 혼란과 인간의 생성-바벨탑 이야기 (창세기 11,1-9), in 기독교사상 301호, 1983 (성서와 언어과학, 제 9장, 213-237).
서유원, 중국창세신화, 아세아문화사, 1998.
심용섭, 인간의 미래에 대한 하느님의 대안-창세 11,1-9의 생성과 그 신학의 선포성, in 사목 236-237호, 1998, 68-94, 106-123쪽.
_____, 하느님 모상으로서의 인간, in 사목 237-238호, 1998 (125-130; 105-121).
_____, 폭력에 관한 성서적 이해의 시도, in 신학전망 100, 1993/봄, 2-36쪽.
아돌프스, R, / 박 갑성 역, 신의 무덤, 삼성문화재단, 1976.
안성림, 조 철수, 사람이 없었다 신(神)도 없었다, 서운관, 1995.
유재원, 그리스 신화의 세계, 현대문학사, 1998.
이제민, 종교의 비폭력성과 폭력, in 신학전망 100, 1993/봄, 37-72쪽.
장주근, 풀어 쓴 한국의 신화, 집문당, 1998.
조철수, 수메르 신화 1, 서해문집, 1996.
_____, 메소포타미아와 히브리 신화, 길, 2000.
지라르, 르네, 김진식 옮김, 희생양, 이데아총서 16, 민음사, 1998(1982).
__________, 김진식/박 무호 옮김, 폭력과 성스러움, 대우학술총서번역 59, 민음사 1997(1972).
키스터, 다니엘, 성서설화-창세 1~11장의 문학적 접근, in 사목 2000년 5월호, 44-78쪽.
클라인스, 데이빗 J.A., 태고사(창세1-11)의 문맥에서 본 '하느님 아들들'에 관한 설화(창세 6,1-4)의 의미, 신학전망 80, 1988/봄, 2-14쪽.
폰 라트, 게르하르트, 창세기, 국제성서주석 1권, 한국신학연구소, 1981.
하트, 조지, 이응균/천경호 옮김, 이집트 신화, 범우사, 1999.

Alexandre, Monique, Le Commencement du Livre Genèse I-V : La version grecque de la Septante et sa Réception, Beauchesne, Paris, 1988.
A Walk in the Garden, ed.by Morrice, Paul & Sawyer, Deborah, JSOT Supplement Series 136, 1992.
Bailey, John A., Initiation and the Primal Woman in Gilgamesh and the Genesis 2-3, in JBL 89, 1970, 137-150.
Barbaglio, Giuseppe, Dieu est-il violent. Une Lecture des Ecritures juives et chrétiennes, coll. 'Parole de Dieu, #33, Seuil, Paris, 1994 (éd. italienne, 1991).

Barnouin, M., Recherches Numériques sur la Géologie de Gen 5, Revue Biblique 77, 1970, 347-365.

Barr, James, The Garden of Eden and the Hope of Immortality, Fortress, Philadelphia, 1993.

____________, Image of God in the Book of Genesis-A Study of Terminology, in BJRL 51, 1968, 11-26.

____________, Man and Nature-The Ecological Controversy and the Old Testament, BJRL 55, 1972, 9-32.

Barth, Karl, Die Kirchliche Dogmatik, vol.III, Verlag Zollikon (Dogmatique, vol. III, Labor et Fides, 1960), Zürich, 1945.

Beauchamp, Paul, Création et Séparation : étude exégétique du Chapitre premier de la Genése, Aubier-Montaigne, Paris, 1970.

____________, Le Récit, la Lettre et le Corps, coll. Cogitatio Fidei, #114, cerf, 1992 (제 2판, 수정증보).

____________, Creation et Fondation de la Loi en Gn 1,1-2,4a : Le don de la nourriture vegetale en Gn 1,29s, in coll. Lectio Divina 127, La Création dans l'Orient Ancien, A.C.F.E.B., Cerf, 1987, 139-182.

Beauchamp, P. & Vasse, D., CahEv #76, La Violence dans la Bible, Cerf, Paris, 1991.

Bailey, LLoyd R., Noah The Person and the Story in History and Tradition, Univ. South Carolina Press, 1989.

Bird, Phyllis A., Male et Female He Created Them : Gn 1,27b in the Context of Priestly Account of Creation, HTR 74, 1981, 129-159.

Blenkinsopp, Joseph, The Structure of P, in CBQ 38, 1976, 275-292.

____________________, From Adam to Abraham, Paulist Press, 1965.

Buber, Martin, The Tree of Knowledge, in Genesis ed. By Harold Bloom, Chelsea House Publishers, 1986.

Bronner, Leila Leah, From Eve to Esther. Rabbinic Reconstructions of Biblical Women, Westminster John Knox Press, 1994.

Calloud, Jean, Pour une Analyse Sémiotique de la Genèse 1 3, in coll. Lextio Divina 127, La Creation dans l' Orient Ancien, A.C.F.E.B., Cerf, 1987, 483-513.

Cassuto, U., Commentary on Genesis, 2vols., Magnes Press, Jerusalem,

1961 (히브리어판, 1944).

Cazelles, Henri., Le Dieu du Yahviste et de l' Elohiste ou le Dieu du Patriarche et de Mosée et de David avant les Prophètes, in La Notion biblique de Dieu, coll. Bibliotheca Ephemeridum Theologicarum Loveniensium XLI, Ed. Duculot et Louven Univ. Press, 1976.

Chedio Andrée & Chedio Louis Antoine, Babel-Fable ou Métaphore?, Editions Z, 2002.

Chouraqui, Andr, Genese dans Univers de la Bible, Tom. I, Lidis, Paris, 1982.

Chazelle, A., Mortalité ou immortalité corporelle du premier homme crée par Dieu?, in NRT 89, 1967, 1043-1068.

Clark, J.M., The Animal Series in the Primeval History, in Vetus Testamentum 18, 1968, 433-449.

Clines, David J.A., The Significance of "the Sons of God" Episode (Genesis 6,1-4) in the Context of "the Primeval Story" (Genesis 1-11), JSOT 13, 1979, pp33-46.

______________, Theme in Genesis 1-11, in CBQ 38, 1976, 483-507.

Cohen, A., Le Talmud, Payot, Paris, 1958.

Cohen, H. Hirsch, The Drunkenness of Noah, The Univ. of Alabama Press, Alabama, 1974.

Cohen, Jeremy, "Be fertile and Increase, Fill the Earth and Master It", Cornell University Press, 1989.

Cohn, Norman, Noah's Flood-The Genesis Story in Western Thought, Yale Univ. Press, 1996.

Combs, Eugene, The Political Teaching of Genesis 1-11, in ST 1978/1, JSOT Suppement Series 11, 1979, 105-110.

Conklin, Edward, Getting Back Into the Garden of Eden, Univ. Press of America, 1998.

Coppens, J., La Notion vétérotestamentaire de Dieu. Position du Problème, in La Notion biblique de Dieu, coll. Bibliotheca Ephemeridum Theologicarum Loveniensium XLI, Ed. Duculot et Louven Univ. Press, 1976.

(La) Création du Monde et de l' homme d'aprés les textes du Proche-Orient ancien, Supplément aux CahEv #38, Cerf, Paris, 1981.

(La) Création et le Déluge d'après les textes du Proche-Orient ancien, Supplé ment aux CahEv #64, Cerf, Paris, 1988.

Cryer, F.H., The Interrelationships of Gen 5,32; 11,10-11 and the Chronology of the Flood (Gen 6-9), Bib 66, 1985, 241-261.

Cusson, Gilles, Chemin de Dieu en Terres Humaines-Nouvelles notes d' anthropologie biblique, Cahiers de Spiritualit Ignatienne-Suppléments 37, Sainte-Foy, 1994.

David, R. L'Utilisation du Verbe bara dans l'Ancien Testament, in Scriptura 2, 1989/11, 11-20.

Davidson, R., Genesis 1-11, coll. The Cambridge Bible Commentary, Camb. Univ. Press, 1973.

Dion, Paul-Eugène, Image et Ressemblance en araméen ancien (Tell Fakhariyah), in ScEs 34/2, 1982, 151-153.

Drewermann, Eugen, Le Mal, 2e vol., DDB, 1996 (Structuren des Bösen, Bd. II, Ferdinand Schöninh, Paderborn, 1995).

Dubarle, A.-M, O.P., Le Péché Originel dans l'Ecriture, coll. Lectio Levina, #20, Cerf, Paris, 1958.

__________, La Tentation dans le Jardin d'Éden, in LV 53, 1961, 12-20.

Dunckner, P.G., L' Immagine di Dio nell' Uomo (Gen 1,26-27):Una Soiglianza fisicale, Bib 40, 1959, 384-392.

Dutourd, Jean, Le septieme Jour-Recits des temps bibliques, Flammarion, Paris, 1995.

Eislinger, Lyle, A Contextual Identification of the **bene ha' elohim** and **benoth ha 'adam** in Genesis 6,1-4, JSOT 13, 1979, 65-73.

Ellis, Peter, C.SS.R, The Yahwist-The Bible's first Theologien, Fides, Indiana, 1968.

Gabriel, Johannes, Die Kainitengenealogie: Gn 4,17-24, in Bib 40, 1959, 409-427.

Gelander, Shamai, The Good Creator-Literature and Theology in Genesis 1-11, USF Studies in the History of Judaism, #147, Scholars Press, Atlanta, Ge., 1997.

Gilbert, Maurice, 《Une seule Chair》(Gn 2,24), in NRT 100, 1978, 66-89.

Gilbert, Pierre, Bible, mythes et récit de commencement, Seuil, Paris, 1986.

Gilgamesh, Supplément aux CahEv #40, Cerf, 1982.

Girard, Marc, Les Symboles dans la Bible, Cerf/Bellarmin, 1991.

Girard, Ren, Des choses cachées depuis la fondation du monde, Grasset, Paris, 1978.

____________, bouc émissaire, Grasset, Paris, 1982.

____________, La Violence et le sacré, Grasset, Paris, 1972.

____________, La Violence de Dieu dans la Bible Juive : Approche Symbolique et Interprétation Théologique, in ScEs 39/2, 1987, 145-170.

Gosse, B., Genese 8,21 et le parfum d'apaisement, NRT 117 (1995), 885-889.

Gowan, Donald E., Genesis 1-11 : From Eden to Babel, International Theological Commentary, Eerdmans, 1988.

Grelot, P., Homme, qui es-tu?, CahEv #4, Cerf, Paris.

Gropp, Douglas M. & Lewis, Theodore J., Notes on Some Problems in the Aramaic Text of the Hadd-Yithci Bilingual, in BASOR 259, 1985, 45-61.

Gunkel, H, Genesis, Vandenhoeck & Ruprecht, Göttingen, 1964 (6. Auflage).

Gunnlaugur A. Jonsson, The Image of God : Genesis 1,26-28 in a Century of Old Tes t Research, coll. Coniectanea Biblica #26, Almquist & Wiksell International, Lund, 1988.

Hamman, A.-G, L'homme image de Dieu, Desclée, Paris, 1987

Harl, Maeguerite, Adam et les Deux Arbres du Paradis (Gen 2-3) ou l'Homme Milieu entre Deux Termes (mesos-me orios) chez Philon d' Alexandrie, in RSR 50, 1962, 322-388.

Haulotte, Edgar, Symbolique du Vêtement selon la Bible, coll. Théologie 65, Aubier, Paris, 1966.

Heidel, Alexander, The Babylonian Genesis : The Story of Creation, The University of Chicago Press, 1951(2nd edition).

Horowitz, Maryanne Cline, The Image of God in Man-Is Woman Included?, in HTR 72/3-4, 1979, 175-206.

Houston, Walter, "And let them have dominion.." : Biblical View of Man in Relation to the Environmental Crisis, in SB 1978/1, JSOT Supplement Series 11, Sheffield, 1979, 161-184.

Houziaux, Alain, le Tohu-bohu, le Serpent et el bon Dieu, Presses de la

Renaissance, 1997.

Interpretations of Flood, ed. By Florentino Garcia Martinez & Gerhard P. Luttikhuizen, Brill, Leiden, 1998.

Joines, Karen Randolph, The Serpent in Gn, in ZAW 87, 1975.

Jukes, Andrew, The Names of God in Holy Scripture, Kregel Publications, Grand Rapids, 1967.

Kluger, Rivakah Schraerf, Satan in the Old Testament, Northwestern University Press, 1967.

Koch, Robert, Grâce et Liberté humaine-Rélexion théologique sur Genése I-XI, Desclée, Paris, 1967 (1965).

Kronholm, Tryggve, Motifs From Genesis 1~11 In The Genuine Hymns Of Ephrem The Syrian, Coniectanea Biblica Old Testament Series, #11, CWK Gleerup Lund, Sweden, 1978.

Lavoie, Jean-Jaques, Gn 1.1-2.4a, Etude exégétique et théologique, in Scrt 2, 1989/11, 21-32.

L' Hour, Jean, Yahweh Elohim, in RB, 81, 1974, 524-556.

Lohfink, Norbert, Theology of the Pentateuch, Fortress, Minneapolis, 1994 (독일어판, 1988).

________________, Il Dio Violento dell'Antico Testamento et la Ricerca d'Una Societ Non-Violenta, in CC 135, 1984, 30-48.

Louys, Daniel, Le Jardin d'Eden, coll. 'lire la Bible' 95, Cerf, 1992.

Martini, Carlo Maria, Se retrouver soi-m me, Brepols, Paris, 1997 (1996)

Midrash Rabbah, Genesis in 10 vols., Soncino Press, London, 1939.

Michaeli, Frank, Le Livre de la Genése : Ch. 1 11, Delachaux et Niestl, Neuchatel, 1957.

________________, Dieu l'image de l'Homme, Delachaux et Niestl, Neuchatel, 1950.

Millard, A. R., The Etymology of Eden, in VT 34, 1984.

Millard, A.R. & Bordreuil, P., A Statue From Syria with Assyrian and Aramaic Inscriptions, in BA 45, 1982, 135-141.

Miller, Maxwell J., In The 'Image and 'Likeness' of God, in JBL 91, 1972, 289-304.

Miller, Patrick D., Genesis 11 : Studies in Structure and Theme, JSOT

Supplement #8, JSOT Press, Sheffield, 1978.

Munk, Elie, The Call of Thora, Feldheim Publishers, 1980(1969).

Néoncelle, Maurice, Pourquoi Cain a-t-il tué?, in ScEs 20, 1968, 165-170.

Niditchi, Susan, Chaos To Cosmos-Studies in Biblical Patterns of Creation, Scholars Press, Chicago, 1985.

Obbink, H.Th, The Tree of Life in Eden, in ZAWKNJ 5, 1928, 105-112.

Pagels, Elaine, Adam, Eve, and the Serpent, Vintage, New York, 1989.

_____________, The Politics of Paradise : Augustine's Exegesis of Genesis 1-3 versus that of John Chrysostom, in HTR 78/1-2, 1985, 67-99.

Parrot, André, Deluge et Arche de Noe, Cahiers d'Archeologique Biblique #1, 1953.

Petersom, David, Genesis 6,1-4 : Yahweh and the Organization of the Cosmos, in JSOT 3, 1979, 47-64.

Poulet, Donat, O.M.I., Tous les Hommes Sont-Ils Fils de Noé? Catholic Univ. of Ottawa Press,1941.

Ricoeur, Paul, Symbole du Mal,

___________, Sur l'Exégèse de Genèse 1,1-2,4a, in Exégèse et Herméneutique, éd. par X. Léon-Dufour, Seuil, Paris, 1971.

von Rad, G., Genesis, SCM, 1963 (독어판, Das erste Buch Mose, Genesis, Vandenhoeck & Ruprecht, 1956)

___________, 구약성서신학 (한국어 번역판, 허 혁역), 분도.

Rahner, K., Theologisches zum Monogenismus, in Schriften zur Theologie I, Einsiedeln, 1954, 253-322 (Éd. francaise, écrits Théologiques 5, DDB, 9-107).

Renaud, B., Les Géologies et la Structure de l'Histoire Sacerdotale dans le Livre de la Genèse, in RB 97, 1990, 5-30.

Renckens, Henricus, Israel's Concept of the Beginning : The Theology of Genesis 1-3, Herder & Herder, NY, 1964

Renaudin, Herv, Voici l'Homme : la Perspective de l'Anthropologie théologique, Cahiers de l' Ecole Cathédrale 12, Mame, Paris, 1993

Riemann, Paul A., Am I My Brother's Keeper?, in Interp 24, 1970, 482-491쪽.

Roberts, J.J.M, Myth versus History : Relaying the Comparative Foundations, in CBQ 38, 1976, 1-13.

Rubin, Nissan & Kosman, Admiel, The Clothing of the Primordial Adam as a

Symbol of Apocalyptic Time in the Midrashic Sources, HTR 90/2, 1997, 155-174.

Ryan, W. & Pitman, W., Noah' s Flood, Simon and Shuster, 1998.

Sasson, Jack M., The 'Tower of Babel' as a Clue to the Redactional Structuring of the Primeval History [Gen 1-11,9], in The Bible World : Essays in Honor of Cyrus H. Gordon, ed. by G. Rendsburg & ali., KTAV Publishing House and Inst. of Hebrew Culture and Education of NY Univ., New York, 1980, 211-219.

Savasta, Carmelo, Una Ipotesi sulla Struttura Letteraria di Gen 1-11, in RivBib 38, 1990, 225-229.

Sharp, Donald B., A Biblical Foundation for an Environmental Theology : A New Perspective on Genesis 1,26-28 and 6,11-13, inScEs 47/3, 1995, 305-313쪽.

Speiser, E.A., Genesis, The Anchor Bible, vol.1, Doubleday, New York, 1964.

Stratton, Beverly J., Out of Eden : Reading, Rhetoric, and Ideology in Genesis 2-3, JSOT Supplement Series 208, Sheffield Academic Press, 1995.

Thevenot, Xavier, Les Péchés?. que peut-on-dire?, Salvator, Paris, 1987.

Tsumura, David Toshio, The Earth and the Waters in Genesis 1 and 2-A Linguistic Investication, JSOT Supplement Series 83, JSOT Press, Sheffield, 1989.

Turner, Laurence, Genesis, Sheffield Academic Press, 2000.

Van der Zee, William R., Ape or Adam, Genesis Publishing Company, 1995(1978).

Vawter, Bruce, A Path Through Genesis, Sheed & Ward, New York, 1956.

Vermeylen, J., Le Récit du Paradis et la Question des Origines du Pentateuque, Bij 41, 1980, 230-250.

Vincent, L.-H, o.p., De la Tour de Babel au Temple, in RB 53 (1946) 403-440쪽.

Vogels, Walter, p.b, L' etre humain appartient au sol, in NRT 105 (1983), 515-534.

_____________, Cain : l'Être humain qui devient une non-personne (Gn 4,1-16), NRT 114 (1992), 321-340.

_____________, Cham découvre les limites de son pére Noé (Gn 9,20-27), NRT 09 (1987), 554-573.

_____________, Nos Origines : Genése 1-11, Novalis, Ottawa, 1992.

Wambacq, B.N., Or Tous deux étaient nus, l' Homme et sa Femme, mais ils s' en avaient pas Honte (Gn 2,25), Mélanges Bibliques (en hommage au P. Béa Rigaux), Ducult, Gembloux, 1970, 547–556.

Wenham, Gordon J., Genesis 1–15, coll. World Biblical Commentary, Wordbooks, Waco, 1987.

Westermann, Claus, Genesis 1–11, Biblischer Kommentar 'Altes Testament', Neukirchner Verlag, 1974.

________________, Genesis 1–11 : A Commentary, trad. by John J. Scullion, sj., Augsburg Publishing House, Minneapolis, 1984.

________________, Creation, Fortress, Philadelphia, 1974 (Schöpfung, 1971).

Zumthor, Paul, Babel ou L' Inachèvement, Seuil, 1997.

색인

ㅈ

ㅊ

저자 소개

박종구(예수회 신부, 조직신학)

서울대 전자공학과를 졸업하고 통신기술연구소(전자통신연구원, ETRI의 전신)에서 3년을 근무한 뒤 수도회에 입회하였다. 예수회 신학철학대학(파리)에서 STB, STL 과정을 마치고 로마 그레고리안 대학에서 칼 바르트(Karl Barth)의 삼위일체론을 주제로 STD 과정을 마쳤다. 현재 서강대 종교학과에 재직 중이다.

저서로 〈어찌하여 나를〉 (성서와 함께, 2004)이 있고, 역서로는 〈성서시대 사람들〉 (앙드레 슈라키, 부키, 1999), 〈산다는 것은 무엇인가〉(에마뉘엘 수녀, 샘터, 2005), 〈영적 지도자에게 꼭 필요한 리더십〉 (토마스 그린, 성바오로, 2004)이 있다.

본서와 관련된 논문으로, 〈엘로힘의 축복 : 폭력의 제한과 금지의 보편법(창세 9,1-17)〉, 신학전망 148호(2005)와 〈여섯째 날의 두 번째 창조 : 인간실존과 폭력성의 고발(창제 1,26-30)〉, 신학전망 139호(2002년)가 있다.

사람아, 너 어디 있느냐?

초판 발행 | 2007년 8월 30일

지은이 | 박종구

발행인 | 손병두

편집인 | 우찬제

발행처 | 서강대학교 출판부

등록번호 | 제10-50호(1978년 9월 28일)

디자인 디렉션 | Project 409

주소 | 서울시 마포구 신수동 1번지

전화 | (02)705-8212

팩스 | 705-8612

홈페이지 | www.sogang.ac.kr/~sgpress

ISBN 978-89-7273-119-6 93200

정가 28,000원